中国现当代
文学作品选读 下册

Zhongguo Xiandangdai Wenxue Zuopin Xuandu

第二版

王庆生 林志浩 主编

高等教育出版社·北京

内容简介

本作品选是《中国现当代文学》的配套教材,分上下两册。本书为下册,共选入中国当代文学作品60余篇(长篇作品因篇幅限制,仅节选个别章节),按小说、诗歌、散文、戏剧的顺序安排分类,各篇选文后附有专文分析、讲解,并设置思考题,以加深学生对作品的理解。本次修订改动较多,删去了若干篇目,增加了一些近年来受到广泛关注的作品,更好地体现了时代性。

图书在版编目(CIP)数据

中国现当代文学作品选读.下册/王庆生,林志浩主编. --2版. --北京:高等教育出版社,2012.8
(2024.11重印)
ISBN 978-7-04-034893-4

Ⅰ.①中… Ⅱ.①王…②林… Ⅲ.①中国文学-现代文学-作品综合集-高等学校-教材②中国文学-当代文学-作品综合集-高等学校-教材 Ⅳ.①I216.1

中国版本图书馆 CIP 数据核字(2012)第 136598 号

| 策划编辑 | 于晓宁 | 责任编辑 | 李 喆 | 封面设计 | 张 楠 | 版式设计 | 马敬茹 |
| 责任校对 | 金 辉 | 责任印制 | 刁 毅 | | | | |

出版发行	高等教育出版社	网 址	http://www.hep.edu.cn
社 址	北京市西城区德外大街4号		http://www.hep.com.cn
邮政编码	100120	网上订购	http://www.landraco.com
印 刷	三河市华润印刷有限公司		http://www.landraco.com.cn
开 本	880mm×1230mm 1/32		
印 张	22	版 次	1994年5月第1版
字 数	600千字		2012年8月第2版
购书热线	010-58581118	印 次	2024年11月第17次印刷
咨询电话	400-810-0598	定 价	42.80元

本书如有缺页、倒页、脱页等质量问题,请到所购图书销售部门联系调换
版权所有 侵权必究
物 料 号 34893-00

目 录

小 说

登记 ·· 赵树理(3)
罗汉钱的风波
  ——重读《登记》······························ 李逸涛(26)
我们夫妇之间(节选) ································ 萧也牧(32)
一篇非同寻常的小说
  ——《我们夫妇之间》评析 ··················· 黄济华(44)
洼地上的"战役"(节选) ························· 路 翎(50)
一篇小说佳作和作家的命运
  ——重读《洼地上的"战役"》 ··············· 黄济华(71)
组织部来了个年轻人 ······························· 王 蒙(79)
"年轻人"批评"组织部"之后
  ——重读《组织部来了个年轻人》 ············ 贺兴安(111)
红豆 ·· 宗 璞(117)
"此物最相思"
  ——《红豆》评析 ······························ 黄济华(143)
壮阔的农民革命的历史画卷
  ——《红旗谱》评析 ···························· 李逸涛(147)
燃情岁月的青春记忆
  ——《青春之歌》评析 ························· 王庆生(152)
一曲悲壮的共产党人的正气歌
  ——《红岩》评析 ······························ 李逸涛(159)
"一生心血即此书"
  ——重读《创业史》 ···························· 黄济华(164)

目录

百合花 ·· 茹志鹃(172)
　让"纯洁与感情的花"开在人们心上
　　——《百合花》赏析 ························ 黄瑞虹(180)
山那面人家 ·· 周立波(188)
　飘满茶子花香的山村婚礼
　　——《山那面人家》赏析 ···················· 王庆生(195)
班主任(节选) ·· 刘心武(200)
　"伤痕文学"的力作
　　——《班主任》评析 ························ 谢维强(215)
陈奂生上城 ·· 高晓声(221)
　他从历史深处走来
　　——《陈奂生上城》赏析 ···················· 李逸涛(231)
　寓政治风云于民俗民情之中
　　——《芙蓉镇》评析 ························ 李逸涛(236)
哦,香雪 ··· 铁　凝(241)
　现代化进程中的温情回眸
　　——重读《哦,香雪》 ······················· 黄文君(252)
　创新与超越:《红高粱》的文学史意义 ············ 张卫中(258)
　当代社会浮躁情绪的生动写照
　　——读长篇小说《浮躁》 ···················· 樊　星(264)
受戒 ··· 汪曾祺(270)
　一幅清新秀美的江南水乡图
　　——《受戒》赏析 ·························· 谢维强(287)
　"寻根文学"与"新潮小说"的代表作
　　——试析《爸爸爸》 ························ 樊　星(293)
　人性扭曲的囚笼
　　——试析《妻妾成群》 ······················ 谢维强(298)
　对"国民性"的新认识
　　——析小说《活着》 ························ 樊　星(304)
　深刻的历史反思与人性发掘

——《古船》赏析 ………………………………………… 王育松（308）
一部近现代中国社会的"秘史"与心灵史
　　——长篇小说《白鹿原》评析 ……………………………… 张卫中（313）
感悟世界的神秘
　　——读《冈底斯的诱惑》 …………………………………… 樊　星（321）
人生精神历程上的跋涉者
　　——《男人的一半是女人》评析 …………………………… 谢维强（326）
女性视域中的城市与人生
　　——析长篇小说《长恨歌》 ………………………………… 胡飞雪（335）
下层市民生活的真实写照
　　——《风景》解读 …………………………………………… 张卫中（342）
凡俗生活的乐趣
　　——《冷也好热也好活着就好》解读 ……………………… 张卫中（348）
女性史的建构
　　——析《回廊之椅》 ………………………………………… 邓如冰（353）
女性文学的典型文本
　　——试析《私人生活》 ……………………………………… 单丹丹（359）
一曲民族主义的正气歌
　　——《夜行货车》赏析 ……………………………………… 江　帆（365）

游园惊梦 ………………………………………………………… 白先勇（370）

飘零者的哀歌
　　——《游园惊梦》浅析 ……………………………………… 李逸涛（389）
现代意识流长篇的开山作
　　——《酒徒》赏析 …………………………………………… 江少川（394）
香港底层书写的典范
　　——重读长篇小说《穷巷》 ………………………………… 古远清（400）
一部蕴含丰富的文学文本
　　——《安卓珍尼》赏析 ……………………………………… 江少川（406）

诗　歌

吐鲁番情歌（二首） ·· 闻　捷（413）
闪烁着时代光辉的爱情诗
　　——《吐鲁番情歌》（二首）赏析 ························ 李逸涛（416）
回延安 ·· 贺敬之（420）
献给母亲的赤子情
　　——《回延安》评析 ······································ 李逸涛（424）
望星空 ·· 郭小川（428）
火红年代的哲理思考
　　——《望星空》评析 ······································ 谢维强（438）
草木篇 ·· 流沙河（445）
哲理之诗　警世之作
　　——析组诗《草木篇》 ···································· 樊　星（447）
盼望 ·· 艾　青（450）
朴素而隽永的速写
　　——析《盼望》 ·· 樊　星（451）
有赠 ·· 曾　卓（454）
美，在苦难的荆棘中绽放
　　——《有赠》赏析 ·· 孙子威（456）
祖国啊，我亲爱的祖国 ······································ 舒　婷（465）
拳拳的心　深深的情
　　——《祖国啊，我亲爱的祖国》简析 ···················· 李逸涛（467）
布谷 ·· 余光中（471）
现代人的"乡愁"
　　——简评《布谷》 ·· 樊　星（473）
边界望乡 ·· 洛　夫（476）
远离故土的乡愁
　　——《边界望乡》赏析 ···································· 古远清（478）
妳的名字 ·· 纪　弦（482）

一首深情曼妙的摇篮曲
　　——《妳的名字》赏析 ·················· 古远清(483)
香港火凤凰(节选) ·················· 王一桃(487)
百年香港凤兮归来之歌
　　——《香港火凤凰》析 ················ 王庆生(498)

散　　文

谁是最可爱的人 ···················· 魏　巍(507)
爱国主义和国际主义精神的颂歌
　　——《谁是最可爱的人》赏析 ············ 林志浩(512)
长江三日 ························ 刘白羽(518)
一幅色彩绚丽、独具风采的长江画卷
　　——《长江三日》赏析 ················ 王庆生(526)
雪浪花 ························· 杨　朔(530)
清新隽永,诗意浓郁
　　——《雪浪花》赏析 ·················· 王庆生(534)
记一辆纺车 ······················ 吴伯箫(539)
延安精神的写照
　　——析《记一辆纺车》 ················ 王庆生(543)
古战场春晓 ······················ 秦　牧(547)
峥嵘岁月稠　今朝更风流
　　——《古战场春晓》赏析 ·············· 李逸涛(551)
哥德巴赫猜想 ····················· 徐　迟(556)
一曲献给科学家的赞歌
　　——《哥德巴赫猜想》评析 ············· 李逸涛(580)
怀念萧珊 ······················· 巴　金(585)
永远的怀念
　　——《怀念萧珊》评析 ················ 李逸涛(596)
我与地坛 ······················· 史铁生(602)
对生存意义的拷问

目录

——《我与地坛》主题内涵释读 ………………………… 张卫中(618)

老王 ……………………………………………………………… 杨 绛(624)

一个知识者对劳动者的"愧怍"

——《老王》释读 ……………………………………… 张卫中(627)

哑奴 ……………………………………………………………… 三 毛(633)

一篇朴实无华的佳作

——《哑奴》评析 ………………………………………… 樊 星(647)

中年是下午茶 ………………………………………………… 董 桥(651)

才情相融　雅俗共赏

——《中年是下午茶》赏析 …………………………… 江少川(653)

戏　　剧

茶馆(节选) …………………………………………………… 老 舍(659)

东方艺术的奇葩

——《茶馆》赏析 ……………………………………… 李逸涛(673)

剧作家之歌

——《关汉卿》赏析 …………………………………… 李逸涛(679)

走下神坛的元帅

——《陈毅市长》评析 ………………………………… 李逸涛(683)

"年轻一代的爱情圣经"

——评《恋爱的犀牛》 ………………………………… 樊 星(688)

后记 …………………………………………………………………… (692)

登　记

赵树理

一　罗　汉　钱

诸位朋友们：今天让我来说个新故事。这个故事题目叫《登记》，要从一个罗汉钱说起。

这个故事要是出在三十年前，"罗汉钱"这东西就不用解释；可惜我要说的故事是个新故事，听书的朋友们又有一大半是年轻人，因此在没有说故事以前，就得先把"罗汉钱"这东西交代一下：

据说罗汉钱是清朝康熙年间铸的一种特别钱，个子也和普通的康熙钱一样大小，只是"康熙"的"熙"字左边少一直画；铜的颜色特别黄，看起来有点像黄金。相传铸那一种钱的时候，把一个金罗汉像化在铜里边，因此一个钱有三成金。这种传说可靠不可靠不是我们要管的事，不过这种钱确实有点可爱——农村里的青年小伙子们，爱漂亮的，常好在口里衔一个罗汉钱，和城市人们爱包镶金牙的习惯一样，直到现在还有些偏僻的地方仍然保留着这种习惯；有的用五个钱叫银匠给打一只戒指，戴到手上活像金的。不过要在好多钱里挑一个罗汉钱可很不容易：兴制钱的时候，聪明的孩子们，常好在大人拿回来的钱里边挑，一年半载也不见得能碰见一个。制钱虽说不兴了，罗汉钱可是谁也不出手的，可惜是没有几个。说过了钱，就该说故事：

有个农村叫张家庄。张家庄有个张木匠。张木匠有个好老婆，外号叫个"小飞蛾"。小飞蛾生了个女儿叫"艾艾"，算到一九五〇年阴历正月十五元宵节，虚岁二十，周岁十九。庄上有个青年叫"小晚"，正和艾艾搞恋爱。故事就出在他们两个人身上。

小说

照我这么说,性急的朋友们或者要说我不在行:"怎么一个'罗汉钱'还要交代半天,说到故事中间的人物,反而一句也不交代?照这样说下去,不是五分钟就说完了吗?"其实不然:有些事情不到交代时候,早早交代出来是累赘;到了该交代的时候,想不交代也不行。闲话少说,我还是接着说吧:

张木匠一家就这么三口人——他两口子和这个女儿艾艾——独住一个小院:他两口住北房,艾艾住西房。今年①阴历正月十五夜里,庄上又要玩龙灯,张木匠是老把式,甩尾巴的,吃过晚饭丢下碗就出去玩去了。艾艾洗罢了锅碗,就跟她妈相跟着,锁上院门,也出去看灯去了。后来三个人走了个三岔:张木匠玩龙灯,小飞蛾满街看热闹,艾艾可只看放花炮起火,因为花炮起火是小晚放的。艾艾等小晚放完了花炮起火就回去了,小飞蛾在各街道上飞了一遍也回去了,只有张木匠不玩到底放不下手,因此他回去得最晚。

艾艾回得北房里等了一阵等不回她妈来,就倒在她妈的床上睡觉了。小飞蛾回来见闺女睡在自己的床上,就轻轻推了一把说:"艾艾!醒醒!"艾艾没有醒来,只翻了一个身,有一个明晃晃的小东西从她衣裳口袋里溜出来,叮铃一声掉到地下,小飞蛾端过灯来一看:"这闺女!几时把我的罗汉钱偷到手?"她的罗汉钱原来藏在板箱子里边的首饰匣子里。这时候,她也不再叫艾艾,先去放她的罗汉钱。她拿出钥匙来,先开了箱子上的锁,又开了首饰匣子上的锁,到她原来放钱的地方放钱:"咦!怎么我的钱还在?"摸出来拿到灯下一看:一样,都是罗汉钱,她自己那一个因为隔着两层木头没有见过潮湿气,还是那么黄,只是不如艾艾那个亮一点。她看了艾艾一眼,艾艾仍然睡得那么憨(酣)。她自言自语说:"憨闺女!你怎么也会干这个了?说不定也是戒指换的吧?"她看看艾艾的两只手,光光的;捏了捏口袋,似乎有个戒指,掏出来一看是顶针圈儿。她叹了一口气说:"唉!算个甚?娘儿们一对戒指,换了两个罗汉钱!明天叫五婶再去一趟赶快给她把婆家说

---

① 指1950年。

定了就算了！不要等闹出什么故事来！"她把顶针圈儿还给艾艾装回口袋里去，拿着两个罗汉钱想起她自己那一个钱的来历。

这里就非交代一下不行了。为了要说明小飞蛾那个罗汉钱的来历，先得从小飞蛾为什么叫"小飞蛾"说起：

二十多年前，张木匠在一个阴历腊月三十日娶亲。娶的这一天，庄上人都去看热闹。当新媳妇取去了盖头红的时候，一个青年小伙子对着另一个小伙子的耳朵悄悄说："看！小飞蛾！"那个小伙子笑了一笑说："活像！"不多一会，屋里，院里，你的嘴对我的耳朵，我的嘴又对他的耳朵，各哩各得都嚷嚷这三个字——"小飞蛾""小飞蛾""小飞蛾"……

原来这地方一个梆子戏班里有个有名的武旦，身材不很高，那时候也不过二十来岁，一出场，抬手动脚都有戏，眉毛眼睛都会说话。唱《金山寺》她装白娘娘，跑起来白罗裙满台飞，一个人撑满台，好像一只蚕蛾儿，人都叫她"小飞蛾"。张木匠娶的这个新媳妇就像她——叫张木匠自己说，也说是"越看越像"。

第二天是大年初一，按这地方的习惯，用两个妇女搀着新媳妇，一个小孩在头里背条红毯儿，到邻近各家去拜个年——不过只是走到就算，并不真正磕头。早饭以后，背红毯的孩子刚一出门，有个青年就远远地喊叫："都快看！小飞蛾出来了！"他这么一喊，马上聚了一堆人，好像正月十五看龙灯那么热闹，新媳妇的一举一动大家都很关心："看看！进了她隔壁五婶院子里了！""又出来了又出来了！到老秋孩院子里去了！……"

张木匠娶了这么个媳妇，当然觉得是得了个宝贝，一九里，除了给舅舅去拜了一趟年，再也不愿意出门，连明带夜陪着小飞蛾玩；穿起小飞蛾的花衣裳扮女人，想逗小飞蛾笑；偷了小飞蛾的斗方戒指，故意要叫小飞蛾满屋子里撵他……可是小飞蛾偏没心情，只冷冷地跟他说："不要打哈哈！"

几个月过后，不知道谁从小飞蛾的娘家东王庄带了一件消息来，说小飞蛾在娘家有个相好的叫保安。这消息传到张家庄，有些青年小伙子就和张木匠开玩笑："小木匠，回去先咳嗽一声，不要叫跟保安碰了头!""小飞蛾是你的?至少有人家保安一半!"张木匠听了这些话,才明白了小飞蛾对自己冷淡的原因,好几次想跟小飞蛾生气,可是一进了家门,就又退一步想:"过去的事不提它吧,只要以后不胡来就算了!"后来这消息传到他妈耳朵里,他妈把他叫到背地里,骂了他一顿"没骨头",骂罢了又劝他说:"人是苦虫!痛痛打一顿就改过来了!舍不得了不得……"他受过了这顿教训以后,就好好留心找小飞蛾的岔子。

有一次他到丈人家里去,碰见保安手上戴了个斗方戒指,和小飞蛾的戒指一个样;回来一看小飞蛾手,小飞蛾的戒指果然只留下一只。"他妈的!真是有人家保安一半!"他把这消息报告了他妈,他妈说:"快打吧!如今打还打得过来!要打就打她个够受!轻来轻去不抵事!"他正一肚子肮脏气,他妈又给他打了打算盘,自然就非打不行了。他拉了一根铁火柱正要走,他妈一把拉住他说:"快丢手!不能使这个!细家伙打得疼,又不伤骨头,顶好是用小锯子上的梁!"

他从他的一捆木匠家具里边抽出一条小锯梁子来,尺半长,一指厚,木头很结实,打起来管保很得劲。他妈为什么知道这家具好打人呢?原来他妈当年轻时候也有过小飞蛾跟保安那些事,后来是被老木匠用这家具打过来的。闲话少说:张木匠拿上这件得劲的家伙,黑丧着脸从他妈的房子里走出来,回到自己的房里去。

小飞蛾见他一进门,照例应酬了他一下说:"你拿的那个是什么?"张木匠没有理她的话,用锯梁子指着她的手说:"戒指怎么只剩了一只?说!"这一问,问得小飞蛾头发根一支权。小飞蛾抬头看看他的脸,看见他的眼睛要吃人,吓得她马上没有答上话来,张木匠的锯梁子早就打在她的腿上了。她是个娇闺女,从来没有挨过谁一下打,才挨了一下,痛得她叫了一声低下头去摸腿,又被张木匠抓住她的头发,把她按在床边上,拉下裤子来"披、披、披"一连打了好几十下。她起先还怕招得人来看笑话,憋住气不想哭,后来实在支不住了,只顾喘气,想哭也哭不上来,等到张木匠打得没了劲扔下家伙走出去,她觉得浑身的筋往一处抽,喘了半天才哭了一声就又压住了气,头上的汗,把头发湿得跟在热汤里捞出来的一样,就这样喘一阵哭一声喘一阵哭一声,差不多有一顿饭工夫哭声才连起来。一家住一院,外边人听不见,张木匠打罢了早已走了，婆婆连看也不来看，远远地在北房里喊："还哭什么？看多么排场？多么有体面？"小飞蛾哭了一阵以后，屁股蛋疼得好像谁用锥子剜，摸了一摸满手血，咬着牙兜起裤子，站也站不住。

她的戒指是怎样送给保安的，以后张木匠也没有问，她自己自然也没有说。原来是她在端午那一天到娘家去过节，保安想要她个贴身的东西，她给保安卸了一个戒指；她也要叫保安给她个贴身的东西，保安把口里衔的罗汉钱送了她。

自从她挨了这一顿打之后，这个罗汉钱更成了她的宝贝。人怕伤了心：从挨打那天起，她看见张木匠好像看见了狼，没有说话先哆嗦。张木匠也莫想看上她一个笑脸——每次回来，从门外看见她还是活人，一进门就变成死人了。有一次，一个鸡要下蛋，没有回窝里去，小飞蛾正在院里撵，张木匠从外边回来，看见她那神气，真有点像在戏台上系着白罗裙唱白娘娘的那个小飞蛾，可是小飞蛾一看见他，就连鸡也不撵了，赶紧规规矩矩走回房子里去。张木匠生了气，撵到房子里跟她说："人说你是'小飞蛾'，怎么一见了我就把你那翅膀耷拉下来了？我是狼？""呱"一个耳刮子。小飞蛾因为不愿多挨耳刮子，也想在张木匠面前装个笑脸，可惜是不论怎么装也装得不像，还不如不装。张木匠看不上活泼的小飞蛾，觉着家里没了趣，以后到外边做活，一年半载不回家，路过家门口也不愿进去，听说在外面找了好几个相好的。张木匠走了，家里只留下婆媳两个。婆婆跟丈夫是一势，一天跟小飞蛾说不够两句话，路上碰着了扭着脸走，小飞蛾离娘家虽然不远，可是有嫌疑，去不得；娘家爹妈听说闺女丢了丑，也没有脸来看望。这样一来，全世界上再没有一个人跟小飞蛾是一势了，小飞蛾只好一面伺候婆婆，一面偷偷地玩她那个罗汉钱。她每天晚上打发婆婆睡了觉，回到自己房子里关上门，把罗汉钱拿出来看了又看，有时候对着罗汉钱悄悄说："罗汉钱！要命也是你，保命也是你！人家打死我我也不舍你！咱俩死活在一起！"她有时候变得跟小孩子一样，把罗汉钱暖到手心里，贴到脸上，按到胸上，衔到口里……除了张木匠回家来那有数的几天以外，每天晚上她都是离了罗汉钱睡不着觉，直到生了艾艾，才把它存到首饰匣子里。

她剩下的那只戒指是自从挨打之后就放进首饰匣子里去的。当艾艾长到十五那一年,她拿出匣子来给艾艾找帽花,艾艾看见了戒指就要。她生怕艾艾再看见罗汉钱,赶快把戒指给了艾艾就把匣子锁起来了。那时候张木匠和小飞蛾的关系比以前好了一点,因为闺女也大了,他妈也死了,小飞蛾和保安也早就没有联系了。又因为两口子只生了艾艾这么个孤闺女,两个人也常借着女儿开开玩笑。艾艾戴上了小飞蛾那只斗方戒指,张木匠指着说:"这原来是一对来!"艾艾问:"那一只哩?"张木匠说:"问你妈!"艾艾正要问小飞蛾,小飞蛾翻了张木匠一眼。艾艾只当是她妈丢了,也就不问了。这只戒指就是这么着到了艾艾手的。

以前的事已经交代清楚,再回头来接着说今年(一九五〇年)正月十五夜里的事吧:

小飞蛾手里拿着两个罗汉钱,想起自己那个钱的来历来,其中酸辣苦甜什么味儿也有过:说这算件好事吧,跟着它吃了多少苦;说这算件坏事吧,想一遍也满有味。自己这个,不论好坏都算过去了;闺女这个又算件什么事呢?把它没收了吧,说不定闺女为它费了多少心;悄悄还给她吧,难道看着她走自己的伤心路吗?她正在想来想去得不着主意,听见门外有人走得响,张木匠玩罢了龙灯回来了,因此她也再顾不上考虑,两个钱随便往箱里一丢,就把箱子锁住。

这时候鸡都快叫了,张木匠见艾艾还没有回房去睡,就发了脾气:"艾艾,起来!"因为他喊的声音太大,吓得艾艾哆嗦了一下一骨碌爬起来,瞪着眼问:"什么事,什么事?"小飞蛾说:"不能慢慢叫?看你把闺女吓得那个样子!"又向艾艾说:"艾!醒了没有?什么事也没有,你爹叫你回去睡哩!"张木匠说:"看你把她惯成什么样子!"艾艾这才醒过来,什么也没有说,笑了一笑就走了。

张木匠听得艾艾回西房去关上门,自己也把门关上,回头一边脱衣服一边悄悄跟小飞蛾说:"这二年给咱艾艾提亲的那么多,你总是挑来挑去都觉着不合适。东院五婶说的那一家有成呀没成?快把她出脱了吧!外面的闲话可大哩!人家都说:一个马家院的燕燕,一个咱家的艾艾,是村里两个招风的东西;如今燕燕有了主了,就光剩下咱艾艾了!"小飞蛾说:"不是听说村公所不准燕燕跟小进结婚吗?我听说他们两个要到区上登记,村公所不给开证明,后来怎么又说成了?"张木匠说:"人家说她招风,就指的是她跟小进的事,当然人家不给他们证明!后来说的另是一家西王庄的,是五婶给保的媒,后天就要去办登记!"小飞蛾说:"我看村公所那些人也是些假正经,瞎挑眼!既然嫌咱艾艾的声名不好,这二年说媒的为什么那么多哩?民事主任为什么还托着五婶给他的外甥提哩?"张木匠说:"我这几天只顾玩灯,也忘记了问你:这一家这几年过得究竟怎么样?"小飞蛾说:"我也摸不着!虽说都在一个东王庄,可是人家住在南头,我妈住在北头,没有事也不常走动。五婶说她明天还要去,要不我明天也到我妈家走一趟,顺便到他家里看看去吧?"张木匠说:"也可以!"停了一下子他又向小飞蛾说:"我再问你个没大小的话:咱艾艾跟小晚究竟是有的事呀没的事?"小飞蛾当然不愿意把罗汉钱的事告诉给他,只推他说:"不用管这些吧!闺女大了,找个婆家打发出去就不生事了!"

二 眼 力

艾艾也和她妈年轻时候一样,自从有了罗汉钱,每天晚上把钱捏在手里,衔在口里睡觉。这天晚上回去把衣服上的口袋摸遍了,也找不着罗汉钱,掌着灯满地找也找不着,只好空空地睡了。第二天早晨她比谁也起得早,为了找罗汉钱,起来先扫地,扫得特别细致——结果自然还是找不着。停了一会,她听见妈妈开了门,她就又跑去给她妈扫地。她妈见她钻到床底下去扫,明知道她是找钱,也明知道是白费工夫找不着,可是也不好向她说破,只笑着说了一句:"看我的艾艾多么孝顺?"

吃过早饭,五婶来叫小飞蛾往娘家去,张木匠照着二十多年来的老习惯自然要跟着去。

张木匠这个老习惯还得交代一下:自从二十多年前他发现小飞蛾把一只戒指送给了保安以后,知道小飞蛾并不爱他,不是就跟小飞蛾不好了吗?可是每当小飞蛾要去娘家的时候,他就又好像很爱护她,步步不离她。后来他妈也死了,艾艾也长大了,两个人的关系又定下来了,可是还不改这个老习惯。有一回,小飞蛾说:"还不放心吗?"张木匠说:"反正跟惯了,还是跟着去吧!"直到现在还是这样。

五婶、张木匠、小飞蛾三个人都要动身了,小飞蛾说:"艾艾!你不去看看你姥姥!"艾艾说:"我不去!初三不是才去过了吗?"张木匠说:"不去就不去吧!好好给我看家!不要到外边飞去!"说罢,三个人就相跟着走了。

艾艾仍忘不了找她的罗汉钱。她要是寻出钥匙,到箱子里去找,管保还能多找出一个来,不过她梦也梦不到箱子里,她只沿着她到过的地方找,直找到晌午仍是没有影踪。钱找不着,也没有心思做饭吃,天气晌午多了,她只烤了两个馒头吃了吃。

刚刚吃过馒头,小晚来了。艾艾拉住小晚的手,第一句话就是:"罗汉钱丢了!""丢就丢了吧!""气得我连饭也吃不下去!""那也值得生个气?我看那都算不了什么!在着能抵什么用?听说你爹你妈跟东院里五奶奶去给你找主儿去了。是不是?""咱哪里知道那老不死的为什么那么爱管闲事?""咱们这算吹了吧?""吹不了!""要是人家说成了呢?""成不了!""为什么?""我不干!""由得了你?""试试看!"正说着,外边有人进来,两个人赶快停住。

进来的是马家院的燕燕。艾艾说:"燕燕姊!快坐下!"燕燕看见只有他们两个人,就笑着说:"对不起!我还是躲开点好!"艾艾笑了笑没答话,按住肩膀把她按得坐到凳子上。燕燕问:"你们的事怎么样?想出办法来了没有?"艾艾说:"我们正谈这个!"燕燕的眼圈一红接着就说:"要办快想法,不要学我这没出息的耽搁了事!"说了这么句话,眼里就滚出两点泪来,引得艾艾和小晚也陪着她伤心,眼边也湿了。

过了一阵,三个人都揉了揉眼,小晚问燕燕:"不是还没有登记?"燕燕说:"明天就要去!"艾艾问:"这个人怎么样?"燕燕说:"谁可见过人家个影儿?"艾艾又问:"不能改口了吗?"燕燕说:"我妈说:'你不愿意我就死在你手!'我还说什么?"艾艾说:"去年腊月你跟小进到村公所去写证明信,村公所不给写,是怎么说的?什么理由?"燕燕说:"什么理由!还不是民事主任那个死脑筋作怪?人家说咱声名不正,除不给写信,还叫我检讨哩!"小晚说:"明天你再去了,人家民事主任就不要你检讨了吗?"燕燕说:"那还用我亲自去?只要是父母主婚,谁去也写得出来;真正自由的除不给写还要叫检讨!就那人家还说是反对父母主婚!"小晚向艾艾说:"我看咱这算吹了!五奶奶今天去给你说的这个,一来是人家民事主任的外甥,二来又有你妈作主。你妈今天要听了东院五奶奶的话,回来也跟你死呀活呀地一闹,明天你还不跟人家到区上去登记?"艾艾说:"我妈可不跟我闹,她还只怕我闹她哩!"

　　正说着,门外跑进一个人来,隔着窗就先喊叫:"老张叔叔,老张叔叔!"艾艾拉了燕燕一把说:"小进哥哥又来找你!"还没等燕燕答话,小进就跑进来了。燕燕本来想找他诉一诉苦,两三天也没有找着个空子,这会见他来了,赶快和艾艾坐到床边,把凳子空出来让他坐,两眼直对着他,可是一时想不起来该怎样开口。小进没有理她,也没有坐,只朝着艾艾说:"老张叔叔哩?场上好多人请他教我们玩龙灯去哩!"艾艾说:"我爹到我姥姥家去了。你快坐下!"小进说:"我还有事!"说着翻了燕燕一眼就走出去,走到院里,又故意叫着小晚说:"小晚!到外边玩玩去吧,瞎磨那些闲工夫有什么用处?回去叫你爹花上几石米吧!有的是!"说着就走远了。燕燕一肚子冤枉没处说,一埋头趴在床边哭起来,艾艾和小晚两个人劝也劝不住。

　　劝了一会,燕燕忍住了哭跟他两个人说:"我劝你们早些想想办法吧!你看弄成这个样子伤心不伤心?"艾艾说:"你看有什么办法?村里的大人们都是些老脑筋,谁也不愿揽咱的事,想找个人到我妈跟前提一提也找不着。"小晚说:"说好话的没有,说坏话的可不少;成天有人劝我爹说:'早些给孩子定上一个吧!不要叫尽管耽搁着!'"燕燕猛然间挺起腰来,跟发誓一样地说:"我来当你们的介绍人!我管跟你们两头的大人们提这事!"又跟艾艾说:"一村里就咱这么两个不要脸闺女,已经耽搁了一个我,难道叫连你也耽搁了?"小晚站起来说:"燕燕姊!我给你敬个礼!不论行不行冒跟我爹提一提!不行也不过是吹了吧?总比这么着不长不短好得多!就这样吧,我得走了!不要让民事主任碰上了再叫你们检讨!"说了就走了。

　　艾艾又和燕燕计划了一下,见了谁该怎样说见了谁该怎样说,东院里五奶奶要给民事主任的外甥说成了又该怎样顶。她两人正计划得起劲,小飞蛾回来了。她两个让小飞蛾坐了之后,燕燕正打算提个头儿,可是还没有等她开口,五婶就赶来了。五婶说:"不论说人,不论说家,都没有什么包弹的!婆婆就是咱村民事主任的姊姊,你还不知道人家那脾气多么好?闺女到那里管保受不了气!你还是不要错打了主意!"小飞蛾说:"话叫有着吧!回头我再和她爹商量商量!"五婶见小飞蛾不愿意,又应酬了几句就走了,艾艾可喜得满脸笑涡。

小飞蛾为什么不愿意呢?这就得谈谈她这一次去娘家的经过:早饭后他们三个人相跟着到了东王庄,先到了小飞蛾她妈家里。五婶叫小飞蛾跟她到民事主任的外甥家里看看去,小飞蛾说:"相跟去了不好!不如你先到他家去,我随后再去,就说是去叫你相跟着回去,省得人家说咱是亲自送上门的!"

南头这家也只有三口人——老两口,一个孩子——就是张家庄民事主任的姊姊、姊夫和外甥:孩子玩去了,家里只剩下老两口。五婶一进去,老汉老婆齐让坐。几句见面话说过后,老汉就问:"你说的那三家,究竟是哪一家合适些?"五婶说:"依我看都差不多,不过那两家都有主了,如今只剩下小飞蛾家这一个了!"老汉说:"怎么那么快?"五婶说:"十八九的大姑娘自然快得很了!"老婆向老汉说:"我叫快点决定,你偏是那么慢腾腾地拖!好的都叫人家挑完了!"五婶故意说:"小一点的不少!就再说个十四五的吧?反正还比你的孩子大?"老婆说:"老嫂子!不要说笑话了!我要是愿意要十四五的,还用得搬你这么大的面子吗?"五婶说:"要大的可算再找不上了!你怎么说'好的都叫人家挑完了'?我看三个里头,就还数人家小飞蛾这一个标致!我想你也该见过吧!长得不是跟二十年前的小飞蛾一个样吗?"老婆说:"人样儿满说得过去,不过听说她声名不正!"五婶说:"要不是那点毛病,还能留到十八九不占个家吗?以前那两个不一样吗?"老婆说:"要是有那个毛病,咱不是花着钱买个气布袋吗?"五婶说:"你不要听外人瞎谣传!要真有大毛病的话,你娘家兄弟还叫我来给你提吗?那点小毛病也算不了什么,只要到咱家改过来就行了!"老汉说:"还改什么?什么样的老母下什么样的儿!小飞蛾从小就是那么个东西!"五婶说:"改得了!人是苦虫!痛痛打一顿以后就没有事了!"老汉说:"生就的骨头,哪里打得过来?"五婶说:"打得过来,打得过来!小飞蛾那时候,还不是张木匠一顿锯梁子打过来的?"

他们正说到这里,小飞蛾正走到当院里,正赶上听见五婶末了说的那两句话。她一听,马上停了步,看了看院里没人,就又悄悄溜出院来往回走。她想:"难道这挨打也得一辈传一辈吗?去你妈的!我的闺女用不着请你管教!"回到她家里,她妈和张木匠都问:"怎么样?"她说:"不行!不跟他来!"大家又问她为什么,她说:"不提他吧!反正不合适!"她妈见她咕嘟着个嘴,问她怎么那样不高兴,她自然不便细说,只说是"昨天晚上熬了夜",说了就到套间里睡觉去了。

其实她怎么睡得着呢?五婶那两句话好象戳破了她的旧伤口,新事旧事,想起来再也放不下。她想:"我娘儿们的命运为什么这么一样呢?当初不知道是什么鬼跟上了我,叫我用一只戒指换了个罗汉钱,害得后来被人家打了个半死,直到现在还跟犯人一样,一出门人家就得在后边押解着。如今这事又出在我的艾艾身上了。真是冤孽:我会干这没出息事,你偏也会!从这前半截事情看起来,娘儿们好像钻在一个圈子里。傻孩子呀!这个圈子,你妈半辈子没有得跳出去,难道你就也跳不出去了吗?"她又前前后后想了一下:不论是和她年纪差不多的姊妹们,不论是才出了阁的姑娘们,凡有像罗汉钱这一类行为的,就没有一个不挨打——婆婆打,丈夫打,寻自尽的,守活寡的……"反正挨打的根儿已经扎下了!贱骨头!不争气!许就许了吧!不论嫁给谁还不是一样挨打?"头脑要是简单一点,打下这么个主意也就算了,可是她的头脑偏不那么简单,闭上了眼睛,就又想起张木匠打她那时候那股牛劲:瞪起那两只吃人的眼睛,用尽他那一身气力,满把子揪住头发往那床沿上"扑差"一按,跟打骡子一样一连打几十下也不让人喘口气……"妈呀!怕煞人了!二十年来,几时想起来都是满身打哆嗦!不行!我的艾艾哪里受得住这个?……"就这样反一遍、正一遍尽管想,响午就连一点什么也吃不下去,为着应付她妈,胡乱吃了四五个饺子。

午饭以后,五婶等不着她,就到她妈家里来找。五婶还要请她到南头看看,她说"怕天气晚了赶天黑趁不到家"。三个人往张家庄走,五婶还要跟她麻烦,说了民事主任的外甥一百二十分好。她因为不想听下去,又拿出二十多年前那"小飞蛾"的精神在前边飞,虽说只跟五婶

小说

差十来步远,可弄得五婶直赶了一路也没有赶上她。进了村,张木匠被一伙学着玩龙灯的青年叫到场里去了,小飞蛾一直飞回了家。五婶还不甘心,就赶到小飞蛾家里,后来碰了个软钉子,应酬了几句就走了。艾艾见她妈没有答应了,自然眉开眼笑;燕燕看见这情形,也觉着要说的话更好说一点。

燕燕趁着小飞蛾没有注意,给艾艾递了个眼色叫她走开。艾艾走开了,燕燕就向小飞蛾说:"婶婶!我也给艾艾做个媒吧?"小飞蛾觉着她有点孩子气,笑着跟她说:"你怎么也能做媒?"燕燕也笑着说:"我怎么就不能做媒?"小飞蛾说:"你有人家东院五婶那张嘴?"燕燕说:"她那么会说,怎么还没有把你说得答应了她?"小飞蛾说:"不合适我就能答应她了?"燕燕说:"可见全看合适不合适,不在乎会说不会说!我提一个管保合适!"小飞蛾说:"你冒说说!"燕燕说:"我提小晚!"小飞蛾说:"我早就知道你说的是他!快不要提他!你们这些闺女家,以后要放稳重点!外边闲话一大堆!"燕燕说:"我也学东院五奶奶几句话:'不论说人,不论说家,都没有什么包弹的!'不过我的话比她的话实在得多,不像她那老糊涂,'有的说没的道!'婶婶!你想想我的话对不对?"小飞蛾说:"你光说好的,不说坏的!外边的闲话你挡得住吗?"燕燕说:"闲话也不过出在小晚身上,说闲话的人又都是些老脑筋,索性把艾艾嫁给小晚,看他们还有什么说的?"小飞蛾一想:"这孩子不敢轻看!这么办了,管保以后不生闲气,挨打这件事也就再不用传给艾艾了!"她这么一想,觉着燕燕实在伶俐可爱,就伸手抚摩着燕燕的头发说:"好孩子!你还当得了个媒人!"燕燕见她转过弯来,就紧赶着问她:"婶婶!你算愿意了吧?"小飞蛾说:"好孩子!不要急!还有你叔叔!等他回来跟他商量商量!"

燕燕说服了小飞蛾,就辞别过小飞蛾去给艾艾报喜信,不想一出门,艾艾就站在窗外。艾艾拉住她的手,叫她不要声张。两个人相跟着到了院门外,燕燕说:"都听见了吧!"艾艾说:"听见了!谢谢你!"燕燕说:"且不要谢,还有一头哩!你先到街上看灯去,到合作社门口那个热闹地方等着我,我到小晚家试试看!"说了就走了。

燕燕到了小晚家,也走的是妇女路线,先和小晚她娘接头。这地方的普通习惯，只要女家吐了口，男家的话好说，没有费多大工夫，就说妥了。

　　她跑到合作社门口，拉上艾艾走到个僻静处，把胜利的结果一报告，并且说："只要你妈今天晚上能跟你爹说通，明天就可以去登记。"艾艾听罢，自然是千恩万谢高高兴兴回去了，剩下她想想人家的事，又想想自己的事，两下一对照，伤心得很，趁着这个僻静地方，悄悄哭了一大阵，直到街上人都散了她才回去，回去躺下之后，一直考虑"明天到区上还是牺牲自己呀，还是得罪妈妈"，一夜也不曾合上眼。

　　小飞蛾呢？自从燕燕和艾艾走出去，她把小晚这一家子细细研究了好几遍：日子也过得，家里也和气，大人们脾气都很平和，孩子又漂亮又正干，年纪也相当，挑来挑去挑不着毛病。这时候，她完全同意了，暗暗夸奖艾艾说："好孩子！你的眼力不错！说闲话的人真是老脑筋！"想到这里，她又想起头一天晚上那个罗汉钱。她又揭开箱子找出那个钱来，心想还了艾艾，又想不到该怎样还她。她正拿着这个在手里搓来搓去想法子，艾艾一股劲跑回来。艾艾看见她手里有个东西，就问："妈！你拿了个什么的？"小飞蛾用两根指头捏起来问她说："罗汉钱！""哪儿来的？""我拾（拣）的！""妈！那是我的！""你哪儿来的？""我，我也是拾的！"艾艾说着就笑了。小飞蛾看了看她的脸说："是你的还给了你！"艾艾接过来还装在她的衣裳口袋里。

　　一会，张木匠玩罢龙灯回来了，艾艾回房去做她的好梦，张木匠和小飞蛾商量艾艾的婚事。

三　不准登记

　　当天晚上，艾艾回房以后，明知道她的爹妈要谈自己的婚事，自然睡不着觉，趴在窗上听了一会，因为隔着半个院子两重窗，也听不出道理来，只听见了两句话。听见两句什么话呢？当她爹妈谈了一阵争执起来之后，她妈说："你说这么办了有什么坏处？"她爹说："坏处是没有，不过挡不住村里人说闲话！"以后的声音又都低下去，艾艾就听不见了。

这一晚艾艾自然没有睡好，第二天早晨起来，本来想先去找燕燕，可是乡村姑娘们，要是家里没个嫂嫂的话，扫地，抹灰尘，生火做饭，洗锅碗这几件事就成了自己照例的公事，非办不行。她只担心燕燕往区上走了，好容易等到吃过饭，把碗筷收拾起来泡到锅里，偷偷地用锅盖盖起来就跑到燕燕家里去。

她本来想请燕燕替她问一问她妈和她爹商量的结果如何，可是一到了燕燕家，就碰上了别的情况，这番话就不得不搁一搁。这时候，燕燕在床上躺着，她妈坐在那里央告她起来，五婶站在地上等候着。艾艾问："燕燕姊怎么样了？"燕燕她妈说："燕燕只怕呕不死我哩！"燕燕躺着说："都由了你了，还要说我是跟你呕气！"她妈说："不是呕气怎么不起来啊？好孩子！不要呕了快起！来让你五奶奶给你说到区上的规矩！再到村公所要上一封介绍信，快走吧！天不早了！"燕燕说："我死也不去村公所！我还怕民事主任再要我检讨哩！"她妈说："小奶奶！你不去村公所我替你去！可是你也得起来叫你五奶奶给你说说规矩呀？"燕燕赌着气坐起来说："分明是按老封建规矩办事，偏要叫人假眉三道去出洋相！什么好规矩？说吧！"五婶见她的气色不好，就先劝她说："孩子！再不要别别扭扭的！要喜欢一点！这是恭喜事！"燕燕说："快说你们那假眉三道的规矩吧！什么恭喜事？你们喜的吧，我也喜的？"五婶说："算了算了！气话不要说了！到了区上，我把介绍信递给王助理员。王助理员看了信，问你多大了，你就说多大了；问你是'自愿'吗？你就说'自愿'……"燕燕说："这哪里能算自愿？"五婶说："傻孩子！你就那么说对了！问过自愿以后，他要不再问什么就算了；他要再问你为什么愿意，你就说'因为他能劳动'"。燕燕说："屁！我连人家个鬼影儿也没有见过，怎么知道人家劳动不劳动？"她妈说："我这闺女的主意可真哩！呕不死我总不能算拉倒！"燕燕说："妈！这怎么能算是我呕你？我真正是不知道呀！你也不要生气了！要我说什么我给你说什么好了！反正就是个我来！五奶奶！还有什么鬼路道，一股气说完了算！我都照着你的来！"五婶说："也再没有什么了！"

这时候，小晚来找艾艾，见燕燕母女俩闹得不开交，也就站住来看结果。结果是燕燕答应到了区上照五婶的话说，她妈跟五婶替她到村公所去要介绍信。

等燕燕她妈跟五婶出去之后,艾艾跟燕燕说:"燕燕姊!你今天不高兴,我也不知道该怎样劝劝你……"燕燕说:"我这辈子算现成了,还有什么高兴不高兴?我还没有问你:你爹同意不同意?"艾艾说:"我也不好问!你今天遇了事了,改日再说吧!"燕燕说:"不!我偏要马上管!要管管到底,不要叫都弄成我这样!能办成一件也叫我妈长长见识!你就在我这里等一等,让我去问一问你妈,要是答应了,咱们相跟到区上去!"

燕燕走了,剩下了小晚和艾艾。艾艾说:"听我爹那口气,好像也不反对,听说你家的大人们也愿意了,现在担心的只是民事主任的介绍信!"小晚说:"我也是这么想:咱庄上凡是他插过腿的事,不依了他就都出不了他的手。别看他口口声声说你声名不好,只要嫁给他的外甥,管保就没事了!"艾艾说:"对!事情是明明白白的!他不给咱们写,咱们该怎么办?"两个人都愣了,谁也想不出办法来。停了一会,燕燕回来了,说是张木匠也愿意了,可以一同到区上去登记。艾艾跟她说到村公所写介绍信不容易,她也觉着是一件难事,后来想了想说:"你们去吧!趁着他给我写罢了你们就提出,他要是不愿意写的话,你们就问他'别人来了可以替人写,亲自来了为什么不行?'看他说什么!"小晚说:"对!他要是再不给写,咱俩就不拿介绍信到区上去登记。区上问起介绍信,咱就说民事主任是封建脑筋,别人去了可以替人写,自己去了偏不给写!"艾艾说:"那样你不把燕燕姊的事给说漏了吗?"燕燕说:"说漏了自然更好了!你们给说漏了,我妈也怨不着我!"小晚说:"人家要问介绍人哩?"燕燕说:"就说是我!"小晚说:"写信时候,介绍人也得去呀?"燕燕想了一想说:"可以!我跟你们去!"艾艾说:"你不是不愿意到村公所去吗?"燕燕说:"我是不去要我的介绍信,给别人办事还可以。咱们到村公所门口等着,等我妈一出门咱们就进去!"艾艾说:"民事主任要说你声名不正不能当介绍人呢?"燕燕说:"这回我可有话说!"三个人商量好了,就往村公所去。他们正走到村公所门口,他妈跟五婶就出来了。五婶说:"不用来了!信写好了!"燕燕说:"我也得问问是怎么写的,不要叫去了说不对!"她妈听着只当是燕燕真愿意了,就笑着跟她说:"你要早是这样,不省得妈来跑一趟?快问问回来吃些饭走吧!"说着就分头走开。

　　他们三个走进村公所,民事主任才写过信,墨盒还没有盖上。民事主任看见他们这几个人在一块就没有好气,撇开艾艾和小晚,专对燕燕说:"回去吧!信已经交给你妈了!"燕燕说:"我知道!这回是给他们两个人写!"主任瞟了小晚和艾艾一眼说:"你两个?""我两个!""自己也都不检讨一下!"小晚说:"检讨过了!我两个都愿意!"主任说:"怕你们不愿意哩?"艾艾说:"你说怕谁不愿意?我爹我妈也都愿意!"小晚说:"我爹我妈也都愿意!"主任说:"谁的介绍人?"燕燕说:"我!""你怎么能当介绍人?""我怎么不能当介绍人?""趁你的好声名哩?""声名不好为什么还给我写介绍信?"主任答不上来就发了脾气:"去你们的!都不是正经东西!"艾艾看见仍不行了,就又顶了他一句:"嫁给你的外甥就成了正经东西了。是不是?"

　　这一下更问得主任出不上气来。主任对艾艾,确实有两种正相反的估价:有一次,他看见艾艾跟小晚拉手,他自言自语说:"坏透了!跟年轻时候的小飞蛾一个样!"又一次,他在他姊姊家里给他的外甥提亲提到了艾艾名下,他姊姊说:"不知道闺女怎么样?"他说:"好闺女!跟年轻时候的小飞蛾一个样!"这两种评价,在他自己看起来并不矛盾:说"好"是指她长得好,说"坏"是指她的行为坏——他以为世界上的女人接近男人就是坏透了的行为。不过主任对于"身材"和"行为"还不是平均主义看法:他以为"身材"是天生的,是什么就是什么;行为是可以随着丈夫的意思改变的,只要痛痛打一顿,说叫她变个什么样就能变成个什么样。在这一点上,他和东院五婶的意见根本相同,可是这道理他向艾艾说不得,要是说出来,艾艾准会对他说:"这个民事主任用不着你来当,最好是让给东院五奶奶当吧!"

　　闲话少说,还是接着说吧:当艾艾问嫁给他的外甥算不算正经的时候,他半天接不上气来,就很蛮地把墨盒盖子一盖说:"任你们有天大的本事,这个介绍信我不写!"艾艾说:"不写我们也要去登记!区上问起来我就请他们给评一评这个理!"主任说:"不服劲你就去试试!区上又不是不知道你们的好声名!"吵了半天,还是不给写,他们只得走出来。

　　燕燕回家去吃过饭，艾艾回家去洗过锅碗，五婶、燕燕、小晚和艾艾，四个人都往区上去。

　　三个青年人都觉着五婶讨厌，故意跑在前边不让五婶追上，累得五婶直喘气。走到区公所门口，门口站着五六个人，男女老少都有，只是一个也认不得。原来五婶约着人家西王庄那个孩子在区公所门口等，现在这五六个人，好像也都是等人，有两个大人似乎也是当介绍人的，其中有两个青年男子，一个有二十多岁，一个有十五六岁。燕燕他们三个人，都估量着那个十五六岁的就是给燕燕说的那一个，因为五婶说过"实岁数是十五"，可是谁也认不得，不愿意随便打招呼。停了一会，五婶赶到了。五婶在区门边一看说："怎么西王庄那个孩子还没有来？"她这么一说，他们三个才知道是估量错了，原来哪一个也不是。就在这时候，收发室里跑出一个小孩子来向五婶嚷着说："老大娘！我早就来了！"嗓子比燕燕的嗓子还尖。燕燕一看，比自己低一头，黑光光的小头发，红红的小脸蛋，两只小眼睛睁得像小猫，伸直了他的小胖手，手背上还有五个小涡涡。燕燕想："这孩子倒也很俏皮，不过我看他还该吃奶，为什么他就要结婚？"五婶说："咱们进去吧！"他们先到收发处挂了号，四个人相跟着进去了。

　　正月天，亲戚们彼此来往得多，说成了的亲事也特别多，王助理员的办公室挤满了领结婚证的人，累得王助理员满头汗。屋子小，他们进去站在门边，只能挨着次序往桌边挤。看见别人办的手续，跟五婶说的一样，很简单：助理员看了介绍信，"你叫什么名？"叫什么。"多大了？"多大了。"自愿吗？""自愿！""为什么愿嫁他？"或者"为什么愿娶她？""因为他能劳动！"这一套，听起来好像背书，可是谁也只好那么背着，背了就发给一张红纸片叫男女双方和介绍人都盖指印。也有两件不准的，那就是有破绽：一件是假岁数报得太不相称，一件是从前有过纠纷。

　　快轮到他们了，燕燕把艾艾推到前边说："先办你的！"艾艾便挤到桌边。这时候弄出个笑话来：助理员伸着手要介绍信，西王庄那个孩子也已经挤到桌边，信就在手里预备着，一下子就递上去！五婶看见着了急，拉了他一把说："错了错了！"那孩子说："不错，人家都是一人一封！"原来五婶在区门口没有把艾艾和燕燕向那孩子交代清楚，那孩子看见艾艾比燕燕小一点，以为一定是这个小的。王助理员接住他的信还没有赶上拆开，小晚就挤过去跟他说："说你错了你还不服哩！"回头指了指燕燕又向他说："你是跟那一个！"经他一说破，满屋子弄了个哄堂大笑！王助理员又把信递给那个孩子说："你怎么连你的对象也认不得？"小晚说："我两个没有介绍信，能不能登记？"王助理员说："为什么没有介绍信？"艾艾说："民事主任不给写！燕燕她妈替她去还给写，我们亲自去了不给写！他要叫我嫁给他的外甥！""你们是哪个村？""张家庄！"问艾艾："你叫什么？""张艾艾。"王助理员注意了她一下说："你就是张艾艾呀？""是！"王助理员又看着小晚说："那末你一定就是李小晚了？"小晚说："是！"王助理员说："谁的介绍人呢？"燕燕说："我！""你叫什么？""马燕燕！"王助理员说："你两个都来了？你怎么能当介绍人？""我怎么不能当介绍人？""村里有报告，说你的声名不正！"三个人同问："有什么证据？"王助理员说："说你们早就有来往！"小晚说："早有个来往有什么不好？没来往不是会把对象认错了吗？"这句话又说得大家笑起来。王助理员说："村里既然有报告，等调查调查再说吧！"燕燕说："助理员！你说叫他们两人结了婚有什么不好？为什么还要调查呢？他们两个人都没有结过婚，和谁也没有麻烦！两个人又是真正自愿，还要调查什么呢？"助理员说："反正还得调查调查！这件事就这样了。"又指着西王庄那个孩子说："拿你的信来吧！"小孩子递上了信，五婶一边把村公所给燕燕的介绍信也递上去。

　　王助理员问西王庄那个孩子："你叫什么""王旦！""十几了？""十……二十了！"小王旦说了个"十"就觉着五婶教他的话不一样，赶快改了口。王助理员说："怎么叫个'十二十'呢？"小王旦没话说，王助理员又问："你们是自愿吗？""自愿。""为什么愿意跟她结婚？""因为她能劳动！"王助理员又看了看燕燕的介绍信说："马燕燕！你说他究竟多大了！"燕燕说："我不知道！"五婶急得向燕燕说："你怎么说不知道？"燕燕回答说："五奶奶！我真正不知道！你哪里跟我说过这个？"五婶不知道燕燕是有意叫弄不成事，还暗暗地埋怨燕燕说："这闺女心眼儿为什么这么死？就算我没有跟你说过，可是人家说二十，你就不会跟着说二十吗?"在这时候,小王旦偏要卖弄他的聪明。他说:"人家是真正不知道!我住在西王庄,人家住在张家庄,我两个谁也没有见过谁,人家怎么知道我多大了呢?"王助理员说:"我早就知道你没有见过她!要是见过,怎么还能认错了呢?你没有见过人家,怎么知道人家能劳动?小孩子家尽说瞎话!不准你们两个登记!一来男方的岁数不实在,说不上什么自愿不自愿;二来见了面连认也不认得,根本不能算自由婚姻!都回去吧!"

五个人都出了区公所:小王旦回西王庄去了,五婶和他们三个年轻人仍回张家庄去。在路上,五婶怪燕燕说错了话,燕燕故意怪五婶教她说话的时候没有教全。艾艾跟小晚说王助理员的脑筋不清楚,燕燕说王助理员的脑筋还不错。

他们四个人相跟了一段,还跟来的时候一样,三个青年走在前边商量自己的事,五婶在后边赶也赶不上。他们谈到以后该怎么样办,燕燕仍然帮着艾艾和小晚想办法,他们两个也愿意帮着燕燕,叫她重跟小进好起来。用外交上的字眼说,也可以叫做"订下了互助条约"。

四 谁 该 检 讨?

前边说过:张家庄的民事主任对妇女的看法是"身材第一,行为第二,行为是可以随着丈夫的意思改变的"。其实这种看法在张家庄是很普遍的一种看法,不只是民事主任一个人如此——要是他一个人,也不会给这两个大闺女造成坏的声名。张家庄只剩这么两个大闺女,这两个人又都各自结交了个男人。谁也说她们"坏透了",可是谁也只想给自己人介绍,介绍不成功就越说她们"坏",因此她们两个的声名就"越来越坏"。

自从她们到区上走了一趟,事情公开了,老年人都认为"更坏得不能提了",也就不提了;打算给自己人介绍的看见没有希望了,也就提得少了;青年人大部分从前只跟着大人瞎吵吵,心里边其实早就赞成,见大人不多提了也就不吵吵了;另有几个原来想和小晚竞争一下,后来见艾艾的心已经落到小晚身上,他们也就没劲了;再加上公开了之后,谁要当面说闲话,她们就要当面质问:"我们结了婚有什么坏处?"这句话的力量很大,谁也回答不出道理来。有这么好多原因,说闲话的人一天比一天少起来。她两个的声名也一天比一天好起来。

在这两对婚姻问题上,成问题的只有三个人:一个是燕燕她妈,说死说活嫌败兴,死不赞成;一个是民事主任,死不给写介绍信;再一个就是区上的王助理员,光说空话不办事,艾艾跟小晚去问过几次,仍是那一句话:"以后调查调查再说。"因为有这么三个人,就把四个人的事情给拖延下来。

他们四个都是不当家的孩子,家里的大人,燕燕她妈还反对,其余的纵不反对也不给他们撑腰,有心到县里去告状去,在家里先请不准假。在这个情况下面,气得他们每天骂民事主任,骂王助理员。

一直骂了两个月,还是不长不短,仍然没有结果。种谷的时候,有一天晚上,小晚到合作社去,合作社掌柜笑着跟他说:"小晚!你们结婚的事情怎么样了?"小晚说:"人家区上还没有调查好哩!"掌柜说:"几时就调查好了?"小晚说:"还不得个十年二十年?"掌柜说:"你真会长期打算!现在不用等那么长时候了!婚姻法公布出来了!看了那上边的规定,你们两个完全合法!"小晚只当他是开玩笑,就说:"看你这个掌柜多么不老实?"掌柜正经跟他说:"真的!给你看看报!"说着递给他一张报。小晚先看见报上的大字觉着真有这回事,就拿到灯下各里各节往下念,掌柜:"让我念给你听!"说着接过来一口气念下去。等掌柜念完,大家都说:"小晚这一下撞对了!明天再去登记去吧!完全合法!"

小晚有了这个底,从合作社出来就去找艾艾,因为他们和燕燕小进有互助条约,艾艾又去找燕燕,小晚又去找小进。不大一会,四个人到了艾艾家开了个会,因为燕燕不愿意马上得罪她妈,决定第二天先让艾艾和小晚去登记。燕燕说:"只要你们能领回结婚证来,我妈那里的话就好说一点。虽然你们说我妈不同意也可以,依我看能说通还是说通了好!"大家也就同意了她的话。

这天晚上散会之后,小晚和艾艾各自准备了半夜,计划着第二天到区上,王助理员要仍然不准,他们用什么话跟他说。不料第二天到了区上,王助理员什么也没有再问就给填上了结婚证。

隔了一天,区公所通知村公所,说小晚和艾艾的婚姻是模范婚姻,要村里把结婚的日期报一下,那那时候区里的干部还要来参加他们的结婚典礼。

因为区里说是模范婚姻,村里人除了太顽固的,差不多也都另换了一种看法;青年人们本来就赞成,有好多自动来给他们帮忙筹备,不几天就准备停当了。

结婚这一天,区上来了两个干部——一个区分委书记,一个王助理员。村上的干部差不多全体参加了——民事主任本来不想到场,区上说别的干部可以不参加,他非参加不可,他没法,也只得来。

因为区上说是模范婚姻,村上的群众自然也来得特别多,把小晚家一个院子全都挤满。

会开了,新人就了位,不知道哪个孩子从外边学来的新调皮,要新媳妇报告恋爱经过,还要叫从罗汉钱说起。艾艾说:"那算什么稀奇?我送了他个戒指,他送了我个罗汉钱。一句话不就说完了吗?"

有个青年小伙子说:"她这么说行不行?"大家说:"不行!""不行怎么办?""叫她再说!"艾艾说:"你们这么说我可不赞成!这又不是斗争会!"有的说:"我们好意来给你帮个忙,凑个热闹,你怎么撑起我们来了?"艾艾说:"大家帮我的忙我很欢迎,不过可不愿意挨斗争!罗汉钱的事实在没有多少话说的,大家要我说,我可以说一些别的事!"大家说:"可以!""说什么都好!"艾艾说:"大家不是都知道我的声名不正吗?你们知道这怨谁?"有的说:"你说怨谁?"艾艾说:"怨谁?谁不叫我们两个人结婚就怨谁!你们大家想想:要是早一年结了婚,不是早就正了吗?大家讲起官话来,都会说'男女婚姻要自主',你们说:咱们村里谁自主过?说老实话,有没有一个不是父母主婚?"大家心里都觉着对,只是对着区干部不好意思那么说。艾艾又接着说:"要说有的话,女的就只有我和燕燕两个,可是民事主任常常要叫我们检讨!我们检讨过了,要说有错的话,就是说我们不该自主!说到这里了我也坦白坦白:为了这事,我整整骂了民事主任两个月了,现在让我来赔个情!"大家问:"都骂了些什么话?"艾艾说:"现在我们两人的事情已经成功了,前边的事就都不提它了……"大家一定要艾艾说,艾艾总不肯说,小晚站起来笑着说:"我说了吧!我也骂过!主任可不要恼,我不过是当成故事来说的。我说:……我也愿意,她也愿意,就是你这个当主任的不愿意!我两个结了婚,能把你的什么事坏了?老顽固!死脑筋!外甥路线!嫁给你的外甥,管保就不用检讨了!"大家都看着民事主任笑,民事主任没有说话。区分委书记说:"你也给王助理员提点意见!"小晚说:"王助理员倒是个好人,可惜认不得真假!光听人家说个'自愿',也不看说得有劲没劲,连我都能看出是假的来,他都给人家发了结婚证!问人家自愿的理由,更问得没道理:只要人家真是自愿,哪管得着人家什么理由?他既然要这样问,人家就跟背书一样给他背一句'因为他能劳动'。哪个庄稼人不能劳动?这也算个理由吗?轮上我们这真正自愿的了,他说村里有报告,说我们两个人早就有来往,还得调查调查。村里报告我们早就有来往,还不能证明我们是自愿吗?那还要调查什么?难道过去连一点来往也没有才叫自愿吗?"小晚说到这里,又吃吃吃笑着说:"我再说句老实话,我们也骂过王助理员。我们说:'助理员,傻不傻?不要真,光要假!多少假的都准了,一对真的要调查!'王助理员你可不要恼我们!从你给我们发了结婚证那一天,我们就再也没有骂过你一句!"

区分委书记说:"你骂得对!我保证谁也不恼你们!群众说你们声名不正,那是他们头脑里还有些封建思想,以后要大家慢慢去掉。村民事主任因为想给他外甥介绍,就不给你们写介绍信,那是他干涉婚姻。中央人民政府公布了婚姻法以后,谁再有这种行为,是要送到法院判罪的。王助理员迟迟不发结婚证,那叫官僚主义不肯用脑子!他自己这几天正在区上检讨。中央人民政府的婚姻法公布以后,我们共产党全党保证执行,我们分委会也正在讨论这事,今天就是为了搜集你们的意见来的!"区分委书记说着向全场看了一看说:"党员同志们,你们说说人家骂得对不对呀?检查一下咱们区上村上这几年处理错了多少婚姻问题?想想有多少人天天骂咱们?再要不纠正,受了党内处分不算,群众也要把咱们骂死了!"

散会以后,大家都说这种婚姻结得很好,都说:"两个人以后一定很和气,总不会像小飞蛾那时候叫张木匠打得个半死!"连一向说人家声名不正的老头子老太太,也有说好的了。

　　这天晚上,燕燕她妈的思想就打通了,亲自跟燕燕说叫她第二天跟小进到区上去登记。

一九五〇年六月五日

(选自《中国新文学大系1949—1976·短篇小说卷一》,
上海文艺出版社1997年版)

罗汉钱的风波

——重读《登记》

李逸涛

《登记》是著名作家赵树理在新中国成立以后发表的第一篇短篇小说,最初刊载于 1950 年第 6 期《说说唱唱》。这篇小说是赵树理为配合宣传婚姻法而创作的。由于作者农村生活根基深厚,又有丰富的为农民写作的实践经验,作品并没有落入图解政策的窠臼与模式,而是体现出赵树理一贯的艺术风格,一经发表便在社会上引起了强烈反响,很快被改编成剧本,搬上银幕和舞台。

新中国成立后,新民主主义革命阶段的任务基本完成,但这并不意味着反封建的任务已经完成,广大农民在政治上、经济上翻身以后,还必须坚持同几千年封建社会沿袭下来的封建残余思想、习惯势力作斗争,以求得思想上、精神上的彻底解放。《登记》正是由此立意,通过母女两代人的婚姻波折与结局,揭示了新社会农村妇女争取婚姻自主的艰巨性以及在这个过程中的逐步觉醒,抨击了农民、特别是农村基层干部身上的封建思想和官僚主义作风。无论是在题材的选择还是主题的开掘上,《登记》都显示出对《小二黑结婚》的继承性,可视为《小二黑结婚》的姊妹篇。

作品中的小飞蛾,20 多年前曾热烈地追求真挚的爱情,但她无法超越时代去实现自己的理想,最终依照父母之命、媒妁之言与并不相爱的张木匠结合。因为小飞蛾曾有过一段恋情,张木匠的母亲便唆使儿子对她一顿痛打,说什么"人是苦虫!痛痛打一顿就改过来了!"其实,张木匠的母亲年轻时也有个"相好",就是被老木匠打过来的。如今当了婆婆,便如法炮制,故伎重演,以更严酷的态度去对待媳妇。封建包办婚姻就这样代代相传,不知拆散了多少美满婚姻,戕害了多少男女青年。就连封建婚姻的维护者张木匠,在某种程度上也是个受害者,金钱和棍棒并不能为他换来爱情,小飞蛾始终对他没有感情。小说的深刻之处,在于它不仅揭露了封建包办婚姻的野蛮性和没有爱情的婚姻的可悲性,还表现出这种婚姻制度的继承性与顽固性。20年后,艾艾与小晚相爱了,小飞蛾似乎忘却了自己的不幸,又想按老规矩把女儿的命运交给媒婆;直到她听说媒婆与男方策划要以痛打一顿的老方法来改造艾艾时,才触动了伤痕,否定了这门亲事,同意艾艾与小晚结婚。有切身之痛的小飞蛾与其婆婆相比,无疑有所进步;但她对女儿的婚姻的态度并非积极的,并没有认识到封建包办婚姻制度的不合理,而是采取了一种"纵不反对也不给他们撑腰"的折衷态度。可见,套在妇女身上的封建精神枷锁多么难以摆脱。值得庆幸的是,艾艾和小晚生长在新社会,中央人民政府颁布了婚姻法,从法律上保证了他们婚姻自主的权力,他们最终获得了美满的结局。

作品题为《登记》,以将近二分之一的篇幅,围绕准不准许登记的问题,揭示了封建思想对农村基层干部的侵蚀。村民事主任口头上承认婚姻自由,骨子里却充满封建意识。他对妇女的看法是"身材第一,行为第二"。他认为,"身材"是天生的,是什么就是什么,实际上是把妇女当作玩赏和传宗接代的工具,而"行为是可以随着丈夫的意思改变的,只要痛痛打一顿,说叫她变个什么样就能变成个什么样"。在他看来,凡是自由恋爱的青年便"不是正经的东西","凡是世界上的女人接近男人,就是坏透了的行动"。因此,他看见艾艾跟小晚拉手,便自言自语地说:"坏透了!跟年轻时候的小飞蛾一个样!"这样,他不仅拒绝给艾艾、小晚开结婚登记介绍信,还企图利用职权强迫艾艾嫁给他的外甥。区上的王助理员则机械地照章办事,没有介绍信便"不准登记",致使"多少假的都准了,一对真的要调查"。这些干部客观上起了保护和支持包办婚姻的作用,助长了封建思想、习惯势力的滋长和繁衍。赵树理倡导"问题小说",早在新中国成立前,他就在《也算经验》一文中说:"我在作群众工作的过程中,遇到了非解决不可而又不是轻易能解决了的问题,往往就变成所要写的主题。"①赵树理写作《登记》的初衷,就在于批评农村基层干部的封建思想,因此,他在作品中设计

---

① 《赵树理选集·代序》,《赵树理选集》,第2页,人民文学出版社1959年版。

了《不准登记》、《谁该检讨》两节,以区分委书记参加艾艾和小晚的婚礼、听取他们对民事主任和王助理员的批评作结。但是,几乎所有的改编剧本都不以《登记》为名,而改名为《罗汉钱》,重点由准不准许登记的斗争转移到围绕罗汉钱的经历所展示的悲剧。这是作者所始料不及的。

　　《登记》比较成功地塑造了母亲小飞蛾的艺术形象。这是一个深受封建包办婚姻摧残的悲剧性人物。封建包办婚姻扼杀了小飞蛾对爱情的热烈追求,在她的心灵深处留下了难以治愈的精神创伤。丈夫的粗暴行为,使她"看见张木匠好像看见了狼,没有说话先哆嗦";婆婆"一天跟小飞蛾说不够两句话,路上碰着了扭着脸走"。在这样的家庭里,她只是奴婢,任人随意驱使,感受不到一点人间温情;虽然离娘家不远,"可是有嫌疑,去不得",而"爹妈听说闺女丢了丑,也没有脸来看望"。这样,小飞蛾在女儿艾艾出生之前,便长期过着寂寞、孤独的生活,唯一能给她慰藉的就是一个罗汉钱。作品围绕罗汉钱,通过出色的心理描写,揭示出她的精神苦闷。她每天晚上关上房门,"把罗汉钱拿出来看了又看",还常常对着罗汉钱悄悄自言自语,"有时候变得跟小孩子一样,把罗汉钱暖到手心里,贴在脸上,按到胸上,衔到口里",甚至到了"每天晚上她都是离了罗汉钱睡不着觉"的程度。往事的回忆,眼前的痛苦,尽从一枚罗汉钱无言地表现出来。长期生活在被封建习惯势力包围着的环境和家庭里,使小飞蛾的思想变得麻木起来,使她几乎变成了另一个人,对女儿的婚事持反对态度;但她毕竟是包办婚姻的牺牲者,其思想是矛盾的。作品对她的矛盾心理的揭示,也是围绕着罗汉钱进行的。小飞蛾发现了艾艾的罗汉钱,想起当年她的罗汉钱的来历,酸甜苦辣的人生体味一起涌上心头,"说这算件好事吧,跟着它吃了多少苦;说这算件坏事吧,想一遍也满有味"。她想,自己过去就因为一个罗汉钱被人打了个半死,"直到现在还跟犯人一样,一出门人家就得在后边押解着";"凡有像罗汉钱这一类行为的,就没有一个不挨打——婆婆打,丈夫打,寻自尽的,守活寡的……""我的艾艾哪里受得住这个?"这样思前想后,她终于同意了女儿的婚事。作为一个从旧社会过来的普通农村妇女,一个封建包办婚姻的受害者,小飞蛾背上的历史负担是沉重的,精神创伤是难以愈合的,很难在短时间内跟上时代的步伐。作者突出了人物性格的矛盾性和复杂性,不仅使人物真实可信,也给作品带来了浓郁的历史感。借助心理描写来展示人物性格,这在赵树理的作品中尚不多见。可惜作品后两节未让小飞蛾出场,中断了人物的思想发展轨迹。

艾艾和燕燕的性格也比较鲜明。她们不愿再像自己的长辈那样任人摆布,大胆地追求婚姻自由,敢于同一切旧的思想和习惯势力进行针锋相对的斗争。艾艾在民事主任拒不开介绍信,并且污蔑艾艾和燕燕"都不是正经东西"时,气愤地对民事主任说:"嫁给你的外甥就成了正经东西了。是不是?"可谓一针见血地指出了这类干部的实质,显示出艾艾的见识。燕燕热情、机智,她不仅巧妙地导演了一出"登记"闹剧,使一场包办婚姻破产,而且主动为艾艾、小晚出主意,当媒人,竭力促成他们的婚事,表现出新一代农村青年的思想风貌。

《登记》展示了赵树理一贯的艺术风格和艺术追求。他立足于农民,从农民的欣赏习惯出发构思和写作,走着一条大众化、民族化的道路。《登记》继承了传统小说的章法,注重故事性,全篇实际上讲了两个婚姻故事。开头采用评书手法,先从一个罗汉钱说起。在解释罗汉钱的制作、样式以及当地农村青年喜欢口衔罗汉钱的习惯之后,引出艾艾的恋爱;又由艾艾身上的罗汉钱,引出小飞蛾的罗汉钱和她20多年前因为罗汉钱引起的一场风波,一段悲剧。回叙时,又先交代"小飞蛾"绰号的来历,然后叙述这场风波的来龙去脉。回叙完毕,回到现实,重点写艾艾等青年为争取婚姻自由所引发的矛盾、波折与斗争。两个婚姻故事通过罗汉钱彼此相联结,推动故事情节的发展,并把不同人物组织起来,表现出他们各不相同的思想和态度,使得整篇小说故事首尾连贯,浑然一体。在描写过程中,作者很讲究布局剪裁,按照情节发展和主题表达的需要,该详则详,该略则略,张弛有致,层次分明。其中,笔墨最多、描写最为深刻感人的是小飞蛾的不幸婚姻生活以及由此引起的她的内心痛苦的部分。再如对艾艾与小晚、燕燕与小进两对青年的描写,作者重在前者,详尽地描写了他们反对包办婚姻、争取婚姻自由的全过程;对后者则仅从侧面描述,几笔带过。

小说

《登记》的叙述、描写语言生动活泼、清新明快，具有民族风味和农民口味。例如：

> 有个农村叫张家庄。张家庄有个张木匠。张木匠有个好老婆，外号叫个"小飞蛾"。小飞蛾生了个女儿叫"艾艾"，算到一九五〇年阴历正月十五元宵节，虚岁二十，周岁十九。

这段描写完全是传统的白描写实，采用的是说书人惯用的"顶针"句式，上下联珠，整齐而有节奏感，不仅听者易懂易记，即如年龄的计算也符合大众习惯，听来倍感亲切。

又如：

> 二十多年前，张木匠在一个阴历腊月三十日娶亲。娶的这一天，庄上人都去看热闹。当新媳妇取去了盖头红的时候，一个青年小伙子对着另一个小伙子的耳朵悄悄说："看！小飞蛾！"那个小伙子笑了一笑说："活像！"不多一会，屋里、院里，你的嘴对我的耳朵，我的嘴又对他的耳朵，各哩各得都嚷嚷这三个字——"小飞蛾""小飞蛾""小飞蛾"……
>
> 原来这地方一个梆子戏班里有个有名的武旦，身材不很高，那时候也不过二十来岁，一出场，抬手动脚都有戏，眉毛眼睛都会说话。唱《金山寺》她装白娘子，跑起来白罗裙满台飞，一个人撑满台，好像一个蚕蛾儿，人都叫她"小飞蛾"。张木匠娶的这个新媳妇就像她——叫张木匠自己说，也说是"越看越像"。

这里并没有直接描写小飞蛾的美和媚，只是通过青年人的围观、赞叹以及同演员的对比、烘托，便使小飞蛾的漂亮与妩媚清晰如见，难以忘怀。这种间接描写的手法，很自然地使人想起古乐府诗《陌上桑》对罗敷的描写："行者见罗敷，下担捋髭须。少年见罗敷，脱帽着帩头。耕者忘其犁，锄者忘其锄。来归相怨怒，但坐观罗敷。"赵树理对传统文化的继承，由此可见一斑。

罗汉钱的风波

《登记》中的人物语言,也写得如闻其声,如见其人。什么人说什么话,什么时候说什么话,都十分讲究。如小飞蛾挨了张木匠一顿痛打,对着罗汉钱说:"要命也是你,保命也是你!人家打死我我也不舍你!咱俩死活在一起!"形象生动地写出了人物内心的刚强和对爱情的忠诚。此外,写艾艾、小晚、燕燕到区上办理结婚登记,与王助理员发生争执,艾艾的大胆、直率,燕燕的机智、诙谐,王助理员的官僚习气,都通过人物特有的个性化的语言和语调表现得十分鲜明,给读者留下难忘的印象。

复习思考题

1. 从《登记》看赵树理的创作风格。
2. 作者在《登记》中是怎样塑造小飞蛾这一人物形象的?

我们夫妇之间（节选）

萧也牧

一 "真是知识分子和工农结合的典型！"

我是一个知识分子出身的干部；我的妻却是贫农出身，她十五岁上就参加革命，在一个军火工厂里整整做了六年工。

三年前我们结了婚。当时我们不在一起，工作的地方相隔有百十来里，只在逢年逢节的时候才能见面。所以婚后的生活也很难说好还是坏；只是有一次却使我很感动：因为我有胃病，一挨冻就要发作，可是棉衣又很单薄！那年，正快下雪的时候，她给我捎来了一件毛背心，还附着一封信，信上说：

……天快下雪了！你的胃病怎样了？真叫我着急得不知道怎么着好！我早有心给你打件毛背心，倒也不是羊毛贵，就是钱凑不够！我就在每天下午放工以后，上山割柴禾，可是天气太短了！一下工，天很快就黑了！所以一直割了半个多月，才割了不少柴禾，卖给厂里的马号里了，卖了二千块边币，秤了两斤羊毛，问老乡借了个纺车，纺成了毛线，打了这件毛背心！

因为我不会打，打得又不时样又尽是疙瘩，请你原谅！希望你穿上这件毛背心，就不再发胃病，好好为人民服务……

我读着这封信，我仿佛看到了她那矮小的身影，在那黄昏时候，手拿镰刀，独自一个人，弯着腰，在那荒坡野地里，迎着彻骨的寒风，一把，一把，一把地割着稀疏的茅草……

我们夫妇之间（节选）

　　她这样做,完全是为着我!为着我不挨冻,为着我"不再发胃病,好好地为人民服务……"突然,我流泪了!可是我感到了幸福!

　　两年以后的秋天,我们有了小孩,组织上就把我们调在一块工作。那时,我们住在一个叫"抬头湾"的山村里。

　　每当晚上,我在那昏黄的油灯下赶工作。她呢,哄着孩子睡了以后,默默地坐在我底身旁,吃力地、认真地、一笔一划地练习写大楷……

　　山村的夜是那样的静寂,远远地能听见胭脂河的流水,"哗哗"地流过村边。时间该是半夜了吧,我想她又是照顾孩子,又是工作……一定是很累了,就说:"你先睡吧!"她一听我的话,总是立刻睁大了有点蒙眬了的睡眼:"不!"继续练她的大楷……直到我也放下工作。

　　早上,孩子醒得很早,她就起来哄:"嗯嗯……听妈妈的话,别把爸爸扰醒了。"孩子才几个月大,当然不懂得,还是嚷!于是她就蹑手蹑脚地起来,抱着孩子,到隔壁老乡屋里的热炕头上哄着去了。

　　闲时,她教我纺线、织布;我给她批仿,在她写的大楷上划红圈,或是教她打珠算,讨论土地政策……

　　每天下午,孩子睡着了,我们抬水去浇种在窗前的几棵白菜;到沟里帮老乡打枣,或是盘腿坐在炕上,我搓"布卷"(棉花条儿)、拐线,她纺线,纺车"嗡嗡"地响,声音是那样静穆、和谐……

　　虽然我们的出身、经历……差别是那样的大;虽然我们工作的性质是那样的不同:我成天坐在屋子里画统计表,整理工作材料,她呢,成天和老百姓们打交道!……但在这些日子里边,我们不论在生活上、感情上……却觉得很融洽,很愉快!同志们也好意地开玩笑说:"看你这两口子,真是知识分子和工农结合的典型!"

　　但是,不到一年的光景,我们却吵起架来了;甚至有一个时候,我曾经怀疑到:我们的夫妇生活是否能继续巩固下去。那是我们进了北京城以后的事。

二　"……李克同志:你的心大大地变了!"

　　今年二月间,我们进了北京。这城市,我也是第一次来,但那些高楼大厦,那些丝织的窗帘,有花的地毯,那些沙发,那些洁净的街道,霓虹灯,那些从跳舞厅里传出来的爵士乐……对我是那样的熟悉,调和……好像回到了故乡一样。这一切对我发出了强烈的诱惑,连走路也觉得分外轻松……虽然我离开大城市已经有十二年的岁月,虽然我身上还是披着满是尘土的粗布棉衣……可是我暗暗地想:新的生活开始了!

可是她呢?进城以前,一天也没有离开过深山、大沟和沙滩;这城市的一切,对于她,我敢说,连做梦也没梦见过的!应该比我更兴奋才对,可是,她不!

进城的第二天,我们从街上回来,我问她:"你看这城市好不好?"她大不为然,却发了一通议论:那么多的人!男不像男女不像女的!男人头上也抹油……女人更看不的!那么冷的天气也露着小腿;怕人知道她有皮衣,就让毛儿朝外翻着穿!嘴唇血红红,像是吃了死老鼠似的,头发像个草鸡窝!那样子,她还觉得美得不行!坐在电车里还掏出小镜子来照半天。整天挤挤嚷嚷,来来去去,成天干什么呵……总之,一句话:看不惯!说到最后,她问我:"他们干活也不?哪来那么多的钱?"

我说:"这就叫做城市呵!你这农村脑瓜吃不开啦!"她却不服气:"鸡巴!你没看见?刚才一个蹬三轮的小孩,至多不过十三四,瘦得像只猴儿,却拖着一个气儿吹起来似的大胖子——足有一百八十斤!坐在车里,跷了个二郎腿,含了支烟卷儿,亏他还那样'得'!(得意;自得其乐的意思)……俺老根据地哪见过这!得好好儿改造一下子!"

我说:"当然要改造!可是得慢慢地来;而且也不能要求城市完全和农村一样!"

她却更不服气了:"嘿!我早看透了!像你那脑瓜,别叫人家把你改造了!还说哩!"

我觉得她的感觉确实要比我锐利得多,但我总以为她也是说说罢了,谁知道她不仅么说;她在行动上也显得和城市的一切生活习惯不合拍!虽然也都是在一些小地方。

那时候,机关里还没起伙,每天给每人发一百块钱,到外边去买来吃。有一次,我们俩到了一家饭铺里,走到楼上,坐下了。她开口就先问价钱:"你们的炒饼多少钱一盘?""面条呢?""馍馍呢?"……她一听那跑堂的一报价钱,就把我一拉,没等我站起来,她就在头里走下楼去。弄得那跑堂的莫名其妙,睁大了眼睛,奇怪地看了我们几眼。当时,真使我有点下不来台,说实话,我真想生气!可是,她又是那样坚决,又有什么办法呢?只好硬着头皮跟着她走!

一面下楼,她说:"好贵!这哪里是我们来的地方!"我说:"钱也够了!"她说:"不!一顿饭吃好几斤小米;顶农民一家子吃两天!哪敢那么胡花!"

出了饭铺,我默默地跟着她走来走去,最后,在街角上的一个小饭摊上坐下了!还是她先开口,要了斤半棒子面饼子、两碗馄饨。大概她见我老不说话,怕我生气,就格外要了一碟子熏肉,旁若无人地对我说:"别生气了!给你改善改善生活!"

像这类事,总还可以容忍。我想一个"农村观点"十足的"土包子",总是难免的;慢慢总会改变过来……

那知她并不!

那时,机关里来了不少才参加工作的新同志;有男的也有女的。她竟不看场合,常常当着他们的面,一板正经地批评起我来。她见我抽纸烟,就又有了话了:"看你真会享受!身边就留不住一个隔宿的钱!给孩子做小裙还没布呢!一支连一支地抽!也不怕薰得慌!你忘了?在山里,向房东要一把烂烟;合上大芝麻叶抽,不也是过了?"

开始,我笑着说:"这可不是在抬头湾啦!环境不同了呵!"

她却有了气啦:"我不待说你!环境变了,你发了财啦?没了钱了,你还不是又把人家扔在地上的烟屁股拣起来,卷着抽!"

不知道是怎么回事儿,我的脸,唰地红了!站在一旁看热闹的青年男女同志们,本来看得就很有兴趣;这时候,就有人天真活泼地嚷起来:"哈哈!脸红啦!脸红啦!"旁的同志也马上随声附和,并且大鼓其掌:"红啦!红啦!"这一嚷,我的脸,果真更加发烫了!

…………

我发觉,她自从来北京以后,在这短短的时间里边,她的狭隘、保守、固执……越来越明显,即使是她自己也知道错了,她也不认输!我对她的一切规劝和批评,完全是耳边风,常常是,我才一开口,她就提出了一大堆问题来难我:"我们是来改造城市的;还是让城市来改造我们?""我们是不是应该开展节约;反对浪费?""我们是不是应该保持艰苦奋斗、简单朴素的作风?"等等。她所说的确实也都是正确的,因此,弄得我也无言答对,这样一来,她也就更理直气壮了,仿佛真理和正义,完全是在她的一边;而我,倒像是犯了错误了!她几次很严肃地劝我:"需要好好地反省一下!"

我有什么可反省的呢?我自己固然有些缺点,但并不像她说的那样严重,除了沉默,我还有什么办法?可是,有一次,我忽然再也不能沉默了!我们破例吵了一架,这在我们结婚以来,还是第一次。

在今年六七月间,连日天雨,报上不断登着冀中和冀西一带闹水灾的消息;突然,她的精神也就随着紧张起来了!每天报来,她就抢着去看。我发现,她是专门在找报上所列举的水患成灾的县份和村名……她一面读着,一面不断地发出惊叹:"呵呵!怎么得了呀!才翻了身的农民,还没缓过气来,地又叫淹了!呵呵……"

有一次,我正在整理各地灾情的材料,她看着报,就大声嚷了起来:"这怎么着好呵!俺村的地全叫淹了!嗳呀!日子怎么着过呀!我娘又该挨饿了呵!怎么着呵?嗳!说呀!你说呀!"这我才发觉她是在征求我的意见。我出口说了句俏皮话:"天要下雨,娘要嫁人——谁也没法治!党和政府自会想办法,你操心也枉然!"冷不防,她一伸手,一指头直捅到我的额角上:"没良心的鬼!你忘了本啦!这十年来谁养活你来着?"我说:"反正不是你家!"她却真的又生我的气了:"你进了城就把广大农民忘啦?你是什么观点?你是什么思想?光他妈的会说漂亮话!"我说:"谁比得上你的思想!'当当当'的好成分!又是工人阶级出身!"她把桌子一拍:"放你妈的臭屁!你别讽刺人啦!"就再也不理我了,好像很伤心的样子。

过了几天,我恰好得了一笔稿费;够买一双皮鞋,买一条纸烟,还可以看一次电影,吃一次"冰淇淋"……我很高兴,我把钱放在枕头心里,不让她知道。

我们夫妇之间（节选）

　　第二天，我正准备取钱上街，钱却怎么找也找不到了，心里真着急。我只好问她："我的钱呢？"她说："什么？钱？那里来的钱？你交给谁啦？"我继续找，直找得头上冒烟！她却"噗嗤"一声笑了！我知道准是她拿了，于是我就很正经地说："这钱不是我的！""得了！你别唬弄我没文化了！稿费单上还有你的名字呢！""是，是，我这钱，我有用处！我要去买一套'干部必读'——十二本书！好好加强理论学习，比什么也重要！""谁还知不道谁哩！加强你的'冰鸡宁'，'烟斗牌'烟去吧！"我一看不对头，只好恳求了："你拿一半行不行？"她却说："我早给家寄走了！"我不免吃了一惊："真的？"她说："唬弄鬼！"

　　我不知不觉地提高了嗓音："这钱是我的！你不应该不哼一声就没收了！"哪知她的嗓音更大："你没花过我的钱？嗯？你的花被面，你的毛背心……是谁的钱买的？"我说："不稀罕！反正你得检讨检讨，你这样做对不对？"她说："对！家里闹水灾，不该救济救济么？"我说："你把钱捐给救灾委员会，那就算你的思想意识强，为什么给自己家里寄呀——那还不是自私自利农民意识！"她却真的火了："反正比浪费强！今儿格黑价（今天晚上）你就不行盖我的被子！"我说："好好好！"我一扭头就走了……

　　说也笑人，为了这么芝麻粒大的一点事，我们三天没说话，而且觉得很伤脑筋。恰好星期六那天晚上，机关内部组织了一个音乐晚会，会跳舞的同志就自动跳起舞来，这正好解闷，我就去参加了！

　　我正下场，忽然发现：她抱着孩子来了！一看她的神色，知道糟了！她气冲冲地直窜到我的面前，把孩子住我怀里一塞："你倒会散心！孩子有你一半责任，我抱够了！你抱抱吧！"我说："跳完这一场就回去！"她二话没说，把孩子往旁边的"沙发"上一撩，雄赳赳地走了……

　　孩子不见他妈，就"哇哇"地嚎啕起来，和着手风琴的伴奏，发出一种奇怪的音乐，引起了人们的注意。

　　我红着脸，抱起孩子，回到卧室里去。只见她伏在桌上写字呢！我悄悄地走到她的背后一看，原来她在给我写信："李克同志：你的心大大地变了……"她发觉我来，马上又把纸撕了！

　　孩子见了妈，挂着两行眼泪，笑着，跳着，"哇哇"地叫，向她扑去，她才接过孩子,解开怀来喂奶,一面走到门边,背贴着门,向我命令地说:"不许走!咱们谈判谈判!"

三 她真是一个倔强的人

这些虽然都是非原则问题,但也恰好正在这些非原则问题上面,我们之间的感情,开始有了裂痕!结婚以来,我仿佛才发现我们的感情、爱好、趣味……差别是这样的大!

她对我,越看越不顺眼,而我也一样,渐渐就连她一些不值一提的地方,我也看不惯了!比方:发下了新制服,同样是灰布"列宁装",旁的女同志们穿上了,就另一个样儿:八角帽往后脑瓜上一盖,额前露出蓬松的散发,腰带一束,走起路来,两脚成一条直线,就显得那么洒脱而自然……而她呢,怕帽子被风吹掉似的,戴得毕恭毕正,帽沿直挨眉边,走在柏油马路上,还是像她早先爬山下坡的样子,两腿向里微弯,迈着八字步,一摇一摆,土气十足……我这些感觉,我也知道是小资产阶级的,当然不敢放到桌子面上去讲!但总之一句话:她使我越来越感觉过不去,甚至我曾经想到:我们的夫妇关系是否可以继续维持下去?

幸好,不久她被分配到另一个机关去工作了!我欢欢喜喜地打发她走了,精神上好像反倒轻松了许多!

我想她这种狭隘、保守、固执……恐怕很难有所改变的了!她真是一个倔强的人!

……

四 我们结婚三年,直到今天我仿佛才对她有了比较深刻的了解……

那一切的苦难,使她变得倔强。今天她来到城市,和这城市所遗留的旧习惯,她不妥协,不迁就,她立志要改造这城市!因此,有些地方她就显得固执、狭隘……甚至显得很不虚心了!特别是对于我更是如此。也因此使得我们之间的感情有了裂痕!但我对她依然还很留恋,还没有决心和勇气断然和她决裂！特别是当我比较清醒的时候,仔细想来,我们之间的一切冲突和纠纷,原本都是一些极其琐碎的小节,并非是生活里边最根本的东西！所以我决心用理智和忍耐,甚至迁就,来帮助她克服某些缺点！

我以为,我对她的分析和结论,已经是很完满很公平,而且觉得这样做,对我来说是仿佛将要牺牲一些什么！

哪知道她还并不如我想象的那样！

首先是她的某些观点和生活方式也在改变着:最明显的例子是:她现在所担任的工作是女工工作,在那些女工里边,也有不少擦粉抹口红的,也有不少脑袋像个"草鸡窝"的……可是她和她们很能接近,已经变得很亲近……有一次,我故意问她:"你不是很讨厌那些擦粉抹口红、头发像'草鸡窝'的人么?"她却很认真地教训起我来了:"你不能从形式上、生活习惯上去看问题！她们在旧社会都是被压迫的人！她们迫切需要解放！同志,狭隘的保守观点要不得！"哈哈！她又学了一套新理论啦！

同时,她自己在服装上也变得整洁起来了！"他妈的""鸡巴"……一类的口头语也没有了！见了生人也显得很有礼貌！最使我奇怪的是:她在小市上也买了一双旧皮鞋,每逢集会、游行的时候就穿上了！回来,又赶忙脱了,很小心地藏到床底下的一个小木匣里……我逗她说:"小心让城市把你改造了啊！"她说:"组织上号召过我们:现在我们新国家成立了！我们的行动、态度,要代表大国家的精神;风纪扣要扣好,走路不要东张西望;不要一面走一面吃东西,在可能条件下要讲究整洁朴素,不腐化不浪费就行！"我暗暗地想:女同志到底是爱漂亮的呵！但在某些基本问题上,她不容易接受人家的意见,不认错的毛病,恐怕是很难改变的！

可是随着时间的前进,我又发现我对她的了解不但不完全,而且是相反的！我总还是习惯地从形式上去看问题！

有一次周末,我去看她,她独自抱着孩子坐在炕角里沉思。我说:"小娟呢?她吃饭去了?"她不安地说:"不！她走了！"接着她就告诉我:她们机关里有一个本地做饭的大师傅,有一只怀表,在昨天早晨开饭的时候不见了！恰好这时候,只有小娟到伙房里去倒过水,旁人没去过！同时,早先机关里在拾掇大客厅的时候,她拣了几个扣子。所以就有人怀疑那只表也是她拿的！另外,早先有些同志也嚷嚷过,有的说丢了个化学梳子,有的说丢了一块毛巾……那大师傅也没和别的同志商量,就去找我的妻,肯定说那只表是小娟拿的！要我的妻向小娟追究。于是,她就问小娟拿了那只表没有？问得小娟直啼哭,一口咬定说：没拿！并且说："大姐！要是我拿了,就算对不起您的一片好心！"小娟这孩子个性太强,受不了这,马上非走不解！挡也挡不住！

可是,就在这天晚上,大师傅自己又把表找着了！

这一下,我的妻的激动和不安,真是无法形容！翻来覆去,一夜没睡好觉！她对我说,机关里那么多的人为什么不怀疑旁人;偏偏就怀疑是小娟拿的表？你说老干部们都受过锻炼,决计不会拿的,这倒也是理由;可是机关里留用的旧人员很多,他们也没受过革命锻炼,那么为什么不怀疑是他们拿的呢？她说："这是什么观点？这还不是小看穷人么？"我说："算了！事情已经过去了,鸡毛蒜皮的一点事！"她说："什么？这是思想问题哩！"

第二天清早,她让我陪她到小娟家里去走一趟。我说："那又何必呢！人已经走了！要是让她知道表又找着了,她爸爸说我们诬赖人！老百姓知道了这件事,对我们的影响很不好！"

她说："不！我们错了,为什么不认错呢？要不,小娟一辈子一想起这件事,就要伤心！影响更不好！"

可是,我还是认为不去的好！说实话,也就是说：我没有那样大的勇气！她说："你给看孩子,我去！"我又怕孩子啼哭了没法治！只好硬着头皮,抱着孩子跟她走了！

到了小娟家里,只见她爸爸在拾掇车子,一见我们,就显得很尴尬的样子说："那表的事我知道了！昨天晚上我就揍了她一顿！我对她说：咱们人穷志不穷！要是你真的拿了,我的老脸往哪里撂？你不说真话,非打死你不解！刚才,我又揍了她一阵子！她可还是一口咬定：没拿！我正想找您去说说,我这孩子顶老实,手也严实,敢情也不准是她拿的！"

我们夫妇之间（节选）

我听了,胸口直打扑通,而她反倒很镇静很自然,微笑着说:"不!大伯!我是来赔不是的:表已经找着了!不是小娟拿的!请你原谅!"

正在这时候,小娟从屋里出来了!红肿着双眼,扑到我的妻的怀里,两肩一耸一耸地哭了!我的妻摸着她的小辫,轻声地说:"小娟!你怪我不?"小娟哽咽着说:"不!大姐!您是,您是个,好人!您待我的好处,我,我,我这辈子也忘不了!"

我发现:我的妻的眼里,"扑簌簌"地掉下两颗黄豆大的泪点,滴到小娟的头上!

我们结婚三年,我还是第一次在人面前见她掉泪,那么个倔强的人呵!怎么今天也哭啦!

从这以后,我有好几天感到不安,我在她身上发现了不少新东西,而正是我所没有的!也正是我所感觉她表现狭隘、保守、固执的地方!也正从这些地方,我们的感情开始有了裂痕!我想到夫妇之间的感情到底应该建筑在什么基础上。我们结婚三年,到今天,我仿佛才觉得对她有了比较深刻的了解!我真应该后悔,真应该像她过去屡次严肃地向我说过的:需要好好地反省一下了!

我正想不等到周末,就找她去深谈一次,恰好那天傍晚,我正在整理劳资关系的材料,她倒来找我了!我觉得有些不寻常,因为在平时她是轻易不来找我的!我问她:"有什么事?"她说:"没事就不许来找你么?"坐了好一会儿,一句话也没说,最后,她说:"到你们屋顶平台上去坐坐好么?"我说:"好的!"不知道为什么,我的心有点发跳,我怕要发生什么不能推测的事情了……

到了屋顶上,坐了一会儿,她忽然说:"我犯了错误了!"我不觉吃了一惊:"什么?"她笑了,说:"也不是什么大了不起的事!"接着她就说:昨天她们区里,西单商场有一家皮鞋铺里的一个掌柜,嫌学徒晚上到区里开会回去晚了,把那学徒骂了个狗血喷头。那学徒找区工会办事处,她一听就生了气,跑到那铺子里把那掌柜训了个眼发蓝!走路的人都围过来看,觉得很奇怪。今天区里开检讨会,同志们批评她:工作方式太简单;亲自和掌柜吵架,对那学徒也没好处,有点"包办代替",群众影响也不好!并且还批评她的工作一贯有点太急;恨不得一下子就把社会改造好。同时太不讲究工作的方式方法……

她说完了,叹了口气,把头靠到我的胸前,半仰着脸问我:"这该怎么着好?"我说:"你没接受批评吧?"她摇了摇头:"哪里!自己错了,还能不接受?那怎么算是个同志呢?我都坦白地接受了!"我说:"那就算了!还有什么难过的呢!"她忽然紧握着我的手说:"唉!只怪自己文化、理论水平太低!政策掌握得不稳!不能很好地完成党所给我的任务!以后你好好帮我提高吧!"

我说:"这是一方面。可是你也不要把自己的优点忽略了!比方拿我来说:文化上——初中毕业;革命历史——和你一样;工作职位——我是个资料科科长;每天所接触的是工作材料、总结报告;脑子里成天转着的是——党的政策。按理说,对于现实生活里边所发生的问题,应该比你有更锐利的感觉,应该更是是非分明。可是在这些方面我还不如你!——你不要笑!这是真话。我参加革命的时间不算短了!可是在我的思想感情里边,依然还保留着一部分小资产阶级脱离现实生活的成分!和工农的思想感情,特别是在感情上,还有一定的距离,旧的生活习惯和爱好,仍然对我有着很大的吸引力,甚至是不自觉的。——你有这个感觉吗?而你呢?虽说文化水准、理论知识、工作职位都比我低——这也是真话。可是你倔强、坚定、朴素、憎爱分明——这句话的意思就是说你有着很深的阶级仇恨心和同情心。可是你确实也有点急躁情绪——恨不得一个早起的工夫就把社会改造好。因此,常常喜欢用简单的工作方法方式,问题想得不够深不够远。你和我的这些缺点,都会阻碍我们的进步,不能更好地来完成党所给予我们的任务。我相信:在党的教育下加上自己的努力,我们一定都会很快进步的!你记得我们在'抬头湾'的时候,同志们不是曾经好意地和我们开过玩笑吗,说:'看你们这两口子真是知识分子和工农结合的典型!'我看,我们倒是真要在这些方面彼此取长补短,好好地结合一下呢……"

我像演讲似地说了不少话,要是在往日,准是早被她卡断了!可是,她今天听得好像很入神,并不讨厌,我说一句,她点一下头,当我说完了,她突然紧紧地握着我的手不放。沉默了一会儿,她说:"以后,我们再见面的时候,不要老是说些婆婆妈妈的话;像今天这样多谈些问题,该多好啊!"

  我为她那诚恳的深挚的态度感动了!我的心又突突地发跳了!我向四面一望,但见四野的红墙绿瓦和那青翠坚实的松柏,发出一片光芒。一朵白云,在那又高又蓝的天边飞过……夕阳照到她的脸上,映出一片红霞。微风拂着她那蓬松的额发,她闭着眼睛……我忽然发现她怎么变得那样美丽了呵!我不自觉地俯下脸去,吻着她的脸……仿佛回复到了我们过去初恋时的,那些幸福的时光。她用手轻轻地推开了我说:"时间不早了!该回去喂孩子奶呵!"

一九四九年秋天,初稿于北京。重改于天津海河之滨。
——原载《人民文学》一九五〇年第三期
(选自《中国新文学大系 1949—1976·短篇小说卷一》,
上海文艺出版社 1997 年版)

一篇非同寻常的小说

——《我们夫妇之间》评析

黄济华

1950年1月,《人民文学》创刊后的第三期以显著地位发表了萧也牧的《我们夫妇之间》。这是新中国最早一篇受到欢迎与好评的优秀短篇小说,也是最早一篇遭到批判、受到不公正待遇的短篇小说。

作者萧也牧(1918—1970),浙江省吴兴县人。原名吴承淦,参加革命后改名吴小武,1941年开始发表小说和散文,使用笔名萧也牧。1949年由革命根据地进入北京以后,积极从事创作,短篇小说《我们夫妇之间》和《海河边上》发表后,有一二十家报纸转载,并很快被改编成话剧和连环画,《我们夫妇之间》还被搬上了银幕(影片由著名导演郑君里导演,赵丹、蒋天流、吴茵等著名演员主演),受到广泛欢迎。

《我们夫妇之间》值得称道之处主要有以下几个方面:

首先,小说题材的选择和主题的开拓,具有现实意义和时代精神。《我们夫妇之间》创作于1949年秋天,发表于1951年1月,这是新中国成立之初,历史正跨入一个新的时代。大批干部从根据地农村或战场进入城市,生活环境和形势任务都发生了新的变化,也面临着许多新的问题和新的考验。不论是工农出身的干部,还是知识分子出身的干部,都面临着如何加强学习、改造与提高自己,以适应新的形势,更好地工作、更好地为人民服务的问题。同时,由于环境和生活条件的改变,干部中也开始滋长了一些不良风气的苗头,有些干部抛弃出身农村、有些"土气"的糟糠之妻,另觅新欢,引起群众的反感和批评议论。

当时文艺创作的主导思想是为工农兵服务,写工农兵火热的斗争生活或革命战争题材。但《我们夫妇之间》却别开生面,写一对夫妇之间的日常生活和情感变化的故事,而且对主题作了深入的开拓,写出了别具一格的新意,让人有耳目一新之感。

作品中的丈夫李克是一位知识分子出身参加革命多年的干部,妻子张同志出身贫农,十五岁参加革命,在军工厂当了六年工人,荣获过晋察冀边区"劳动英雄"的称号,李克当年就是奉命给她写传记、对她进行采访长谈而爱上她,不久就与她结婚的。同志们称赞他们"真是知识分子和工农结合的典型"。但是,进入北京以后,随着生活环境的变化,他们夫妇之间由于思想感情、兴趣爱好、生活习惯的差异,慢慢产生了隔膜与裂痕,互相看不顺眼,发生争吵。李克甚至在内心发出了"我们的夫妇关系是否可以继续维持下去"的疑问。但随着时间的推移,李克发现了自己的弱点,自己思想深处依然保留着一部分不够健康的东西,有时不自觉地表现了出来;更发现了妻子身上的许多优点和新变化,她原来的某些狭隘、保守、急躁、粗鲁、工作方式方法简单以及某些不雅生活方式,都在改变,变得注意学习提高和文明修养了。于是他们作了一次少有的推心置腹的长谈。妻子说自己文化、理论、政策水平太低,要求丈夫以后多帮助她提高;丈夫则诚恳表示要学习妻子的坚定、朴素、憎爱分明,要努力克服自己的弱点,彼此取长补短,共同进步,以更好地完成党所给予的任务……最后,夫妇俩都被对方感动了。他们的思想性格都有了积极的发展,因而夫妇之间的爱情也随之更新与升华,进入了一个新的境界。

知识分子出身的丈夫和工农出身的妻子在新环境中,因生活习惯、思想感情不协调而产生一些矛盾、隔阂,难以避免,也很正常,主要问题是如何处理。《我们夫妇之间》所展示的,不是抛弃糟糠之妻,另觅新欢,不是爱人的更换,而是爱情的更新。这无疑是有积极的现实意义的,也符合新中国成立初期的时代精神。

这篇小说看起来只是写一对夫妻之间的日常生活和情感波澜,并无火热斗争的场面,但作者却通过它折射了时代的变化,具有鲜明的时代特色。这一对被誉为"知识分子和工农结合的典型"的夫妻,就是在一个特定时代走到一起的。他们携手跨进了一个新时代,经过一段感情的纠结和波澜,双方都发现了自己的缺点和不足之处,认识到对方的长处,真诚地表示要互相取长补短,努力学习,不断改变和提高自己。

目的是什么?不仅是为了过好夫妻和家庭生活,更重要的是为了"更好地来完成党给予我们的任务"。可见,这篇小说经过作者的处理和开拓,写出了积极意义和时代精神。

其次,作为优秀短篇小说,《我们夫妇之间》的人物描写很集中。丁玲说:"短篇的特点,就在于写得集中。俄国的契诃夫写了一千多个短篇,大部分都是写得好的,是因为写得很集中。"①

作者集中笔力写两个人物,即丈夫"我"李克和妻子"张同志",通过这两个人物的矛盾纠葛与对同一事物的不同态度,对比鲜明地写出两个人思想性格的变化与发展,同时处处以"我"来反衬妻子保持工农本色的优秀品质——"倔强、坚定、朴素、爱憎分明",并努力学习文化和政策,注意改正自己的缺点,不断提高自己。同时也写了"我"对妻子重新认识后的深深感动与自我反省。这样,夫妇之间爱情的更新与升华,就水到渠成。

主要人物之外,作者还写了几个过场人物——小保姆小娟、胖子和遭胖子毒打的小孩以及一个"苦力模样的人"等。这些并非闲笔,而是通过这几个过场人物,表现"张同志"富于爱心、平等待人、同情弱者、疾恶如仇、伸张正义、敢于制止不良行为的好品质,也生动地刻画了"妻"和"我"的不同思想品格。如对小娟的描写就是如此。

"妻"视小娟如家人,还教她学文化。一次,小娟被怀疑偷了大师傅的怀表,她不堪受辱,愤然回家。那块怀表终于找到了以后,"妻的激动不安,真是无法形容!翻来覆去,一夜没睡好觉!"她为小娟错遭怀疑而深深不平、不安。而"我"却淡然认为这是"鸡毛蒜皮的一点事"。次日清晨,"妻"让"我"陪她到小娟家走一趟,"我"又不以为意,怕"她爸爸说我们诬赖人,老百姓知道这件事,对我们的影响很不好!"两个人物思想品格的高下,对比得多么鲜明!

"妻"向小娟父女说明实情,赔了不是以后,深受冤屈的小娟一下扑到"妻"的怀里,哽咽着说:"大姐……您是个好人,你待我的好处,

---

① 丁玲:《谈与创作有关诸问题》,《生活·创作·修养》,第112页,人民文学出版社1981年版。

我,我,我这辈子也忘不了!"这时,"我"发现妻的眼里扑簌簌地流下热泪。这才深深触动了"我","我"好几天感到不安,深感自己"应该后悔","需要好好反省"。作者又借此描写了"我"的思想性格的发展变化。这才有了夫妻二人一次深情的长谈,也才有了长谈后的抒情结尾:

> 我为她那诚恳的真挚的态度感动了!我的心又突突地发跳了!我向四面一望,但见四野的红墙绿瓦和那青翠坚实的松柏,发出一片光芒。一朵白云,在那又高又蓝的天边飞过⋯⋯夕阳照到她的脸上,映出一片红霞。微风拂着她那蓬松的额发,她闭着眼睛⋯⋯我忽然发现她怎么变得那样美丽了呵!我不自觉地俯下脸去,吻着她的脸⋯⋯仿佛回复到了我们过去初恋时的,那些幸福的时光⋯⋯

再次,作者善于运用细节和人物语言刻画人物性格。如写小娟刚来上工时的细节和对话就是如此。作者先写小娟毕恭毕敬地向"张同志"鞠了个躬,叫了一声"太太",接着写道:

> 哪知道我的妻,一听到"太太"两个字,就像是叫蝎子螫着了似的嚷起来:"呀!呀!别叫别叫!我不是'太太'!我是我是⋯⋯我们解放军里头没有'太太'!我姓张,你叫我张同志好了!记住!我叫张同志!要不你就叫我大姐!"

这段描写和人物自己的语言,把这位"张同志"或"大姐"的新思想、新作风和平等待人、诚挚而爽快的品格和形象表现得多么生动!

另有一个细节与对话也运用得很好,这就是作者写"妻子"注意改变自己的形象,服装变得整洁起来、不说粗话、对人很有礼貌时,还用了一双皮鞋的细节。"妻"在小市上买了双旧皮鞋,每逢集会、游行的时候就穿上,回家又快脱下,很小心地藏到床底下一个小木匣里。于是引发了下面这段夫妻对话:

我逗她说:"小心让城市把你改造了啊!"她说:"组织上号召过我们:现在我们新国家成立了!我们的行动、态度,要代表大国家的精神;风纪扣要扣好,走路不要东张西望;不要一面走一面吃东西,在可能的条件下要讲究整洁朴素,不腐化不浪费就行!"

这个细节与人物对话,对进一步刻画"妻"的形象也起到了很好的作用。"妻"所说的关于文明修养的话,直到今天仍有现实意义!

作家萧也牧当年用他一片赤诚的心,成功地塑造了新中国新妇女干部形象,表现了一对夫妇之间情感的变化和爱情的更新,富有积极的现实意义,发表后立即受到欢迎与称赞。但一年多之后,风云突变,这样一个优秀短篇连同作家本人,竟然遭到猛烈的批判。

1951年夏天,在批判《武训传》声浪日益汹涌的情势下,风向急转,对《我们夫妇之间》由广受赞誉急转为批评和批判。《人民日报》、《文艺报》、《新华日报》等刊物相继发表文章批评萧也牧的《我们夫妇之间》和《海河边上》有"一些不健康的倾向,这种倾向实质上就是毛主席在《延安文艺座谈会上的讲话》中已经批判过的小资产阶级的倾向。"并把作者"评定为敌对的阶级",认为这是一种"文艺倾向的问题"。

在强大的批判的压力下,萧也牧写出了《我一定要切实地改正错误》(1951年10月25日出版的《文艺报》第5卷第1期),被迫违心地表态:"我确实已经走到错误的悬崖的最边沿,不能再走一步了。"不难想象,萧也牧当时经历了多么痛苦的心灵历程。

1956年,在提倡"百花齐放,百家争鸣"的气氛下,萧也牧写了一篇《"百花齐放,百家争鸣"有感》,热切希望"批评要恰如其分,要讲究分寸,不要把错误提高到不应有的高度,更不要把'莫须有'罪名加在他头上,不要污蔑他的人格。"然而,第二年的"反右派斗争",更因此将他打成"右派分子"。

1962年前后,文艺政策有所调整,他被允许深入农村生活,又写出了《小兰和她的伙伴》、《大爹》等小说。但是,萧也牧在"文化大革命"

中再遭批判,1970年含恨去世,时年52岁。1979年萧也牧被平反昭雪。

复习思考题

1. 当时为什么会提出夫妇之间日常生活的创作题材没有意义?
2. 分析《我们夫妇之间》人物塑造和艺术描写的技巧。

洼地上的"战役"(节选)

路 翎

……

侦察排在练兵的这个时候是住在阵地后面的山沟里的一个村子里,这是这一带剩下来的唯一的一个小村子,因为地形的关系,敌人的炮火射击不到的。王顺的这个班,住在一个姓金的老大娘家里。这老大娘六十二岁了,儿子是人民军战士,媳妇在敌机轰炸下牺牲,家里只有一个十九岁的叫做金圣姬的姑娘;这一老一少在从事着田地里的艰苦的劳动。侦察员们住到她们家来以后,这母女两个总是抢他们的衣服来洗,他们也就抽空帮她做一点事情。金圣姬这姑娘是农村剧团的一分子,曾经参加过慰问战士们的晚会。唱歌跳舞都很好,侦察员们来了以后,她是这山沟里最活跃的一个姑娘。这大方而活泼的姑娘不久就和侦察员们非常熟识了,叫得出每一个人的姓名。星期天,侦察员们休息的时候,她就和他们学着打扑克,教他们朝鲜话,又向他们学中国话。而在侦察员们爬到屋顶上去替她家收拾房子的时候,她就攀在梯子上递东西,不停地快乐地大笑着。她的中国话不久就学得很不错了,而且会唱侦察员们的所有的歌子。于是侦察员们,住在这两母女这里,就像是住在自己的家里一样。但是忽然地,这姑娘的神气里有了一点特别的东西,变得少说话了,沉思起来了。

班长王顺是很敏感的,他不久便觉察出来,她的这种变化是因为王应洪。侦察员们初来的时候,她最爱和王应洪说笑,嘲笑这年轻人的愣头愣脑的劲儿;带着天真的神气逗弄他,搬着手指教王应洪学习朝鲜话的一二三四,在王应洪发音错误的时候就大笑起来,每一次都要笑得流出眼泪……在战线附近,在敌人的炮击声中,——她们的麦田附近经常落弹——这样天真快乐的姑娘是特别叫人高兴的。但后来她忽然地就

洼地上的"战役"（节选）

不再和王应洪这样大笑了，见到王应洪的时候就显得激动，在他走过的时候总是痴痴地看着他。有时候，显出特别兴奋的样子和王应洪说上几句话，就要脸红起来。可是王应洪却完全没有注意到这个，这个年轻人的全部心思都集中在练兵的工作和未来的战斗任务中。使得这姑娘对王应洪发生感情的重要的原因，正就是王应洪的这种热诚。他帮她家做的事最多，他一早一晚都要帮她家挑水，午饭后有一点时间还要去抢着帮老大娘劈柴。他做这些是很自然的，他觉得这家人家很艰苦，而他们住在这里，总是会有些打扰别人的：老大娘那么大年纪还抢着替他们洗衣裳。参与着这日常的家庭劳动，老大娘有时就递口水，递块毛巾给他，对待他像对儿子一样，而金圣姬那个姑娘，在这些接触中心里满是感激，从这感激就产生了一种抑制不住的感情和想象了。在院子里只有他单独一个人在干活的时候，她就和他说许多话，替他递这拿那。有一次，天刚亮他担水回来，那姑娘像每天一样赶快拿东西来接，热烈地瞅着他，希望他和她说话，可是他低着头倒了水，担着水桶又出去了。第二挑水担回来的时候，金圣姬蹲在地上拿盆接水，忽然抬起头来看着他，用生硬的中国话问："你的家里几个人？"他爽快地回答说："四口，父亲、母亲、哥哥、嫂嫂。"金圣姬紧张地、吃力地听着，红了脸，后来又想问什么，可是他已经唱起歌来，跑出去了。他什么也没有觉察出来。

第二天午后，别人都午睡了，他一个人在院子里挖着他的鞋子上的泥，老大娘忽然走过来，在他旁边蹲下了，拿一只手抚摩着他的肩膀，悄悄地用中国话问："你的十九岁？"他说："十九。"又问："你结婚过吗？"他说："没有。"老大娘于是对着他笑着，抚摩着他的头，说了很多他听不懂的朝鲜话。显然地那个女儿已经和母亲谈过她的心思了。可是这年轻的侦察员仍然什么也没有想到。老大娘的慈爱的抚摩，使他非常感动，他告诉她说，他的母亲也是快六十岁了，身体很好，和她一样还能下地劳动；又告诉她，他的母亲是很爱他的，他小的时候，看见他生病咽不下和着糠和榆树叶子的窝窝头，母亲就偷偷地哭，卖了自己的唯一的一件破棉衣，替他买来了两斤白面。他说着的时候看着老大娘，发觉老大娘脸上也有和母亲一样的皱纹，于是就想到，在他参军的时候母亲怎样地流了眼泪又微笑，说是："我这儿子没有叫国民党土匪打死，今天怎能不乐意他去哇……"他于是激动起来,想要和老大娘谈这些。可是他不久就发现他的夹着几个朝鲜字的中国话老大娘一点也没有听懂,正像刚才她的话他没有听懂一样。他激动得很厉害,想着现在他是一个志愿军的侦察员,是在为他的受苦的、慈爱的母亲和这个受苦的、慈爱的老大娘而战斗了,于是站了起来,找出了斧头就去替老大娘劈柴。

老大娘含着泪看着这年轻人——她仿佛觉得他已经是她的家庭里的人了,并且她甚至想到了,当她的当人民军的儿子从前线回来时,将要怎样高兴地和他们家里的这个新人见面。而这个时候,金圣姬姑娘也正在厨房的门口对着这年轻人瞧着。她听见了她母亲对王应洪所说的一切话,但是王应洪后来所说的那些话她同样地没有能听懂。但是从这年轻人的激动的神情,她相信他已经能够懂得她的心了。

这种情况,这母女两个的动人的、热切的感情,渐渐地使得班长王顺很担忧。他相信王应洪不可能出什么岔子,但因为他特别喜爱王应洪,并且似乎和他还有着一种特别深刻的关系,因此就时刻害怕他会出岔子。而且,对于这一类的事情,老侦察员一向是很冷淡的,他还有一种简单的成见,就是,如果这一方面没有什么,那一方面也一定不会有什么的。因此他渐渐地有点疑惑了。他觉得,年轻人总难免的,他刚离开温暖的家不久——他听说过王应洪是怎样被母亲爱着——还不曾懂得、习惯战争生活,可能他被这个家庭的日常的劳动所吸引,可能他不知不觉地对金圣姬流露了什么。在军队的严格纪律和严酷的战争任务面前,这是断然不能被容许的。

但在这种考虑里,班长王顺的心里还有一种模模糊糊的他也说不上来的感情。当他的班里的一个战士对他反映了金圣姬和王应洪之间的状况,并且认为王应洪可能已经有了超越了军队纪律所容许的行为的时候,他才意识到自己的这种感情。他回想起了金圣姬的纯洁、赤诚的眼光,这眼光使他困惑。他想:她的心地是这样的简单,她怎能知道摆在一个战士面前的那严重的一切呢?可是,又何必要责难她不知道这一切,又为什么要使她知道这一切呢?

洼地上的"战役"（节选）

他是结过婚的人，并且有一个女孩。他一向很少写家信，总是以为他没有什么可写的，他觉得他对她们也一点都不思念。但金圣姬的神态和眼光，她在门前的田地里劳动的姿态，她在侦察员们走过的时候忽然直起腰来在他们里面找寻着什么的那种渴望的样子，就使得他隐隐约约地想起了那显得是很遥远的和平生活。金圣姬从一个小女孩长成大人了，她简直就是在炮火下成熟起来了，她特别宝贵她的青春，她爱上了纯洁的中国青年，她的一举一动都流露着，自自然然地，她渴望建立她的生活，和平的、劳动的生活……正是这个，使他感到了模模糊糊的苦恼。

但军队的纪律和他心里的紧张的警惕却又使他不好去批评他班里那个战士的汇报。而且这个汇报使他对这件事情觉得更加疑惑起来，就是，王应洪可不可能在不知不觉之间对金圣姬流露了什么呢？经过一番考虑，他就把他所注意到的这一切汇报给连指导员了。连指导员也很喜爱王应洪，但也对这件事做不出判断，于是指示他说：好好注意，必要时找王应洪谈一次话。

指导员的意思是，如果现在真的还一点什么也没有，谈了话反而要影响王应洪的情绪的。王顺也觉得这个谈话很困难。但因为对这年轻人的特别的关切，因为对他的班的重大的责任感，王顺仍然当天晚上就找了王应洪到门前的土坡上去谈话了。

这谈话确实困难。王顺先是表扬了王应洪，表扬他在练兵中的进步，干工作的带头、勤劳和活跃，然后就说到了将来的战斗任务，说到一个革命军人的职责，说到纪律的重要。可是，说着这些，王应洪仍然一点也不明白。他从来都不怀疑这些真理。他以为班长是一般地在关心他，于是表示说，他是坚决要为革命奋斗到底的，他是青年团员，他希望能在将来的战斗里考验他！他热情而激动，就是不明白班长所暗示的那件事情。班长于是只好点破了。他说："你觉得咱们房东那姑娘怎样？"

对这个问题，王应洪愣了一下。

"她挺好呀……"说到这里，他才一下子明白过来了。一定是班长不信任他，一定是别人说了他什么。这倔强的青年是不能忍受这种怀疑的,他痛心而愤慨了,叫着:"班长,你就这样看我么?"

班长王顺也是直性子,既然把问题点破了,他就决心搞到底,一定要弄出结果来,看这年轻人到底有没有什么。他于是不理会他的激动,冷淡地问:"你真的是没有什么?"

"你不相信你调查去好啦,这么不相信同志呀。"

这种说话的腔调,叫班长王顺愤怒了。这是孩子气的、老百姓的腔调。这在老军人看来是断然不能许可的,于是他冷冰冰地说:
"有纪律没有?你这口气是跟谁谈话啦?"

那年轻人一下子沉默了。过了一下,他以含着泪的、发抖的声音说:"班长,刚才我是不对……我汇报给你啦,我真是对她一点心思也没有。"

班长沉默着。他很难过——他是这样地喜爱这个青年,刚才似乎也不必那么严厉的。这年轻人说的话也是真理:为什么要不相信自己的同志呢?

"好啦,就这样吧。"他想安慰他几句,可是什么话也说不出来。他又想起了金圣姬姑娘的那一对热诚的眼睛。

回到班上去,熄灯号以后,王应洪好久睡不着。他这时才回想起这些时来金圣姬姑娘的神态,觉得果然是有些什么的,心里很不安了。眼前就有一个难题:明天一早起来替不替老大娘挑水呢?他想,不挑算了,为什么要叫人误会呢?但这时候,透过门缝,他看见了灯光下的老大娘的疲劳的脸和花白的头发,她正在推着磨子,艰难地耸动着她的瘦削的肩膀;而从屋子里面,则传来了劈拍劈拍的单调的声音——金圣姬姑娘在打草袋。这劈拍劈拍的声音混合着磨子的沉闷的轰轰声,震动着他。这两母女每天都要劳碌到什么时候才睡啊!那么,为什么他不该替她们挑水呢?如果明天一早起来,发觉坛子里空着,她们要怎样想呢?当然啦,她们是决不会责怪他的,可是他自己怎么能过得去呢?想着这个,他心里觉得沉痛起来。"我是清清白白的,我哪一点也没有错,为什么要这么不相信我呀!"他想,于是他含着眼泪激动地对自己说:"不挑对不起人!坚决要挑!"

但是他仍然问了班长。看见班长在翻身的时候醒来了,他问:"班

洼地上的"战役"(节选)

长,早上我替不替她家挑水呢?"班长用很柔和的声音回答说:"那当然可以。"然后又睡去了。这回答使他很安慰。

他是全班每天起得最早的,趁这个时间去替那两母女挑点水,这已经成了习惯了。但是第二天一早他刚一起来,悄悄地去拿水桶的时候,打草袋打到深夜才睡的金圣姬忽然迅速地推开门出来了,两只手编着辫子,赤着脚走到踏板边上,注视着他。他不和她招呼——下决心一句话也不说,拿了水桶就走。金圣姬活泼地跳下踏板穿上鞋子就来和他抢水桶。侦察员们住到这里来的最初几天,她也曾和他抢过水桶,那是因为她觉得,她不好要这些劳苦的战士们帮助她,而且,在朝鲜,背水和顶水,是妇女们的事情。但后来的这些天,她就不再来抢水桶了。今天不知为什么她忽然地又这么干了,也许是因为,她已经把他看做自己家里的人,她又想起来了男子的尊严,而担水是妇女的工作。但王应洪却不曾想到这些,似乎是有些赌气,用力地夺了水桶就走。他挑了水回来,那姑娘已经在灶前生着了火,听见了脚步声就回过头来了,望着他笑,跑过来找盆子盛水,可是他为了免得她接近,赶紧地把水倒在一个坛子里了,慌慌忙忙地以致于把衣服泼湿了一大片。金圣姬啊哟地叫了一声,马上找东西来替他揩,找不着干净的东西,慌忙中就撩起裙子来预备拿裙子给他揩,可是他红着脸一转身就出去了,金圣姬蹲在地上还来不及起来。

这对于金圣姬是一个不小的打击。为什么这样呢?她有什么不对的么?难道她对战士们照顾得不好,不曾把他们的衣服洗得很清洁么?她站了起来,悄悄地流下了一点眼泪。这个年轻的朝鲜姑娘,好些天来,听见王应洪的声音就要幸福得脸红;一早上在灶前烧火,听着他的挑水的脚步声的时候,她就要不由地想起了,一个男子不应该挑水的,将来,她烧着火,担着水,他在院子里这里那里收拾一下,然后他们一块儿到田地里去劳动,这就是家庭了。她觉得这好像没有什么不可能的。战争总归要过去的。而且,在她的心上,他一点也不是生疏的外国人了。

她真是很委屈。可是她也是倔强的。第二天天刚亮,王应洪起了床预备来挑水的时候,小水缸里和坛子里却已经满了,她在灶前烧火,不曾看他一眼。

他于是觉得苦恼。她一点过错也没有,为什么昨天要那样对待她呢?可是这种情况是不能这么继续下去的,晚上他就向班长王顺把昨天和今天挑水的情况汇报了,他觉得他很对不起人,他不知道要怎么办;他建议他们班搬一个家,可是他又觉得,无缘无故地搬了家,就更对不起这两母女了。他于是希望快点上阵地去。班长嘱咐他仍然照常挑水,并且态度不要那么生硬。

以后几天,他起得更早,抢着挑了水。金圣姬姑娘不再走近来,也不再和他说话,只是默默地看着他。他总是很快地办完事情就出去了。这种情形弄得他很慌乱,他心里开始出现了以前不曾有过的甜蜜的惊慌的感情。对这种感情他有很高的警惕,于是在金圣姬姑娘面前他的态度变得更生硬了。这天晚上回来,预备抽点时间洗一洗衣服,他发现他的一套脏了的军服已经洗得很干净,而且熨得整整齐齐的。他一瞬间害怕别人看见,红着脸像是做错了什么事情似地,赶快把这套军服塞到背包下面去了。但第二天早晨,穿上这衣服,他决心一早就穿它,好使金圣姬心里高兴一点,来补救他的那些生硬的态度——往衣袋里一摸,却多了一件东西。拿出来一看,原来是一双用蓝布做面子,白布做底的,缝得非常细致的袜套。他没有什么犹豫就向班长汇报了,把这袜套交给了班长。班长拿着这袜套看了一阵,心里赞美着这年轻的战士的忠诚的纪律性,但又有点不安:过过穷苦的生活的人,是知道庄稼人家的艰难的;在这战争的山沟里,谁知道金圣姬姑娘费了多大的心思,才弄来了这一块簇新的蓝布?这两母女终年吃着酸菜和杂粮,而且那姑娘的裙子都打了补丁,她只有一条跳舞的时候才肯穿的比较新的红纱裙……这么考虑了一阵,黄昏的时候,他就嘱咐王应洪把这袜套还给金圣姬,虽然他知道这一定会使那姑娘委屈,但这没有办法,纪律比一切都重要。

这时金圣姬姑娘和她的母亲正在门前的踏板上吃饭,王应洪鼓起勇气来走过去了,不知为什么还敬了一个礼,把那袜套硬邦邦地往前一递,说:"还你!"就没有别的话了。

那姑娘一瞬间瞪着他,她母亲也瞪着他。

洼地上的"战役"（节选）

　　站在附近的班长王顺觉得这简直太糟糕了,这年轻人简直太生硬了,连一句客气话也不会说,更不用说要他交代几句军队的纪律了。于是赶忙走过去笑着用朝鲜话解释说,志愿军不好随便接受老百姓的东西。……他没说完,老大娘兴奋地站起来了,大声地辩解着说:她才不信这个!这并不是随便接受老百姓的东西呀。她并且指指响着炮声的前沿的方向说:这还能分家吗?金圣姬姑娘为什么不该感谢这年轻人呢?可是那姑娘望望她的母亲又望望王顺,一句话也不说,红着脸把那袜套接了过去,又低着头继续吃饭了。

　　以后一切就显得很平静,没有什么事情了;只不过王应洪变得更慎重,换下来衣服马上就洗;金圣姬去抢别人的衣服洗,却不再来抢他的了。对于王应洪说来,这件事情虽然多少也扰动了他,但却并不曾在他的心里占多大的位置;实际上,班长王顺对这件事还注意得比他多些。将近两个月的练兵期间,他已经学会了侦察员的各种本领,还学会了敌人的好几种火器——侦察员们,有时候是要夺取敌人的武器来使用的。他学习得这样热中,以致于他没有时间来考虑金圣姬姑娘对他的感情。练兵任务快要结束的时候,一次打靶练习和演习动作中,他受到了团参谋处的表扬。这天黄昏,连指导员到他们班里来参加了他们的班务会,在做总结的时候也表扬了他。班务会以后指导员还不走,他是很活泼的人,看见金圣姬姑娘在那里推着小磨子磨麦子,便跳过去了,两腿在炕上一盘,夺过磨把来,非常熟练地磨了起来,一面就用非常好的朝鲜话讲着笑话,使得金圣姬不得不笑了起来——但这姑娘这时已是这么成熟了,不再像先前那么哈哈大笑了,而是侧着头,带着一种讥讽的神气微笑着。但指导员看见笑容就高兴,继续愉快地说笑着,因为他已经好些天不见到这姑娘的笑容了,他密切地注意着这件事情,赞美着他的年轻的战士,但也因了这姑娘的忧愁而有些不安。他帮她碾完了半斗多麦子才走。在他谈笑着的时候,王应洪赶着替她家的所有缸子坛子里挑满了水,因为他们明天一早还要有一次演习动作,怕来不及挑水;而且他们不久就要上阵地了,他觉得他不会有很多时间来帮助她们了,——没有这些帮助,她们是会要困难一点的。金圣姬姑娘听着指导员的话在发笑,好像完全没有注意到他在干活,这使得他也很高兴,对这两母女,对这一段生活,充满了感激的心情。

　　第二天上午,在山坡上的松树林子里,农村剧团的姑娘们给战士们做了一次演出。战士们围成一个圈子坐着,对这些熟识的姑娘们的表演觉得非常高兴。金圣姬有三个节目:唱了一个歌,跳了一个《春之舞》和一个《人民军战士之舞》。在《春之舞》里面,她穿上了她的唯一的一件粉红的纱裙;在《人民军战士之舞》里面,她演战士之妻。这时候人们才注意到她原来是这村子里的最美丽的姑娘,并且她表演得非常好。"人民军战士之妻"的好几个动作,使得有些战士的眼睛都潮湿了,甚至连老侦察员王顺都感动得说不出话来了。这表演的第一节的内容是:人民军之妻背着孩子,在敌机的轰炸下,送丈夫重返前方。王顺心里的感想很复杂,他就悄悄地注意着坐在他旁边的王应洪,可是这年轻人却好像没有什么感触,沉思地看着"人民军之妻"的飘动着的长裙——这个新战士,这时候是在想着虽然今天晚上他们就要上阵地,可是他却还没有战斗过,比起舞蹈里的那个挂着国旗勋章的人民军战士来,他真是差得太远了。他就是这样想的。后来发生了一点意外的情况,就是,班长王顺发觉出来,当金圣姬舞蹈着的时候,坐在圈子里面的村子里的姑娘们都在陆陆续续地朝这边看,而且悄悄耳语。……舞蹈一结束,姑娘们就用中国话叫起来了:欢迎王应洪唱一个!——她们甚至知道了他的姓名!战士们,包括连长和指导员在内,都轰的一下鼓掌了,而王顺就注意到,这时那个"人民军之妻"的脸上是闪耀着多么辉煌的幸福表情!王应洪很惊慌,哀求班长替他抵挡。王顺站起来了,自告奋勇地说:"我来唱!"可是姑娘们说,你也要唱,先让他来!这时连指导员跑过来了,像哄小孩一样对王应洪耳语着,把面孔通红的王应洪拉了出来。王应洪敬了一个礼,终于低声地唱了一个歌。大家沉静地听着,他唱的实在不好,战士们都替他捏着一把汗,可是姑娘们却听得出神——唯有那个"人民军之妻"带着一种担忧的、惊讶的神色。歌声一停,从姑娘们里面爆发了狂烈的鼓掌,于是王顺又看到了,那个也在轻轻鼓着掌的"人民军之妻"的脸上,闪耀着多么辉煌的幸福表情!

　　黄昏的时候,天气很晴朗,侦察排上阵地了。他们离开村子的时

洼地上的"战役"（节选）

候,村里的妇女儿童们都送到了村口,望着他们走下山坡。金圣姬母女也送出来了,可是金圣姬现在却显得冷淡而严肃。她跟在母亲后面,看也不看王应洪;她母亲摸摸这个战士又摸摸那个战士,最后就拉住王应洪的手,说着说着落下了眼泪,她却是一声也不响。她慢慢走着——在她自己的独特的思想中。

………

洼地上的"战役",它的规模就是如此。这时那两个侦察员却突然出现在敌人的"纵深"里,用不几发子弹结果了那两个机枪手;灵机一动,王顺一下子扑倒在机枪的跟前,对准那些敌人射击起来了。事情于是非常简单,他射击了半分钟不到,就结束了这个洼地上的"战役",当剩余的、滚在沟里的敌人刚刚明白过来,又打出了信号弹的时候,他已经带着他的助手投入了黑暗的荒地,越过了一条小溪,跑进了大片的洋槐树丛了。

王顺在前面奔跑着,他的左胳膊负了一点伤,这时才觉得有些疼痛。他听着跟在他后面的王应洪的脚步声,他忽然听出来这脚步声有些沉重,正在这个时候,右腿负伤的王应洪栽倒了。

他们两个都弄不清楚这是在什么时候负的伤。王应洪身上的伤还不止一处。在当时,他一点也不曾感觉到自己是负伤了,充满了胜利的快乐,无论手和脚都是灵活的。但现在这些伤被意识到了,一经被意识到,它们就发作了,于是王应洪支持不住了。

王顺一声不响地背起他就走。他们是一刻也不能在这附近停留的。敌人的整个的阵地这时一定是在骚动着,加强了警戒,要搜捕他们的。

意识到这紧张的情况,王应洪就要求班长不要管他,但是班长理都不理他。在年轻的新战士的心里,燃烧着壮烈的感情,他觉得他已获得足够的代价,他从来不曾想到他第一次参加的战斗有这么辉煌,他觉得现在是到了牺牲自己,而让班长脱险的时候了。于是,当他们出了树丛,迫近了敌人的警戒线,班长把他放在一条土坎后面,爬上去侦察情况的时候,他就下了这个决心;一有情况,他就留下来——像班长刚才带着他对全班所做的那样,用自己的火力和身体掩护班长脱险。

　　现在他们正在敌人阵地的旁边,这已经不是他们来的时候那一片开阔地,而是一条狭窄的山沟。这是最危险的地带,一有动静,敌人两边山头上的火力网就会把这一条不到四十公尺宽的山沟完全盖住;而且,两边的山坡上都有敌人的警戒。他只是在沙盘作业上学习过这一带的地形,班长却是知道一切的。但现在他们显然无从等待或另外选择道路。班长看了一看情况回来,就决定拖着他沿着土坎往山沟中间的几棵大树里面爬去。年轻的侦察员既经做了决定,看看没法开口向班长说什么,就把自己的冲锋枪扣在手中。他也用他的负伤的肢体帮着爬,咬紧牙关来忍受可怕的疼痛。这是非常艰难的道路,每一分钟只能爬行四、五米。班长侧着身子,用右胳膊抱着他的胸部,用自己负了伤的左胳膊撑着地面,一步一步地拖着他。

　　"班长,……"他说。

　　"不许说话!"班长对着他的耳朵严厉地说。

　　"我牺牲了不要紧。"

　　"别说话,纪律!"

　　听到了这个,年轻的侦察员就不再作声了。

　　他们毕竟到了那几棵枝叶长得很稠密的栗子树里面了。他们在一个小土包后面的草丛里潜伏了下来。现在又得再看动静。这时左右两边的小山头上,敌人互相地喊着他们听不懂的话,然后,就有三个巡逻兵从左边山坡出来,踏着草地慢慢地走着,端着枪,编成警戒的队形,向着这个栗树林走来。

　　"班长,"年轻的侦察员含着眼泪在恳求了,"我打响的时候,你从右边撤出去,……"

　　班长掩住了他的嘴巴。这个动作是为了警惕,但也是因为难过;说这种话叫老侦察员太伤心了。为了防止这年轻人的意外的行动——他感觉得出来这年轻人身上有着怎么样的一种激动,他也知道,在负了重伤的时候,人们会想些什么——他就拿负伤的左胳膊用力地压住了这年轻人的握着枪的手。

　　三个敌人的巡逻兵沿着土坎和草丛搜索,慢慢地迫近了这小小的

洼地上的"战役"(节选)

栗树林中,其中的一个突然大吼了一声,于是王应洪震动了一下,但班长更用力地压住了他。老侦察员非常镇静,现在还不能判断他们是否已被发觉,因为敌人是常常要拿这一套来给自己壮胆的。三个敌人紧挨着走到这小栗树林来了,在离侦察员们潜伏着的土包三四米的地方站下了,往这边瞧着。

连老练的侦察员这时也有些迷惑了。但侦察工作中的铁则支持着他,这就是,绝对不暴露自己。小风把粗硬的栗树叶吹得发响。这三个敌人互相说了什么,忽然地其中一个又向着右边吼叫了起来。于是他们走过去了。

大约二十分钟之后,侦察员们出了栗树林,沿着右边的山根一寸一寸地爬行,这一个拖着那一个。没爬行几十米,又出现了敌人的巡逻兵,于是紧紧地贴着地面伏着;愈来愈明显地感觉到年轻人身上的激动,王顺沉着地压着他的手腕,并且用力地捏了一下他的手。这个动作的意思是,他们是这样地相爱而血肉相联,他决不能丢下他,而且,他还很有力量。……负了伤的特别艰难的行动,以及敌人的加强警戒使得他们一直到天亮还没有爬出这条山沟。

眼看着快要天亮,王应洪就又要求班长不要管他;他甚至于哄骗班长说,只要班长先走,他就能慢慢爬回自己阵地的。班长不理他,这沉默是含怒的。班长拖着他爬到一条长满杂草野花的小沟里,使他躺在一块比较干的地方,又爬过去慢慢地弄来一些草把沟边上细心地伪装起来,——这两个侦察员就躺下了,在这条狭窄的沟里,着手来度过这个白天。他们离山头上的敌人地堡仅仅三十米。但白天的情况也有有利的地方,因为我们阵地上的火力已经能封锁到这个山坡,敌人是不大敢下阵地来的。

班长替王应洪包扎了伤口,也把自己的伤收拾了一下。这年轻人的伤势使他痛心。他竭力显得安静,拿出一块手帕来,在水里弄湿,轻轻地替他擦着脸。然后就拿出了一个馒头——这老侦察员,是有着这种周密的计算的——分了一半给他。

可是王应洪一口也不肯吃。他难过极了;意识到自己拖累了班长,这种心情比身上的伤还使他痛苦。他透过面前的杂草,定定地瞧着辉耀着阳光的五月的天空,一动也不动。

"纪律,"班长对着他的耳朵说,"你是祖国的好青年,你是人民的好战士,吃这半个馒头,这是纪律。"

于是王应洪开始吞吃馒头了。

黑夜过去了,现在是要再等到晚上。离自己的阵地还有两百米。但班长的脸上却出现了愉快的神情。他想要使这个年轻人改变心情,而且,胜利地完成了的捉俘虏的任务,洼地上的那个杰出的战斗,对这年轻人所尽到的责任,这个狭窄的小沟里的神秘的隐蔽,这一切都使他变得像早晨的阳光一样愉快。于是他躺在王应洪身边,几乎是全身都躺在湿泥里,对着王应洪的耳朵小声地、活泼地说起话来了。

"你猜我头一回当侦察员的时候是怎么的!一听见敌人的声音我就发憷了,没有你这么沉着勇敢。那时候我的政治觉悟也不怎么高,还想家哩。我也是老战士一点一点带出来的;咱们部队就是这样,一代传一代,一代比一代强——咱们的这个英勇顽强的老传统。我带着你这也不是为了你,这是为了咱们全军,也是为了人民和党的事业,你为啥要难过呢?"

王应洪不作声。他在想:"难道就不许我为了人民和党的事业掩护你撤退么?"

"今夜晚咱们肯定能回到家里,咱们要去见连长,见团首长,俘虏是你抓的,你这次的功劳我一定要给你报上去。连首长团首长都在盼着你呢。"

"我没啥功劳。真的。我就是觉着我够本了,天黑了你先把我留在这里吧。"王应洪冷淡地说。

"不哇,同志。"老侦察员热烈地对着他耳朵说,"够本,这思想要不得,错误的。咱们革命的战士,共产党员青年团员,不是这么容易就够本的哪。一代又一代的,战场上多少同志流血牺牲才培养出咱们来的呀,你算算这个帐吧,歼灭了一个排的烂狗屎敌人就能够本?"沉默了一下,看见这年轻人仍然不作声,他忽然微笑着非常柔和地说:"你还想着金圣姬那姑娘不?"

洼地上的"战役"（节选）

"没有。从来我就……"

"不是说的这。咱们也是为她,为老大娘战斗的,朝鲜人民血海深仇还没报,就够本?"这样他就把金圣姬姑娘也巧妙地拖到他的论据里面来了,他迫切地希望打动这青年战士的心,使他放弃那些苦痛的思想;"你说,咱们回到家,过些天再到村子看看,金圣姬跟她妈见到咱们可要多高兴啊,我要好好地跟她谈一谈咱们的这场战斗……"

他的眼前就出现了那姑娘的闪耀着灿烂的幸福的面貌。他并且又想到了舞蹈里的那个"人民军之妻"。在他命令王应洪和他一同留下的那个严重的瞬间,以及在他拖着这青年爬进栗子树林的时候,这个灿烂的幸福面貌都似乎曾经在他的心里闪了一下。现在回想起来,好像确实是这样的。他替这个不论从军队的纪律,或是从王应洪本人说来都没有可能实现的爱情觉得光荣,于是他觉得,他拖着王应洪在山沟里一寸一寸地前进,除了是为了别的重大的一切以外,也是为着这姑娘。她曾经在那黄昏的山坡上掩面哭着从他的身边跑过,于是他觉得他是对她负着一种他也说不明白的、道义上的责任。他怜惜她不懂得战争,怜惜她的那个和平劳动的热望;他觉得他真是甘愿承担战争里的一切残酷的痛苦来使她获得幸福。于是,爬进栗子树林进入这条小沟,替王应洪裹着伤,要他吃馒头,拿纪律来强迫他,哄他,又对他小声地柔和地说着话,这一切动作都好像在对他心里的金圣姬姑娘说:你看,我是要把他带回来再让你看看的,你要知道我爱他并不比你差,我更爱他,而且,你看,我决不是你所想象的那种不通情理的冷冰冰的人!

说来奇怪,他所担心,所反对的那个姑娘的天真的爱情,此刻竟照亮了他的心,甚至比那年轻人自己都更深切地感觉到这个。那年轻人沉默着,透过面前的草叶和几枝紫红色的金达莱花望着明朗的天空,他此刻没有想到这个。从敌人在他的眼前出现以来,他一直忘了这个,但在刚才班长说到纪律的时候,他忽然意识到他有件什么事情做得不顶好,接着,班长说起了金圣姬,他才想起来这件办得不怎么好的事情就是他口袋里的那一张绣花的手帕。他现在觉得这件事情没有什么道理。他的那种年轻人的惊慌而甜蜜的幼稚心情,已经被激烈的战斗和对任务、对班长的严重的意识所抹去,似乎是在他的心里一丝一毫也不存留了。他所不满足的仅仅是他没有能及时地掩护班长出险,此外他在生活中就不再需要别的什么东西了,何况那个他从来也没想到过的爱情。他也不理解那个姑娘的要建立一个和平生活的热望,她离他似乎很遥远、很遥远了。……他觉得,他没有及时地把手帕的事汇报给班长,是一个错误。这样,他就摸索着把那张折得很整齐的手帕从胸前的口袋里拿出来了。

"班长,我还没跟你汇报,"他平静地说,"这是她又塞在我的军服口袋里的,昨天换衣服才发现……还有那双袜套。"

班长接过去,展开那手帕来看了一看,想了一想,就又替他塞回口袋里来了。

"你留起来吧。"

"不,这违反纪律。"

"我相信你,同志。留着吧。"班长温和地说。这手帕此刻竟这么有力地触动了他,使他又想起了金圣姬的所有的美好的希望——而这美好的希望竟是不能实现的。在将来,他们终归会给这姑娘奋斗出一个和平的生活来,她将要结婚并生育儿女,那时她会怎样来回忆现在的这一切呢?"回去我汇报给连部,"他又说,"我想连部会同意你收下的……在这件事情上,没有哪个同志会批评你不对的。"

"我要这个没有道理呀。"年轻的侦察员坚持地说。

"你留着吧。"班长同样坚持地说。

他们沉默了下来。远远的战线上有炮声,可是周围很沉寂。王顺继续想着这件事,这条手帕,女孩子家的希望,并且拿它来和他们眼前的处境对比,——眼前是毫不容情的战争,他们躺在敌人阵地上的这个泥沟里。他想,女人们是不了解这些的,当然,这也不必要她们了解。比方他那个老婆吧,离别六年了,来信总是以为他还是六年前的那个爱嬉闹的青年,总是嘱咐他进饮食要当心,早晚不要受凉——也不知她是托村里的哪位老先生写的。在和平的日子里,真是连伤风咳嗽也要担心,可是现在他是一个身经百战的老侦察员,不仅不再是爱嬉闹的青年,而且还规规矩矩地在无论什么泥沟里一潜伏就是几个钟点;早晚不要受凉！这真是从哪里说起呀……可是这种思想却也牵动了他的一点回忆。老婆的信里说：女儿已经上小学,认得一百二十一个字了。他好一阵子想着这一百二十一个字,并且搬弄着手指,想要弄清楚这一百二十一到底是多大的一个数目。一下子他惊讶了："我在这么大的时候,一个字也还不认得呀！这数目不小呀！"透过草叶,有一线阳光落在他的脸上,他闭了一下眼睛,忽然比任何时候都更深、更鲜明地感觉到他所从事的战斗的伟大意义。在敌人阵地上的这个小沟里,他清楚地看见,那扎着两条小辫子的、认得一百二十一个字的小姑娘在他所耕种过的田地边上跑过,还背了一个书包！——这个他在中间度过了将近二十年的受苦的日子的家乡,这个生了他、养育了他,用地主的皮鞭迎面地抽击过他的家乡,从来不曾这么亲爱过！

"我忘了告诉你啦,"他对着王应洪的耳朵小声说,"我的八岁的女儿秀真,她认得一百二十一个字啦。"

王应洪转过脸来,微微笑了一笑。他当然高兴听到这个,可是他实在不很了解,班长此刻为什么会这么愉快。他觉得这一切只是为了安慰他,可是他是怎么也不能忘记目前的处境的。他摆脱不开这个思想：要不是他,班长早就脱险了。而且他身上的伤口痛得像火烧一般,浑身都没有力气,这就使他对今天晚上的路程更为担心。总之,他的思想是纷乱而苦痛的。渐渐地他抵抗不住身体的疲劳,迷迷糊糊地睡去了。那些苦痛的思想在睡梦中还继续了一会儿,他梦见敌人包围了他们,他想要冲上前去掩护班长,可是他的四肢无论如何也不能动弹。接着,他的梦境变得柔和起来了,年轻的、孩子似的心灵活跃起来了,他梦见了纺车在他的眼前打转——母亲在摇着纺车；仿佛是病了,母亲在守护着他,对他说："好好睡吧,一觉睡到大天光就好啦。"他说："不用,上级给了我重要任务！"于是他向敌后出发。忽然地金圣姬跑了出来,问他："我的手帕你留着啦？"他说："留着啦。"这时朝鲜姑娘们一起围上来了,赞美地看着他胸前的国旗勋章,欢迎他唱歌,他很慌张,想要躲藏。金圣姬说：我代表他吧！于是舞蹈起来。她不是在别的地方舞蹈,而是在北京,天安门前舞蹈,跳给毛主席看。母亲和毛主席站在一起。舞蹈完了,金圣姬扑到母亲跟前,贴着母亲的脸,说："妈妈,我是你的女儿呀!"毛主席看着微笑了;毛主席并且也看了看他,对他点点头,他也没有忘记敬了一个礼。于是他坚强而快乐,继续向敌后出发,走进了一条狭长的山沟……他心里一惊,苦痛的感觉又恢复过来,他醒来了。那在旁边睁着眼睛守护着他的,不是母亲,而是班长。看见他醒来,班长碰碰他,兴奋地小声说:

"你听!"

他疑惑地听了一下,没有听见什么。

"这还听不出吗?我们的榴弹炮——打青石洞南山。"

果然是的:我们的榴弹炮在向右边的小山头后面的敌人的青石洞南山射击。这不是平常的单发的冷炮,这是急促射,是排炮,每一次总有二三十发炮弹呼啸着穿过他们右前方的天空,然后就传来巨大的隆隆爆炸,连这小山沟里也充满回响。王顺听着这个已经好一阵了。"再来三排,再干!"于是,好像是受着他的指挥似的,一排、两排、三排炮弹过来了。于是他判断着,这一定是副班长他们已经把俘虏弄了回去,情况已经判明,说不定今天晚上就要发起那个准备已久的对青石洞南山的反击战。他把这个判断告诉了王应洪,于是他们兴奋地听着射击声。

不久,在他们后面的一些山头上,传出了敌人的重炮出口的声音,炮弹尖利地划过空气从他们的顶空飞过去了;在重炮的射击声中,离得很近,还有一个化学迫击炮群的动作。老侦察员的耳朵清楚地判断着这些。有一个重炮群似乎是新出现的,而附近的这个迫击炮群,在这以前更是不曾射击过的,它的位置很利于控制我军向青石洞南山右侧运动的道路。显然敌人最近布置了许多诡计,我军必须争取时间。他兴奋得甚至有些焦躁了,很懊悔自己不曾携带一个无线电报话机。我们的人有没有弄清楚敌人的炮阵地的这些变化呢?

就像是回答着他的焦心的疑问似的,我军的重炮向着敌人纵深里的重炮阵地,以及附近的这个迫击炮群还击了——也是排炮。落在附近的山头上的巨大的爆炸使得躺在狭窄的小沟里的这两个侦察员就受到了激烈的震动。显然的我军一下子就对准了敌人的新出现的炮

洼地上的"战役"（节选）

阵地。

"肯定了！肯定！"王顺说。俘虏已经捉回，今天晚上就会发起战斗，这个他现在完全肯定了。

他是多么兴奋啊！我军的猛烈的炮击，山沟里的巨大回响，狭窄的小沟里的激烈震动，这一切，使他觉得这是他的部队、首长、同志、亲人们在呼唤他，因那个"洼地上的战役"而欢笑，因他的苦痛而激怒，在支援他。

可是，对于侦察员们最爱听的我军的炮兵的这个合奏，王应洪却没有他的班长这样兴奋，虽然听着这些声音他的睁大着的眼睛也在发亮，并且嘴边上不时地闪过一点严肃的微笑。初上战场时的那些幼稚的激动已经在他的身上消失了，他忍受着他的伤口的痛楚，变得这样地沉着安静，虽然他刚才还以他的全部的年轻的热情梦见过金圣姬，但在清醒的时候他却对这个很冷淡；他觉得他心里很坚强。于是，看起来他的年龄仿佛一下子大了许多，仿佛他已经是身经百战的老兵，而那个热情的班长倒反而更像个青年了。

炮战沉寂下来不久，天就黄昏了。黄昏好像很长，很难耐，但天色毕竟黑了下来。这一天毕竟安静无事地过去了，王顺兴奋地准备出发。他甚至于有兴趣注意到了沟边上的那几棵紫红色的金达莱花，折下了一个带着两朵花的很小的花枝，插在王应洪胸前的衣袋里，并且开玩笑地说："替咱们那姑娘带朵花去，气死敌人吧。"

天黑定了下来，他们爬出了这隐蔽了一整天的小沟，王顺拖着王应洪，向前爬行。

可是王应洪仍然怀着昨天夜里以来的那个决心。这决心愈来愈坚强。因而，当两个敌人搜索着巡逻过来，他们又隐蔽在土坎边上的时候，他就悄悄地向前爬行——王顺一下子拉住了他。但今天晚上星光明朗，他们的特别艰难的行动终于叫敌人发觉了。在草丛里又爬行了一阵之后，山边上传来了吼叫，立刻，两个敌人向着这边开着枪扑过来了。王应洪喊着："班长，你快走！"投出了手榴弹而且向前滚去。王顺冲上去打了一梭子子弹，打倒了这两个敌人，背起王应洪就跑。敌人从山边上陆续出现，卡宾枪打了过来——现在用不着再爬行了，没有办法再隐蔽了，于是王顺背着王应洪用所有的力气奔跑起来，在黑暗中高一步低一步地奔跑着，周围飞舞着敌人的盲目的枪弹。

还有五十米不到，就是敌我之间的开阔地了，冲过去！还有三十米……还有十米了！但敌人追上来了。

"班长，班长！"王应洪喊着。

又跑了两步，王顺一下子卧倒，把王应洪放在一块石头后边，说了一句："你别动，放心吧！"就滚向旁边的一个土包，着手来和敌人做最后的决斗。约有一个班的敌人投掷着手榴弹卷过来了，突然地王应洪跪了起来——他居然还能跪起来——投出了手榴弹，而且越过那块石头一直迎着敌人滚去。王顺心里像刀割一般，拿冲锋枪掩护着他，打完了剩下来的半梭子子弹。凶恶的敌人卧倒了一下又站起，继续冲来。王应洪就整个地出现在敌人面前，拦住了敌人，进行决战了。敌人蜂拥上来，想要活捉他。他打完了冲锋枪里面的子弹，一下子站了起来，用他的负伤的腿向前奔去，奔到敌人的中间，火光一闪——一个手雷爆炸了。

剩下来的几个敌人竟不敢再前进，而这时我军阵地上的火力支援过来了，我军的前沿部队出动了……

苦痛的班长王顺，抱回了这个崇高的青年。敌人向王应洪拥来的时候他就向前奔去，投出了他那么宝贵地存留着的两颗手榴弹……然后，他就扑倒在王应洪的身边了，喊着他，抚摩着他，推着他，可是他不再动弹了。但他仍然似乎听见了王应洪的柔和的、恳求的声音："班长，我打响的时候……"他哭了，可是他自己不觉得。他以愤怒的大力抱起他来，在呼啸的子弹下，背着他跑过了最后的那几十米的开阔地，跳进了交通沟；对于就在他的头顶和身边呼啸着的子弹，他抱着绝对冷淡的、无动于衷的心情，好像它们是绝对不能碰伤他似的。跳进了自己阵地的交通沟，听见了自己人的声音，他就在一阵软弱里倒下了，但头脑仍然很清醒，紧紧地抱着王应洪，喃喃地说："王应洪，我们回来啦！"……

夜里十点钟，根据从那个俘虏那里得来的情报——这居然是个上

洼地上的"战役"（节选）

尉，从他的身上搜出了一份文件——我军发动了对青石洞南山的攻击，一个钟点以后就全部地歼灭了山头上的两个加强连的敌人。

　　班长王顺苦痛了很多天，他的身上揣着那一条染满了血的手帕。他先是把这手帕交给了连里，可是后来，团政委找他去谈话，又把这手帕还给他了。团政委详细地问着他们在敌后的一切，那年轻人曾经说过些什么话，以及洼地上的那一场战斗是怎么进行的。后来，沉默了一阵，就嘱咐他去看一看那个姑娘，把这件纪念品给她；政委说，依他看来，去看一看那两母女，告诉她们这件事，是比较合适的。王顺也这样想，可是好久都很难有这个勇气。这天早晨，上级给王应洪追记一等功的通报发下来了，他心里稍稍安慰了一点，就请示了连部，走下阵地来了。

　　金圣姬母女不知道这件事情。她们怎么能够知道那敌后的潜伏、洼地上的"战役"、栗树林中的爬行，她们怎么能知道这些呢？她们日日夜夜地望着闪着炮火的前沿，那里有她们的战士们，她们为他们洗过衣服，那里有那个心爱的青年，虽然他好像一直不懂得她们的心愿，但她们觉得，他终归是会要回来的。为什么不呢？人们说到中国军队的纪律，可是在她们看来，这与纪律有什么关系呢？

　　听说班长来了，金圣姬兴奋得像一阵风一样地从屋子里跑出来了，老大娘也笑着迎出来了。好几个妇女跟着进来了，因为她们好久没见到这些熟识的战士们了。不一会，小院子里已经围满了人。

　　班长王顺看了一看周围：自从他们上阵地以后，这院子里看来是没有什么变化。水缸也还在那里，装酸菜的坛子也还在那里，墙上的牵牛花开得很好。他甚至还注意到了支在水缸后面的那个打老鼠的小机器，那是王应洪帮老大娘做的。他坐了下来，对大家问了好以后，就不知道要怎样开口。母女两个，以及院子里的妇女们，都看着他。终于他简单地说起了他们的胜利，王应洪的牺牲，同时取出了那条绣着两个名字的、染满了鲜血的手帕。

　　在他一开口说话的时候，金圣姬的眼睛马上睁大了，嘴唇有点发抖，脸色苍白起来，这敏锐的姑娘已经猜到了。老大娘在看见了这条手帕的时候就哭起来，院子里的妇女们都哭了，可是金圣姬却不哭,只是脸色非常苍白,眼睛发亮,一动也不动地看着王顺和他手里的手帕。王顺在妇女们的哭声中继续慢慢地、困难地说下去,把手帕交给了金圣姬,随后又取出了一个纸包,从纸包里拿出了一张王应洪的照片。

老大娘哭得很厉害,可是金圣姬不哭。王顺注意到,这姑娘竟有这样的毅力,她一件一件地接过了东西,甚至还没有忘记把它们好好地折起来,包起来。只是她的眼睛更亮,睁得更大,脸色更苍白。

后来,王顺坐在踏板上,低着头,好久说不出话来。妇女们忍着泪肃静地看着他。他想要说一些话,政委也曾经嘱咐他说一点话,他想说:"为了人类的美好的生活,王应洪同志英勇牺牲了,请你们不要难过,我们志愿军全体战士,要为这美好的生活战斗到底——请你们,请你,金圣姬同志,永远地记着他吧。"这庄严的言语来到他的心里了,可是这时候金圣姬一下子站了起来,对着他伸出手来,握着他的手并且对直地看着他的眼睛;忽然地她的手松了,她转过脸去用另一只手蒙住眼睛,她的身体在微微颤抖着,但马上她又转过脸来对直地看着他,紧握着他的手。这姑娘的手在一阵颤抖之后变得冰冷而有力,于是王顺觉得不再需要说什么了。

一九五三年十一月五日,北京。
——原载《人民文学》一九五四年第三期
(选自《中国新文学大系1949—1976·中篇小说卷》,
上海文艺出版社1997年版)

一篇小说佳作和作家的命运

——重读《洼地上的"战役"》

黄济华

路翎(1923—1994),原名徐嗣兴,祖籍安徽省无为县,生于江苏南京,堪称 20 世纪 40 年代中国文坛升起的一颗新星。他 20 岁左右就创作出版了中篇小说《饥饿的郭素娥》、长篇小说《财主底儿女们》和一些短篇小说,引起了广大读者和评论家的注意和重视。胡风称赞他"替新文学主题开拓了疆土"(《饥饿的郭素娥·序》),还在《财主底儿女们·序》中说,"时间将会证明,《财主底儿女们》的出版,是中国新文学史上一个重大的事件。"抗战胜利后,创作了话剧剧本《云雀》和一些短篇小说。1949 年 4 月,南京解放,他任南京军管会文艺处编创组组长,写了反映新中国成立初期生活的短篇小说,还写了话剧剧本《人民万岁》、《迎着明天》、《英雄母亲》和《祖国在前进》,但均未能演出。

路翎坚持深入生活,1952 年底,他主动请求去抗美援朝前线,1953 年 7 月朝鲜停战后回国。他说:"在朝鲜的半年多时间里,我先后访问过志愿军几个部队,到过开城、平壤等地,接触到志愿军的一些指战员,听到了在几次战役中中朝人民军队英勇作战的事迹和战斗情谊,也到过许多朝鲜人民家里做客……也在前沿阵地和战士们一起在壕沟里……我深受感动,并在激动之余写了些东西。"(见宁夏人民出版社 1981 年版《初雪·后记》)从 1953 年 3 月到 11 月,路翎连续写了《春天的嫩苗》、《板门店前线散记》等散文和《初雪》、《洼地上的"战役"》等短篇小说。这些以抗美援朝战争为题材的作品,当时都发表了,而且有多篇是在《人民文学》上发表的。《解放军文艺》也在 1954 年 2 月号发表了路翎的短篇小说《你的永远忠实的同志》。后来,由于受到胡风事件的牵连,他身陷囹圄,1980 年才得以平反。

小说

《人民文学》1954年3月号以首篇的显著位置发表了著名作家路翎的小说《洼地上的"战役"》。在这篇小说中,作者以独特的视角和细致传神的妙笔,反映与赞颂了在抗美援朝战争中中朝两国人民用鲜血凝成的战斗情谊。小说发表后,受到广大读者包括志愿军指战员和许多作家、评论家的欢迎与称赞。

《洼地上的"战役"》写得感人至深,催人泪下。一位志愿军指战员回忆说,当时有一位志愿军师长称赞《洼地上的"战役"》是他读过的小说中的一篇杰作,这篇作品在部队受到普遍的欢迎。他们认为小说对部队的反映是真实的,对革命战士的内心世界的开掘细致而深邃。当时不少战士在战斗间隙中读了这篇小说,向领导表示,要以王应洪为榜样,为了祖国和朝鲜人民,也为了金圣姬的一片深情,在战斗中贡献自己的青春甚至生命。

小说着重写了两个主要人物,即老侦察员班长王顺和以他为视角而着重刻画的侦察班新战士王应洪。

王应洪才十九岁,这在今天的人们看来,还是个大孩子,可是他当时已经作为一名新战士开赴抗美援朝前线。他单纯可爱,结实,英俊,一心渴望在战斗中建立功绩。他天天赶早抢着给住户金圣姬母女家挑水,还抢着为他们劈柴。金圣姬与王应洪同龄,活泼热情,能歌善舞,是村里最活跃、最美丽的姑娘。但王应洪怎么也没有想到,也丝毫没有觉察到,金圣姬暗暗地爱上了他,而且老大娘也满心支持女儿的爱。当班长王顺觉察到这一点时,便想到"在军队的严格纪律和严酷的战争任务面前,这是断然不能被容许的"。可是,在金圣姬母女和当地妇女们看来,"这与纪律有什么关系呢"?王顺请示连指导员后,几经考虑,还是当面向王应洪挑明了,这才知道王应洪对此确实浑然不觉。王应洪后来发现了金圣姬暗暗送给他亲手缝的新袜套,就毫不犹豫地向班长汇报,并照班长的嘱咐把新袜套还给了金圣姬。在近两个月的练兵期间,王应洪表现很好,学会了侦察兵的各种本领。上阵地后,王应洪换衣服时,又发现了那双袜套,而且这次还增加了一双绣花手帕,上面有用中朝两国文字分别绣着的王应洪和金圣姬的名字。在洼地的"战役"中,他带着这双袜套和手帕,英勇而出色地完成了侦察、抓俘虏的战斗任务后,又被班长留下,和班长一起掩护同志们撤退。他身负重伤,班长给他包扎伤口,他向班长汇报了此前来不及汇报的那双新袜套和绣花手帕,班长也受到触动和鼓舞,说:"我相信你,同志。留着吧。"最后,王应洪为掩护班长撤退,与敌人同归于尽,壮烈牺牲。班长王顺忍着巨大的悲痛,把这崇高的战士背了回来。他痛苦了很多天,先是把那带血的绣花手帕交给了连里。随后团政委找他谈话,又把绣花手帕交还给了他,并嘱咐他去看一看那姑娘,把这纪念品给她。接着,上级给王应洪记了一等功。

当班长王顺来到老大娘的小院子,说起王应洪的牺牲,取出那条染满了鲜血的手帕时,老大娘和在场的妇女们都哭了。金圣姬却强忍着不哭,她接过王顺给她的绣花手帕和王应洪的照片,就把它好好折起来,包起来,那时,"只是她的眼睛更亮,睁得更大,脸色更苍白"。王顺本来要说些政委嘱咐他说的话,但这时金圣姬一下子站了起来,握住了他的手,"这姑娘的手在一阵颤抖之后变得冰冷而有力,于是王顺觉得不再需要说什么了。"此时无声胜有声。单纯、活泼、可爱的朝鲜姑娘金圣姬在严酷的战争和极度悲痛中,也迅速成长起来。

小说不仅成功地塑造了王应洪、侦察功臣王顺和金圣姬的形象,也很好地描写了连指导员、团政委等人物的形象,连、团干部在处理新战士王应洪所遇到的深受朝鲜姑娘金圣姬爱恋这个特殊问题上,通情达理,处理得合情合理,充满了人情味。

《洼地上的"战役"》既是小说家路翎的一篇佳作,也是我国当代小说创作不可多得的佳作之一,其最值得称道之处主要有两点。

其一,独特视角与别样的构思。当时革命战争题材的小说极少涉及爱情,甚至讳写爱情,以为这样会冲淡革命战争主题,甚至会流露不健康的思想倾向。但路翎的这篇作品,并没有正面写战争,而是从一个独特的视角,以志愿军与朝鲜姑娘之间的爱情为线索来构思故事,表现抗美援朝战争和中朝两国人民的战斗情谊。尽管志愿军的纪律决不允许指战员与朝鲜姑娘谈情说爱,但这一纪律并不能禁止朝鲜姑娘对志愿军指战员产生爱慕之情。情窦初开的朝鲜姑娘金圣姬,爱上了压根儿既无心又无暇谈情说爱的志愿军新战士王应洪,而无论王应洪最后牺牲与否,这场爱情都是不可能实现的。这就更有其特殊性。作者就是以这种非同一般的构思,以新袜套和花手帕为核心细节,将这种特殊的爱情与抗美援朝战争交织在一起,感人肺腑地表现这场战争的终极意义——为了世界和平和人民的幸福。作者既写了一场军事的洼地上的"战役",同时也写了一场爱情的洼地上的"战役";又以爱情洼地上的"战役"的悲剧结局,震撼人心地表现了军事的洼地上的"战役"的胜利及其意义。而且作者也清楚地表现出,鼓舞王应洪英勇战斗直到最后牺牲与鼓舞班长王顺英勇战斗的,也包含着朝鲜姑娘金圣姬那纯真爱情的力量。

作者先细致描写了王应洪上阵地接受战斗任务出发前,把金圣姬姑娘送给他的那条花手帕,仔细地折起来放在胸前的口袋里。当班长喊了和平常完全不同的立正的口令以后,王应洪感到,他的军事生活第一课开始了,这时,作者写道:

> 特别因为他怀里揣着那一条绣花手帕,这也才是他的明朗的人生道路上的第一课。他的慈爱的母亲在贫苦的生活中给了他的童年许多温暖,这绣花手帕又给他带来了他所不熟悉的模糊而强大的感情,他现在要代表母亲,也代表那个姑娘——为祖国,为世界和平而战……

完成战斗任务后,当受轻伤的王顺拖着受重伤的王应洪撤出洼地时,王顺也想到了金圣姬:

> 他替这个不论从军队的纪律,或是从王应洪本人说来都没有可能实现的爱情觉得光荣,于是他觉得,他拖着王应洪在山沟里一寸一寸地前进,除了是为了别的重大的一切以外,也是为着这姑娘。……于是他觉得他是对她负着一种他也说不明白的、道义上的责任。他怜惜她不懂得战争,怜惜她那个和平劳动的热望;他觉得他真是甘愿承担战争里的一切残酷的痛苦来使她获得幸福。

可见,《洼地上的"战役"》认真而严肃地写了爱情,不仅没有冲淡正义战争的主题,更没有流露不健康的思想倾向,而且,作者正是以这样独特的视角和别样的构思表现了正常的人性与人情,从而更好地塑造了英雄人物形象,表现了抗美援朝战争是为了和平与人民幸福的主题。

其二,细致传神的描写和深入的人物内心开掘。这是路翎小说创作的突出特点,在《洼地上的"战役"》中表现得尤为突出。

作为这篇小说的开端,作者细致地描写了王顺一天深夜试一试自己人的"侦察",写王顺如何观察第一次放哨的王应洪的一举一动,如何"摸哨",他们如何格斗,最后王顺又如何被缴了枪,成了王应洪的"俘虏"被押送到连部。在这一过程中,作者细致地描写了王顺看到王应洪放哨时那端着冲锋枪的紧张而又不正确的姿态,就判断他是个新战士。他非常警惕而激动,却连冲锋枪的枪口布都没有摘下。他极敏锐地听到了王顺的咳嗽,却丝毫没有地形观念,不知道要隐蔽自己。接着描写了他们如何格斗:王顺一下子跳起来从后面把这年轻人抱住了,王应洪在这突然袭击下,先是惊慌地叫了一声,随即就怀着仇恨和决心与王顺决斗了,"他像一头牛一样结实,一下子就翻转身来把王顺也抱住了……他的这炽热而无畏的仇恨的力量很使王顺感动"。他格外强烈的警惕性让他不信王顺"自己人"的申说和口令,又"用着可怕的力量把他压在泥坡上,在他的肩上狠狠地打了一拳",还敏捷地把王顺的枪也夺过去了,硬要把王顺押到连部去。直到王顺要他把自己的枪口布摘下来,"王应洪羞得脸上一下子发烫了"。作者通过这些细致传神的描写,把新战士王应洪的高度警惕、敏锐、勇敢、身体像牛一样结实却又没有战地经验的可爱形象,写得多么鲜活。

也许有人觉得,作者的这些叙述与描写有些啰嗦。其实,作者正是藉此为描写主要人物王应洪、王顺及其关系和全篇故事情节的发展作了重要铺垫。正所谓"不打不相识",正是因为这次特殊的接触和交往,新战士王应洪才引起侦察功臣王顺的特别喜爱与深切关怀,从而也引起了连、团领导的注意和喜爱,他才被破格调到王顺的侦察班,才得以参加那场洼地上的"战役",最后又得以被留下来与班长一起掩护同志们撤退。

作者写金圣姬对浑然不觉的王应洪的暗恋和王顺从旁细心观察与处理,也十分细致而富有人情味。

结婚多年的老侦察员王顺,作为过来人,很敏感地觉察到金圣姬举止和感情的变化。这姑娘原来与战士们交往,总是快乐地大笑。开头她最爱和王应洪说笑,还带着天真的神气逗他,扳着手指教王应洪学习朝鲜话的一二三四,在王应洪发音错误的时候,她就大笑起来,每一次都要笑得流出眼泪。这些都表现了她的天真活泼。但是不久,王顺发现她的神气里有了一点特别的东西,变得说话少了,沉思起来了。忽然不再和王应洪天真大笑了,见到王应洪就特别激动,痴痴地看着他。而在王应洪给她家挑水她拿盆接水时,就热烈地瞅着他,希望和他说话。金圣姬的妈妈也很喜欢王应洪,还私下问他的年龄和结婚与否。金圣姬暗暗在一旁看着、听着妈妈和王应洪的谈话,她虽然没有听懂王应洪的话,"但是从这年轻人的激动的神情,相信他已经能够懂得她的心了"。

于是,作者就写王顺因此产生的担忧,写王顺在心里对王应洪和金圣姬两方面的分析与揣摩:

> ……他相信王应洪不可能出什么岔子,但因为他特别喜爱王应洪,并且似乎和他还有一种特别深刻的关系,因此就时刻害怕他会出岔子。而且对于这一类事情,老侦察员一向是很冷淡的,他还有一种简单的成见,就是,如果这一方面没有什么,那一方面也一定不会有什么的。因此他渐渐地有点疑惑了。他觉得,年轻人总难免的,他刚离开温暖的家不久……可能他被这个家庭的日常的劳动所吸引,可能他不知不觉地对金圣姬流露了什么……

但在这种考虑里,班长王顺的心里还有一种模模糊糊的他也说不上来的感情……他回想起金圣姬的纯洁、赤诚的眼光,这眼光使他困惑。他想:她的心地是这样的简单,她怎能知道摆在一个战士面前那严重的一切呢?可是,又何必要责难她不知道这一切,又为什么要使她知道这一切呢?

作者对王顺在心里对王应洪和金圣姬两方面的揣摩与剖析以及如何看待和处理这件事,写得多么有人情味,又多么耐人寻味。

接着,作者对经过班长谈话以后王应洪如何处理与金圣姬的关系,以及由此引起的王应洪、金圣姬种种动作、细节与心理反应的描写,更是生动传神。

当晚,王应洪好久睡不着,反复考虑,第二天他还是赶早起来替母女俩挑水。但单纯、稚嫩的王应洪看到金圣姬开门,他下决心一句话不说,拿了水桶就走,而金圣姬今天忽然又来抢水桶了,王应洪却赌气似地,用力夺了水桶就走。挑水回来时,金圣姬望着他笑,跑过来拿盆接水,他为了避免接近,就慌慌忙忙地倒水,以至把衣服泼湿了一大片,她慌忙中撩起裙子正预备给他揩,他却红着脸一转身就出去了。金圣姬感到受了不小的打击,思绪纷飞,想了很多,深感委屈。可她也倔强,第二天赶在王应洪挑水前,她就把小水缸和坛子都挑满了,见了王应洪也不看一眼。这又使得王应洪苦恼,觉得昨天不该那样对待她,于是给班长汇报,班长嘱咐他仍然照常挑水,态度不要那么生硬。于是他起得更早,抢着挑水,但金圣姬不再走近他,也不和他说话,只是默默地看着他。这弄得他很慌乱,"心里开始出现了以前不曾有过的甜蜜的惊慌的感情。对这种感情他有很高的警惕,于是在金圣姬姑娘面前他的态度变得更生硬了"。第二天早晨,他本想换上金圣姬给他洗干净的衣服,"好使金圣姬心里高兴一点,来补救他的那些生硬的态度",却发现那双用蓝布做面子、白布做底子,缝得非常精致的袜套,就毫不犹豫地向班长汇报了。班长心里赞赏王应洪的忠诚和纪律性,又嘱咐他把这袜套还给金圣姬。班长知道这会使那姑娘委屈,但纪律比一切都重要。于是又有了王应洪生硬还袜套的颇有戏剧性的情节:金圣姬和她母亲正在门前吃饭,王应洪鼓起勇气走过去,敬了一个礼,把那袜套硬梆梆往前一递,说:"还你!"就没有别的话了。"那姑娘一瞬间瞪着他,她母亲也瞪着他。"站在一旁的班长王顺觉得这简直太糟糕了,只好赶忙过去笑着用朝鲜话解释了一番。那以后的一切显得很平静。王应洪在近

小说

两个月的练兵中,没有受到这些情感的干扰,集中精力,学会了侦察员的各种本领,受到了团参谋处的表扬。

作者就是通过以上一系列动作、细节和心理描写,通过人物之间的互相激发与映衬,栩栩如生而又恰如其分地写出了此情此景中王应洪、金圣姬的性格与形象。

复习思考题

1. 认真细读作品,分析《洼地上的"战役"》有哪些特点。
2. 《洼地上的"战役"》当年为什么会遭到批判?

组织部来了个年轻人[①]

王　蒙

一

  三月，天空中纷洒着的似雨似雪。三轮车在区委会门口停住，一个年轻人跳下来。车夫看了看门口挂着的大牌子，客气地对乘客说："您到这儿来，我不收钱。"传达室的工人、复员荣军老吕微跛着脚走出，问明了那年轻人的来历后，连忙帮他搬下微湿的行李，又去把组织部的秘书赵慧文叫出来。赵慧文紧握着年轻人的两只手说："我们等你好久了。"这个叫林震的年轻人，在小学教师支部的时候就与赵慧文认识。她那苍白而美丽的脸上，两只大眼睛闪着友善亲切的光亮，只是下眼皮上有着因疲倦而现出来的青色。她带林震到男宿舍，把行李放好、解开，把湿了的毡子晾上，再铺被褥。在她料理这些事情的时候，常常撩一撩自己的头发，正像那些能干而漂亮的女同志们一样。

  她说："我们等了你好久！半年前就要调你来，区人民委员会文教科死也不同意，后来区委书记直接找区长要人，又和教育局人事室吵了一回，这才把你调了来。"

  "可我前天才知道，"林震说，"听说调我到区委会，真不知怎么好。咱们区委会尽干什么呀？"

  "什么都干。"

  "组织部呢？"

[①] 本篇初发表时编辑部作了改动，并改题为《组织部新来的青年人》。当时，作者即对改动持不同意见；此后，本篇收入各种集子时均依作者原稿。此次辑选，亦采用作者原稿。

"组织部就作组织工作。"

"工作忙不忙?"

"有时候忙,有时候不忙。"

赵慧文端详着林震的床铺,摇摇头,大姐姐似的不以为然地说:"小伙子,真不讲卫生;瞧那枕头布,已经由白变黑;被头呢,吸饱了你脖子上的油;还有床单,那么多折子,简直成了泡泡纱……"

林震觉得,他一走进区委会的门,他的新的生活刚一开始,就碰到了一个很亲切的人。

他带着一种节日的兴奋心情跑着到组织部第一副部长的办公室去报到。副部长有一个古怪的名字:刘世吾。在林震心跳着敲门的时候,他正仰着脸衔着烟考虑组织部的工作规划。他热情而得体地接待林震,让林震坐在沙发上,自己坐在办公桌边,推一推玻璃板上叠得高高的文件,从容地问:

"怎么样?"他的左眼微皱,右手弹着烟灰。

"支部书记通知我后天搬来,我在学校已经没事,今天就来了。叫我到组织部工作,我怕干不了,我是个新党员,过去做小学教师,小学教师的工作与党的组织工作有些不同……"

林震说着他早已准备好的话,说得很不自然,正像小学生第一次见老师一样。于是他感到这间屋子很热。三月中旬,冬天就要过去,屋里还生着火,玻璃上的霜花融解成一条条的污道子。他的额头沁出了汗珠,他想掏出手绢擦擦,在衣袋里摸索了半天没有找到。

刘世吾机械地点着头,看也不看地从那一大叠文件中抽出一个牛皮纸袋,打开纸袋,拿出林震的党员登记表,锐利的眼光迅速掠过,宽阔的前额下出现了密密的皱纹,闭了一下眼,手扶着椅子背站起来,披着的棉袄从肩头滑落了,然后用熟练的毫不费力的声调说:

"好,好,好极了,组织部正缺干部,你来得好。不,我们的工作并不难作,学习学习就会作,就那么回事。而且你原来在下边工作的……相当不错嘛,是不是不错?"

林震觉得这种称赞似乎有某种嘲笑意味,他惶恐地摇头:"我工作作得并不好……"

刘世吾的不太整洁的脸上现出隐约的笑容,他的眼光聪敏地闪动着,继续说:"当然也可能有困难,可能。这是个了不起的工作。中央的一位同志说过,组织工作是给党管家的,如果家管不好,党就没有力量。"然后他不等问就加以解释:"管什么家呢?发展党和巩固党,壮大党的组织和增强党组织的战斗力,把党的生活建立在集体领导、批评和自我批评与密切联系群众的基础上。这样做好了,党组织就是坚强的、活泼的、有战斗力的,就足以团结和指引群众,完成和更好地完成社会主义建设与社会主义改造的各项任务……"

他每说一句话,都干咳一下,但说到那些惯用语的时候,快得像说一个字。譬如他说"把党的生活建立在……上",听起来就像"把生活建在登登登上",他纯熟地驾驭那些林震觉得是相当深奥的概念,像拨弄算盘子一样的灵活。林震集中最大的注意力,仍然不能把他讲的话全部把握住。

接着,刘世吾给他分配了工作。

当林震推门要走的时候。刘世吾又叫住他,用另一种全然不同的随意神情问;

"怎么样,小林,有对象了没有?"

"没……"林震的脸刷地红了。

"大小伙子还红脸?"刘世吾大笑了,"才二十二岁,不忙。"他又问:"口袋里装着什么书?"

林震拿出书,说出书名:"《拖拉机站站长与总农艺师》。"

刘世吾拿过书去,从中间打开看了几行,问:"这是他们团中央推荐给你们青年看的吧?"

林震点头。

"借我看看。"

"您有时间看小说吗?"林震看着副部长桌上的大叠材料,惊异了。

刘世吾用手托了托书,试了试分量,微皱着左眼说:"怎么样?这么一薄本有半个夜车就开完啦。四本《静静的顿河》我只看了一个星期,就那么回事。"

当林震走向组织部大办公室的时候,天已经放晴,残留的几片云现出了亮晶晶的边缘。太阳照亮了区委会的大院子。人们都在忙碌：一个穿军服的同志夹着皮包匆匆走过，传达室的老吕提着两个大铁壶给会议室送茶水，可以听见一个女同志顽强地对着电话机子说："不行，最迟明天早上！不行……"还可以听见忽快忽慢的哐哧哐哧声——是一只生疏的手使用着打字机，"她也和我一样，是新调来的吧？"林震不知凭什么理由，猜打字员一定是个女的。他在走廊上站了一站，望着耀眼的区委会的院子，高兴自己新生活的开始。

二

组织部的干部算上林震一共二十四个人，其中三个人临时调到肃反办公室去了，一个人半日工作准备考大学，一个人请产假。能按时工作的只剩下十九个人。四个人作干部工作，十五个人按工厂、机关、学校分工管理建党工作，林震被分配与工厂支部联系组织发展工作。

组织部部长由区委副书记李宗秦兼任，他并不常过问组织部的事，实际工作是由第一副部长刘世吾掌握。另一个副部长负责干部工作。具体指导林震工作的是工厂建党组组长的韩常新。

韩常新的风度与刘世吾迥然不同。他二十七岁，穿蓝色海军呢制服，干净得抖都抖不下土。他有高大的身材，配着英武的只因为粉刺太多而略有瑕疵的脸。他拍着林震的肩膀，用嘹亮的嗓音讲解工作，不时发出豪放的笑声，使林震想："他比领导干部还像领导干部。"特别是第二天韩常新与一个支部的组织委员的谈话，加强了他给林震的这种印象。

"为什么你们只谈了半小时？我在电话里告诉你，至少要用两小时讨论发展计划！"

那个组织委员说："这个月生产任务太忙……"

韩常新打断了他的话，富有教训意味地说："生产任务忙就不认真研究发展工作了？这是把中心工作与经常工作对立起来，也是党不管党的一种表现……"

林震弄不明白什么叫"中心工作与经常工作对立起来"和"党不管

党",他熟悉的是另外一类名词:"课堂五环节"与"直观教具"。他很钦佩韩常新的这种气魄与能力——迅速地提高到原则上分析问题和指示别人。

他转过头,看见正伏在桌上复写材料的赵慧文,她皱着眉怀疑地看一看韩常新,然后扶正头上的假琥珀发卡,用微带忧郁的目光看向窗外。

晚上,有的干部去参加基层支部的组织生活,有的休息了,赵慧文仍然赶着复写"税务分局培养、提拔干部的经验",累了一天,手腕酸痛,不时在写的中间撂下笔,摇摇手,往手上吹口气。林震自告奋勇来帮忙,她拒绝了,说:"你抄,我不放心。"于是林震帮她把抄过的美浓纸叠整齐,站在她身旁,起一点精神支援作用。她一边抄,一边时时抬头看林震,林震问:"干嘛老看我?"赵慧文咬了一下复写笔,笑了笑。

三

林震是一九五三年秋天由师范学校毕业的,当时是候补党员,被分配到这个区的中心小学当教员。做了教师的他,仍然保持中学生的生活习惯:清晨练哑铃,夜晚记日记,每个大节日——五一、七一……以前到处征求人们对他的意见。曾经有人预言,过不了三个月他就会被那些生活不规律的成年人"同化"。但,不久以后,许多教师夸奖他也羡慕他了,说:"这孩子无忧无虑,无牵无挂,除了工作,就是工作……"

他也没有辜负这种羡慕,一九五四年寒假,由于教学上的成绩,他受到了教育局的奖励。

人们也许以为,这位年轻的教师就会这样平稳地、满足而快乐地度过自己的青年时代。但是不,孩子般单纯的林震,也有自己的心事。

一年以后,他经常焦灼地鞭策自己。是因为社会主义高潮的推动,全国青年社会主义积极分子会议的召开,还是因为年龄的增长?

他已经二十二岁了,记得在初中一年级时作过一篇文,题目是"当我××岁的时候",他写成"当我二十二岁的时候,我要……"现在二十二岁,他的生命史上好像还是白纸,没有功勋,没有创造,没有冒险,也没有爱情——连给某个姑娘写一封信的事都没做过。他努力工作,但是他作的少、慢、差。和青年积极分子们比较,和生活的飞奔比较,难道能安慰自己吗?他订规划,学这学那,作这作那,他要一日千里!

这时,接到调动工作的通知,"当我二十二岁的时候,我成了党工作者……"也许真正的生活在这里开始了?他抑制住对小学教育工作和孩子们的依恋,燃烧起对新的工作的渴望。支部书记和他谈话的那个晚上,他想了一夜。

就这样,林震口袋里装着《拖拉机站站长与总农艺师》,兴高采烈地登上区委会的石阶,对于党工作者(他是根据电影里全能的党委书记的形象来猜测他们的)的生活,充满了神圣的憧憬。但是,等他接触到那些忙碌而自信的领导同志,看到来往的文件和同时举行的会议,听到那些尖锐争吵与高深的分析,他眨眨那有些特别的淡褐色眼珠的眼睛,心里有点怯……

到区委会的第四天,林震去通华麻袋厂了解第一季度发展党员工作的情况,去以前,他看了有关的文件和名叫《怎样进行调查研究》的小册子,再三地请教了韩常新,他密密麻麻地写了一篇提纲,然后飞快地骑着新领到的自行车,向麻袋厂驶去。

工厂门口的警卫同志听说他是区委会的干部,没要他签名,信任地请他进去了。穿过一个大空场,走过一片放麻的露天货场与机器隆隆响的厂房,他心神不安地去敲厂长兼支部书记王清泉办公室的门。得到了里面"进来"的回答后,他慢慢地走进去,怕走快了显得没有经验。他看见一个阔脸、粗脖子、身材矮小的男人正与一个头发上抹了许多油的驼背的男人下棋。小个子的同志抬起头,右手玩着棋子,问清了林震找谁以后,不耐烦地挥一挥手:"你去西跨院党支部办公室找魏鹤鸣,他是组织委员。"然后低下头继续下棋。

林震找着了红脸的魏鹤鸣,开始按提纲发问了:"一九五六年第一季度,你们发展了几个人?"

"一个半。"魏鹤鸣粗声粗气地说。

"什么叫'半'?"

"有一个通过了,区委拖了两个多月还没有批下来。"

林震掏出笔记本记了下来。又问：

"发展工作是怎么样进行的,有什么经验？"

"进行过程和向来一样——和党章的规定一样。"

林震看了看对方,为什么他说出的话像搁了一个星期的窝窝头一样干巴？魏鹤鸣托着腮,眼睛看着别处,心里也像在想别的事。

林震又问："发展工作的成绩怎么样？"

魏鹤鸣答："刚才说过了,就是那些。"他好像应付似的希望快点谈完。

林震不知道应该再问什么了,预备了一下午的提纲,和人家只谈上五分钟就用完了。他很窘。

这时门被一只有力的手推开了。那个小个子的同志进来,匆匆忙忙地问魏鹤鸣："来信的事你知道吗？"

魏鹤鸣无精打采地点了点头。

小个子的同志来回踱着步子,然后撇开腿站在房中央："你们要想办法！质量问题去年就提出来了,为什么还等着合同单位给纺织工业部写信？在社会主义高潮当中我们的生产迟迟不能提高,这是耻辱！"

魏鹤鸣冷冷地看着小个子的脸,用颤抖的声音问："您说谁？"

"我说你们大家！"小个子手一挥,把林震也包括在里面了。

魏鹤鸣因为抑制着愤怒的爆发而显得可怕,他的红脸更红了,他站起来问："那么您呢？您不负责任？"

"我当然负责。"小个子的同志却平静了,"对于上级,我负责,他们怎么处分我！我也接受。对于我,你得负责,谁让你作生产科长呢？你得小心……"说完,他威胁地看了魏鹤鸣一眼,走了。

魏鹤鸣坐下,把棉袄的扣子全解开了,喘着气。林震问："他是谁？"魏鹤鸣讽刺地说："你不认识？他就是厂长王清泉。"

于是魏鹤鸣向林震详细地谈起了王清泉的情况。王清泉原来在中央某部工作,因为在男女关系上犯错误受了处分,一九五一年调到这个厂子作副厂长,一九五三年厂长他调,他就被提拔作厂长。他一向是吃饱了转一转,躲在办公室批批文件下下棋,然后每月在工会大会、党支部大会、团总支大会上讲话,批评工人群众竞赛没搞好,对质量不关心,

小说

有经济主义思想……魏鹤鸣没说完,王清泉又推门进来了。他看着左腕上的表,下令说:"今天中午十二点十分,你通知党、团、工会和行政各科室的负责人到厂长室开会。"然后把门砰的一带,走了。

魏鹤鸣嘟哝着:"你看他怎么样?"

林震说:"你别光发牢骚,你批评他,也可以向上级反映,上级绝不允许有这样的厂长。"

魏鹤鸣笑了,问林震:"老林同志,你是新来的吧?"

"老林"同志脸红了。

魏鹤鸣说:"批评不动!他根本不参加党的会议,你上哪儿批评去?偶尔参加一次,你提意见,他说:'提意见是好的,不过应该掌握分寸,也应该看时间、场合。现在,我们不应该因为个人意见侵占党支部讨论国家任务的宝贵时间。'好,不占用宝贵时间,我找他个别提,于是我们俩吵成了现在这个样子。"

"向上级反映呢?"

"一九五四年我给纺织工业部和区委写了信,部里一位张同志与你们那儿的老韩同志下来检查了一回。检查结果是:'官僚主义较严重,但主要是作风问题,任务基本上完成了,只是完成任务的方法有缺点。'然后找王清泉'批评'了一下,又找我鼓励了一下开展自下而上的批评的精神,就完事了。此后,王厂长有一个来月对工作比较认真,不久他得了肾病,病好以后他说自己是'因劳致疾',就又成了这个样子。"

"你再反映呀!"

"哼,后来与韩常新也不知说过多少次,老韩也不答理,反倒向我进行教育说,应该尊重领导,加强团结。也许我不该这样想,但我觉得也许要等到王厂长贪污了人民币或者强奸了妇女,上级才会重视起来!"

林震出了厂子再骑上自行车的时候,车轮旋转的速度就慢多了。他深深地把眉头皱了起来。他发现他的工作的第一步就有重重的困难,但他也受到一种刺激,甚至是激励——这正是发挥战斗精神的时候啊!他想着想着,直到因为车子溜进了急行线而受到交通民警的申斥。

四

吃完午饭，林震迫不及待地找韩常新汇报情况。韩常新有些疲倦地靠着沙发背，高大的身体显得笨重，从身上掏出火柴盒，拿起一根火柴剔牙。

林震杂乱地叙述他去麻袋厂的见闻，韩常新脚尖打着地不住地说："是的，我知道。"然后他拍一拍林震的肩膀，愉快地说："情况没了解上来不要紧，第一次下去嘛。下次就好了。"

林震说："可是我了解了关于王清泉的情况。"他把笔记本打开。

韩常新把他的笔记本合上，告诉他："对，这个情况我早知道。前年区委让我处理过这个事情，我严厉地批评过他，指出他的缺点和危险性，我们谈了至少有三四个钟头……"

"可是并没有效果呀，魏鹤鸣说他只好了一个月……"林震插嘴说。

"一个月也是效果，而且绝不止一个月。魏鹤鸣那个人思想上有问题，见人就告厂长的状……"

"他告的状是不是真的？"

"很难说不真，也很难说全真。当然这个问题是应该解决的，我和区委副书记李宗秦同志谈过。"

"副书记的意见是什么？"

"副书记同意我的意见，王清泉的问题是应该解决也是可能解决的……不过，你不要一下子就陷到这里边去。"

"我？"

"是的。你第一次去一个工厂，全面情况也不了解，你的任务又不是去解决王清泉的问题，而且，直爽地说，解决他的问题也需要更有经验的干部；何况我们并不是没有管过这件事……你要是一下子陷到这个里头，三个月也出不来，第一季度的建党总结还了解不了解？上级正催我们交汇报呢！"

林震说不出话。

韩常新又拍拍林震的肩膀:"不要急躁嘛,咱们区三千个党员,百十几个支部,你一来就什么问题都摸还行?"他打了个哈欠,有倦意的脸上的粉刺涨红了:"啊——哈,该睡午觉了。"

"那,发展工作怎么再去了解?"林震没有办法地问。

韩常新又去拍林震的肩膀,林震不由得躲开了。韩常新有把握地说:"明天咱们俩一起去,我帮你去了解,好不?"然后他拉着林震一同到宿舍去。

第二天,林震很有兴趣地观察韩常新如何了解情况。三年前,林震在北京师范上学的时候,出去做过见习教师,老教师在前面讲,林震和学生一起听,学了不少东西。这次,他也抱着见习的态度,打开笔记本,准备把韩常新的工作过程详细记录下来。

韩常新问魏鹤鸣:"发展了几个党员?"

"一个半。"

"不是一个半,是两个,我是检查你们的发展情况,不是检查区委批没批。"韩常新纠正他,又问:"这两个人本季度生产计划完成得怎么样?"

"很好,他们一个超额百分之七,一个超额百分之四,厂里黑板报还表扬……"

谈起生产情况,魏鹤鸣似乎起劲了些,但是韩常新打断了他的话:"他们有些什么缺点?"

魏鹤鸣想了半天,空空洞洞地说了些缺点。

韩常新叫他给所举的缺点提一些例子。

提完例子,韩常新再问他党的积极分子完成本季度生产任务的情况,他特别感兴趣的是一些数字和具体事例,至于这些先进的工人克服困难、钻研创造的过程,他听都不要听。

回来以后,韩常新用流利的行书示范地写了一个"麻袋厂发展工作简况",内容是这样的:

……本季度(一九五六年一月至三月)麻袋厂支部基本上贯

彻了积极慎重发展新党员的方针,在建党工作上取得了一定的成绩,新通过的党员朱××与范××受到了共产党员的光荣称号的鼓舞,增强了主人翁的观念,在第一季度繁重的生产任务中各超额百分之七、百分之四。广大积极分子围绕在支部周围,受到了朱××与范××模范事例的教育,并为争取入党的决心所推动,发挥了劳动的积极性与创造性,良好地完成或者超额完成了第一季度的生产任务……(下面是一系列数字与具体事例)这说明:一、建党工作不仅与生产工作不会发生矛盾,而且大大推动了生产,任何借口生产忙而忽视建党工作的做法是错误的。二、……但同时必须指出,麻袋厂支部的建党工作,也仍然存在着一定的缺点……例如……

林震把写着"简况"的片艳纸捧在手里看了又看,他有一刹那,甚至于怀疑自己去没去过麻袋厂。还是上次与韩常新同去时自己睡着了,为什么许多情况他根本不记得呢?他迷惑地问韩常新:

"这,这是根据什么写的?"

"根据那天魏鹤鸣的汇报呀。"

"他们在生产上取得的成绩是因为建党工作么?"林震口吃起来。韩常新抖一抖裤脚,说:"当然。"

"不吧?上次魏鹤鸣并没有这样讲。他们的生产提高了,也可能是由于开展竞赛,也许由于青年团建立了监督岗,未必是建党工作的成绩……"

"当然,我不否认。各种因素是统一起来的,不能形而上学地割裂地分析这是甲项工作的成绩,那是乙项工作的成绩。"

"那,譬如我们写第一季度的捕鼠工作总结,是不是也可以用这些数字和事例呢?"

韩常新沉着地笑了,他笑林震不懂"行",他说:"那可以灵活掌握……"

林震又抓住几个小问题问:

"你怎么知道他们的生产任务是繁重的呢?"

"难道现在会有一个工厂任务很清闲吗？"

林震目瞪口呆了。

五

初到区委会十天的生活,在林震头脑中积累起的印象与产生的问题,比他在小学呆了两年的还多。区委会的工作是紧张而严肃的,在区委书记办公室,连日开会到深夜。从汉语拼音到预防大脑炎,从劳动保护到政治经济学讲座,无一不经过区委会的忠实的手。林震有一次去收发室取报纸,看见一份厚厚的材料,第一页上写着"区人民委员会党组关于调整公私合营工商业的分布、管理、经营方法及贯彻市委关于公私合营工商业工人工资问题的报告的请示"。他怀着敬畏的心情看着这份厚得像一本书的材料和它的长题目。有时,一眼望去,却又觉得区委干部们是随意而松懈的,他们在办公时间聊天,看报纸,大胆地拿林震认为最严肃的题目开玩笑,例如,青年监督岗开展工作,韩常新半嘲笑地说:"吓,小青年们脑门子热起来啦……"林震参加的组织部一次部务会议也很有意思,讨论市委布置的一个临时任务,大家抽着烟,说着笑话,打着岔,开了两个钟头,拖拖沓沓,没有什么结果。这时,皱着眉思索了好久的刘世吾提出了一个方案,马上热烈地展开了讨论,很多人发表了使林震钦佩的精彩意见。林震觉得,这最后的三十多分钟的讨论要比以前的两个钟头有效十倍。某些时候,譬如说夜里,各屋亮着灯:第一会议室,出席座谈会的胖胖的工商业者愉快地与统战部长交换意见;第二会议室,各单位的学习辅导员们为"价值"与"价格"的关系争得面红耳赤;组织部坐着等待入党谈话的激动的年轻人,而市委的某个严厉的书记出现在书记办公室,找区委正副书记汇报贯彻工资改革的情况……这时,人声嘈杂,人影交错,电话铃声断断续续,林震仿佛从中听到了本区生活的脉搏的跳动,而区委会这座不新的、平凡的院落,也变得辉煌壮观起来。

在一切印象中,最突出和新鲜的印象是关于刘世吾的:刘世吾工作极多,常常同一个时间好几个电话催他去开会,但他还是一会儿就看完了《拖拉机站站长与总农艺师》，把书转借给了韩常新；而且，他已经把前一个月公布的拼音文字草案学会了，开始在开会时用拼音文字作记录了。某些传阅文件刘世吾拿过来看看题目和结尾就签上名送走，也有的不到三千字的指示他看上一下午，密密麻麻地划上各种符号。刘世吾有时一面听韩常新汇报情况，一面漫不经心地查阅其他的材料，听着听着却突然指出："上次你汇报的情况不是这样！"韩常新不自然地笑着，刘世吾的眼睛捉摸不定地闪着光；但刘世吾并不深入追究，仍然查他的材料，于是韩常新恢复了常态，有声有色地汇报下去。

赵慧文与韩常新的关系也被林震看出了一些疑窦：韩常新对一切人都是拍着肩膀，称呼着"老王"、"小李"，亲热而随便。独独对赵慧文，却是一种礼貌的"公事公办"的态度。这样说话："赵慧文同志，党刊第一百〇四期放在哪里？"而赵慧文也用顺从中包含着警戒的神情对待他。

……四月，东风悄悄地刮起，不再被人喜爱的火炉蜷缩在阴暗的贮藏室，只有各房间熏黑了的屋顶还存留着严冬的痕迹。往年，这个时候，林震就会带着活泼的孩子们去卧佛寺或者西山八大处踏青，在早开的桃李与混浊的溪水中寻找春天的消息……区委会的生活却不怎么受季节的影响，继续以那种紧张的节奏和复杂的色彩流转着。当林震从院里的垂柳上摘下一颗多汁的嫩芽时，他稍微有点怅惘，因为春天来得那么快，而他，却没做出什么有意义的事情来迎接这个美妙的季节……

晚上九点钟，林震走进了刘世吾办公室的门。赵慧文正在这里，她穿着紫黑色的毛衣，脸儿在灯光下显得越发苍白。听到有人进来，她迅速地转过头来，林震仍然看见了她略略突出的颧骨上的泪迹。他回身要走，低着头吸烟的刘世吾做手势止住他："坐在这儿吧，我们就谈完了。"

林震坐在一角，远远地隔着灯光看报，刘世吾用烟卷在空中划着圆圈，诚恳地说：

"相信我的话吧，没错。年轻人都这样，最初互相美化，慢慢发现了缺点，就觉得很平凡。不要作不切实际的要求，没有遗弃，没有虐待，没有发现他政治上、品质上的问题，怎么能说生活不下去呢？才四年嘛。你的许多想法是从苏联电影里学来的,实际上,就那么回事……"

赵慧文没说话,她撩一撩头发,临走的时候,对林震惨然地一笑。

刘世吾走到林震旁边,问:"怎么样?"他丢下烟蒂,又掏出一支来点上火,紧接着贪婪地吸了几口,缓缓地吐着白烟,告诉林震:"赵慧文跟她爱人又闹翻了……"接着,他开开窗户,一阵风吹掉了办公桌上的几张纸,传来了前院里散会以后人们的笑声、招呼声和自行车铃响。

刘世吾把只抽了几口的烟扔出去,伸了个懒腰,扶着窗户,低声说:"真的是春天了呢!"

"我想谈谈来区委工作的情况,我有一些问题不知道怎么解决。"林震用一种坚决的神气说,同时把落在地上的纸页拾起来。

"对,很好。"刘世吾仍然靠着窗户框子。

林震从去麻袋厂说起:"……我走到厂长室,正看见王清泉同志……"

"下棋呢还是打扑克?"刘世吾微笑着问。

"您怎么知道?"林震惊骇了。

"他老兄什么时候干什么我都算得出来,"刘世吾慢慢地说,"这个老兄棋瘾很大,有一次在咱这儿开了半截会,他出去上厕所,半天不回来,我出去一找,原来他看见老吕和区委书记的儿子下棋,他在旁边'支'上'招儿'了。"

林震把魏鹤鸣对他的控告讲了一遍。

刘世吾关上窗户,拉一把椅子坐下,用两个手扶着膝头支持着身体,轻轻地摆动着头:

"魏鹤鸣是个直性子,他一来就和王清泉吵得面红耳赤……你知道,王清泉也是个特殊人物,不太简单。抗日胜利以后,王清泉被派到国民党军队里工作,他做过国民党军的副团长,是个呱呱叫的情报人员。一九四七年以后他与我们的联系中断,直到解放以后才接上线。他是去瓦解敌人的,但是他自己也染上国民党军官的一些习气,改不过来,其实是个英勇的老同志。"

"这样……"

"是啊。"刘世吾严肃地点点头,接着说,"当然,这不能为他辩护,党是派他去战胜敌人而不是与敌人同流合污,所以他的错误是应该纠正的。"

"怎么去解决呢?魏鹤鸣说,这个问题已经拖了好久。他到处写过信……"

"是啊。"刘世吾又干咳了一会,做着手势说,"现在下边支部里各类问题很多,你如果一一地用手工业的方法去解决,那是事倍功半的。而且,上级布置的任务追着屁股,完成这些任务已经感到很吃力。作为领导,必须掌握一种把个别问题与一般问题结合起来,把上级分配的任务与基层存在的问题结合起来的艺术。再者,王清泉工作不努力是事实,但还没有发展到消极怠工的地步;作风有些生硬,也不是什么违法乱纪;显然,这不是组织处理问题而是经常教育的问题。从各方面看,解决这个问题的时机目前还不成熟。"

林震沉默着,他判断不清究竟哪样对;是娜斯嘉的"对坏事绝不容忍"对呢,还是刘世吾的"条件成熟论"对。他一想起王清泉那样的厂长就觉得难受,但是,他驳不倒刘世吾的"领导艺术"。刘世吾又告诉他:"其实,有类似毛病的干部也不只一个……"这更加使得林震睁大了眼睛,觉得这跟他在小学时所听的党课的内容不是一个味儿。

后来,林震又把看到的韩常新如何了解情况与写简报的事说了说,他说,他觉得这样整理简报不太真实。

刘世吾大笑起来,说:"老韩……这家伙……真高明……"笑完了,又长出一口气,告诉林震:"对,我把你的意见告诉他。"

林震犹豫着,刘世吾问:"还有别的意见么?"

于是林震勇敢地提出:"我不知道为什么,来了区委会以后发现了许多许多缺点,过去我想象的党的领导机关不是这样……"

刘世吾把茶杯一放:"当然,想象总是好的,实际呢,就那么回事。问题不在于有没有缺点,而在于什么是主导的。我们区委的工作,包括组织部的工作,成绩是基本的呢,还是缺点是基本的?显然成绩是基本的,缺点是前进中的缺点。我们伟大的事业,正是由这些有缺点的组织和党员完成着的。"

走出办公室以后,林震有一种奇怪的感觉;和刘世吾谈话似乎可以消食化气,而他自己的那些肯定的判断,明确的意见,却变得模糊不清了。他更加惶惑了。

六

不久,在党小组会上,林震受到了一次严厉的批评。

事情是这样:有一次,林震去麻袋厂,魏鹤鸣说,由于季度生产质量指标没有达到,王厂长狠狠地训了一回工人,工人意见很大,魏鹤鸣打算找些人开个座谈会,搜集意见,准备向上反映。林震很同意这种作法,以为这样也许能促进"条件的成熟"。过了三天,王清泉气急败坏地到区委会找副书记李宗秦,说魏鹤鸣在林震支持下搞小集团进行反领导的活动,还说参加魏鹤鸣主持的座谈会的工人都有历史问题……最后说自己请求辞职。李宗秦批评了他的一些缺点,同意制止魏鹤鸣再开座谈会,"至于林震,"他对王清泉说,"我们会给予应有的教育的。"

批评会上,韩常新分析道:"林震同志没有和领导上商量,擅自同意魏鹤鸣召集座谈会,这首先是一种无组织无纪律的行为……"

林震不服气,他说:"没有请示领导,是我的错。但是我不明白为什么我们不但不去主动了解群众的意见,反而制止基层这样做!"

"谁说我们不了解?"韩常新跷起一只腿,"我们对麻袋厂的情况统统掌握……"

"掌握了而不去解决,这正是最痛心的! 党章上规定着,我们党员应该向一切违反党的利益的现象作斗争……"林震的脸变青了。

富有经验的刘世吾开始发言了,他向来就专门能在一定的关头起扭转局面的作用。

"林震同志的工作热情不错,但是他刚来一个月就给组织部的干部讲党章,未免仓促了些。林震以为自己是支持自下而上的批评,是做一件漂亮事,他的动机当然是好的;不过,自下而上的批评必须有领导地去开展,譬如这回事,请林震同志想一想:第一,魏鹤鸣是不是对王清泉有个人成见呢？很难说没有。那么魏鹤鸣那样积极地去召集座谈会，可不可能有什么个人目的呢？我看不一定完全不可能。第二，参加会的人是不是有一些历史复杂别有用心的分子呢？这也应该考虑到。第三，开这样一个会，会不会在群众里造成一种王清泉快要挨整了的印象因而天下大乱了呢？等等。至于林震同志的思想情况，我愿意直爽地提出一个推测：年轻人容易把生活理想化，他以为生活应该怎样，便要求生活怎样，做一个党的工作者，要多考虑的却是客观现实，是生活可能怎样。年轻人也容易过高估计自己，抱负甚多，一到新的工作岗位就想对缺点斗争一番，充当个娜斯嘉式的英雄。这是一种可贵的、可爱的想法，也是一种虚妄……"

林震像被打中了似的颤了一下，他紧咬住了下嘴唇。

他鼓起勇气再问："那么王清泉……"刘世吾把头一仰："我明天找他谈话，有原则性的并不仅是你一个人。"

七

星期六晚上，韩常新举行婚礼。林震走进礼堂，他不喜欢那弥漫的呛人的烟气，还有地上杂乱的糖果皮与空中杂乱的哄笑；没等婚礼开始他就退了出来。

组织部的办公室黑着，他拉开灯，看见自己桌上的信，是小学的同事们写来，其中还夹着孩子们用小手签了名的信：

> 林老师：您身体好吗；我们特别特别想您，女同学都哭了，后来就不哭了，后来我们做算术，题目特别特别难，我们费了半天劲，中于算出来了……

看着信，林震不禁独自笑起来了，他拿起笔把"中于"改成"终于"，准备在回信时告诉他们下次要避免别字。他仿佛看见了系蝴蝶结的李琳琳、爱画水彩画的刘小毛和常常把铅笔头含在嘴里的孟飞，……他猛把头从信纸上抬起来，所看见的却是电话、吸墨纸和玻璃板。他所熟悉的孩子的世界和他的单纯的工作已经离他而去了,新的工作要复杂得多……他想起前天党小组会上人们对他的批评。难道自己真的错了?真的是莽撞和幼稚,再加几分年轻人的廉价的勇气?也许真的应该切实估量一下自己,把份内的事做好,过两年,等到自己"成熟"了以后再干预一切吧?

礼堂里传来爆发的掌声和笑声。

一只手落在肩上,他吃惊地回过头来,灯光显得刺眼,赵慧文没声响地站在他的身边,女同志走路都有这种不声不响的本事。

赵慧文问:"怎么不去玩?"

"我懒得去。你呢?"

"我该回家了,"赵慧文说,"到我家坐坐好吗?省得一个人在这儿想心事。"

"我没有心事。"林震分辩着,但他接受了赵慧文的好意。

赵慧文住在离区委会不远的一个小院落里。

孩子睡在浅蓝色的小床里,幸福地含着指头。赵慧文吻了儿子,拉林震到自己房间里来。

"他父亲不回来吗?"林震问。

赵慧文摇摇头。

这间卧室好像是布置得很仓促,墙壁因为空无一物而显得过分洁白,盆架孤单地缩在一角,窗台上的花瓶傻气地张着口;只有床头小桌上的收音机,好像还能扰乱这卧室的安静。

林震坐在藤椅上,赵慧文靠墙站着。林震指着花瓶说:"应该插枝花,"又指着墙壁说:"为什么不买几张画挂上?"

赵慧文说:"经常也不在,就没有管它。"然后她指着收音机问:"听不听?星期六晚上,总有好的音乐。"

收音机响了,一种梦幻的柔美的旋律从远处飘来,慢慢变得热情激荡。提琴奏出的诗一样的主题,立即揪住了林震的心。他托着腮,屏住了气。他的青春,他的追求,他的碰壁,似乎都能与这乐曲相通。

赵慧文背着手靠在墙上,不顾衣服蹭上了石灰粉,等这段乐曲过去,她用和音乐一样的声音说:"这是柴可夫斯基的《意大利随想曲》,

让人想到南国,想到海……我在文工团的时候常听它,慢慢觉得,这调子不是别人演奏出的,而是从我心里钻出来的……"

"在文工团?"

"参加军事干部学校以后被分配去的,在朝鲜,我用我的蹩脚的嗓子给战士唱过歌,我是个哑嗓子的歌手。"

林震像第一次见面似的又重新打量赵慧文。

"怎么?不像了吧?"这时电台改放"剧场实况"了,赵慧文把收音机关了。

"你是文工团的,为什么很少唱歌?"林震问。

她不回答,走到床边,坐下。她说:"我们谈谈吧,小林,告诉我,你对咱们区委的印象怎么样?"

"不知道,我是说,还不明确。"

"你对韩常新和刘世吾有点意见吧,是不?"

"也许。"

"当初我也这样,从部队转业到这里,和部队的严格准确比较,许多东西我看不惯。我给他们提了好多意见,和韩常新激动地吵过一回,但是他们笑我幼稚,笑我工作没做好意见倒一大堆,慢慢地我发现,和区委的这些缺点作斗争是我力不胜任的……"

"为什么力不胜任?"林震像刺痛了似的跳起来,他的眉毛拧在一起了。

"这是我的错,"赵慧文抓起一个枕头,放在腿上,"那时我觉得自己水平太低,自己也很不完美,却想纠正那些水平比自己高得多的同志,实在不量力。而且,刘世吾、韩常新还有别人,他们确实把有些工作做得很好。他们的缺点散布在咱们工作的成绩里边,就像灰尘散布在美好的空气中,你嗅得出来,但抓不住,这正是难办的地方。"

"对!"林震把右拳头打在左手掌上。

赵慧文也有些激动了,她把枕头抛开,话说得更慢,她说:"我做的是事务工作,领导同志也不大过问,加上个人生活上的许多牵扯,我沉默了,于是,上班抄抄写写,下班给孩子洗尿布、买奶粉。我觉得我老得很快,参加军干校那种热情和幻想,不知道哪里去了。"她沉默着,一个一个地捏着自己的手指,接着说:"两个月以前,北京市进入社会主义高潮,工人、店员还有资本家,放着鞭炮,打着锣鼓到区委会报喜,工人、店员把入党申请书直接送到组织部,大街上一天一变,整个区委会彻夜通明,吃饭的时候,宣传部、财经部的同志滔滔不绝地讲着社会主义高潮中的各种气象;可我们组织部呢?工作改进很少!打电话催催发展数字,按前年的格式添几条新例子写写总结……最近,大家检查保守思想,组织部也检查,拖拖沓沓开了三次会,然后写个材料完事。……哎,我说乱了,社会主义高潮中,每一声鞭炮都刺着我,当我复写批准新党员通知的时候,我的手激动得发抖,可是我们的工作就这样依然故我地下去吗?"她喘了一口气,来回踱着,然后接着说:"我在党小组会上谈自己的想法,韩常新满足地问:'难道我们发展数字的完成比例不是各区最高的?难道市委组织部没要我们写过经验?'然后他进行分析,说我情绪不够乐观,是因为不安心事务工作……"

"开始的时候,韩常新给人一个了不起的印象,但是实际一接触……"林震又说起那次写汇报的事。

赵慧文同意地点头:"这一二年,虽然我没提什么意见,但我无时无刻不在观察。生活里的一切,有表面也有内容,做到金玉其外,并不是难事。譬如韩常新,充领导他会拉长了声音训人,写汇报他会强拉硬扯生动的例子,分析问题,他会用几个无所不包的概念;于是,俨然成了个少壮有为的干部,他漂浮在生活上边,悠然得意。"

"那么刘世吾呢?"林震问,"他绝不像韩常新那样浅薄,但是他的那些独到的见解,精辟的分析,好像包含着一种可怕的冷漠。看到他容忍王清泉这样的厂长,我无法理解,而当我想向他表示什么意见的时候,他的议论却使人越绕越糊涂,除了跟着他走,似乎没有别的路……"

"刘世吾有一句口头语:就那么回事,他看透了一切,以为一切就那么回事。按他自己的说法,他知道什么是'是',什么是'非',还知道'是'一定战胜'非',又知道'是'不是一下子战胜'非',他什么都知道,什么都见过——党的工作给人的经验本来很多。于是他不再操心,不再爱也不再恨。他取笑缺陷,仅仅是取笑;欣赏成绩,仅仅是欣赏。

他满有把握地应付一切,再也不需要虔诚地学习什么,除了拼音文字之类的具体知识。一旦他认为条件成熟需要干一气,他一把把事情抓在手里,教育这个,处理那个,俨然是一切人的上司。凭他的经验和智慧,他当然可以做好一些事,于是他更加自信。"赵慧文毫不容情地说道。这些话曾经在多少个不眠的夜晚萦绕在她的心头……

"我们的区委副书记兼部长呢?他不管么?"

赵慧文更加兴奋了,她说:"李宗秦身体不好,他想去做理论研究工作,嫌区的工作过于具体。他做组织部长只是挂名,把一切事情推给刘世吾。这也是一种相当普遍的不正常的现象,有一批老党员,因为病,因为文化水平低,或者因为是首长爱人,他们挂着厂长、校长和书记的名,却由副厂长、教导主任、秘书或者某个干事做实际工作。"

"我们的正书记——周润祥同志呢?"

"周润祥是一个非常令人尊敬的领导同志,但是他工作太多,忙着肃反、私营企业的改造……各种带有突击性的任务,我们组织部的工作呢,一般说永远成不了带突击性的中心任务,所以他管的也不多。"

"那……怎么办呢?"林震直到现在,才开始明白了事情的复杂性,一个缺点,仿佛粘在从上到下的一系列的缘故上。

"是啊。"赵慧文沉思地用手指弹着自己的腿,好像在弹一架钢琴,然后她向着远处笑了,她说:"谢谢你……"

"谢我?"林震以为自己听错了。

"是的,见到你,我好像又年轻了。你天不怕地不怕,敢于和一切坏现象作斗争,于是我有一种婆婆妈妈的预感:你……一场风波要起来了。"

林震脸红了。他根本没想到这些,他正为自己的无能而十分羞耻。他嘟哝着说:"但愿是真正的风波而不是瞎胡闹。"然后他问:"你想了这么多,分析得这么清楚,为什么只是憋在心里呢?"

"我老觉得没有把握,"赵慧文把手放在自己的胸前,"我看了想,想了又看,我有时候想得一夜都睡不好,我问自己:'你的工作是事务性的,你能理解这些吗?'"

"你怎么会这样想?我觉得你刚才说的对极了!你应该把你刚才

说的对区委书记谈,或者写成材料给《人民日报》……"

"瞧,你又来了。"赵慧文露出润湿的牙齿笑了。

"怎么叫又来了?"林震不高兴地站起来,使劲搔着头皮,"我也想过多少次,我觉得,人要在斗争中使自己变正确,而不能等到正确了才去作斗争!"

赵慧文突然推门出去了,把林震一个人留在这空旷的屋子里,他嗅见了肥皂的香气。马上,赵慧文回来了,端着一个长柄的小锅,她跳着进来,像一个梳着三只辫子的小姑娘。她打开锅盖,戏剧性地向林震说:

"来,我们吃荸荠,煮熟了的荸荠!我没有找到别的好吃的。"

"我从小就喜欢吃熟荸荠,"林震愉快地把锅接过来,他挑了一个大的没剥皮就咬了一口,然后他皱着眉吐了出来,"这是个坏的,又酸又臭。"赵慧文大笑了。林震气愤地把捏烂了的酸荸荠扔到地上。

临走的时候,夜已经深了,纯净的天空上布满了畏怯的小星星。有一个老头儿吆喝:"炸丸子开锅!"推车走过。林震站在门外,赵慧文站在门里,她的眼睛在黑暗中闪光,她说:"下次来的时候,墙上就有画了。"

林震会心地笑着:"而且希望你把丢下的歌儿唱起来!"他摇了一下她的手。

林震用力地呼吸着春夜的清香之气,一股温暖的泉水在心头涌了上来。

八

韩常新最近被任命为组织部副部长。新婚和被提拔,使他愈益精神焕发和朝气勃勃。他每天刮一次脸,在参观了服装展览会以后又做了一套凡尔丁料子的衣服。不过,最近他亲自出马下去检查工作少了,主要是在办公室听汇报、改文件和找人谈话。刘世吾仍然那么忙……

一天,晚饭以后,韩常新把《拖拉机站站长与总农艺师》还给林震,他用手弹一弹那本书,点点头说:"很有意思,也很荒唐。当个作家倒不坏,编得天花乱坠。赶明儿我得了风湿性关节炎或者犯错误受了处分,就也写小说去。"

林震接过书,赶快拉开抽屉,把它压在最底下。

刘世吾坐在另一边的沙发上正出神地研究一盘象棋残局,听了韩常新的话,刻薄地说:"老韩将来得关节炎或者受处分倒不见得不可能,至于小说,我们可以放心,至少在这个行星上不会看到您的大作。"他说的时候一点不像开玩笑,以致韩常新尴尬地转过头,装没听见。

这时刘世吾又把林震叫过去,坐在他旁边,问:"最近看什么书了?有没有好的借我看看?"

林震说没有。

刘世吾挪动着身体,斜躺在沙发上,两手托在脑后,半闭着眼,缓慢地说:"最近在《译文》上看了《被开垦的处女地》第二部的片段,人家写得真好,活得很……"

"您常看小说?"林震真不大相信。

"我愿意荣幸地表示,我和你一样地爱读书:小说、诗歌,包括童话。解放以前,我最喜欢屠格涅夫,小学五年级,我已经读《贵族之家》,我为伦蒙那个德国老头儿流泪,我也喜欢叶琳娜;英沙罗夫写得却并不好……可他的书有一种清新的、委婉多情的调子。"他忽地站起来,走近林震,扶着沙发背,弯着腰继续说,"现在也爱看,看的时候很入迷,看完了又觉得没什么,你知道,"他紧挨林震坐下,又半闭起眼睛,"当我读一本好小说的时候,我梦想一种单纯的、美妙的、透明的生活。我想去做水手,或者穿上白衣服研究红血球,或者做一个花匠,专门培植十样锦……"他笑了,从来没这样笑过,不是用机智,而是用心。"可还是得做什么组织部长。"他摊开了手。

"为什么您把现在的工作看得和小说那么不一样呢?党的工作不单纯,不美妙,也不透明么?"林震友好而关切地问。

刘世吾接连摇头,咳嗽了一会儿又站起来。靠到远一点的地方,嘲笑地说:"党工作者不适合看小说。……譬如,"他用手在空中一划,"拿发展党员来说,小说可以写:'在壮丽的事业里,多少名新战士参加了无产阶级的先锋行列,万岁!'而我们呢,组织部呢,却正在发愁:第一，某支部组织委员工作马大哈，谈不清新党员的历史情况。第二，组织部压了百十几个等着批准的新党员，没时间审查。第三，新党员需经常委会批准，常委委员一听开会批准党员就请假。第四，公安局长参加常委会批准党员的时候老是打瞌睡……"

"您不对！"林震大声说，他像本人受了侮辱一样地难以忍耐，"您看不见壮丽的事业，只看见某某在打瞌睡……难道您也打瞌睡了？"

刘世吾笑了笑，叫韩常新："来，看看报上登的这个象棋残局，该先挪车呢还是先跳马？"

九

魏鹤鸣告诉林震，他要求回到车间做工人，他说："这个支部委员和生产科长我干不了。"林震费尽唇舌，劝他把那次座谈会搜集的意见写给党报，并且质问他："你退缩了，你不信任党和国家了，是吗？"后来魏鹤鸣和几个意见较多的工人写了一封长信，偷偷地寄给报纸，连魏鹤鸣本人都对自己有些怀疑："也许这又是'小集团活动'？那就处罚我吧！"他是带着有罪的心情把大信封扔进邮箱的。

五月中旬，《北京日报》以显明的标题登出揭发王清泉官僚主义作风的群众来信。署名"麻袋厂一群工人"的信，愤怒地要求领导上处理这一问题。《北京日报》编者也在按语中指出："……有关领导部门应迅速作认真的检查……"

赵慧文首先发现了，她叫林震来看。林震兴奋得手发抖，看了半天连不成句子，他想："好！终于揭出来了！还是党报有力量！"

他把报纸拿给刘世吾看，刘世吾仔细地看了几遍，然后抖一抖报纸，客观地说："好，开刀了！"

这时，区委书记周润祥走进来，他问："王清泉的情况你们了解不？"

刘世吾不慌不忙地说："麻袋厂支部的一些不健康的情况那是确实存在的。过去，我们就了解过，最近我亲自找王清泉谈过话，同时小林同志也去了解过。"他转身向林震："小林，你谈谈王清泉的情况吧。"

有人敲门，魏鹤鸣紧张地撞进来，他的脸由红色变成了青色，他说，王厂长在看到《北京日报》以后非常生气，现在正追查写信的人。

……经过党报的揭发与区委书记的过问，刘世吾以出乎林震意料之外的雷厉风行的精神处理了麻袋厂的问题。刘世吾一下决心，就可以把工作做得很出色。他把其他工作交代给别人，连日与林震一起下到麻袋厂去。他深入车间，详细调查了王清泉工作的一切情况，征询工人群众的一切意见。然后，与各有关部门进行了联系，只用了一个多星期的时间，就对王清泉作了处理——党内和行政都予以撤职处分。

处理王清泉的大会一直开到深夜，开完会，外面下起雨，雨忽大忽小，久久地不停息。风吹到人脸上有些凉。刘世吾与林震到附近的一个小铺子去吃馄饨。

这是新近公私合营的小铺子，整理得干净而且舒适。由于下雨，顾客不多。他们避开热气腾腾的馄饨锅，在墙角的小桌旁坐下来。

他们要了馄饨，刘世吾还要了白酒，他呷了一口酒，掐着手指，有些感触地说："我这是第六次参加处理犯错误的负责干部的问题了，头几次，我的心很沉重。"由于在大会上激昂地讲过话，他的嗓音有些嘶哑，"党工作者是医生，他要给人治病，他自己却是并不轻松的。"他用无名指轻轻敲着桌子。

林震同意地点头。

刘世吾忽然问："今天是几号？"

"五月二十。"林震告诉他。

"五月二十，对了。九年前的今天，'青年军'二〇八师打坏了我的腿。"

"打坏了腿？"林震对刘世吾的过去历史还不了解。

刘世吾不说话，雨一阵大起来，他听着那哗啦哗啦的单调的响声，嗅着潮湿的土气。一个被雨淋透的小孩子跑进来避雨。小孩的头发在往下滴水。

刘世吾招呼店员："切一盘肘子。"然后告诉林震："一九四七年，我在北大做自治会主席。参加五·二〇游行的时候，二〇八师的流氓打坏了我的腿。"他挽起裤子，可以看到一道弧形的疤痕，然后他站起来：

"看,我的左腿是不是比右腿短一点?"

林震第一次以深深的尊敬和爱戴的眼光看着他。

喝了几口酒,刘世吾的脸微微发红,他坐下,把肉片夹给林震,然后斜着头说:"那时候……我是多么热情,多么年轻啊!我真恨不得……"

"现在就不年轻,不热情了么?"林震用期待的眼光看着。

"当然不,"刘世吾玩着空酒杯,"可是我真忙啊!忙得什么都习惯了,疲倦了。解放以来从来没睡够过八小时觉。我处理这个人和那个人,却没有时间处理处理自己。"他托起腮,用最质朴的人对人的态度看着林震,"是啊,一个布尔什维克,经验要丰富,但是心要单纯。……再来一两!"刘世吾举起酒杯,向店员招手。

这时林震已经开始被他深刻和真诚的抒发所感动了。刘世吾接着闷闷地说:"据说,炊事员的职业病是缺少良好的食欲,饭菜是他们做的,他们整天和饭菜打交道。我们,党工作者,我们创造了新生活,结果,生活反倒不能激动我们……"

林震的嘴动了动,刘世吾摆摆手,表示希望不要现在就和他辩论。他不说话,独自托着腮发愣。

"雨小多了,这场雨对麦子不错,"过了半天,刘世吾叹了口气,忽然又说:"你这个干部好,比韩常新强。"

林震在慌乱中赶紧喝汤。

刘世吾盯着他,亲切地笑着,问他:"赵慧文最近怎么样?"

"她情绪挺好。"林震随口说。他拿起筷子去夹熟肉,看见了他熟悉的刘世吾的闪烁的目光。

刘世吾把椅子拉近他,缓缓地说:"原谅我的直爽,但是我有责任告诉你……"

"什么?"林震停止了夹肉。

"据我看,赵慧文对你的感情有些不……"

林震颤抖着手放下了筷子。

离开馄饨铺,雨已经停了,星光从黑云下面迅速地露出来,风更凉了,积水潺潺地从马路两边的泄水池流下去。林震迷惘地跑回宿舍,好像喝了酒的不是刘世吾,倒是他。同宿舍的同志都睡得很甜,粗短的和细长的鼾声此起彼伏。林震坐在床上,摸着湿了的裤脚,眼前浮现了赵慧文的苍白而美丽的脸。……他还是个毛小伙子,他什么也没经历过,什么都不懂。他走近窗子,把脸紧贴在外面沾满了水珠的冰冷的玻璃上。

一〇

区委常委开会讨论麻袋厂的问题。

林震列席参加。他坐在一角,心跳、紧张,手心里出了汗。他的衣袋里装着好几千字的发言提纲,准备在常委会上从麻袋厂事件扯出组织部工作中的问题。他觉得麻袋厂问题的揭发和解决,造成了最好的机会,可以促请领导从根本上考虑一下组织部的工作。时候到了!

刘世吾正在条理分明地汇报情况。书记周润祥显出沉思的神色,用左拳托着士兵式的粗壮而宽大的脸,右腕子压着一张纸,时而在上面写几个字。李宗秦用食指在空中写划着。韩常新也参加了会,他专心地把自己的鞋带解开又系上。

林震几次想说话,但是心跳得使他喘不上气。第一次参加常委会,就作这种大胆的发言,未免过于莽撞吧?不怕,不怕!他鼓励自己。他想起八岁那年在青岛学跳水,他也一边听着心跳,一边生气地对自己说:"不怕,不怕!"

区委常委批准了刘世吾对于麻袋厂问题提出的处理意见,马上就要进行下面一项议程了,林震霍地举起了手。

"有意见吗?不举手就可以发言的。"周书记笑着说。

林震站起来,碰响了椅子,掏出笔记本看着提纲,他不敢看大家。

他说:"王清泉个人是作了处理了,但是如何保证不再有第二、第三个王清泉出现呢?我们应该检查一下区委组织工作中的缺点:第一,我们只抓了建党,对于巩固党没给予应有的注意,使基层的党内斗争处于自流状态。第二,我们明知有问题却拖延着不去解决,王清泉来厂子整整五年,问题一直存在而且愈发展愈严重。……具体地说,我认为韩常新同志与刘世吾同志有责任……"

会场起了轻微的骚动,有人咳嗽,有人放下了烟卷,有人打开笔记本,有人挪了一下椅子。

韩常新耸了一下肩,用舌头舔了一下扭动着的牙床,讽刺地说:"往往听到一种事后诸葛亮的意见:'为什么不早一点处理呢?'当然是愈早愈好喽……高、饶事件发生了,有人问为什么不早一点,贝利亚,也有人问为什么不早一点。再者,组织部并不能保证第二、第三个王清泉不会出现,林震同志也未尝能保证这一点。……"

林震抬起头,用激怒的目光看着韩常新。韩常新却只是冷冷地笑。林震压抑着自己说:"老韩同志知道缺点的存在是规律,但他不知道克服缺点前进更是规律。老韩同志和刘部长,就是抱住了头一个规律,因而对各种严重的缺点采取了容忍乃至于麻木的态度!"说完,他用手抹了抹头上的汗,他也不知道自己怎么敢说得这样尖锐,但是终究说出来了,他有一种如释重负的感觉。

李宗秦在空中划着的食指停住了。周润祥转头看看林震又看看大家,他的沉重的身躯使木椅发出了吱吱声。他向刘世吾示意:"你的意见?"

刘世吾点点头:"小林同志的意见是对的,他的精神也给了我一些启发……"然后他悠闲地溜到桌子边去倒茶水,用手抚摸着茶碗沉思地说:"不过具体到麻袋厂事件,倒难说了。组织部门巩固党的工作抓得不够,是的,我们干部太少,建党还抓不过来。麻袋厂王清泉的处理,应该说还是及时而有效的。在宣布处理的工人大会上,工人的情绪空前高涨,有些落后的工人也表示更认识到了党的大公无私,有一个老工人在台上一边讲话一边落泪,他们口口声声说着感谢党,感谢区委……"

林震小声说:"是的,正因为这样,我才觉得我们工作中的麻木、拖延、不负责任,是对群众犯罪。"他提高了声音,"党是人民的、阶级的心脏,我们不能容忍心脏上有灰尘,就不能容忍党的机关的缺点!"

李宗秦把两手交叉起来放在膝头,他缓缓地说,像是一边说一边思索着如何造句:"我认为林震、韩常新、刘世吾同志的主要争论有两个症结,一个是规律性与能动性的问题,……一个是……"

林震以不知从哪儿来的勇气对李宗秦说:"我希望不要只作冷静而全面的分析……"他没有说下去,他怕自己掉下眼泪来。

周润祥看一看林震,又看一看李宗秦,皱起了眉头,沉默了一会,迅速地写了几个字,然后对大家说:"讨论下一项议程吧。"

散会后,林震气恼得没有吃下饭,区委书记的态度他没想到。他不满甚至有点失望。韩常新与刘世吾找他一起出去散步,就像根本没理会他对他们的不满意,这使林震更意识到自己和他们力量的悬殊。他苦笑着想:"你还以为常委会上发一席言就可以起好大的作用呢!"他打开抽屉,拿起那本被韩常新嘲笑过的苏联小说,翻开第一篇,上面写着:"按娜斯嘉的方式生活!"他自言自语:"真难啊!"

他缺少了什么呢?

一一

第二天下班以后,赵慧文告诉林震:"到我家吃饭去吧,我自己包饺子。"他想推辞,赵慧文已经走了。

林震犹豫了好久,终于在食堂吃了饭再到赵慧文家去。赵慧文的饺子刚刚煮熟。她穿上暗红色的旗袍,系着围裙,手上沾满面粉,像一个殷勤的主妇似的对林震说:"新下来的豆角做的馅子……"

林震嗫嚅地说:"我吃过了。"

赵慧文不信,跑出去给他拿来了筷子,林震再三表示确实吃过,赵慧文不满意地一个人吃起来。林震不安地坐在一旁,一会儿看看这,一会儿看看那,一会儿搓搓手,一会儿晃一晃身体。

"小林,有什么事么?"赵慧文停止了吃饺子。

"没……有。"

"告诉我吧。"赵慧文目不转睛地看着他。

"昨天在常委会上我把意见都提了,区委书记睬都不睬……"

赵慧文咬着筷子端想了想,她坚决地说:"不会的,周润祥同志只是不轻易发表意见……"

"也许，"林震半信半疑地说，他低下头，不敢正面接触赵慧文关切的目光。

赵慧文吃了几个饺子，又问："还有呢？"

林震的心跳起来了。他抬起头，看见了赵慧文的好意的眼睛，他轻轻地叫："赵慧文同志……"

赵慧文放下筷子，靠在椅子背上，有些吃惊了。

"我很想知道，你是否幸福。"林震用一种粗重的，完全像大人一样的声音说，"我看见过你的眼泪，在刘世吾的办公室，那时候春天刚来……后来忘记了。我自己马马虎虎地过日子，也不会关心人。你幸福吗？"

赵慧文略略疑惑地看着他，摇头，"有时候我也忘记……"然后点头，"会的，会幸福的。你为什么问它呢？"她安详地笑着。

林震把刘世吾对他讲的告诉了她："……请原谅我，把刘世吾同志随便讲的一些话告诉了你，那完全是瞎说……我很愿意和你一起说话或者听交响乐，你好极了，那是自然而然的，……也许这里边有什么不好的，不合适的东西，马马虎虎的我忽然多虑了，我恐怕我扰乱谁。"林震抱歉地结束了。

赵慧文安详地笑着，接着皱起了眉尖儿，又抬起了细瘦的胳臂，用力擦了一下前额，然后她甩了一下头，好像甩掉什么不愉快的心事似的转过身去了。

她慢慢地走到墙壁上新挂的油画前边，默默地看画。那幅画的题目是《春》，莫斯科，太阳在春天初次出现，母亲和孩子到街头去……

一会，她又转过身来，迅速地坐在床上，一只手扶着床栏杆，异常平静地说："你说了些什么呀？真的！我不会做那些不经过考虑的事。我有丈夫，有孩子，我还没和你谈过我的丈夫，"她不用常说的"爱人"，而强调地说着"丈夫"，"我们在五二年结的婚，我才十九，真不该结婚那么早。他从部队里转业，在中央一个部里做科长，他慢慢地染上了一种油条劲儿，争地位、争待遇，和别人不团结。我们之间呢，好像也只剩下了星期六晚上回来和星期一走。我的看法是：或者是崇高的爱情，或者什么都没有。我们争吵了……但我仍然等待着……他最近出差去上海,等回来,我要和他好好谈一谈。可你说了些什么呢?"她又一次问,"小林,你是我所尊敬的顶好的朋友,但你还是个孩子——这个称呼也许不对,对不起。我们都希望过一种真正的生活,我们希望组织部成为真正的党的工作机构,我觉着你像是我的弟弟,你盼望我振作起来,是吧?生活是应该有互相支援和友谊的温暖,我从来就害怕冷淡。就是这些了,还有什么呢?还能有什么呢?"

林震惶恐地说:"我不该受刘世吾话的影响……"

"不,"赵慧文摇头,"刘世吾同志是聪明人,他的警告也许并不是完全没有必要,然后……"她深深地吐一口气,"那就好了。"

她收拾起碗筷,出去了。

林震茫然地站起,来回踱着步子,他想着、想着,好像有许多话要说,慢慢地,又没有了。他要说什么呢?本来什么都没有发生。生活有时候带来某种情绪的波流,使人激动也使人困扰,然后波流流过去,没有一点痕迹……真的没有痕迹吗?它留下对于相逢者的纯洁和美好的记忆,虽然淡淡,却难忘……

赵慧文又进来了,她领着两岁的儿子,还提着一个书包。小孩已经与林震见过几次面,亲热地叫林震"夫夫"——他说不清"叔叔"。

林震用强健的手臂把他举了起来。空旷的屋子里顿时充满了孩子的笑闹声。

赵慧文打开书包,拿出一叠纸,翻着,说:"今天晚上,我要让你看几样东西。我已经把三年来看到的组织部工作中的一些问题和自己的意见写了一个草稿。这个……"她不好意思地摸了一下一张橡皮纸,"大概这是可笑的,我给自己规定了一个竞赛的办法。让今天的自己和昨天的自己竞赛。我划了表,如果我的工作有了失误——写入党批准通知的时候抄错了名字或者统计错了新党员人数,我就在表上划一个黑叉子,如果一天没有错,就画一个小红旗。连续一个月都是红旗,我就买一条漂亮的头巾或者别的什么奖励自己……也许,这像幼儿园的做法吧?你好笑吗?"

林震入神地听着,他严肃地说:"绝不,我尊敬你对你自己的……"

临走的时候,夜已经深了,林震站在门外,赵慧文站在门里,她的眼睛在黑暗中闪着光,她说:"今天的夜色非常好,你同意吗?你嗅见槐花的香气了没有?平凡的小白花,它比牡丹清雅,比桃李浓馥。你嗅不见?真是!再见。明天一早就见面了,我们各自投身在伟大而麻烦的工作里边。然后晚上来找我吧,我们听美丽的《意大利随想曲》。听完歌,我给你煮荸荠,然后我们把荸荠皮扔得满地都是……"

……林震靠着组织部门前的大柱子好久好久地呆立着,望着夜的天空。初夏的南风吹拂着他——他来时是残冬,现在已经是初夏了。他在区委会度过了第一个春天。

他做好的事情简直很少,简直就是没有,但他学了很多,多懂了不少事。他懂了生活的真正的美好和真正的分量;他懂了斗争的困难和斗争的价值。他渐渐明白,在这平凡而又伟大的、包罗万象的、担负着无数艰巨任务的区委会,单凭个人的勇气是做不成任何事情的……从明天……

办公室的小刘走过,叫他:"林震,你上哪儿去了?快去找周润祥同志,他刚才找了你三次。"

区委书记找林震了吗?那么不是从明天,而是从现在,他要尽一切力量去争取领导的指引,这正是目前最重要的……

隔着窗子,他看见绿色的台灯和夜间办公的区委书记的高大侧影,他坚决地、迫不及待地敲响了领导同志办公室的门。

一九五六年五月——七月
——原载《人民文学》一九五六年第九期
(选自《中国新文学大系 1949—1976·短篇小说卷一》,
上海文艺出版社 1997 年版)

"年轻人"批评"组织部"之后

——重读《组织部来了个年轻人》

贺兴安

20世纪50年代中期,抗美援朝的硝烟散去不久,经济建设和社会主义改造正在推进之时,王蒙的短篇小说《组织部来了个年轻人》把注意力转向了党的自身肌体。

那时候,党的组织在各项事业中发挥领导作用,赞颂成就的文件文章屡见不鲜,王蒙却首先把批评的笔锋转向了党的组织。

在那时的文艺作品中,历史英雄人物、建设中坚力量占据了大量篇幅,王蒙的这篇《组织部来了个年轻人》却另辟蹊径,突出了一个新来组织部工作的知识青年。

组织部,年轻人。一个单位,一个个人。这个年轻人来组织部工作,炸开锅了。小说发表后,作者的命运也随之经历了波澜起伏。

首先,《组织部来了个年轻人》通过一位新分配来的年轻人林震的视角,形象地展现出一个区委组织部的日常工作和形形色色的人物。作品以其独创性和冲击力受到广泛好评。

作品中确立这个区委组织部工作面貌的人物,是刘世吾和韩常新两位副部长。

组织部部长本由区委副书记李宗秦兼任,他并不常管事,只是挂个名,第一副部长刘世吾才是组织部顶梁柱式的人物。刘世吾是怎样一个领导干部呢?他聪敏、机智,但又松懈、散漫,遇事都习以为常,漫不经心。他懂得"组织工作是给党管家的",但他的口头语是"就那么回事"。他知道"是"与"非",又知道"是"不能一下子战胜"非",于是一切都显得淡然、漠然、乃至木然。他忙起来,常常同一时间好几个电话催他去开会。他也能把某些传阅文件拿过来看看题目和结尾就签上名送走。当林震向他反映新来组织部发现的诸多问题,他能以"成绩"和"缺点"谁属"基本"作答,"显然成绩是基本的,缺点是前进中的缺点。我们伟大的事业,正是由这些有缺点的组织和党员完成着的"。有时办公,这位部长又能把韩常新叫过来,研究报上登的一盘象棋的残局,"该先挪车呢还是先跳马?"

比较起来,韩常新副部长爱激动,世故而又虚浮,爱给人扣大帽子,"拉长了声音训人"。他身材高大,每天刮脸,讲究穿着。本来,麻袋厂的问题不少,党员发展缓慢,他却在"简况"汇报中说建党工作"大大推动了生产"。

组织工作在区委会干部中一直落实不下来,他们有时间聊天、抽烟、闹笑、下棋、打扑克,有人本来是去上厕所,却中途给下棋的人"支"上"招儿"了。麻袋厂官僚主义、压制工人的弊端终于通过《北京日报》揭发出来了,并点出他们这些有关领导干部应"认真检查"。

小说中的这些描写,既写出了两位副部长的官场心态和现实人生,也勾画出新中国成立初期区委工作人员的工作状态和精神状态。

同组织部两位副部长思想作风尖锐对立的,是年轻人林震。他调来组织部时年仅22岁,是一名新党员,说话还显得脸红羞怯。如果说刘世吾对外事外物的口头语是"就那么回事",林震这位小学教师出身的知识分子的处世原则就是:"他以为生活应该怎样,便要求怎样。"

林震还不像一般的作品描写正面人物那样心怀阶级仇、民族恨。他的生命史"好像还是白纸",自己年轻,如同"孩子般单纯",要学这学那,作这作那,要"一日千里"。他的另一特点是,不仅在组织部工作中,敏于发现诸多弊端,而且,从踌躇到思索,他善于观察人,找到问题的根源。他认为刘世吾不像韩常新那样浅薄,但是,存在一种"可怕的冷漠"。

在同赵慧文的相处相交中,林震的性格还显示进一步的发展。赵慧文爱好音乐,曾在文工团工作,也同样敏于发现组织部工作中的问题,但是,她觉得同区委的缺点作斗争"力不胜任",家务事多,夫妻又不和,满足于上班时事务性的抄抄写写工作,遂日渐沉默不语。林震对于她的这种容忍表示了异议:"我觉得,人要在斗争中使自己变正确,而不能等到正确了才去作斗争。"

林震下决心正面向刘世吾、韩常新开火了。当麻袋厂的问题公开暴露出来,林震看到刘世吾是能雷厉风行,紧急处置,但是感觉他只给麻袋厂厂长撤职处分,想仓促了事,于是,林震列席区委常委会议发言了。他认为,要从根本上检查组织部工作,保证不再有第二、第三个麻袋厂出现,"具体地说,我认为韩常新同志与刘世吾同志有责任",他们"知道缺点的存在是规律","不知道克服缺点前进更是规律",他们"就是抱住了头一个规律,因而对各种严重的缺点采取了容忍乃至麻木的态度"。

小说从多个层面描写了初到党的机关工作的林震从单纯幼稚到逐步走向成熟的思想历程,表现了一位涉世不深的年轻人热爱生活、积极干预生活的勇气和追求理想的浪漫情怀。

其次,王蒙这个短篇在人物性格和艺术风格的把握上,不平面、有弧度,不单一、有立体感,表现进展时力求做到张弛有度,做到叙事、议论与抒情交相映衬。

作者写刘世吾这个人物,并不是一直写他的看一切事物都"就那么回事"式的冷漠,作品追踪了他曾有过的浪漫和激情。在同林震闲聊时,刘世吾忆及从前的追求,"小学五年级,我已经读《贵族之家》,我为伦蒙那个德国老头儿流泪,我也喜欢叶琳娜;英沙罗夫写得却并不好","当我读一本好小说的时候,我梦想一种单纯的、美妙的、透明的生活。我想去做水手,或者穿着白衣服研究红血球,或者做一个花匠"。他还和林震谈到,"九年前的今天,'青年军'二〇八师打坏了我的腿",以及1947年,他在北大做自治会主席,参加"五·二〇游行"。他谈得十分投入和用心。但是,一面对眼前现实,他摊开了手:"可还是得做什么组织部长。"

作品不仅表现人物的工作关系,还落笔写了林震和赵慧文的艺术爱好和两性间的吸引。收音机里传出的柴可夫斯基的《意大利随想曲》,使林震觉得自己的青春和追求能与乐曲相通,也引发了婚姻不和的赵慧文的某些遐想。林震在他们的情谊中,产生了"多虑":"我恐怕我扰乱谁。"赵慧文觉得和林震相处得亲切坦诚,以为自己"好像又年轻了"的那种感觉,也觉得刘世吾要求他们在爱情之前止步的"警告也许并不是完全没有必要"。她默默地欣赏了墙上《春》的油画,平静地说出"我不会做那些不经过考虑的事",于是,理性上又明确了彼此是"姐弟"。

作品的这些艺术设计方法和手法,深化了思想,丰厚了艺术。读者觉得人物写活了,会发问刘世吾为什么在新中国成立后会变得如此冷漠,是不是与他的工作既受不到上下监督、又受不到平行机构的挑战有关呢?那两个年轻人,又是多么可爱!

王蒙小说发表后,反响强烈。《文艺学习》杂志收到300多封读者来信,作家、评论家纷纷介入,毛泽东讲话了。这一切,似可视作小说的一个续篇。

知名作家秦兆阳、艾芜、康濯等著文,称赞这篇作品是一次宝贵的探索。也有评论家持否定意见。李希凡撰文[1]就"典型环境中的典型性格"和"阶级立场"这两个重大问题进行抨击。他说,在"刘世吾等人的典型环境"的描写上,是"以我们现实中某些落后现象,堆积成影响这些人物性格的典型环境,而歪曲了社会现实的真实",这样,"在党中央所在地,党的生命核心的北京,党的工作的各个环节,和站在这些环节上的所有领导干部,都是大大小小的官僚主义者"。其次,他认为作品赞扬林震的诸多描写,"和过去的褊狭的小资产阶级灵魂王国里的人生观和审美趣味,大有相通之处",结论是,在阶级的"立足点"上,王蒙和林震是"一致"的。

唐挚发文[2]对李文进行反批评。唐文说,王蒙以"艺术家的勇气"正视了刘世吾性格产生的现实原因,如组织部长由区委副书记兼任只是挂名,刘世吾得不到监督,区委常委开会纪律松弛,等等。评者发问:"如果这一切确实可能存在",它们又使得刘世吾等人的"性格和作风得到发展,因而找到了性格赖以生存的空隙,作者为什么不应该尖锐地批评、勇敢地加以鞭挞?

---

[1] 李希凡:《评"组织部新来的青年人"》,1957年2月9日《文汇报》。
[2] 唐挚:《什么是典型环境?——与李希凡同志商榷》,1957年2月25日《文汇报》。

"阶级分析"问题,是中国当代文学的一大争议。本来,阶级社会因生产资料的所有制,社会形成了不同的阶级和阶级观念,这是客观事实。但是,我国完成社会主义改造后,知识分子的"绝大部分已经成为国家工作人员,已经为社会主义服务,已经是工人阶级的一部分"①。作品写林震来组织部听意见、订规划、看材料、反映情况,不值得肯定么? 他和赵慧文欣赏油画,喜欢音乐,彼此萌发两性慕悦,又在爱情面前止步,怎么一古脑儿就成了"小资产阶级灵魂王国里的人生观和审美趣味"呢? 王蒙举例说到,有的批评说人物喜欢白槐花,讲它"比牡丹清雅,比桃李浓馥",就推论"牡丹"指党政干部,"桃李"指芸芸众生,而"槐花"则是反党分子自诩清高。这种上纲上线,除了让人啼笑皆非,还会产生什么真实的阅读效应呢?

毛泽东对作品讲话,正值 1957 年整风运动大倡反官僚主义之时。王蒙介绍:"他讲了多次,包括在颐年堂召开的新闻、出版、文艺座谈会上,在最高国务会议上,都讲了这个问题。在中央宣传工作会议上的讲话,我听了录音。几次讲的意思大致内容是这样:听说王蒙写了一篇小说,有赞成的,有不赞成的,争得很厉害,反对的人还写了文章对他进行'围剿',要把他消灭。可能我这也是言过其实,我看了李希凡写的文章,不大满意,李希凡也是新生力量嘛,现在写文章我看不懂,大概是当了政协委员的关系吧。"对于陈其通、陈亚丁、鲁勤、马寒冰四人写的立意把小说打成毒草的《是香花还是毒草》,毛泽东也看了。王蒙说:"毛泽东看了这篇文章后说,反对王蒙的人提出北京没有这样的官僚主义,中央还出过王明、出过陈独秀,北京怎么就不能出现官僚主义。王蒙反官僚主义我就支持……王蒙有文才,就有希望。"②奇异的是,1957 年反右派斗争扩大化后,北京团市委调王蒙参加"学习",开批判会,他被划为"右派"。团市委派人去中国作协了解情况,林默涵说:"我和周扬同志研究了一下,大家觉得不划王蒙'右派'为好。他的小说是毛主席

---

① 周恩来:《关于知识分子问题的报告》,1956 年 1 月 30 日《人民日报》。
② 王蒙:《我看毛泽东》,《王蒙说》,第 403—404 页,中央编译出版社 1998 年版。

肯定的。王蒙才二十几岁,很有才华,年轻人有缺点多帮助他。"笔者曾访问过当年团市委宣传部副部长王晋,他说:"王蒙定'右派',实际没有什么材料,全是他交代的。比如挖你'星期天不爱开会呀','对区委机关干部有哪些看法呀',一步一步引申,给揪出来了。王蒙后来开玩笑说,是自己交代的,'自己出卖自己'。"

王蒙发表这个短篇、接着被打成"右派"至今,半个多世纪过去了。

本来,文学艺术的是是非非、高下优劣,应该按照"双百方针,根据文学艺术的特征和发展规律,提倡不同形式风格的自由发展和不同观点的自由讨论。文学作品在批评家中引起不同凡响,是常情常理,有利于推动文学的发展。即使是政治家介入文学,发表各种不同意见,也应视作文化发展范围内的事情。

毛泽东对王蒙小说作出了赞扬,而他发起的"反右"又使王蒙成了右派。当然,读者清楚,一个政治领导人可以关注一个作家作品的正确评价,又不能要求他此后就一直注视这个作家的命运。王蒙就说到"我无权也无法要求像他这样的党和国家的领袖不断地过问我的创作、个人的遭遇,我不能那样去要求,也不应该再去麻烦他"。

王蒙的"右派"问题到1979年才得到平反,作品收入于1979年由上海文艺出版社出版的《重放的鲜花》。这一切,都是令人深思的。

复习思考题

1. 试析林震、刘世吾这两个人物形象的社会意义?
2. 《组织部来了个年轻人》的遭遇给予我们什么启示?

红　豆

宗　璞

　　天气阴沉沉的,雪花成团地飞舞着。本来是荒凉的冬天的世界,铺满了洁白柔软的雪,仿佛显得丰富了,温暖了。江玫手里提着一只小箱子,在 X 大学的校园中一条弯曲的小道上走着。路旁的假山,还在老地方。紫藤萝架也还是若隐若现的躲在假山背后。还有那被同学戏称为阿木林的枫树林子,这时每株树上都积满了白雪,真是"忽如一夜春风来,千树万树梨花开"了。雪花迎面扑来,江玫觉得又清爽又轻快。她想起六年以前,自己走着这条路,离开学校,走上革命的工作岗位时的情景,她那薄薄的嘴唇边,浮出一个微笑。脚下不觉愈走愈快,那以前住过四年的西楼,也愈走愈近了。

　　江玫走进了西楼的大门,放下了手中的箱子,把头上紫红色的围巾解下来,抖着上面的雪花。楼里一点声音也没有,静悄悄的。江玫知道这楼已作了单身女教职员宿舍,比从前是学生宿舍时,自然不同。只见那间门房,从前是工友老赵住的地方,门前挂着一个牌子,写着"传达室"三个字。

　　"有人么?"江玫环顾着这熟悉的建筑,还是那宽大的楼梯,还是那阴暗的甬道,吊着一盏大灯。只是墙边布告牌上贴着"今晚团员大会"的布告,又是工会基层选举的通知,用红纸写着,显得喜气洋洋的。

　　"谁呀?"一个苍老的声音从传达室里发出来。传达室门开了,一个穿着干部服的整洁的老头儿,站在门口。

　　"老赵!"江玫叫了一声,又高兴又惊奇,跑过去一把抱住了他。"你还在这儿!"

　　"是江玫!"老赵几乎不相信自己昏花的老眼,揉了揉眼睛,仔细看着江玫。"是江玫!打前儿个总务处就通知我,说党委会新来了个干部,叫给预备一间房,还说这干部还是咱们学校的学生呢,我可再也没想到是你!你离开学校六年啦,可一点没变样,真怪,现时的年轻人,怎么再也长不老哇!走!领你上你屋里去,可真凑巧,那就是你当学生时住的那间房!"

老赵絮絮叨叨领着江玫上楼。江玫抚着楼梯栏杆,好像又接触到了六年以前的大学生生活。

这间房间还是老样子,只是少了一张床,多了些别的家具,窗外可以看到阿木林,还有阿木林后面的小湖,在那里,夏天时,是要长满荷花的。江玫四面看着,眼光落到墙上嵌着的一个耶稣受难像上。那十字架的颜色,显然深了许多。

好像是有一个看不见的拳头,重重地打了江玫一下。江玫觉得一阵头昏,问老赵:"这个东西怎么还在这儿?"

"本来说要取下来,破除迷信,好些房间都取下来了。后来又说是艺术品让留着,有几间屋子就留下了。"

"为什么要留下?为什么要留下这一间的?"江玫怔怔地看着那十字架,一歪身坐在还没有铺好的床上。

"那也是凑巧呗!"老赵把桌上的一块破抹布捡在手里。"这屋子我都给收拾好啦,你归置归置,休息休息。我给你张罗点开水去。"

老赵走了。江玫站起身来,伸手想去摸那十字架,却又像怕触到使人疼痛的伤口似的,伸出手又缩回手,怔了一会儿,后来才用力一撅耶稣的右手,那十字架好像一扇门一样打开了。墙上露出一个小洞。江玫踮起脚尖往里看,原来被冷风吹得绯红的脸色刷的一下变得惨白。她低声自语:"还在!"遂用两个手指,钳出了一个小小的有象牙托子的黑丝绒盒子。

江玫坐在床边,用发颤的手揭开了盒盖。盒中露出来血点儿似的两粒红豆,镶在一个银丝编成的指环上,没有耀眼的光芒,但是色泽十分匀静而且鲜亮。时间没有给它们留下一点痕迹。

江玫知道这里面有多少欢乐和悲哀。她拿起这两粒红豆,往事像一层烟雾从心上升了起来——

那已经是八年以前的事了。那时江玫刚二十岁,上大学二年级。

那正是一九四八年,那动荡的翻天覆地的一年,那激动,兴奋,流了不少眼泪,决定了人生的道路的一年。

在这一年以前,江玫的生活像是山岩间平静的小溪流,一年到头潺潺地流着,很少波浪。她生长于小康之家,父亲做过大学教授,后来做了几年官。在江玫五岁时,有一天,他到办公室去,就再没有回来过。江玫只记得自己被送到舅母家去住了一个月,回家时,看见母亲如画的脸庞消瘦了,眼睛显得惊人的大,看去至少老了十年。据说父亲是患了急性肠炎去世了。以后,江玫上了小学上中学,上了中学上大学。日寇入侵的那段水深火热的日子,江玫也在母亲的尽力遮蔽下较平静地度过。在中学时,有一些密友常常整夜叽叽喳喳地谈着知心话。上大学后,因为大家都是上课来,下课走,不参加什么活动的人简直连同班同学也不认识,只认识自己的同屋。江玫白天上课弹琴,晚上坐图书馆看参考书,礼拜六就回家。母亲从摆着夹竹桃的台阶上走下来迎接她,生活就像那粉红色的夹竹桃一样与世隔绝。

一九四八年春天,新年刚过去,新的学期开始了。那也是这样一个下雪天,浓密的雪花安安静静地下着。江玫从练琴室里走出来,哼着刚弹过的调子。那雪花使她感到非常新鲜,她那年轻的心充满了欢快。她走在两排粉装玉琢的短松墙之间,简直想去弹动那雪白的树枝,让整个世界都跳起舞来。她伸出了右手,自己马上觉得不好意思,连忙缩了回来,掠了掠鬓发,按了按母亲从箱子底下找出来的一个旧式发夹,发夹是黑白两色发亮的小珠串成的,还托着两粒红豆,她的新同屋肖素说好看,硬给她戴在头上的。

在这寂静的道路上,一个青年人正急速地向练琴室走来。他身材修长,穿着灰绸长袍,罩着蓝布长衫,半低着头,眼睛看着自己前面三尺的地方,世界对于他,仿佛并不存在。也许是江玫身上活泼的气氛,脸上鲜亮的颜色搅乱了他,他抬起头来看了她一眼。江玫看见他有着一张清秀的象牙色的脸,轮廓分明,长长的眼睛,有一种迷惘的做梦的神气。江玫想,这人虽然抬起头来,但是一定没有看见我。不知为什么,这个念头,使她觉得很遗憾。

晚上,江玫躺在床上,久久不能入睡。许多片断在她脑中闪过。她想着母亲,那和她相依为命的老母亲,这一生欢乐是多么少。好像有什么隐秘的悲哀在过早地染白她那一头丰盛的头发。她非常嫌恶那些做官的和有钱的人,江玫也从她那里承袭了一种清高的气息,那与世隔绝的清高。江玫想想,忽然好笑了起来。

江玫自己知道,觉得那种清高好笑是因为想到肖素的缘故。肖素是江玫这一学期的新同屋。同屋不久,可是两人已经成为很要好的朋友。肖素说江玫像是从另一个世界来的,清高这个词儿也是肖素说的,她还说:"当然,这也有好处也有不好处。"这些,江玫并不完全了解。只不知为什么,乱七八糟的一些片断都在脑海中浮现出来。

这屋子多么空!肖素还不回来。江玫很想看见她那白中透红的胖胖的面孔,她总是给人安慰、知识和力量。学物理的人总是聪明的,而且她已经四年级了,江玫想。但是在肖素身上,好像还不只是学物理和上到大学四年级,她还有着更丰富的东西,江玫还想不出是什么。

正乱想着,肖素推门进来了。

"哦!小鸟儿!还没有睡!"小鸟儿是肖素给江玫起的绰号。

"睡不着。真希望你快点回来。"

"为什么睡不着?"肖素带回来一个大萝卜,切了一片给江玫。

"等着吃萝卜,——还等着你给讲点什么。"江玫望着肖素坦白率直的脸,又想起了母亲。上礼拜她带肖素回家去,母亲真喜欢肖素,要江玫多听肖姐姐的话。

"我会讲什么?你是幼稚园?要听故事?哎,给你本小书看看。"江玫接过那本小书,书面上写着"方生未死之间"。

两人静静地读起书来了。这本书很快就把江玫带进了一个新的天地。它描写着中国人民受的苦难,在血和泪中,大家在为一种新的生活——真正的丰衣足食,真正的自由——奋斗,这种生活,是大家所需要的。

"大家?——"江玫把书抱在胸前,沉思起来。江玫的二十年的日子,可以说全是在那粉红色的夹竹桃后面度过的。但她和母亲一样,憎恶权势,憎恶金钱。母亲有时会流着泪说:"大家都该过好日子,谁也不该屈死。"母亲的"大家"在这本小书里具体化了。是的,要为了大家。

"肖素,"江玫靠在枕上说,"我这简单的人,有时也曾想过人活着是为了什么,但想不通。你和你的书使我明白了一些道理。"

"你还会明白得更多。"肖素热切地望着她。"你真善良——你让我忘记刚才的一场气了,刚刚我为我们班上的齐虹真发火——"

"齐虹?他是谁?"

"就是那个常去弹琴,老像在做梦似的那个齐虹,真是自私自利的人,什么都不能让他关心。"

肖素又拿起书来看了。

江玫也拿起书来,但她觉得那清秀的象牙色的脸,不时在她眼前晃动。

雪不再下了。坚硬的冰已经逐渐变软。江玫身上的黑皮大衣换成了灰呢子的,配上她习惯用的红色的围巾,洋溢着春天的气息。她跟着肖素,生活渐渐忙起来。她参加了"大家唱"歌咏团和"新诗社"。她多么喜欢那"你来我来他来她来大家一齐来唱歌"的热情的声音,她因为《黄河大合唱》刚开始时万马奔腾的鼓声兴奋得透不过气来。她读着艾青、田间的诗,自己也悄悄写着什么"飞翔,飞翔,飞向自由的地方"的句子。"小鸟"成了大家对她的爱称。她和肖素也更接近,每天早上一醒来,先要叫一声"素姐"。

她还是天天去弹琴,天天碰见齐虹,可是从没有说过话。本来总在那短松夹道的路上碰见他,后来常在楼梯上碰见他,后来江玫弹完了琴出来时,总看见他站在楼梯栏杆旁,仿佛站了很久了似的,脸上的神气总是那样漠然。

有一天天气暖洋洋的,微风吹来,丝毫不觉得冷,确实是春天来了。江玫在练琴室里练习贝多芬的月光曲,总弹也弹不会,老要出错,心里烦躁起来,没到时间就不弹了。她走出琴室,一眼就看见齐虹站在那里。他的神色非常柔和,劈头就问:

"怎么不弹了?"

"弹不会。"江玫多少带了几分诧异。

"你大概太注意手指的动作了。不要多想它,只记着调子,自然会弹出来。"

他在钢琴旁边坐下了,冰冷的琴键在他的弹奏下发出了那样柔软热情的声音。换上别的人,脸上一定会带上一种迷醉的表情,可是齐虹神采飞扬,目光清澈,仿佛现实这时才在他眼前打开似的。

"这是怎么样的人?"江玫问着自己,"学物理,弹一手好钢琴,那神色多么奇怪。"

齐虹停住了,站起来,看着倚在琴边的江玫,微微一笑。

"你没有听?"

"不,我听了。"江玫分辩道,"我在想——"想什么,她自己也不知道。

"我送你回去,好么?"

"你不练琴?"

"不想练。你看天气多么好!"

就这样,他们开始了第一次的散步,就这样,他们散步,散步,看到迎春花染黄了柔软的嫩枝,看到亭亭的荷叶铺满了池塘。他们曾迷失在荷花清远的微香里,也曾迷失在桂花浓郁的甜香里,然后又是雪花飞舞的冬天。哦!那雪花,那阴暗的下雪天!——

齐虹送她回去,一路上谈着音乐,齐虹说:"我真喜欢贝多芬,他真伟大、丰富,又那样朴实。每一个音符上都充满了诗意。"

江玫懂得他的"诗意"含有一种广义的意思。她的眼睛很快地表露了她这种懂得。

齐虹接着说:"你也是喜欢贝多芬的。不是吗?据说肖邦最不喜欢贝多芬,简直不能容忍他的音乐。"

"可我也喜欢肖邦。"江玫说。

"我也喜欢。那甜蜜的忧愁——人和人之间是有很多相同的也有很多不同的东西——"那漠然的表情又来到他的脸上。"物理和音乐能把我带到一个真正的世界去,科学的、美的世界,不像咱们活着的这个世界,这样空虚,这样紊乱,这样丑恶!"

他送她到西楼,冷淡地点了点头就离开了,根本没有问她的姓名。

江玫又一次感到有些遗憾。

晚上,江玫从图书馆里出来,在月光中走回宿舍。身后有一个声音轻轻唤她:"江玫!"

"哦!是齐虹。"她回头看见那修长的身影。

"你怎么知道我的名字?"齐虹问。月光照出他脸上热切的神气。

"你怎么知道我的名字?"江玫反问。她觉得自己好像认识齐虹很久了,齐虹的问题可以不必回答。

"我生来就知道。"齐虹轻轻地说。

两人都不再说话。月光把他们的影子投在地上。

以后,江玫出来时,只要是一个人,就总会听到温柔的一声"江玫"。他们愈来愈熟。不知从什么时候起,从图书馆到西楼的路就无限度地延长了。走啊,走啊,总是走不到宿舍。江玫并不追究路为什么这样长,她甚至希望路更长一些,好让她和齐虹无止境地谈着贝多芬和肖邦,谈着苏东坡和李商隐,谈着济慈和勃朗宁。他们都很喜欢苏东坡的那首江城子:"十年生死两茫茫,不思量,自难忘,千里孤坟、无处话凄凉。"他们幻想着十年的时间会在他们身上留下怎样的痕迹。他们谈时间,空间,也谈论人生的道理——

齐虹说:"人活着就是为了自由。自由,这两个字实在好极了。自就是自己,自由就是什么都由自己,自己爱做什么就做什么。这解释好吗?"

他的语气有些像开玩笑,其实他是认真的。

"可是我在书里看见,认识必然才是自由。"江玫那几天正在看《大众哲学》。"人也不能只为自己,一个人怎么活?"

"呀!"齐虹笑道,"我倒忘了,你的同屋就是肖素。"

"我们非常要好。"

因为看到路旁的榆叶梅,齐虹说用热闹两字形容这种花最好,江玫很赞赏这两个字,就把自由问题搁下了。

江玫隐约觉得,在某些方面,她和齐虹的看法永远也不会一致。可是她并没有去多想这个,她只喜欢和他在一起,遏止不住地愿意和他在一起。

一个礼拜天,江玫第一次没有回家。她和齐虹商量好去颐和园。春天的颐和园真是花团锦簇,充满了生命的气息。来往的人都脱去了臃肿的冬装,显得那样轻盈可爱。江玫和齐虹沿着昆明湖畔向南走去,那边简直没有什么人,只有和暖的春风和他们作伴。绿得发亮的垂柳直向他们摆手。他们一路赞叹着春天,赞叹着生命,走到玉带桥旁。

　　"这水多么清澈,多么丰满啊。"江玫满心欢喜地向桥洞下面跑去。她笑着想要摸一摸那湖水。齐虹几步就追上了她,正好在最低的一层石阶上把她抱住。

　　"你呀!你再走一步就掉到水里去了!"齐虹掠着她额前的短发,"我救了你的命,知道么?小姑娘,你是我的。"

　　"我是你的。"江玫觉得世界上什么都不存在了。她靠在齐虹胸前,觉得这样撼人的幸福渗透了他们。在她灵魂深处汹涌起伏着潮水似的柔情,把她和齐虹一起融化。

　　齐虹抬起了她的脸:"你哭了?"

　　"是的。我不知为什么,为什么这样感动——"

　　齐虹也感动地望着她,在清澈的丰满的春天的水面上,映出了一双倒影。

　　齐虹喃喃地说:"我第一次看见你,就是那个下雪天,你记得么?我看见了你,当时就下了决心,一定要永远和你在一起,就像你头上的那两粒红豆,永远在一起,就像你那长长的双眉和你那双会笑的眼睛,永远在一起。"

　　"我还以为你没有看见我——"

　　"谁能不看见你!你像太阳一样发着光,谁能不看见你!"齐虹的语气是这样热烈,他的脸上真的散发出温暖的光辉。

　　他们循着没有人迹的长堤走去,因为没有别人而感到自由和高兴。江玫抬起她那双会笑的眼睛,悄声说:"齐虹,咱们最好去住在一个没有人的岛上,四面是茫茫的大海,只有你是唯一的人——"

　　齐虹快乐地喊了一声,用手围住她的腰。"那我真愿意!我恨人类!只除了你!"

　　对于江玫来说,正是由于深切的爱,才想到这样的念头,她不懂齐虹为什么要联想到恨,未免有些诧异地望着他。她在齐虹光亮的眼睛里感到了热情,但在热情后面却有一些冰冷的东西,使她发抖。

齐虹注意到她的神色,改了话题:"冷吗？我的小姑娘？"

"我只是奇怪,你怎么能恨——"

"你甜蜜的爱,就是珍宝,我不屑把处境和帝王对调。"齐虹顺口念着莎士比亚的两句诗,他确是真心的。可是江玫听来,觉得他对那两句诗的情感,更多于对她自己。她并没有多计较,只说是真有些冷,柔顺地在他手臂中,靠得更紧一些。

江玫的温柔的衰弱的母亲不大喜欢齐虹。江玫问她:"他怎么不好？他哪里不好？"母亲忧愁地微笑着,说他是聪明极了,也称得起漂亮,但作为一个人,他似乎少些什么,究竟少些什么,母亲也说不出。在江玫充满爱情的心灵里,本来有着一个奇怪的空隙,这是任何在恋爱中的女孩子所不会感到的。而在江玫,这空隙是那样尖锐,那样明显,使她在夜里痛苦得不能入睡。她想马上看见他,听他不断地诉说他的爱情。但那空隙,是无论怎样的诉说也填不满的罢。母亲的话更增加了江玫心上的阴影。更何况还有肖素。

红五月里,真是热闹非凡。每天晚上都有晚会。五月五日,是诗歌朗诵会。最后一个朗读节目是艾青的《火把》。江玫担任其中的唐尼。她本来是再也不肯去朗诵诗的,她正好是属于一听朗诵诗就浑身起鸡皮疙瘩的那种人。肖素只问了她两句话:"喜欢这首诗不？""喜欢。""愿意多有一些人知道它不？""愿意。""那好了。你去念罢。"江玫拂不过她,最后还是站到台上来了。她听到自己清越的声音飘在黑压压的人群上,又落在他们心里。她觉得自己就是举着火把游行的唐尼,感觉到了一种完全新的东西、陌生的东西。而肖素正像是指导着唐尼的李茵。她愈念愈激动,脸上泛着红晕。她觉得自己在和上千的人共同呼吸,自己的情感和上千的人一同起落。"黑夜从这里逃遁了,哭泣在遥远的荒原。"那雄壮的齐诵好像是一种无穷的力量,推着她,使她想要奔跑,奔跑——

回到房间里,她对肖素说:"我今天忽然懂得了大伙儿在一起的意思,那就是大家有一样的认识,一样的希望,爱同样的东西,也恨同样的东西。"

肖素直看着她,问道:"你和齐虹有一样的认识,一样的期望么?"

江玫很怪肖素这时提到齐虹,打断了她那些体会,她那双会笑的眼睛严肃起来:"我真不知道怎样告诉你,我和齐虹,照我看,有很多地方,是永远也不会一致的。"

肖素也严肃地说:"本来是不会一致。小鸟儿,你是一个好女孩子,虽然天地窄小,却纯洁善良。齐虹憎恨人,他认为无论什么人彼此都是互相利用。他有的是疯狂的占有的爱,事实上他爱的还是自己。我和他已经同学四年——"

"你怎么能这样说他!我爱他!我告诉你我爱他!"江玫早忘了她和齐虹之间的分歧,觉得有一团火在胸中烧,她斩钉截铁地说,砰的一声关上房门,到走廊里去了。

"回来!回来。"第一声是严厉的,第二声是温柔的。肖素打开房门,看见她站在走廊里,眼睛像星星般亮。"你这礼拜天回家吗?有点事要你做。"

江玫是从不拒绝肖素的任何要求的。她隐约觉得肖素正在为一个伟大的事业做着工作,肖素的生活是和千百万人联系在一起的,非常炽热,似乎连石头也能温暖。她望着肖素,慢慢走了回来。

"什么事?交给我办好了。"

"你不回家么?"

"原来想回去看看。听说面粉已经涨到三百万一袋了。前几天大公报登了几首小诗,有一点稿费,想去送给母亲。"江玫一下子觉得疲倦得要命,坐在椅子上。

肖素本来想说"不食人间烟火的江玫也知道关心物价了",又一想,就没有说。只说:

"这里有几篇壁报稿子,礼拜一要出,你来把它们修改一遍,文字上弄通顺些,抄写清楚。我明天进城,可以把钱送给伯母。"她把稿子递给江玫,关心地看着她,说:"过两天,咱们还要好好谈一谈。"

礼拜天,江玫吃过早饭就坐在桌旁看那些稿子。为什么这些短短的、文字并不怎么通顺的文章这样有说服力?要民主反饥饿,像钟声一样在江玫耳边敲着。参加新诗朗诵会的兴奋心情又升起来了。《火把》中的唐尼的形象仿佛正站在窗帘上。

有人敲门。

"江玫!"是齐虹的声音。

江玫转过头去,正是齐虹站在门口,一脸温柔的笑意,在看着江玫。

"哦!你来了!"

"昨天晚上到你家里去了,伯母说你没有回来。我连家也没有回,就回学校来了。"他走上来握住江玫的手。

一提起齐虹的家,江玫眼前就浮现出富丽堂皇的大厅,老银行家在数着银元,叮叮当当响,这和江玫手上的那些文章很不调和。甚至齐虹,这温文尔雅的齐虹,也和它们很不调和,但江玫看见他,还是很高兴的。

"在干什么?要出壁报么?听说你还朗诵诗?你怎么也参加民主运动了?我的女诗人!"

江玫不太喜欢他那说话的语气,领首要他坐下。

"我是来找你出去玩的。你看天气多么好!转眼就是夏天了。我来接你到'绝域'去做春季大扫除。"

"绝域"是他们两个都喜欢的一个童话"潘彼得"中的神仙领域。他们的爱情就建筑在这些并不存在的童话,终究要萎谢的花朵,要散的云,会缺的月上面。

"今天不行呀,齐虹。"江玫抱歉地说。她抽回了自己的手,理了理放在桌上的稿子。"肖素要我——"

"肖素!又是肖素!你怎么这么听她的话!"齐虹不耐烦地说。

"她的话对么!"

"可是你知道我多么想和你在一起,去听那新生的小蝉的叫唤,去看那新长出来的小小的荷叶——我想要怎样,就要做到!"齐虹脸上温柔的笑意不见了,好像江玫是他的一本书,或者一件仪器。

江玫惊诧地望着他。

"也许,你还会去参加游行罢!你真傻透了!就知道一个肖素!"忿怒的阴云使他的脸变得很凶恶。但他马上又换上一副温和的腔调:

"跟我去罢,我的小姑娘。"

江玫咬着自己的嘴唇,几乎咬出血来。

门外有人叫:"小鸟儿!江玫!快来看看这幅漫画,合适不合适。"

江玫想要出去。齐虹却站在桌前不放她走。江玫绕到桌子这边,齐虹也绕了过来,照旧拦住她。江玫又急又气,怎么推他也推不动,不一会儿,江玫的头发散乱,那红豆发夹落在地上,马上就被齐虹那穿着两色镶皮鞋的脚踩碎了,满地散着黑白两色的小珠。江玫觉得自己整个的灵魂正像那个发夹一样给压碎了。她再没有一点力气,屈辱地伏在桌上哭起来。

齐虹需要的正是这样的哭泣。他捡起那两粒红豆,极其体贴地抚着她的肩:"原谅我,原谅我!我太任性,我只是说不出的要和你在一起,我需要你——"

"别哭了,别哭了,我的小姑娘。"齐虹真的着急起来,"我再也不惹你生气了,再也不——再也不——"

江玫觉得这一切真没意思。她很快就抬起头来,擦干了眼泪。她看出来壁报是编不成了,但她也下定决心不跟他出去。只呆呆地坐着,望着窗外。

"好了,好了,不要生气。我来做个盒子把这两粒红豆装起来罢。做个纪念,以后绝不会再惹你。咱们该把这两粒红豆藏在哪儿?"

以后,这两粒红豆就被装在一个精致的盒子里面,放在耶稣像后面的小洞里了。那小洞是齐虹偶然发现的。江玫睡在床上看见耶稣的像,总觉得他太累,因为他负荷着那么多人世间的痛苦。

这一次争吵以后,齐虹和江玫并不是再也不,而是把争吵、哭泣变成了他们爱情中的一部分。他们每次见面总有一阵风波,有时大有时小,但如有一天不见面,不看到听到对方的音容笑貌,在他们却又是受不了的事。他们的爱情正像鸦片烟一样,使人不幸,而又断绝不了。江玫一天天的消瘦了,苍白了,母亲望着她忍不住哭。齐虹脸上那种漠不关心的神气消失了,换上的是提心吊胆的急躁和忧愁。因为他对人生不信任,他对爱情也不信任,他监视着爱情,监视着幸福,监视着江玫——

就在这个时候,江玫也一天天明白了许多事。她知道少数人剥削多数人的制度该被打倒。她那善良的少女的心,希望大家都过好的生活。而且物价的飞涨正影响着江玫那平静温暖的小天地。母亲存着一些积蓄的那家银行忽然关了门。江玫和母亲一下子变成舅舅的负担了。江玫是决不愿意成为别人的负担的。她渴望着新的生活,新的社会秩序。共产党在她心里,已经成为一盏导向幸福自由的灯,灯光虽还模糊,但毕竟是看得见的了。

也就在这时候,江玫的母亲原有的贫血症愈来愈严重,医生说必须加紧治疗,每天注射肝精针,再拖下去的话,后果不堪设想。但是这一笔医药费用筹办起来谈何容易!舅舅已经是自顾不暇了,难道还去麻烦他?本来和齐虹一提也可以,但是江玫决不愿求他。江玫只自己发愁,夜里直睡不着觉。

肖素很快就看出来江玫有心事。一盘问,江玫就一五一十告诉了她。

"那可不能拖下去。"肖素立刻说,她那白白的脸上的神色总是那样果断。"我输血给她!小鸟儿,你看,我这样胖!"她含笑弯起了手臂。

江玫感动地抱住了她:"不行,肖素。你和我的血型一样,和母亲不一样,不能输血。"

"那怎么办?我们总得想办法去筹一笔款子。"

第三天晚上,肖素兴高采烈地冲进房间。一进来就喊:"江玫!快看!"江玫吃惊地看她,她大笑着,扬起了一叠钞票。

"素!哪里来的?你怎么这样有本事?"江玫也笑了,笑得那样放心。这种笑,是齐虹极想要听而听不到的。

"你别管,明天快拿去给伯母治病吧。"肖素眨眨眼睛,故作神秘的说。

"非要知道不可!不然我不安心!"

"别说了。我要睡觉了。"肖素笑过了,一下子显得很是疲倦。她脱去了朴素的蓝外套,只穿着短袖竹布旗袍,坐在床边上。

江玫上下打量她,忽然看见她的臂弯里贴着一块橡皮膏。江玫过去拉起她的手,看看橡皮膏,又看看她的脸。

"有什么好打量的?"肖素微笑着抽回了手,盖上了被。

"你——抽了血?"

肖素满不在乎的说:"我卖了血。不只我一个人,还有几个伙伴。"

人常常会在一刹那间,也许只是因为一个眼神一个手势,伤透了心,破坏了友谊。人也常常会在一刹那间,也许就因为手臂上的一点针孔,建立了生死不渝的感情。江玫这时什么话也说不出来。她一下子跪在床边,用两只手遮住了脸。

礼拜六,江玫一定要肖素自己送钱去给母亲。肖素答应了和江玫一道回家,江玫也答应了肖素不告诉母亲钱的来源。两人欢欢喜喜回家去了。到了家,江玫才发现母亲已经病倒在床,这几天饭都是舅母那边送过来的。她站在衰老病弱的母亲床边,一阵心酸,眼泪夺眶而出。肖素也拿出了手绢。但她不只是看见这一位母亲躺在床上,她还看见千百万个母亲形销骨立心神破碎地被压倒在地下。

这一晚,两人自己做了面,端在母亲床边一同吃了。母亲因为高兴,精神也好了起来。她吃过了面,笑着问:"我真是病得老了,今天你舅母来,问我有火没有,我听成有狗没有。直告诉她从前咱们养了一只狗,名叫斐斐——"肖素和江玫听了笑得不得了。江玫正笑着,想起了齐虹。她想:这种生活和感情是齐虹永远不会懂的。她也没有一点告诉给他的欲望。

六月,反对美国扶植日本的运动达到了高潮。江玫比以前更关心当前的政治局势。她感到美国正在筹谋着什么坏主意。很明显,扶植压迫中国人民八年之久的日本,在每一个中国人心上都会引起抑止不住的忿怒。

有一天,肖素和江玫坐在窗前,读着当时美驻华大使司徒雷登在报上发表的声明,一面读一面生气。声明中说:"如使日人成为饥饿不安之人民,则日人亦将续为和平之威胁,此种情形适为共产主义所需。如吾人诚意为一般之利益计,必须消灭鼓励共产主义之因素。"这很可以看清楚美国的目的究竟何在了。读完报纸,江玫忿忿地说:

"要不要共产主义,是我们自己的事!"

肖素微笑道:"你知道共产主义是什么?"

江玫坦率地说:"我不知道。不过我想那种生活总不会比现在坏。那时的人,都像你一样——"

肖素又笑道:"现在哪里不够好?你吃着大米饭,穿的花布旗袍,还坏么?"

江玫倚在肖素身上,一面想,一面说:"这个人吃人的社会,不只在物质上,也在精神上。"她出了一会儿神,又说:"肖素,要知道,我是多么寂寞呵。"

肖素抚着她的肩,说:"人生的道路,本来不是平坦的。要和坏人斗争,也要和自己斗争——"以后江玫在最困难的时候,总会想起这几句话。

六月九日,北京学生举行反美扶日大游行,江玫也参加了。

那天早上,窗外还黑得像老鸦的翅膀,江玫就起来收拾医药包,她是救护队的。她看看肖素空了一夜的床,又看看救护包上的红十字,心想肖素这一夜不知忙得怎样了,也许今天就会用这包里的绷带纱布来救护她罢。不知为什么,江玫特别为肖素和几个社团里的同学担心,江玫摸摸碘酒和红药水的药瓶,心中又兴奋,又不安。

"小鸟儿快走呀!"同学在门外叫起来了。

她们跑到操场上,夏天的太阳刚在东柳村那边村庄的屋顶上射出一片红光。肖素正在人丛里,她分明是一夜没有睡,胖胖的面庞有些苍白,但精神还是那样好。她看见江玫和同学们跑来,脸上闪过一个嘉许的微笑:

"江玫!"

"肖素!"江玫悄悄地塞给她一个大苹果,那是齐虹昨天送来的。对于齐虹不断向西楼运来的各式各样的礼物,江玫只偶尔接受一点水果和糖食。

长长的队伍出发了,举着各种标语,沉默地走在郊外的大道上。愈走天愈亮,愈走路愈分明,一个男同学问江玫:"药包重吗?我代你拿。"江玫微笑,说:"一个兵士的枪,能让人家代他背着吗?"那男同学也微笑,看着她穿着白衬衫蓝长裤红背心的雄赳赳的样子,问:"你永远都要做一个兵?"江玫严肃地睁大眼睛,略想了一想,她回答:"是的,永远。"

队伍七点钟就到了西直门,可是城门关了,进不去。人群中有人喊着:"不开城门,决不回校!"有的喊着:"大家冲呵,冲进去!"一时群情激昂,人声嘈杂,那些标语牌子忽高忽低地起伏着。肖素在队伍里跑来跑去叫着:"别嚷!别乱!已经去交涉了。"江玫忽然很希望自己是一个手执拂尘的仙女,用拂尘一指,城门马上便开——自己这样想想,又觉得好笑,还是等肖素他们交涉,肖素比仙女有用得多。

果然到九点钟时,城门开了,队伍涌进城去,正遇到城里几个大学的同学拥在门前迎接他们。"同学们,你好!""兄弟们,你好!"热情的呼声,此起彼落,江玫觉得泪水已冲到了眼睛里,她连忙低下头,看着自己的鞋尖。

游行开始了,大家一步步地走着,一声声地喊着。"反对美国扶植日本!""要自由!""要独立!"口号像炸弹一样在空中炸了开来,路旁有些军警脸上带了惊慌的神色,江玫几乎来不及想喊了什么,只觉得每一步路每一声喊都使大家更接近光明——

队伍走过了西四西单天安门,绕南池子到北京大学的民主广场。走过天安门的时候,江玫望着那雄伟的建筑,心里升起一种怜悯而又惭愧的心情。天安门在不肖的子孙手里,蒙受了多少耻辱。江玫觉得那剥落的红墙也在盼望着:新的社会快点来,让中华民族站起来,让天安门也站起来!

在民主广场举行了群众大会,有几个教授讲演。也许是累了,也许是别的原因,江玫觉得思想很不集中,那种兴奋和激动已经过去了。她惦记着那黄昏笼罩了的初夏的校园,惦记着自己住的西楼,说得更确切些,她是惦记着那在西楼窗下徘徊的那个年轻人。天知道他会急成什么样子,会发多么大的脾气,会做出怎样的事来!她把肩上挎的药包紧了一紧,感觉到一阵头昏。

肖素走过来,低声问:"你不舒服么?"

"没有,一点儿都没有!"江玫连忙振起了精神。自己暗暗责骂自己,在这样的场合,偏会想到他!

　　大队回到学校时,灯光已经缀满校园。江玫回到房间里,两腿再也抬不起来,像是绑上了两块大石头。这时有人敲门,江玫心中一紧,感到一场风暴就要发生了,她靠在床栏杆上,默默地啜着热水。门开了,进来的是老赵。他的眉头皱得打了结,手里拿着一个破碎的糖盒子,往桌上一放说:

　　"哎哟江小姐!可真不得了啦!我活了这么大年纪也没见过脾气这么火暴的人!你们这位齐先生别是用公鸡血喂大的吧?他要死了,准得下冰冻地狱把人镇凉了才行,要不然连阎王殿都给烧啦!"

　　"什么'你们齐先生'!别这么说。他怎么了?你快说呀。"江玫放下了手中的杯子。

　　"今儿个下午他来找您,我说江小姐游行去了。他一听,就把他带来的这盒糖扔到大门外台阶上了,像是扔球似的!盒子破了,糖都滚了出来,我看这盒糖呀,值一袋面的钱,心里怪舍不得,我说,'齐先生,江小姐不在,你给东西留下得了,干嘛发这么大的火呀?'他一听更急了,一张脸煞红煞白,抄起门房的一个茶杯就摔在玻璃窗上,哗啦!你瞧瞧这满地的玻璃碴子!我看他是有点儿疯病!摔完了拔腿就走,还扔在台阶上三百万的票子,那是让我们修玻璃买茶杯?您说是不是?"

　　"别说了。"江玫无力地挥手。"就补块玻璃买个茶杯罢。"

　　"这糖,我看怪可惜了儿的,给您捡了来了。"

　　"你带回家去,那不是我的,我不要。"

　　这时肖素已经进来了,把这一段话都听了去。她一回来就洗脸洗脚,都收拾好了就伏在桌上写什么。而江玫还靠在床栏杆上,一动也不动。

　　肖素停下笔来:"你干什么?小鸟儿!你这样会毁了自己的。看出来了没有?齐虹的灵魂深处是自私残暴和野蛮,干嘛要折磨自己?结束了吧,你那爱情!真的到我们中间来,我们都欢迎你,爱你——"肖素走过来,用两臂围着江玫的肩。

　　"可是,齐虹——"江玫没有完全明白肖素在说什么。

　　"什么齐虹!忘掉他!"肖素几乎是生气地喊了起来,"你是个好孩子,好心肠,又聪明能干,可是这爱情会毒死你!忘掉他!答应我!小鸟儿。"

江玫还从没有想到要忘掉齐虹。他不知怎么就闯入了她的生命,她也永不会知道该如何把他赶出去。她迟钝地说:"忘掉他——忘掉他——我死了,就自然会忘掉。"

肖素真生她的气:"怎么这样说话!好好儿要说到死!我可想活呢,而且要活得有价值!"她说着,颜色有些凄然。

"怎么了?素姐!"细心而体贴的江玫一眼就看出有什么不平常的事。对肖素的关心一下子把自己的痛苦冲了开去。

肖素望着窗外,想了一会儿,说:"危险得很。小鸟儿。我离开你以后,你还是要走我们的路,是不是?千万不要跟着齐虹走,他真会毁了你的。"

"离开我!"江玫一把抱住了肖素。"离开我!为什么!我要跟你在一起!"

"我要毕业了呀,家里要我回湖南去教书。"肖素似真似假地回答。她是湖南人,父亲是个中学教员。

"毕业?"

"是毕业呀。"

可是肖素并没有能毕业,当然也没有回湖南去教书。她去参加毕业考试的最后一项科目,就没有回来。

同学们跑来告诉江玫时,江玫正在为"英国小说选"这一门课写读书报告,读的书是英国女作家艾米莱·勃朗特的《咆哮山庄》。江玫和齐虹常常谈论这本书。齐虹对这本书有那么多精辟的见解,了解得那样透彻,他真该是最懂得人生、最热爱人生的,但是竟不然——

肖素被捕的消息一下子就把江玫从《咆哮山庄》里拉出来了。江玫跳起来夺门而出,不顾那精心写作的读书报告撒得满地。好些同学跟她一起跑出了西楼,一直跑到学校门口,只看见一条笔直的马路,空荡荡的,望不到头。路边的洋槐发散着淡淡的香气。江玫手扶着一棵洋槐树,连声问:"在哪儿?在哪儿?"一个同学痛心地说:"早装上闷子车,这会子到了警察局了。"江玫觉得天旋地转,两腿再没有一点力气,一下子就坐在地上了。大家都拥上来看她,有的同学过来搀扶她。

"你怎么了?"

"打起精神来,江玫!"

大家喊喊喳喳在说着。是谁忿忿的声音特别响:"流血,流泪,逮捕,更教人睁开了眼睛!"

"是呀!"江玫心里说,"逮走一个肖素,会让更多的人都长成肖素。"

江玫弄不清楚人群怎样就散开了,而自己却靠在齐虹的手臂上,缓缓走着。

齐虹对她说:"我们系里那些进步同学嚷嚷着江玫晕倒了,我就明白是为了那肖素的缘故,连忙赶来。"

"对了。你们不是一起考理论物理吗?听说她是在课堂上被抓走的。"江玫这时多么希望谈谈肖素。

"是在考试时被抓走的。你看,干那些民主活动,有什么好下场!你还要跟着她跑!我劝你多少次——"

"什么!你说什么!"江玫叫了起来,她那会笑的眼睛射出了火光。"你!你真是没有心肝!"她把齐虹扶着她的手臂用力一推,自己向宿舍跑去了。跑得那么快,好像后面有什么妖魔鬼怪在追着她。

她好容易跑到自己房间,一下子扑在床上,半天喘不过气来。这时齐虹的手又轻轻放在她肩上了。齐虹非常吃惊,她不懂江玫为什么会发这么大的脾气,他曲着一膝伏在床前说:

"我又惹了你吗?玫!我不过忌妒着肖素罢了,你太关心她了。你把我放在什么地方?我常常恨她,真的,我觉得就是她在分开咱们俩——"

"不是她分开我们,是我们自己的道路不一样。"江玫抽咽着说。

"什么?为什么不一样?我们有些看法不同,我们常常打架,我的脾气,确实不好。不过,那有什么关系,反正我只知道,没有你就不行。我还没有告诉你,玫,我家里因为近来局势紧张,预备搬到美国去,他们要我也到美国去留学。"

"你!到美国去?"江玫猛然坐了起来。

"是的。还有你,玫。我已经和父亲说到了你,虽然你从来都拒绝到我家里去,他们对你都很熟悉。我常给他们看你的相片。"齐虹得意地拿出他随身携带的小皮夹子,那里面装着江玫的一张照片,是齐虹从她家里偷去的。那是江玫十七岁时照的,一双弯弯的充满了笑意的眼睛,还有那深色的嘴唇微微翘起,像是在和谁赌气。"我对他们说,你是一首最美的诗,一只最美的乐曲——"若说起赞美江玫的话来,那是谁也比不上齐虹的。

"不要说了。"江玫辛酸地止住了他。"不管是什么,可不能把你留在你的祖国呵。"

"可是你是要和我一块儿去的,玫,我可以接着念大学,我们要永远在一起,没有任何东西能分开我们。"

"不要说了,不要说了。"这是江玫唯一能说的话。

心上的重压逼得江玫走投无路。她真怕看肖素留下的那张空床,那白被单刺得她眼睛发痛。没有到礼拜六,她就回家去了。那晚正停电,母亲坐在摇曳的烛光下面缝着什么,在阴影里,她显得那样苍老而且衰弱,江玫心里一阵发痛,无声地唤着"心爱的母亲,可怜的母亲",眼泪不由自主地流了下来。

"玫儿!"母亲丢了手中的活计。

"妈妈!肖素被捉走了。"

"她被捉走了?"母亲对女儿的好朋友是熟悉的。她也深深爱着那坦率纯朴的姑娘,但她对这个消息竟有些漠然,她好像没有知觉似的沉默着,坐在阴影里。

"肖素被捉走了。"江玫又重复了一遍。她眼前仿佛看见一个殷红的圆圆的面孔。

"早想得到呵。"母亲喃喃地说。

江玫把手中的书包扔到桌上,跑过来抱住母亲的两腿。"您知道!"

"我不知道但我想得到。"母亲叹了一口气,用她枯瘦的手遮住自己的脸,停了一下,才说:"我一直没有告诉你。我想着,没有父亲的日子,对我的小女儿来说,已经够受的了,怎能再加上别的缘故,让你的日子更沉重。——要知道你的父亲,十五年前,也是这样不明不白地就再没有回来。他从来也没有害过什么肠炎胃炎,只是那些人说他思想有毛病。他脾气倔,不会应酬人,还有些别的什么道理,我不懂,说不明白。他反正没有杀人放火,可我们就这样糊里糊涂地再也看不见他了——"母亲说着,失声痛哭起来。

原来父亲并不是死于什么肠炎!无怪母亲常常说不该有一个人屈死。屈死!父亲正是屈死的!江玫几乎要叫出来。她也放声哭了,母亲抚着她的头,眼泪浇湿了她的头发……

从父亲死后,江玫只看见母亲无言流泪,还从没有看见她这样激动过。衰弱的母亲,心底埋藏了多少悲痛和仇恨!江玫觉得母亲的眼泪滴落在她头上,这眼泪使得她平静下来了。是的,难道还该要这屈死人的社会么?徬徨挣扎的痛苦离开了她,仿佛有一种大力量支持着她走自己选择的路。她把母亲粗糙的手搁在自己被泪水浸湿的脸颊上,低声唤着:"父亲——我的父亲——"

门轻轻开了,烛光把齐虹的修长的影子投在墙上,母亲吃惊地转过头去。江玫知道是齐虹,仍埋着头不做声。齐虹应酬地唤了一声"伯母",便对江玫说:

"你怎么今天回家来了?我到处找你找不着。"

江玫没有理他,抬头告诉母亲:"他要到美国去。"

"是要和江玫一块儿去,伯母。"齐虹抢着加了一句。

"孩子,你会去吗?"母亲用颤抖的手摸着女儿的头。

"您说呢?妈妈!"江玫抱住母亲的双膝,抬起了满是泪痕的脸。

"我放心你。"

"您同意她去了?伯母?"人总是照自己所期待的那样理解别人的话,齐虹惊喜万分地走过来。

"母亲放心我自己做决定。她知道我不会去。"江玫站起来,直望着齐虹那张清秀的象牙色的脸。齐虹浑身上下都滴着水,好像他是游过一条大河来到她家似的。

可是齐虹自己一点不觉得淋湿了,他只看见江玫满脸泪痕,连忙拿出手帕来给她擦,一面说:"咱们别再闹别扭了,玫,老打架,有什么意思?"

"是下雨了吗?"母亲包起她的活计,"你们商量罢,玫儿,记住你的父亲。"

"我不知道下雨了没有。"齐虹心不在焉地回答,他没有看见江玫的母亲已经走出房去,他的眼睛一刻都没有离开江玫。

江玫呆呆地瞪着他,尽他拭去了脸上的泪,叹了一口气,说:"看来竟不能不分手了。我们的爱情还没有能让我们舍弃自己的一生。"

"我们一定会过得非常舒适而且快活——为什么提到舍弃,为什么提到分手?"齐虹狂热地吻着他最熟悉的那有着粉红色指甲的小手。

"那你留下来!"江玫还是呆呆地看着他。

"我留下来?我的小姑娘,要我跟着你满街贴标语,到处去游行么?我们是特殊的人,难道要我丢了我的物理、音乐,我的生活方式,跟着什么群众瞎跑一气,扔开智慧,去找愚蠢!傻心眼的小姑娘,你还根本不懂生活,你再长大一点,就不会这样天真了。"

"傻心眼?人总还是傻点好!"

"你一定得跟我走!"

"跟你走,什么都扔了。扔开我的祖国,我的道路,扔开我的母亲,还扔开我的父亲!"江玫的声音细若游丝,她自己都听不见自己在说什么。说到父亲两字,她的声音猛然大起来,自己也吃了一惊。

"可是你有我。玫!"齐虹用责备的语气说。他看见江玫眼睛里闪耀一种亮得奇怪的火光,不觉放松了江玫的手。紧接着一阵遏止不住的渴望和激怒,使他抓住了江玫的肩膀。他压低了声音,一字一字的说:"我恨不得杀了你,把你装在棺材里带走。"

江玫回答说:"我宁愿听说你死了,不愿知道你活得不像个人。"

风呼啸着,雨滴急速地落着。疾风骤雨,一阵比一阵紧,忽然哗啦一声响,是什么东西摔碎了。齐虹把江玫搂在胸前,借着闪电的惨白的光辉,看见窗外阶上的夹竹桃被风刮到了阶下。江玫心里又是一阵疼痛,她觉得自己的爱情,正像那粉碎了的花盆一样,像那被吹落的花朵一样,永远不能再重新完整起来,永远不能再重新开在枝头。

　　这种爱情,就像碎玻璃一样割着人。齐虹和江玫,虽然都把话说得那样决绝,却还是形影相随。花池畔,树林中,不断地增添着他们新的足迹。他们也还是不断地争吵,流泪。——

　　十月里东北局势紧张,解放军排山倒海地压来,解放了好几个城市。当时蒋介石提出的方针是:"维持东北,确保华北,肃清华中。"虽然对华北是确保,但华北的"贵人"们还是纷纷南迁。齐虹的家在秋初就全部飞南京转沪赴美了,只有齐虹一个人留在北京。他告诉家里说论文还有点尾巴没写好,拿不到毕业文凭,而实际上,他还在等着江玫回心转意。他根本不相信江玫可能不跟他走。他,齐虹,这样的齐虹,又在发疯地爱着的齐虹!在那执拗的江玫面前,他不只一次想,若真能把她包扎起来带走该有多好!他脸上的神色愈来愈焦愁,紧张,眼神透露着一种凶恶。这些都常在黑夜里震荡着江玫的梦。

　　江玫的梦现在已不是那种透明的、颜色非常鲜亮的少女的梦了。局势的变化,肖素的被捕,齐虹的爱,以及她自己的复杂的感情,使她多懂了许多事。在抗议"七五"事件(国民党屠杀东北来的青年学生)的游行里,她已经不再当救护队,而打着"反剿民,要活命,要请愿"的大标语走在队伍的前列了。她领头喊着"为死者伸冤,为生者请命"的口号,她奇怪自己的声音竟会这样响。她想到,在死者里面有她的父亲;在生者里面有母亲、肖素和她自己。她渴望着把青春贡献给了整个人类解放的事业,她渴望着生活来一次翻天覆地的变动。

　　后来据肖素说(肖素在解放后出狱,在广播电台做播音员,向全世界广播北京的声音。)那时的地下组织原打算发展江玫参加地下民主青年联盟的,只是她和齐虹的感情,让人闹不清她究竟爱什么,憎恶什么,就搁下来了。江玫听说这话,只轻轻叹了口气。

　　一九四八年冬天,北京已经到了解放前夕。城里流传着这样的民谣:"家家挂红灯,迎接毛泽东。"最沉得住气的反动官员们、大亨们都纷纷逃走了。齐虹家里几乎是一天一封电报催他走,并且代他订了飞机座位。那时江玫的中心工作是和同学们一起讨论怎样应"变",宣传护校。她为即将来到的解放,感到兴奋,好像等待着一件期待已久的亲人的礼物,满怀着感情,幻想解放后的日子。而同时,她和齐虹那注定了的无可挽回的分别啃咬着她的心。她觉得自己的心一面在开着花,同时又在萎缩。

　　一天,齐虹进城去了,直到晚上还没有露面。江玫坐在图书馆里,一页书也没有看,进来一个人她就抬头,可是直到电灯开了,齐虹还是不见。她忽然想,很可能他已经走了。走了,永远再也见不到他了。可是江玫一定还要再看他一眼,最后一眼!"齐虹!齐虹!"江玫几乎要叫出来,叫得全图书馆都听见。她连忙紧咬着嘴唇,快步走出了图书馆。

　　那是那一年冬天的第一个下雪天。路上的雪还没有上冻,灯光照在雪花上,闪闪刺人的眼。江玫一直向北楼走去,她想看一看那正对着一棵白杨树梢的窗子,有没有灯光。那个房间她从没有去过,可是那窗口她却十分熟悉。齐虹常对她讲窗口的白杨树叶的沙沙声怎样伴着他度过多少不眠的夜。透过飞舞着的迷乱的雪花,她一下子就找到那棵白杨树,而那白杨树梢的窗口,漆黑一片,没有灯光。

　　江玫的心沉了下去。她两腿发软,站在北楼前,一动不动。

　　也许他从城里回来太累,已经去睡了?也许他还没有回来?江玫快步走进了北楼,走到齐虹的房间,她敲门又推门,门是锁着的。

　　"难道再见不着他了!真见不着他了!"江玫走出北楼,心里在大声哭泣。她完全没有看见新诗社的一个同学从她身边走过,也没有听见人家在唤着"小鸟儿"。

　　好容易走到西楼,江玫真是一点力气都没有了。她想找个地方靠一靠再上楼,一眼看见自己房间里有灯光。那房间,自从肖素被抓去以后,是那样空,那样冷,晚上进去总是黑洞洞的。这时竟点着灯,这灯光温暖了江玫,她三步两步跑上去,在门外就叫着"虹!"

　　果然是齐虹在房间里等她,满脸的焦急使他看上去苍老了许多。他一看见江玫,连忙迎上来握着她的手,疲倦地、也多少有些安心地说:"你到底回来了!我以为我再也见不着你了。"

　　江玫没有回答。她怕自己会把刚才那一番焦急向他倾吐,会让他明白她多离不开他。而他却就要走了,永远地走了。

"明天一早的飞机,今晚就要去机场。"齐虹焦躁地说,"一切都已经定了,怎么样?咱们就得分别么?"

"分别?——永远不能再见你——"江玫看着那耶稣受难的像,她仿佛看见那像后的两粒红豆。

"完全可以不分别,永不分别!玫!只要你说一声同我一道走,我的小姑娘。"

"不行。"

"不行!你就不能为我牺牲一点!你说过只愿意跟我在一起!"

"你自己呢?"江玫的目光这样说。

"我么!我走的路是对的。我绝不能忍受看见我爱的人去过那种什么'人民'的生活!你该跟着我!你知道么!我从来没有这样求过人!玫!你听我说!"

"不行。"

"真的不行么?你就像看见一个临死的人而不肯去救他一样,可他一死去就再也不会活转来了。再也不会活了!走开的人永远也不会再回来。你会后悔的,玫!我的玫!"他用力摇着江玫的肩。

"我不后悔。"

齐虹看着她的眼睛,还是那亮得奇怪的火光。他叹了一口气,"好,那么,送我下楼罢。"

江玫温柔地代他系好围巾,拉好了大衣领子,一言不发,送他下楼。纷飞的雪花在无边的夜里飘荡,夜,是那样静,那样静。他们一出楼门,马上开过来一辆小汽车。从车里跳出一个魁梧的司机。齐虹对司机摇摇手,把江玫领到路灯下,看着她,摇头,说:"我原来预备抢你走的。你知道么?你看,我预备了车,飞机票也买好了。不过,我看了出来,那样做,你会恨我一辈子。你会的,不是么?"他拿出一张飞机票,也许他还希望江玫会忽然同意跟他走,迟疑了一下,然后把它撕成几瓣。碎纸片混在飞舞的雪花中,不见了。"再见!我的玫。我的女诗人!我的女革命家!"他最后几句话,语气非常尖刻。江玫看见他的脸因为痛苦而变了形,他的眼睛红肿,嘴唇出血,脸上充满了烦躁和不安。江玫忽然想起,第一次看见他时,他脸上那种漠不关心,什么都看不见的神气。

　　江玫想说点什么，但说不出来，好像有千把刀子插在喉头。她心里想："我要撑过这一分钟，无论如何要撑过这一分钟。"她觉得齐虹冰凉的嘴唇落在她的额上，然后汽车响了起来。周围只剩了一片白，天旋地转的白，淹没了一切的白——

　　她最后对齐虹说的一句话就是"我不后悔"。

　　江玫果然没有后悔。那时称她革命家是一种讽刺，这时她已经真的成长为一个好的党的工作者了。解放后又渐渐健康起来的母亲骄傲地对人说："她父亲有这样一个女儿，死得也不算冤了。"

　　雪还在下着。江玫手里握着的红豆已经被泪水滴湿了。

　　"江玫！小鸟儿！"老赵在外面喊着。"有多少人来看你啦！史书记，老马，郑先生，王同志，还有小耗子——"

　　一阵笑语声打断了老赵不伦不类的通报。江玫刚流过泪的眼睛早已又充满了笑意。她把红豆和盒子放在一旁，从床边站了起来。

一九五六年十二月
——原载《人民文学》一九五七年第七期
（选自《中国新文学大系 1949—1976·短篇小说卷一》，
上海文艺出版社 1997 年版）

"此物最相思"

——《红豆》评析

黄济华

短篇小说《红豆》是女作家宗璞(原名冯钟璞,1928—)的成名作。最初发表于《人民文学》1957年7月的"革新特大号"上。该期的"编后记"写道:"我们这个时代最富有朝气的青年们,在各方面都不甘于沉寂和畏缩,在文学战线上也如是。'鸣'、'放'同样鼓舞了新生力量,有不少人写出了比较好的作品。本期所刊载李国文的《改选》、宗璞的《红豆》,都是新人的作品,希望前辈作家和批评家们更多地关怀他们的创作。"还说,"这一期的所谓革新,实际上应该说是一种探索的表现",并认为这些作品"体现了风格、题材及表现手法上多样化的特点"。显然,这个"革新特大号"是1956年以来实行"百花齐放,百家争鸣"方针的产物。

20世纪50年代前期,因为《我们夫妇之间》和《洼地上的"战役"》等涉及夫妇、爱情的作品连连遭受批判,一般作家就不敢再写什么"家务事"、"儿女情"了。1956年提出"百花齐放,百家争鸣"后,文艺创作开始活跃起来,出现了一些以爱情为题材或涉及爱情的短篇小说,如邓友梅的《在悬崖上》、陆文夫的《小巷深处》等。宗璞的《红豆》是其中较有影响的一篇。

作者以"红豆"为线索,通过倒叙,用细腻而简洁的文笔,写女主人公江玫追怀她与清华大学同学齐虹在全国解放前夕的一段刻骨铭心的恋情。他们曾经一见钟情并热恋,但由于政治的分歧而不得不分手。齐虹去了美国,江玫拒绝去美而投入学生民主运动。六年后,她终于"成长为一个好的党的工作者",又回到母校工作,恰巧又住进学生时代所住的那间宿舍,那当年留下的两粒红豆连同有象牙托的黑丝绒盒子,还完好地保存在耶稣像后的墙洞内。江玫触景生情,睹物思人,引起了对那段从初识到热恋终于不得不分手的恋情的追忆。

《红豆》的核心是写爱情和革命的矛盾及主人公是如何处理这一矛盾的。江玫和齐虹都对对方一见钟情。由于互相欣赏和共同的兴趣爱好,他们迅速进入热恋,互相都成了对方心中的唯一。但这时正是解放前夕,他们面临着人生重大抉择。1948年冬天,北平解放前夕,城里流传着"家家挂红灯,迎接毛泽东"的民谣时,"最沉得住气的反动官员们、大亨们都纷纷逃走了"。银行家子弟齐虹要随家人去美国留学,并决心带江玫一起去;已投入学生运动、一心迎接解放和新中国的江玫,则要求齐虹留在祖国。最后是,一个坚决要去美国而不愿留下;一个则坚拒去美而继续从事革命工作,迎接"即将到来的解放"。

但没有想到,六年后,那两颗象征爱情的"红豆"又勾起了江玫对那段刻骨铭心的爱情的掺着泪水的追忆与思恋。

如果在江玫的心目中,齐虹真是如后来有的批评者所说,是"一个连祖国也不要的叛徒"(但绝不能说,新中国成立前夕离开中国大陆前往西方国家的都是"不要祖国的叛徒"),或者是一个纨绔子弟,那也容易割舍。何况如果真是那样,江玫也绝不会爱上他的,何来那场热恋?

但事实是,在小说中,作者写的是一个来自现实生活中活生生的齐虹,在江玫的心目中,他确有可爱之处。他学物理,却弹得一手好钢琴。他第一次给江玫示范弹钢琴时,"神采飞扬,目光清澈"。他送江玫回家,一路上谈着音乐。他说:"我真喜欢贝多芬,他真伟大,丰富,又那样朴实,每一个音符上都充满了诗意。""物理和音乐能把我带到一个真正的世界去,科学的、美的世界,不像咱们活着的这个世界,这样空虚,这样紊乱,这样丑恶!"江玫说她喜欢肖邦,齐虹说:"我也喜欢,那甜蜜的忧愁——"江玫真想就这样一路上"和齐虹无止境地谈着贝多芬和肖邦,谈着苏东坡和李商隐,谈着济慈和勃朗宁"。而齐虹对勃朗宁的《呼啸山庄》,也"有那么多精辟的见解,了解得那样透彻"。江玫虽然也"隐约觉得,在某些方面,她和齐虹的看法永远也不会一致。可是她并没有去多想这个,她只喜欢和他在一起,遏止不住地愿意和他在一起"。他们第一次游颐和园,齐虹借机抱住江玫,说"小姑娘,你是我的"。江玫由衷地回答"我是你的"。她"觉得世界上什么都不存在了。她靠在齐虹胸前,觉得这样撼人的幸福渗透了他们,在她心灵深处汹涌起伏着潮水似的柔情,把她和齐虹一起融化"。她甚至觉得"这温文尔雅的齐虹",和她想象中的他的银行家的家庭设施与气氛也"很不调和"。一次,肖素说齐虹怎么不好,江玫听了立即生气而且理直气壮地说:"你怎么能这样说他!我爱他!我告诉你我爱他!"

根据作者的描写,齐虹是一个颇有文化教养的大学生,"温文尔雅",颇有风度。他也不满自己生活的现实社会的"空虚"、"紊乱"和"丑恶"。他对一眼看中的意中人江玫穷追不舍,认定江玫是他的唯一,要和他永远在一起。他对江玫和肖素参加的民主学生运动很反感,但他并未参与阻扰、破坏,并非像后来的批判者所说的那样"极端仇视人民革命"。肖素说"齐虹的灵魂深处是自私残暴和野蛮"并不恰当。如果真是如此,他完全可以按原来的打算,和那魁梧的司机一起,把江玫带到机场,一起登上飞往美国的飞机。但他没有这样做,而是把那张飞机票撕成几片撒在飞舞的雪花中,最后说出"再见,我的玫,我的女诗人!我的女革命家!"作者写道:"江玫看见他的脸因为痛苦而变了形,他的眼睛红肿,嘴唇出血,脸上充满了烦躁和不安。"终于,齐虹忍痛向江玫吻别。作者就是这样通过江玫的眼光,对齐虹语言、动作和肖像的细致而简洁的描写,生动地写活了此时此刻的齐虹。他对江玫是多么地不舍,"他的脸因为痛苦而变了形","眼睛红肿",可见连日没有睡好,"嘴唇出血",可见强忍着多么大的痛苦。

认真说来,读者倒有理由认为,作者写齐虹性子非常火爆,写他那次找江玫时得知江玫游行去了,就在门房大发脾气,不仅扔掉了准备送给江玫的盒糖,甚至抄起门房的茶杯往玻璃窗上摔,最后把三百万的票子扔台阶上——这样的描写难道与那样深爱贝多芬和肖邦,那样深爱中外古典文学,"温文尔雅"的齐虹相协调吗?

也许,这是作者当时创造这个人物时某种内心矛盾的反映,怕把他写好了,给人留下"美化银行家少爷"的话柄。但即使如此,还是招来了"极力美化齐虹"的批评——不仅是"美化",而且是"极力美化"。

其实,恰如其分地写出作者心中真正的齐虹,最后只因政治分歧导致一对恋人不能不分手,各走各的路,江玫为了革命而忍痛割舍了爱情,更能表达作者设定的主题。

江玫为什么那样掺着泪水追忆那段恋情?因为对她来说,这实在是太刻骨铭心了。我们可以说,江玫自从忍痛下决心"撑过这一分钟",终于对齐虹说出"我不后悔"的话以后,六年来,在她的心中,还没有第二个人能取代齐虹的地位。所以,作者以"此物最相思"的红豆作小说的标题,自有深意。

但是,"反右斗争"开始以后,青年作家发表的优秀作品如《红豆》等遭到批判。《红豆》与同期发表的李国文的《改选》、丰村的《美丽》等作品都被打成"毒草"。在当时大反"右派"、乱抓辫子、胡扣帽子、横打棍子的空气下,有人批评"《红豆》也是一株莠草,受了党的六年教育的女主人公江玫在回忆她过去的那个极端仇视人民革命,在解放前夕仓皇逃往美国的贵族大学生的时候,是多么惋惜,怅惘和悲痛"。有人指责作者把"江玫这样一个彻头彻尾的爱情至上的个人主义者","歌颂为'健康的'党的工作者",同时又"在具体的描写中极力美化齐虹的形象"。《红豆》就这样被批判的声浪淹没了。直到改革开放以后,《红豆》才和当年一批被批判的作品一样,得以摘掉"毒草"的帽子,恢复"鲜花"的名誉,被收入《重放的鲜花》由上海文艺出版社出版。当年那种粗暴的批评,随着岁月的推移、社会的变革,都不值一驳了。

复习思考题

1. 当年一篇新人的佳作,为什么突然成了"毒草",二十年后又成了"重放的鲜花"?
2. 齐虹是怎样一个人物?作者是怎样描写他的?

壮阔的农民革命的历史画卷

——《红旗谱》评析

李逸涛

《红旗谱》是新中国成立以来优秀的长篇小说之一。它以宏阔深邃的历史内容、丰满鲜活的艺术形象和浓郁的民族风格赢得了读者的喜爱。作者梁斌因此确立了在中国当代文学史上的地位。

1931年,梁斌参加了保定二师学潮的护校运动。1932年著名的高蠡农民暴动,对他的生活与创作影响很大。1935年,他以高蠡暴动为题材,写出第一篇短篇小说《夜之交流》。1942年又以同样题材写了短篇小说《三个布尔什维克的爸爸》,次年扩充为中篇小说《父亲》,后改编为五幕剧《千里堤》。这一切,为《红旗谱》的创作作了充分的准备。从1953年起,梁斌着手创作《红旗谱》。经过反复酝酿、构思、修改,1957年出版了《红旗谱》第一部,1963年出版了第二部《播火记》,1983年出版了第三部《烽烟图》。

《红旗谱》在广阔的历史背景上,以冀中平原锁井镇柳林村朱、严两家三代人与地主冯兰池一家两代人的矛盾为主线,生动地描绘了从第二次国内革命战争到"九一八"事变前后,我国北方农民在中国共产党领导下与地主阶级和反动统治者进行生死搏斗的壮阔画卷,真实地反映了中国农民从自发反抗到有组织斗争的曲折历程。

作品围绕地主砸钟占田与农民护钟保田的尖锐冲突展开情节,引发出朱老巩大闹柳树林、严老祥手执大斧挺身抗恶的壮举,揭开了气吞山河的斗争序幕。尽管由于时代的局限,斗争归于失败,却强烈地摇撼着地主阶级的反动统治,在穷苦农民的心底埋下了复仇的火种。25年后,从关东归来的朱老忠以及严志和等,力图改变父辈赤膊上阵的做法,与地主展开了韧性的战斗。但是,在没有找到正确道路以前,他们仍然不能摆脱父辈的悲惨命运。朱老明串连28家穷人三告冯兰池的失败和朱老忠幻想的破灭,说明自发反抗的道路是行不通的。在运涛、江涛等第三代农民身上,先辈的血液与无产阶级的血液交融在一起,思想面貌发生了根本性变化。党领导的反割头税运动的胜利,开创了农民革命的新局面,朱老忠和他的伙伴们终于认定共产党这座"靠山",加入了党的行列。作品后半部转入对以保定二师学潮为中心的城市革命的描写。农民与知识分子并肩战斗,经受了锻炼和考验。斗争虽然失败了,但朱老忠们将以新的战斗去迎接即将在冀中平原上掀起的更为壮阔的革命风暴。整部作品正是通过对三代农民不同的生活道路的描写,艺术地概括了民主革命阶段中国农民的苦难史、斗争史和革命史,热情地歌颂了中国人民不屈不挠的革命精神和中国共产党的伟大领导。

《红旗谱》的艺术成就,首先表现在塑造了三代农民的英雄形象系列,其中,朱老忠的形象刻画得最为成功,最具艺术光彩。

强烈的阶级爱憎、顽强的反抗意志和韧性战斗的精神,是朱老忠性格的核心。地主冯兰池的残忍歹毒,父亲朱老巩大闹柳树林的壮举和家庭的悲惨遭遇,使朱老忠的心中始终燃烧着复仇的烈火。只身闯荡关外期间,每当想起血仇未报,心就"一剜一剜地痛"。生活的磨炼,父辈血染柳树林的现实,使他具有更为广阔的胸襟,更懂得斗争的策略。"大丈夫报仇,十年不晚","出水才看两腿泥",集中地表现出他的坚韧顽强、深谋远虑和必胜的信念。作品中的脯红鸟事件、送大贵当兵、前往济南探监等情节,凸现出朱老忠的这种性格。豪爽仗义,"为朋友两肋插刀",是朱老忠性格的另一显著特征。他重团结,讲义气,患难相顾,舍己为人,只要朋友有难,他便挺身而出,鼎力相助。听说朱老明为同地主打官司气瞎了双眼,孤苦伶仃,他立即慷慨解囊,掏出10块血汗钱给朱老明治病用;为了资助江涛上学,帮助严志和操持老奶奶的丧事,他卖掉心爱的小牛犊;运涛被捕入狱,他冒着风险徒步去济南探监。此外,作品还写了朱老忠对晚辈及子女的关怀和体贴,表现出他的热情豁达和人情味。

朱老忠的性格中凝聚着中国农民的美好品质,但也明显地带有旧时代农民的局限。作品通过几个典型事件,深入地揭示了朱老忠思想性格的发展过程。朱老忠走南闯北,增长了见识和才干,立志完成"一文一武"的复仇计划;但在没有找到正确的斗争道路之前,仍未超出个人抗争的范围。后来参加了党领导的革命斗争,经受了锻炼,他才把个人报仇雪恨的夙愿同整个阶级的解放结合起来,从自发反抗发展为有组织、有领导的群众斗争。到反割头税运动时,他明确认识到:"没有共产党的领导,要想打倒冯兰池,是万万不能的。"这是朱老忠思想发展的一个飞跃。在保定二师学潮中,他积极配合学生运动,出生入死,救助战友;江涛被捕后,他热情鼓励严志和看清前途,坚定信心;二师学潮失败,他毫不悲观,而是"憧憬着一个伟大的理想",去迎接更壮阔的革命风暴。这些描写充分表现出朱老忠作为共产主义战士的坚定信念和革命乐观主义精神。在他身上,不仅继承了中华民族的优秀品质、古代英雄豪杰的性格,而且熔铸了新时代无产阶级的特质。朱老忠的形象是一个兼具民族性、时代性和革命性的农民英雄的典型形象。

作品还成功地塑造了严志和的形象。在这个善良朴实,性格木讷,"扎一锥子不流血"的本分农民身上,同样流动着父辈反抗的血液。但残酷的现实压得他抬不起头来,只求守住那二亩"宝地","低着脑袋过日子"。特别是接踵而至的运涛、江涛入狱,老奶奶猝死,"宝地"丢失,使他苦闷、迟疑,心里"像铅块一样,又凉又硬"。然而,党的教育、朱老忠的鼓励、儿子的榜样,使他的阶级觉悟不断提高。作品细腻地写出了他的性格的复杂性。反割头税斗争的胜利,增强了他对生活的信心和勇气;二师学潮的失败,又使他一度陷入失望和彷徨,并且险些走向自毁的道路。他是在不断摆脱沉重的精神负担的过程中坚实地前进的。严志和的形象,真实地反映了大多数农民在动荡的革命年代的思想历程和行动轨迹,具有深刻的典型意义。

作品中的青年一代人物形象,也写得颇具特色。其中,有沉着稳重、有勇有谋的江涛和积极热情但又有些莽撞急躁的张嘉庆,有坚毅沉静、聪敏多思的运涛和朴实爽快、敢作敢为的大贵,有开朗端庄、矢志不移的春兰和对革命及爱情忠贞不二的严萍。作品通过人物性格的对比,使人物的共性和个性得到了较好的统一。

作者对冯兰池、冯贵堂两代地主形象的描写,力求在写出他们的反动本性的同时,写出他们的不同个性。冯兰池继承了历代地主阶级的衣钵,凶狠、毒辣、贪婪、保守。他认为,最好的剥削农民的手段是收租、买地,不断扩大势力范围,最好的统治农民的手段是残酷镇压。朱老忠一回到锁井镇,他便惶惶不安,恶狠地说:"剪草不除根,又带回两只虎犊儿,唔!老虎,简直是三只老虎。"脯红鸟事件、抓大贵当兵、勒索割头税、镇压革命运动等行动,充分表现出他的反动本质。冯贵堂上过大学,学过法律,是一个带有资本主义色彩的新式地主。他主张对农民"要行'人道',多施小惠",并且采用开店铺、建油坊等资本主义的一套剥削方式。但在革命运动兴起时,他又主张用"迅雷不及掩耳,快刀斩乱麻"的手段去镇压,认为"一切'怀柔'政策都是错误的",暴露出他的狰狞面目。作品将两代地主对比起来写,表现出封建主义与资本主义的合流,从一个方面反映了民主革命的性质、特点和复杂性。

《红旗谱》的另一艺术成就是对文学的民族风格的追求和创造。这首先表现在对主题的开掘上,着眼于民族性格、民族精神的描写。作者说:"一部具有民族气魄的小说,首先是小说的主题思想。"[1]作品所反映的30年代冀中平原农民与地主的斗争,无论是内容与形式还是兴起与发展,都明显地体现出中国革命的历史特点和民族特点。作者笔下的各类人物,人物之间错综复杂的矛盾冲突,都植根于民族生活的土壤中,呈现出浓郁的民族色彩。尤其在朱老巩、朱老忠、江涛等三代农民身上,既蕴含着"燕赵多慷慨悲歌之士"的传统因素,具有中华民族的气质、情感和精神面貌,又闪现出新时代的光辉。其次,是以富于浓郁的地方色彩的描写加强作品的民族风格。作者认为:"一本书深入地反映了一个地区的人民生活,地方色彩(当然不仅仅是地方色彩)浓厚了,民族风格、民族气魄就容易形成。"[2]作品将冀中平原的革命斗争生活与当地的生活习俗、自然风光结合起来写,如榜地、捕鸟、架锅杀猪、安机织布、过除夕、逛庙会等,透露出特有的地方风味和时代气息。

---

[1] 梁斌:《漫谈〈红旗谱〉的创作》,《人民文学》1959 年第 6 期。
[2] 梁斌:《漫谈〈红旗谱〉的创作》,《人民文学》1959 年第 6 期。

《红旗谱》在艺术形式和手法上显示出民族风格。作者注意继承中国古典小说的艺术传统和借鉴西方小说的艺术手段，创造了一种"比西洋小说写法略粗一些，但比中国的一般小说要细一些"①的艺术格局。在结构上，作品采用相对集中的短章结构组织故事、安排人物。以朱老巩大闹柳树林为楔子，引出全书的主线，进而围绕这条主线集中描写了反割头税运动、保定二师学潮两大事件，其中又穿插了许多支线，使全书故事连贯，主干突出，层次分明，波澜起伏。这样的结构布局，比外国小说的多线交错的结构形式单纯，比中国古典小说的单线结构形式丰富。在人物刻画上，作品偏重于传统的通过人物的行动和对话来表现人物性格的写法，同时又适当吸收了西方小说技法之长，有意识地加强了人物的心理描写，如对朱老忠在回家路上和在保定火车站与严志和相见时的心理描写，就十分精彩。

语言问题是民族形式与风格的重要问题。《红旗谱》的民族风格在很大程度上表现在语言的民族化、大众化、乡土化上。作品将文学语言与提炼过的北方农民语言融为一体，形成了一种朴实、精炼、生动、深厚的语言风格。其叙述语言干净利落、音律铿锵，如"平地一声雷，震动锁井镇一带四十八村：'狠心的恶霸冯兰池，他要砸掉古钟了！'"等等。作品中人物的语言个性化、口语化，如朱老忠说："这天塌下来，我朱老忠接着。朱老忠穷了一辈子，可是志气了一辈子。没有别的，咱为老朋友两肋插刀！有朱老忠的脑袋，就有你的脑袋。"这掷地有声的话语，只有铮铮铁骨的硬汉才说得出来。

复习思考题

1. 《红旗谱》在哪些方面表现出浓郁的民族风格？
2. 试析朱老忠的形象。

---

① 梁斌：《漫谈〈红旗谱〉的创作》，《人民文学》1959 年第 6 期。

燃情岁月的青春记忆

——《青春之歌》评析

王庆生

《青春之歌》是 20 世纪 50 年代后期出版的长篇小说,这部带有自叙传性质的作品是中国当代文学史上第一部描写青年知识分子和爱国学生运动的长篇小说。作者杨沫,1914 年出生于北平,父亲是清末举人,曾任大学校长。杨沫童年时遭受后母虐待,因反抗封建包办婚姻、争取个性解放离家出走,先后在河北香河县、定县等地当小学教员、书店店员和家庭教师,1933 年接近地下党。全面抗战开始后,在冀中参加抗日根据地工作。这段生活经历为杨沫的创作提供了坚实的基础。她在 1958 年出版的《青春之歌·后记》中说:"我的整个幼年和青年一段时间,曾经生活在黑暗社会中,受尽了压榨、迫害和失学失业的痛苦,正当我走投无路的时候,是党拯救了我,使我在绝望中看到了光明,是党给了我一个真正的生命,使我有勇气和力量度过了长期的残酷的战争岁月,而终于成为革命队伍中的一员……这刻骨铭心的感念,就成为这部小说的基础。"她在《自白——我的日记》等文中说:这部传奇式小说,是"我的经历、生活,斗争组织成的一篇东西"。① "林道静革命前的生活经历基本上是我的经历,她革命后的经历,是概括了许多革命者的共同经历。"② 《青春之歌》出版后,杨沫又于 1986 年、1989 年出版了《芳菲之歌》、《英华之歌》,三部作品合称"青春三部曲。"

《青春之歌》以 1931 年"九·一八"事变到 1935 年"一二·九"运动为背景,书写了一代青年知识分子在严酷的考验下的成长和觉醒,谱

---

① 杨沫:《自白——我的日记》,第 116 页,花城出版社 1985 年出版。
② 杨沫:《什么力量鼓舞我写〈青春之歌〉》,《中国青年报》1958 年 5 月 3 日。

写了一曲激越的青春之歌。小说的独特之处在于成功地刻划了林道静这一人物形象。

作为小说的主人公,林道静的出场格外引人注目:一列从北平向东开行的列车正驰行在广阔、碧绿的原野上,列车运行不久,人们的视线集中到一个小小的行李卷上,"那上面插着用漂亮的白绸子包起来的南胡、箫、笛旁边还放着整洁的琵琶、月琴、竹笙,……这是贩卖乐器的吗?旅客们注意起这行李的主人来。不是商人,却是一个十七八岁的女学生,寂寞地守着这些幽雅的玩艺儿"。这位穿着白旗袍、白线袜、白运动鞋,手里捏着一条素白的手绢——浑身上下全是白的女学生,就是林道静。她的异常打扮、异常行止、异常神态,引起人们的关注和议论,小说也由此展开了人物多舛的命运。围绕着林道静的成长,小说将革命叙事和爱情叙事结合在一起,以革命叙事为主导,革命叙事与爱情叙事交织纠结,交叉演进,为我们叙写了一代知识分子在风云变幻的时代大潮中,从苦闷彷徨到觉醒,从个人反抗到融入集体、融入时代、参加革命的思想历程和情感历程。

从20世纪30年代知识分子参加革命的历程来看,林道静的成长经历了两个阶段:

在迷茫惶惑中寻觅出路,突破封建家庭的牢笼,走向自由的天地,是林道静成长的第一个阶段。林道静出生在一个官僚地主家庭,生母是佃农的女儿。生母投河惨死之后,她受到后母虐待,逼她嫁给阔佬。从小形成孤僻、倔强性格的她,"宁可死了,也不做军阀官僚的太太"。为此,她毅然出走,离开这个可恨的家庭,寻找自己的出路,但对出路在哪里,她感到茫然。鲁迅在《娜拉走后怎样》中说:"人生最苦痛的是醒了无路可走。""然而娜拉既然醒了,是很不容易回到梦境的,因此只得走;可是走了以后,有时却也免不掉堕落或回来。"[1]林道静刚刚逃出那个扼杀她的封建家庭牢笼,想不到又"走进了一个更黑暗、更腐朽、张大血口吞食她的社会,一切有为的青年不甘堕落的青年将怎样生活下

---

[1] 鲁迅:《娜拉走后怎样》,《鲁迅全集》第1卷,第270页,人民文学出版社1956年版。

去呢？天地如此之大，难道竟连一个十八岁的女孩子的立锥之地都没有？"在走投无路之际，她由绝望走向投海自杀。正在这个时候，具有"骑士兼诗人"风度的大学生余永泽救了她，鼓励她生活下去，此后，在与余永泽同居的小家庭生活中，她倍感温馨与幸福，但好景不长，两人因人生观、价值观的分歧而分离，林道静也由此走向新的征程。小说通过这些描写，真实地展现出小资产阶级知识分子为追求自由和个性解放寻求出路、走向革命的心路历程，与鲁迅《伤逝》中的主人公的命运不同的是，子君和涓生为了反抗封建家庭走到一起，后来同居不到一年，就因经济的窘迫和社会的压力而分手，子君又回到原来的家，最后被吃人的社会毁灭。子君的悲剧说明，不进行社会革命，不改变旧的经济制度，不可能实现妇女的解放。

在不断战胜自我中投身革命，突破自我的束缚，实现思想的飞跃，是林道静成长的第二阶段。林道静冲破封建家庭的牢笼，毅然离家出走固然需要勇气，但自省其身、战胜自我，突破自身局限，则需要更大的勇气。小说多方面地描写了林道静省察克治、投向革命的艰难历程。在林道静与家庭决裂后，作者一方面写出了她在革命洪流中的成长和进步。她如饥似渴地学习马列著作，阅读《母亲》等小说，从中明白了好多事，有着"一种向上的热情和爱国的责任感"，她"不愿意自己的一生就这么平庸地、毫无意义地白白过去"。她严格要求自己，积极参加游行示威等活动；另一方面也写出了她身上存在的诸多弱点，如"对于爱情的软弱、缠绵；对于革命不切实际的幻想、狂热和个人英雄主义的思想意识"[①]等。她刚刚接触革命，就要求参加红军，第一次参加游行就"好象突然长了翅膀，飞得那么高，看得那么远，听说卢嘉川被捕，就想立刻上战场为他报仇；被捕后，又逞英雄，想杀身成仁。后来，在共产党人卢嘉川、江华、林红的帮助下，在血与火的抗日斗争中，在深入农村和农民的接触中，林道静经受了严酷的锻炼和洗礼，学习到许多课本上学习不到的真知灼见，认识到自己"原来竟是一个小资产阶级的革命

---

① 杨沫：《谈谈林道静的形象》，《文艺论丛》1978 年第 2 期。

幻想家,我所理解的阶级斗争竟是粉红色的或者是灰色的,而它在残酷的现实面前竟是血淋淋的鲜红的啊",她反省自己:"我身上还有许多坏意识,许多个人的东西还常常扰乱我"。林道静正是在革命斗争中不断磨炼自己,严格解剖自己,在不断克服自己身上弱点的过程中,实现思想上的飞跃,完成从反抗封建家庭追求个性解放到谋求民族解放和阶级解放,从对劳苦大众同情到为劳苦大众奋斗、从小资产阶级知识分子到无产阶级战士的转变,这一转变是艰难的,痛苦的,是经过长期磨炼取得的。作者以饱蘸激情的笔触,真实地叙写了林道静成为无产阶级先锋战士的苦难历程。作者叙写这一历程,是按照生活本身发展逻辑,按照像她这样一个小资产阶级知识分子在当时走向革命后必然会有的发展变化过程来描写的,而不是按照一个成熟的共产党员的标准,设想她应有多少优点,不该有什么缺点,她入党后就必须高大无比、完美无缺等框框来写的。① 由于作者按照生活本身的发展逻辑和人物思想发展的轨迹书写人物,所创造的艺术形象自然符合那个时代知识分子走向革命道路的基本特点。《青春之歌》正是通过对林道静形象的刻画,形象地说明了青年知识分子只有把个人的命运和国家的民族的命运结合起来,在党的哺育下投身革命的洪流,才能实现自己的生命价值,使青春放射出绚丽的光彩。

　　小说在叙写林道静参与革命活动的同时,还把笔触深入到人物的情感生活领域,描写了林道静在爱情婚姻生活中的矛盾和冲突。在林道静的成长过程中,对爱情婚姻的选择和追求,始终是她背叛封建家庭、走向革命的一个重要动因。小说通过她与三位青年男性的关系,演绎了林道静在情感上的纠结。

　　第一个与林道静接触的是余永泽。这位北大学生是她的救命恩人,在沉沉的黑夜的沙滩上救了她,而"林道静对这个突然闯进生活的青年,带着最大的尊敬,很快地竟像对传奇故事中的勇士侠客一般的信任着他"。他们相识后谈文学,谈生活,终于相爱同居了,从小缺少爱

---

① 杨沫:《谈谈林道静的形象》,《文艺论丛》1978年第2期。

抚的林道静从余永泽的温存和体贴中感到情感上的满足,有了温暖的家。但此后,在一连串的事件中,他们之间的分歧日益加大,争论日益加剧,矛盾日益加深,两人的感情终因卢嘉川的被捕而破裂,导致最后分手。余永泽救了林道静的生命,却不能在精神上给她自由。可以说,人生观、价值观的相异是他们分手的一个基本缘由。

在与余永泽决裂之后,卢嘉川成为林道静最敬重的人,也是帮助她成长的引路人。卢嘉川是一位乡村教员的儿子,他在很小的时候就接触革命,后来到北京上中学,经常到李大钊家里去,在李大钊的培养下逐步成长起来。考入北京大学后,成了那里党的负责人之一。在与卢嘉川的接触中,林道静觉得自己精神变了,明白了许多事,"一种油然而生的尊敬与一种隐秘的相见的喜悦,使得她的眼睛明亮起来"。此后,在卢嘉川领导下,林道静积极参加游行、散发传单等活动,实际的革命行动使她觉醒,特别是在卢被捕之后,她更感到自己"已经从过去的彷徨、犹豫,坚决地和你走到一条路上了","你被捕了,但是,我又起来了。不管天涯海角,不管生与死,不管今后的情况如何险恶,如何变化,你,都将永远活在我的心里。"小说真实地写出了林道静对卢嘉川的崇敬和爱恋。卢嘉川惨遭杀害之后,江华又闯入了她的生活。曾经当过印刷工人的江华也是北大的学生,进入北大后,党分配他领导北大的学生运动,小说第二部写到林道静在江华的指引下,经受了农村的磨炼、监狱的考验,终于在政治上成长起来,成为一名无产阶级先锋战士,而江华在帮助林道静的过程中,爱上了这位"温柔的需要感情慰藉的女人",林道静也因此成为江华的妻子。但从林道静的内心来说:"她所深深爱着的,几年来时常萦绕梦怀的人,可并不是他呀。"小说细腻地写出了林道静"胸中交织着复杂的矛盾情绪",巧妙地将革命叙事和爱情叙事结合在一起,从一个独特的视角展现了20世纪30年代女性知识分子的人生理想和爱情诉求。正如有学者所指出的:"这部小说的显性主题是在表现一个女性知识分子接受革命真理抛弃家庭束缚,走上革命的道路。但革命与爱欲的纠缠并没有随着对革命的更为深入的掌握而终结,革命与爱欲始终有着内在的纠葛。但我们不得不承认,小说因此也表现了一个女性走向革命以及革命斗争中那种真实的个人情感,一个更加完整的个人的生活历史。"①

在艺术上,《青春之歌》以林道静的成长为中心,将时代的风云、复杂的事件、广阔的场景、多样的人物织成一幅燃情岁月的青春画卷。小说主旨鲜明,线索单纯,人物刻画笔触细腻,特别注重在对比中描写人物的精神世界,把肖像描写和人物内心世界的揭示融为一体,有力地凸显了人物的性情。小说语言流畅简洁,真挚委婉,具有浓郁的抒情色彩。

《青春之歌》出版后,受到读者的欢迎,发行量超过 500 万册,还被译成 15 种文字在海外发行。1959 年被改编成同名电影上映。小说由于以女性知识分子走向革命的曲折历程为主线,大胆揭示人物的情感世界,引起了人们的热烈争论。1959 年,郭开在《中国青年》发表了一篇题为《略谈对林道静的描写中的缺点》②的文章,批评《青春之歌》"充满了小资产阶级情调","没有很好的描写工农群众","没有描写和工农群众结合","没有认真实际地描写知识分子改造的过程,没有揭示人物灵魂深处的变化。尤其是林道静,从未进行过深刻的思想斗争……"。对于郭开的批评,除了个别人表示赞同支持外,大都不同意他的观点。茅盾、何其芳、马铁丁等分别撰写文章批评了郭开文章中的简单化倾向,明确肯定《青春之歌》"是一部有一定教育意义的优秀作品。"作品中塑造的主要人物林道静是真实的,有典型性的。③ 论争之后,杨沫对作品进行了补充和修改,据统计,修改共有 260 多处,其中主要是在第二部增写了八章农村生活和三章学生运动的内容,增写了七八万字的篇幅,此外还有多处整页的增写,一些章节内容的合并、异动、

---

① 陈晓明:《中国当代文学主潮》,第 164 页,北京大学出版社 2009 年版。
② 郭开发表的文章有:《谈谈对林道静的描写中的缺点》(《中国青年》1959 年第 2 期)、《就〈青春之歌〉谈文艺创作和批评中的几个原则问题:再谈杨沫同志的小说〈青春之歌〉》(《文艺报》1959 年第 4 期)。
③ 茅盾的文章:《怎样评价青春之歌》,《中国青年》1959 年第 4 期,何其芳的文章:《〈青春之歌〉不可否定》,《中国青年》1959 年第 5 期,马铁丁的文章:《论〈青春之歌〉及其论争》,《文艺报》1959 年第 9 期。

插入等。① 事实证明:这些修改是失败的,它不仅有损原作的精髓,而且降低了小说的艺术品位。

复习思考题

1. 《青春之歌》是怎样将革命叙事和爱情叙事结合在一起的?
2. 有关《青春之歌》的论争给予我们哪些启示?

---

① 金宏宇:《中国现代长篇小说名著版本校评》,第239页,人民文学出版社2004年版。

一曲悲壮的共产党人的正气歌

——《红岩》评析

李逸涛

《红岩》是以重庆"中美合作所"集中营中的革命先烈的英雄事迹为素材,写成的一部反映新中国成立前夕革命与反革命、光明与黑暗最后决战的优秀长篇小说。它以磅礴的气势谱写了一曲悲壮的共产党人的正气歌,成为向广大群众进行革命传统教育的不可多得的教材。小说出版后反响强烈,在青年中掀起了读《红岩》学英雄的热潮。

《红岩》的作者罗广斌、杨益言曾先后被国民党反动派囚禁于重庆歌乐山下的"中美合作所"渣滓洞、白公馆集中营,同许多英雄一起经历了那些惊心动魄的斗争,于重庆解放前夕越狱脱险。作为幸存者和历史见证人,他们的记忆中时刻萦绕着英雄们的形象。为了"揭露敌人,表彰先烈",从1949年大西南解放开始,他们就着手搜集、调查、整理先烈们的斗争事迹和敌人的罪行,曾在重庆、成都作过100多次有关报告,并与刘德彬合写了革命回忆录《烈火中永生》、《禁锢的世界》等。从1958年开始,他们在革命回忆录的基础上创作《红岩》,经过多次返工和修改,长篇小说《红岩》于1961年由中国青年出版社出版。

《红岩》以1948年至1949年间重庆"中美合作所"集中营中的敌我斗争为主线,以解放战争胜利前夜的最后决战为背景展开情节。当时,解放战争正以雷霆万钧之势向前推进,全国解放指日可待,新中国即将诞生。这时,盘踞在重庆的国民党反动派企图作最后的垂死挣扎。他们一方面调兵遣将控制山城;一方面加紧破坏我地下党组织和活动,将大批革命者逮捕囚禁在"中美合作所"集中营。这就形成了一个我方在全局上处于绝对优势而在局部上又暂时处于劣势的局面。为了表现出这一斗争特点,作者没有把笔触局限在渣滓洞、白公馆,而是把震撼人心的狱中斗争、我党地下活动以及城市学生运动、农民武装斗争等多条战线交织起来，在广阔的背景上，描绘了重庆解放前夕革命者同敌人进行斗争的最后一幕，从一个方面反映了解放战争走向全面胜利的斗争形势和时代风貌。

  作品着力描写的狱中斗争是一场特殊环境里的特殊战斗。大批优秀共产党员和革命者被关进"人间地狱"、"活棺材"般的"中美合作所"集中营。这里地势险峻，戒备森严，被抓进来的人很难活着出去。特务头子徐鹏飞之流，由于感到末日来临而变得格外暴戾凶残。他们软硬兼施，加紧从肉体上、精神上残酷地折磨革命者，妄图从中找到突破口，达到破获地下党组织、阻止解放重庆的目的。是跪着生还是站着死？每一个革命者都面临着生死的考验。作品通过一系列斗争场面的描写，生动地描绘了用"特殊材料制成的"共产党人的英雄群像，深刻地揭示了他们对共产主义的坚定信心和为此抛头颅、洒热血的革命英雄主义精神。被关押在狱中的革命者是一个团结战斗的集体，他们团结在以许云峰、齐晓轩为首的狱中党组织的周围，巧妙地同敌人展开了政治战、心理战和意志战，一次次挫败了敌人的阴谋诡计。许云峰在审讯过程中嬉笑怒骂，巧与周旋，使敌人狼狈不堪；江姐屡遭酷刑，10个指尖被钉进竹签而坚贞不屈，被战友赞誉为"暴风雨中的海燕"；成岗以刚健的笔迹坚持编印《挺进报》，及时向战友传递解放战争的胜利消息；"疯子"华子良长年忍辱负重，关键时刻接通了狱中与外界的联系；齐晓轩屹立在红岩之巅指挥战友越狱，最后壮烈牺牲……这一个个共产党人的崇高形象，一幅幅惊心动魄的画面，汇成了一部惊天地、泣鬼神的英雄交响曲。作品中的英雄虽然先后牺牲了，但他们的精神永存，在烈火中永生。《红岩》不愧为当代文学史上一部记载英雄壮举的悲壮史诗。

  在英雄群像中，江姐是作品着力刻画的主要人物。她的第一次出现是在成岗家里，使我们初步领略到一个机敏干练、关怀同志的党的地下工作者的风姿。第二次出现是在江边码头。从她对身着西装、肩扛行李的甫志高的简短批评和熟练自如地应付特务的搜查，可以看到她在长期的斗争中练就的敏锐嗅觉和沉着老练的斗争艺术。如果说作品对江姐的这两次出现侧重于外部描写的话,那么,去川北途中一节则侧重挖掘了她丰富的内心世界。这一节先是写她在赴华蓥山的路上思念丈夫、牵挂孩子,接着写她突然在城头发现丈夫鲜血淋漓的头颅,顿时"热泪盈眶,胸口梗塞","禁不住要恸哭出声"。然而,想到自己重任在肩和眼前的险恶处境,她强忍悲痛,把仇恨埋在心底,凝视着岩石上川陕苏维埃时代刻下的"前仆后继"的遗训,踏着烈士的足迹毅然向前走去。细腻而饱含深情的描绘,生动地反映出江姐作为一个妻子、母亲所特有的感情,更写出了她作为一个共产党人的坚强党性。随着情节的发展,江姐的性格得到进一步展现。被捕后的江姐,已是遍体鳞伤,处于半昏迷状态。然而,从她欲跌、未跌、前行、跌倒等几个动作上,可以看到敌人的酷刑并没有使她屈服。不仅如此,她还把敌人的审讯当作揭露敌人的战场。最能表现江姐的无产阶级精神境界的,是她临刑前与战友的诀别。她早已作好了牺牲的准备,"宁愿用自己代替一切战友,为党保存更多的力量"。当敌人喊出"收拾行李,准备转移"的时候,她"异常平静,没有激动,没有恐惧与悲戚",带着"永恒的微笑",梳理好头发,换上蓝色旗袍,用手压平皱折,吻别"监狱之花",同战友一一告别,从容镇定地走向刑场。她留下的最后一句话是:"如果需要为共产主义的理想而牺牲,我们每一个人,都应该,也可以做到——脸不改色,心不跳。"这是她一生的总结,是这位革命烈士英雄品格的基本特征。作者以饱蘸深情的笔墨,完成了江姐形象的塑造。

许云峰是作品着力刻画的另一个感人的艺术形象。作品侧重表现了他作为地下党重庆市委的主要负责人的革命家、政治家的风范和品格。在沙坪书店,他仅仅从室内的用具和书籍的些微变化,便敏锐地发现了书店负责人的失职和特务的潜入,当机立断撤销了这处联络点,停开区委的一个会议;在新生市场茶园,他一眼就看出甫志高已叛变,挺身而出,掩护战友安全转移。这两处看似平常的场面描写,生动地表现出许云峰敏锐的政治嗅觉和顾全大局、赴汤蹈火的英雄气质。作品对许云峰性格的刻画,集中在对付徐鹏飞对他的两次审讯上。敌人深知许云峰是揭开地下党秘密的"关键人物",精心策划了两次审讯,使尽了威胁、利诱、恐吓、攻心等手段,但第一次审讯就遭到了许云峰霹雳闪电般的反击,以致手足无措,处处被动,第二次审讯,敌人变换了花招,精心设计了酒席宴。在酒席宴上,许云峰镇定自若,应付自如,时而避而不答,时而严词力驳,揭露敌人的阴谋,进而不露声色地引诱敌人作出错误判断,始终牵着敌人的"牛鼻子"走,彻底打乱了敌人的部署。在敌人秘密设置的地牢里,许云峰以坚强的毅力用手指挖通石壁,为战友们集体越狱准备好通道,而他自己则以完成任务后的胜利者的姿态,从容就义,血染红岩。这一系列震撼人心的行动,使许云峰如巍巍山峰,耸立于天地之间。

《红岩》的成就,还表现在对反面人物的刻画上。其中,徐鹏飞的形象尤为鲜明。他是一个具有丰富反革命经验的老牌高级特务,刚愎自用,手段毒辣,将"量小非君子,无毒不丈夫"奉为信条,"如果任何时候,听不见拷打嚎叫,他会感到空虚和恐怖"。作品通过他破坏沙坪书店、策动甫志高叛变、逮捕许云峰等情节,表现出他的反革命"才干";又通过他与许云峰的几次交锋和他与严醉的勾心斗角,把他的凶残狡猾而又色厉内荏、野心勃勃而又空虚愚蠢的本质和复杂灵魂,暴露得淋漓尽致。

《红岩》的艺术结构错综复杂而富有变化。作品人物众多,事件繁杂,没有贯穿全书的中心人物和中心事件,但又宏伟严谨,浑然一体。作品以狱中斗争为主线,分成狱内和狱外两大部分。前10章侧重写狱外重庆地下党的活动(包括学校和工厂斗争)和农村武装斗争。从甫志高叛变,许云峰、江姐等革命者被捕,很自然地转入后20章的狱中斗争。狱中斗争又以刘思扬的一放一抓,将渣滓洞与白公馆、狱内与狱外的斗争联系起来。而这两部分所描写的斗争,又都围绕着解放战争节节胜利、重庆即将解放的大背景而展开,从而使作品交织成一个有机的整体,线索纷繁而清晰,情节复杂而跌宕,成功地反映出这场特殊战斗的广度和深度。

心理描写在《红岩》中占有重要位置。根据地下斗争、狱中斗争的特点,作者在人物刻画上有意识地发挥了心理描写的特长。江姐在赴华蓥山途中看到悬挂在城墙上的丈夫的头颅后,强忍悲痛继续赶路,这时,她的"脚步愈走愈急,行李在她手上仿佛失去了重量;提着箱子伴随她的华为,渐渐地赶不上了……"江姐千愁万恨的复杂心绪,都在这"愈走愈急"的行动中表现出来。狱中敌我双方的冲突,主要表现为精神和心理上的直接交锋。在徐鹏飞两次审讯许云峰的过程中,双方都力求在精神上、心理上取胜。但许云峰更高一等,"他要看一看对方的手段",引导敌人自我暴露,变被动为主动。于是,他迅速从敌人过高地估计自己、急于取胜的心理状态中作出正确判断,又反过来引诱敌人作出错误判断,从而使审讯者变成被审讯者。斗争千变万化,作者的心理描写方式也相应多样化。有时借助人物的眼神、表情等描写,表达在监狱这一特殊环境中的革命者不便言传的心声,达到彼此沟通、团结战斗的目的;有时采取直接的心理描写,表现革命者的品格,如许云峰在秘密地牢中"想过去,想未来",成岗想象重庆解放后的未来,以及胡浩的入党申请书、"小萝卜头"的梦、丁长发病中的呓语、新年联欢会上的诗词对联等。这些心理描写,不仅生动地展现出革命者的宽阔胸怀,而且使作品丰富多彩,增强了艺术感染力。

复习思考题

1. 《红岩》在艺术上有哪些特点?
2. 试析江姐、许云峰的性格特征。

"一生心血即此书"

——重读《创业史》

黄济华

柳青忠于人民、忠于文学事业、忠于作家的崇高使命,甘愿长期生活在农村和农民之中。他对我国农村、农民的感情之深和了解之深,可以说,在当代作家中可与比肩的不多。他把后半生的全部心血和毕生的生活体验与积累熔铸于长篇小说《创业史》的创作,取得了杰出的成就。真可谓"一生心血即此书"。

柳青为《创业史》第一部撰写的"出版说明"说:"《创业史》是一部描写中国农村社会主义革命的长篇,着重表现这一革命中的社会的、思想的和心理的变化过程。全书共四部。第一部写互助组阶段……"他原本准备写到"大跃进"和"人民公社"的,但后来的构思又有所调整,他说:"第二部试办初级社……;第三部准备写两个初级社,梁生宝一个,郭振山一个;第四部写两个初级社合并成一个社,而且是一个高级社。"①关于全书的内容,柳青在《创业史》第一部《题叙》的结尾说:"于是梁三老汉草棚院里的矛盾和统一,与下宝乡第五村(即蛤蟆滩)的矛盾和统一,在社会主义革命的几年里纠缠在一起,就构成了这部'生活故事'的内容。"

《创业史》第一部于1960年出版以后,第二部尚未完成,就爆发了"文化大革命",柳青身心备受摧残,妻子马葳自杀,他们在长安县皇甫村的住处也被捣毁。直到"文化大革命"结束,柳青才抱病修改第二部,上卷于1977年出版,接着,《延河》发表了下卷前四章。1978年,

---

① 见柳青1973年2月27日《在陕西省出版局召开的业余作者创作座谈会上的讲话》,《中国当代文学研究资料·柳青专集》,第87页,福建人民出版社1982年版。

岁的柳青不幸逝世。次年6月,第二部下卷仍由中国青年出版社出版。

在被称为"三红一创"的长篇小说中,《红旗谱》、《红日》、《红岩》都是写革命历史题材的,只有《创业史》写的是现实农村生活题材。《创业史》第一部曾经获得很高的评价,被称为"史诗性"作品。虽然也有些不同的意见和争论,如对梁生宝和梁三老汉等人物的评价问题,但并不影响对其"史诗"性成就的总体评价。柳青对许多作家产生了重要影响,特别是对陕西作家路遥和陈忠实的影响更大,据说陈忠实读破了几本《创业史》。

随着时代的变迁和时间的推移,对《创业史》,对柳青的生活和创作道路,也出现了意见不一的评论,这很自然也很正常。正如柳青去世前半年在接受评论家阎纲采访时所强调的:"不要给《创业史》估价,它还要经受考验;就是合作化运动,也还要受历史的考验。一部作品,评价很高,但不在读者群中考验,再过五十年就没有人点头。"[1]柳青在与《创业史》的责任编辑王维玲交谈时也说过:"任何一部优秀作品,传世之作,绝不是专家、编辑和作家个人自封的,至少要经过五十年的考验,才能看出个结果!"[2]

《创业史》第一部自初版至今,已经过了五十年。我们今天应该怎么样来评价《创业史》呢?

《创业史》第一部被节选六章收入《中国新文学大系1949—1976·长篇小说卷》(上海文艺出版社1997年出版)。该卷主编王蒙在《感受昨天——小说卷序》中对《创业史》作了比较中肯的评价。他说:

> 如今,对于合作化运动的得失,人们的看法已与柳青写书那个时期有所不同。而重温柳青书首的题词"家业使弟兄们分裂,劳动把一村人团结起来",也使人们产生疑惑:"难道能把劳动与创造财富分割开来么?"但是即使如此,我们读起这部书,也不能不为它的凝重的风格与深厚的内涵,为它传达出来的历史的严峻感,

---

[1] 阎纲:《四访柳青》,原载《当代》1979年第2期。
[2] 王维玲:《追忆往事》,《大写的人》,第111页,中国青年出版社1982年版。

它的对于中国农民的挚爱与忧思,它对于中国农村中国土地的忠诚与眷恋,它的脚踏实地的坚实,它的掘地三尺的深入开掘,它的人物刻画的力度以及它在艺术上的惨淡经营一丝不苟精益求精力透纸背而感动,而叫绝,而发出会心的微笑与深长的叹息。如果柳青不是拘泥于既定的农业合作化的政策方针,如果他能大胆地反映生活与历史的真实,他本来可以创作出怎样的伟大作品!

是的,一方面是某些客观环境与主观选择制约了作家的创作胆识与才华,一方面是作家的郑重、激情与才华突破着与生活真实不相一致的条条框框。而这里还有另一方面,第三个重要的方面,主观与客观的限制,恰恰成全了作者的深、重、苦、涩、严(严肃与严格及至严厉)的不同凡响的风格。

该卷副主编张德林在《跋》中则着重谈到"文化大革命"发生前十七年长篇小说创作共同存在的主要问题:

> 往往同时在不同程度上,又打上了负面的时代烙印,主要是指受"左"的思潮影响的时代烙印。这表现在,许多作家在创作过程中,没有处理好艺术与政治的关系,他们都在自觉地"为政治服务",为宣传党的政策服务,却忽视了对艺术自身规律的探寻。时代变化了,政策过时了,时过境迁,我们今天再回过头来重读这些作品,难免感到遗憾,如合作化,人民公社化,千万不能走单干的路,……诸如此类我们过去在小说中当作颠扑不破的真理和信念来竭力宣扬的思潮,恰恰为真实而严峻的历史所否定,一种"不是滋味"的痛楚感情暗暗刺痛我们的心。这不应该过多地责备作家没有先见之明,只能说明当时的主流意识形态对创作控制过严,干预过大,作家无力作出艺术上超越。有的作家对生活是非常熟悉的,如柳青,本来应该写得更好些,由于受时代的局限而未能充分发挥自己的艺术才华。

王蒙、张德林的上述评论是比较有代表性的。

柳青是按照党的关于农业合作化方针政策,写农村是如何开展合作化运动即社会主义革命的。由于作者是以人物为中心,通过生活故事来写这一运动或革命的,而且描写细腻、生动,艺术技巧圆熟,人物形象生动鲜活,所以尽管时过境迁,作品仍然充满生活魅力和艺术魅力,能够吸引人一读再读。

今天和后代的读者,要想了解我国农村在20世纪50年代初期发生了什么重大事件,是如何开展那场合作化运动或社会主义革命的,特别是按照当时阶级分析法划分的各阶层农民(包括贫雇农、下中农、一般中农、富裕中农或上中农、富农),当时是如何生活、如何经历那场运动或革命、如何被引导或被推上合作化道路的,经历了怎样的心路历程,还是应当读一读《创业史》。

今后的文学和文学史研究者,要了解柳青时代的作家,当年如何在主流意识形态的强力主导和严格控制下生活与创作,又如何受局限、因而妨碍了他们创作才能的发挥,也需要认真阅读和研究最具代表性的作家之一的柳青及其《创业史》。

因此,尽管《创业史》并非无懈可击,但这并不影响其阅读和研究价值。

柳青的《创业史》并没有正面写地主,蛤蟆滩没有地主,作者只用一篇《题叙》概括地交代过历史以后,就开始写梁生宝忙于试办互助组,开始新的"创业史"了。

土地改革以后,雇农和缺地少地的贫农,分得了原先归地主的土地和少量耕畜农具以及浮财等,真是翻身喜洋洋了。这时,中国农村到底应当如何发展?走什么道路?是实行新民主主义,还是马上进行社会主义革命?

柳青在1977年新版《创业史》中新加上的一些所谓"重要修改"(这样的修改也恰好说明,柳青文学创作是如何适应和受制于当时的政治的),或许也吐露了这方面的某些消息。如《第一部结局》新加的:"土地改革以后,刘少奇等人散布的所谓……'确立新民主主义秩序'呀,'四大自由'呀,'确保私有财产'呀,等等,造成干部思想上的混乱,社会上资本主义思想的泛滥,到一九五三年冬天才煞住这股逆流。"这里被指为"逆流"的主张,并不是没有来由的,而且是来自毛泽东的《新民主主义论》和1949年9月29日中国人民政治协商会议第一届全体会议通过的《中国人民政治协商会议共同纲领》。所谓"四大自由"就是指在土地改革运动后的农村中允许农民有借贷、租佃、雇工和贸易的自由。

而1952—1953年制定的党在过渡时期的总路线和总任务提出,要在10年到15年或者更多的一些时间内,或者说要在相当长的时期内,基本上完成国家工业化和对农业、手工业、资本主义工商业的社会主义改造。但没有想到,这原要在"10年到15年或者更多一些时间"或"相当长的时期"才完成的"三大改造",只用了三年,于1956年就完成了。农村实现合作化,普遍成立了高级农业生产合作社。1958年又来个"大跃进",实现了人民公社化。柳青《创业史》最初的构思原本也打算写到"大跃进"和人民公社的,最后却没有写到这里,此亦幸耶抑非幸耶?

《创业史》的创作以人物为中心,生活故事围绕人物而展开,在人物塑造上取得了杰出成就。梁生宝、梁三老汉、高增富、任老四、郭振山、郭世富、姚士杰、梁大老汉、生宝他妈、改霞和改霞她妈、王二直杠、素芳、白占魁等一系列人物,作者都用生动传神、细致精到的形象刻画(包括人物外貌、衣着、动作、对话等)、细节描写和心理剖析,把他们写得生动传神、活灵活现。只要读过《创业史》,这些人物都会在读者心中留下鲜活难忘的印象。至于对这些人物的评价,可以见仁见智,但这不会影响柳青塑造人物的艺术功力和杰出成就。

当然,如果不是受当时主流意识形态和合作化方针政策的限制,柳青在描写人物、塑造典型上会取得更大的成就。他笔下或明或隐流露的对各种人物的作家主观情感倾向,就会有许多不同甚至相反的了。如郭振山想依靠自己兄弟俩的好劳力和精明能干发家,就那么令人讨厌吗?且不说富农姚士杰主要都是以劳动发家致富的。富农,富农,总还是"农"字嘛。这里只说富裕中农郭世富,他家土地多一些,生产工具齐全,劳动力那么强、又善经营,发点家又有什么过错?为什么就是走资本主义道路?在《创业史》中,作家屡屡把他和富农姚士杰连在一起,而且他在《提出几个问题来讨论》(原载《延河》1963年8月号)一文中更直说:"要孤立坚持走资本主义道路的富农和站他们背后的中农"。作者为什么总把富裕中农和当时被视为"阶级敌人"的富农绑在一起孤立呢?

梁三老汉是大家一致评价很高的典型人物。他领着从童年的宝娃到成人的梁生宝,在旧社会的二十年间,三次创业,三次失败,只留下了肩背上被压起的那块拳头大的死肉疙瘩。梁三老汉的命运概括了旧中国贫苦农民的命运。不过,作者为了强调梁三老汉在旧社会创业之苦之难,写他们父子租下吕老二的十八亩稻地,辛辛苦苦,累死累活,一年下来,交过租,还过购买油渣或皮渣的肥料欠债(二斗大米还二斗八升),剩下的粮食被保丁装走,自己就只落得一堆比草棚还高的稻草垛了。就是说,连种子和口粮都没了!这恐怕很令人疑惑。果然如此,地主的地还有谁敢租种?还有谁敢当佃农?何况佃农中还有佃中农的?还有,作者为了强调梁三老汉一家为了少拉些赈债,竟狠下心一年没吃盐、没点灯!一年没点灯犹可说也,油盐柴米,少一点也勉强可过,但一年没吃盐,恐怕有些夸大。

土地改革以后,梁三老汉分得了十来亩稻地,一心想生宝和他一起,创自己的家业,实现长期不能实现的梦想,而不要生宝那么热心搞什么互助组。这是很正常的。改霞在思考问题时也曾想:"你看,乡村里,庄稼人都不情愿搞互助组嘛。"当时一般生产条件较好的农户,不仅像郭世富、梁生禄那样的富裕中农,就是像梁三老汉、郭振山这样的贫农,都一心想单干,或者以单干为主,加一点临时性或季节性互助。只有那些土改后生产条件仍然不好(如人口多、劳力弱、缺少耕牛和生产工具)的贫农,像高增富、任老四等,才希望互助合作。梁生宝把从整党学习会上学来的道理,给他继父作了这样通俗的解释:

"啥叫自发的道路呢?"生宝说,"打个比方,你就明白了。咱分下十亩稻地是吧?我甭领导互助组哩!咱爷儿俩就像租种吕老二那十八亩稻地那样,使足了劲儿做。年年粮食有余头,有力量买地。该是这个样子吧?嗯,可任老四他们,劳力软的劳力软,娃多的娃多，离开互助组搞不好生产。他们年年得卖地。这也应该是自自然然的事情吧？好！十年八年以后，任老四又和没土改一样。地全到咱爷儿俩名下了。咱成了财东，他们得给咱做活！是不是？"

老汉掩饰不住他心中对这段话有浓厚兴趣，咧开黄胡子嘴巴笑了。

后来，乡支书卢明昌与梁三老汉作了一次庄稼人的推心置腹的谈话，说：下堡村的人都说，梁生宝是"梁三老汉指教出来的子弟"，"心术是梁三老汉的心术，真的好样！""人家这样高看你老人家，你千万不要做低了，叫人笑话！"老汉听了这些赞扬，才想开了，不拉生宝后腿了，自己六十几的人，"只要给我吃上、穿上，你生宝看怎弄怎弄去！世事是你的世事！"

到第一部结局，梁生宝互助组在巩固和发展的基础上，成立了灯塔合作社。梁三老汉赶集排队买东西时，听到人们饶有兴趣地谈论灯塔社和梁生宝，谈论者虽不无疑虑，但多有羡慕、称赞，竟有人认出"这是梁生宝他爸"，他真正感到了从来没有过的做人的尊严，感动得落泪。作家抒情地议论道："人活在世上最贵重的是什么呢？还不是人的尊严吗？"

作家很有说服力地写出了梁三老汉的思想性格的转变和发展。

对于中心人物梁生宝，柳青是把他作为农民中共产党员的典型形象来塑造的，通过写他买稻种、分稻种、进山割竹子、考虑恋爱问题，等等，表现他一心在党，做党的忠实儿子，大公无私，克己奉公，公而忘私，处处慎独，自觉检点，满腔热情地带领农民走党指引的社会主义合作化道路，进行一场"多打粮食的革命"，让大家都富裕起来。

梁生宝身后站着的是作家柳青自己的形象。甚至可以说，梁生宝就是农民中的柳青，柳青就是作家中的梁生宝！新中国成立之初，柳青主动放弃在北京工作、居住的优越条件，甘愿带着全家到长安县皇甫村去落户，一住就是十四年，如果不是"文化大革命"，他还要长期住下去的。而且，他还把《创业史》的颇为可观的稿费，全部捐给了皇甫村所在的人民公社。要做到这两点,特别是第一点,该多么不易!因此,关于梁生宝的形象是否"拔高了"、"不真实",等等,似乎也没有必要争论了。

复习思考题

1. 认真细读《创业史》,你认为这部作品的成就如何?它可以流传下去吗?为什么?
2. 试分析梁生宝、梁三老汉、郭振山、郭世富、姚士杰等人物形象,谈谈你的评价和作家创作的得失。

百　合　花

茹志鹃

一九四六年的中秋。

这天打海岸的部队决定晚上总攻。我们文工团创作室的几个同志,由主攻团的团长分派到各个战斗连去帮助工作。大概因为我是个女同志吧,团长对我抓了半天后脑勺,最后才叫一个通讯员送我到前沿包扎所去。

包扎所就包扎所吧!反正不叫我进保险箱就行。我背上背包,跟通讯员走了。

早上下过一阵小雨,现在虽放了晴,路上还是滑得很,两边地里的秋庄稼,给雨水冲洗得青翠水绿,珠烁晶莹。空气里也带有一股清新湿润的香味。要不是敌人的冷炮,在间歇地盲目地轰响着,我真以为我们是去赶集呢!

通讯员撒开大步,一直走在我前面。一开始他就把我撂下几丈远。我的脚烂了,路又滑,怎么努力也赶不上他。我想喊他等等我,却又怕他笑我胆小害怕;不叫他,我又真怕一个人摸不到那个包扎所。我开始对这个通讯员生起气来。

嗳!说也怪,他背后好像长了眼睛似的,倒自动在路边站下了,但脸还是朝着前面,没看我一眼。等我紧走慢赶地快要走近他时,他又噔噔噔地自个向前走了,一下又把我甩下几丈远。我实在没力气赶了,索性一个人在后面慢慢晃。不过这一次还好,他没把我撂得太远,但也不让我走近,总和我保持着丈把远的距离。我走快,他在前面大踏步向前;我走慢,他在前面就摇摇摆摆。奇怪的是,我从没见他回头看我一次,我不禁对这通讯员发生了兴趣。

刚才在团部我没注意看他,现在从背后看去,只看到他是高挑挑的个子,块头不大,但从他那副厚实实的肩膀看来,是个挺棒的小伙。他穿了一身洗淡了的军装,绑腿直打到膝盖上。肩上的步枪筒里,稀疏地插了几根树枝,这要说是伪装,倒不如算作装饰点缀。

没有赶上他,但双脚胀痛得像火烧似的。我向他提出休息一会后,自己便在做田界的石头上坐了下来。他也在远远的一块石头上坐下,把枪横搁在腿上,背向着我,好像没我这个人似的。凭经验,我晓得这一定又因为我是个女同志的缘故。女同志下连队,就有这些困难。我着恼地带着一种反抗情绪走过去,面对着他坐下来。这时,我看见他那张十分年轻稚气的圆脸,顶多有十八岁。他见我挨他坐下,立即张惶起来,好像他身边埋下了一颗定时炸弹,局促不安,掉过脸去不好,不掉过去又不行,想站起来又不好意思。我拼命忍住笑,随便地问他是哪里人。他没回答,脸涨得像个关公,呐呐半晌,才说清自己是天目山人。原来他还是我的同乡呢!

"在家时你干什么?"

"帮人拖毛竹。"

我朝他宽宽的两肩望了一下,立即在我眼前出现了一片绿雾似的竹海,海中间,一条窄窄的石级山道,盘旋而上。一个肩膀宽宽的小伙,肩上垫了一块老蓝布,扛了几枝青竹,竹梢长长地拖在他后面,刮打得石级哗哗作响……这是我多么熟悉的故乡生活啊!我立刻对这位同乡越加亲热起来。我又问:

"你多大了?"

"十九。"

"参加革命几年了?"

"一年。"

"你怎么参加革命的?"我问到这里自己觉得这不像是谈话,倒有些像审讯。不过我还是禁不住地要问。

"大军北撤时我自己跟来的。"

"家里还有什么人呢?"

"娘,爹,弟弟妹妹,还有一个姑姑也住在我家里。"

"你还没娶媳妇吧?"

"……"他绯红了脸,更加忸怩起来,两只手不停地数摸着腰皮带上的扣眼;半晌他才低下了头,憨笑了一下,摇了摇头。我还想问他有没有对象,但看到他这样子,只得把嘴里的话,又咽了下去。

两人闷坐了一会,他开始抬头看看天,又掉过脸来扫了我一眼,意思是在催我动身。

当我站起来要走的时候,我看见他摘了帽子,偷偷地在用毛巾拭汗。这是我的不是,人家走路都没出一滴汗,因为我跟他说话,却害他出了这一头大汗,这都怪我了。

我们到包扎所,已是下午两点钟了。这里离前沿有三里路,包扎所设在一个小学里,大小六间房子组成品字形,中间一块空地长了许多野草,显然,小学已有多时不开课了。我们到时屋里已有几个卫生员在弄着纱布棉花,满地上都是用砖头垫起来的门板,算作病床。

我们刚到不久,来了一个乡干部,他眼睛熬得通红,用一片硬纸插在额前的破毡帽下,低低地遮在眼睛前面挡光。他一肩背枪,一肩挂了一杆秤;左手拎了一篮鸡蛋,右手提了一口大锅,呼哧呼哧地走来。他一边放东西,一边对我们又抱歉又诉苦,一边还喘息地喝着水,同时还从怀里掏出一包饭团来嚼着。我只见他迅速地做着这一切,他说的什么我就没大听清。好像是说什么被子的事,要我们自己去借。我问清了卫生员,原来因为部队上的被子还没发下来,但伤员流了血,非常怕冷,所以就得向老百姓去借。哪怕有一、二十条棉絮也好。我这时正愁工作插不上手,便自告奋勇讨了这件差事,怕来不及就顺便也请了我那位同乡,请他帮我动员几家再走。他踌躇了一下,便和我一起去了。

我们先到附近一个村子,进村后他向东,我往西,分头去动员。不一会,我已写了三张借条出去,借到两条棉絮、一条被子,手里抱得满满的,心里十分高兴。正准备送回去再来借时,看见通讯员从对面走来,两手还是空空的。

"怎么,没借到?"我觉得这里老百姓觉悟高,又很开通,怎么会没有借到呢,我有点惊奇地问。

"女同志,你去借吧!……老百姓死封建。"

"哪一家?你带我去"。我估计一定是他说话不对,说崩了。借不到被子事小,得罪了老百姓影响可不好。我叫他带我去看看。但他执拗地低着头,像钉在地上似的,不肯挪步。我走近他,低声地把群众影响的话对他说了。他听了,果然就松松爽爽地带我走了。

　　我们走进老乡的院子里,只见堂屋里静静的,里面一间房门上,垂着一块蓝布红额的门帘,门框两边还贴着鲜红的对联。我们只得站在外面向里"大姐大嫂"地喊。喊了几声,不见有人应,但响动是有了。一会,门帘一挑,露出一个年轻媳妇来。这媳妇长得很好看,高高的鼻梁,弯弯的眉,额前一绺蓬松松的刘海。穿的虽是粗布,倒都是新的。我看她头上已硬翘翘地挽了髻,便大嫂长大嫂短地向她道歉,说刚才这个同志来,说话不好别见怪等等。她听着,脸扭向里面,尽咬着嘴唇笑。我说完了,她也不作声,还是低头咬着嘴唇,好象忍了一肚子的笑料没笑完。这一来,我倒有些尴尬了,下面的话怎么说呢!我看通讯员站在一边,眼睛一眨不眨地看着我,好像在看连长做示范动作似的。我只好硬了头皮,讪讪地向她开口借被子了,接着还对她说了一遍共产党的部队,打仗是为了老百姓的道理。这一次,她不笑了,一边听着,一边不断向房里瞅着。我说完了,她看看我,看看通讯员,好像在掂量我刚才那些话的斤两。半晌,她转身进去抱被子了。

　　通讯员乘这机会,颇不服气地对我说道:"我刚才也是说的这几句话,她就是不借,你看怪吧!"

　　我赶忙白了他一眼,不叫他再说。可是来不及了,那个媳妇抱了被子,已经在房门口了。被子一拿出来,我方才明白她刚才为什么不肯借的道理了。这原来是一条里外全新的新花被子,被面是假洋缎的,枣红底,上面撒满白色百合花。她好像是在故意气通讯员,把被子朝我面前一送,说:"抱去吧。"

　　我手里已捧满了被子,就一努嘴,叫通讯员来拿。没想到他竟扬起脸,装作没看见。我只好开口叫他,他这才绷了脸,垂着眼皮,上去接过被子,慌慌张张地转身就走。不想他一步还没走出去,就听见"嘶"的一声,衣服挂住了门钩,在肩膀处,挂下一片布来,口子撕得不小。那媳妇一面笑着,一面赶忙找针拿线,要给他缝上。通讯员却高低不肯,夹了被子就走。

刚走出门不远,就有人告诉我们,刚才那位年轻媳妇,是刚过门三天的新娘子,这条被子就是她唯一的嫁妆。我听了,心里便有些过意不去,通讯员也皱起了眉,默默地看着手里的被子。我想他听了这样的话一定会有同感吧!果然,他一边走,一边跟我嘟哝起来了。

"我们不了解情况,把人家结婚被子也借来了,多不合适呀!……"我忍不住想给他开个玩笑,便故作严肃地说:"是呀!也许她为了这条被子,在做姑娘时,不知起早熬夜,多干了多少零活积起来的钱,或许她曾为了这条花被,睡不着觉呢。可是还有人骂她死封建……"

他听到这里,突然站住脚,呆了一会,说:"那……那我们送回去吧!"

"已经借来了,再送回去,倒叫她多心。"我看他那副认真、为难的样子,又好笑,又觉得可爱。不知怎么的,我已从心底爱上了这个傻乎乎的小同乡。

他听我这么说,也似乎有理,考虑了一下,便下决心似地说:"好,算了。用了给她好好洗洗。"他决定以后,就把我抱着的被子,通统抓过去,左一条、右一条地披挂在自己肩上,大踏步地走了。

回到包扎所以后,我就让他回团部去。他精神顿时活泼起来了,向我敬了礼就跑了。走不几步,他又想起了什么,在自己挂包里掏了一阵,摸出两个馒头,朝我扬了扬,顺手放在路边石头上,说:"给你开饭啦!"说完就脚不点地地走了。我走过去拿起那两个干硬的馒头,看见他背的枪筒里不知在什么时候又多了一枝野菊花,跟那些树枝一起,在他耳边抖抖地颤动着。

他已走远了,但还见他肩上挂下来的布片在风里一飘一飘。我真后悔没给他缝上再走。现在,至少他要裸露一晚上的肩膀了。

包扎所的工作人员很少。乡干部动员了几个妇女,帮我们打水、烧锅,作些零碎活。那位新媳妇也来了,她还是那样,笑咪咪地抿着嘴,偶然从眼角上看我一眼,但她时不时地东张西望,好像在找什么。后来她到底问我说:

"那位同志弟到哪里去了?"我告诉她同志弟不是这里的,他现在到前沿去了。她不好意思地笑了一下说："刚才借被子,他可受我的气了!"说完又抿了嘴笑着,动手把借来的几十条被子、棉絮,整整齐齐地分铺在门板上、桌子上(两张课桌拼起来,就是一张床)。我看见她把自己那条白百合花的新被,铺在外面屋檐下的一块门板上。

　　天黑了,天边涌起一轮满月。我们的总攻还没发起。敌人照例是忌怕夜晚的,在地上烧起一堆堆的野火,又盲目地轰炸,照明弹也一个接一个地升起,好象在月亮下面点了无数盏的汽油灯,把地面的一切都赤裸裸地暴露出来了。在这样一个"白夜"里来攻击,有多困难,要付出多大的代价啊!我连那一轮皎洁的月亮,我也憎恶起来了。

　　乡干部又来了,慰劳了我们几个家做的干菜月饼。原来今天是中秋节了。

　　啊!中秋节,在我的故乡,现在一定又是家家门前放一张竹茶几,上面供一副香烛,几碟瓜果月饼。孩子们急切地盼那炷香快点焚尽,好早些分摊给月亮娘娘享用过的东西。他们在茶几旁边跳着唱着:"月亮堂堂,敲锣买糖,……"或是唱着:"月亮嬷嬷,照你照我,……"我想到这里,又想起那个小同乡,那个拖毛竹的小伙,也许,几年以前,他还唱过这些歌吧!……我咬了一口美味的家做月饼,想起那个小同乡大概现在正趴在工事里,也许在团指挥所,或者是在那些弯弯曲曲的交通沟里走着哩!

　　一会儿,我们的炮响了,天空划过几颗红色的信号弹,攻击开始了。不久,断断续续的有几个伤员下来,包扎所的空气立即紧张起来。

　　我拿着小本子,去登记他们的姓名、单位,轻伤的问问,重伤的就得拉开他们的符号,或是翻看他们的衣襟。我拉开一个重彩号的符号时,"通讯员"三个字使我突然打了个寒战,心跳起来。我定了下神才看到符号上写着×营的字样。啊!不是,我的同乡他是团部的通讯员。但我又莫名其妙地想问问谁,战地上会不会漏掉伤员。通讯员在战斗时,除了送信,还干什么,——我不知道自己为什么要问这些没意思的问题。

　　战斗开始后的几十分钟里,一切顺利,伤员一次次带下来的消息,都是我们突击第一道鹿砦,第二道铁丝网,占领敌人前沿工事打进街了。但到这里,消息忽然停顿了,下来的伤员,只是简单地回答"在打",或是"在街上巷战"。但从他们满身泥泞、极度疲乏的神色上,甚至从那些似乎刚从泥里掘出来的担架上,大家明白,前面在进行着一场什么样的战斗。

包扎所的担架不够了,好几个重彩号不能及时送后方医院,耽搁下来。我不能解除他们任何痛苦,只得带着那些妇女,给他们拭脸洗手。能吃得的喂他们吃一点,带着背包的,就给他们换一件干净衣裳,有些还得解开他们的衣服,给他们拭洗身上的污泥血迹。

做这种工作,我当然没什么,可那些妇女又羞又怕,就是放不开手来,大家都抢着去烧锅,特别是那新媳妇。我跟她说了半天,她才红了脸,同意了。不过只答应做我的下手。

前面的枪声,已响得稀落了。感觉上似乎天快亮了,其实还只是半夜。外边月亮很明,也比平日悬得高。前面又下来一个重伤员。屋里铺位都满了,我就把这位重伤员安排在屋檐下的那块门板上。担架员把伤员抬上门板,但还围在床边不肯走。一个上了年纪的担架员,大概把我当做医生了,一把抓住我的膀子说:"大夫,你可无论如何要想办法治好这位同志呀!你治好他,我……我们全体担架队员给你挂匾!……"他说话的时候,我发现其他的几个担架员也都睁大了眼盯着我,似乎我点一点头,这伤员就立即会好了似的。我心想给他们解释一下,只见新媳妇端着水站在床前,短促地"啊"了一声。我急拨开他们上前一看,我看见了一张十分年轻稚气的圆脸,原来棕红的脸色,现已变得灰黄。他安详地阖着眼,军装的肩头上露着那个大洞,一片布还挂在那里。

"这都是为了我们,"那个担架员负罪地说道,"我们十多副担架挤在一个小巷子里,准备往前运动,这位同志走在我们后面,可谁知道狗日的反动派不知从哪个屋顶上扔下颗手榴弹来,手榴弹就在我们人缝里冒着烟乱转,这时这位同志叫我们快趴下,他自己就一下扑在那个东西上了……"

新媳妇又短促地"啊"了一声。我强忍着眼泪,给那些担架员说了些话,打发他们走了。我回转身看见新媳妇已轻轻移过一盏油灯,解开他的衣服；她刚才那种忸怩羞涩已经完全消失，只是庄严而虔诚地给他拭着身子。这位高大而又年轻的小通讯员无声地躺在那里……我猛然醒悟地跳起身，磕磕绊绊地跑去找医生。等我和医生拿了针药赶来，新媳妇正侧着身子坐在他旁边。

　　她低着头，正一针一针地在缝他衣肩上那个破洞。医生听了听通讯员的心脏，默默地站起身说："不用打针了。"我过去一摸，果然手都冰冷了。新媳妇却像什么也没看见，什么也没听到，依然拿着针，细细地、密密地缝着那个破洞。我实在看不下去了，低声地说：

　　"不要缝了。"她却对我异样地瞟了一眼，低下头，还是一针针地缝。我想拉开她，我想推开这沉重的氛围，我想看见他坐起来，看见他羞涩地笑。但我无意中碰到了身边一个什么东西，伸手一摸，是他给我开的饭，两个干硬的馒头……

　　卫生员让人抬了一口棺材来，动手揭掉他身上的被子，要把他放进棺材去。新媳妇这时脸发白，劈手夺过被子，狠狠地瞪了他们一眼，自己动手把半条被子平展展地铺在棺材底，半条准备盖在他身上。卫生员为难地说："被子……是借老百姓的"。

　　"是我的——"她气汹汹地嚷了半句，就扭过脸去。在月光下，我看见她眼里晶莹发亮，我也看见那条枣红底色上、洒满白色百合花的被子，这象征纯洁与感情的花，盖上了这位平常的、拖毛竹的青年人的脸。

（选自《中国新文学大系 1949—1976 · 短篇小说卷一》，
上海文艺出版社 1997 年版）

让"纯洁与感情的花"开在人们心上

——《百合花》赏析

黄瑞虹

《百合花》是茹志鹃在小说创作上形成自己独特风格的代表作。作品1958年在《延河》发表后,虽曾一度遭到非议,但广大读者却对它推崇备至,认为它是当代小说中别开生面的佳作。

小说写了解放战争期间发生在部队前沿阵地包扎所里的一个小故事。一位19岁的通讯员为掩护几名抬担架的民工,扑在敌人突然撂下的手榴弹上,结果壮烈牺牲;一个结婚才3天,同他有过短暂接触并有过一点误会的新媳妇,用自己的一床印有百合花的新婚被子,为他送了葬。故事情节如此简单,人物性格也不复杂,但作品受到了文学大师茅盾的高度赞扬,且历久不衰,享有盛誉。这不能不归功于作者独特的艺术风格,归功于她善于发现生活中美好事物的慧眼和艺术技巧上独到的功力。

表现战争年代军民关系的成功作品为数众多,《百合花》更是写出了新意,谱出了新曲。它的成功首先表现为构思的巧妙。小说中的3个人物——"我"、通讯员和新媳妇之间关系的处理,显示了作者的匠心。

从通讯员方面说,作者把他写成一个入伍不久的农村青年,并安排他一再和女同志接触,在接触过程中,他始终处在无可奈何的尴尬境地里。他送"我"这位女同志去前沿包扎所,是主攻团长下达的命令,他只能执行。但一上路他就撒开大步,走在前面,把"我"撂下几丈远。在发觉"我"跟不上时,他虽放慢了脚步,却没有回头看"我"一眼。"我"让他休息一下时,他又坐在离"我"远远的一块石头上,把背对着"我"。在这些表现中,作者把一个纯朴、腼腆的小战士的形象,活脱脱地展现在读者的眼前;那步枪筒里稀疏的几根树枝,更把他有点寂寞的心情作了某种暗示。试想,这一路上,他和一个素不相识的女同志走在一起,而这个女同志又走得那么慢,他心里该有多少别扭,只好拣起路旁的树枝,聊以解闷,自寻一点乐趣;这个举动又恰好反映出他热爱自然、热爱生活的童心。

从"我"这方面看,作者有意把"我"和通讯员的赶路,处理在早上刚下过雨、路滑不好走、脚又恰好烂了等不利条件下,给赶路中戏剧性场面的出现,设下了必不可少的机缘。在一般情况下,女同志本来就走得不如男同志快,何况眼前的这个男同志,不但身强力壮,而且是走惯山路的小伙子。如果通讯员不回避"我","我"完全可以把自己走不快的原因说出来,现在却怕被看成怯弱、当成笑柄,只好闷在心里,很不痛快,对通讯员生起气来。紧追慢赶还赶不上时,就索性在后面慢慢晃。休息时,还带着一种反抗情绪,故意走到通讯员的面前坐下来。不料一开口,就知道这个不爱搭理她的小同志,竟是自己的同乡。这是一个巧合。乡情顿时缩短了"我"和通讯员的距离,引起"我"心情的微妙变化,从对他的生气、恼怒突然变得对他亲热起来;从怕他笑话自己到毫无顾忌地盘问起他的身世、经历,一直问到他曾否娶媳妇这类不便于出口的问题,害得这个本来不善于和女同志接触的通讯员出了一头大汗。"我"也于心不忍地后悔起来……故事情节在这些巧妙的安排下,自然而然地发展,人物性格也逐渐鲜明起来。这些巧合以及由此而引出的戏剧性场面,又为后面通讯员借被子受新媳妇的气埋下伏笔,揭示了通讯员借不到被子的必然性,省去了描写他借被子时受窘、局促等细节描写,而只用新媳妇寻找"同志弟"的一个举动和她顺口说的"刚才借被子,他可受我的气了!"一句话交代过去。这就留给读者以想象的余地,取得了一箭双雕的艺术效果。

通讯员借被子偏偏遇上新媳妇,又何尝不是有意安排的巧合呢!如果通讯员遇上一位老大娘、老大爷或其他人,情况就会完全两样。这里的群众觉悟高,又开通,哪里会让他受窘呢?正是作者的这种巧妙安排,使小说的情趣大大增强了,使读者和作者一起微笑着面对所发生的一切。巧合还在后面的情节发展中一再出现:牺牲了的通讯员恰巧被安放在新媳妇用百合花的新被子铺好的门板上;当要把通讯员的尸体放入棺材时,新媳妇又用这床新被子一半铺在棺材底,一半盖在通讯员的遗体上,等等。这种种巧合使前面出现的喜剧性场面,迅即为壮美的悲剧场面所取代,使读者受到极大的震动和感染。这种巧妙的安排,显得那么顺理成章,不露雕琢的痕迹,取得了不同寻常的艺术效果。它不仅对主题思想的表现起了强调、突出的作用,对人物性格的刻画作了有力的渲染,而且使小说的情节跌宕起伏,层层推进;在结构上也是严丝密缝,浑然一体的。这种巧合所产生的艺术感染力更是无法估量的,茅盾就说过:"我以为这是我最近读过的几十个短篇中间最使我满意,也最使我感动的一篇。"①

多层次和多方面刻画人物,是这篇小说的另一成功特点。这在对主要人物通讯员的描写上充分体现出来。

写通讯员和"我"到包扎所半天路途的经过,以及向新媳妇借被子时的表现,都突出了他性格中腼腆、执拗的一面。虽然也写到"他背后好象长了眼睛似的",自动在路边站下来,不把"我"落下太远,点染出他善于体察人的一面,但并未写得十分明白。因此,对通讯员的这番用心,"我"非但不领情,反生怨怒。后来,通讯员知道了借来的是结婚才3天的新媳妇的新被子,便执意要送回去;经说服不再送回之后,他又表示用后要好好给洗干净,同时又把"我"抱着的被子统统抓过去,左一条右一条地披挂在自己肩上。这时,他的一颗纯朴、善良、赤诚的心,才鲜明透亮地袒露在读者的面前。尤为突出的是,当"我"让他返回团部时,他好象如释重负:

> 他精神顿时活泼起来了,向我敬了礼就跑了。走不几步,他又想起了什么,在自己挂包里掏了一阵,摸出两个馒头,朝我扬了扬,顺手放在路边石头上,说:
> "给你开饭啦!"说完就脚不点地地走了。我走过去,拿起那

---

① 茅盾:《谈最近的短篇小说》,《茅盾评论文集》(上),第173页,人民文学出版社1978年版。

两个干硬的馒头,看见他背的枪筒里不知在什么时候又多了一枝野菊花,跟那些树枝一起,在他身边抖抖地颤动着。

这里,通讯员的开朗神情,与前面羞涩、忸怩的表现相比,判若两人。这么一对照,便写出了通讯员在和女人打了半天交道,拘谨的心一下子放开后的轻松感,写出了他作为年轻人的天真活泼的性格,以及对战斗生活的热切渴望。两个干馒头的出现,又着重点染出他对别人的关心、照顾;枪筒里多出的那枝野菊花,颇有"战地黄花分外香"的诗意,也和这位年轻人的高洁志趣相映衬。这一切,使"我"久久地伫立,对他的背影凝神默想起来。……

作品这样多层次地描绘通讯员处处为他人着想的品质,使他后来舍身救担架队员的英勇行为,成为其性格发展的必然结果,并从这一精神境界的高度来完成人物形象的塑造。

作品不是单线条地刻画人物,而是从多方面对通讯员的性格予以烘托、渲染,使之更加丰满,放射出灿烂的光彩。

"我"是个贯穿始终的人物,小说是以"我"的行动为主线连结起来的。在情节发展中,"我"或是置身其中,亲自经历;或是从旁观察,耳闻目见。作品通过"我"的感受,从侧面对通讯员的性格进行了描写,此外,还从"我"思念通讯员的角度,对他的优秀品质作了勾画:

啊!中秋节,在我的故乡,现在一定又是家家门前放一张竹茶几,上面供一副香烛,几碟瓜果月饼。孩子们急切地盼那炷香快些焚尽,好早些分到给月亮娘娘享用过的东西。他们在茶几旁边跳着唱着:"月亮堂堂,敲锣买糖,……"或是唱着:"月亮嬷嬷,照你照我,……"想到这里,我又想起那个小同乡,那个拖毛竹的小伙,也许,几年以前,他还唱过这些歌吧!……我咬了一口美味的家做月饼,想起那个小同乡大概现在正趴在工事里,也许在团指挥所,或者是在那些弯弯曲曲的交通沟里走着哩!……

这段联想仿佛是闲笔,但却很能体现茹志鹃小说的风格。在这里,她不写战火连天、枪林弹雨的场面,而写"月亮堂堂,敲锣买糖"的儿时故事。这不仅把读者带到了浙江一带过中秋节的风俗民情之中,而且引起了人们对那个憨厚、质朴的通讯员的思念和依恋。几年以前,他还是个唱儿歌的孩子,可是,今天他已成长为人民的战士。当人们读完全篇,再来回味这段"闲笔"时,会越发感到"拖毛竹的小伙"在人民战争中的迅速成长,感到他的憨厚、质朴是这样引人动情,使人不由得插上联想的翅膀,飞向他的童年的生活,去分享他的天真和欢乐。

对"小伙"的思念,不仅紧紧地牵住"我"的心,也把读者带到了对他命运的深切关注中:

> 我拉开一个重彩号的符号时,"通讯员"三个字使我突然打了个寒战,心跳起来。我定了下神才看到符号上写着×营的字样。啊!不是,我的同乡他是团部的通讯员。但我又莫名其妙地想问问谁,战地上会不会漏掉伤员。通讯员在战斗时,除了送信,还干什么,——我不知道自己为什么要问这些没意思的问题。

这里,把"我"为通讯员担惊受怕的心理写得非常细腻、传神。"我"之所以会对一个非亲非故,只是陪伴自己走了半天路,还那么别扭,让他帮自己去借被子,反招来麻烦的人如此挂念,是因为"我"从通讯员那些看来似乎不近人情的古怪举动中,逐步看到了他那颗纯洁无邪的心,而这颗心在把被子统统挂在自己肩上和留下馒头两件事上,又表现得如此晶明透亮。"我"此时对他的格外关注非但毫不足怪,而且显得合情合理。这就是作者从"我"这一侧面,进一步刻画通讯员形象的感人至深的地方。

此外,作者还通过担架队员抬来受重伤的通讯员,又围在床边不肯走,恳切地请求无论如何要想办法治好他等举动,以及新媳妇一改先前那种羞涩忸怩,为已经牺牲的通讯员庄严而虔诚地擦拭身体,细针密线地缝好衣肩上的破洞,还劈手夺来百合花的新被子,半条平展展地铺在棺材底,半条盖在他身上等细节描写,写出担架队员和新媳妇对通讯员的深情和真挚的敬意,从担架队员和新媳妇这两个侧面表现了通讯员那令人敬重的高贵品质。

小说用主要笔墨,多层次多方面来写通讯员,这就使主题思想的表现集中而有力,形象地说明了正是由于我军千千万万普通战士,为了人民的利益,甚至牺牲生命也在所不惜,才赢得了人民群众的衷心爱戴;军民之间这种鱼水相依的情谊,筑成了战无不胜、坚不可摧的钢铁长城。

这是一篇以战争时期为背景的小说,但所描绘的不是枪林弹雨、硝烟弥漫的战争场面和惨不忍睹的景象,相反,它使人感到一种温馨的情,诗意的美。这就不能不谈到作者的艺术风格,谈到她善于运用叙事、写景和抒情的笔墨来体现自己的风格。在写"我"从团部出发到前沿包扎所的路上时,作品中有这样一段景色描写:

> 早上下过一阵小雨,现在虽放了晴,路上还是滑得很。两边地里的秋庄稼,给雨水冲洗得青翠水绿,珠烁晶莹,空气里也带有一股清新湿润的香味。

这段景色描写,除了交代刚下过雨,路滑,为后文"我"走不快作了铺垫外,它所起的作用,确实让人连晚上要发起总攻的事也淡忘了,只感到像是去赶集一般的适意。它把战时的严峻紧张气氛一下子淡化了,给人以闲适、恬淡的感觉。

在"我"知道通讯员是一个拖毛竹的山里人后,作品中又有一段精彩描写:

> 我朝他宽宽的两肩望了一下,立即在我眼前出现了一片绿雾似的竹海,海中间,一条窄窄的石级山道,盘旋而上,一个肩膀宽宽的小伙,肩上垫了一块老蓝布,扛了几枝青竹,竹梢长长的,拖在他后面,刮打得石级哗哗作响。……

在竹梢哗哗作响的描写里,不但将山区景色点染得有声有色,如在眼前,而且将我对故乡的追忆和眷恋之情,浓浓地融注在其中了。爱屋及乌,由此而来的"我"对通讯员的亲切感的自然而然地产生,便不足为怪了,而且使读者从中感受到景色美和人情味。

此外,对故乡中秋佳景的描绘,对通讯员枪筒上树枝和野菊花的状写,无不起到淡化战争气氛的作用,引起人们对美好景物的依恋和憧憬。

同是写战争,写战士的牺牲,茹志鹃的小说确有不同于其他作家的独特风格。

自然,作者也不是一味用景物描写和抒情来淡化战争的气息。当战斗一旦打响,虽然包扎所不是战斗的现场,不可能目睹打仗的实际情景,作者还是从各个方面,用简洁的几笔,来烘托战争进行中的紧张、激烈的场面:

> 一会儿,我们的炮响了,天空划过几颗红色的信号弹,攻击开始了。不久,断断续续地有几个伤员下来,包扎所的空气立即紧张起来。

接着又有这样一段描述:

> ……消息忽然停顿了,下来的伤员,只是简单地回答"在打",或者"在街上巷战"。但从他们满身泥泞,极度疲乏的神色上,甚至从那些似乎刚从泥里掘出来的担架上,大家明白,前面在进行着一场什么样的战斗。

寥寥数语,前沿阵地战斗的激烈、艰苦可想而知,不但战士打得勇猛异常,担架队员也顽强无比。

作为描写战争生活的小说,仅有的这些对战斗情况的描写的确是太俭省了,好在作者的艺术风格并不体现在这里,而是体现在从战争生活中发掘人情中美好的东西。

当新媳妇把新被子铺盖在通讯员身上,卫生员为难地说"被子……是借老百姓的"时,立即引起新媳妇的反驳:"是我的——"接着

是这样一段结束全文的描写:

> 在月光下,我看见她眼里晶莹发亮,我也看见那条枣红底色上撒满白色百合花的被子,这象征纯洁与感情的花,盖上了这位平常的、拖毛竹的青年人的脸。

百合花——纯洁的感情的花,伴随着主人公的躯体,映衬着他高贵的灵魂,永远留在人们的心里。这诗意浓郁的点题描写,把作品推向了一个更高的艺术境界。

复习思考题

1. 作品是怎样刻画通讯员的性格的?
2. 从《百合花》谈作者的艺术风格。

山那面人家

周立波

　　踏着山边月映出来的树影,我们去参加山那面一家人家的婚礼。

　　我们为什么要去参加婚礼呢? 如果有人这样问,下边是我们的回答:有的时候,人是高兴参加婚礼的,为的是看着别人的幸福,增加自己的欢喜。

　　有一群姑娘在我们的前头走着。姑娘成了堆,总是爱笑。他们嘻嘻哈哈地笑个不断纤。有一位索性蹲在路边上,一面含笑骂人家,一面用手揉着自己笑痛了的小肚子。她们为什么笑呢? 我不晓得。对于姑娘们,我了解不多。问过一位了解姑娘的专家,承他相告:"她们笑,就是因为想要笑。"我觉得这句话很有学问。但又有人告诉我:"姑娘们笑,虽说不明白具体的原因,总之,青春、健康、无挂无碍的农业社里的生活,她们劳动过的肥美的、翡青的田野,和男人同工同酬的满意的工分,以及这迷离的月色,清淡的花香,朦胧的、或是确实的爱情的感觉,无一不是她们快活的源泉。"

　　我想这话也似乎有理。

　　翻过山顶,望见新郎的家了。那是一个大瓦屋的两间小横屋。大门上挂着一个小小的古旧的红灯。姑娘们蜂拥进去了。按照传统,到了办喜事的人家,她们有种流传很久的特权。从前,我们这带的红花姑娘们,在同伴新婚的初夜,总要偷偷跑到新房的窗子外面、板壁下边去听壁脚,要是听到类似这样的私房话:"喂,困着了吗?"她们就会跑开去,哈哈大笑;第二天,还要笑几回。但也有可能,她们什么也听不到手。有经验的、也曾听过人家壁脚的新人,在这幸福的头一天夜里,可能半句话也不说,使窗外的人们失望地走开。

　　走在我们前头的那一群姑娘,急急忙忙跑进门去了,她们也是来听壁脚的吗?

我在山里摘了几枝茶子花,准备送给新贵人和新娘子。到了门口,我们才看见,木门框子的两边,贴着一幅大红纸对联,红灯影里,显出八个端正的字样:

  歌声载道
  喜气盈门

我们走进门,一个青皮后生子满脸堆笑,赶出来欢迎。他是新郎邹麦秋,农业社的保管员。他生得矮矮敦敦,眉清目秀,好多的人都说他老实,但也有少数的人说他不老实,那理由是新娘很漂亮,而漂亮的姑娘,据说是不爱老实的男人的。谁知道呢,看看新娘子再说。

把茶子花献给了新郎,我们往新房走去。那里的木格窗子上糊上了皮纸,当中贴着个红纸剪的大喜字,四角是玲珑精巧的窗花,有鲤鱼、兰草,还有两只美丽的花瓶,花瓶旁边是两只壮猪。

我们攀开门帘子,进了新娘房。姑娘们早在,还是在轻声地笑,在讲悄悄话。我们才落坐,她们一哄出去了,门外是一路的笑声。

等清静一点,我们才过细地端详房间。四围坐着好多人,新娘和送亲娘子坐在床边上。送亲娘子就是新娘的嫂嫂。她把一个三岁伢子带来了,正在教他唱:

  三岁伢子穿红鞋,
  摇摇摆摆上学来,
  先生莫打我,
  回去吃口汁子①又来。

我偷眼看了看新娘卜翠莲。她不蛮漂亮,但也不丑,脸模子,衣架

---

① 汁子:奶汁。

子,都还过得去,由此可见,新郎是个又老实又不老实的角色。房间里的人都在看新娘。她很大方,一点也没有害羞的样子。她从嫂嫂怀里接过侄儿来,搔他胳肢,逗起他笑,随即抱出房间去,操了一泡尿,又抱了回来,从我身边擦过去,留下一阵淡淡的香气。

　　人们把一盏玻璃罩子煤油灯点起,昏黄的灯光照亮了房里的陈设。床是旧床,帐子也不新;一个绣花的红缎子帐荫子也半新不旧。全部铺盖,只有两只枕头是新的。

　　窗前一张旧的红漆书桌上,摆了一对插蜡烛的锡烛台,还有两面长方小镜子,此外是贴了红纸剪的喜字的瓷壶和瓷碗。在这一切摆设里头最出色的是一对细瓷半裸的罗汉。他们挺着胖大的肚子,在哈哈大笑。他们为什么笑呢?既是和尚,应该早已看破红尘,相信色即是空了,为什么要来参加人家的婚礼,并且这样欢喜呢?

　　新房里,坐在板凳上谈笑的人们中有乡长、社长、社里的兽医和他的堂客。乡长是个一本正经的男子,听见人家讲笑话,他不笑,自己的话引得人笑了,他也不笑。他非常忙,对于婚礼,本不想参加,但是邹麦秋是社里的丁部,又是邻居,他不好不来。一跨进门,邹家翁妈迎上来说道:

　　"乡长来得好,我们正缺一个为首主事的。"意思是要他主婚。

　　当了主婚人,他只得不走,坐在新娘房里抽烟,谈讲,等待仪式的开始。

　　社长也是个忙人,每天至少要开两个会,谈三次话,又要劳动;到夜里,回去迟了,还要挨堂客的骂。任劳任怨,他是够辛苦的了。但这一对人的结合,他不得不来。邹麦秋是他得力的助手,他来道贺,也来帮忙,还有一个并不宣布的目的,就是要来监督他们的开销。他支给邹家五块钱现款,叫他们连茶饭,带红纸红烛,带一切花销,就用这一些,免得变成超支户。

　　来客当中,只有兽医的话多。他天南地北,扯了一阵,话题转到婚姻制度上。

　　"包办也好,免得自己去操心。"兽医说。他的漂亮堂客是包办来的,他很满意。他的脸是酒糟脸,红通通的,还有个疤子,要不靠包办,很难讨到这样的堂客。

"当然是自由好嘛。"社长的堂客是包办来的,时常骂他,引起他对包办婚姻的不满。

"社长是对的,包办不如自由好。"乡长站在社长这一边,"有首民歌,单道旧式婚姻的痛苦。"

"你念一念。"社长催他。

> 旧式婚姻不自由,
> 女的哭来男的愁,
> 哭的长江涨了水,
> 愁的青山白了头。

"那也没有这样的厉害。"社长笑笑说。

"我们不哭也不愁。"兽医得意地看看他堂客。

"你是瞎子狗吃屎,瞎碰上的。"乡长说,"提起哭,我倒想起津市那边的风俗。"乡长低头吸口烟,没有马上说下去。

"什么风俗?"社长催问。

"那边兴哭嫁,嫁女的人家,临时要请好多人来哭,阔的请好几十个。"

"请来的人不会哭,怎么办?"兽医发问。

"就是要请会哭的人嘛。在津市,有种专门替人哭嫁的男女,他们是干这行业的专家,哭起来,一数一落,有板有眼,好像唱歌,好听极了。"

窗外爆发一阵姑娘们的笑声,好久不见的她们,原来已经在练习听壁脚了。新房里的人,连新娘在内,都笑了,乡长照例没有笑。没有笑的,还有兽医的堂客。她枯起了眉毛。

"你怎么样了?"兽医连忙低头小声问。

"脑壳有点昏,心里像要呕。"漂亮堂客说。

"有喜了吧?"乡长说。

"找郎中没有?"送亲娘子问。

"她还要找？夜夜跟郎中睡一床。"社长笑笑说。

"看你这个老不正经的，还当社长呢。"兽医堂客说。

外边有人说："都布置好了，请到堂屋去。"大家涌到了堂屋，送亲娘子抱着孩子，跟在新人的背后。姑娘们也都进来了。她们倚在板壁上，肩挨着肩，手拉着手，看着新娘子，咬一会耳朵，又低低地笑一阵。

堂屋上首放着扳桶、箩筐和晒簟，这些都是农业社里的东西。正当中的长方桌上，摆起两枝点亮的红烛，烛光里，还可以清楚地看见两只插了茶子花枝的瓷瓶。靠里边墙上挂一面五星红旗，贴一张毛主席肖像。

仪式开始了，主婚人就位，带领大家，向国旗和毛主席行了一个礼，又念了县长的证书，略讲了几句，退到一边，和社长坐在一条高凳上。司仪姑娘宣布下面一项是来宾演说。不知道是哪个排定的程序，把大家最感兴味的一宗——新娘子讲话放在末尾，人们只好怀着焦急的心情来听来宾的演说。

被邀上去演讲的本来是社长，但是他说：

"还是叫新娘子讲吧。我们结婚快二十年了，新婚是什么味儿，都忘记了，有什么说的？"

大家都笑了，接着是一阵鼓掌。掌声里，人们一看，走到桌边准备说话的，不是新娘，而是酒糟脸上有个疤子的兽医。他咬字道白，先从解放前后国内的形势谈起，慢慢吞吞地，带着不少的术语，把辞锋转到了国际形势。听到这里，乡长小声地跟社长说道：

"我还约了一个人谈话，要先走一步，你在这里主持一下子。"

"我也有事，要走。"

"你不能走，都走了不好。"乡长说罢，向邹家翁妈抱歉似地点点头，起身走了。社长只得留下来，听了一会，实在忍不住，就跟旁边一个办社干部说：

"人家结个婚，跟国际国内的形势有什么关系？"

"你不晓得呀，这叫八股；才讲两股，下边还长呀。"办社干部说。

隔了半点钟，掌声又起，新娘子已经上去，兽医不见了。发辫扎着红绒绳子的新人，虽说大方，脸也通红了。她说：

"各位同志,各位父老,今天晚上,我快活极了,高兴极了。"

姑娘们吃吃地笑着,口说"快活极了,高兴极了"的新娘,却没有笑容,紧张极了。她接着讲道:

"我们是一年以前结婚的。"

大家起初愣住了,以后笑起来,但过了一阵,平静地一想,知道她由于兴奋,把订婚说做了结婚。新娘子又说:

"今天我们结婚了,我高兴极了。"她从新蓝制服口袋里掏出一本红封面的小册子,摊给大家看一看,"我把劳动手册带来了。今年我有两千工分了。"

"真不儿戏。"一个青皮后生子失声叫好。

"真是乖孩子。"一个十几岁的后生子这样地说。他忘了自己真是个孩子。

"这才是真正的嫁妆。"老社长也不禁叹服。

"我不是来吃闲饭依靠人的,我是过来劳动的。我在社里一定要好好生产,和他比赛。"

"好呀,把邹家里比下去吧。"一个青皮后生子笑着拍手。

"我的话完了。"新娘子满脸通红,跑了下来。

"没有了吗?"有人还想听。

"说得太少了。"有人还嫌不过瘾。

"送亲娘子,请。"司仪姑娘说。

送亲娘子搂着三岁的孩子,站起来说:

"我没学习,不会讲话。"说完就坐下去了,脸也涨得鲜红。

"要新郎公讲讲,敢不敢比?"有人提议。

"新郎公呢?"

"没有影子了。"有人发现。

"跑了。"有人断定。

"跑了? 为什么?"

"跑到哪里去了?"

"太不像话,这叫什么新郎公?"

"他一定是怕比赛。"

"快去找去,太不像话了,人家那边的送亲娘子还在这里。"社长说。

好几十个人点着火把,拧亮手电,分几路往山里、塅里、小溪边、水塘边,到处去寻找。社长领头,寻到山里的一路,看见储藏红薯的地窖露出了灯光。

"你在这里呀,你这个家伙……"一个后生子差点要骂他。

"你为什么开溜?怕比赛吗?"老社长问他。

邹麦秋提着一盏小方灯,从地窖里爬了出来,拍拍身上的泥土,抬抬眉毛,平静地,用低沉的声音说道:

"我与其坐冷板凳,听那些牛郎中空口说白话,不如趁空来看看我们社里的红薯种,看烂了没有?"

"你呀,算是一个好的保管员,可不是一位好的新郎公。不怕爱人多心吗?"社长的话,一半是夸奖,一半是责备。

把新郎送回去以后,我们先后告辞了。踏着山边斜月映出的树影,我们各自回家去了。同路来的姑娘们还没有动身。

飘满茶子花香的一阵阵初冬月夜的微风,送来姑娘们一阵阵欢快的、放纵的笑闹声。她们一定开始在听壁脚了,或者已经有了收获吧?

——原载《人民文学》一九五八年第十一期

(选自《中国新文学大系 1949—1976·短篇小说卷一》,
上海文艺出版社 1997 年版)

飘满茶子花香的山村婚礼

——《山那面人家》赏析

王庆生

《山那面人家》是周立波 1957 年创作的短篇小说，发表于《人民文学》1958 年第 11 期。

周立波是一位在小说、散文、报告文学、文学理论和翻译文学等方面卓有建树的著名作家。早年曾翻译过普希金的《多罗布斯基》、肖洛霍夫的《被开垦的处女地》、基希的《秘密的中国》等作品，但他的主要成就是小说创作。1948 年创作的反映东北土地改革的长篇小说《暴风骤雨》荣获斯大林文学奖。1954 年出版的《铁水奔流》是中国当代第一部反映钢铁工业建设的长篇小说。20 世纪 50 年代后期创作的反映社会主义农村变革的长篇小说《山乡巨变》，标志着作者创作发展的新阶段，在中国当代文学史上占有重要地位。除长篇小说外，周立波还创作了 23 篇短篇小说，如《山那面人家》、《禾场上》、《腊妹子》、《盖满爹》、《张满贞》、《下放的一夜》、《桐花没有开》、《胡桂花》等。周立波的小说以其平实、淳厚、清新、隽永的风格受到广大读者的欢迎，人们将以周立波为代表的湖南作家群称为"茶子花派"。

周立波的短篇小说，多以描写农村生活为主要内容，这些作品大都从随处可见的日常生活中，信手采摘几个生活片段，展现日常生活中的纯真和温情，反映时代变革给农民生活带来的变化，给人一种清新的情趣，一种隽永的生活芬芳。《山那面人家》就是这样一篇佳作。

《山那面人家》叙写的是山村普通人家的一场婚礼。小说开头，就直接点明叙事人"踏着山边月映出来的树影""去参加山那面一家人家的婚礼"。为什么要去参加婚礼呢？作者开门见山提出了问题，接着从三个层面叙写了"我们"参加婚礼的所见所闻所感。

小说

　　第一个层面写一群姑娘在参加婚礼路上的欢快心情。"姑娘成了堆,总是爱笑,她们嘻嘻哈哈地笑个不断纤。"笑,成了贯穿整篇小说的一根红线。姑娘的笑声,经过作家的点染,充满清新的诗意。她们为什么总爱笑,为什么笑痛了肚子,这是因为,新的生活使她们无忧无虑,使她们摆脱了封建的羁绊,摆脱了贫穷的困扰。"青春、健康,无挂无碍的农业社里的生活,她们劳动过的肥美的、翡青的田野,和男人同工同酬的满意的工分,以及这迷离的月色,清淡的花香,朦胧的、或是确实的爱情的感觉,无不是她们快活的源泉。"新的时代不仅摧毁了旧的制度,使偏僻的农村旧貌换新颜,而且改变了人的精神面貌,使人们的生活安定,日子过得舒坦。正如唐弢在评论《山那面人家》一文中所说:通过一对青年的婚礼,渲染了"歌声载道,喜气盈门"的农村新面貌,刻画了人们在新社会里的精神状态,这是作者眼里看出来的生活的特征:淳朴、轻松、愉快。① 周扬在论述周立波的创作时也说,他天真乐观,总是以微笑看待生活,从不为抚摸自己的伤痛而叹息,也很少炫耀自己的才华而表露自满。② "以微笑看待生活",使周立波创作的取材每每不是惊人炫目的激烈斗争,而是和风暖日下的日常生活,作品中的人物每每不是高大的英雄,而是平凡普通的百姓。读他的作品,总会流露出会心的微笑。

　　抒写姑娘们和"我"来到洞房的见闻,是小说的第二个层面。小说中关于洞房的描写,既有动态的,也有静态的,动态与静态的融合,散发出生活的芬芳,彰显了山村的新风尚新面貌。作者写洞房:简朴古旧。"那是一个大瓦屋的两间小横屋。大门上挂着一个小小的古旧的红灯",洞房里,"人们把一盏玻璃罩子煤油灯点起,昏黄的灯光照亮了房里的陈设。床是旧的,帐子也不新;一个绣花的红缎子帐荫子也半新不旧。全部铺盖,只有两只枕头是新的。"这些描写真实地反映了20世纪50年代的现实状况。那时的农村还处于社会变革的初始阶段,还没有从根本上摆脱贫困,农民承续了世世代代艰苦朴素的传统,勤俭持

---

① 唐弢:《风格一例——试谈〈山那面人家〉》,《人民文学》1959年第7期。
② 参见周扬:《怀念立波》,《人民日报》1983年2月7日。

家,勤俭办事,即使办婚礼这样的喜事,也精打细算,简朴实用。这和当今社会耗费巨资极尽奢华的婚庆典礼形成强烈对照。小说中写的洞房陈设、新婚嫁妆虽然简单,但洞房的布置陈设却很有讲究:木格窗子当中贴着一个红纸剪的大喜字,四角是玲珑精巧的窗花,有鲤鱼、兰草,还有两只美丽的花瓶,花瓶旁边是两只壮猪……窗前一张旧的红漆书桌上,摆了一对插蜡烛的烛台,还有两面长方小镜子,贴了红纸剪的喜字的瓷壶和瓷碗。在这些摆设中,"最出色的是一对细瓷半裸的罗汉。他们挺着胖大的肚子,在哈哈大笑"。这些静态的物件在作家的笔下都显得栩栩如生,富有生命。在动态描写方面,小说多次写到姑娘们的笑声,写到"我"在山里摘了几枝茶子花准备送给新郎新娘,写到社长与兽医来客的交谈,其中有的细节很有情趣,如送亲娘子教三岁伢子唱儿歌:"三岁伢子穿红鞋,/摇摇摆摆上学来,/先生莫打我,/回去吃口汁子(奶汁)又来",写新娘子给伢子搔胳肢,给伢子操了一泡尿,她经过"我"身旁,"留下一阵淡淡的香气"。这些描写生动逼真,饱含着作者喜悦的感情。

  第三个层面写婚礼。中国近现代的婚礼仪式继承了我国传统的结婚习俗,旧式婚礼讲究的是"明媒正娶",婚礼的程序包括"保亲"、"合婚"、"放定"、"迎娶"、"闹洞房"、"回门"等六个步骤。随着社会的发展,婚礼仪式也发生了根本变化。小说中关于婚礼仪式的描写,不仅摒弃了旧式婚礼的俗套,而且体现了新时代的新风尚。从婚礼仪式上点亮的红烛烛光中,从瓷瓶插放的茶子花的香气中,从人们为新人新婚祝福的欢笑声中,从婚礼简朴热烈的氛围中,我们感受到山村普通人家生活的温馨祥和,感受到新郎新娘发自内心的激动和幸福。特别是作者重点叙写的兽医和新娘在婚礼上的讲话,更是饶有兴味。那位酒糟脸上有个疤子的兽医讲话非同一般,他"咬字道白,先从解放前后国内的形势谈起,慢慢吞吞地,带着不少的术语,把辞锋转到了国际形势",讲得乡长先走了,社长也忍不住了,不满意兽医冗长的"八股"调。新娘的讲话不同,她虽说大方,脸也通红了,口说"我快活极了,高兴极了"的时候,也"紧张极了",把一年前订婚说成是"我们是一年以前结婚的",还说自己"不是来吃闲饭依靠人的,我是过来劳动的"。听了新娘的讲话,大家连声叫好,还嫌"说得太少了"。一个讲得太多,一个说得太少,在一多一少的比较中,作者委婉地批评了脱离群众的冗长文风,赞美了新一代心灵的纯美。幽默诙谐,富有生活情趣。

浓郁的乡土气息是《山那面人家》的重要特色,也是作为茶子花派代表的周立波创作的一个标志。在作者的笔下,无论是静谧的乡村、翠绿的山林,还是灰蒙蒙的雨雾、醉人的茶子花香,无论是翻古、相里手骂、吃水莽藤,还是哭嫁、听壁脚、打山歌等乡土习俗,都打上湖南农村的印记,融入到作品的字里行间。《山那面人家》描写的哭嫁、听壁脚、闹新房等习俗,充满浓郁的乡土气息。哭嫁作为一种习俗,与旧式封建婚姻制度有关。旧时婚姻由父母做主,嫁给什么人,婚后生活如何,心中无底,想到这些真是伤心断肠,怎能不哭。不哭不仅会被认为不吉利,还会受到父老乡亲的指责。俗话说:"闺女不哭,娘家无福。""缠绵悱恻哭嫁歌,一叹三怨断人肠。"这一习俗一直流行在湖南、湖北、四川等地农村。《山那面人家》描写的哭嫁则是另一番意味。过去是出嫁的姑娘和三亲六戚的姐妹们轮番哭,现在则是请专门替人哭嫁的男女来哭,"哭起来,一数一落,有板有眼,好像唱歌,好听极了"。旧的习俗经过时代的洗礼,赋予了新的内涵。再如听壁脚、闹新房这些习俗,在小说中也基本保持了原有风貌,只是在某些地方作了变动。按照农村风俗,要新郎讲话,与新娘比赛,要先把新郎藏在地窖里,一帮人四处寻找。这些情节在小说中都保留下来,只是寻找新郎的队伍扩大了,新郎躲藏的原因变了:"好几十人点着火把,拧亮手电",由社长领头,"分几路往山里、塅里、小溪边、水塘边,到处去寻找",最后在地窖里找到。新郎说,自己与其听那牛郎中空口说白话,不如趁空来看看红薯种烂了没有。这些改动既保留了农村风俗的原貌,又注入了时代的新元素。

周立波小说的语言清新、流畅、凝练、传神,富有地方特色和民族特色。他善于从老百姓的日常用语中,从中国古典文学和外国文学中精选提炼,吸收营养,用富有地方特色的语言表现当代现实生活。在《山那面人家》中,作者多处使用了方言土语,如"伢子"、"堂客"、"青皮后生"、"笑个不断纤"、"脸模子,衣架子"、"搔他胳肢"、"瞎子狗吃屎,瞎碰上的"、"脑壳有点昏"、"倚在板壁上"、"搂着"、"扳桶、箩筐和晒簟",等等,这些语言生动形象,雅俗共赏。小说结尾只用几句话就写出了人们的心境:"飘满茶子花香的一阵阵初冬月夜的微风,送来姑娘们一阵阵欢快的、放纵的笑闹声。她们一定开始在听壁脚了,或者已经有了收获吧?"有情有景,情景交融,在飘满茶子花香的诗情画意中,让人们领悟到生活带给山村人家的喜悦。

茅盾说:周立波"在追求民族形式的时候,逐步地建立起他的个人风格,他善于吸收旧传统的优点而不受它的拘束。"①周立波正是在追求民族形式和地方特色的过程中,形成了自己独有的创作风格,从而得到人们的肯定。

复习思考题

1. 为什么说笑成了贯穿《山那面人家》的一根红线?
2. 谈谈《山那面人家》的艺术特色。

---

① 《反映社会主义时代的跃进,推进跃进的社会主义时代》,载《争取社会主义文学的更大繁荣》,第 24 页,作家出版社 1960 年版。

班主任（节选）

刘心武

一

你愿意结识一个小流氓,并且每天同他相处吗？我想,你肯定不愿意,甚至会嗔怪我何以提出这么一个荒唐的问题。

但是,在光明中学党支部办公室里,当黑瘦而结实的支部书记老曹,用信任的眼光望着初三(三)班班主任张俊石老师,换一种方式向他提出这个问题时,张老师并不以为古怪荒唐。他只是极其严肃地考虑了一分钟左右,便断然回答说:"好吧！我愿意认识认识他……"

事情是这样的:前些日子,公安局从拘留所把小流氓宋宝琦放出来。他是因为卷进了一次集体犯罪活动被拘留的。……公安局根据他的具体情况——情节较轻而坦白揭发较好,加上还不足十六岁——将他教育释放了。他的父母感到再也难在老邻居们面前抛头露面,便通过换房的办法搬了家,恰好搬到光明中学附近。根据这几年实行的"就近入学"办法,他父母来申请将宋宝琦转入光明中学上学。他该上初三,而初三(三)班又恰好有空位子,再加上张老师有十几年的班主任工作经验,又是这个年级班主任里惟一的党员,因此,经过党支部研究,接受了宋宝琦的转学要求,并且由老曹直接找到张老师,直截了当地摆出情况,问他说:"怎么样？你把宋宝琦收下吧？"

正像你所知道的那样,张老师思忖的目光刚同老曹那饱含期待、鼓励的目光相遇,他便答应下来了。

二

张老师是个什么样的人呢?

……………

他今年三十六岁,中等身材,稍微有点发胖。他的衣裤都明显地旧了,但非常整洁,每一个纽扣都扣得规规矩矩,连制服外套的风纪扣,也一丝不苟地扣着。他脸庞长圆,额上有三条挺深的抬头纹,眼睛不算大,但能闪闪放光地看人,撒谎的学生最怕他这目光;不过,更让学生们敬畏的是张老师的那张嘴。人们都说薄嘴唇的人能说会道,张老师却是一对厚嘴唇,冬春常被风吹得爆出干皮儿;从这对厚嘴唇里迸出的话语,总是那么热情、生动、流畅,像一架永不生锈的播种机,不断在学生们的心田上播下革命思想和知识的种子,又像一把大笤帚,不停息地把学生心田上的灰尘无情地扫去……

张老师从公安局回到学校时,已经是下午三点钟。他掏出叠得很整齐的手绢一边擦着脑门上的汗,一边走进年级组办公室。显然同组的老师们都已知道宋宝琦将于明天到他班上课的事了。教数学的尹达磊老师头一个迎上他,形成了关于宋宝琦的第一个波澜。

三

尹老师和张老师同岁,同是一个师范学院毕业,同时分配到光明中学任教,又经常同教一个年级。他们一贯推心置腹,就是吵嘴,也从不含沙射影、指桑骂槐,总是把想法倾巢倒出,一点"底儿"也不留。

……………

关于宋宝琦即将"驾到"的消息一入他的耳中,他就忍不住热血沸腾。张老师刚一迈进办公室,他便把满腔的"不理解"朝老战友发泄出来。他劈面责问张老师:"你为什么答应下来?眼下,全年级面临的形势是要狠抓教学质量,你弄个小流氓来,陷到做他个别工作的泥坑里去,哪还有精力抓教学质量?闹不好,还弄个'一粒耗子屎坏掉一锅粥'！你呀你，也不冷静地想想，就答应下来，真让人没法理解……"
　　…………
　　这真是几句淡而无味的话。倘若张老师咄咄逼人地反驳尹老师，也许会引起一场火爆的争论，而他竟出乎意料地这样作答，尹老师仿佛反被慑服了。别的老师也挺感动，有的还不禁低首自问："要是把宋宝琦分到我的班上，我会怎么想呢？"
　　张老师的确必须立即开展工作，因为，就在这时，他班上的团支部书记谢惠敏找他来了。

四

　　谢惠敏的个头比一般男生还高，她腰板总挺得直直的，显得很健壮。有一回，她打业余体校栅栏墙外走过，一眼被里头的篮球教练看中。教练热情地把她请了进去，满心以为发现了个难得的培养对象。谁知让这位长圆脸、大眼睛的姑娘试着跑了几次篮后，竟格外地失望——原来，她弹跳力很差，手臂手腕的关节也显得过分僵硬，一问，她根本对任何球类活动都没有兴趣。
　　的确，谢惠敏除了随着大伙看看电影、唱唱每个阶段的推荐歌曲，几乎没有什么业余爱好。她功课中平，作业有时完不成，主要是由于社会工作占去的精力和时间太多了——因此倒也能获得老师和同学们的谅解。
　　头年夏天，张老师接任这个班的班主任时，谢惠敏已经是团支部书记了。张老师到任不久便轮到这个班下乡学农。返校的那天，队伍离村二里多了，谢惠敏突然发现有个男生手里转动着个麦穗，她不禁又惊又气地跑过去批评说："你怎么能带走贫下中农的麦子？给我！得送回去！"那个男生不服气地辩解说："我要拿回家给家长看，让他们知道这儿的麦子长得有多棒！"结果引起一场争论，多数同学并不站在谢惠敏一边，有的说她"死心眼"，有的说她"太过分"。最后自然轮到张老师表态。谢惠敏手里紧紧握着那根丰满的麦穗，微张着嘴唇，期待地望着张老师。……

但是,这以后,直到"四人帮"揪出来之前,浓郁的阴云笼罩着我们祖国的大地,阴云的暗影自然也投射到了小小的初三(三)班。被"四人帮"那个女黑干将控制的团市委,已经向光明中学派驻了联络员,据说是来培养某种"典型";是否在初三(三)班设点,已在他们考虑之中。谢惠敏自然常被他们找去谈话。谢惠敏对他们的"教诲"并不能心领神会,因为她没有丝毫的政治投机心理,她单纯而真诚。但是,打从这时候起,张老师同谢惠敏之间开始显露出某种似乎解释不清的矛盾。比如说,谢惠敏来告状,说团支部过组织生活时,五个团员竟有两个打瞌睡。张老师没有去责难那两个不像样子的团员,却向谢惠敏建议说:"为什么过组织生活总是念报纸呢?下回搞一次爬山比赛不成吗?保险他们不会打瞌睡!"谢惠敏瞪圆了双眼,几乎不相信自己的耳朵,隔了好一阵,才抗议地说:"爬山,那叫什么组织生活?我们读的是批宋江的文章啊……"再比如,那一天热得像被扣在了蒸笼里,下了课,女孩子们都跑拢窗口去透气,张老师把谢惠敏叫到一边,上下打量着她说:"你为什么还穿长袖衬衫呢?你该带头换上短袖才是,而且,你们女孩子该穿裙子才对啊!"谢惠敏虽然热得直喘气,却惊讶得满脸涨红,她简直不能理解张老师在提倡什么作风!班上只有宣传委员石红才穿带小碎花的短袖衬衫,还有那种带褶子的短裙,这在谢惠敏看来,乃是"沾染了资产阶级作风"的表现!

"四人帮"揪出来之后,张老师同谢惠敏之间的矛盾自然可以解释清楚了,但并没有完全消除。

现在,谢惠敏找到张老师,向他汇报说:"班上同学都知道宋宝琦要来了,有的男生说他原来是什么'菜市口老四',特别厉害;有些女生害怕了,说是明天宋宝琦真来,她们就不上学了!"

张老师一愣,他还没有来得及预料到这些情况。现在既然出现了这些情况,他感到格外需要团支部配合工作,便问谢惠敏:"你怕吗?你说该怎么办?"

谢惠敏晃晃小短辫说:"我怕什么?这是阶级斗争!他敢犯狂,我们就跟他斗!"

张老师心里一热。一霎时,那在泥泞的大车道上奔走的背影活跳在记忆的屏幕上。他亲热地对谢惠敏说:"你赶紧把团支部和班委会的人找齐,咱们到教室开个干部会!"

五

四点二十左右,干部会结束了。其他干部们都走了,教室里剩下张老师、谢惠敏和石红三个人。

…………

当石红的"号角诗"快要写完的时候,张老师同谢惠敏的谈话结束了。张老师把摊在桌上、刚给干部们看过的几件东西往一块敛。那是张老师从派出所带回来的宋宝琦犯案后被搜出的物品:一把用来斗殴的自行车弹簧锁,一副残破油腻的扑克牌,一个式样新颖附有打火机的镀镍烟盒,还有一本撕掉了封皮的小说。小干部们面对这些东西都厌恶得皱鼻子,撇嘴角。谢惠敏提议说:"团支部明天课后开个现场会,积极分子们也参加,摆出这些东西,狠狠批判一顿!"大伙都同意,张老师也点头说:"对。要利用这个机会,进一步抓好反腐蚀教育。"

没曾想,临到张老师收敛这几件物品时,突然出现了矛盾,还闹得挺僵。

别的东西都收进书包了,只剩下那本小说。张老师原来顾不得细翻,这时拿起来一检查,不由得"啊"了一声。原来那是本文化大革命以前,中国青年出版社出版的长篇小说《牛虻》。

谢惠敏感到张老师神情有点异常,忙把那本书要过来翻看。她以前没听说过、更没看见过这本书。她见里面有外国男女讲恋爱的插图,不禁惊叫起来:"唉呀!真黄!明天得狠批这本黄书!"

张老师皱起眉头,思索着。他回忆起自己中学时代的情况。那时候,团支部曾向班上同学们推荐过这本小说……围坐在篝火旁,大伙用青春的热情轮流朗读过它;倚扶着万里长城的城堞,大伙热烈地讨论过"牛虻"这个人物的优缺点……这本英国小说家伏尼契写成的作品,曾激动过当年的张老师和他的同辈人,他们曾从小说主人公的形象中,汲取过向上的力量……也许,当年对这本小说的缺点批判不够?也许,当

年对小说的精华部分理解得也不够准确、不够深刻?……但,不管怎么说——张老师想到这儿,忍不住对谢惠敏开口分辩道:

"这本《牛虻》可不能说成是黄书……"

……而"白骨精"们正是拼命利用一些人的轻信与盲从以售其奸!就这样,谢惠敏正当风华正茂之年,满心满意想成为一个好的革命者,想为共产主义这个目标而奋斗,却被"四人帮"害得眼界狭窄、是非模糊。岂止《牛虻》这本书她会认为是毒草,我们这段故事发生的时候,《青春之歌》已经进行再版了,但谢惠敏还保持着"四人帮"揪出前形成的习惯——把那些热衷于传播"文艺消息",什么又会有某个新电影上演啦,电台又播了个什么新歌呀这样的同学们,看成是"沾染了资产阶级思想"。就在前几天,她发现石红在自习课上看一本厚厚的小说,下课她便给没收了。那是一九五九年出版的《青春之歌》,她随便翻检了几页,把自己弄得心跳神乱——断定是本"黄书",正想拿来上交给张老师,石红笑嘻嘻地一把抢了回去,还拍着封面说:"可带劲啦!你也看看吧!"结果两人争吵了一场;后来她忙着去团委会开会,倒忘记向张老师反映了,没想到今天张老师竟比石红还要石红——亲口否认这本外国"黄书"不黄!在谢惠敏心中,外国的"黄书"当然一律又要比中国的"黄书"更黄了。面对着这样一位张老师,她又联想起以前的许多琐细冲突来。于是,往常毕竟占据支配地位的尊敬之感,顿然减少了许多。她微微噘起嘴,飞走的眉毛落回来拧成了个死疙瘩。

这时候,石红写完"号角诗",正准备给张老师和谢惠敏朗诵,忽然听到张老师说:"这本《牛虻》可不能说成是黄书……"她这才知道那本破书原来就是《牛虻》,赶忙凑拢谢惠敏身边去看。谢惠敏大声质问张老师的话刚一出口,她便热情地晃动着谢惠敏胳膊说:"别这么说!我听爸爸妈妈讲过,《牛虻》这本书值得一读!这两天我正读《钢铁是怎样炼成的》,里头的保尔·柯察金是个无产阶级英雄,可他就特别佩服'牛虻'……"石红早就想找本《牛虻》来看,一直没有借到,所以她从谢惠敏手中拿过书来翻动时,心里翻腾着强烈的求知欲:这本书写的是什么时代的事儿?故事发生在什么地方?牛虻究竟是个啥样的人?真的有值得佩服的地方吗?……当她把破书还到张老师手上时,不禁问道:

"读这本书,该注意些啥?学习些啥?"谢惠敏咬住嘴唇,眯起眼睛,不满地望着石红,心里怦怦直跳。

张老师翻动着那本饱经沧桑的《牛虻》。他本想耐心地对谢惠敏解释为什么不能把它算作"黄书",但这本书是从宋宝琦那儿抄出来的,并且,瞧,插图上,凡有女主角琼玛出现,一律野蛮地给她添上了八字胡须。又焉知宋宝琦他们不是把它当成"黄书"来看的呢?生活现象是复杂的。这本《牛虻》的遭遇也够光怪陆离了。对谢惠敏这样实际上还很幼稚的孩子,分析过于复杂的生活现象和精华糟粕并存的文艺作品,需要充裕的时间和适宜的场合。

想到这些,我们的张老师便把破旧的《牛虻》放入书包,和蔼地对谢惠敏说:"关于这本书的事儿,咱们改天再谈吧。看,快五点了,咱们赶紧听听石红写的'号角诗'吧,听完分头按计划行动。"

石红念的诗,谢惠敏一句也没装进脑子里去。她痛苦而惶惑地望着映在课桌上的那些斑驳的树影。她非常、非常愿意尊敬张老师,可张老师对这样一本书的古怪态度,又让她不能不在心里嘀咕:"还是老师呢,怎么会这样啊?!……"

六

五点刚过,张老师骑车抵达宋家的新居。

…………

差一刻六点的时候,张老师请当母亲的尽管去忙她的家务事,他把宋宝琦带进里屋,开始了对小流氓的第一次谈话。

…………

经过三十来个回合的问答,张老师已在心里对宋宝琦有了如下的估计:缺乏起码的政治觉悟,知识水平大约只相当初中一年级程度,别看有着一身犟肉,实际上对任何一种正规的体育活动都不在行。张老师想到,一些满足于贴贴标签的人批判起宋宝琦这样的小流氓来,一定会说他是"满脑子资产阶级思想"。但是,随着进一步地询问,张老师便愈来愈深切地感到,笼统地说宋宝琦这样的小流氓具有资产阶级思想,那就近乎无的放矢,对引导他走上正路也无济于事。

宋宝琦的确有严重的资产阶级思想,但究竟是哪一些资产阶级思想呢?

…………

张老师从书包里取出那本饱遭蹂躏的小说来,问宋宝琦:"这本书叫什么名儿?你还记得吗?"

宋宝琦回答说:"记得。这是牛亡。"他不认识"虻"字,照他识字的惯例,只读一半。

"不是牛亡,是'牛虻'。你知道这两个字是什么意思吗?"

宋宝琦面部没有表情,两眼直愣愣地望着对面在窗玻璃外扑腾的一只粉蝶,极坦率地回答说:"不懂。"

"那么,这本书你究竟读完了没有呢?"

"翻了翻篇。我不懂。"

"不懂,你要它干什么呢?这本书是打哪儿来的呢?"

"我们偷的。"

…………

"你们偷出来的书里,还有些什么呢?你还能说出几个名儿来吗?"

"能!"宋宝琦为能表现一下自己并非愚钝无知感到非常高兴,他第一次有了专注的神情,眨着眼,费劲地回忆着:"有《红岩》,有……《和平与战争》,要不,就是《战争与和平》,对了,还有一本书特怪,叫……叫《新嫁车的词儿》……"

这让张老师吃了一惊。他想了想,掏出钢笔在手心里写了《辛稼轩词选》几个字,伸出去让宋宝琦看,宋宝琦赶忙点头:"就是!没错儿!"

张老师心里一阵阵发痛。几个小流氓偷书,倒还并不令人心悸。问题是,凭什么把这样一些有价值的、乃至于非但不是毒草,有的还是香花的书籍,统统扔到库房里锁起来,宣布为禁书呢?宋宝琦同他流氓伙伴堕落的原因之一,出乎一般人的逻辑推理之外,并非一定是由于读了有毒素的书而中毒受害,恰恰是因为他们相信能折腾就能"拔份儿",什么书也不读而堕落于无知的深渊!

张老师翻动着《牛虻》,责问宋宝琦:"给这插图上的妇女全画上胡子,算干什么呢?你是怎么想的呢?"

宋宝琦垂下眼皮,认罪地说:"我们比赛来着,一人拿一本,翻画儿,翻着女的就画,谁画得多,谁运气就好……"

张老师愤然注视着宋宝琦,一时说不出话来。宋宝琦抬起眼皮偷觑了张老师一眼,以为是自己的态度还不够老实,忙补充说:"我们不对,我们不该看这黄书……我们算命,看谁先交上女朋友……我们……我再也不敢了!"他想起了在公安局里受审的情景,也想起了母亲接他出来那天,两只红红的、交织着疼和恨的眼睛。

"我们不该看这黄书"——这句话像鼓槌落到鼓面上,使张老师的心"咚"地一响。怪吗?也不怪——谢惠敏那样品行端方的好孩子,同宋宝琦这样品质低劣的坏孩子,他们之间的差别该有多么大啊,但在认定《牛虻》是"黄书"这一点上,却又不谋而合——而且,他们又都是在并未阅读这本书的情况下,"自然而然"地作出这个结论。这是多么令人震惊的一种社会现象!谁造成的?谁?

当然是"四人帮"!

一种前所未及的,对"四人帮"铭心刻骨的仇恨,像火山般喷烧在张老师的心中。截至目前为止,在人类文明史上,能找出几个像"四人帮"这样用最革命的"逻辑"与口号,掩盖最反动的愚民政策的例子呢?

望着低头坐在床上,两只肌肉饱满的胳膊撑在床边,两眼无聊地瞅着互相搓动的、穿着白边懒鞋的双脚,拒绝接受一切人类文明史上有益的知识和美好的艺术结晶的这个宋宝琦,张老师只觉得心里的火苗扑腾扑腾往上蹿,一种无形的力量冲击着他的喉头,他几乎要喊出来——

救救被"四人帮"坑害了的孩子!

七

春天日短。当远处电报大楼的七记钟声,悠悠地随风飘来时,暮色已经笼罩着光明中学附近的街道和胡同。

班主任（节选）

　　张老师推着自行车，有意识拐进了免费出入、日夜开放的小公园里。他寻了一条僻静处的长椅，支上车，坐到长椅上，燃起一支香烟，眉尖耸动着，有意让胸中汹涌的感情波涛，能集中到理智的闸门，顺合理的渠道奔流出去，化为强劲有力的行动，来执行自己这班主任的职责。

……

　　他感到，他比以往任何时候，都更深刻地仇恨"四人帮"这伙祸国殃民的蟊贼。不要仅仅看到"四人帮"给国民经济所造成的有形危害，更要看到"四人帮"向亿万群众灵魂上泼去的无形污秽；不要仅仅注意到"四人帮"培养出了一小撮"头上长角、浑身长刺"的张铁生式丑类，还要注意到，有多少宋宝琦式的"畸形儿"已经出现！而且，甚至像谢惠敏这样本质纯正的孩子身上，都有着"四人帮"用残酷的愚民政策所打下的黑色烙印！"四人帮"不仅糟蹋着中华民族的现在，更残害着中华民族的未来！

……

八

　　张老师推车走出小公园时，恰巧遇上了提着鼓囊囊的塑料包，打从小公园门口走过的尹老师。

　　尹老师大吃一惊："俊石，你怎么还有逛公园的雅兴？"

　　张老师笑了笑，没有解释。他也并不问尹老师从哪儿来，到哪儿去。他知道，尹老师坚持有一个多月了，每天下午四点以后，除了在学校组织一些数学后进的学生补课以外，还要轮流到他们家里去进行个别辅导。他熟悉尹老师的脾性，特别是"四人帮"控制着文教战线的时期，他往往牢骚满腹，对教育部不满，对学校领导不满，对学生不满，对家长不满。倘是一个局外人，听了他那些愤激之情溢于言表的话，一定会以为他是个惯于撂挑子、甩袖子的人；其实尹老师牢骚归牢骚，工作归工作，不管是什么时候，不管遇上什么打击、障碍、困难和挫折，他从未放弃过辛勤的教学劳动。就是在"四人帮"把学生中的无政府主义思潮煽动得达于极点，课堂里往往乱得像一锅煮沸的粥时，他虽然能在办公室里把牢骚话说到"咱们干脆罢教"的地步,一听到上课铃响,却又立即奔赴教室,仍然竭尽全力地用粉笔敲着黑板,用劝导、吆喝、说服、恫吓来让同学们听他讲述那些方程式和多面体。

张老师知道这是他已经结束了个别辅导,要奔赴胡同外的汽车站,乘车回家去了。他既然是忙完了工作,那么,牢骚一定是一触即发。果不其然,不等张老师开口,他便拍着张老师自行车的车座子,长叹一声说:"'四人帮'给咱们造成了些什么样的学生啊!你想想看吧,我教的是初三了,可刚才却还在为两个学生翻来覆去地讲勾股定理……你比我更有'福气'——摊上个'新文盲'宋宝琦!说实在的我能理解你,眼下是'百废待举',该做的事情那么多,而光是今天一个下午,你就为收留一个小流氓耗费了那么多心血,犯得上吗?!让宋宝琦滚蛋吧!公安局不收,让他回原来的学校!原来的学校不要,就让他在家呆着!……"

张老师诚恳地对他说:"经过这一下午,我越来越自觉地认识到,症结不在是不是一定要收下宋宝琦——的确,也许应当为他这样的学生专门办一种学校,或者把他同相似的学生专门编成一班;要不按他的文化程度,干脆把他降到初一去从头学起……但这都不是主要的。症结在哪里呢?今天下午围绕着收留宋宝琦发生的这一件又一件的事情,好比一面镜子,照出了'四人帮'糟害我们下一代的罪恶;有些'四人帮'的流毒和影响,我以前或者没有觉察出来,或者没有像今天这样感到触目惊心,我想到了很多、很多……达磊,现在是一九七七年的春天,这是多么美好、多么幸福的春天啊,可它又是要求我们迎向更深刻的斗争、付出更艰苦的劳动的春天,因而也是要求我们更加严格的一个春天!朝前看吧,达磊!……"

尹老师从这简单的话语里不可能感受到张老师已经感受到的一切,但是,当他同张老师那饱含着醒悟、深思、信心、力量的动人目光相遇时,他的牢骚和烦躁情绪顿时消失了。

…………

"快去石红那儿吧,"尹老师忽然想起,赶紧告诉张老师:"我刚从他们楼里出来,听我那班的一个同学说,谢惠敏跟石红吵了一架,你快去了解一下吧!"

张老师心里一震,他立即骑上车,朝石红家所在的居民楼驰去。

九

…………

我们这个故事发生的那一天,张老师敲开石红他们家那个单元的门后,发现迎门的那间屋里,坐满了人。

来开门的石红妈妈把张老师引到隔壁屋里,请他坐下,轻声地解释说:"孩子们正在读鲁迅翻译的《表》……"

《表》是苏联作家班台莱耶夫在十月革命后不久写的一部儿童文学作品,它描写了一个流浪儿在苏维埃教养院里的转变过程。鲁迅先生当年以巨大的热情翻译了它。张老师虽然好多年没翻过这本书了,但石红妈妈一提,这本书里的一些人物形象和片断情节,顿时涌现在张老师的脑海中。张老师在短短的几分钟里,已经猜测出石红家里出现这种局面的来龙去脉了。果然,石红妈妈告诉他:"石红一回家就把宋宝琦的事跟我说了。吃晚饭的时候她一个劲眨巴眼睛,洗碗的时候她跟我商量:'妈妈,要是我约上谢惠敏,把那些害怕、赌气的同学们都找来,读读《表》这本书怎么样呢?'我很赞成。我跟她说:'有党的领导,有社会主义制度,路线对了头,只要老师、同学们发挥集体的作用,小流氓也是能转变的啊!'后来她就找同学们去了——只是谢惠敏不知怎么没有来……"

正说着,石红读完一个段落,知道张老师来了,拿着书跳进里屋,高兴地嚷:"张老师,你来得正好!快给我们讲讲吧!"

张老师被她拉到了外屋,几个小姑娘都站起来叫"张老师",不等他发话,各种各样的问题就争先恐后地提出来了:

"张老师,这本书我们能读吗?"

"张老师,这本书里的小流氓,怎么又惹人生气,又惹人同情呢?"

"张老师,谢惠敏说我们读毒草,这本书能叫毒草吗?"

"张老师,您见着宋宝琦了吗?跟这本书里的小流氓比,他好点儿还是坏点儿呢?"

……………

张老师且不忙回答,却反问她们:"谢惠敏为什么不来呢?石红跟她吵嘴了?你们应该齐心合力把她拉来啊!"

小姑娘们激动地同声回答起来,吵成一片,结果一句也听不清,还是石红让大伙静下来,解释说:"拉不来啊!除非现在报上专门登篇文章,宣布《表》是一本好书……"

原来,石红刚一找到谢惠敏的时候,谢惠敏见石红工作这么积极,还挺高兴。可是一听是找到一块去读一本外国小说,她就打心眼里反感。石红跟她解释,这本书挺不错,读了对解决那几个同学的问题能有启发……谢惠敏没等石红说完,立刻反问道:"报上推荐过吗?"这一问使石红呆住了,半晌才回答:"没推荐呢。""读没推荐的书不怕中毒吗?现在正反腐蚀,咱们干部可不能带头受腐蚀呀!……"谢惠敏一脸警惕的神色,警告着石红,不仅自己拒绝参加这个活动,还劝说石红不要"犯错误"……这把石红惹恼了,同她吵了一场,但临走时仍然拉着她的手,央告她去"听听再说",她把石红的手拂开了。石红走后,谢惠敏激动地走出屋子,晚风吹拂着她火烫的面颊,她很痛苦,上牙把下唇咬出了很深的印子……

在石红的家里,接下来出现了这样的场面:张老师坐在桌边,石红和那几个小姑娘围住他,师生一起无拘无束地谈了起来,从《表》谈到苏联的演变,从《表》里的流浪儿谈到宋宝琦;从应当怎样改造小流氓谈到大多数小流氓是能够教育好的,最后渐渐谈到明天以后班里面临的新形势,张老师笑着问那几个小姑娘:"怎么样,你们还罢课吗?"

她们互相交换完眼色,便都望着张老师,几乎是异口同声地说:"不罢啦!"

张老师离开石红家的时候,满天的星斗正在宝蓝色的夜空中熠熠闪光。

用不着思索,蹬上自行车以后,他自然而然地向谢惠敏家里驰去。说实在的,当他同石红和那几个小姑娘议论时,谢惠敏无时不在他的心中;他疼爱谢惠敏,如同医生疼爱一个不幸患上传染病的健壮孩子;他

班主任(节选)

相信,凭着谢惠敏那正直的品格和朴实的感情,只要倾注全力加以治疗,那些"四人帮"在她身上播下的病菌,是一定能够被杀灭的。

离谢惠敏的家越近,张老师心上的内疚感便越沉重。过去,对谢惠敏成为这样一种状态,他总觉得自己难以承担责任——他在接班不久的情况下,就向谢惠敏含蓄地指出过,不要只是学习零星的语录,不要迷信解释领袖思想的文章,要认真学习原著,要独立思考……但谢惠敏并未领悟。今天,张老师有了新的感触,他责问自己,虽然去年十月以前的那个学期里,是个乌云压顶的形势,可是,难道自己就不能更勇敢、更坚决地同荒诞、反动的东西做斗争吗?就不能更直截了当地、更倾注全力地同谢惠敏谈心,引导她擦亮眼睛、识别真假吗?……

快到谢惠敏家的门口时,一个计划已在张老师心中初现轮廓:他今天要把书包中的那本《牛虻》留给谢惠敏,说服她去读读这本书,允许她对这本书发表任何读后感。然后,从分析这本书入手,引导谢惠敏运用马列主义、毛泽东思想的立场、观点、方法去解答一系列互相关联的问题:应当怎样认识生活?应当怎样了解历史?应当怎样对待人类社会产生的一切文明成果?应当怎样批判过去文化遗产中的糟粕而取其精华?应当怎样全面地、辩证地看问题?应当怎样辨别香花和毒草,识别真假马列主义?应当使自己成为一个什么样的人?应当怎样去为祖国的"四化"、为共产主义的灿烂未来而斗争?……

张老师心中掀动着激昂的感情波澜。当他刹住车,在谢惠敏家门口站定时,心中的计划进一步明朗起来:不仅要从这件事入手,来帮助谢惠敏消除"四人帮"的流毒,而且,还要以揭批"四人帮"为纲,开展有指导的阅读活动,来教育包括宋宝琦在内的全班同学……他决定明天一早就去请示党支部。会获得支持吗?他眼前浮现出老曹在支部会上目光灼灼地发言的面影:"现在,是真格儿按毛主席的思想体系搞教育的时候了!"他正是要"真格儿"地大干一场啊,一定会得到组织支持的!他心中又闪过了一些老师可能发出的疑问,于是,他决定,要争取在教师会上发言,阐述自己的想法:现在,我们不仅要加强课堂教学,使孩子们掌握好课本和课堂上的科学文化知识,获得德、智、体全面发展;不仅要继续带领他们学工、学农,把理论和实践结合起来;而且,还要引导他们注目于更广阔的世界,使他们对人类全部文明成果产生兴趣,具有更高的分析能力,从而成为社会主义革命和社会主义建设的更强有力的接班人……

这时,春风送来沁鼻的花香,满天的星星,都在眨眼欢笑,仿佛对张老师那美好的想法给予着肯定与鼓励……

1977 年 11 月

——原载《人民文学》1977 年第 1 期

(选自《刘心武》,人民文学出版社 1996 年出版)

"伤痕文学"的力作

——《班主任》评析

谢维强

新时期文学是以被称为"伤痕文学"的思潮涌上文坛拉开序幕的,这一创作思潮得名于卢新华在1978年《文汇报》上发表的小说《伤痕》,刘心武的《班主任》则是这一创作思潮的开山之作。

《班主任》发表于1977年第11期《人民文学》,发表后反映强烈,港台文学界称刘心武是中国"伤痕文学之父"。小说的发表,"仿佛是一只报春的紫燕掠过长空,透露出当代现实主义文学复苏的春汛"①。标志着我国现实主义文学传统的复归,引发了新时期文学第一个创作思潮——"伤痕文学"的创作大量出现。

《班主任》以北京的一所中学初三(三)班为叙述对象,通过对几个不同人物的描写,揭示了"文化大革命"极左思想对一代少年学生思想与灵魂的毒害,驳斥了"文化大革命"极左理论对广大教师的污蔑,表达了"救救被'四人帮'坑害了的孩子"这一社会主题,这一主题的确立,是作者长期孕育的结果。刘心武毕业于北京师范专科学校,1961年参加工作,在北京13中担任教师和班主任十几年。长期的中学教育工作实践,使他对中学生一代有深切的了解,也痛感"文化大革命"那段荒谬的历史对人们精神的戕害,这些都促使他要把自己的切身体验叙写出来。他说:"在写《班主任》时,我只觉得骨鲠在喉,必须一吐为快;我凭着一种真挚的责任心,一股遏制不住的激情,提笔勾勒着我所熟悉的人物,呼唤人们警觉起来,救救被'四人帮'坑害了的孩子。"②

---

① 朱宗信:《刘心武小传》,《刘心武研究专集》,第6页,贵州人民出版社1988年版。
② 刘心武:《〈班主任〉后记》,中国青年出版社1979年版。

正是这种"真挚的责任心",使他怀着"一股遏制不住的激情",写出了现实主义力作《班主任》。

小说从光明中学初三(三)班班主任张俊石从党支部领受任务,准备接收一个"曾被拘留的小流氓"宋宝琦入班学习开始。这件事引起轩然大波,同事们都持反对态度,劝张老师别背这个包袱。初三(三)班班干部也有意见,一些胆小的女生甚至表示宋宝琦来到班上,她们就不来上课了。特别是团支书谢惠敏,更把宋宝琦看成"阶级敌人",认为这将是一场"阶级斗争"。但是张老师了解到宋宝琦并不是什么"阶级敌人",而是在"文化大革命"中因没有受到正常教育,精神空虚和无知愚昧而走向犯罪的不良少年。他通过与同事们的沟通,通过辛勤的家访,通过与宋宝琦、谢惠敏以及其他学生交谈,认识到"'四人帮'不仅糟蹋着中华民族的现在,更残害着中华民族的未来"的严重恶果。他心中不仅产生了"对祖国的幼苗遭到'四人帮'戕害而生的怜惜和疼爱……",更升腾起要把孩子们教育成为社会主义接班人的"激昂的感情波澜"。

小说的独特之处,在于塑造了两个典型。一个是小流氓宋宝琦,一个是班干部谢惠敏。宋宝琦是一个从肉体到灵魂都被毒害了的"十年窗外人"的不良少年。令张老师感到荒谬和愤慨的是,这么一个浑身充满流氓习气的不良少年,按照当时流行的阶级分析法,却被贴上了"满脑子资产阶级思想"的标签。张老师认为,"他既无追求'个性解放'、呼号'自由、平等'的思想行动,也从未想到过'博爱'",他只是一个无知无识、野蛮愚昧的小流氓而已。由此,张老师深切地感受到"四人帮"思想的流毒和影响是多么触目惊心,更感受到"救救被'四人帮'坑害了的孩子"的任务是多么迫切。

小说塑造的另一个人物形象是班团支部书记谢惠敏,这个人物形象的塑造是作家敏锐观察与深刻思考的结果,是一个具有复杂历史与政治内涵的文学形象。说到"被'四人帮'愚民政策毒害的孩子",人们头脑里往往浮现出头脑简单、厌恶学习、品行恶劣、言行粗鲁诸如宋宝琦这类青少年的形象。但同是在刘心武笔下被描述为"被'四人帮'愚民政策毒害的孩子",谢惠敏却具有全然不同的思想行为和品质。这是一个"品行端方的好孩子",她热心于班集体工作,积极参加各项社会工作,尊重老师,具有强烈的正义感,"单纯而真诚"。但值得深思的是,她的思想行为已经完全"文革化"了。譬如,她具有当时流行的阶级斗争思想。当张老师因接受宋宝琦到班上来学习征求她的意见时问她:"你怕吗?你说该怎么办?"她晃晃小短辫说:"我怕什么?这是阶级斗争!他敢犯狂,我们就跟他斗!"语气极具"文化大革命"时期的造反派气质。宣传委员石红穿带小碎花的短袖衬衫、带褶子的短裙,同学们谈论传播各种新的文艺消息,她认为都是"沾染了资产阶级作风"。"文化大革命"十年的教育"在谢惠敏的心目中,早已形成一种铁的逻辑,那就是凡不是书店出售的、图书馆外借的书,全是黑书、黄书"。在这一点上,她的认识与她所鄙视且要与之斗争的小流氓宋宝琦的认识如出一辙。所以她把《牛虻》、《青春之歌》以及苏联小说《表》这类外国小说都看成是不可接触者。当喜爱读书的石红一谈到外国小说,她马上下意识地反问:"报上推荐过吗?"并且一脸警惕地警告石红:"现在正反腐蚀,咱们干部可不能带头受腐蚀呀!"谢惠敏对"文化大革命"中形成的政治生活形式也具有高度的认同感。当张老师建议她过团组织生活不要总是念报,可以搞一次爬山比赛,她"几乎不相信自己的耳朵","爬山,那叫什么组织生活?我们读的是批宋江的文章啊……"谢惠敏这个"品行端方的好孩子",具有"文化大革命"中年轻人轻信、盲从、思想僵化的思想特征,在畸形的教育环境中,已经丧失了一个十四五岁的花季少年正常的生活感受和审美情趣,她是一个被错误的政治思想和观念扭曲了灵魂的少年,是一个具有特定时代特征的人物形象。

  谢惠敏、宋宝琦这两个被"四人帮"毒害的少年形象,具有不同的性别、不同的生活环境、不同的行为方式和道德理念,老师、家长、同学乃至社会有关部门对他们有天壤之别的评价。一个是好学生、优秀团干部、老师的得力助手,一个是人人唾弃、个个唯恐避之不及的小流氓。但通过小说的描述,读者可以深刻地认识到,他们的思想性格都具有被"文化大革命"赋予的惊人相同的品质。那就是缺乏正常人的情感,缺乏对生活之美的认知能力,缺乏对人类文明成果和美好情感的认识和感受,分不清是与非、真与假、美与丑。谢惠敏与宋宝琦一样,同样是

小说

"四人帮"愚民政策的受害者。《班主任》最具社会与历史价值的是谢惠敏这一人物的塑造。应当看到的是,相对于宋宝琦令人厌恶的流氓习气而言,谢惠敏所受到的灵魂戕害更不容易被人认识,这类孩子甚至还会常常被当做优秀学生,被人欣赏、赞扬、培养,因而这一形象也就更有现实意义。作家刘心武敏锐深刻的洞察力,在谢惠敏这个人物形象的塑造上,得以令人信服的体现。作品的主题,用小说中的一句话概括,就是"救救被'四人帮'坑害了的孩子"。谢惠敏形象的成功塑造,具有不可复制的独创性与深刻意义,为中国社会认识"文化大革命"造成的深重危害,认识教育一代被耽误的少年的重要性,提供了鲜明的典型形象。

小说除了成功刻画谢惠敏等学生形象外,还塑造了班主任张俊石和教数学的尹老师的形象。张老师既是一个思想者,又是一个理想主义者。作为思想者,他能够从不同学生的言行中,深刻分析出不同的思想类型和深层意识,不为流行并形成社会思维定势的政治观念和说教所迷惑。对于谢惠敏和宋宝琦这两个截然不同的学生,他没有简单化地处理,而是站在时代的高度,由表及里地剖析、定位。譬如他通过对宋宝琦、谢惠敏的分析,找出他们被病态时代戕害的共同本质,确定自己的工作方法;面对艰巨任务,他针对不同对象采取了不同的工作方法。如对谢惠敏,主要是引导、说服她去读《牛虻》,然后从分析这本书入手,引导她认识生活,了解历史,学习怎样对待人类社会产生的一切文明成果,怎样批判文化遗产中的糟粕而吸取其精华;对宋宝琦,则是在班上开展有指导的阅读活动,通过对人类进步文化艺术的认识和接受熏陶,来教育包括宋宝琦在内的全班同学。

数学老师尹老师,则是在艰难年代坚守职业道德的典型,这种教师的性格在那个年代具有普遍性。一方面被称为"资产阶级知识分子",承受着沉重的精神负担和政治压力,一方面为了履行教师职责,还要从事艰巨的教学工作。小说中写道:"特别是'四人帮'控制着文教战线的时期,他往往牢骚满腹,对教育部不满,对学校领导不满,对学生不满,对家长不满。倘是一个局外人,听了他那些愤激之情溢于言表的话,一定会以为他是个惯于撂挑子、甩袖子的人;其实尹老师牢骚归牢骚,工作归工作,不管是什么时候,不管遇上什么打击、障碍、困难和挫折,他从未放弃过辛勤的教学劳动。就是在'四人帮'把学生中的无政府主义思潮煽动得达于极点,课堂里往往乱得像一锅煮沸的粥时,他虽然能在办公室里把牢骚话说到'咱们干脆罢教'的地步,一听到上课铃响,却又立即奔赴教室,仍然竭尽全力地用粉笔敲着黑板,用劝导、吆喝、说服、恫吓来让同学们听他讲述那些方程式和多面体。"尹老师恪守职业道德,富有责任感,是中国千百万普通教师从事教育工作的真实写照。

  小说《班主任》发表后,引发了巨大的反响,也引发了激烈的争论。广大读者对这篇突破思想禁区的小说给予热烈的好评。著名作家、评论家,如张光年、冯牧、陈荒煤、严文井、朱寨等人都站出来支持。老作家严文井旗帜鲜明地为《班主任》正名:"如果说《班主任》是'暴露文学',那是暴露'四人帮'的文学;如果说是'批判现实主义'文学,那是批判'四人帮'的革命现实主义;如果说是'问题小说',那么'四人帮'留下的问题成堆,《班主任》提出了问题,这仅仅是开始,还应该有一大批这样的'问题小说'出世才好。"1978年春,《班主任》荣列首届全国优秀短篇小说奖榜首。

  从探索的敏锐性和思想的深刻性而言,小说《班主任》是同时期小说创作中的佼佼者。尽管这篇小说还未摆脱公式化、概念化的束缚,存在着议论过多、理过其辞、文不胜质等缺陷,在艺术上尚显粗糙,但作者以"闯禁区"的艺术勇气,突破"四人帮"设置的种种清规戒律,勇于揭露文化专制主义对青少年的毒害,是难得可贵的。作品展示的勇于否定"文化大革命"运动的思想锋芒,启迪了深受"文化大革命"荼毒的民众,加深了他们对"文化大革命"反人性、反文化、反历史的认识,鼓舞了他们批判"四人帮"的勇气。从文学史的角度来看,《班主任》的出现,具有开拓性的价值。它继承和恢复了我国现实主义文学的优秀传统,引领了"伤痕文学"创作潮流,拉开了新时期文学的大幕,具有里程碑式的意义。仅凭这一点,在中国新时期文学中,《班主任》就占有"开坛必讲"的地位。在艺术创作上,《班主任》的价值,鲜明地表现在谢惠敏这一人物的塑造上。根据传统的价值标准,她是一个好学生,但在

"文化大革命"的思想教育下,她是一个思想被戕害、灵魂被扭曲的孩子。文艺理论家刘再复认为:"谢惠敏作为新时期文学的第一个典型,她的性格在'左'倾教条主义的重压下扭曲、变形,灵魂的活力被窒息,这是值得悲哀的,这种扭曲和窒息发展到了她本身并不感到痛苦和苦闷的程度,这是第二重的悲哀;然而,当她反过来在自己力所能及的范围内再去压抑扼杀另一个活生生的灵魂时,这就进入更深层的悲哀了。刘心武无意之中写出了一个深邃的灵魂时,唤醒和震动了或多或少有一些谢惠敏式的潜意识的整整一代人,引起他们深沉的共鸣、激动、反省。"①文学评论家许子东指出:《班主任》对宋宝琦和石红的描写,均未跳出"十七年文学"模式,唯独对谢惠敏的描写第一次划出"伤痕文学"与"十七年文学"界限,在初期的"伤痕文学"中,没有哪个形象能达到谢惠敏人物性格具有的艺术深度。② 刘心武一反长期以来我国当代小说人物形象类型化、概念化、脸谱化的模式,创造了这么一个性格复杂、难以凭借单一的价值尺度去评判的人物形象,其形象的出现在当代文学史上具有颠覆性意义,对新时期小说创作具有宝贵的启发意义和借鉴价值。

复习思考题

1. 为什么说谢惠敏这一人物形象性格复杂,难以运用单一的价值标准去评价?
2. 谢惠敏这一人物形象具有怎样的社会意义?

---

① 刘再复:《他把爱推向每一片绿叶》,《读书》1985年第9期。
② 许子东:《刘心武论》,《文艺理论研究》1987年第4期。

陈奂生上城

高晓声

一

"漏斗户主"①陈奂生,今日悠悠上城来。

一次寒潮刚过,天气已经好转,轻风微微吹,太阳暖烘烘,陈奂生肚里吃得饱,身上穿得新,手里提着一个装满东西的干干净净的旅行包,也许是气力大,也许是包儿轻,简直像拎了束灯草,晃荡晃荡,全不放在心上。他个儿又高、腿儿又长,上城三十里,经不起他几晃荡;往常挑了重担都不乘车,今天等于是空身,自更不用说,何况太阳还高,到城嫌早,他尽量放慢脚步,一路如游春看风光。

他到城里去干啥?他到城里去做买卖。稻子收好了,麦垄种完了,公粮余粮卖掉了,口粮柴草分到了,乘这个空当,出门活动活动,赚几个活钱买零碎。自由市场开放了,他又不投机倒把,卖一点农副产品,冠冕堂皇。

他去卖什么?卖油绳②。自家的面粉,自家的油,自己动手做成的。今天做好今天卖,格啦嘣脆,又香又酥,比店里的新鲜,比店里的好吃,这旅行包里装的尽是它;还用小塑料袋包装好,有五根一袋的,有十根一袋的,又好看,又干净。一共六斤,卖完了,稳赚三元钱。

赚了钱打算干什么?打算买一顶簇新的、刮刮叫的帽子。说真话,

---

① "漏斗户主":系作者写的另一篇小说《漏斗户主》主人公陈奂生的外号。漏斗户意指常年欠债的穷苦人家。

② 油绳:一种油煎的面食。

小说

从三岁以后,四十五年来,没买过帽子。解放前是穷,买不起,解放后是正当青年,用不着;"文化大革命"以来,肚子吃不饱,顾不上穿戴,虽说年纪到把,也怕脑后风了。正在无可奈何,幸亏有人送了他一顶"漏斗户主"帽,也就只得戴上,横竖不要钱。七八年决分以后,帽子不翼而飞,当时只觉得头上轻松,竟不曾想到冷。今年好像变娇了,上两趟寒流来,就缩头缩颈,伤风打喷嚏,日子不好过,非买一顶帽子不行。好在这也不是大事情,现在活路大,这几个钱,上一趟城就赚到了。

陈奂生真是无忧无虑,他的精神面貌和去年大不相同了。他是过惯苦日子的,现在开始好起来,又相信会越来越好,他还不满意么?他满意透了。他身上有了肉,脸上有了笑;有时候半夜里醒过来,想到囤里有米、橱里有衣,总算像家人家了,就兴致勃勃睡不着,禁不住要把老婆推醒了陪他聊天讲闲话。

提到讲话,就触到了陈奂生的短处,对着老婆,他还常能说说,对着别人,往往默默无言。他并非不想说,实在是无可说。别人能说东道西,扯三拉四,他非常羡慕。他不知道别人怎么会碰到那么多新鲜事儿,怎么会想得出那么多特别的主意,怎么会具备那么多离奇的经历,怎么会记牢那么多怪异的故事,又怎么会讲得那么动听。他毫无办法,简直犯了死症毛病,他从来不会打听什么,上一趟街,回来只会说"今天街上人多"或"人少"、"猪行里有猪"、"青菜贱得卖不掉"……之类的话。他的经历又和村上大多数人一样,既不特别,又是别人一目了然的,讲起来无非是"小时候娘常打我的屁股,爹倒不凶"、"也算上了四年学,早忘光了"、"三九年大旱,断了河底,大家捉鱼吃"、"四九年改朝换代,共产党打败了国民党"、"成亲以后,养了一个儿子、一个小女"……索然无味,等于不说。他又看不懂书;看戏听故事,又记不牢。看了《三打白骨精》,老婆要他讲,他也只会说:"孙行者最凶,都是他打死的。"老婆不满足,又问白骨精是谁,他就说:"是妖怪变的。"还是儿子巧,声明"白骨精不是妖怪变的,是白骨精变成的妖怪。"才算没有错到底。他又想不出新鲜花样来,比如种田,只会讲"种麦要用锄头抨碎泥块","莳秧一菀莳六棵",……谁也不要听。再如这卖油绳的行当,也根本不是他发明的,好些人已经做过一阵了,怎样用料?怎样加工?

怎样包装？什么价钱？多少利润？什么地方、什么时间买客多、销路好？都是向大家学来的经验。如果他再向大家夸耀，岂不成了笑话！甚至刻薄些的人还会吊他的背筋："嗳！连'漏斗户主'也有油、粮卖油绳了，还当新闻哩！"还是不开口也罢。

如今，为了这点，他总觉得比别人矮一头。黄昏空闲时，人们聚拢来聊天，他总只听不说，别人讲话也总不朝他看，因为知道他不会答话，所以就像等于没有他这个人。他只好自卑，他只有羡慕。他不知道世界上有"精神生活"这一个名词，但是生活好转以后，他渴望过精神生活。哪里有听的，他爱去听，哪里有演的，他爱去看，没听没看，他就觉得没趣。有一次大家闲谈，一个问题专家出了个题目："在本大队你最佩服哪一个？"他忍不住也答了腔，说："陆龙飞最狠。"人家问："一个说书的，狠什么？"他说："就为他能说书，我佩服他一张嘴。"引得众人哈哈大笑。

于是，他又惭愧了，觉得自己总是不会说，又被人家笑，还是不说为好。他总想，要是能碰到一件大家都不曾经过的事情，讲给大家听听就好了，就神气了。

二

当然，陈奂生的这个念头，无关大局，往往蹲在离脑门三、四寸的地方，不大跳出来，只是在尴尬时冒一冒尖，让自己存个希望罢了。比如现在上城卖油绳，想着的就只是新帽子。

尽管放慢脚步，走到县城的时候，还只下午六点不到。他不忙做生意，先就着茶摊，出一分钱买了杯热茶，啃了随身带着当晚餐的几块僵饼，填饱了肚子，然后向火车站走去。一路游街看店，遇上百货公司，就弯进去侦察有没有他想买的帽子，要多少价钱。三爿店查下来，他找到了满意的一种。这时候突然一拍屁股，想到没有带钱。原先只想卖了油绳赚了利润再买帽子，没想到油绳未卖之前商店就要打烊；那么，等到赚了钱，这帽子就得明天才能买了。可自己根本不会在城里住夜，一无亲，二无眷，从来是连夜回去的，这一趟分明就买不成，还得光着头冻

小说

几天。

　　受了这点挫折,心情挺不愉快,一路走来,便觉得头上凉嗖嗖,更加懊恼起来。到火车站时,已过八点了。时间还早,但既然来了,也就选了一块地方,敞开包裹,亮出商品,摆出摊子来。这时车站上人数不少,但陈奂生知道难得会有顾客,因为这些都是吃饱了晚饭来候车的,不会买他的油绳,除非小孩嘴馋吵不过,大人才会买。只有火车上下车的旅客到了,生意才会忙起来。他知道九点四十分、十点半,各有一班车到站,这油绳到那时候才能卖掉,因为时近半夜,店摊收歇,能买到吃的地方不多,旅客又饿了,自然争着买。如果十点半卖不掉,十一点二十分还有一班车,不过太晏了,陈奂生宁可剩点回去也不想等,免得一夜不得睡,须知跑回去也是三十里啊。

　　果然不错,这些经验很灵,十点半以后,陈奂生的油绳就已经卖光了。下车的旅客一拥而上,七手八脚,伸手来拿,把陈奂生搞得昏头昏脑,卖完一算账,竟少了三角钱,因为头昏,怕算错了,再认真算了一遍,还是缺三角,看来是哪个贪小利拿了油绳未付款。他叹了一口气,自认晦气。本来他也晓得,人家买他的油绳,是不能向公家报销的,那要吃而不肯私人掏腰包的,就会耍一点魔术,所以他总是特别当心,可还是丢失了,真是双拳不敌四手,两眼难顾八方。只好认了吧,横竖三块钱赚头,还是有的。

　　他又叹了口气,想动身凯旋回府。谁知一站起来,双腿发软,两膝打颤,竟是浑身无力。他不觉大吃一惊,莫非生病了吗?刚才做生意,精神紧张,不曾觉得,现在心定下来,才感浑身不适,原先喉咙嘶哑,以为是讨价还价喊哑的,现在连口腔上爿都像冒烟,鼻气火热;一摸额头,果然滚烫,一阵阵冷风吹得头皮好不难受。他毫无办法,只想先找杯热茶解渴。那时茶摊已无,想起车站上有个茶水供应地方,便强撑着移步过去。到了那里,打开龙头,热水倒有,只是找不到茶杯。原来现在讲究卫生,旅客大都自带茶缸,车站上落得省劲,就把杯子节约掉了。陈奂生也顾不得卫生不卫生,双手捧起龙头里流下的水就喝。那水倒也有点烫,但陈奂生此时手上的热度也高,还忍得住,喝了几口,算是好过一点。但想到回家,竟是千难万难;平常时候,那三十里路,好像经不起脚板一颠,现在看来,真如隔了十万八千里,实难登程。他只得找个位置坐下,耐性受痛,觉得此番遭遇,完全错在忘记了带钱先买帽子,才受凉发病。一着走错,满盘皆输;弄得上不上、下不下,进不得、退不得,卡在这儿,真叫尴尬。万一严重起来,此地举目无亲,耽误就医吃药,岂不要送掉老命! 可又一想,他陈奂生是个堂堂男子汉,一生干净,问心无愧,死了也口眼不闭;活在世上多种几年田,有益无害,完全应该提供宽裕的时间,没有任何匆忙的必要。想到这里,陈奂生高兴起来,他嘴巴干燥,笑不出声,只是两个嘴角,向左右同时嘻开,露出一个微笑。那扶在椅上的右手,轻轻提了起来,像听到了美妙的乐曲似的,在右腿上赏心地拍了一拍,松松地吐出口气,便一头横躺在椅子上卧倒了。

三

　　一觉醒来,天光已经大亮,陈奂生体肢瘫软,头脑不清,眼皮发沉,喉咙痒痒地咳了几声;他懒得睁眼,翻了一个身便又想睡。谁知此身一翻,竟浑身颤了几颤,一颗心像被线穿着吊了几吊,牵肚挂肠。他用手一摸,身下贼软;连忙一个翻身,低头望去,证实自己猜得一点不错,是睡在一张棕绷大床上。陈奂生吃了一惊,连忙平躺端正,闭起眼睛,要弄清楚怎么会到这里来的。他好像有点印象,一时又糊涂难记,只得细细琢磨,好不容易才想出了县委吴书记和他的汽车,一下子理出头绪,把一串细关节脉都拉了出来。

　　原来陈奂生这一年真交了好运,逢到急难,总有救星。他发高烧昏睡不久,候车室门口就开来一部吉普车,载来了县委书记吴楚。他是要乘十二点一刻那班车到省里去参加明天的会议。到火车站时,刚只十一点四十分,吴楚也就不忙,在候车室徒步起来,那司机一向要等吴楚进了站台才走,免得他临时有事找不到人,这次也照例陪着。因为是半夜,候车室旅客不多,吴楚转过半圈,就发现了睡着的陈奂生。吴楚不禁笑了起来,他今秋在陈奂生的生产队里蹲了两个月,一眼就认出他来,心想这老实肯干的忠厚人,怎么在这儿睡着了? 若要乘车,岂不误事。便走去推醒他;推了一推,又发现那屁股底下,垫着个瘪包,心想坏

小说

了,莫非东西被偷了?就着紧推他,竟也不醒。这吴楚原和农民玩惯了的,一时调皮起来,就去捏他的鼻子;一摸到皮肤热辣辣,才晓得他病倒了,连忙把他扶起,总算把他弄醒了。

这些事情,陈奂生当然不晓得。现在能想起来的,是自己看到吴书记之后,就一把抓牢,听到吴书记问他:"你生病了吗?"他点点头。吴书记问他:"你怎么到这里来的?"他就去摸了摸旅行包。吴书记问他:"包里的东西呢?"他就笑了一笑。当时他说了什么?究竟有没有说?他都不记得了;只记得吴书记好像已经完全明白了他的意思,便和驾驶员一同扶他上了车,车子开了一段路,叫开了一家门(机关门诊室),扶他下车进去,见到了一个穿白衣服的人,晓得是医生了。那医生替他诊断片刻,向吴书记笑着说了几句话(重感冒,不要紧),倒过半杯水,让他吃了几片药,又包了一点放在他口袋里,也不曾索钱,便代替吴书记把他扶上了车,还关照说:"我这儿没有床,住招待所吧,安排清静一点的地方睡一夜就好了。"车子又开动,又听吴书记说:"还有十三分钟了,先送我上车站,再送他上招待所,给他一个单独房间,就说是我的朋友……"

陈奂生想到这里,听见自己的心扑扑跳得比打钟还响,合上的眼皮,流出晶莹的泪珠,在眼角膛里停留片刻,便一条线挂下来了。这个吴书记真是大好人,竟看得起他陈奂生,把他当朋友,一旦有难,能挺身而出,拔刀相助,救了他一条性命,实在难得。

陈奂生想,他和吴楚之间,其实也谈不上交情,不过认识罢了。要说有什么私人交往,平生只有一次。记得秋天吴楚在大队蹲点,有一天突然闯到他家来吃了一顿便饭,听那话音,像是特地来体验体验"漏斗户"的生活改善到什么程度的。还带来了一斤块块糖,给孩子们吃。细算起来,等于两顿半饭钱。那还算什么交情呢!说来说去,是吴书记做了官不曾忘记老百姓。

陈奂生想罢,心头暖烘烘,眼泪热辣辣,在被口上拭了拭,便睁开来细细打量这住的地方,却又吃了一惊。原来这房里的一切,都新堂堂、亮澄澄,平顶(天花板)白得耀眼,四围的墙,用青漆漆了一人高,再往上就刷刷白,地板暗红闪光,照出人影子来;紫檀色五斗橱,嫩黄色写字台,更有两张出奇的矮凳,比太师椅还大,里外包着皮,也叫不出它的名字来。再看床上,垫的是花床单,盖的是新被子,雪白的被底,崭新的绸面,刮刮叫三层新。陈奂生不由自主地立刻在被窝里缩成一团,他知道自己身上(特别是脚)不大干净,生怕弄脏了被子……随即悄悄起身,悄悄穿好了衣服,不敢弄出一点声音来,好像做了偷儿,被人发现就会抓住似的。他下了床,把鞋子拎在手里,光着脚跑出去;又眷顾着那两张大皮椅,走近去摸一摸,轻轻捺了捺,知道里边有弹簧,却不敢坐,怕压瘪了弹不饱。然后才真的悄悄开门,走出去了。

　　到了走廊里,脚底已冻得冰冷,一瞧别人是穿了鞋走路的,知道不碍,也套上了鞋。心想吴书记照顾得太好了,这哪儿是我该住的地方!一向听说招待所的住宿费贵,我又没处报销,这样好的房间,不知要多少钱,闹不好,一夜天把顶帽子钱住掉了,才算不来呢。

　　他心里不安,赶忙要弄清楚,横竖他要走了,去付了钱吧。

　　他走到门口柜台处,朝里面正在看报的大姑娘说:"同志,算账。"

　　"几号房间?"那大姑娘恋着报纸说,并未看他。

　　"几号不知道。我住在最东那一间。"

　　那姑娘连忙丢了报纸,朝他看看,甜甜地笑着说:"是吴书记汽车送来的?你身体好了吗?"

　　"不要紧,我要回去了。"

　　"何必急,你和吴书记是老战友吗?现在在哪里工作?……"大姑娘一面软款款地寻话说,一面就把开好的发票交给他。笑得甜极了。陈奂生看看她,真是绝色!

　　但是,接到发票,低头一看,陈奂生便像给火钳烫着了手。他认识那几个字,却不肯相信。"多少?"他忍不住问,浑身燥热起来。

　　"五元。"

　　"一夜天?"他冒汗了。

　　"是一夜五元。"

　　陈奂生的心,忐忐忑忑大跳。"我的天!"他想:"我还怕困掉一顶帽子,谁知竟要两顶!"

　　"你的病还没有好,还正在出汗呢!"大姑娘惊怪地说。

千不该,万不该,陈奂生竟说了一句这样的外行语:"我是半夜里来的呀!"

大姑娘立刻看出他不是一个人物,她不笑了,话也不甜了,像菜刀剁着砧板似的笃笃响着说:"不管你什么时候来,横竖到今午十二点为止,都收一天钱。"这还是客气的,没有嘲笑他,是看了吴书记的面子。

陈奂生看着那冷若冰霜的脸,知道自己说错了话,得罪了人,哪里还敢再开口,只得抖着手伸进袋里去摸钞票,然后细细数了三遍,数定了五元;交给大姑娘时,那外面一张人民币,已经半湿了,尽是汗。

这时大姑娘已在看报,见递来的钞票太零碎,更皱了眉头。但她还有点涵养,并不曾说什么,收进去了。

陈奂生出了大价钱,不曾讨得大姑娘欢喜,心里也有点忿忿然。本想一走了之,想到旅行包还丢在房间里,就又回过来。

推开房间,看看照出人影的地板,又站住犹豫:"脱不脱鞋?"一转念,忿忿想到:"出了五块钱呢!"再也不怕弄脏,大摇大摆走了进去,往弹簧太师椅上一坐:"管它,坐瘪了不关我事,出了五元钱呢。"

他饿了,摸摸袋里还剩一块僵饼,拿出来啃了一口,看见了热水瓶,便去倒一杯开水和着饼吃。回头看刚才坐的皮凳,竟没有瘪,便故意立直身子,扑嗵坐下去……试了三次,也没有坏,才相信果然是好家伙。便安心坐着啃饼,觉得很舒服。头脑清爽,热度退尽了,分明是刚才出了一身大汗的功劳。他是个看得穿的人,这时就有了兴头,想道:"这等于出晦气钱——譬如买药吃掉!"

啃完饼,想想又肉痛起来,究竟是五元钱哪!他昨晚上在百货店看中的帽子,实实在在是二元五一顶,为什么睡一夜要出两顶帽钱呢?连沈万山①都要住穷的;他一个农业社员,去年工分单价七角,困一夜做七天还要倒贴一角,这不是开了大玩笑!从昨半夜到现在,总共不过七、八个钟头,几乎一个钟头要做一天工,贵死人!真是阴错阳差,他这副骨头能在那种床上躺尸吗!现在别的便宜拾不着,大姑娘说可以住

---

① 沈万山:民间传说里的大富翁。

到十二点,那就再困吧,困到足十二点走,这也是捞着多少算多少。对,就是这个主意。

这陈奂生确是个向前看的人,认准了自然就干,但刚才出了汗,吃了东西,脸上嘴上,都不惬意,想找块毛巾洗脸,却没有。心一横,便把提花枕巾捞起来干擦了一阵,然后衣服也不脱,就盖上被头困了,这一次再也不怕弄脏了什么,他出了五元钱呢。

——即使房间弄成了猪圈,也不值!

可是他睡不着,他想起了吴书记。这个好人,大概只想到关心他,不曾想到他这个人经不起这样高级的关心。不过人家忙着赶火车,哪能想得周全!千怪万怪,只怪自己不曾先买帽子,才伤了风,才走不动,才碰着吴书记,才住招待所,才把油绳的利润搞光,连本钱也蚀掉一块多……那么,帽子还买不买呢?他一狠心:买,不买还要倒霉的!

想到油绳,又觉得肚皮饿了。那一块僵饼,本来就填不饱,可惜昨夜生意太好,油绳全卖光了,能剩几袋倒好;现在懊悔已晚,再在这床上困下去,会越来越饿,身上没有粮票,中饭到哪里去吃!到时候饿得走不动,难道再在这儿住一夜吗?他慌了,两脚一蹬,把被头踢开,拎了旅行包,开门就走。此地虽好,不是久恋之所,虽然还剩得有二、三个钟点,又带不走,忍痛放弃算了。

他出得门来,再无别的念头,直奔百货公司,把剩下来的油绳本钱,买了一顶帽子,立即戴在头上,飘然而去。

一路上看看野景,倒也容易走过;眼看离家不远,忽然想到这次出门,连本搭利,几乎全部搞光,马上要见老婆,交不出账,少不得又要受气,得想个主意对付她。怎么说呢?就说输掉了;不对,自己从不赌。就说吃掉了;不对,自己从不死吃。就说被扒掉了;不对,自己不当心,照样挨骂。就说做好事救济了别人;不对,自己都要别人救济。就说送给一个大姑娘了;不对,老婆要犯疑……那怎么办?

陈奂生自问自答,左思右想,总是不妥。忽然心里一亮,拍着大腿,高兴地叫道:"有了。"他想到此趟上城,有此一番动人的经历,这五块钱花得值透。他总算有点自豪的东西可以讲讲了。试问,全大队的干部、社员,有谁坐过吴书记的汽车?有谁住过五元钱一夜的高级房间?

他可要讲给大家听听,看谁还能说他没有什么讲的!看谁还能说他没见过世面?看谁还能瞧不起他,唔!……他精神陡增,顿时好像高大了许多。老婆已不在他眼里了,他有办法对付,只要一提到吴书记,说这五块钱还是吴书记看得起他,才让他用掉的,老婆保证服帖。哈,人总有得意的时候,他仅仅花了五块钱就买到了精神的满足,真是拾到了非常的便宜货,他愉快地划着快步,像一阵清风荡到了家门……。

　　果然,从此以后,陈奂生的身份显著提高了,不但村上的人要听他讲,连大队干部对他的态度也友好得多,而且,上街的时候,背后也常有人指点着他告诉别人说:"他坐过吴书记的汽车"或者"他住过五块钱一夜的高级房间"……公社农机厂的采购员有一次碰着他,也拍拍他的肩胛说:"我就没有那个运气,三天两头住招待所,也住不进那样的房间。"

　　从此,陈奂生一直很神气,做起事来,更比以前有劲得多了。

(选自《人民文学》1980年第2期)

他从历史深处走来

——《陈奂生上城》赏析

李逸涛

短篇小说《陈奂生上城》的作者高晓声早在20世纪50年代就开始发表作品。1957年年初,因与陆文夫等创办《探求者》文学月刊社,主张"运用文学这一战斗武器,打破教条主义束缚,大胆干预生活,严肃探讨人生,促进社会主义"而被划为右派,遣送原籍农村监督劳动,至1979年始得平反,重返文坛。

长期的农村生活,使高晓声成为一名娴熟各种农活和副业手艺的地道农民,同农民的命运紧紧地联系在一起。他说:"回顾这些年来,我完全不是作为一个作家去体验农民的生活,而是我自己早已是生活着的农民了。我自己想的,也就是农民想的了。这共同的思想感情,是长期的共同经济生活基础上产生的毫不勉强的自然物。"[①]他就是以一个农民的身份、立场和感情,致力于为农民写作的。他写普通农民,在农民的平凡生活和性格、命运中,探求他们在坎坷的人生道路上精神世界的变化,发现并揭示具有重大社会意义的问题。从发表于新时期的第一篇小说《李顺大造屋》,到《"漏斗户"主》、《陈奂生上城》、《陈奂生转业》、《陈奂生包产》、《陈奂生出国》等"陈奂生"系列小说,再到《水东流》、《崔全成》,高晓声通过对农民的衣食住行、婚姻家庭等日常生活现象,但又是关系到农民苦乐悲欢的切身问题的描写与揭示,基本上将党的十一届三中全会前后中国农村政治经济的发展变化反映了出来,摄录下了处于历史转折时期的农民性格和命运的演进。

---

① 高晓声:《且说陈奂生》,《人民文学》1980年第6期。

小说

《陈奂生上城》是高晓声的"陈奂生系列"小说中最为成功、最为精彩的篇章,发表于《人民文学》1980年第2期。在作品中,作者以出色的艺术才华,通过陈奂生上城的奇遇,塑造了一个处在社会变革时期,背着因袭重负迈出新生活的第一步的老一代农民的典型形象,艺术地概括了当代农村面貌的历史性的深刻变化,体现了作者对生活的严肃思考。

作品一开始便把人物放在"上城"这个特定环境中来展现其性格。"'漏斗户主'陈奂生,今日悠悠上城来。"开篇就以轻松欢快的调子,通过"悠悠"二字,道尽了陈奂生欣喜自豪的心情,拉开了一出令人忍俊不禁的喜剧的序幕。摘掉了"漏斗户主"帽子的陈奂生,"囤里有米、橱里有衣","肚里吃得饱,身上穿得新","满意透了"。如今,他要换换容颜,进城卖了油绳买顶新帽子。初步摆脱了物质贫困的陈奂生开始渴望过一种新的精神生活:"哪里有听的,他爱去听,哪里有演的,他爱去看,没听没看,他就觉得没趣。"他尤其不能忍受那种在人们面前"就像等于没有他这个人"的处境,迫切要求改变"比别人矮一头"的地位。因此,他总在想:"要是能碰到一件大家都不曾经过的事情,讲给大家听听就好了,就神气了。"果然,这样的"事情"让他"碰"上了:他坐上了县委吴书记的汽车,住上了5元钱一夜的县招待所的高级房间。岂料,陈奂生经不起这样"高级的关心",一夜间花掉了两顶帽子钱,他觉得非常心疼。心疼之余,又觉得"这五块钱花得值透。他总算有点自豪的东西可以讲讲了"。于是,"他精神陡增,顿时好像高大了许多","仅仅花了五块钱就买到了精神的满足,真是捡到了非常的便宜货"。回家以后,陈奂生的身份果然大增,不但村上的人要听他讲,连大队干部也对他友好起来。这样,一个淳朴憨厚又多少带有点阿Q气的农民形象,便跃然纸上,活灵活现地"站"在读者面前。

在"陈奂生系列"小说中,陈奂生是一个老实巴交勤劳质朴的农民,即使在"饿得头昏目眩"的年月,他的"脊梁骨仍然是挺着的","干起活来,像青鱼一样,尾巴一扇,向前直窜,连碰破头都不管",因为他坚信,"共产党能够使他们的生活好起来。"在《陈奂生上城》中,作者也写到了陈奂生对目前的生活相当满意,并且"相信会越来越好";对吴书记在他危难之际"挺身而出,拔刀相助",感激得"流出晶莹的泪珠"。这一切,都说明陈奂生是在社会主义时代成长起来的有一定觉悟的农民。作者是怀着敬佩的心情来塑造这一农民典型的。但是,作为一个严肃的现实主义作家,高晓声无意回避陈奂生这类农民身上的局限。陈奂生毕竟是从历史中走来的,肩负着因袭的重负,血液里流淌着旧时代的遗传基因,小生产者的自私、狭隘、目光短浅等弊病,在适当的条件下,便很自然地暴露出来,在《陈奂生上城》中,作者把陈奂生对党的感激同他的愚昧落后联系起来,将他的觉醒同传统带给他的惰性联系起来,深刻地写出了人物性格的复杂性。陈奂生住进招待所的高级房间,睡在里外三新的被窝里,开始很有点自豪感和主人翁感,生怕弄脏了被子而缩成一团,下床后"把鞋子拎在手里,光着脚跑出去"。但当听说住一夜要花5块钱时,他便一反常态,进行了一系列阿Q式的报复:"推开房间,看见照出人影的地板,又站住犹豫:'脱不脱鞋?'一转念,忿忿想道:'出了五块钱呢!'再也不怕弄脏,大摇大摆走了进去,往弹簧太师椅上一坐:'管它,坐瘪了不关我事,出了五元钱呢。'……回头看刚才坐的皮凳,竟没有瘪,便故意立直身子,扑嗵坐下去……""想找块毛巾洗脸,却没有。心一横,便把提花枕巾捞起来干擦了一阵,然后衣服也不脱,就盖上被头困了,这一次再也不怕弄脏了什么,他出了五元钱呢。——即使房间弄成了猪圈,也不值!"这5元钱,引发出陈奂生一连串的心理活动和动作,那个善良淳朴、老实本分的陈奂生不见了,取而代之的是一个以破坏求得自我满足、自我心理平衡的不文明的自私的人。人物性格在特殊环境中得到了深化和发展。如果说,《"漏斗户"主》时的陈奂生被淹没在饥肠辘辘的芸芸众生之中的话,那么,他在招待所里的这番表现,便使他与众不同,成为性格独具的"这一个"。

　　考察近代以来的文化思想史,每当历史处于转折时期,先进的知识分子总是非常注重思想启蒙工作,把社会革命寄托于人的精神改造。特别是伟大的思想家、文学家鲁迅,自觉地遵奉先驱者的"将令",将文学的使命与启发人民群众的觉醒结合起来,提出了改造"国民性"的问题。他的前期小说和杂文,集中到一点就是"揭出病苦,引起疗救的注意"①。高晓声继承了这一传统,他为自己的创作确立的总主题"就是促使人们的灵魂完美起来"②。在《陈奂生上城》中,作者的笔触没有停留在农民命运的变化上,而是着重挖掘农民自身几千年积沉下来的思想精神负担。"漏斗户主"时的陈奂生,被饥饿压得总是低着头,默默地劳作,默默地走路,到相好人家去闲坐,也是低着头默默地坐着,不说一句话。在物质生活得到改善以后,他力求改变这种精神状态;但他对精神的追求仍然带有浓厚的小农经济的色彩。就因为5块钱,他经历了从喜悦、感激到自卑、懊悔、气恨再到自我陶醉、自我安慰的心灵历程。这说明,作者对农民的思想现状具有高屋建瓴的清醒的认识和整体把握。正如他自己所说:"我写《陈奂生上城》,我的情绪轻快又沉重,高兴又慨叹。我轻快,我高兴的是,我们的境况改善了,我们终于前进了;我沉重,我慨叹的是,无论是陈奂生或我自己,都还没有从因袭的重负中摆脱出来。这篇小说,解剖了陈奂生也解剖了我自己,希望借此来提高陈奂生和我的认识水平,觉悟程度,求得长进。"③正因为如此,陈奂生的性格包蕴着丰厚的内容,既有现实感,又有历史感。"陈奂生性格"将作为当代国民性的一面镜子,越来越显示出它的认识价值和美学价值。

读《陈奂生上城》,一种亲切感油然而生。这种亲切感,来自作者娓娓道来的叙述艺术。作者善于用朴素、生动、形象、凝练的农民语言叙述故事,而且十分注重叙述的情绪化。作品开头第一句:"'漏斗户主'陈奂生,今日悠悠上城来。"就饱含着作者的情绪,为全篇定下了一种轻快的基调,也为人物活动制造了一种特殊的氛围。"他到城里去干啥?他到城里去做买卖。""他去卖什么?卖油绳。""赚了钱打算干什么?打算买一顶簇新的、刮刮叫的帽子。"连续三次简短的自问自

---

① 鲁迅:《南腔北调集·我怎么做起小说来》,《鲁迅全集》第4卷,第393页,人民文学出版社1957年版。
② 高晓声:《且说陈奂生》,《人民文学》1958年第6期。
③ 高晓声:《且说陈奂生》,《人民文学》1958年第6期。

答,犹如跳动的音符,把陈奂生欢欣雀跃的心情,生动地表现了出来。这种叙述与人物的行动和所处的环境融为一体,几乎分不出哪是人物的情绪基调,哪是作者的情绪基调。伴随着这种叙述而来的,是作者所特有的诙谐、幽默。在叙述过程中,作者几乎不动声色,实际上字里行间包含着对人物精神状态的严肃批判和思考。作者有意识地把人物带进一个特定的环境之中,通过人物身份、地位与所受待遇的不协调、人物的心理活动与人物实际行动的不和谐,造成一种可笑的幽默效果。这是一种含泪的微笑,一种苦涩的幽默。它给读者的是哭笑不得之后的沉思。

在表现手法上,《陈奂生上城》基本上采用了传统的小说技法,选择和使用富有特征性的人物动作和语言、典型事件和细节去刻画人物性格。同时,又明显地借鉴了外国小说的长处,用较多篇幅从容细致地揭示人物的内心活动,其中最为精彩的是对陈奂生回家路上的思想活动的描写;情节的发展也不完全按照时空的顺序,有时采用了跳跃与切入,如写陈奂生在车站生病,作者没有交代吴书记如何派车把他安排到招待所,而是先写他在招待所"一觉醒来",然后再补叙前面发生的事。借鉴当然不是简单、生硬的照搬和模仿。作者力避孤立地、静止地写人物心理,将叙述与描写、人物动作与人物心理结合起来,寓土于洋,土洋结合,既生动地反映出变革时期农民的精神世界,又使作品具有民族风格,为群众所喜闻乐见。

复习思考题

1. 试析陈奂生的性格。
2. 《陈奂生上城》如何体现了高晓声的创作风格?

寓政治风云于民俗民情之中

——《芙蓉镇》评析

李逸涛

长篇小说《芙蓉镇》是一部荣获首届茅盾文学奖的优秀长篇小说，发表于《当代》1981年第1期。

"寓政治风云于民俗民情图画，借人物命运演乡镇生活变迁"[1]，是作者古华创作《芙蓉镇》的艺术追求，也是作品的主要艺术成就和特色。作者以高度凝练的艺术笔力，巧妙地把湘南山镇民俗民情的演变、人物命运的沉浮与政治斗争糅合起来，真实、深刻地揭露了极左路线对农村生活的摧残和对人的灵魂的扭曲，热情地歌颂了党的十一届三中全会的正确路线。

翻开《芙蓉镇》，首先映入读者眼帘的，是一幅散发着浓郁的泥土芳香的湖南民俗民情画。那绕镇流淌的绿豆色的芙蓉河水，河岸上花枝招展的木芙蓉，湖塘里争奇斗艳的水芙蓉；那镇中古老的青石板街，鳞次栉比的阁楼房舍，瓦檐下悬垂着的红辣椒，金黄色的苞谷种，白里泛青的葫芦瓜；还有那满街传谈的秘闻趣事、从五岭腹地传来的悠扬民歌以及居民互赠吃食的淳朴民风和传统的民间食品制作……把人们带到一个政治昌明、社会安定、人民生活幸福的世界。

但是，这些描写都不是孤立的、静止的，而是意在通过芙蓉镇这个"小社会"写出湖南农村乃至整个中国动荡着、流走着的"大社会"。随着作品所反映的四个具有代表性的时代的变迁，小镇的民俗民情不断传递出世道沧桑、沉浮兴衰的信息。以"赶圩"来说，新中国成立初期

---

[1] 古华：《芙蓉镇·后记》，人民文学出版社1981年版。

寓政治风云于民俗民情之中

是"一旬三圩,一月九集",每逢圩期,"三省十八县,汉家客商,瑶家猎户、药匠,壮家小贩,都在这里云集贸易"。1958 年"大跃进",批判城乡资本主义,圩期先是改为"星期圩",继而变成"十天圩";1961 年下半年,农村经济有所恢复,县政府下文改为"五天圩";到 1964 年"四清"运动,大抓"以阶级斗争为纲",又改为"星期圩";"文化大革命"割"资本主义尾巴","星期圩"也名存实亡,昔日繁华热闹的圩场,成了"语录街"、"对联街",连狗、鸡、兔、蜂等小动物,也在"四不养"的禁令下销声匿迹了。党的十一届三中全会以后,农村勃发了生机,圩期又改为一月六圩,人们终于盼来了一个崭新的时代。变化最大的是人与人之间的关系:当年民风古朴,街坊邻居"互赠吃食,讲究人缘、人情";后来批判"资产阶级人性论",镇上"阶级阵线分明",你优我劣,不准逾越,人们不再"互相串门",免得祸从口出,被人检举,惹出是非,原先的"我为人人,人人为我"变成了"人人防我,我防人人",如此等等。风俗民情政治化,政治风云民情化,透过风俗民情的变异,把社会、世态的变迁生动形象地表现出来,构成了作品独有的风韵。

"寓政治风云于民俗民情图画"同时为"借人物命运演乡镇生活变迁"设置了典型环境,渲染了时代氛围。作品在芙蓉镇这个"小社会"的政治舞台上,塑造了以胡玉音为中心的艺术群像和性格世界。

胡玉音是提挈全篇、感人至深的人物形象。作者将她置于政治风云的矛盾焦点上,从几个不同侧面描写了她所遭受的厄运和性格发展。胡玉音体态婀娜,活泼善良,心灵手巧,热爱生活,人们亲切地称她为"芙蓉姐"。就是这样一个小镇的普通女性,少女时代就被"唯成分论"拆散了与童年伙伴黎满庚的姻缘。在与屠户黎桂桂结婚后,夫妻二人省吃紧做,靠摆米豆腐摊盖起了一幢两层小楼。谁知新楼落成之日,正是"四清"工作组进镇之时。"政治女将"李国香毁灭了胡玉音虽有缺憾但却幸福的家庭,丈夫被逼死,小楼被查封,她也被戴上"新富农婆"的帽子。"文化大革命"中,李国香又把她打成"黑鬼",并且动用"公检法"判了她三年徒刑,使她受尽凌辱与摧残。直到"四人帮"垮台,十一届三中全会召开,她才重见天日,获得新生。胡玉音命运的变迁,形象地概括了极左路线给人民带来的灾难。

作品在描写胡玉音命运遭际的同时,还注意发掘她丰富而发展着的感情世界。开始,面对接踵而至的厄运,胡玉音既恨"这个世道对自己太不公道,太无良心",又埋怨自己为什么没有生下几个要吃要喝的娃娃——有了娃娃就不会有钱盖楼,不仅不会被划为"五类分子",还可以向政府要救济。她开始相信八字先生的宿命邪说,甚至想法作践自己,想跳下"孤女桥"一死了之。后来,秦书田的爱情、谷燕山的关怀,重新点燃了她的生命之火:"我偏不死!我为什么要死!我犯了哪样法,哪样罪?"她终于从那被"斗油了"、"斗硬了"的心里发出了对李国香之流的诅咒和控诉。在宣判她与秦书田是"黑夫妻"的大会上,她"态度顽固,气焰嚣张"地"挺起腰身,已经耀武扬威地对着整个会场现出她的肚子来了!"多少年不正常的政治斗争对人性的否定、扭曲和人性的不可泯灭,都从这个普通山镇妇女的心灵史中表现出来。

秦书田是当代文学史上不多见的被侮辱与被损害的知识分子形象。表面上看,无休止的政治斗争把他"斗油了"、"斗滑了",使他变得疯疯癫癫,玩世不恭,"无论是跪砖头,挂黑牌游街,都是笑咪咪的,就和去走亲家、坐酒席一样";他还给"五类分子"塑"狗像",编"黑鬼歌"、"黑鬼舞",令人啼笑皆非。其实,这一切都是他在特殊条件下生存和抗争的方式,在"癫"的背后,是他对艺术的执著的追求和对生活的热爱,是他明察世事、扶弱抗恶的火热心肠,是他对人性、人格、人的尊严的渴求。当胡玉音痛不欲生时,是他伸出了同情的手,用爱温暖了胡玉音那颗枯井般的心;在结婚申请被拒绝后,是他发出了人性的呼喊:"我们,我们总还算是人呀!再坏再黑也是个人。"这种为争取人的起码权利而进行的抗争,强烈地控诉了极左思潮对人性的戕害,寄托了作者对无辜者的人道主义同情。

"北方大兵"谷燕山,是一个对人民怀有真挚感情的党的基层干部形象。他虽然生有一副"凶神相",却有一颗"菩萨心",爱憎强烈、分明。在芙蓉镇,他是正义的化身,他的存在,"对镇民的生活,起着一定的安定、和谐作用"。受文化水平和理论修养的限制,他对极左的政治斗争认识不深,对李国香的"政策攻心"束手无策,只有"醉眼看世情"。难能可贵的是,在政治环境险恶的情况下,他对党的信念不变,对人民的爱心不灭,始终保持着"大兵"的本色。是他,敢于主动为胡玉音和秦书田这一对"政治黑鬼"的结合主婚;又是他,不怕政治陷害,救助胡玉音母子于危难之中。他的凛然正气和牺牲精神,在阴霾密布的日子里放射出熠熠光辉,显示出"生活的道德、良心、正义和忠诚并没有泯灭,也没有沉沦"。

与上面一组在逆境中受难、抗争的人物相反衬的,是一组极左思潮孵化出的"宠儿"、"幸运儿"的形象。王秋赦原是个不务正业的无业游民,只因"上无片瓦,下无寸土",土改时被划为"雇农",分得了土地和一座"吊脚楼"。但长期不事农桑的寄生生活养成的好逸恶劳的恶习,使他的土地荒芜,吊脚楼里的家什也变卖一空。他看见那些劳动致富的人就"好眼红",盼望有朝一日"掌了权,当了政,一年划一回成分,一年搞一回土改,一年分一回浮财"。在"四清"运动和"文化大革命"中逐渐膨胀起来的极左思潮,使这个流氓无产者的欲望得以实现。他施展出浑身解数,效忠上司,告密献策,很快博得李国香之流的赏识,被作为"运动根子"培养,连连升级,直到成为芙蓉镇的一把手。作者塑造这一人物形象的意义,在于揭示极左思潮是如何使社会沉渣泛起,又是如何把一个不足挂齿的无耻小人"培养"成"英雄"的。李国香的发迹与王秋赦有共通之处。她原是个普通的国营饮食店的经理,因批"资本主义"有功,成了名噪全县的政治"红人",并且带着嫉妒、仇恨、报复的阴暗心理登上了芙蓉镇的政治舞台,扮演了"在汹涌着政治波涛的大江大河里鼓浪扬帆"的角色。作品通过她与王秋赦沆瀣一气、勾结密谋,对胡玉音搞突然袭击,召开批斗秦书田大会,向谷燕山"政策攻心"等场面描写,把这一人物的阴毒、老辣、狡猾和善于玩弄权术的性格特征,表现得淋漓尽致,入木三分。虽然作品过多地渲染了李国香私生活的糜烂,削弱了对其政治品质的深入开掘,但这个人物形象仍不失为具有典型意义的形象。作品对王秋赦、李国香的刻画,没有仅仅写成是某种政治力量的外化,而是力求从生活出发,深刻发掘其思想性格与极左思潮的历史联系,从而揭示出极左思潮的社会根源。

根据内容以及主题的要求,作品采用了一种"不土不洋"的结构形式,选取了1963年、1964年、1969年、1979年四个具有代表性的年代,按编年的形式分列四章,每一年成一章;但并非以史成文,交代史实始末,而是以胡玉音为"引针",把各种人物穿插进去,每一节集中写一个人物,让不同性格的人物在同一时空内,面对政治风云变幻行动,做出各自的抉择,从而既写人又写历史,通过人来写历史。这种以人物为经,以历史为纬,纵横交错、经纬勾连的结构,既继承了民族传统,又融入了现代审美情趣和快节奏的特点,将纷纭复杂的政治风云和众多人物的命运史、性格史,高度浓缩在小镇一方,适应了读者的审美需要。

作者非常喜欢巴尔扎克作品的浮雕式的叙述艺术。《芙蓉镇》除了少量的人物对话外,多以整块的叙述构成。这些叙述融入了作者的议论、抒情、褒贬、爱憎,写出了感情,写出了情调,也写出了风格。作品写的是时代悲剧,却采用悲喜剧相糅的叙述方式,寓悲于喜,寓喜于悲,在把美好的东西毁灭给人看的同时,无情地撕下无价值的东西的外衣。这种悲喜剧相糅的叙述风格,一是表现在作者机敏睿智的评述性语言之中,如叙述王秋赦的身世:"真算是出身历史清白,社会关系纯洁。……,最适合上天、出国。可惜驾飞机他身体太差,也缺少文化。出国又认不得洋字,听不懂洋话。都怪他出生在旧社会,从小蹲破庙、住祠堂长大。"字里行间充满对血统论的嘲讽和戏谑。二是表现在某些场面的叙述上,如叙述批斗秦书田的场面:"立时,王秋赦和一个基干民兵,就一左一右地像提只布口袋似的,把秦癫子扔到台上来。整个会场骚动了一下,随即又肃穆了下来。""肃穆"的批斗会与一"提"一"扔"所造成的气氛极不协调,道出了批斗会不过是一幕滑稽戏。

古华的叙述艺术得力于他的语言修养。他把湖南方言、俚语、谚语、山歌、民谣加以提炼和熔冶,又吸收了杂文、评书等文体的语言表述方式,形成了特有的语言格调。他还善于运用类似对仗、排比、重叠甚至押韵的句式来增强作品的感情色彩。

复习思考题

1.《芙蓉镇》是如何"寓政治风云于民俗民情图画,借人物命运演乡镇生活变迁"的?

2.《芙蓉镇》在叙述艺术上有哪些特色?

哦，香雪

铁 凝

  如果不是有人发明了火车，如果不是有人把铁轨铺进深山，你怎么也不会发现台儿沟这个小村。它和它的十几户乡亲，一心一意掩藏在大山那深深的皱褶里，从春到夏，从秋到冬，默默地接受着大山任意给予的温存和粗暴。

  然而，两根纤细、闪亮的铁轨延伸过来了。它勇敢地盘旋在山腰，又悄悄地试探着前进，弯弯曲曲，曲曲弯弯，终于绕到台儿沟脚下，然后钻进幽暗的隧道，冲向又一道山梁，朝着神秘的远方奔去。

  不久，这条线正式营运，人们挤在村口，看见那绿色的长龙一路呼啸，挟带着来自山外的陌生、新鲜的清风，擦着台儿沟贫弱的脊背匆匆而过。它走得那样急忙，连车轮辗轧钢轨时发出的声音好像都在说：不停不停，不停不停！是啊，它有什么理由在台儿沟站脚呢，台儿沟有人要出远门吗？山外有人来台儿沟探亲访友吗？还是这里有石油储存，有金矿埋藏？台儿沟，无论从哪方面讲，都不具备挽留火车在它身边留步的力量。

  可是，记不清从什么时候起，列车时刻表上，还是多了"台儿沟"这一站。也许乘车的旅客提出过要求，他们中有哪位说话算数的人和台儿沟沾亲；也许是哪个快乐的男乘务员发现台儿沟有一群十七八岁的漂亮姑娘，每逢列车疾驰而过，她们就成帮搭伙地站在村口，翘起下巴，贪婪、专注地仰望着火车。有人朝车厢指点，不时能听见她们由于互相捶打而发出的一两声娇嗔的尖叫。也许什么都不为，就因为台儿沟太小了，小得叫人心疼，就是钢筋铁骨的巨龙在它面前也不能昂首阔步，也不能不停下来。总之，台儿沟上了列车时刻表，每晚七点钟，由首都方向开往山西的这列火车在这里停留一分钟。

这短暂的一分钟,搅乱了台儿沟以往的宁静。从前,台儿沟人历来是吃过晚饭就钻被窝,他们仿佛是在同一时刻听到了大山无声的命令。于是,台儿沟那一小片石头房子在同一时刻忽然完全静止了,静得那样深沉、真切,好像在默默地向大山诉说着自己的虔诚。如今,台儿沟的姑娘们刚把晚饭端上桌就慌了神,她们心不在焉地胡乱吃几口,扔下碗就开始梳妆打扮。她们洗净蒙受了一天的黄土、风尘,露出粗糙、红润的面色,把头发梳得乌亮,然后就比赛着穿出最好的衣裳。有人换上过年时才穿的新鞋,有人还悄悄往脸上涂点胭脂。尽管火车到站时已经天黑,她们还是按照自己的心思,刻意斟酌着服饰和容貌。然后,她们就朝村口,朝火车经过的地方跑去。香雪总是第一个出门,隔壁的凤娇第二个就跟了出来。

七点钟,火车喘息着向台儿沟滑过来,接着一阵空哐乱响,车身震颤一下,才停住不动了。姑娘们心跳着涌上前去,像看电影一样,挨着窗口观望。只有香雪躲在后边,双手紧紧捂着耳朵。看火车,她跑在最前边;火车来了,她却缩到最后去了。她有点害怕它那巨大的车头,车头那么雄壮地喷吐着白雾,仿佛一口气就能把台儿沟吸进肚里。它那撼天动地的轰鸣也叫她感到恐惧。在它跟前,她简直像一叶没根的小草。

"香雪,过来呀!看那个妇女头上别的金圈圈,那叫什么?"凤娇拉过香雪,扒着她的肩膀问。

"怎么我看不见?"香雪微微眯着眼睛说。

"就是靠里边那个,那个大圆脸。唉!你看她那块手表比指甲盖还小哩!"凤娇又有了新发现。

香雪不言不语地点着头,她终于看见了妇女头上的金圈圈和她腕上比指甲盖还要小的手表。但她也很快就发现了别的。"皮书包!"她指着行李架上一只普通的棕色人造革学生书包。这是那种在小城市都随处可见的学生书包。

尽管姑娘们对香雪的发现总是不感兴趣,但她们还是围了上来。

"哟,我的妈呀!你踩着我脚啦!"凤娇一声尖叫,埋怨着挤上来的一位姑娘。她老是爱一惊一乍的。

"你咋呼什么呀,是想叫那个小白脸和你搭话了吧?"被埋怨的姑娘也不示弱。

"我撕了你的嘴!"凤娇骂着,眼睛却不由自主地朝第三节车厢的车门望去。

那个白白净净的年轻乘务员真下车来了,他身材高大,头发乌黑,说一口漂亮的北京话。也许因为这点,姑娘们私下里都叫他"北京话"。"北京话"双手抱住胳膊肘,和她们站得不远不近地说:"喂,我说小姑娘们,别扒窗户,危险!"

"哟,我们小,你就老了吗?"大胆的凤娇回敬了一句。

姑娘们一阵大笑,不知谁还把凤娇往前一搡,弄得她差点撞在他身上。这一来反倒更壮了凤娇的胆:"喂,你们老呆在车上不头晕?"她又问。

"房顶子上那个大刀片似的,那是干什么用的?"又一个姑娘问。她指的是车厢里的电扇。

"烧水在哪儿?"

"开到没路的地方怎么办?"

"你们城市里一天吃几顿饭?"香雪也紧跟在姑娘们后边小声问了一句。

"真没治!""北京话"陷在姑娘们的包围圈里,不知所措地嘟囔着。

快开车了,她们才让出一条路,放他走。他一边看表,一边朝车门跑去,跑到门口,又扭头对她们说:"下次吧,下次告诉你们!"他的两条长腿灵巧地向上一跨就上了车,接着一阵叽哩咣啷,绿色的车门就在姑娘们面前沉重地合上了。列车一头扎进黑暗,把她们撇在冰冷的铁轨旁边。很久,她们还能感觉到它那越来越轻的震颤。

一切又恢复了寂静,静得叫人怅惘。姑娘们走回家去,路上总要为一点小事争论不休:"那九个金圈圈是绑在一块插到头上的。"

"不是!"

"就是!"

有人在开凤娇的玩笑:"凤娇,你怎么不说话,还想那个……'北京话'哪?"

"去你的,谁说谁就想。"凤娇说着捏了一下香雪的手,意思是叫香雪帮腔。

香雪没说话,慌得脸都红了。她才十七岁,还没学会怎样在这种事上给人家帮腔。

"我看你是又想他又不敢说。他的脸多白呀。"一阵沉默之后,那个姑娘继续逗凤娇。

"白?还不是在那大绿屋里捂的,叫他到咱台儿沟住几天试试。"有人在黑影里说。

"可不,城里人就靠捂。要论白,叫他们和咱香雪比比。咱们香雪,天生一付好皮子,再照火车上那些闺女的样儿,把头发烫成弯弯绕,啧啧!凤娇姐,你说是不是?"

凤娇不接茬儿,松开了香雪的手。好像姑娘们真在贬低她的什么人一样,她心里真有点替他抱不平呢。不知怎么的,她认定他的脸绝不是捂白的,那是天生。

香雪又悄悄把手送到凤娇手心里,她示意凤娇握住她的手,仿佛请求凤娇的宽恕,仿佛是她使凤娇受了委屈。

"凤娇,你哑巴啦?"还是那个姑娘。

"谁哑巴啦!谁像你们,专看人家脸黑脸白。你们喜欢,你们可跟上人家走啊!"凤娇的嘴很硬。

"我们不配!"

"你担保人家没有相好的?"

…………

不管在路上吵得怎样厉害,分手时大家还是十分友好的,因为一个叫人兴奋的念头又在她们心中升起:明天,火车还要经过,她们还会有一个美妙的一分钟。和它相比,闹点小别扭还算回事吗?

哦,五彩缤纷的一分钟,你饱含着台儿沟的姑娘们多少喜怒哀乐!日久天长,她们又在这一分钟里增添了新的内容。她们开始挎上装满核桃、鸡蛋、大枣的长方形柳条篮子,站在车窗下,抓紧时间跟旅客和和气气地作买卖。她们踮着脚尖,双臂伸得直直的,把整筐的鸡蛋、红枣举上窗口,换回台儿沟少见的挂面、火柴,以及姑娘们喜爱的发卡、纱巾,甚至花色繁多的尼龙袜。当然,换到后面提到的这几样东西是冒着回去挨骂的风险的,因为这纯属她们自作主张。

  凤娇好像是大家有意分配给那个"北京话"的,每次都是她提着篮子去找他。她和他作买卖很有意思,她经常故意磨磨蹭蹭,车快开时才把整篮的鸡蛋塞给他。他还没来得及付钱,车身已经晃动了,他在车上抱着篮子冲她指指划划,解释着什么,她在车下很开心,那是她心甘情愿的。当然,小伙子下次会把钱带给她,或是捎来一捆挂面、两块纱巾和别的什么。假如挂面是十斤,凤娇一定抽出一斤再还给他。她觉得,只有这样才对得起和他的交往,她愿意这种交往和一般的作买卖有所区别。有时她也想起姑娘们的话:"你担保人家没有相好的?"其实,有没有相好的不关凤娇的事,她又没想过跟他走。可她愿意对他好,难道非得是相好的才能这么做吗?

  香雪平时话不多,胆子又小,但作起买卖却是姑娘中最顺利的一个。旅客们爱买她的货,因为她是那么信任地瞧着你,那洁如水晶的眼睛告诉你,站在车窗下的这个女孩子还不知道什么叫受骗。她还不知道怎么讲价钱,只说:"你看着给吧。"你望着她那洁净得仿佛一分钟前才诞生的面孔,望着她那柔软得宛若红缎子似的嘴唇,心中会升起一种美好的感情。你不忍心跟这样的小姑娘耍滑头,在她面前,再爱计较的人也会变得慷慨大度。

  有时她也抓空儿向他们打听外面的事,打听北京的大学要不要台儿沟人,打听什么叫"配乐诗朗诵"(那是她偶然在同桌的一本书上看到的)。有一回她向一位戴眼镜的中年妇女打听能自动合上的铅笔盒,还问到它的价钱。谁知没等人家回话,车已经开动了。她追着它跑了好远,当秋风和车轮的呼啸一同在她耳边鸣响时,她才停下脚步意识到,自己的行为是多么可笑啊。

  火车眨眼间就无影无踪了。姑娘们围住香雪,当她们知道她追火车的原因后,便觉得好笑起来。

  "傻丫头!"

  "值不当的!"

她们像长者那样拍着她的肩膀。

"就怪我磨蹭,问慢了。"香雪可不认为这是一件值不当的事,她只是埋怨自己没抓紧时间。

"咳,你问什么不行呀!"凤娇替香雪挎起篮子说。

"也难怪,咱们香雪是学生呀。"也有人替香雪分辩。

也许就因为香雪是学生吧,是台儿沟唯一考上初中的人。

台儿沟没有学校,香雪每天上学要到十五里以外的公社。尽管不爱说话是她的天性,但和台儿沟的姐妹们总是有话可说的。公社中学可就没那么多姐妹了,虽然女同学不少,但她们的言谈举止,一个眼神,一声轻轻的笑,好像都是为了叫香雪意识到,她是小地方来的,穷地方来的。她们故意一遍又一遍地问她:"你们那儿一天吃几顿饭?"她不明白她们的用意,每次都认真地回答:"两顿。"然后又友好地瞧着她们反问道:"你们呢?"

"三顿!"她们每次都理直气壮地回答。之后,又对香雪在这方面的迟钝感到说不出的怜悯和气恼。

"你上学怎么不带铅笔盒呀?"她们又问。

"那不是吗。"香雪指指桌角。

其实,她们早知道桌角那只小木盒就是香雪的铅笔盒,但她们还是做出吃惊的样子。每到这时,香雪的同桌就把自己那只宽大的泡沫塑料铅笔盒摆弄得哒哒乱响。这是一只可以自动合上的铅笔盒,很久以后,香雪才知道它所以能自动合上,是因为铅笔盒里包藏着一块不大不小的吸铁石。香雪的小木盒呢,尽管那是当木匠的父亲为她考上中学特意制作的,它在台儿沟还是独一无二的呢。可在这儿,和同桌的铅笔盒一比,为什么显得那样笨拙、陈旧?它在一阵哒哒声中有几分羞涩地畏缩在桌角上。

香雪的心再也不能平静了,她好像忽然明白了同学们对于她的再三盘问,明白了台儿沟是多么贫穷。她第一次意识到这是不光彩的,因为贫穷,同学们才敢一遍又一遍地盘问她。她盯住同桌那只铅笔盒,猜测它来自遥远的大城市,猜测它的价钱肯定非同寻常。三十个鸡蛋换得来吗?还是四十个?五十个?这时她的心又忽地一沉:怎么想起这些了?娘攒下鸡蛋,不是为了叫她乱打主意啊!可是,为什么那诱人的哒哒声老是在耳边响个没完?

　　深秋,山风渐渐凛冽了,天也黑得越来越早。但香雪和她的姐妹们对于七点钟的火车,是照等不误的。她们可以穿起花棉袄了,凤娇头上别起了淡粉色的有机玻璃发卡,有些姑娘的辫梢还缠上了夹丝橡皮筋。那是她们用鸡蛋、核桃从火车上换来的。她们仿照火车上那些城里姑娘的样子把自己武装起来,整齐地排列在铁路旁,像是等待欢迎远方的贵宾,又像是准备着接受检阅。

　　火车停了,发出一阵沉重的叹息,像是在抱怨台儿沟的寒冷。今天,它对台儿沟表现了少有的冷漠:车窗全部紧闭着,旅客在昏黄的灯光下喝茶、看报,没有人向窗外瞥一眼。那些眼熟的、常跑这条线的人们,似乎也忘记了台儿沟的姑娘。

　　凤娇照例跑到第三节车厢去找她的"北京话",香雪系紧头上的紫红色线围巾,把臂弯里的篮子换了换手,也顺着车身一直向前走去。她尽量高高地踮起脚尖,希望车厢里的人能看见她的脸。车上一直没有人发现她,她却在一张堆满食品的小桌上,发现了渴望已久的东西。它的出现,使她再也不想往前走了,她放下篮子,心跳着,双手紧紧扒住窗框,认清了那真是一只铅笔盒,一只装有吸铁石的自动铅笔盒。它和她离得那样近,如果不是隔着玻璃,她一伸手就可以拿到。

　　一位中年女乘务员走过来拉开了香雪。香雪挎起篮子站在远处继续观察。当她断定它属于靠窗那位女学生模样的姑娘时,就果断地跑过去敲起了玻璃。女学生转过脸来,看见香雪臂弯里的篮子,抱歉地冲她摆了摆手,并没有打开车窗的意思。谁也没提醒香雪,车门是开着的,不知怎么的她就朝车门跑去,当她在门口站定时,还一把攥住了扶手。如果说跑的时候她还有点犹豫,那么从车厢里送出来的一阵阵温馨的、火车特有的气息却坚定了她的信心,她学着"北京话"的样子,轻巧地跃上了踏板。她打算用最快的速度跑进车厢,以最快的速度用鸡蛋换回铅笔盒。也许,她所以能够在几秒钟内就决定上车,正是因为她拥有那么多鸡蛋吧,那是四十个。

　　香雪终于站在火车上了。她挽紧篮子,小心地朝车厢迈出了第一步。这时,车身忽然悸动了一下,接着,车门被人关上了。当她意识到应该赶快下车时,列车已经缓缓地向台儿沟告别了。香雪扑在车门上,看见凤娇的脸在车下一晃。看来这不是梦,一切都是真的,她确实离开姐妹们,站在这既熟悉,又陌生的火车上了。她拍打着玻璃,冲凤娇叫喊着:"凤娇!我怎么办呀,我可怎么办呀!"

列车无情地载着香雪一路飞奔,台儿沟刹那间就被抛在后面了。下一站叫西山口,西山口离台儿沟三十里。

三十里,对于火车、汽车真的不算什么,西山口在旅客们闲聊之中就到了。这里上车的人不少,下车的却只有一位旅客。车上好像有人阻拦她,但她还是果断地跳了下来,就像刚才果断地跃上去一样。

她胳膊上少了那只篮子,她把它悄悄塞在女学生座位下面了。在车上,当她红着脸告诉女学生,想用鸡蛋和她换铅笔盒时,女学生不知怎么的也红了脸。她一定要把铅笔盒送给香雪,还说她住在学校吃食堂,鸡蛋带回去也没法吃。她怕香雪不信,又指了指胸前的校徽,上面果真有"矿冶学校"几个字。香雪却觉着她在哄她,难道除了学校她就没家吗?香雪收下了铅笔盒,到底还是把鸡蛋留在了车上。台儿沟再穷,她也从没白拿过别人的东西。后来,当旅客们知道香雪要在西山口下车时,他们是怎么对她说的?他们劝她在西山口住一夜再回去,那个热情的"北京话"甚至告诉她,他爱人有个亲戚住在站上。香雪并不想去找他爱人的亲戚,可是,他的话却叫她感到一点委屈,替凤娇委屈,替台儿沟委屈。想到这些委屈,难道她不应该赶快下车吗?赶快下车,赶快回家,第二天赶快去上学,那时她就会理直气壮地打开书包,把"它"摆在桌上……于是,她对车上那些再次劝阻她的人们说:"没关系,我走惯了。"也许他们信她的话,他们没见过火车的呼啸曾经怎样叫她惧怕,叫她像只受惊的小鹿那样不知所措。他们搞不清山里的女孩子究竟有多大本事。她的话使他们相信:山里人不怕走夜路。

现在,香雪一个人站在西山口,目送列车远去。列车终于在她的视野里彻底消失了,眼前一片空旷,一阵寒风扑来,吸吮着她单薄的身体。她把滑到肩上的围巾紧裹在头上,缩起身子在铁轨上坐了下来。香雪感受过各种各样的害怕,小时候她怕头发,身上沾着一根头发择不下来,她会急得哭起来;长大了她怕晚上一个人到院子里去,怕毛毛虫,怕被人胳肢(凤娇最爱和她来这一手)。现在她害怕这陌生的西山口,害怕四周黑幽幽的大山,害怕叫人心跳的寂静,当风吹响近处的小树林时,她又害怕小树林发出的窸窸窣窣的声音。三十里,一路走回去,该路过多少大大小小的林子啊!

一轮满月升起来了,照亮了寂静的山谷、灰白的小路,照亮了秋日的败草、粗糙的树干,还有一丛丛荆棘、怪石,还有漫山遍野那树的队伍,还有香雪手中那只闪闪发光的小盒子。

她这才想到把它举起来仔细端详。她想,为什么坐了一路火车,竟没有拿出来好好看看?现在,在皎洁的月光下,她才看清了它是淡绿色的,盒盖上有两朵洁白的马蹄莲。她小心地把它打开,又学着同桌的样子轻轻一拍盒盖,"哒"的一声,它便合得严严实实。她又打开盒盖,觉得应该立刻装点东西进去。她从兜里摸出一只盛擦脸油的小盒放进去,又合上了盖子,只有这时,她才觉得这铅笔盒真属于她了,真的。她又想到了明天,明天上学时,她多么盼望她们会再三盘问她啊!

她站了起来,忽然感到心里很满,风也柔和了许多。她发现月亮是这样明净,群山被月光笼罩着,像母亲庄严、神圣的胸脯;那秋风吹干的一树树核桃叶,卷起来像一树树金铃铛,她第一次听清它们在夜晚,在风的怂恿下"嚓啷啷"地歌唱。她不再害怕了,在枕木上跨着大步,一直朝前走去。大山原来是这样的!月亮原来是这样的!核桃树原来是这样的!香雪走着,就像第一次认出养育她成人的山谷。台儿沟是这样的吗?不知怎么的,她加快了脚步。她急着见到它。就像从来没见过它那样觉得新奇。台儿沟一定会是"这样的":那时台儿沟的姑娘不再央求别人,也用不着回答人家的再三盘问。火车上的漂亮小伙子都会求上门来,火车也会停得久一些,也许三分、四分,也许十分、八分。它会向台儿沟打开所有的门窗,要是再碰上今晚这种情况,谁都能从从容容地下车。

对了,今晚台儿沟发生了这样的情况,火车拉走了香雪,为什么现在她像闹着玩儿似的去回忆呢?对了,四十个鸡蛋也没有了,娘会怎么说呢？爹不是盼望每天都有人家娶媳妇、聘闺女吗？那时他才有干不完的活儿，他才能光着红铜似的脊梁，不分昼夜地打出那些躺柜、碗橱、板箱，挣回香雪的学费。想到这儿，香雪站住了，月光好像也黯淡下来，脚下的枕木变成一片模糊。回去怎么说？她环视群山，群山沉默着；她又朝着近处的杨树林张望，杨树林窸窸索索地响着，并不真心告诉她应该怎么做。是哪儿来的流水声？她寻找着，发现离铁轨几米远的地方，有一道浅浅的小溪。她走下铁轨，在小溪旁边蹲了下来。她想起小时候有一回和凤娇在河边洗衣裳，碰见了一个换芝麻糖的老头。凤娇劝香雪拿一件旧汗褂换几块糖吃，还教她对娘说，那件衣裳不小心叫河水给冲走了。香雪很想吃芝麻糖，可她到底没换。她还记得，那老头真心实意等了她半天呢。为什么她会想起这件小事？也许现在应该骗娘吧，因为芝麻糖怎么也不能和铅笔盒的重要性相比。她要告诉娘，这是一个宝盒子，谁用上它，就能一切顺心如意，就能上大学、坐上火车到处跑，就能要什么有什么，就再也不会叫人瞧不起……娘会相信的，因为香雪从来不骗人。

小溪的歌唱高昂起来了，它欢腾着向前奔跑，撞击着水中的石块，不时溅起一朵小小的浪花。香雪也要赶路了，她捧起溪水洗了把脸，又用沾着水的手抿光被风吹乱的头发。水很凉，但她觉得很精神。她告别了小溪，又回到了长长的铁路上。

前边又是什么，是隧道，它愣在那里，就像大山的一只黑眼睛。香雪又站住了，但她没有返回去，她想到怀里的铅笔盒，想到同学们惊羡的目光，那些目光好像就在隧道里闪烁。她弯腰拔下一根枯草，将草茎插在小辫里，娘告诉她，这样可以"避邪"。然后她就朝隧道跑去。确切地说，是冲去。

香雪越走越热了，她解下围巾，把它搭在脖子上。她走出了多少里？不知道。只听见不知名的小虫在草丛里鸣叫，松散、柔软的荒草抚弄着她的裤脚。小辫叫风吹散了，她停下来把它们编好。台儿沟在哪儿？她向前望去，她看见迎面有一颗颗黑点在铁轨上蠕动。再近一些才看清，那是人，是迎着她走过来的人群。第一个是凤娇，凤娇身后是台儿沟的姐妹们。当她们也看清对面是香雪时，忽然都停住了脚步。

香雪猜出她们在等待,她想快点跑过去,但腿为什么变得异常沉重?她站在枕木上,回头望着笔直的铁轨,铁轨在月亮的照耀下泛着清淡的光,它冷静地记载着香雪的路程。她忽然觉得心头一紧,不知怎么的就哭了起来,那是欢乐的泪水,满足的泪水。面对严峻而又温厚的大山,她心中升起一种从未有过的骄傲。她用手背抹净眼泪,拿下插在辫子里的那根草棍儿,然后举起铅笔盒,迎着对面的人群跑去。

迎面,那静止的队伍也流动起来了。同时,山谷里突然爆发了姑娘们欢乐的呐喊,她们叫着香雪的名字,声音是那样奔放、热烈;她们笑着,笑得是那样不加掩饰、无所顾忌。古老的群山终于被感动得颤栗了,它发出宽亮低沉的回音,和她们共同欢呼着。

哦,香雪!香雪!

(原载《青年文学》1982 年第 5 期)

现代化进程中的温情回眸

——重读《哦,香雪》

黄文君

铁凝发表于 1982 年第 5 期《青年文学》上的《哦,香雪》,曾获当年的全国最佳短篇小说奖。小说讲述了一列开进深山,每天停留"一分钟"的火车给当地少女的生活带来的波澜,明丽流畅的笔调、细腻生动的心理描写和向往山外世界的乡村少女形象都令人耳目一新,在 80 年代初耽于控诉和反思的整体文学氛围中如同一株"百合花",散发着纯文学独有的清香。孙犁在写给铁凝的信里说:"在灯下一口气读完你的小说《哦,香雪》,心里有说不出的愉快。这篇小说,从头到尾都是诗,它是一泻千里的,始终如一的。这是一首纯净的诗,即是清泉,它所经过的地方,也都是纯净的境界——我希望经常能读到你这种纯净的歌!"①王蒙也表示:"我虽只看了一篇她的新作《哦,香雪》,但我不能不佩服她的取材,她的构思,她的细致入微的艺术感觉和她的语言天籁感。这真是一支纯化人的心灵的歌,怀着这种对生活的美好情致而写作的作者是幸福的,读这样的作品也是幸福的。"②

《哦,香雪》的故事缘起于现代文明与传统生活的相遇,"两根纤细、闪亮的铁轨"像现代化的两根触角一样,潜移默化地改变了山村生活,让它不能再和从前一样平静,这本来可以写成类似《山乡巨变》的壮阔历史画卷,但作者却把故事的矛盾冲突高度凝缩在"一分钟"里。文中写道:"台儿沟上了列车时刻表,每晚七点钟,由首都方向开往山西的这列火车在这里停留一分钟。""一分钟"、"七点钟"如同火车锵锵

---

① 孙犁:《孙犁选集理论》,第 321 页,陕西师范大学出版社 2011 年版。
② 王蒙:《漫话几个作者和他们的作品》,《文艺研究》1983 年第 3 期。

前进的车轮,显得那么急迫,不肯多停留一秒,代表了一种直线矢量进步的时间观,其后是整个中国现代化进程加速的大背景,在这样的冲击下台儿沟"日出而作,日入而息"的生活方式正在发生变化,山里的年轻人最先受到影响,他们不再愿意和父辈一样恪守对大山的虔诚,按照循环式的自然节奏生活。"如今,台儿沟的姑娘们刚把晚饭端上桌就慌了神,她们心不在焉地胡乱吃几口,扔下碗就开始梳妆打扮。她们洗净蒙受了一天的黄土、风尘,露出粗糙、红润的面色,把头发梳得乌亮,然后就比赛着穿出最好的衣裳。"

为什么"一分钟"具有如此大的魔力?说到底,是因为火车作为现代化的缩影所展现出来的截然不同的生活图景:妇女头上的金圈圈、比指甲盖还要小的手表、棕色人造革学生书包以及装有吸铁石的自动铅笔盒……台儿沟的姑娘们面对的是一个陌生而新奇的世界,火车带来的那些城市生活用品和火车本身作为象征物,展现的只是瞬息万变、纷繁复杂的现代文明的冰山一角,在如此灿烂夺目的景象面前,无人能闭上双眼,却又不免对那些难以把握的存在心生畏惧。"看火车,她跑在最前边;火车来了,她却缩到最后去了。她有点害怕它那巨大的车头,车头那么雄壮地喷吐着白雾,仿佛一口气就能把台儿沟吸进肚里。它那撼天动地的轰鸣也叫她感到恐惧。在它跟前,她简直像一叶没根的小草。"香雪这种既期盼又不安的心理被作者写活了,甚至在一定程度上反映了转型时期普遍的社会心态:既向往"明天"的精彩,又对未来的不确定性充满畏惧,因此不得不从"昨天"的回忆中寻找站立的根基。

在"看"火车的同时姑娘们也在"被看":"也许乘车的旅客提出过要求,他们中有哪位说话算数的人和台儿沟沾亲;也许是哪个快乐的男乘务员发现台儿沟有一群十七八岁的漂亮姑娘,每逢列车疾驰而过,她们就成帮搭伙地站在村口,翘起下巴,贪婪、专注地仰望着火车。有人朝车厢指点,不时能听见她们由于互相捶打而发出的一两声娇嗔的尖叫。"处在现代化两个时间节点处的人们,因为火车被并置于同一空间中,台儿沟是清晰的前景,城市文明更多地是想象化的虚拟背景,这想象由每天只停留一分钟的火车带来,两者的巨大落差就在这"看"与

"被看"中显现出来,但本文中"看"和"被看"的对象并没有高下之分,当火车所代表的现代文明成为香雪们眼中的风景时,山村少女的淳朴善良同样感染着来自城市的乘客:"旅客们爱买她(香雪)的货,因为她是那么信任地瞧着你,那洁如水晶的眼睛告诉你,站在车窗下的这个女孩子还不知道什么叫受骗。她还不知道怎么讲价钱,只说:'你看着给吧。'你望着她那洁净得仿佛一分钟前才诞生的面孔,望着她那柔软得宛若红缎子似的嘴唇,心中会升起一种美好的感情。你不忍心跟这样的小姑娘耍滑头,在她面前,再爱计较的人也会变得慷慨大度。"换句话说,作者所要讲述的并不是一个"文明与愚昧"冲突的故事,而是以香雪为代表的、大山孕育出的白璧无瑕的少女在巨大的现代化冲击下的心灵风景。

之所以把香雪们的故事称之为"风景",是因为这篇小说并不以曲折的情节或者剧烈的冲突取胜,而是以诗化的语言讲述了一个再普通不过的故事,并给人以美好的审美享受。香雪正是外表美和内在美兼具的一个审美范型,铁凝曾经说过:"世界上最纯洁、美丽的情感就是少女的梦想,尽管它幼稚、飘渺,甚至可笑,尽管它也许是人性中最为软弱的一部分,但同时也是最可宝贵的一种情感。"从《没有纽扣的红衬衫》中的安然到《村路带我回家》的乔叶叶,香雪总能在铁凝早期的小说中找到自己的小姐妹,而后来《孕妇与牛》中的孕妇,《永远有多远》的白大省等都具有和香雪一脉相承的精神气质,那种气质不单单表现为一种质朴纯真,更是向外面世界飞翔的渴望,与自身环境脱离开的冲动。当凤娇们为那些都市物质文明的产物——发卡、尼龙袜、纱巾等而兴奋的时候,香雪却为了一块带吸铁石的铅笔盒而彻夜不眠,其实,配乐诗朗诵、校徽、铅笔盒等都是关于城市的另一种想象,即都市的文化想象,和流光溢彩的外表相比,文明和开放可能更接近城市精神的本质,香雪的想象中被净化的城市,是闪耀着希望之光的圣地,而"知识"是她通达彼岸的涉渡之舟,毕竟,在那个年代"会读书"几乎是农村青年改变自身命运的唯一方法。路遥《人生》里高加林的经历更像是《哦,香雪》讲述故事的另一个版本,但铁凝回避了当时尖锐的城乡差距和社会矛盾,以独特视角切入少女的情感世界,就像在现代化快速行驶的列车上,对那远远被抛在后面的小山村的一次温情的回眸,触动读者心中最柔软的角落。

香雪对新世界的追求是执著的,火车快来了时,她总是"第一个出门",甚至用40个鸡蛋换了一个铅笔盒并被载到30里外,最后独自徒步返回。对此雷达曾说:"她的追求绝不是什么'铅笔盒',否则就太藐视我们的香雪了;她追求的是'明天',每一个不同于昨天的新的'明天',那也就是对不断变化的新生活的全部憧憬、信心和神往。"①香雪是台儿沟唯一的女初中生,知识和理性让她的愿望对象和凤娇们区别开来,凤娇喜欢上"身材高大,头发乌黑,说一口漂亮的北京话"的乘务员,她的爱恋是一种与生俱来的本质需求,而知识和理性赋予了香雪更高层次的精神诉求,公社中学同学对"两顿饭"和"木盒子"的嘲弄伤害了她的自尊心,让她感受到横亘在城乡之间的巨大差距并希望改变这一现状,"铅笔盒"像一根导火线引燃了她心中的强烈不平与渴望,于是文中出现了香雪走夜路的艰辛描写:

> 列车终于在她的视野里彻底消失了,眼前一片空旷,一阵寒风扑来,吸吮着她单薄的身体。她把滑到肩上的围巾紧裹在头上,缩起身子在铁轨上坐了下来。香雪感受过各种各样的害怕,小时候她怕头发,身上粘着一根头发择不下来,她会急得哭起来;长大了她怕晚上一个人到院子里去,怕毛毛虫,怕被人胳肢(凤娇最爱和她来这一手)。现在她害怕这陌生的西山口,害怕四周黑幽幽的大山,害怕叫人心跳的寂静,当风吹响近处的小树林时,她又害怕小树林发出的窸窸窣窣的声音。三十里,一路走回去,该路过多少大大小小的林子啊!

人的自觉似乎总是与痛苦相伴,被耻笑的香雪对现代文明怀有更强烈的情结,似乎拥有一个小小的铅笔盒她就可以拥抱那个遥远的梦

---

① 雷达:《重建文学的审美精神》,第363页,北京师范大学出版社2010年版。

想,当凤娇们陶醉在发卡、香皂、纱巾所带来的廉价的欢乐中时,香雪却在为一些不为人知、更不为人理解的想法所煎熬着,正因如此腼腆,她才义无反顾地冲上一向惧怕的火车并被带走……独自走三十里夜路的"壮举"对香雪自我认知的意义不亚于一段"天路历程",肉体的苦役后是精神的提升,她似乎用这种行为证明了自己走向外面世界的勇气和信念,证明了那个"明天"是怎样可以如光源一样照亮她的漫漫前路,作者通过景物描写抒发了香雪重新认识自我后对熟悉风景的"陌生化"感受:"大山原来是这样的!月亮原来是这样的!核桃树原来是这样的!香雪走着,就像第一次认出养育她成人的山谷。台儿沟是这样的吗?不知怎么的,她加快了脚步。"这段描写不但表现了香雪回家的急迫与欣喜,更是记载了她第一次以"他者"的目光打量台儿沟的时刻,这时的她已不再完全是与山村水乳相融的一部分,而是一个注定会挣脱束缚、飞向另一个世界的个体了。文章的最后香雪回归大山的场面是狂欢式的,此时的香雪已经演化为一个美丽的象征,她身后是无数走出大山的学子身影。

在这个年代重读《哦,香雪》具有别样的意义,虽然王安忆告别了她的"雯雯"时代去书写人生的"长恨",张洁不再倾听"从森林里来的孩子"的悠扬笛声,转而描述成人世界的龌龊与救赎,铁凝的"玫瑰门"同样那么令人痛楚,即便如此,我们还是不能忘记她们最初的作品中展现出的那一个个纯美的生命瞬间。铁凝是燕赵儿女,和孙犁的荷花淀派有精神血脉上的传承,那种宽广博大的朴素之爱是她写作的根基与营养,在《又见香雪》中铁凝写道:"香雪并非从前一个遥远的故事……那本是人类美好天性的表现之一,那本是生命长河中短暂然而的确存在的纯净瞬间。有人类就永远有那个瞬间,正是那个瞬间使生命有所附丽。"①香雪这个近乎"圣洁"的形象,不难让人想起红楼梦里那些"水做骨肉"的女儿们,让人想起《边城》里的翠翠,从外表到灵魂都一尘不染,美得让人心醉的"女儿性"毕竟不能长存,所以才格外让人留

---

① 铁凝:《又见香雪》,《安徽文学》2008年第6期。

恋,或许已经不存在的香雪和台儿沟唤醒的是我们心中对精神生态家园、对生命最单纯的年代的怀念,从怀念中我们能得到净化自身的力量。

复习思考题

1. 《哦,香雪》的主题是什么?
2. 香雪是一个什么样的人物形象?
3. 香雪返回台儿沟的那段景物描写有什么样的作用和意义?

创新与超越：《红高粱》的文学史意义

张卫中

在新时期文学史上，莫言的《红高粱》无论在思想内容还是艺术探索上都是典型的具有先锋意义的作品，如果说，新时期以来中国文学的进步，是通过一部部作品的创新逐步实现的，那么《红高粱》在其中无疑发挥了重要作用。《红高粱》在 20 世纪 80 年代中期的出现，既是中国作家学习西方现代派文学的结果，也是中国文学在借鉴中获得提高的一个显著标志。

《红高粱》是一部以书写胶东地区抗战历史为题材的小说，但是作品观照历史的方式与传统小说有很大不同。在《红高粱》中，莫言最大的创新就在于他超越了正统历史小说那种奉正史为神明，孜孜以求地寻求某种历史必然性的叙事逻辑，也超越了传统现实主义作家把历史演绎成国家、民族寓言的思维模式，以及那种高高在上、总以启蒙者和宣谕者自居的写作姿态。正是在这个意义上，莫言被认为是"新历史小说"的始作俑者，《红高粱》被认为是早期新历史小说最有代表意义的作品。与传统历史小说相比，《红高粱》最大的不同是它质疑那种单一的、大写的历史，认为历史是多种多样的，其中充满了偶然与荒诞，历史可以有多种叙述角度和方式，历史进步的动力也并非都是来自启蒙与理性，在启蒙与理性背后，更多的还是平常与卑琐的欲望。

《红高粱》历史叙事的一个重要特点在于，它不是用惯常的阶级与民族矛盾阐释人物的动机，而是将其放到民间的历史背景中，寻求对情节与故事的多重阐释。小说的主人公余占鳌就是一个杂色人物，作者从未把他写成一个传统的抗日英雄。余占鳌在杀了单扁郎父子以后实际上成为打家劫舍的土匪，如他在与冷麻子的对话中所说："老子就是这地盘上的王，吃了十几年捎饼。"余占鳌去伏击日本人的车队，不能说没有正义感和民族主义的义愤,但他的出发点更多地还是出自一个民间英雄的本能。在《红高粱家族》①另外几章中,余占鳌不仅杀日本人、杀国民党,也杀八路军、杀老百姓。杀戮是他的本能,也是一种生活方式。在《红高粱》中,作者从来就没有要把余占鳌打扮成一个抗日志士,他塑造的只是一个民间英雄;因为日本人杀中国人,他就要杀日本人,这与传统现实主义小说动辄把人物的动机上升到阶级觉悟或民族觉悟已经有了非常大的区别。

小说中的罗汉大爷砍死了两头骡子,被日本人剥皮、凌迟时仍然坚贞不屈,按说应当是标准的抗日英雄,但是,作者或许有意要把罗汉大爷的"抗日"与传统意义上的"英雄"拆解开来,用偶然性颠覆传统的英雄模式。在小说中,刘罗汉逃出日本人的看守并不是出自蓄谋,而是那个神秘的中年人逃跑时杀死了卫兵,给他提供了机会,而他又恰巧在这个时候醒来。刘罗汉自己都不敢相信,"这么容易就逃出来了"。逃出以后听到东家两头骡子在黑夜中嘶鸣,于是他起意要折返营地拉回两头骡子。然而他身上强烈的血腥气让骡子认不出主人,而且飞起双蹄踢在刘罗汉身上,这使一天来一直挨打受气的刘罗汉被彻底激怒了,他改变了要拉骡子回家的初衷,决定杀死骡子。于是他找来铁锹砍死一头骡子,又砍伤了一匹。在这个人物的书写中,莫言颠覆了那种用虚拟的革命"动机"刻画人物的方法,把故事还给了偶然性,从而也为人物的书写提供了更多的可能。

小说中的余大牙"贪财好色"、"嗜酒如命",他强奸了少女玲子,本是一个典型的反面人物,但是作者也没有把他脸谱化,而是尽量写出人物的丰富性、复杂性。面对死亡,余大牙大义凛然,临死竟唱起了抗日歌曲:"高粱红了,高粱红了,东洋鬼子来了,东洋鬼子来了,国破了,家亡了……"随后叙事人有一段感慨:"余大牙毕竟是我们高密东北乡的种子,他犯了大罪,死有余辜,但临死前却表现出了应有的英雄气概。"

---

① 《红高粱》开始被作为一部独立的中篇小说,尔后与《高粱酒》、《高粱殡》、《狗道》、《狗皮》合为一部长篇小说《红高粱家族》。

小说

从主题内涵方面说,《红高粱》表现了很强的生命意识。20世纪50—70年代中国文学的主题主要是政治和意识形态的,进入80年代,很多作家一直致力于改变这种主题单一的情况。80年代中期,阿城、韩少功、郑义等作家率先将文化的主题引入新时期文学中,随后很多作家在这方面做了尝试,而《红高粱》则成功地将生命意识引入作品中,给中国当代文学灌注了一股强劲的生命力。

《红高粱》中的生命意识包括对封建道德伦理、对压抑人性的诸多教条和规则的批判,大力弘扬人的生命本能、无意识本能,以及人物身上迸发出来的强悍的生命力量。在《红高粱》中(也包括《红高粱家族》其他的作品),总有一个三代人模式,即祖父母一代,包括"我爷爷"余占鳌、"我奶奶"戴凤莲,以及罗汉大爷等人物,其次是"我父亲"一代和"我"这一代。小说热情地赞美了"我"的爷爷、奶奶这一代人,把他们作为生命意识最集中的代表。莫言笔下的这一代人是高密东北乡日月孕育的精华,男的剽悍勇猛,女的风流俊俏;他们嗜杀成性又视死如归,杀人越货又精忠报国;他们是自然生命的化身,体现了一种强悍的生命本能。他们敢恨敢爱,敢于直面生死荣辱;爱起来一往情深,受到压抑时则啸聚山林,扯旗造反。他们在对传统伦理观念的反叛中,使人类的生命原欲得到了最为酣畅淋漓的宣泄与抒发。

在艺术方面,《红高粱》的特点首先表现在艺术结构与视角的选择上。小说整体上采取了一种双线结构,一条线索是余占鳌带领队伍去伏击日本人的车队及整个过程,另一条线索则是从我奶奶戴凤莲出嫁,到余占鳌杀死单家父子,戴凤莲把单家的财产据为己有,一直到余占鳌与冷麻子约定袭击日本人的车队。其中还包括了罗汉大爷被抓去修公路,他砍死两匹骡子,最后被日本人剥皮的过程,以及余大牙强奸玲子被余占鳌枪毙的过程。小说中的两条线索很难说谁为主次,作者要写的其实就是抗战时期胶东地区中国百姓的一段生活史,小说中的两条线索只是作者处理生活的一种方式,把一次伏击战处理为"前景",而将更多人物的生活史处理为"背景","前景"与"背景"共同构成了抗战时期胶东人民的生活史。

《红高粱》在"伏击战"这条线索中也没有采取单线发展的策略,而是经常切断线性时间,插入各种不同的故事。如果说伏击战是"现在时",那么"现在时"中就不断地插入了各种"过去时"、甚至是"过去将来时"。例如,小说不断插入"我父亲"跟着刘罗汉在墨水河边上抓螃蟹的场景,任副官在打麦场上给农民做队列训练的场景等。小说中写到多年之后"我"在父亲坟头上放羊的场景,则只能使用"过去将来时"的语态。

《红高粱》使用的这种多线插入的方式使小说拥有了一种"立体的结构",即它超越了由线性时间叙事造成的单调,把非常丰富的故事、人的心理活动、叙事人的所感、所想组织在一起,形成了叙事人与生活、与人物多层的对话关系;小说的话题在人与物、人与不同的生活之间不断地转换,大大丰富了作品的内涵。

除了艺术结构的特殊之外,《红高粱》的叙事视角也很新颖,表现了勇于突破传统的创新性。传统现实主义小说一般使用第一或第三人称,少数作品使用第二人称。而《红高粱》则把几种人称综合在一起,创造了一种颇为特殊的叙事视角。从表面上看,小说使用的是第一人称,"我"作为余占鳌和戴凤莲的后人,在叙述"我爷爷"和"我奶奶"的经历。但小说中的"我"又是一个神秘的"我",因为"我"作为第一人称,视野是有限的,"我"本来只能看到"我"应该能看到的东西,亦即亲身经历之事;因为"我"是新中国成立后出生的,之前的事,只能使用转述。但是在《红高粱》中,"我"却可以出现在各种场合,我似乎亲眼看到"我父亲"跟余占鳌去袭击日本人的车队,小说对行军与伏击战场面的描述似乎都历历在目。更奇特的是,叙事人还可以进入人物的内心,将"我爷爷"、"我奶奶"的所思所想,包括最隐秘的心理活动都写出来。概括地说,莫言使用了第一人称视角,但是又超越了这种视角的限制,把第三人称叙事的优点融入其中。使用这种视角的好处在于:首先,小说的叙事能给读者以更加真实的感觉,作者讲述的似乎是自己的家族史,更容易赢得读者的信任。其次,它能超越第一人称的狭隘,自由地进入各种场景,自由地观察、描写,从而获得更宽阔的艺术视野。另外,以"我"为叙事人,还可以在历史与现实之间找到一个结合点,使小说的叙事不断地在历史与现实之间穿梭往返,从而使现实得到历史的参照,历史也在与现实的比较中获得更深的意义。

　　莫言在谈到《红高粱》时,特别提到的就是在艺术视角上的创新。他说:"二十多年过去,我对《红高粱》仍然比较满意的地方是小说的叙述视角,过去的小说里有第一人称、第二人称、第三人称,而《红高粱》一开头就是'我奶奶'、'我爷爷',既是第一人称视角又是全知视角。写到'我'的时候是第一人称,一写到'我奶奶',就站到了'我奶奶'的角度,她的所有的内心世界都可以很直接地表达出来,叙述起来非常方便。这就比简单的第一视角要丰富得多、开阔得多。"[①]

　　擅长感觉描写,也是《红高粱》在艺术上的一个重要特点。传统小说总是更侧重于主题、人物和情节,感觉描写只是作为辅助成分,而莫言在塑造人物、描写景物时,很少笼统地概述,更倾向于从感觉出发,写出对象的色、香、味,调动读者的所有感官,全方位地感知对象,作者在《红高粱》中给读者提供的世界是一个色彩斑斓、众声喧哗的世界。他在创作中总是不断离开对故事和情节的叙述,抓住一切机会切入感觉描写,把读者直接带进各种"场景"中去,他的作品中有暮色中飘逸在大片高粱地上淡紫色的雾气,高粱的茎叶在雾中滋滋乱叫,路两边高粱地里飘来的幽淡的薄荷气息和成熟高粱苦涩微甘的气味。传统小说总是让读者通过主题、情节和人物认识生活,而莫言则让读者直接进入生活现场,让他们从一株红高粱、一簇野花、人物的一张忧郁的面孔上去感知生活。

　　在写感觉时,莫言还常常变换观照对象的方式,用特写的方式放大对象的某种特点,以便给读者留下更细致入微的印象。例如:"拐进高粱地后,雾更显凝滞,质量加大,流动减少,在人的身体与人负载的物体碰撞高粱秸后,随着高粱嚓嚓啦啦的幽怨声,一大滴一大滴的沉重水珠扑簌扑簌落下。水珠冰凉清爽,味道鲜美,我父亲仰脸时,一大滴水珠准确地打进他的嘴里。"小说写到这里,好像突然换上了放大镜,由宏观叙事变成了微观观照,时间也好像变慢了,读者好像真的能够看到高

---

　　① 莫言:《关于〈红高粱〉的写作情况》,《南方文坛》2006 年第 5 期。

梁上的水珠扑簌扑簌落下的情景。

《红高粱》是在开放环境中诞生的一部重要作品,作为一名先锋作家,莫言将西方现代派文学的观念、技巧移植到汉语文学语境中来,颠覆了传统现实主义小说中许多陈旧的观念与技巧,对提升新时期小说的艺术品位发挥了重要作用。

复习思考题

1. "新历史小说"的主要特点是什么？试谈《红高粱》与传统现实主义小说的主要不同。
2. "生命意识"包含了什么样的内涵？《红高粱》如何体现了生命意识？
3.《红高粱》在艺术手法上有哪些创新？

当代社会浮躁情绪的生动写照

——读长篇小说《浮躁》

樊 星

贾平凹是当代乡土小说的代表作家。他立足自己的故乡——陕南商州,通过对于故乡风土人情、社会沿革的跟踪描绘,营造出一个文学的"商州世界"。无论是早期清新、古朴的《商州初录》,还是稍后神秘、怪诞的《龙卷风》《瘪家沟》,也不管是讲述朴野匪事的《白朗》《美穴地》,还是记录了乡村衰落轨迹的《高老庄》《怀念狼》,都体现了他"欲以商州这块地方,来体验、研究、分析、解剖中国农村的历史发展、社会变革、生活变化,以一个角度来反映这个大千世界和人对这个大千世界的心声"①的文学追求。

在贾平凹的"商州世界"中,《浮躁》具有特别的意义。这部长篇小说是当代乡土小说的一个重要收获,1987年曾获美国美孚"飞马文学奖"。作者以同情、理解的笔触描写当代农民的浮躁情绪,而浮躁正是20世纪80年代国人的典型心态。对此,作家说过:"浮躁虽不是成熟的表现,但浮躁是萌动、是成长、是生命的力量。"②这就是作品的基本主题。小说成功塑造了当代青年农民金狗的形象。他从小就不安分。当兵以后见了世面,更不再安于当一个传统的农民。他的信条"要穿就穿皮袄,不穿就光身子!",充分体现了当代青年不甘寂寞、不甘平庸、改变命运的渴望。他有强烈的成功渴望,为此先是放排,后借力当上记者。至此,小说写出了新一代农民不再安分守己、渴望成功的奋斗历程。应该说,这样的故事在贾平凹之前,已经有作家写过,例如路遥

---

① 贾平凹:《小月前本·在商州山地》,第3页,花城出版社1984年版。
② 转引自金平:《由"浮躁"延展的话题》,《当代文坛》1987年第2期。

当代社会浮躁情绪的生动写照

的名篇《人生》。贾平凹的可贵在于,在塑造金狗的浮躁性格的同时,揭开了乡村家族政治的黑幕,从而拓展了小说的境界。小说开篇写田、巩两家"一人得道,鸡犬升天"的发迹史,写两家人勾心斗角、为非作歹的一团乱麻,就使一部"成长小说"自然与"乡村政治小说"联为一体。一方面,金狗的浮躁不仅仅是为了自己发财,也有与"土皇帝"斗争的焦灼:"中国是急需要改革了,否则真是不得了!可怎么改革?两岔乡完全是田中正的势力,一个河运队,倒成全了他的政绩,让他更能继续往上爬了!想到这,我一腔子黑血都在翻,永远不愿去见他,给他说软话。但是,气又有什么办法,他有的是权呀!你要活下去,要么就去做蔡大安、田一申,当走狗,要么就是我爹那样,人家在头上屙了屎,鼻子上还要蹭尻子。我一辈子也不愿这样活着!你要站出来作斗争,可又怎么个斗法?像你韩伯,浪天浪地发牢骚,说怪话,那又顶屁用!形势逼得我去奋斗,去出人头地啊!小水,这出路又在哪里呢?我毕竟年轻,血气正旺,一颗心一会儿这么想,一会儿又那么想,你说能不烦吗?"这样的浮躁显示了新一代农民渴望革除乡村政治弊端,而不仅仅是发家致富的政治抱负;另一方面,当上记者后,他也没有循规蹈矩,而是敢于为民请命、与官场黑暗势力斗争,直至为此付出遭受打压的沉重代价也无怨无悔。他也有狡黠的性格,有时为了斗争不得不与权贵周旋,甚至利用田、巩两家的矛盾为百姓出口气,同时又常常为自己的狡黠而自责、痛苦:"他违心地去为工商管理局写正面报道,违心地去说些田有善爱听的话,违心地以记者的身份去恫吓、威胁公安局长,又违心地以企图上告到州里去来压制田有善……这种机智的周旋,他忍受不了!他希望悲悲壮壮地大干一番,而他却不得不忍受自己的油滑,油滑又是一个农民的儿子、一个正派人所不能干的啊!"这样的自责显示了金狗在浮躁中的良知犹在,也写出了与黑暗势力斗争的艰难。

  金狗在追求成功的道路上不但性情浮躁,爱情也是浮躁的:既恋着小水的清纯,又难以抵挡田中正侄女英英和石华的爱情诱惑。这样的浮躁伤害了小水,同时又隐含着报复田家的快意("他似乎有一种心理,为自己同英英发生的那次关系而窃喜,是小小地惩罚了田家"),可谓一言难尽。与他的浮躁性格形成鲜明对照的,是他的好友雷大空。

雷大空的性格更浮躁,一心想"把钱挣到手,经济上先压倒他田家再说!"还因为看破了"现在是人哄我、我哄人,谁不是如此?""现在什么事不能干?"因此而不择手段。他敢于惩治田中正,也敢于与县委书记田有善争风头,还敢于行贿、买空卖空,也善于将计就计,利用巩家与田家的矛盾牟利。连金狗也不得不感慨,"觉得大空倒比自己魄力大得多,惭愧自己过去的忍辱负重是多么软弱,他甚至想和大空一样去跃跃欲试一番!但他很快就警觉到这是一条很冒险的路,……当他再一次认真注视起身边这位洋洋自得的雷大空时,他意识到在目前的形势下也只有雷大空这样的人这样来干了!"然而,雷大空却终因犯法而成为权贵斗争的牺牲品,可就在失败的同时,他也给了巩家有力的一击。小说通过金狗的感慨写出了雷大空的意义:"他有这样罪那样错,可在中国的历史上,哪儿有几个这样的农民?"他因为浮躁摆脱了贫困,敢与"土皇帝"斗争,也因为浮躁而成为当地的名人。甚至他的"急功近利,意气狭偏陷进泥潭",也"是以身躯殉葬时代,以鲜血谱写经验"。金狗的浮躁与雷大空的浮躁,都相当有典型性:他们已经不甘于逆来顺受,而是努力要掌握自己的命运。另一方面,他们的浮躁都在相当程度上受制于乡村权贵田家与巩家之间的明争暗斗,虽终于使田、巩两家两败俱伤,自己也付出了惨重代价。这样,小说也就写出了改革年代的另一面:经济改革、人的命运的改变、良好竞争环境的营造,都直接牵连到政治体制变革的成败与否。此外,小说中看不惯现实的乡亲们,为非作歹的"土皇帝"们,举止开放的女人们,都体现出浮躁的情绪,从一个侧面烘托了浮躁的主题。

小说中与"浮躁"主题相对应的,是如何超越"浮躁"的思考。作者通过一位考察人的议论分析了浮躁的症结:"一场大的动乱过后,社会心理容易产生变态情绪,狂躁不安,丧失公德,不要法纪,把流血也不当回事。日本战后的情况就是这样,而中国的一场'文化大革命'之后,也正是这样……总是怎么也不如意,怎么也不合适,甚至总有一种复仇欲,但到底向谁复仇,他自己心里也不清楚,实际上就是毫无对象,也要恨,要憎,要报复。只有让这种浮躁不安的情绪狠狠发泄上一次,他的心灵似乎才能得到片刻的安宁。这种人是时时都需要一种'强刺激'!"需要"发扬我们这个民族最可贵的一种品质,就是韧性的精神",并由此引发金狗对于"人的改革"的思考。这样的思考显然寄托了作家的主张。作家自号"静虚村主",显示了对于老庄思想的认同。然而,这样的人生立场并没有妨碍作家理解甚至欣赏浮躁的生机勃勃。只是,在理解之余,作家显然还想表达更加复杂的思考——如何超越浮躁?小说中的小水是静虚的,却在爱情上遭遇了金狗的伤害。乡亲们一直在为金狗和雷大空的作为叫好,也常常为他们的大胆提心吊胆。如此看来,作家其实是写出了静虚时代的终结的。事实上,作家后来的作品(从《废都》到《高老庄》)都贯穿了对浮躁现实的不断深化的认识。

在小说的"序言之二"中,作家表达了有意突破现实主义的框框的文学追求,因为他感到"这种流行的似乎严格的写实方法对我来讲将有些不那么适宜,甚至大有了那么一种束缚",他想使《浮躁》"更多混茫,更多蕴藉",也更有民族色彩。这样的尝试使《浮躁》既有现实主义的基础,又显得相当空灵、有趣,进而表达了对浮躁的理解,写出了新一代农民敢于斗争的心劲,又揭露了乡村政治的黑暗,还穿插了许多关于乡村神秘文化的描写——和尚的谈玄论佛(耐人寻味的是,他的玄谈常常不被乡亲们认可)、阴阳师的占卜打卦为作品增添了浓厚的山野文化气息,读来妙趣横生。作家本人是对神秘文化非常有兴趣、也颇有造诣的。他曾说过:"我就爱关注这些神秘异常形象……这也是一种文化,在传统文学中有不少这类现象存在着。""我老家商洛山区秦楚交界处,巫术、魔法民间多的是,小时候就听、看过那些东西……而且我自己也爱这些,佛、道、禅、气功、周易、算卦、相面,我也有一套呢。"①这些散发出神秘气息的段落既使小说富有传统文化底蕴,也与主人公奋斗的精神、乡村政治纠结的阴暗色调交织在一起,丰富了小说的内涵。另一方面,小说中多次写到州河的洪水,河水的暴涨与人心的浮躁彼此呼应,也正与中国传统思想中的"天人感应"相合。小说中有一段文字

---

① 贾平凹、张英:《地域文化与创作:继承和创新》,《作家》1996年第7期。

是富有耐人寻味的象征意味的:"夕阳就半沉半浮在远处的水中,像一个巨大的红球在那里起伏,又像是河水正生育一个血淋淋的胎儿,河面就十二分地酷似一个妊娠的万般痛苦的母体。金狗突然间感到这场面的壮美!他在州河上行船这么多年,还未能见到过这种场面,刹那间泛上心头的是:经过这一场洪水,州河的淤沙石滩就会荡然无存了吧,自然之力将使州河通畅,那行船撑排又会是何等痛快啊!"字里行间,表达了浮躁孕育着新生、浮躁蕴含了新的希望的主题。还有:"浮躁当然不是州河的美德,但它是州河不同别河的特点。……州河毕竟是这条河流经商州地面的一段上游,它还要流过几个省,走上千里上万里的路往长江去,往大海去,它的前途是越走越深沉,越走越有力量。"在这样的描写中,寄寓了作家对于州河浮躁的理解与希望。

　　贾平凹的文学语言一向以清新古朴而为人称道。如开篇那段描写自然风光的文字,就十分典雅生动:

　　　　岗下是一条沟,涌着竹、柳、杨、榆、青枫梧桐的绿,深而不可巨测,神秘得你不知道那里边的世界。但看得见绿阴之中,浮现着隐约的屋顶,是三角的是长方的是斜面的是一组不则不规的几何图形。鸡犬在其间鸣叫,炊烟在那里细长,这就是仙游川,州河上下最大的一处村落。但它的出口却小得出奇,相对的两个石崖,夹出一个石台,直上直下,挂一帘水,终日里风扯得匀匀的,你说是纱也好,你说是雾也好,总是亮亮的,白!

　　还有金狗悼念雷大空的祭文也古朴苍劲:"铮铮耿直,硬不折弯,可敬你虽明知是火,飞蛾偏要赴焰,雄雄之气,莽撞简单,可叹你急功近利,意气狭偏陷进泥潭。你是以身躯殉葬时代,以鲜血谱写经验。呜呼,左右数万里,上下几千年,哪里有这样的农民?固有罪有责,但功在生前一农夫令人刮目相看,德在死后令后人作出借鉴。泥沙俱下,州河泛滥而水大好行船,浮躁之气,巫岭弥漫而山高色壮观。"如此熔文言与白话为一体的风格,为全篇增添了苍凉、高古之气。这也是贾平凹小说的一个特点。

复习思考题

1. 你如何看待浮躁的社会心态?为什么说"浮躁是萌动,是成长,是生命的力量"?
2. 《浮躁》为中国当代乡土小说增添了哪些新质?

受　戒

汪曾祺

　　明海出家已经四年了。

　　他是十三岁来的。

　　这个地方的地名有点怪，叫庵赵庄。赵，是因为庄上大都姓赵。叫做庄，可是人家住得很分散，这里两三家，那里两三家。一出门，远远可以看到，走起来得走一会儿，因为没有大路，都是弯弯曲曲的田埂。庵，是因为有一个庵。庵叫菩提庵，可是大家叫讹了，叫成荸荠庵。连庵里的和尚也这样叫。"宝刹何处？"——"荸荠庵。"庵本来是住尼姑的。"和尚庙"、"尼姑庵"嘛。可是荸荠庵住的是和尚。也许因为荸荠庵不大，大者为庙，小者为庵。

　　明海在家叫小明子。他是从小就确定要出家的。他的家乡不叫"出家"，叫"当和尚"。他的家乡出和尚。就像有的地方出劁猪的，有的地方出织席子的，有的地方出箍桶的，有的地方出弹棉花的，有的地方出画匠，有的地方出婊子，他的家乡出和尚。人家弟兄多，就派一个出去当和尚。当和尚也要通过关系，也有帮。这地方的和尚有的走得很远。有到杭州灵隐寺的、上海静安寺的、镇江金山寺的、扬州天宁寺的。一般的就在本县的寺庙。明海家田少，老大、老二、老三，就足够种的了。他是老四。他七岁那年，他当和尚的舅舅回家，他爹、他娘就和舅舅商议，决定叫他当和尚。他当时在旁边，觉得这实在是在情在理，没有理由反对。当和尚有很多好处。一是可以吃现成饭。哪个庙里都是管饭的。二是可以攒钱。只要学会了放瑜伽焰口，拜梁皇忏，可以按例分到辛苦钱。积攒起来，将来还俗娶亲也可以；不想还俗，买几亩田也可以。当和尚也不容易，一要面如朗月，二要声如钟磬，三要聪明记性好。他舅舅给他相了相面，叫他前走几步，后走几步，又叫他喊了一声赶牛打场的号子:"格当嘚——",说是"明子准能当个好和尚,我包了!"要当和尚,得下点本,——念几年书。哪有不认字的和尚呢! 于是明子就开蒙入学,读了《三字经》、《百家姓》、《四言杂字》、《幼学琼林》、《上论、下论》、《上孟、下孟》,每天还写一张仿。村里都夸他字写得好,很黑。

舅舅按照约定的日期又回了家,带了一件他自己穿的和尚领的短衫,叫明子娘改小一点,给明子穿上。明子穿了这件和尚短衫,下身还是在家穿的紫花裤子,赤脚穿了一双新布鞋,跟他爹、他娘磕了一个头,就随舅舅走了。

他上学时起了个学名,叫明海。舅舅说,不用改了。于是"明海"就从学名变成了法名。

过了一个湖。好大一个湖!穿过一个县城。县城真热闹:官盐店,税务局,肉铺里挂着成爿的猪肉,一个驴子在磨芝麻,满街都是小磨香油的香味,布店,卖茉莉粉、梳头油的什么斋,卖绒花的,卖丝线的,打把式卖膏药的,吹糖人的,耍蛇的,……他什么都想看看。舅舅一劲地推他:"快走! 快走!"

到了一个河边,有一只船在等着他们。船上有一个五十来岁的瘦长瘦长的大伯,船头蹲着一个跟明子差不多大的女孩子,在剥一个莲蓬吃。明子和舅舅坐到舱里,船就开了。

明子听见有人跟他说话,是那个女孩子。

"是你要到荸荠庵当和尚吗?"

明子点点头。

"当和尚要烧戒疤呕! 你不怕?"

明子不知道怎么回答,就含含糊糊地摇了摇头。

"你叫什么?"

"明海。"

"在家的时候?"

"叫明子。"

"明子! 我叫小英子! 我们是邻居。我家挨着荸荠庵。——给你!"

小英子把吃剩的半个莲蓬扔给明海,小明子就剥开莲蓬壳,一颗一颗吃起来。

大伯一桨一桨地划着,只听见船桨拨水的声音:
"哗——许!哗——许!"
…………

荸荠庵的地势很好,在一片高地上。这一带就数这片地势高,当初建庵的人很会选地方。门前是一条河。门外是一片很大的打谷场。三面都是高大的柳树。山门里是一个穿堂。迎门供着弥勒佛。不知是哪一位名士撰写了一副对联:

　　大肚能容容天下难容之事
　　开颜一笑笑世间可笑之人

弥勒佛背后,是韦驮。过穿堂,是一个不小的天井,种着两棵白果树。天井两边各有三间厢房。走过天井,便是大殿,供着三世佛。佛像连龛才四尺来高。大殿东边是方丈,西边是库房。大殿东侧,有一个小小的六角门,白门绿字,刻着一副对联:

　　一花一世界
　　三藐三菩提

进门有一个狭长的天井,几块假山石,几盆花,有三间小房。

小和尚的日子清闲得很。一早起来,开山门,扫地。庵里的地铺的都是箩底方砖,好扫得很,给弥勒佛、韦驮烧一炷香,正殿的三世佛面前也烧一炷香、磕三个头、念三声"南无阿弥陀佛",敲三声磬。这庵里的和尚不兴做什么早课、晚课,明子这三声磬就全都代替了。然后,挑水,喂猪。然后,等当家和尚,即明子的舅舅起来,教他念经。

教念经也跟教书一样,师父面前一本经,徒弟面前一本经,师父唱一句,徒弟跟着唱一句。是唱哎。舅舅一边唱,一边还用手在桌上拍板。一板一眼,拍得很响,就跟教唱戏一样。是跟教唱戏一样,完全一样哎。连用的名词都一样。舅舅说,念经:一要板眼准,二要合工尺。

说：当一个好和尚，得有条好嗓子。说：民国二十年闹大水，运河倒了堤，最后在清水潭合龙，因为大水淹死的人很多，放了一台大焰口，十三大师——十三个正座和尚，各大庙的方丈都来了，下面的和尚上百。谁当这个首座？推来推去，还是石桥——善因寺的方丈！他往上一坐，就跟地藏王菩萨一样，这就不用说了；那一声"开香赞"，围看的上千人立时鸦雀无声。说：嗓子要练，夏练三伏，冬练三九，要练丹田气！说：要吃得苦中苦，方为人上人！说：和尚里也有状元、榜眼、探花！要用心，不要贪玩！舅舅这一番大法要说得明海和尚实在是五体投地，于是就一板一眼地跟着舅舅唱起来：

　　炉香乍爇——
　　炉香乍爇——
　　法界蒙薰——
　　法界蒙薰——
　　诸佛现金身……
　　诸佛现金身……
　　…………

　　等明海学完了早经，——他晚上临睡前还要学一段，叫做晚经，——荸荠庵的师父们就都陆续起床了。

　　这庵里人口简单，一共六个人。连明海在内，五个和尚。

　　有一个老和尚，六十几了，是舅舅的师叔，法名普照，但是知道的人很少，因为很少人叫他法名，都称之为老和尚或老师父，明海叫他师爷爷。这是个很枯寂的人，一天关在房里，就是那"一花一世界"里。也看不见他念佛，只是那么一声不响地坐着。他是吃斋的，过年时除外。

　　下面就是师兄弟三个，仁字排行：仁山、仁海、仁渡。庵里庵外，有的称他们为大师父、二师父；有的称之为山师父、海师父。只有仁渡，没有叫他"渡师父"的，因为听起来不像话，大都直呼之为仁渡。他也只配如此，因为他还年轻，才二十多岁。

　　仁山，即明子的舅舅，是当家的。不叫"方丈"，也不叫"住持"，却叫"当家的",是很有道理的,因为他确确实实干的是当家的职务。他屋里摆的是一张账桌,桌子上放的是账簿和算盘。账簿共有三本。一本是经账,一本是租账,一本是债账。和尚要做法事,做法事要收钱,——要不,当和尚干什么?常做的法事是放焰口。正规的焰口是十个人。一个正座,一个敲鼓的,两边一边四个。人少了,八个,一边三个,也凑合了。荸荠庵只有四个和尚,要放整焰口就得和别的庙里合伙。这样的时候也有过,通常只是放半台焰口。一个正座,一个敲鼓,另外一边一个。一来找别的庙里合伙费事;二来这一带放得起整焰口的人家也不多。有的时候,谁家死了人,就只请两个,甚至一个和尚咕噜咕噜念一通经,敲打几声法器就算完事。很多人家的经钱不是当时就给,往往要等秋后才还。这就得记账。另外,和尚放焰口的辛苦钱不是一样的。就像唱戏一样,有份子。正座第一份。因为他要领唱,而且还要独唱。当中有一大段"叹骷髅",别的和尚都放下法器休息,只有首座一个人有板有眼地曼声吟唱。第二份是敲鼓的。你以为这容易呀?哼,单是一开头的"发擂",手上没功夫就敲不出迟疾顿挫! 其余的,就一样了。这也得记上:某月某日、谁家焰口半台,谁正座,谁敲鼓……省得到年底结账时赌咒骂娘。……这庵里有几十亩庙产,租给人种,到时候要收租。庵里还放债。租、债一向倒很少亏欠,因为租佃借钱的人怕菩萨不高兴。这三本账就够仁山忙的了。另外香烛、灯火、油盐"福食",这也得随时记记账呀。除了账簿之外,山师父的方丈的墙上还挂着一块水牌,上漆四个红字:"勤笔免思"。

  仁山所说当一个好和尚的三个条件,他自己其实一条也不具备。他的相貌只要用两个字就说清楚了:黄、胖。声音也不像钟磬,倒像母猪。聪明么? 难说,打牌老输。他在庵里从不穿袈裟,连海青直裰也免了。经常是披着件短僧衣,袒露着一个黄色的肚子。下面是光脚趿拉着一双僧鞋,——新鞋他也是趿拉着。他一天就是这样不衫不履地这里走走,那里走走,发出母猪一样的声音:"呣——呣——"

  二师父仁海。他是有老婆的。他老婆每年夏秋之间来住几个月,因为庵里凉快。庵里有六个人,其中之一,就是这位和尚的家眷。仁山、仁渡叫她嫂子,明海叫她师娘。这两口子都很爱干净,整天的洗涮。

傍晚的时候,坐在天井里乘凉。白天,闷在屋里不出来。

三师父是个很聪明精干的人。有时一笔账大师兄扒了半天算盘也算不清,他眼珠子转两转,早算得一清二楚。他打牌赢的时候多,二三十张牌落地,上下家手里有些什么牌,他就差不多都知道了。他打牌时,总有人爱在他后面看歪头胡。谁家约他打牌,就说"想送两个钱给你。"他不但经忏俱通(小庙的和尚能够拜忏的不多),而且身怀绝技,会"飞铙"。七月间有些地方做盂兰会,在旷地上放大焰口,几十个和尚,穿绣花袈裟,飞铙。飞铙就是把十多斤重的大铙钹飞起来。到了一定的时候,全部法器皆停,只几十副大铙紧张急促地敲起来。忽然起手,大铙向半空中飞去,一面飞,一面旋转。然后,又落下来,接住。接住不是平平常常地接住,有各种架势,"犀牛望月"、"苏秦背剑"……这哪是念经,这是耍杂技。也许是地藏王菩萨爱看这个,但真正因此快乐起来的是人,尤其是妇女和孩子。这是年轻漂亮的和尚出风头的机会。一场大焰口过后,也像一个好戏班子过后一样,会有一个两个大姑娘、小媳妇失踪,——跟和尚跑了。他还会放"花焰口"。有的人家,亲戚中多风流子弟,在不是很哀伤的佛事——如做冥寿时,就会提出放花焰口。所谓"花焰口"就是在正焰口之后,叫和尚唱小调,拉丝弦,吹管笛,敲鼓板,而且可以点唱。仁渡一个人可以唱一夜不重头。仁渡前几年一直在外面,近二年才常住在庵里。据说他有相好的,而且不止一个。他平常可是很规矩,看到姑娘媳妇总是老老实实的,连一句玩笑话都不说,一句小调山歌都不唱。有一回,在打谷场上乘凉的时候,一伙人把他围起来,非叫他唱两个不可。他却情不过,说:"好,唱一个。不唱家乡的。家乡的你们都熟,唱个安徽的。"

姐和小郎打大麦,
一转子讲得听不得。
听不得就听不得,
打完了大麦打小麦。

唱完了,大家还嫌不够,他就又唱了一个:

姐儿生得漂漂的,
两个奶子翘翘的。
有心上去摸一把,
心里有点跳跳的。
……………

这个庵里无所谓清规,连这两个字也没人提起。

仁山吃水烟,连出门做法事也带着他的水烟袋。

他们经常打牌。这是个打牌的好地方。把大殿上吃饭的方桌往门口一搭,斜放着,就是牌桌。桌子一放好,仁山就从他的方丈里把筹码拿出来,哗啦一声倒在桌上。斗纸牌的时候多,搓麻将的时候少。牌客除了师兄弟三人,常来的是一个收鸭毛的,一个打兔子兼偷鸡的,都是正经人。收鸭毛的担一副竹筐,串乡串镇,拉长了沙哑的声音喊叫:

"鸭毛卖钱——!"

偷鸡的有一件家什——铜蜻蜓。看准了一只老母鸡,把铜蜻蜓一丢,鸡婆子上去就是一口。这一啄,铜蜻蜓的硬簧绷开,鸡嘴撑住了,叫不出来了。正在这鸡十分纳闷的时候,上去一把薅住。

明子曾经跟这位正经人要过铜蜻蜓看看。他拿到小英子家门前试了一试,果然!小英的娘知道了,骂明子:

"要死了!儿子!你怎么到我家来玩铜蜻蜓了!"

小英子跑过来:

"给我!给我!"

她也试了试,真灵,一个黑母鸡一下子就把嘴撑住,傻了眼了!

下雨阴天,这二位就光临荸荠庵,消磨一天。

有时没有外客,就把老师叔也拉出来,打牌的结局,大都是当家和尚气得鼓鼓的:"×妈妈的!又输了!下回不来了!"

他们吃肉不瞒人。年下也杀猪。杀猪就在大殿上。一切都和在家人一样,开水、木桶、尖刀。捆猪的时候,猪也是没命地叫。跟在家人不同的,是多一道仪式,要给即将升天的猪念一道"往生咒",并且总是老

师叔念,神情很庄重:

……一切胎生、卵生、息生,来从虚空来,还归虚空去,往生再世,皆当欢喜。南无阿弥陀佛!

三师父仁渡一刀子下去,鲜红的猪血就带着很多沫子喷出来。
…………
明子老往小英子家里跑。

小英子的家像一个小岛,三面都是河,西面有一条小路通到荸荠庵。独门独户,岛上只有这一家。岛上有六棵大桑树,夏天都结大桑椹,三棵结白的,三棵结紫的;一个菜园子,瓜豆蔬菜,四时不缺。院墙下半截是砖砌的,上半截是泥夯的。大门是桐油油过的,贴着一副万年红的春联:

向阳门第春常在
积善人家庆有余

门里是一个很宽的院子。院子里一边是牛屋、碓棚;一边是猪圈、鸡窠,还有个关鸭子的栅栏。露天地放着一具石磨。正北面是住房,也是砖基土筑,上面盖的一半是瓦,一半是草。房子翻修了才三年,木料还露着白茬。正中是堂屋,家神菩萨的画像上贴的金还没有发黑。两边是卧房。隔扇窗上各嵌了一块一尺见方的玻璃,明亮亮的,——这在乡下是不多见的。房檐下一边种着一棵石榴树,一边种着一棵栀子花,都齐房檐高了。夏天开了花,一红一白,好看得很。栀子花香得冲鼻子。顺风的时候,在荸荠庵都闻得见。

这家人口不多,他家当然是姓赵。一共四口人:赵大伯、赵大妈,两个女儿,大英子、小英子。老两口没得儿子。因为这些年人不得病,牛不生灾,也没有大旱大水闹蝗虫,日子过得很兴旺。他们家自己有田,本来够吃的了,又租种了庵上的十亩田。自己的田里,一亩种了荸荠,——这一半是小英子的主意,她爱吃荸荠,一亩种了茨菇。家里喂了一大群鸡鸭,单是鸡蛋鸭毛就够一年的油盐了。赵大伯是个能干人,他是一个"全把式",不但田里场上样样精通,还会罩鱼、洗磨、凿砻、修水车、修船、砌墙、烧砖、箍桶、劈篾、绞麻绳。他不咳嗽,不腰疼,结结实实,像一棵榆树。人很和气,一天不声不响。赵大伯是一棵摇钱树,赵大娘就是个聚宝盆。大娘精神得出奇。五十岁了,两个眼睛还是清亮亮的。不论什么时候,头都是梳得滑滴滴的,身上衣服都是格挣挣的。像老头子一样,她一天不闲着。煮猪食,喂猪,腌咸菜,——她腌的咸萝卜干非常好吃,舂粉子,磨小豆腐,编蓑衣,织芦席。她还会剪花样子。这里嫁闺女,陪嫁妆,磁坛子、锡罐子,都要用梅红纸剪出吉祥花样,贴在上面,讨个吉利,也才好看:"丹凤朝阳"呀、"白头到老"呀、"子孙万代"呀、"福寿绵长"呀。二三十里的人家都来请她:"大娘,好日子是十六,你哪天去呀?"——"十五,我一大清早就来!"

"一定呀!"——"一定!一定!"

两个女儿,长得跟她娘像一个模子里托出来的。眼睛长得尤其像,白眼珠鸭蛋青,黑眼珠棋子黑,定神时如清水,闪动时像星星。浑身上下,头是头,脚是脚。头发滑滴滴的,衣服格挣挣的。——这里的风俗,十五六岁的姑娘就都梳上头了。这两个丫头,这一头的好头发!通红的发根,雪白的簪子!娘女三个去赶集,一集的人都朝她们望。

姐妹长得很像,性格不同。大姑娘很文静,话很少,像父亲。小英子比她娘还会说,一天咭咭呱呱地不停。大姐说:

"你一天到晚咭咭呱呱——"

"像个喜鹊!"

"你自己说的!——吵得人心乱!"

"心乱?"

"心乱!"

"你心乱怪我呀!"

二姑娘话里有话。大英子已经有了人家。小人她偷偷地看过,人很敦厚,也不难看,家道也殷实,她满意。已经下过小定,日子还没有定下来。她这二年,很少出房门,整天赶她的嫁妆。大裁大剪,她都会。挑花绣花,不如娘。她可又嫌娘出的样子太老了。她到城里看过新娘子,说人家现在绣的都是活花活草。这可把娘难住了。最后是喜鹊忽然一拍屁股："我给你保举一个人！"

这人是谁？是明子。明子念"上孟下孟"的时候，不知怎么得了半套《芥子园》，他喜欢得很。到了荸荠庵，他还常翻出来看，有时还把旧账簿子翻过来，照着描。小英子说：

"他会画！画得跟活的一样！"

小英子把明海请到家里来，给他磨墨铺纸，小和尚画了几张，大英子喜欢得了不得：

"就是这样！就是这样！这就可以乱孱！"——所谓"乱孱"是绣花的一种针法：绣了第一层，第二层的针脚插进第一层的针缝，这样颜色就可由深到淡，不露痕迹，不像娘那一代绣的花是平针，深浅之间，界限分明，一道一道的。小英子就像个书童，又像个参谋：

"画一朵石榴花！"

"画一朵栀子花！"

她把花掐来，明海就照着画。

到后来，凤仙花、石竹子、水蓼、淡竹叶、天竺果子、腊梅花，他都能画。

大娘看着也喜欢，搂住明海的和尚头：

"你真聪明！你给我当一个干儿子吧！"

小英子捺住他的肩膀，说：

"快叫！快叫！"

小明子跪在地下磕了一个头，从此就叫小英子的娘做干娘。

大英子绣的三双鞋，三十里方圆都传遍了。很多姑娘都走路坐船来看。看完了，就说："啧啧啧，真好看！这哪是绣的，这是一朵鲜花！"她们就拿了纸来央大娘求了小和尚来画。有求画帐檐的，有求画门帘飘带的，有求画鞋头花的。每回明子来画花，小英子就给他做点好吃的，煮两个鸡蛋，蒸一碗芋头，煎几个藕团子。

因为照顾姐姐赶嫁妆，田里的零碎生活小英子就全包了。她的帮手，是明子。

这地方的忙活是栽秧、车高田水、薅头遍草、再就是割稻子、打场了。这几茬重活，自己一家是忙不过来的。这地方兴换工。排好了日期,几家顾一家,轮流转。不收工钱,但是吃好的。一天吃六顿,两头见肉,顿顿有酒。干活时,敲着锣鼓,唱着歌,热闹得很。其余的时候,各顾各,不显得紧张。

薅三遍草的时候,秧已经很高了,低下头看不见人。一听见非常脆亮的嗓子在一片浓绿里唱:

> 栀子哎开花哎六瓣头哎……
> 姐家哎门前哎一道桥哎……

明海就知道小英子在哪里,三步两步就赶到,赶到就低头薅起草来。傍晚牵牛"打汪",是明子的事。——水牛怕蚊子。这里的习惯,牛卸了轭,饮了水,就牵到一口和好泥水的"汪"里,由它自己打滚扑腾,弄得全身都是泥浆,这样蚊子就咬不透了。低田上水,只要一挂十四轧的水车,两个人车半天就够了。明子和小英子就伏在车杠上,不紧不慢地踩着车轴上的拐子,轻轻地唱着明海向三师父学来的各处山歌。打场的时候,明子能替赵大伯一会,让他回家吃饭。——赵家自己没有场,每年都在荸荠庵外面的场上打谷子。他一扬鞭子,喊起了打场号子:

"格当嘚——"

这打场号子有音无字,可是九转十三弯,比什么山歌号子都好听。赵大娘在家,听见明子的号子,就侧起耳朵:

"这孩子这条嗓子!"

连大英子也停下针线:

"真好听!"

小英子非常骄傲地说:

"一十三省数第一!"

晚上,他们一起看场。——荸荠庵收来的租稻也晒在场上。他们并肩坐在一个石磙子上,听青蛙打鼓,听寒蛇唱歌,——这个地方以为蝼蛄叫是蚯蚓叫,而且叫蚯蚓叫"寒蛇",听纺纱婆子不停地纺纱,"唦——",看萤火虫飞来飞去,看天上的流星。

"呀!我忘了在裤带上打一个结!"小英子说。

这里的人相信,在流星掉下来的时候在裤带上打一个结,心里想什么好事,就能如愿。

…………

"捋"荸荠,这是小英最爱干的生活。秋天过去了,地净场光,荸荠的叶子枯了,——荸荠的笔直的小葱一样的圆叶子里是一格一格的,用手一捋,哗哗地响,小英子最爱捋着玩,——荸荠藏在烂泥里。赤了脚,在凉浸浸滑溜溜的泥里踩着,——哎,一个硬疙瘩!伸手下去,一个红紫红紫的荸荠。她自己爱干这生活,还拉了明子一起去。她老是故意用自己的光脚去踩明子的脚。

她挎着一篮子荸荠回去了,在柔软的田埂上留了一串脚印。明海看着她的脚印,傻了。五个小小的趾头,脚掌平平的,脚跟细细的,脚弓部分缺了一块。明海身上有一种从来没有过的感觉,他觉得心里痒痒的。这一串美丽的脚印把小和尚的心搞乱了。

…………

明子常搭赵家的船进城,给庵里买香烛,买油盐。闲时是赵大伯划船;忙时是小英子去,划船的是明子。

从庵赵庄到县城,当中要经过一片很大的芦花荡子。芦苇长得密密的,当中一条水路,四边不见人。划到这里,明子总是无端端地觉得心里很紧张,他就使劲地划桨。

小英子喊起来:

"明子!明子!你怎么啦?你发疯啦?为什么划得这么快?"

…………

明海到善因寺去受戒。

"你真的要去烧戒疤呀?"

"真的。"

"好好的头皮上烧十二个洞,那不疼死啦?"

"咬咬牙。舅舅说这是当和尚的一大关,总要过的。"

"不受戒不行吗?"

"不受戒的是野和尚。"

"受了戒有啥好处?"

"受了戒就可以到处云游,逢寺挂褡。"

"什么叫'挂褡'?"

"就是在庙里住。有斋就吃。"

"不把钱?"

"不把钱。有法事,还得先尽外来的师父。"

"怪不得都说'远来的和尚会念经'。就凭头上这几个戒疤?"

"还要有一份戒牒。"

"闹半天,受戒就是领一张和尚的合格文凭呀!"

"就是!"

"我划船送你去。"

"好。"

小英子早早就把船划到荸荠庵门前。不知是什么道理,她兴奋得很。她充满了好奇心,想去看看善因寺这座大庙,看看受戒是个啥样子。

善因寺是全县第一大庙,在东门外,面临一条水很深的护城河,三面都是大树,寺在树林子里,远处只能隐隐约约看到一点金碧辉煌的屋顶,不知道有多大。树上到处挂着"谨防恶犬"的牌子。这寺里的狗出名的厉害。平常不大有人进去。放戒期间,任人游看,恶狗都锁起来了。

好大一座庙!庙门的门坎比小英子的胩膝都高。迎门矗着两块大牌,一边一块,一块写着斗大两个大字:"放戒",一块是:"禁止喧哗"。这庙里果然是气象庄严,到了这里谁也不敢大声咳嗽。明海自去报名办事,小英子就到处看看。好家伙,这哼哈二将、四大天王,有三丈多高,都是簇新的,才装修了不久。天井有二亩地大,铺着青石,种着苍松翠柏。"大雄宝殿",这才真是个"大殿"!一进去,凉飕飕的。到处是金光耀眼。释迦牟尼佛坐在一个莲花座上,单是莲座,就比小英子还高。抬起头来也看不全他的脸,只看到一个微微闭着的嘴唇和胖敦敦的下巴。两边的两根大红蜡烛,一搂多粗。佛像前的大供桌上供着鲜花、绒花、绢花,还有珊瑚树、玉如意、整棵的大象牙。香炉里烧着檀香。

小英子出了庙,闻着自己的衣服都是香的。挂了好些幡。这些幡不知是什么缎子的,那么厚重,绣的花真细。这么大一口磬,里头能装五担水!这么大一个木鱼,有一头牛大,漆得通红的。她又去转了转罗汉堂,爬到千佛楼上看了看。真有一千个小佛!她还跟着一些人去看了看藏经楼,藏经楼没有什么看头,都是经书!妈吔!逛了这么一圈,腿都酸了。小英子想起还要给家里打油,替姐姐配丝线,给娘买鞋面布,给自己买两个坠围裙飘带的银蝴蝶,给爹买旱烟,就出庙了。

　等把事情办齐,晌午了。她又到庙里看了看,和尚正在吃粥。好大一个"膳堂",坐得下八百个和尚。吃粥也有这样多讲究:正面法座上摆着两个锡胆瓶,里面插着红绒花,后面盘膝坐着一个穿了大红满金绣袈裟的和尚,手里拿着戒尺。这戒尺是要打人的。哪个和尚吃粥吃出了声音,他下来就是一戒尺。不过他并不真的打人,只是做个样子。真稀奇,那么多的和尚吃粥,竟然不出一点声音!他看见明子也坐在里面,想跟他打个招呼又不好打。想了想,管他禁止不禁止喧哗,就大声喊了一句:"我走啦!"她看见明子目不斜视地微微点了点头,就不管很多人都朝自己看,大摇大摆地走了。

　第四天一大清早小英子就去看明子。她知道明子受戒是第三天半夜,——烧戒疤是不许人看的。她知道要请老剃头师傅剃头,要剃得横摸顺摸都摸不出头发茬子,要不然一烧,就会"走"了戒,烧成了一片。她知道是用枣泥子先点在头皮上,然后用香头子点着。她知道烧了戒疤就喝一碗蘑菇汤,让它"发",还不能躺下,要不停地走动,叫做"散戒"。这些都是明子告诉她的。明子是听舅舅说的。

　她一看,和尚真在那里"散戒",在城墙根底下的荒地里。一个一个,穿了新海青,光光的头皮上都有十二个黑点子。——这黑疤掉了,才会露出白白的、圆圆的"戒疤"。和尚都笑嘻嘻的,好像很高兴。她一眼就看见了明子。隔着一条护城河,就喊他:

　"明子!"

　"小英子!"

　"你受了戒啦?"

　"受了。"

"疼吗?"
"疼。"
"现在还疼吗?"
"现在疼过去了。"
"你哪天回去?"
"后天。"
"上午?下午?"
"下午。"
"我来接你!"
"好!"
…………
小英子把明海接上船。

小英子这天穿了一件细白夏布上衣,下边是黑洋纱的裤子,赤脚穿了一双龙须草的细草鞋,头上一边插着一朵栀子花,一边插着一朵石榴花。她看见明子穿了新海青,里面露出短褂子的白领子,就说:"把你那外面的一件脱了,你不热呀!"

他们一人一把桨。小英子在中舱,明子扳艄,在船尾。

她一路问了明子很多话,好像一年没有看见了。

她问,烧戒疤的时候,有人哭吗?喊吗?

明子说,没有人哭,只是不住地念佛。有个山东和尚骂人:"俺日你奶奶!俺不烧了!"

她问善因寺的方丈石桥是相貌和声音都很出众吗?

"是的。"

"说他的方丈比小姐的绣房还讲究?"

"讲究。什么东西都是绣花的。"

"他屋里很香?"

"很香。他烧的是伽楠香,贵的很。"

"听说他会做诗,会画画,会写字?"

"会。庙里走廊两头的砖额上,都刻着他写的大字。"

"他是有个小老婆吗?"

"有一个。"
"才十九岁?"
"听说。"
"好看吗?"
"都说好看。"
"你没看见?"
"我怎么会看见? 我关在庙里。"
　　明子告诉她,善因寺一个老和尚告诉他,寺里有意选他当沙弥尾,不过还没有定,要等主事的和尚商议。
"什么叫'沙弥尾'?"
"放一堂戒,要选出一个沙弥头,一个沙弥尾。沙弥头要老成,要会念很多经。沙弥尾要年轻,聪明,相貌好。"
"当了沙弥尾跟别的和尚有什么不同?"
"沙弥头,沙弥尾,将来都能当方丈。现在的方丈退居了,就当。石桥原来就是沙弥尾。"
"你当沙弥尾吗?"
"还不一定哪。"
"你当方丈,管善因寺? 管这么大一个庙?!"
"还早呐!"
　　划了一气,小英子说:"你不要当方丈!"
"好,不当。"
"你也不要当沙弥尾!"
"好,不当。"
　　又划了一气,看见那一片芦花荡子了。
　　小英子忽然把桨放下,走到船尾,趴在明子的耳朵旁边,小声地说:"我给你当老婆,你要不要?"
　　明子眼睛鼓得大大的。
"你说话呀!"
　　明子说:"嗯。"
"什么叫'嗯'呀! 要不要,要不要?"

明子大声地说:"要!"

"你喊什么!"

明子小小声说:"要——!"

"快点划!"

英子跳到中舱,两只桨飞快地划起来,划进了芦花荡。

芦花才吐新穗。紫灰色的芦穗,发着银光,软软的,滑溜溜的,像一串丝线。有的地方结了蒲棒,通红的,像一枝一枝小蜡烛。青浮萍,紫浮萍。长脚蚊子,水蜘蛛。野菱角开着四瓣的小白花。惊起一只青桩(一种水鸟),擦着芦穗,扑鲁鲁鲁飞远了。

…………

一九八〇年八月十二日,写四十三年前的一个梦

载一九八〇年第十期《北京文艺》

(选自《汪曾祺全集》第1卷,北京师范大学出版社1998年版)

一幅清新秀美的江南水乡图

——《受戒》赏析

谢维强

　　翻开汪曾祺的短篇小说《受戒》,一幅幅清丽、秀美,洋溢着江南水乡浓郁生活情趣的画面次第展现在读者眼前:一片片浓绿的水田中,少年男女在薅草、车水,阵阵民歌声随风飘荡;农家小院里,桑树高大茂盛,桑葚白紫相间,房檐下边的石榴树、栀子花,红白相映,栀子花香得冲鼻子;县城里,热闹富庶:官盐店,税务局,肉铺里挂着猪,一个驴子在磨芝麻,满街都是小磨香油的香味,布店,卖茉莉粉、梳头油的什么斋,卖绒花的、卖丝线的,打把式卖膏药的,吹糖人的,耍蛇的;只有六个和尚的小小菩提庵,和尚们每天烧香、念经、清扫庭院,作法事、收债收租、杀猪赌博、勾引女人;也有高大巍峨、金碧辉煌的善因寺,寺内天井宽阔,青石铺地,苍松翠柏,浓荫蔽日。哼哈二将、四大天王,有三丈多高,我佛如来,高坐莲花宝座,仰视不见全貌,令人顿生敬畏之情;更有水乡的大湖,芦花吐穗,蒲棒通红,水面浮萍飘荡,水鸟翻飞,野菱角的小白花点缀其间……

　　汪曾祺以怀旧的心态和浪漫的情怀,追忆了"四十三年前的一个梦",一个水波荡漾、人性自由挥洒漫溢的纯美之梦。他通过诗意的想象,运用情趣盎然的笔调,将一片片氤氲在温馨记忆中的生活片段联缀成相互独立又相互联系的色彩淡雅清新的画卷。江南水乡的风土人情、世态百象,湖泊河流上的菱角浮萍、水鸟扁舟,庵庙中和尚们的日常生活,少年男女情窦初开的朦胧之爱,无不使人感到日常生活之美,人性之纯,人间百事是那么富有情趣,那么使人向往、留念。

　　小说《受戒》可分为两个部分,一部分是以荸荠庵的"佛事"为叙述对象的寺庙生活,一部分是以小英子家为叙述对象的农家生活,这两部分相互独立又相互交融,构成小说中"佛事"与"尘世"的生活情景。将这两部分生活融为一体的线索,就是农家小女孩小英子和小和尚明子日常生活中的交往和朦胧的情爱。他们之间的交往和情爱,让读者感受到圣洁高远的佛界生活涌动着世俗的人性和情趣,也感受到民间世俗生活中流淌着的佛家精神和理趣。

为了书写"佛事"与"尘世"融为一体的生活,作家采用"佛事俗写"的手法,从世俗生活的角度铺陈荸荠庵的日常佛事与和尚们生活起居的行状。

首先写明子当和尚的原因,无他,出于生计而已。小说中写道:

> 他的家乡不叫'出家',叫'当和尚'。他的家乡出和尚。就像有的地方出劁猪的,有的地方出织席子的,有的地方出箍桶的,有的地方出弹棉花的,有的地方出画匠,有的地方出婊子,他的家乡出和尚。人家弟兄多,就派一个出去当和尚。当和尚也要通过关系,也有帮。
>
> 当和尚有很多好处。一是可以吃现成饭。哪个庙里都是管饭的。二是可以攒钱。只要学会了放瑜伽焰口,拜梁皇忏,可以按例分到辛苦钱。积攒起来,将来还俗娶亲也可以;不想还俗,买几亩田也可以。

作家特别强调明子的家乡把出家叫"当和尚",其本意是说明佛教的世俗化在江南水乡民众意识中的普遍性和世俗性。出家并非出于宗教信仰,只是一份谋生的职业,而且还是一份"有很多好处"的职业。

其次写荸荠庵的职业功能。原来荸荠庵并不是一般人心中远离红尘的佛门净地,而是以当和尚为职业的人们的谋生之所。"仁山,即明子的舅舅,是当家的。……他屋里摆的是一张账桌,桌子上放的是账簿和算盘。账簿共有三本。一本是经账,一本是租账,一本是债账。和尚要做法事,做法事要收钱,——要不,当和尚干什么?"这句反问,既幽默又具有颠覆性,透彻地阐释了佛教世俗化在荸荠庵的和尚们心中的具体内涵。

"当和尚"既然是谋生手段,也就与佛家戒律相去甚远,因此小说中叙述了和尚们的许多世俗生活情状。譬如二师父仁海。他不仅有老婆,而且每年夏秋之间几个月还把老婆接到庵里来住,"因为庵里凉快",两口子就在世俗民众心中无比神圣的寺庙里堂而皇之地过夫妻生活。三师父仁渡是最为世俗化的和尚。他年轻漂亮又聪明,精于各项法事、擅长赌博,会唱带有情色味道的民间小调,"据说他有相好的,而且不止一个"。不仅佛门"五戒"中的"不邪淫"不在他们的意识中,连"五戒"中的第一戒律"不杀生"也在众和尚头脑中荡然无存。"他们吃肉不瞒人。年下也杀猪。杀猪就在大殿上。一切都和在家人一样,开水、木桶、尖刀。捆猪的时候,猪也是没命地叫。跟在家人不同的,是多一道仪式,要给即将升天的猪念一道'往生咒',并且总是老师叔念,神情很庄重:'……一切胎生、卵生、息生,来从虚空来,还归虚空去,往生再世,皆当欢喜。南无阿弥陀佛!'三师父仁渡一刀子下去,鲜红的猪血就带着很多沫子喷出来。"和尚们不偷盗,但与有偷盗行为的人友好交往,在三师父仁渡赌博的牌桌上,就有打兔子兼偷鸡的"正经人"。对此,小说中写道:"这个庵里无所谓清规,连这两个字也没人提起。"

小和尚明子的寺庙生活也清闲得很,他在庵里的主要任务只是"磕三个头、念三声'南无阿弥陀佛'、敲三声磬",挑水、喂猪、念经,平时的日子就"老往小英子家里跑",还认了小英子的妈为干娘,帮小英子家薅草、车水、打场、挖荸荠、画画,画得三十里方圆的姑娘们都来求小和尚画绣花的花样。

小说里的"佛事俗写",主要体现在明子与小英子朦胧的情爱交流上。

小英子喜爱挖荸荠,"她自己爱干这生活,还拉了明子一起去。她老是故意用自己的光脚去踩明子的脚"。而小明子呢,看着小英子"在柔软的田埂上留了一串脚印。明海看着她的脚印,傻了。五个小小的趾头,脚掌平平的,脚跟细细的,脚弓部分缺了一块。明海身上有一种从来没有过的感觉,他觉得心里痒痒的。这一串美丽的脚印把小和尚的心搞乱了"。人世生活中最撩人心扉的感情——爱情,并不因为明子是和尚而远离他的感情世界,他同样为之神迷心乱。

最能体现明子身在佛界、心系红尘的叙述在小说结尾:

> 小英子忽然把桨放下,走到船尾,趴在明子的耳朵旁边,小声地说:
> "我给你当老婆,你要不要?"
> 明子眼睛鼓得大大的。
> "你说话呀!"
> 明子说:"嗯。"
> "什么叫'嗯'呀!要不要,要不要?"
> 明子大声地说:"要!"
> "你喊什么!"
> 明子小小声说:"要——!"
> "快点划!"
> 英子跳到中舱,两只桨飞快地划起来,划进了芦花荡。
> ……

这是明子受戒归来的一段对话。明子告诉小英子,善因寺有意选他当沙弥尾,甚至将来有可能当方丈。小英子并没有为此高兴,反而明确地告诉明子,自己要给他当老婆。明子在惊讶和木讷中,答应了小英子的要求。这段富有情趣的描述,将神圣的宗教世界与世俗的人间生活瞬间融为一体,美好的人性顿时弥漫在水波荡漾的江南大地。

汪曾祺是一个骨子里浸透了古典情怀的士人。在他的脑海里总是浮现出"榆柳荫后檐,桃李罗堂前,暧暧远人村,依依墟里烟"的生活场景,心中郁结着浓郁的"开轩面场圃,把酒话桑麻"的追远情结。"四十三年前的一个梦"不断在他心中涌动,那是一个田野充满绿色、湖面涟漪荡漾的田园之梦,是广袤的江南农村还处在传统生活时代的水乡之梦。为了再现这个梦,汪曾祺采用了"农事雅写"的手法,以诗化的笔调,运用明丽的色彩,点染出了一幅幅清新秀美的江南水乡图。如"小英子的家像一个小岛,三面都是河,西面有一条小路通到荸荠庵。独门独户,岛上只有这一家。岛上有六棵大桑树,夏天都结大桑椹,三棵结白的,三棵结紫的;一个菜园子,瓜豆蔬菜,四时不缺。""房檐下一边种

一幅清新秀美的江南水乡图

着一棵石榴树,一边种着一棵栀子花,都齐房檐高了。夏天开了花,一红一白,好看得很。栀子花香得冲鼻子。顺风的时候,在荸荠庵都闻得见。"这样的描写,不禁让人想起唐朝诗人储光羲《田家杂诗八首(其二)》中"满园植葵藿,绕屋树桑榆"的诗句,更使人联想到《聊斋志异》中《婴宁》居住的农家院落。再如《受戒》中农人田间的劳作,在作者的笔下富有诗情画意:"薅三遍草的时候,秧已经很高了,低下头看不见人。一听见非常脆亮的嗓子在一片浓绿里唱:栀子哎开花哎六瓣头哎……姐家哎门前哎一道桥哎……",美妙的情歌在江南水乡的田野上飘荡,平凡的农事蕴含了古雅深远之意绪。

《受戒》中的人物远离现代工业文明,其生活方式仿佛亘古未变,今天的一切似乎就是昨天的重复。小英子的家,"大门是桐油油过的,贴着一副万年红的春联:向阳门第春常在　积善人家庆有余";小英子父亲干的都是传统的农活;农家女子的打扮传统古朴,散发着江南水乡的灵气和韵味;姑娘有了人家,就很少出房门,整天赶嫁妆,大裁大剪,挑花绣花;少男少女的春夜闲坐,古意甚浓:"他们并肩坐在一个石磙子上,听青蛙打鼓,听寒蛇唱歌……听纺纱婆子不停地纺纱……看萤火虫飞来飞去,看天上的流星。"

小说中的主人公虽然是农民,但没有粗俗之语,鄙陋之状。他们民性淳朴,性格阳光。塑造人物的美好性格,是作者"农事雅写"的重要手段。小英子性格透明可爱,第一次见到明子就好奇地问:"是你要到荸荠庵当和尚吗?"问清名字后,"明子!我叫小英子!我们是邻居。我家挨着荸荠庵。"当赵大娘夸明子山歌号子唱得动听时,她毫不掩饰,非常骄傲地说:"一十三省数第一!"当朦胧的爱情涌动时,她就大胆地问明子:"我给你当老婆,你要不要?"美好的情愫令人既好笑又感动。明子的性格同样可爱,但与小英子不同的是,他因羞涩淳朴而可爱。他对小英子有朦胧的爱,表现在勤奋地为小英子家干活,即使一串美丽的脚印把心搞乱了,他也不说。他的不说,不是因为佛教的戒律对他的束缚,而是少男羞涩的心理和木讷的言辞。最后,还是在小英子的追逼下,他才明确地回答不当方丈,不当沙弥尾,"要"小英子做老婆。

汪曾祺在描绘这一幅幅似乎亘古不变的水乡画面,塑造一个个淳朴善良的乡民形象时,他并不希望现代社会倒退到古代社会,希望人们永远生活在"昼出耘田夜绩麻,村庄儿女各当家。童孙未解供耕织,也傍桑阴学种瓜"(范成大《四时田园杂兴(二)》)的农业社会。尽管因为现代工业文明的侵扰和压迫,现代人对社会的发展充满了困惑和逃逸感,但社会是不可能倒退的。他写《受戒》,有诸多原因,根本的原因是他只是以少年时代江南故乡的美好记忆为载体,抒发一直氤氲内心的温馨情怀,寄寓一种纯美的生活理想。于是,他在《受戒》中,以"佛事俗写"、"农事雅写"的手法,再现了这个萦绕在他记忆中长达四十三年的一个梦。但他写佛事,却不是张扬佛教教义;写农事,却不是渲染农家丰收的喜悦。他写的是一种感觉,一种情趣,一种自古以来沉淀在中国文化人深层意识的追求。这种感觉,是少年时代秀美的江南水乡留给他的深刻记忆;这种情趣,是通过再现这种记忆流露的任情适意、快然自足的闲情逸致;这种追求,则是在对如诗如画的江南水乡生活特别是对少男少女朦胧爱情的描述中,表达自己对人性自由释放的赞美,显示一个具有中国传统文化情结的作家特立独行的高雅精神。

复习思考题

1. 汪曾祺在《受戒》中是如何将"佛事俗写"、"农事雅写"的?
2. 《受戒》表达了作家怎样的美学意识?

"寻根文学"与"新潮小说"的代表作

——试析《爸爸爸》

樊 星

1985年,韩少功、李杭育、贾平凹等人打出了"寻根文学"的旗号,认为"'五四'以后,中国文学向外国学习,学西洋的,东洋的,俄国和苏联的;也曾向外国关门,夜郎自大地把一切洋货都封禁焚烧。结果带来民族文化的毁灭,还有民族自信心的低落"。因此,他们主张"寻根":"文学有根,文学的根应深植于民族传统文化的土壤里,根不深,则叶难茂。"文学应该"在立足现实的同时又对现实世界进行超越,去揭示一些决定民族发展和人类生存的谜",由此"释放现代观念的热能,来重铸和镀亮""民族的自我"。① 这样的思考体现了当代作家民族文化意识的凸显。一批寻找民族文化之根的力作应运而生。韩少功的中篇小说《爸爸爸》就是其中的代表。值得注意的是,这篇小说没有如稍早的"寻根文学"名篇(如贾平凹的《商州初录》、李杭育的《最后一个渔佬儿》、阿城的《棋王》、郑万隆的《老棒子酒馆》、郑义的《老井》等)那样去追寻中华民族的浪漫之魂、率真之魂、奉献之魂,而是通过一个村庄的衰落和村民们努力挽救村庄衰落的命运,却终于无法避免覆没的厄运的故事,表达了作家对民族历史的忧思:"《爸爸爸》的着眼点是社会历史,是透视巫文化背景下一个种族的衰落,理性和非理性都成了荒诞,新党和旧党都无力救世。"②因此,《爸爸爸》成为寻找民族"劣根性"的重要作品,而且接续上了从鲁迅到当代"反思文学"深挖民族"劣根性"的文学传统。

---

① 韩少功:《文学的"根"》,《作家》1985年第6期。
② 韩少功:《答美洲〈华侨日报〉记者问》,《钟山》1987年第5期。

小说

韩少功是主张寻找楚文化失落的精神的。他在《文学的"根"》一文中,就表达了对于"楚辞中那种神秘、奇丽、狂放、孤愤的境界"的向往。《爸爸爸》也的确渲染了"神秘、狂放、孤愤"的氛围,只是少了"奇丽"。小说年代不详,山寨来历不明,那首显然带有楚地风格的古歌和关于刑天的传说、关于五家嫂和六家姑跟着凤凰西行的传说都给作品涂抹了楚文化的神秘底色。小说主人公丙崽是一个白痴,他怪异的长相、只会说"爸爸"、"×妈妈"的弱智表达(小说中写大家的臆测:"莫非就是阴阳二卦?"有学者则认为,这表达"触目惊心地揭示出人在低层次思维模式里痉挛的不自由状态"①),以及永远长不大也永远死不了的奇特生命状态,都传达出玄远的神秘意味,使人联想到怪诞与蒙昧的绵绵不绝。小说中关于丙崽从被当作"祭谷神"的祭品到鬼使神差被大家奉为村寨保护神的迷信描写,寄托了作家对于民间"造神"的悲凉反思:在蛮荒之地,造神是那么容易又那么荒唐;关于村寨械斗的描写也很容易使人联想到充满仇杀的历史,包括逝去不远的"文化大革命"。韩少功就说过:"'吃枪头肉'那一段,也是有生活原型的:'文革'时湖南道县的一些农民就杀了一万多人,就是这样吃过人肉。"②而无论是造神还是械斗,都无法挽回村寨衰亡的命运,更体现了作家对于"劣根性"的深刻反思与深长浩叹。作品因此富于批判的精神,也充满了绝望的氛围。

然而,另一方面,在绝望中,作家也有意凸显了那些命中注定找不到出路的人们决心迁徙他乡,去寻找新的希望的肃穆:他们唱着古歌,"这种歌能使你联想到山中险壁、林间大竹,还有毫无必要那样粗重的门槛。这种水土才会渗出这种声音"。"当然是一首明亮灿烂的歌,象他们的眼睛,象女人的耳环和赤脚,象赤脚边笑眯眯的小花。毫无对战争和灾害的记述,一丝血腥气也没有。"至此,绝望的黑暗消退了,希望的亮色升了起来。我们能够从中感受到一个衰亡的种族重新鼓起追求的勇气的自我修复能力,尽管,那自我修复力也显得那么虚幻。这样的

---

① 凌宇:《重建楚文学的神话系统》,《上海文学》1986年第6期。
② 韩少功:《鸟的传人》,《大题小作》,第112页,人民文学出版社2008年版。

描写凝聚了作家"重铸和镀亮""民族的自我"的匠心。

还有悲壮的崇高。那些无力走向新生活的老弱病残在粗通文墨、崇拜晋公子重耳、吕洞宾、诸葛亮的仲裁缝的率领下选择了服毒自尽、慷慨赴死,"殉了古道"。这样的殉道是残忍的,也可以说是悲壮的。"千古艰难唯一死",但中国早就有"民不畏死"、"宁死不屈"的豪气。作家是在讴歌这样的殉道吗?还是有意以这样的悲情去冲淡绝望的压抑感?或者是有意以这样的悲壮与前面关于械斗的恐怖渲染形成耐人寻味的对照?……一切都一言难尽,也说不清楚。

于是,阴暗的蒙昧、血腥的残忍、明亮的希望、悲壮的崇高就混在了一起。而这样一来,对于那"根"的认识也就呈现出了复杂的底蕴。有作家给这一特色命名为"思想的多义性",认为"它似乎更接近西方现代哲学的怀疑主义、相对主义、解构主义,作者对生活与历史抱着一种'测不准'的态度"。韩少功本人则"想把小说做成一个公园,有很多出口和入口,读者可以从任何一个门口进来,也可以从任何一个门口出去。"①这样一来,小说的意蕴就呈现出了混沌感、朦胧感和神秘感。而这,不正是现代小说不同于传统现实主义小说的重要特质所在吗?

正是这样。现代小说常常以这样复杂的意蕴而超越了传统现实主义小说的主题明晰、人物性格鲜明。在陀思妥耶夫斯基、福克纳、博尔赫斯、加西亚·马尔克斯、米兰·昆德拉等作家的作品中,都体现出了这一点。因此,《爸爸爸》在被公认为"寻根文学"的代表作的同时,也是公认的"新潮文学"的代表作。

1985年,在"寻根文学"迅速崛起的同时,追求西方"现代派"文学风格的浪潮也席卷文坛。刘索拉的《你别无选择》、徐星的《无主题变奏》、马原的《冈底斯的诱惑》、莫言的《透明的红萝卜》、王安忆的《小鲍庄》……或因写出了生活的荒诞感,或因写出了世界的神秘感,都显示出新奇的文学风格,产生了"轰动效应"。1985年因此被称为"新潮文学年"。"寻根文学"与"新潮文学"的争奇斗艳,使当年的文坛热闹

---

① 《大题小作——韩少功、王尧对话录》,《大题小作》,第284页,人民文学出版社2008年版。

非常。值得注意的是,《你别无选择》、《无主题变奏》因为明显脱胎于美国"黑色幽默"经典《第二十二条军规》、法国"存在主义"名篇《局外人》而散发出浓烈的"现代派"气息,而《冈底斯的诱惑》、《透明的红萝卜》、《小鲍庄》虽然也有外国文学影响的背景,但毕竟因为鲜明的民族、地方特色(如《冈底斯的诱惑》弥漫着西藏的神秘烟雾,《透明的红萝卜》富有怀乡的感伤氛围,《小鲍庄》也散发出浓厚的乡土生活气息)而显得更有"中国特色"。马原说过:"我深信我骨子里是汉人,尽管我读了几千本洋人写的书,我的观念还是汉人的。没法子的事。信庄子和爱因斯坦先生共有的那个相对论认识论,也信在全部相对之上的绝对——典型的形而上主义!"①莫言在谈到《透明的红萝卜》的创作时也说:"生活中原本就有的模糊、含蓄,决定了文艺作品的朦胧美。我觉得朦胧美在我们中国是有传统的,象李商隐的诗,这种朦胧美是不是中国的蓬松潇洒的哲学在文艺作品中的表现呢?文艺作品能写得象水中月镜中花一样,是一个很高的美学境界。"②王安忆也曾经说过:"《小鲍庄》我觉得和'寻根运动'是有关系的。我记得当时阿城跑到上海来,宣传'寻根'的意义。他谈的其实就是'文化',那是比意识形态更广阔深厚的背景,对于开发写作资源的作用非同小可,是这一代人与狭隘的政治观念脱钩的一个关键契机。"③而韩少功追寻"楚辞中那种神秘、奇丽、狂放、孤愤的境界",也正与上述马原、莫言、王安忆的创作谈心心相印。由此看来,"寻根文学"与"新潮文学"看似旗号不同,其实在创作中是"你中有我,我中有你"的。"现代派"意识与"民族意识"是可以水乳交融的,因为在中国古典小说中就有许多变形、夸张的描写,有许多荒诞、神秘的意蕴。

以这样的眼光看去,《爸爸爸》的"现代派"特质也十分鲜明:以白痴作主人公,就具有非常奇特的非理性色彩,而且足以使人想到福克纳

---

① 《马原写自传》,《作家》1986年第10期。
② 《有追求才有特色》,《中国作家》1985年第2期。
③ 王安忆、张新颖:《写作历程(对话)》,《王安忆研究资料》,天津人民出版社2009年版,第3页。

的名著《喧哗与骚动》(该书第一部分就是通过一个白痴的眼光来打量周围的世界的);白痴丙崽永远长不大,也永远死不了,而且时而是牺牲的祭品,时而又成为人们顶礼膜拜的神人的命运,何其荒诞又多么耐人寻味!小说中,"人物的生存环境,既是真实的世界,又是魔幻的世界。……现实与神话的羼杂,使日常的生活也显得光怪陆离"①正得拉美魔幻现实主义文学扑朔迷离的精髓。作品中的白痴弱智、众人造神、民间械斗、自尽殉道等描写,都因为高度概括了历史的悲剧而富有象征的意味,也于非理性的迷雾氛围中点染出理性思考的光芒来。《爸爸爸》因此成为"新潮文学"的代表作,可谓实至名归。

复习思考题

1.《爸爸爸》中有哪些楚文化的元素?

2. 阿来的长篇小说《尘埃落定》也是以白痴作为主人公的,试比较两部作品在通过白痴形象表达主题方面的不同风格。

---

① 方克强:《神话和新时期小说的神话形态》,《上海文学》1986年第10期。

人性扭曲的囚笼

——试析《妻妾成群》

谢维强

苏童生于1963年，1980年考入北京师范大学中文系，1983年开始发表小说。代表作包括《园艺》、《红粉》、《妻妾成群》、《已婚男人》、《妇女生活》、《离婚指南》和《一九三四年的逃亡》等。中篇小说《妻妾成群》被著名导演张艺谋改编成电影《大红灯笼高高挂》，蜚声海内外，也使苏童有了更大影响。

实际上，电影《大红灯笼高高挂》只涵盖了小说《妻妾成群》的部分主要内容，还有众多的人物之间的感情纠葛和利益矛盾，由于电影的时间容量与表现手法的局限性，没有完全呈现出来，因此，阅读小说全文，有助于全面了解作品中众多人物的心态、性格与命运，更加深刻地把握作品的丰富内涵，认识"文学即人学"这一命题的深刻性。

小说《妻妾成群》叙述的对象，是旧中国传统宗法制度下的一个封建大家庭成员的日常生活和交往。通过对这个家庭日常生活的叙述，揭示了传统封建的生活方式与礼法是如何支配着他们的思想行为，戕害他们的灵魂，扭曲他们的人性，导致这些家庭成员产生种种病态的情感和心态，以致相互妒忌、攻讦与陷害，使得人间悲剧在这个腐朽罪恶的大家庭中不断产生，代代绵延。

根据不同人物的身份，这个阴森封闭的深宅大院中的人群可以分为三类。第一类是主人陈佐千的一妻三妾，小说中的主要矛盾冲突和明争暗斗在她们之间激烈展开，叙述的笔墨也主要在这些旧时代的妻妾身上。苏童多方面描述她们的言行举止，细致地展示她们的心理世界，揭示了一个个被戕害、被扭曲的灵魂。

作者最先着笔且着墨最多的是四姨太颂莲，她是小说中贯穿始终的一个最具悲剧性的女性形象。与陈佐千的其他妻妾不一样,颂莲是大学生,因家庭变故家道中落,只读了一年的大学就被迫嫁给陈佐千做妾。她是一个既具务实精神又具浪漫情怀,既有理性又不谙世事险恶的新女性。她的务实精神表现在父亲死了,家庭破产了,在做工和嫁人两条路上,她毫不犹豫选择嫁有钱人,即使做妾;浪漫情怀则体现在与五十岁的大财主陈佐千第一次见面,她指定在西餐厅约会,并且很西方化地在蛋糕上点上蜡烛,使陈佐千"感到颂莲身上某种微妙而迷人的力量";理性心态使她在众妻妾的矛盾中始终保持局外人的姿态,不卷入他人的明争暗斗,并在与飞浦的暧昧感情中没有迈出致命的一步,得以保全性命;不谙世事险恶的幼稚则使她容易被表象迷惑,譬如对心地歹毒的二太太卓云外表的"一种温婉的清秀"产生好感,对三太太梅珊与医生的偷情丝毫不知避讳,居然对梅珊说出"你去找陈佐千陪你,他要是没功夫你就找那个医生嘛"这样没头脑的话来。

不过,尽管有以上种种表现,但那都只是一个十九岁的年轻女性在青春年代的特点,并不为过。关键是进入陈家大院后,作为众妻妾的一分子,颂莲不可避免地被大院中弥漫的相互猜忌、相互陷害的情感毒素浸染,刻毒的心态和恶劣的情感也一天天潜滋暗长,并诉诸言行,她也开始争风吃醋了,她那浪漫的情怀与不谙世事的纯洁渐渐荡然无存。睡觉时她在陈佐千身上洒香水,不让他身上有其他妻妾的味道;她敏锐地察觉到丫鬟雁儿对她的妒忌与仇恨,因此时刻提防着雁儿,并将雁儿置于死地;她得知二太太卓云帮助雁儿咒自己死,就趁帮卓云剪发之时,剪伤了卓云的耳朵,其阴暗恶毒的心理,并不亚于其他妻妾。她在妻妾的争宠大战中,比谁都心狠手辣,甚至还欠下人命。一个圆圆脸,不施脂粉,白衣黑裙的清纯的女学生,在龌龊污浊的人性泥淖里,就这样堕落为一个心地残酷的恶妇。

三姨太梅珊是一个性格刚烈、敢爱敢恨的悲剧人物。她争风吃醋的行为就摆在表面,不藏着掖着。颂莲与陈佐千在一起的第一个晚上,她就打发丫鬟来把陈佐千叫走了,给颂莲一个下马威。她卑微的戏子出身使她在陈家大院里地位低下,被人歧视,但戏曲艺术的实践和戏文文化的内蕴却又给她与常人不一样的胆识,她打心眼里瞧不起陈佐千这个"干瘪的老头子",不顺心时敢骂陈佐千家的祖宗八代。她从不愿委屈自己,陈佐千要她唱戏,她不愿意,就冲着他说,"老娘不愿意";对陈佐千的性无能,她斥责他是"占着茅坑不拉屎";她直接就告诉陈佐千,"只要超过五天不上我那里,我就找个伴,我没法过活寡日子";她说到做到,找个医生做情人,《杜十娘》中的唱词"杜十娘啊拼一个香消玉殒,纵要死也死一个朗朗清清"就是她的情爱观。当她最后一次出门找情人时,颂莲说,你出门? 这么大的雪。她说:"雪大怕什么? 只要能快活,下刀子我也要出门。"陈家大院窒息人性的环境中,性的压抑和人性的扭曲造就了这么一个"爱起来恨起来都疯狂得可怕"的女人,而她最终也丧命在这疯狂的品格中。

　　二太太卓云是一个表里性格有云泥之别的女性形象。颂莲第一次看到她,印象颇佳,"卓云的容貌有一种温婉的清秀,即使是细微的皱纹和略显松弛的皮肤也遮掩不了,举手投足之间,更有一种大家闺秀的风范"。她甚至认为卓云这样的女人容易讨男人喜欢,女人也不会太讨厌她,并且很快地就喊卓云姐姐了。但实际上,在陈家大院妻妾争宠的明争暗斗中,二太太卓云的城府最深,手段也最阴毒,梅珊说她是"慈善面孔蝎子心,心眼点子比谁都多"。与梅珊不一样,她整起人来处处用的都是阴招,被整的人吃了亏却还不知道她的坏。丫鬟雁儿出于嫉妒做的胸口刺着三枚细针诅咒颂莲去死的小布人,上面颂莲的名字就是她写的,不是误打误撞,颂莲永远也不会知道卓云对她是那么嫉恨,除掉她的心情是那么迫切。而在这之前,卓云还送给颂莲一卷苏州丝绸,并亲热地对颂莲说:"我见你特别可心,就想起来这块绸子,要是隔壁那女人(指三太太梅珊),她掏钱我也不给,我就是这脾气";卓云和梅珊差不多一起怀孕,为了防止梅珊生的孩子与她生的孩子形成竞争,她在梅珊怀孕三个月的时候差人在梅珊的煎药里放泻胎药;为了报复梅珊花钱唆使顽童打自己的孩子忆容,她还不惜大雪天跟踪,在一家旅馆里把梅珊和医生堵在被窝里捉奸,导致梅珊被陈家动用封建家法,投入深井残酷杀害。在陈家大院这片阴森封闭的封建丛林里,妻妾们犹如寄生在腐朽大树上的真菌植物,在阴暗环境中生长,二太太卓云就是那朵色彩绚丽的毒蘑菇。

人性扭曲的囚笼

　　大太太毓如在小说里着墨不多,争宠大战中很少有她的身影。一方面她是明媒正娶的元配正妻,占有礼法与道德上的优势,地位巩固,没必要与小妾们明争暗斗;另一方面她年老色衰,丈夫对她已丧失兴趣,她没有资本,也无力去献媚争宠,所以干脆吃斋念佛,一副不问世事的样子。不过她对几位小妾仍然本能地怀有嫉恨。颂莲第一次去拜访她,她故意扯断佛珠线,然后口中念念有词"罪过,罪过",装作捡佛珠,"始终没抬眼看颂莲一眼";她对小妾的嫉恨在大院里烧树叶的事情上开始表现出来,在与颂莲的争执中,她拍桌大怒,高声大骂:"你也不拿个镜子照照,你颂莲在陈家算什么东西?"在颂莲醉酒这件事上,毓如对颂莲的嫉恨表现得最为充分。她听到颂莲一番醉话后,"冲过来打了颂莲一记耳光,无耻的东西,老爷你把她宠成什么样子了!"一反她超然红尘、与世无争的面目。在佛堂里捻着佛珠诵经的修炼,根本不能使她六根清净,不惹尘埃,正像陈佐千所说,"什么信佛,闲着没事干,滥竽充数罢了"。

　　可想而知,在陈家大院这个妻妾们时时勾心斗角、处处弥漫着恶臭的道德泥淖里,他们儿女们的灵魂会受到怎样的污染,会是怎样的病态性格,这群陈家的儿女是作者描述的第二类人。大太太毓如的儿子飞蒲,虽然"身影魁梧,年轻英俊",但没有男子汉的阳刚之气。在阴森封闭的陈家大院,耳闻目睹长辈们的争斗勃豀,攻讦构陷,从小就觉得女人可怕,特别是害怕家里的女人。他与颂莲是同时代的青年,与颂莲有着思想相同、感情默契的精神背景。在他的青春生涯中,他遇到了第一个他非但不怕而且还产生了恋情的女人,但即使知道颂莲也爱他,也根本不敢进一步追求。相比话剧《雷雨》中的周萍,他的性格更软弱,心地更怯懦。飞浦不仅性格阴柔,而且情感世界也是混乱的,他与丝绸大王顾家三公子之间的感情令人可疑。这位三公子皮肤白皙,举手投足有点腼腆拘谨,与人讲话动辄就脸红。他俩在一起走路手拉着手,让颂莲感到有一种新鲜而古怪的感觉,而且飞浦看三公子时,目光中都闪烁着特有的温情。他的谋生能力也很差,为了逃避家庭中窒息人性的环境,他远赴云南做生意,结果鸡飞蛋打,赔了好几千,根本不是做生意的料;二太太卓云的女儿忆容,小小年纪就刁钻无理,第一次遇见颂莲就嘀咕"她也是小老婆,跟妈一样"。在陈佐千的五十寿宴上,忆容的胳膊把花瓶带翻了,引起轩然大波,但她毫不犹豫,马上指责是三太太梅珊的儿子飞澜撞翻的,极不诚实。而飞澜也不是盏省油的灯,挨了打后便滚到地上哭叫起来,颇有其母泼辣彪悍之风。卓云告诉颂莲,飞澜"跟狗一样的,见人就咬,吐唾沫",联系到他那"头发梳得油光光的,脚上穿着小皮鞋"的外表,也使人看到这孩子将来的德行。

  在小说的女人系列中,还有一位排不上妻妾行列的女性,那就是丫鬟雁儿,她属于陈家大院的第三类人。照说,陈家大院里妻妾之间的争风吃醋与她没什么关系,但是她却对四太太颂莲充满了嫉恨。原因无他,是陈家大院男主人的荒淫无耻激发了她的非分之想,因为颂莲亲眼看见陈佐千有一次进门来顺势在雁儿的乳房上摸了一把,颂莲明白雁儿与陈佐千之间也不清白,要不然雁儿不会那么张狂。从颂莲刚进陈家大院,雁儿就对颂莲缺乏下人对主子的谦恭和敬畏,每次接过颂莲的内衣内裤去洗时,总是一脸不高兴的样子,甚至说话都夹枪带棒,暗暗贬抑颂莲。她心地阴暗地做小布人并在小布人身上扎针,恶毒地诅咒颂莲去死。被颂莲察觉后,还变本加厉,在草纸上画上颂莲的像并扔进马桶进行诅咒,直至因此丧命。雁儿"心比天高,命如纸薄"的悲惨命运,不是因为洁身自好,心高气傲,相反却是因为身在道德糜烂的陈家大院又不能自持,所以最后落得悲惨的下场。

  苏童为了真实地刻画出旧时代封建大家庭的妇女们被扭曲的性格、被戕害的灵魂,揭示她们不幸的命运,从人物生活场景和设置象征物两个方面进行了精心的构思。

  首先他设置了一个封闭的空间——陈家花园,将他要刻画和表现的人物置身其中,然后通过日常生活的情景来刻画人物的性格,展示人物的命运。在封闭的大院里,生活于其间的妻妾们,年复一年重复旧式女子的生活轨道,她们的生活目标就是在这个家庭中获得地位与优势。因此,在逼仄浑浊的生存空间里,为了获得男主人的欢心和宠幸,她们相互猜疑,无休止地明争暗斗,每一个人既是受害者,又是害人者。她们没有也不可能有更为广阔的生活空间和视野,外界的时代风尚不可能影响到她们,她们只能在这样的生存环境中,无意识地演绎着自身不幸的命运。哪怕颂莲这样受过新思想教育的新式女子,在这样的环境中,也逐渐染上了为讨男人的欢心去表现"床上的机敏"、为了报复而苛待下人的恶习。

其次,苏童还精心营造了一个具有象征意义的物象,就是花园中那口紫藤架下阴森的井。那口井荒凉冷清,井台石壁上长满青苔,井水是蓝黑色的,氤氲着神秘恐怖的"鬼气"。颂莲从进陈家花园伊始到井边洗脸到发疯后的游荡,这口井像幽灵一样始终伴随着她。这口井实际上是陈家大院惩治杀害叛逆女性的刑场,其中有三个不甘自身命运而抗争过的女性的冤魂,包括颂莲熟悉的梅珊。苏童运用含蓄的笔法,赋予这口井深沉的象征意义,它是那些不幸女性命运的具体写照,是封建宗法礼教罪恶的见证。苏童这种具有象征意义的描述,使小说流动着空灵的意味。

优秀的文学作品能够真实地反映社会的状态和时代的发展,揭示人的灵魂真相,从而折射出时代的精神和社会的特征。小说中,苏童细致入微地描述陈家大院各类人日常生活的行为举止和人们的交往,敏锐地记叙人们的情感变化,深刻地展示人与人之间的情感纠葛和灵魂碰撞,从而揭示了陈家大院中众妻妾、儿女乃至丫环之间彼此猜疑、仇恨、欺骗、陷害的普遍心态,塑造了一个旧时代的病态群体,完成了对复杂人性的审视,"文学即人学"的命题在苏童笔下又得到一次成功的诠释。

复习思考题

1. 小说《妻妾成群》表达了怎样的主题内涵?
2. 陈家花园中的妻妾们各有怎样的性格特点?

对"国民性"的新认识

——析小说《活着》

樊 星

《活着》是余华的代表作之一,发表于《收获》1992年第6期,曾获台湾《中国时报》十本好书奖、香港《博益》十五本好书奖、意大利格林扎纳·卡佛文学奖。1994年由张艺谋导演拍成同名电影,获法国戛纳第47届国际电影节评委会大奖、最佳男主角奖、人道精神奖。也是第13届香港电影"金像奖"10大华语片之一。

余华曾经写过风格新锐的"先锋小说"(如《四月三日事件》、《一九八六年》等),也曾经是"新写实小说"的代表作家(发表过风格冷酷的《现实一种》)。然而,《活着》的创作表明,他开始疏离"现代派"的扑朔迷离和"新写实小说"的冷漠风格,发现了令他感动的人生。

关于这部作品的主题,余华在韩文版自序中写道:"这部作品的题目叫《活着》,作为一个词语,'活着'在我们中国的语言里充满了力量,它的力量不是来自于喊叫,也不是来自于进攻,而是忍受,去忍受生命赋予我们的责任,去忍受现实给予我们的幸福和苦难、无聊和平庸。作为一部作品,《活着》讲述了一个人和他命运之间的友情,这是最为感人的友情,因为他们互相感激,同时也互相仇恨;他们谁也无法抛弃对方,同时谁也没有理由抱怨对方。他们活着时一起走在尘土飞扬的道路上,死去时又一起化作雨水和泥土。与此同时,《活着》还讲述了人如何去承受巨大的苦难,就像中国的一句成语:千钧一发。让一根头发去承受三万斤的重压,它没有断。我相信,《活着》还讲述了眼泪的广阔和丰富;讲述了绝望的不存在;讲述了人是为了活着本身而活着,而不是为了活着之外的任何事物而活着。当然,《活着》也讲述了我们中国人这几十年是如何熬过来的。"①这样的思考立足于"忍受苦难",而不是"反抗苦难",具有怎样的社会意义呢?

小说通过一个地主的儿子福贵的坎坷一生,表达了作家对于生命、苦难、底层意义的豁达理解:福贵年轻时放浪形骸,后来因为赌博败光了家财,气死了亲爹,才决心痛改前非。此后,他又经历了被国民党军队抓丁和从人民公社、大饥荒到"文化大革命"等一系列磨难,经历了痛失爱女、爱子、老婆、外孙的灾难,"心里苦得连叹息都没有了"。他的一生,成为底层社会许多饱经苦难的可怜人生活的缩影。值得注意的是作家在讲述那些苦难时的立场:既没有像"反思文学"那样去深挖给底层人带来灾难的政治根源,也无意像"新写实小说"那样去冷漠地展示人性的残酷,而是在接连不断的灾难中揭示生命的韧性。因为赌博败了家,因此也"因祸得福",在土地改革中幸免于被打倒。而那位在赌场上赢了福贵的龙二则"因福得祸",新中国成立后被划为恶霸地主,被枪毙前喊的那句"福贵,我是替你去死啊",道出了多少命运无常、祸福无常的命运玄机。另一方面,福贵败家以后,他的母亲安慰他:"人只要活得高兴,穷也不怕";他的老婆在他逃过了战乱以后也安慰他:"只要一家人天天在一起,也就不在乎什么福份了",都体现了底层人民在饱经灾祸以后的淡定与豁达。是的,在中国,"好死不如赖活着","留得青山在,不愁没柴烧","听天由命","知足常乐"的生命观念深入人心,它既是中国人经历了太多苦难的感慨,也何尝不是豁达、坚韧意志的体现。对此,有评论家指出:"福贵承继并凸现了阿Q的乐天精神,说明我们中国人这几十年以至几千年是如何熬过来的,是怎样乐天地忍受着种种苦难,坚忍地'活着'的。……"②这样的认识耐人回味:鲁迅当年针砭阿Q的浑浑噩噩,表现了"哀其不幸,怒其不争"的启蒙立场;但是底层的百姓的"不争"其实常常未必是出于麻木与蒙昧,而是力不从心。虽然,也曾有无数底层人勇敢地投入到一次次反抗苦难、改变命运的起义中,但起义的胜利也没有从根本上实现"均贫

---

① 余华:《〈活着〉韩文版前言》,《余华》,第446—447页,人民文学出版社2001年版。
② 张梦阳:《阿Q与中国当代文学的典型问题》,《文学评论》2000年第3期。

富"的梦想。起义的烈火燃烧过后,一部分人的命运得到了改变。但层出不穷的社会问题(包括贫富差别、等级差别带来的一系列问题)依然存在,底层依然存在。就像美国思想家丹尼尔·贝尔指出的那样:"真正的问题都出现在'革命的第二天'。那时,……人们将发现道德理想无法革除倔强的物质欲望和特权的遗传。人们将发现革命的社会本身日益官僚化,或被不断革命的动乱搅得一塌糊涂。"①于是,剩下的问题是:底层人如何面对难以回避的苦难?《活着》在写出了底层人逆来顺受的窝囊的同时,也写出了对于"国民性"的新认识:在窝囊中,有没有坚忍的意味?在看似麻木的生存状态中,有没有对于苦难的达观理解?也许,在学理上,"窝囊"与"坚忍"、"麻木"与"达观"之间的差异,褒贬之间,是一望即知的。可是在实际生活中,却常常存在着"说不清、道不明"的混沌状态。《活着》写出了这样的状态,显示了作家对于底层和"国民性"的独到理解,无奈中透出感慨,富于深刻而博大的人道主义情感。

《活着》产生于20世纪90年代初,也自有深厚的社会背景。80年代的"新启蒙"思潮并没有也不可能解决中国社会积重难返的矛盾。90年代世俗化浪潮的高涨在驱动人们争先恐后经商的同时,也将一拨又一拨的弱势人群抛到了社会的底层。他们势单力薄,他们的抗争也常常无果而终。于是,他们不能不回归那条"随大流"、"乐天知命"的老路。正是在这样的社会背景下,如何理解底层的麻木,如何理解逆来顺受,就成为一个值得重新认识的课题。《活着》的可贵正在于作家超越了"启蒙"的立场,还原了底层人们苦熬人生的生存状态,体现了作家对于底层人生的深刻理解。《活着》的发表,对于后来刘恒发表中篇《贫嘴张大民的幸福生活》、贾平凹发表长篇《高兴》显然具有引导的意义。这些作品都体现了作家在新的时代对于"国民性"的认识。

《活着》的故事是简单的,其意蕴却十分丰富:"福贵"的名字与福贵的坎坷一生形成了具有讽刺意味的对比。福贵因赌败家同时也阴差

---

① [美]丹尼尔·贝尔:《资本主义文化矛盾》,第75页,三联书店1989年版。

阳错因赌而远离了死刑的情节,富有"祸兮福所倚,福兮祸所伏"的哲理意味。亲人们一个个死于非命,在催福贵老去的同时也使他想通了:"有时想想自己也快去了,我一点也不难受。""我是有时候想想伤心,有时候想想又很踏实,……,轮到自己死时,安安心心死就是。"这样的想法多少冲淡了对于死亡的恐惧。而福贵给那头最后与自己相依为命的牛取名"福贵",也是因为觉得自己和牛一样,都能活。这样的作品,堪称五味俱全:有苦涩,也有淡泊,还有调侃,还有荒唐。

在文学风格的追求上,余华曾多次谈到他与传统写实主义的区别:他"对那种竭力塑造人物性格的做法感到不可思议和难以理解",他认为"人物和河流、阳光一样,在作品中都只是道具而已",也就是说,"小说传达给我们的,不只是栩栩如生或者激动人心之类的价值。它应该是象征的存在。……一部真正的小说应该无处不洋溢着象征,即我们寓居世界方式的象征,我们理解世界并且与世界打交道的方式的象征"。应该说,"竭力塑造人物性格"的写实主义自有其不可替代的文学价值,一直到今天也没有过时。路遥笔下的高加林(《人生》)、高晓声笔下的陈奂生(《陈奂生上城》)、贾平凹笔下的庄之蝶(《废都》)、陈忠实笔下的白嘉轩(《白鹿原》)、李佩甫笔下的呼天成(《羊的门》)……都是成功的"典型人物"。然而,"无处不洋溢着象征"的风格仍然成为当代许多中外作家追求的目标。这显然与当代作家努力超越传统的意识有关,也与文学越来越致力于表现人生的复杂性有关。从这个角度看,《活着》的象征意味是十分明显的:福贵的坎坷一生,是底层人苦难的缩影;福贵在磨难中不断自我安慰的态度,也是中国社会许多可怜人生命哲学的集中体现。

复习思考题

1. 《活着》中最打动你的是哪个情节?为什么?
2. 联系你了解的社会状况,谈谈《活着》的现实意义。

深刻的历史反思与人性发掘

——《古船》赏析

王育松

张炜的长篇小说《古船》发表于《当代》1986年第5期。

《古船》叙述的故事发生在山东胶东地区,一个叫作"洼狸"镇的地方。小说以20世纪四十至八十年代中国社会的历史变迁为背景,以洼狸镇老隋家、老赵家和老李家三个家族的恩怨纠葛与命运兴衰为主线,反思历史,关注现实,呼唤改革。在这部具有史诗品格的长篇中,作家运用现实主义叙事方法,再现历次政治运动和极"左"路线造成的劫难,并由此深入探寻传统历史文化衰落的原因和重振民族生命力的途径。而在现实关怀和历史审视的双重叙事中,《古船》对人性的发掘和拷问,也达到令人战栗的深度。

《古船》的成功首先得力于主要人物的性格刻画。隋抱朴,一个终日捧着《共产党宣言》苦读的"老磨屋里的哈姆莱特",乃是当代文学人物画廊中少有的颇具深度的"思想者"形象。作为民族资本家的后代,他一方面以宗教般的"原罪"感和忏悔意识背负起父辈的"罪恶",企图以一己之力担当起家族、故乡乃至民族的苦难;另一方面又以人道主义精神质疑暴力与杀戮,倡导宽容,殚精竭虑地思索使人性摆脱自私、愚昧、残忍的拯救之途。隋抱朴外表沉寂冷漠,内心激情如火。他常年枯坐在老磨房里沉思的背影,像老井一样深沉,像古墙一样厚重!到底是什么令他寝食不安、忧心如焚?父亲"赎罪"路上的吐血而死?后母拒不"改造"的自焚而亡?兄弟姊妹的坎坷境遇?他本人的爱情悲剧?都是,又都不是。他由个人和家族的受难推己及人,为权力争夺的血腥、私欲膨胀的凶残而痛心疾首。"人要好好寻思人。人在别处动脑子,造出了机器,给马戴上了笼头,这都不错。可是他自己怎么才能摆脱苦难?他的凶狠、残忍、惨绝人寰,都是哪个地方、哪个部位出了毛病?""洼狸镇曾经血流成河,就这么白流了吗?""我不是恨着哪一个人,我恨着整个的苦难、残忍……"如此沉痛的呼告和严峻的追问,自有一种动人心魄的力量。这里包含着作家对阶级斗争、暴力革命和线型史观的深入反思。隋抱朴对《共产党宣言》的虔敬和苦读,不是出于膜拜与盲从,而是追求新知,渴望找到解救现实苦难的根本道路。即使在历史的重大转型时刻,他也没有沉湎在欢乐和陶醉之中,依然保持着冷静。隋抱朴因此堪称新时期文学中难得的具有独立思考意志的人物,坚持用个人的生命体验和精神求索来解答关于历史、社会和人生的疑问。这种带有几分悲壮色彩的努力,彰显出人的主体意识觉醒、人的发现的时代主题。

在20世纪80年代"改革者"形象大受青睐的社会文化氛围中,隋抱朴这个形象的价值似未得到充分肯定。时至今日,当中国社会的各种矛盾充分暴露,改革的艰难曲折充分显现,为各种贪欲所蛊惑的人性沦落更加触目惊心之时,重新走进隋抱朴的内心世界,我们不由得为作家当年的远见所叹服。隋抱朴身上的苦难意识、悲悯情怀、人道精神和担当勇气,不正是当下社会所稀缺的宝贵资源吗?呼吁道德的自我完善,用美和理想对抗人性的卑污和物欲的泛滥,乃是作家一以贯之的创作宗旨。应该承认,隋抱朴作为艺术形象并不那么血肉丰满,他对历史和人性的反思尚存这样那样的误区(他不能认识到"恶"推动历史进步的作用,思想上确有用道德取代实践的倾向)。然而,他却是一个具有强烈忧患意识和现实关怀的思想者,一个希望根除人间苦难的梦想家。从某种程度上说,隋抱朴是八十年代中国文学和中国知识分子能够达到的精神高度的象征。从文学精神传承上看,这个形象的塑造也借鉴了俄罗斯批判现实主义文学传统。隋抱朴强大的人格魅力和崇高的精神境界,无论对于道德缺失的社会现状还是底线失守的知识分子都具有教育和启示作用。

隋见素是作为隋抱朴形象的补充和对比而塑造的角色。就作家对人性的洞察和表现而言,他在抱朴身上突出"人智",褒扬理性的力量;在见素身上张扬"人欲",欣赏生命的活力。见素没有抱朴的道德重负,也不像哥哥那样忧愤深广。他血气方刚,敢爱敢恨,一心渴望为家族复仇伸冤,重振祖业。他的性格凸显出老隋家血脉里不安于现状、寻求冒险刺激甚至放浪形骸的遗传因子,与叔叔隋不召十分相像。他勇于行动却不善于谋划,大胆挑战赵多多的权势,因仓促上阵而惨败。他的反抗固然可贵,但狭隘的报复心理限制他担当大任。我们如果对抱朴的态度是理解和认同,对见素则是同情和谅解了。作家在兄弟二人身上差异鲜明的性格设计,显示出对人性的辩证把握。

隋不召是个一辈子都没有"正型"的"老浪荡鬼",生性风流,经历奇特,酒酣耳热之际总不忘航海的梦想,老嚷嚷着要登上郑和大叔的船远行。在这个人物身上,寄托了作家对生命意志、酒神精神的向往和强健民族性格、振兴民族精神的良苦用心。《古船》对隋不召的描写不像写隋抱朴和隋见素那样拘谨,收放之间更能生动地刻画出这个"老顽童"的个性。

如果说,《古船》在隋家父子、兄弟两代人身上折射了人性向善的艰难提升,隐喻着历史行进的迂回曲折,那么,小说在赵家"辈分最高的四爷爷"赵炳及其族人赵多多身上,就浓缩了对封建宗法制度和极"左"的政治潮流的深刻批判,对专制文化造就的权力人格和人性的深入发掘。赵炳出身贫穷,从小敏悟过人,读过私塾。他在土改复查运动中乘势而起,执掌了洼狸镇高顶街的政权。他深谙权术,阴鸷、伪善,以革命的名义谋取个人和家族的私利。战争年代他略施小计就赶走了动员他参军上前线的镇指导员;"大跃进"时他积极迎合上级的粮食"高产"要求,放出亩产数万斤的"卫星";他暗中派人毒打说出"高产"真相的李其生,又在大庭广众之下含泪放弃与濒死妻子(他心里巴不得她早死)诀别的机会,"抢救"奄奄一息的李其生,从而上演一出"公而忘私"、"解民于倒悬"的戏;他以镇上最早党员的身份自居自得,声称"不求仕途之乐,只知散淡之福",却对佳肴、美色、权力一样也不放过,无论台前幕后都牢牢把持着对洼狸镇的控制和影响,尤其是乘人之危,恩威并施,霸占"干闺女"隋含章达十几年之久。耐人寻味的是,作家对赵炳的描写没有像写赵多多那样简单化,而是通过一些典型的情节和细节,多方展示赵炳权力人格的复杂性和丰富性。在土改中,赵炳不像赵多多那样赶尽杀绝,懂得审时度势、留有余地;在放"高产卫星"造成百姓饿死的紧要关头,他一巴掌将没要到救济粮的镇长打了回去,又率众人抢夺能够救命的萝卜,迎着押运萝卜人员的枪弹往前冲;赵炳既能将《论语》、《老子》等典籍中的警句反复吟诵,从中体悟"治民"的方略,又明白"知足"、"惜福",讲究养生,喜爱花草,具有旧式文人的情趣。依靠政权的力量、家族的势力和过人的禀赋(嗅觉灵敏、工于心计、敢作敢为等),赵炳在一方土地上树立起极高的威望,成为老少爷们崇拜和敬畏的对象,成为洼狸镇的一个象征。即便是为他所长期霸占欺凌的含章,在满怀羞辱、愤懑、仇恨的同时,也为"恶魔般的四爷爷"身上"无法征服的一种雄性之美"而受到难以摆脱的诱惑。作家把反思和批判的笔触由现实社会的极"左"思潮延伸到传统文化和封建宗法制度当中,赋予赵炳这个形象深厚的文化内涵和强大的警示功能。当专制统治权术对人性的腐蚀作用被展示得淋漓尽致时,传统文化的种种弊端和国民性格中的精神痼疾也就昭然若揭了。

  在《古船》中,赵多多作为赵炳权力组织结构中的重要角色,极大限度地运用"专政"的手段,为非作歹,疯狂攫取财色等个人所好。这是一个典型的流氓无产者形象,但作者在性格刻画上处理得有些简单。

  在艺术上,《古船》在运用现实主义作为基本叙事方法的同时,还营造出以"古船"为中心意象的象征体系,包括古城墙、老磨屋、芦清河、老红马、赵炳与含章的怪病、隋不召的疯癫、张王氏的神秘、跛四古怪的笛声、地质队丢失的含放射物质的铅筒,等等,并借鉴了魔幻现实主义表现手法。"古船"既象征着民族昔日的辉煌,也隐喻着民族遭受的苦难,还寄托着民族复兴的期盼;老磨屋破败、阴沉,是已消逝的繁华的见证,又是生命力和创造力的囚笼;赵炳与含章的怪病乃是人性被扭曲的生理性症候,丢失的铅筒则表达了作家对现代文明和科学技术的隐忧……显然,象征和魔幻手法的使用,既丰富了作品的主题意蕴和叙事容量,又提高了作品的艺术品位和美学价值。《古船》能够突破当代小说长期形成的单一社会政治视角,与作者对传统现实主义的创新是分不开的。

  在叙事结构上,小说的时空顺序被打乱,现实场景与历史事件通过叙事者的讲述或人物的回忆交替穿插在一起,情节转换灵活自如。由此造成的跳跃性与断裂感给习惯了线型叙事的读者带来新鲜和刺激。这种"断裂"的叙述在质疑和解构宏大叙事及其线型史观方面的作用不可低估。

此外,小说的叙述语调缓慢沉郁,加上特意穿插的野史、神话、传说,有意营造一种整体上混沌、滞重的故事氛围,从而与含混多义的主题意蕴和跌宕起伏的人物命运构成一个和谐的整体。

复习思考题

1. 为什么说隋抱朴这一形象是具有强烈忧患意识和现实关怀的思想者?
2. 举例说明《古船》的艺术特点。

一部近现代中国社会的"秘史"与心灵史

——长篇小说《白鹿原》评析

张卫中

《白鹿原》是新时期最优秀的长篇小说之一,有人将其称为中国当代长篇小说中具有里程碑意义的作品。小说以20世纪上半叶的关中地区为背景,以白鹿原上白、鹿两家三代人的生活变迁为线索,表现了转型期中国社会风起云涌的阶级矛盾与阶级斗争,同时也深入挖掘了支配社会变革的文化根源。作者通过描写一个家族众多人物的命运,勾画出激变期中国社会演变的脉络,不仅写出了人物的命运,而且写出了处在时代变革漩涡中的人物的心灵史。

《白鹿原》的丰富与厚重很大程度上源自作者对中国传统文化的思考与探索。陈忠实超越了那种简单化的"中国传统文化糟粕论",将传统文化还原到历史与生活中去考察与认识,发掘与表现了沉潜在生活地表之下的传统文化活的源头。文化是一个民族物质与精神生活的总和,从文化出发,作者就找到了一个深入历史与生活、深入一个民族精神世界的通道,从而可以深入地挖掘历史,挖掘人物精神世界更丰富的内涵。

1840年鸦片战争以后,因为清朝政府在与列强的战争中一再败绩,人们在强烈的挫败感面前开始将中国社会衰败的原因归咎于中国传统文化:中国的枪炮不如人,法律制度不如人,教育不如人,这些罪责一股脑地被加在传统文化上。五四时期的知识分子认为,中国传统文化肮脏、腐败、愚昧、颠顶,是一切罪恶的渊薮,因此,打倒"孔家店"、颠覆孔孟儒学成为新文化运动的诉求。在中国文学史上,对传统文化的批判则演变成文学的多种主题,例如对"三纲五常"、封建婚姻制度、教育制度的批判,对礼教杀人的控诉等。概括地说,中国传统文化在新文学中背负着落后愚昧的恶名,是很多作家谴责、批判和唾弃的对象。

但是,到了20世纪80年代,经过一个多世纪的积淀与反思,中国知识分子在这个问题上的态度有了明显变化,很多人认识到每一种文化都是优劣并存。西方文化虽然创造了现代工业文明,显示出勃勃生机,但是它将人与自然割裂开来,用掠夺的方式对待自然,因而在造福人类的同时也带来了巨大的灾难。而中国文化强调人与人、人与自然和谐相处,这种天人合一的价值观也自有它合理的地方。

在对待中国传统文化的问题上,陈忠实避免了一种先入为主的看法,而是从历史的、辩证的观点看待传统文化,既看到其落后的、没落的一面,也看到其积极的、健康的一面;他不是把传统文化当作一个已完成的、被历史废弃的东西,而更多地注意到它对处在转型中的中国近现代社会的影响。

从文化的视域入手,《白鹿原》的一个重要特点是探讨了中国传统文化在村社、宗族一级的运行机制,作者思考的问题是,在氏族和村社这个层次,中国社会是靠什么来维持和运转的?传统文化在其中发挥了什么样的作用?在20世纪中国社会的现代性转型中,传统文化又是如何与外来文化争持、搏击,最后走向末路与衰亡的?从这个角度入手,《白鹿原》对生活的观察不再停留于表面,而是深入到生活的肌理中去,显示了较大的深度。

事实上,在代表西方文化的现代体制进入白鹿原之前,白鹿村的白、鹿家族一直沿袭中国传统社会自给自足的生活。农民与官府没有很多的联系,当时的社会不是靠"法律"维持,而是更多地依靠宗法制度,即以血缘为基础,以儒家文化为依据建立起来的一套融道德和法律于一体的某种道德伦理制度。小说中的朱先生曾给白鹿原制定了一套乡约,这个乡约就体现了宗法制伦理的主要特点——现代社会是把道德和法律分开的,道德靠教育,法律就是强制性的。而在白鹿原,法律和道德是连为一体的。它一方面要求人们行善积德,孝敬父母,遵守礼节,闻过必改,另一方面也设定了一个很细致的戒律。这个戒律涉及生活的各个方面,将酗酒闹事、偷鸡摸狗、聚众赌博、打架斗殴,甚至营私太甚、衣冠不整、游戏怠惰和交友不慎均列入被禁止之列。它也有自己的惩罚机制,例如白孝文和小娥通奸,白嘉轩就让白孝武主持,在祠堂毒打了他们一顿。而小娥勾引白孝文,小娥实际上的公公鹿三认为小娥是大逆不道,犯下了死罪,就摸到小娥的窑洞里杀了她。

　　《白鹿原》一方面剖析了宗法制的特点,另一方面又将传统的宗法制与来自西方的阶级斗争模式做比较。比较以后得出的结论是:宗法制温情脉脉,而阶级斗争则更残酷,更具破坏性。在这方面,陈忠实与巴尔扎克的情况有些类似,即他们都清楚地看到资本主义制度的勃勃生机,意识到传统文化会无可挽回地走向没落,但是他们的同情主要都还是在传统文化一边。

　　在《白鹿原》中,外来文化的侵入是以辛亥革命爆发,地方政府纷纷"反正"为标志的,随后白鹿原上就有了关于"白狼"的传说。事实上,"白狼"在小说中具有非常明显的象征意义,即西方现代性文化入侵的象征。

　　人们传言中的这只白狼纯白如雪,两只眼睛放着绿光,它总是悄无声息地跳进猪圈,咬住猪的脖子,吸食血浆,直到将它吸干为止。人们做了各种防范,但总是防不胜防。白鹿村甚至修了一个绕村的围墙,但晚上白狼照样能够逾墙而入,白鹿原人关于白狼的描述与自近代以来中国人对西方列强的想象有很多相似之处,即防不胜防的暴力入侵和经济蚕食。白狼显然是西方文明在作者下意识中的一个标志性意象,在小说中它是西方文明的入侵对中国传统社会带来破坏的一个总体隐喻。

　　"反正"以后,白鹿原建立了现代的制度,县令改为县长,下设"仓"和保障所。随后就发生了一件大事,就是"交农"事件。新制度一建立,马上开始收印章税,比有皇帝时收得多得多。于是白嘉轩用鸡毛传书的方式要求农民把农具交到县里去,直至县长下令取消印章税。随后作者在两种体制之间作了比较:宗法社会一直具有温情脉脉的人道主义色彩,而作为现代文明主要表现形式的阶级斗争从一开始就带有一股浓烈的血腥气。在这个比较中,作者的同情几乎完全放在了宗法社会一边。

　　作者笔下白鹿原的阶级斗争一直带有异常惨烈的色彩。如果要给这种描写加上一些关键词,那肯定是"斗争"、"杀戮"与"流血"。作者在下意识中对阶级斗争有着明显的恐惧与戒备,而它又比较集中地体现在对白鹿村戏楼前发生的国共两党四次大的斗争的描写上。头两次是先后铡了和尚与碗客,这基本上是属于惩治恶霸;有血腥气,但政治性不是特别强。第三次是斗争田福贤、鹿子霖,只斗争没有流血。第四次是田福贤报复农会干部,这个部分则是整个作品中最恐怖、血腥气最浓的一段描写。农协会被抓的一共十个人。先有四个跪下了,这四个人被拉上去摔了一次。在剩下的六人中,又有三个下跪。最后只有三个人,而最硬的一个是一直不愿屈服的贺老大,他被再次提起时双臂的关节已经完全折断,在极度愤怒与痛苦中,他咬下并吐掉了自己的舌头,鲜血喷涌而出,他吊在杆子上,很快成了一个血人,这时田福贤仍不解恨,他过来一脚踏住那半根舌头,转动大腿,一下子就把它辗成了一个肉饼。而就在同一时间,就在戏楼隔壁的白氏祠堂里,白嘉轩却正在安闲地寻找被黑娃砸碎的写着乡约石碑的碎片,力图把它重新粘合起来。在这个对比中,作者不仅要表明自己的价值取向,更重要的是要从阶级模式看伦理模式,发掘与展示后者带有鲜明人道主义色彩的人际关系。

《白鹿原》的叙事基调带有相当浓重的悲剧性:一方面,作者对传统文化覆罩下宗法制生活的美好方面作了最详尽的阐释,另一方面,又不得不眼睁睁看着它在外来文化的冲击下一点点地土崩瓦解,枝叶飘零。人类历史中常常会有惊人的重复,在这个问题上,陈忠实似乎碰到了与曹雪芹和巴尔扎克相同的境遇,即在他们眼中,美好的东西没有生命力,有生命力的东西不是美好的,而作为现实主义作家,他们又不得不眼看着自己心爱的人和生活模式被只认强权的历史一点点地剥蚀掉,能做到的也不过是为自己的心爱之物唱上一曲深情的挽歌。

除了对中国传统文化的审视与反思,《白鹿原》还有一个很重要的特点,就是它超越了当代文学中那种阶级斗争模式,在一个更开阔的视野中审视20世纪中国的政治与社会变革,这种观念上的超越使作者能够更深入地思考中国的社会变革,避免了简单化与模式化,显示了更多的丰富与厚重。

一部近现代中国社会的"秘史"与心灵史

在《白鹿原》中,作为"总乡约"的田福贤用掉包计救了共产党的"要犯"鹿兆鹏,获救以后,鹿兆鹏要求朱先生算一卦,"预卜一下国共两党将来的结局如何?"朱先生的回答是:"卖荞面的和卖饸饹的谁能赢谁呢?二者源出一物呵!"他说:"我观'三民主义',和'共产主义'大同小异,一家主张'天下为公'一家昌扬'天下为共',既然两家都以救国扶民为宗旨,合起来不就是'天下为共'吗?"朱先生的这段话在一定意义上也体现了作者自己的意思。在这里,作者其实是超越某种具体的历史过程,至少是在观念上希望两党求同存异,都从民族大义出发,实现建设民族国家的理想,共同担负振兴中华民族的责任。

因为在一定意义上超越了狭隘的阶级论,作者对生活也有了很多新的认识。《白鹿原》一个显著的变化是它不再完全用阶级分析的方法看待人物,如"十七年"小说那样,认为人的阶级出身决定人的政治立场,也决定人的道德面貌,剥削者就一定为富不仁,被剥削者就一定有着高尚的道德。在《白鹿原》中不但出现了一些"好"地主的形象,而且地主似乎也不都是凶神恶煞的坏蛋,就是普普通通的农民,地主成为地主似乎更多地来自勤苦与节俭。小说中的黄老五有比较多的土地,常年雇人干活,应当是个比较典型的地主,但他每天陪着黑娃一块干活,"天不明就下地",三伏天也不歇响。一天三顿,除了晌午吃一顿稀面汤,其余全是"包谷黑豆稻黍豌豆变换着蒸馍"。叙事人随后说,"黄老五其实也是个粗笨庄稼汉,凭着勤苦节俭一亩半亩购置土地成了个小财东"。小说中最有意思的是,黄老五每天吃完饭一定要用舌头舔碗,并且要求黑娃也照做,当黑娃坚决拒绝时,黄老五有一番高论,他说如果从黑娃爷爷一辈就开始吃饭舔碗,积下的粮食就可以让他不出门扛活,反而可以雇人干活。言下之意,很多地主都是舔碗舔来的。

因为超越了狭隘的阶级论,地主的道德形象也发生了很大变化。在《白鹿原》中,地主与雇农不再是剑拔弩张的对立关系,显示出脉脉深情。小说中,白嘉轩的父亲白秉德老汉对鹿三亲如自家人。在一个铜盆里洗脸,一个桌子上吃饭;收下麦子先给鹿三的口袋灌满。白嘉轩对鹿三也一直亲如兄弟。小说中有一段,写有一年原上大旱,从春天到夏天一直未下雨,已经开始有人饿死,地里没有活干,粮食快有金子贵,鹿三因为每天在白家白吃饭,就提出回家。但是白嘉轩断然拒绝。他冷下脸来说:"三哥你听着,从今往后你再甭提这个话!有我吃的就有你吃的,我吃稠的你吃稠,我吃稀的你吃稀;万一有一天断顿了揭不开锅,咱兄弟们出门要饭搭个伙、结个伴。"

著名评论家朱寨对《白鹿原》有一段评论:"作者不是从党派政治观点,狭隘的阶级观点出发,对是非好坏进行简单评判,而从单一视角中超脱出来,进入对历史与人、生活与人、文化与人的思考,对历史进行高层次的宏观鸟瞰。"①当然,《白鹿原》更大的成就还在于成功塑造了一系列人物,白嘉轩、黑娃、田小娥、鹿三、鹿子霖等都是栩栩如生的人物。其中成就最大的是白嘉轩这个形象。白嘉轩是新文学史上很少见到的人物形象。有人认为他是"作者的一个重大发现。"②白嘉轩较典型地体现了儒家文化的人格理想。在小说中给读者印象最深的是他的那种冷静、理智又不失人道主义温情的处世态度,而在其心灵深处起支配作用的则是来自儒家的"仁"与"礼"这两个关键的伦理概念。

白嘉轩的生活不是随波逐流,而是有自己的一套原则。他信守"耕读持家"的格言:即有一定文化,但以务农为本;于是他把劳动看作生活中必须的内容。在种了罂粟之后,他家里已经十分富裕,墙脚下埋了黄货和白货,但白嘉轩坚持劳动。小说写他每天和鹿三一块早出晚归地下地劳动,后来他家买了个弹棉花机器,他一有空就上机弹棉花。白鹿原上闹起"风搅雪"以后,有一天,白孝文闯进来,说黑娃把老和尚的头铡了!这个时候,白嘉轩十分平静,他转过脸冷冷地说:"他又没铡你的头,你慌慌地叫唤啥呢?"他还说:"上机轧棉花。你一踏起轧花机就不慌不乱了。哪怕世事乱得翻了八个过儿,吃饭穿衣过日子还得靠这个。"靠劳动吃饭,这是白嘉轩的信念,也是他一生坚持的原则。

白嘉轩在很大程度上是一个悲剧人物,他给人的印象是一直恪守某种信念,即使在最困难的时候,他也"打碎了牙往肚里咽",承受着巨

---

① 朱寨:《一部可以称之为史诗的大作品——北京〈白鹿原〉讨论会纪要》,《小说评论》1993年第5期。
② 雷达:《废墟上的精魂》,《〈白鹿原〉评论集》,第9页,人民文学出版社2000年版。

大的精神压力和内心痛苦,但在人生信念上一步也不退让。他的生活有一个道德底线,一旦触到了这个道德底线,他就宁死也不后退。当然,说起来容易,但在生活中要做到却非常不容易。

　　白嘉轩在几件事情上都强硬过。一是小娥死了,村里霍乱流行,村里的人迷信,要祭奠小娥,他的儿子白孝武带头找到他,要给小娥建庙。这个时候,白鹿原上不光是白鹿村,周边十里八村的农民都跪在白家祠堂前,黑压压地跪了一大片,他们推选三个老者,来找白嘉轩。但是白嘉轩的回答是:"谁爱跪谁就跪,谁想跪多久就跪多久,要叫我给那个女人修庙塑身,除非你们来杀了我!"后来,他不仅没有给小娥修庙,而且修了一个塔,意思是把她的灵魂囚禁起来,让它永远不能出世。然后是他的儿子白孝文。白孝文是他最喜欢的儿子,他原来打算让孝文继承族长这个位置。但没想到,白孝文与小娥勾搭上了。当他第一次听到冷先生告诉他孝文与小娥的奸情时,他"泛红的脸色顿然变得如同一张黄表纸,佝偻的躯体猛烈地抖颤了一下,把夹在指间的卷烟挤成了弯儿,在那一霎间眼睛睁大到失神的程度"。在其后一段时间,他的精神几近崩溃。在处理孝文的事情上,白嘉轩本来可以变通一下,他有权力把这个事情马虎过去,但是他坚持按族法严惩了白孝文,并把他扫地出门。白孝文的事是对他的一生最大的一个打击。

　　当然,白嘉轩并不是一般意义上的"好"人,如果他只是"好"的代名词,是"好"的理念的化身,在文学上就注定是一个失败的形象。相反,这是一个相当复杂的人物。在他身上有着农民的狡猾,有时还要些无赖的手段。小说开始时,他娶的女人一再死去,他为了传宗接代坚持再娶,一共娶了七个女人,这不能不说是自私甚至残忍的。在谋取他认为是一块风水宝地的鹿子霖那二亩慢坡地时,他装疯卖傻,瞒天过海,甚至欺骗了自己家人和作为中间人的冷先生,签字画押时他还满脸苦相,装出一副要哭的样子,这样才把那两亩地弄到手。当然,越往后白嘉轩变得越加成熟,显示出他性格中主导的一面,使他的儒学人格终于从一种复杂的性格中凸显出来。

　　《白鹿原》在作品的开首曾引用了巴尔扎克的一句名言:"小说被认为是一个民族的秘史",这句话很大程度上可以视为理解这部小说的一把钥匙。事实上,《白鹿原》最大的成功就在于不仅反映了20世纪上半叶中国社会风云变幻的现实,而且深刻地反映了大变革时期中国人民的心灵历程,写出了历史变革过程中人们的痛苦与欢乐、压抑与释放,正像作者所希望的,写出了大变革时代中华民族的"秘史"。

复习思考题

1. 为什么说《白鹿原》是中华民族在近现代的一部"秘史"?联系作品给予阐释。
2. 《白鹿原》怎样超越了"中国传统文化糟粕"论?你怎样看待这个"超越"?
3. 在新时期小说中,白嘉轩作为一个人物形象,其创新性主要体现在哪里?

感悟世界的神秘

——读《冈底斯的诱惑》

樊 星

马原是 1985 年"新潮小说"的代表作家。他以中篇小说《冈底斯的诱惑》在文坛新潮高涨的 1985 年一举成名。

关于这部小说的主题,评论家李陀认为:"这篇东西有种强烈的形而上的力量,通篇渗透着对某种绝对意志的崇拜。"对此,马原深以为然,称之为"一种哲学上的归纳"①。评论家南帆也从这部作品中读出了"期待落空、迷惑不解、难以观察。偶然成了无可置疑的实在,实在又可能是一种幻景,时间与空间伸缩不定……寻常的思维逻辑在小说中似乎常常遭受挫折"②的主题。评论家吴亮这样概括马原的创作主题:"马原在心底里,已识出了现实世界的'不可知性。'"③马原以自己富于神秘意味的"哲理小说"表明:他是一个神秘主义者、不可知论者、相对主义者。而在谈及自己的思想之源时,他就自道:"有时我更喜欢不完全的故事,比如霍桑的《红字》。有些时候,我强烈地感到就要接近最终结论了,但我终于没能最终接近。正是无法最终得到结论(或称最终到达)的经验,使我不再希冀目的的最终到达……这是一种全新的纯属个人的经验……其中的神秘来自明白无误但又无法企及。"他因此而相信:"神秘不是一种氛围,不是可以由人制造或渲染的某种东西。神秘是抽象的也是实实在在的存在,是人类理念之外的实

---

① 许振强、马原:《关于〈冈底斯的诱惑〉的对话》,《当代作家评论》1985 年第 5 期。
② 南帆:《小说艺术模式的革命》,第 149 页,上海三联书店 1987 年版。
③ 《马原的叙述圈套》,《当代作家评论》1987 年第 3 期。

体。正因为超出了人的正常理解力,人才造出了神秘这个不可捉摸的怪物。"①这样的"不可知论"显然具有质疑乃至解构"独断论"的深刻意义。"文化大革命"是"独断论"登峰造极的年代。关于"阶级斗争是长期的"、"无产阶级专政下继续革命"的极"左"思潮独断专行,造成了空前的精神禁锢、思想僵化、人性扭曲。"文化大革命"过后,许多作家深刻揭示了极"左"思潮泛滥的社会和历史根源,对"文化大革命"进行了理性的反思。而马原则在他的作品中还原了世界的神秘、不可知性,从而解构了"独断论"的肤浅与褊狭。马原说过,他是因为老老实实的父亲一辈子要求加入共产党却没有如愿而感到生活的不可思议的。② 在他那些关于"文化大革命"记忆的小说(如《零公里处》、《错误》、《上下都很平坦》,等等)中,都体现出他对于"文化大革命"中日常生活的错位感、神秘感的深刻体悟。而在解构"独断论"的肤浅与褊狭的同时,马原也解构了人的自信。他曾经说过:"我从自己身上看到了无法可想的人的局限。……我一贯自信,自信到极端自负的程度,非常悲哀的一样东西是我连自己都信不过。我于是对任何人都没有了过高的企望。"③这样的悲凉感在 20 世纪 80 年代人们冲破了"现代迷信"的束缚以后回归个性的大潮中,显得格外耐人寻味:"独断论"是荒谬的,个人的自信也常常显得偏颇。那么,哪里才是人的安身立命之处?

《冈底斯的诱惑》发表于《上海文学》1985 年第 2 期,是马原的"西藏故事"中的名篇。"《冈底斯的诱惑》跳跃着写了 3 个小故事,来源于一个藏族的绝色美女,'她死了,我差一点看到她的天葬'。"④灵感的迸发似乎纯属偶然,却体现出马原根深蒂固的"不可知论"与雪域高原神秘文化的命定邂逅。小说中一位在西藏生活了大半辈子的老作家的一番话道出了作品的主题:"除了说他们本身的生活整个是一个神话

---

① 许振强、马原:《关于〈冈底斯的诱惑〉的对话》,《当代作家评论》1985 年第 5 期。
② 参见《马原写自传》,《作家》1986 年第 10 期。
③ 马原:《谁难受谁知道》,《文艺争鸣》1988 年第 4 期。
④ 李宗陶:《当马原面对死神》,《南方人物周刊》第 196 期,2010 年 1 月 18 日。

时代,他们日常生活也是和神话传奇密不可分的。神话不是他们生活的点缀,而是他们的生活自身,是他们存在的理由和基础。""我们自以为聪明文明,以为他们蠢笨原始需要文明拯救开导。"可事实上,我们不可能像他们那样理解生活。在这里,"理性和该死的逻辑法则"也无济于事。这一番话,不仅写出了不同民族之间在文化心理上的某些隔膜,也足以引发人产生对于"理性"、"逻辑"的怀疑。

就这样,马原讲了三个好像互不相干的小故事:一个是非常漂亮的藏族姑娘的故事,她还没有来得及恋爱就死于车祸。汉族小伙子陆高和姚亮希望看到她被天葬的场景,却阴差阳错没能如愿。还有一个是猎人穷布猎熊的故事,关于熊的传说是与关于喜马拉雅雪人的传说混杂在一起的。可探讨的结果,却仍然是不解之谜。最后一个是藏族兄弟顿珠顿月的故事:没上过学的顿珠为什么能唱史诗? 尼姆的私生子是顿珠的还是顿月的? 云遮雾罩之后,结果却出人意料……三个故事好像是随意讲的,但都充满了神秘感。而且,三个故事都打破了传统小说的情节发展模式,故事要么有开头,却刚刚开头就突然结束了(例如第一个故事),要么导向扑朔迷离的结束(例如第二和第三个故事)。作家有意以此写出生活的神秘、文化的神秘,写出日常生活中存在着许许多多"搞不清楚搞不清楚"的神秘,写出"什么都是可能的"、"好多事情都难以预料"、"都以没有结果而告结束"的真实。小说开篇就写"信不信都由你们",其实也就点出了世界的模糊感、生活的出人意料——是啊,这世界上有多少"千真万确"的事情其实"说不清道不明"。一切只好取决于你是否相信。这样,《冈底斯的诱惑》就富有了哲理感:那些人物,那些故事,那些感觉,都被笼罩在一层"恍兮惚兮"的不确定氛围中。于是,故事本身不重要了,甚至故事本身是否真实也不重要了。重要的是马原对于世界的不可知、生活的离奇的点染。这样的点染启迪人们:人生的丰富,常常出人意料;世界的神秘,常常难以理喻。

为了凸显这神秘感,马原喜欢用"可以假设……"还有"也许……也许……"这样的句式,这样的句式有助于点染"不确定"的氛围。这样的句式常常模糊了"真"与"假"之间的界限,同时也就"为读者提供真正意义的见仁见智的可能"。① 这显然不同于传统小说对于"确定感"的孜孜以求,而为读者的思考与猜测留下了广阔的空间。因此,马原曾经不无自得地说:"我写小说是在创造新经验。"这种新经验就是写出生活的混沌感、不合逻辑感。所以,马原才一再强调他的"新潮小说"的中国哲学底蕴。他说过:"我以为发明'混沌'的汉人是有人类以来最伟大的智者。"②"《庄子》也是我最爱读的故事",因为它"充满弹性"。③"尽管我读了几千本洋人写的书,我的观念还是汉人的。没法子的事,信庄子和爱因斯坦先生共有的那个相对论认识论,也信在全部相对之上的绝对——典型的形而上主义!"④这样,马原便以自己独特的思维方式对庄子的思想进行了具有现代意味的解说:将东方神秘主义的"混沌"思想与西方现代派思想联系在一起,同时将庄子相对主义思想和爱因斯坦的相对论也紧密相联。马原因此而成为"新潮小说"作家中具有贯通中西的哲学意识的代表人物之一。

值得注意的还有,马原在小说开篇提到了自己的一篇小说《海边也是一个世界》。这篇小说发表于《北方文学》1982年第2期。在这篇早期的"知青文学"作品中,马原讲述了陆高在自己的狗陆二受到军犬欺负时的愤怒,他在成功报复了军犬的同时也惩罚了陆二。小说写出了陆高在压抑生活中"说不清楚"的一种情绪,写出了他的"难以理解"。这篇小说已经体现了作家对于"混沌感"的追求。当马原看似随意地在《冈底斯的诱惑》的开头提及这篇《海边也是一个世界》时,是否也通过这样的勾连传达某种玄机?这其实正是当代作家有意打破"真"与"假"、"真实"与"虚构"之间界限的一个常用伎俩。阿根廷作家博尔赫斯就擅长此道。他的小说《博尔赫斯和我》就表达了作家对于人生的神奇感悟:"根据印度的一个哲学派别,'我'不过是一个跟他经常观察的人结为一体的观察者。……我想到了作为一个想象的人物

---

① 马原:《哲学以外》,《当代作家评论》1987年第3期。
② 马原:《方法》,《中篇小说选刊》1987年第1期。
③ 许振强、马原:《关于〈冈底斯的诱惑〉的对话》,《当代作家评论》1985年第5期。
④ 《马原写自传》,《作家》1986年第10期。

的博尔赫斯。"①这样的思考深刻揭示了人性的复杂:一个人的复杂人格在于,他不仅仅是自身多重性格的集合体,还是他与其他人在互动关系中产生的某些"新质"的体现,而他自己甚至常常也对此感到匪夷所思。人常常有"觉今是而昨非"之感,奥秘就在于此吧!当一个人发现自己的生活常常莫名其妙时,当他感到自己的烦恼也说不清道不明时,当他过一段时间就发现自己好像变了一个人时,不就显示了"认识自我"之难吗?

复习思考题

1. 谈谈《冈底斯的诱惑》的哲理意蕴。
2. 除了《冈底斯的诱惑》,你还看过哪些西藏题材的作品?在你看来,哪一部关于西藏生活的作品你最喜欢?为什么?

---

① [阿根廷]博尔赫斯:《我的短篇小说》,《世界文学》1989年第1期。

人生精神历程上的跋涉者

——《男人的一半是女人》评析

谢维强

张贤亮早在20世纪50年代初读中学时就开始文学创作,1955年来到宁夏,任文化教员。1957年因在《延河》杂志上发表诗歌《大风歌》被打成"右派分子",在贺兰县西湖农场和银川市郊的南梁农场劳动改造长达20余年,1979年年底平反恢复名誉,重新执笔,成为新时期以来中国当代重要作家之一。代表作有短篇小说《灵与肉》、《邢老汉和狗的故事》、《肖尔布拉克》、《初吻》,中篇小说《河的子孙》、《龙种》、《土牢情话》、《无法苏醒》、《早安朋友》、《黑炮事件》、《绿化树》等,长篇小说《男人的风格》、《男人的一半是女人》、《习惯死亡》、《我的菩提树》等。

长篇小说《男人的一半是女人》发表于《收获》1985年第5期,发表后引起热烈反响,臧否褒贬的评论文章纷纷发表。这部小说之所以引起了争论,其中一个重要原因是因为小说出现了有关性的描写,而这在新中国成立以来的文学创作中是前所未有的。否定者批评的态度十分严厉,如著名作家韦君宜说:"我自己作为一个女读者,就觉得受不了书里那种自然主义的描写。我想还会有不少女读者也是如此。这不仅因为大多数中国的知识妇女历来有些洁癖,而且一般总是把自己的理想、纯洁、独立人格、事业,视为心上最宝贵的东西,很受不了被人看成单纯只是'性'的符号,只以性别而存在。那实在是对人的侮辱。"① 肯定者认为,作品"在那极为粗陋的形式下,生命力的勃郁,情欲的炽

---

① 韦君宜:《一本畅销书引起的思考》,《文艺报》1985年12月28日。

烈,性格的真率泼辣,都作为健康的人性内容,成为对艰难时世的一个抗议",这部小说"以中国当代文学前所未有的深度,正面地展开'灵与肉'的搏斗及自我搏斗。"①作者通过章永璘和黄香久的情欲和婚姻纠葛,探讨了人类最基本的、最低层次的生存需求——性,强烈地呼唤人性和人道主义,对极"左"思潮的禁欲主义进行了痛切的批判。

张贤亮曾设想用"一个唯物主义者的启示录"为总题,写出以中国知识分子的精神历程为对象的系列小说,计划写九(部)篇,《男人的一半是女人》是其中的一部。但这一计划中的系列小说写了四(部)篇后就停止了,以章永璘为共名的特定时代知识分子的形象也消失了。虽然存在着主客观的各种因素,但从文学创作的角度看,不能不说是令人遗憾的。

《男人的一半是女人》是一部具有性意识内容的哲理性小说。作者在真实地描写主人公以及周边人群的性意识和性愿望的同时,运用更多的篇幅叙述了主人公章永璘在艰难生活环境中的思想跋涉,书写了他忧国忧民、关心时政、努力学习与思考、不懈地追求自己的人生价值,完成了"我思故我在"的精神升华与超越的历程。

小说中的主人公章永璘是因为1957年的"反右"运动被错划的"右派分子",在西北的某一劳改农场劳改,小说呈现并贯穿始终的是他的劳改生活,内容可分为两个阶段。第一阶段从小说的第一部到第四部第三章,叙述主人公章永璘在漫长严酷的劳改生活中的性压抑、性渴望直至性生活的成功,其标志性事件是章永璘的性能力在一次渠坝抢险事件后突然复苏勃发,所要表达的内容是作为人的最基本的生理需要——性在人的意识感情和日常生活中不可或缺的重要性。

小说第一章第一句话就是:"也许我过去见到过她而没有留意。也许我从来没有见到过她。总之,这一次,她却给我留下了一个非常深刻的印象。"这一"非常深刻的印象"就是无意中偷窥到女主人公黄香久洗澡的情景:

---

① 《如何评价小说〈男人的一半是女人〉》,《人民日报》1986年1月20日。

> 她整个身躯丰满圆润,每一个部位都显示出有韧性、有力度的柔软。阳光从两堵绿色的高墙中间直射下来,她的肌肤象绷紧的绸缎似地给人一种舒适的滑爽感和半透明的丝质感。尤其是她不停地抖动着的两肩和不停地颤动着的乳房,更闪耀着晶莹而温暖的光泽。而在高耸的乳房下面,是两弯迷人的阴影。

小说富有美感地描述了黄香久"美丽的、诱人的、丰腴滚圆的身体",也描述了这次无意的偷窥在章永璘心理和生理上引发的巨大震撼:

> 这时,我眼前出现了一片红霞;我觉得口干舌燥;有一股力在我身体里剧烈的翻腾,我不断地咽吐沫;恐惧、希冀、畏怯、侈望、突然来临的灾祸感和突然来临的幸运感使我不自禁地颤抖,牙齿不住地打战,头也有点晕眩起来。

这是一次不期而遇的相遇,章永璘并不掩饰自己目睹异性裸体时所受到的强烈刺激,他仔细体味了这次邂逅激发出的复杂心理感受,以致成为今后的精神享受。小说中有关性话题的叙述有很多,不仅仅是主人公个人的性意识、性感受,还有主人公周边的人们在性方面的思想言行,这些言行蕴含着对性的高度敏感和关切。男性如此,女性也是这样。正如德国学者温德尔所说:"在女性运动中,以惊人的坦率谈论她们的身体和他们的性愿望。她们学会自我探索以便发现自己的身体。"① 在管理严酷、物质匮乏、劳动强度远远超过常人的劳改农场,饥饿的人们的情欲却像荒原野火般活泼炽烈,处处燃烧,并未因物质与政治条件的苛刻严酷而失去自己的原始生命力。

作者对这些男人和女人在性方面表达出强烈兴趣的对话和行为的描写,在于说明一个普遍的道理:男女之间性的需求和满足是人性的最

---

① [德]E.M.温德尔:《女性主义神学景观》,第24页,生活·读书·新知三联书店1995年版。

本能的要求,与饮食需求一起,共同构成维持人类生存繁衍的决定性因素,是马斯洛"需求层次论"的奠基层次,也是作者在小说中表现的内容。美国社会心理学家亚伯拉罕·哈洛德·马斯洛(Abraham H. Maslow)"需求层次论"的主要内容,是指人在社会生活中的需求分五个层次,从最本能的生理需求到最高的精神需求,形成一个金字塔。从低到高依次是生理需要、安全与保障需要、归属和爱的需要、自尊和尊重的需要、自我实现的需要。马斯洛将前面四种需求称为"基本需要",将自我实现的需要称为"发展需要"。这一理论指出,人类的需要由低到高、由强到弱呈金字塔形的等级系列排序,构成人类行为动机的基础和源泉。一个人在占优势的生理需要得到满足后才会表现出更高层次的需要。

在第一阶段里,小说通过章永璘性能力的变化,向人们揭示了一个性心理的秘密。性的活力是大自然赋予人类繁衍后代绵延不尽的根本动力。尽管在强大的外部压力下,它可能会衰弱萎缩,一旦获得适当的条件,它又会活力四射,使一个男人真正成为男人,章永璘性能力的变化就显示了这样的现象。长达近二十年的劳改生活,政治上的歧视,人格上的侮辱,精神上的压抑,使他的性能力在他没有意识到的情况下消失了,他在新婚之夜才发现自己失去了这种能力。这与超强度的体力劳动无关,而是与人的精神状态有着密切关系。在长期的精神压抑下,一个人的性能力会产生退行性的衰变直至消失。而精神压抑的因素消失,其性能力会突然复苏并迸发出强大的生命力。事实也说明了这个道理。在渠坝抢险中,章永璘冒着生命危险用自己的身体堵住了渠坝的大窟窿,使村庄和农场免受灭顶之灾,他因此获得热情赞扬,这种从没有过的被人尊重的感觉所产生的精神抚慰引发了他心理的巨大变化。回到家里,妻子黄香久性感的裸体激发出他的性冲动,他以一个真正男人的行为完成了丈夫的职责,使各自成为一半的男人和女人融为一体。

生理的满足、心理的抚慰,是男人需要女人的根本原因。没有女人的存在,也就无所谓男人,所以说男人的一半是女人。从人类的生存、繁衍这个角度说,这是一个科学的命题。但是,小说不仅仅是从性的差异和需求的层面思考这一命题。如果只是获得了生理的需求并得以满足,就具有了完整的男人意义,那么章永璘就不会与黄香久感情渐趋冷淡,最后离婚。小说还有一个更为重要的命题,那就是马斯洛的"需求层次论"提出的最高层次——希望最大限度发挥自己的潜能,不断完善自己,实现自己的人生理想。这是人之为人的重要原则,也是小说所要表述的主题。所以,这部小说并不是一部纯粹的性心理小说,它更是一部阐述人生价值观的作品。

小说的第二阶段从第五部第一章开始,叙述章永璘重新获得了一个男人应有的自尊后,他的思想和精神向着更高层次跋涉的心路历程,这才是小说所要表达的主题。正如前面所说,他的创作初衷就是以系列小说的形式,以《一个唯物主义者的启示录》为主题,书写20世纪中国知识分子精神探索的艰难历程。

为此,作者塑造了一个与时代脱榫的异类——章永璘,一个在中国西北贫瘠荒凉的劳改农场生活的"右派分子",一位因文学创作而在动辄得咎的年代里政治上罹难的知识分子。他身处中国社会的最下层,从事着超强度的体力劳动,接受着严厉的政治监督,每天却思考着政治、哲学、爱情、人类命运这些深邃的命题。他具有敏锐的政治感觉,一听到邓小平出来工作了,马上认识到:"这个信息非同一般。直觉告诉我外面是真正要起变化。"他敞开他的思维通道,告诉同道者,"文化大革命"实行的是"三林主义"——杜林的唯意志论、唯暴力论,布哈林的文化革命论,林彪的个人崇拜。他断言:"我们现在理论发展的表现就是理论的不发展。"在决定与黄香久结婚时他想到:"有人说爱情是给予,但我能给她什么呢?什么也没有!这里没有爱情,只有欲求;婚姻原来不是爱情的结果,而是机缘的结果。"他清醒地认识到,在他的劳动改造生涯里,一切爱情的幻想都已被磨损殆尽:"所剩下来的,只是动物的生理性要求。可怕的不是周围没有可爱的女人,而是自身的感情中压根儿没有爱情这根弦。于是,对异性的爱只专注于异性的肉体;爱情还原为本能。感情和皮肤同步变得粗糙起来。"与黄香久新婚之夜的结合,也让他产生复杂的思考:"人类最早的搏斗不是人与人之间、人与兽之间的搏斗,而是男性与女性之间的搏斗。这种搏斗永无休止;……在对立的搏斗中才能达到均衡、达到和平、达到统一、达到完美无缺,而又保持各自的特性,各自的独立……";小说中最具思辨性的内容是作者运用主客问答的形式,设置了大青马、宋江、奥赛罗、庄子、马克思等诸多幻像与章永璘的对话。这些幻像提出的命题和阐发的思想实际上是主人公思考的对象,他们与主人公的对话实际上是主人公探索人生哲学、求证社会真理的思维过程。幻像与章永璘之间的思想博弈,从不同的角度探讨哲学、人之命运、现实政治、人性之演变等种种形而上的复杂话题。即使主人公有瞬间的思索,也流露出他的深刻思考,如弥尔顿的《失乐园》主题在他思绪中的浮现,就揭示出他对自己所处的原罪状态的清醒认识。作品中的这些叙述,富有内涵地塑造了一位精神跋涉者的形象。

  小说不仅在精神上塑造了一个不倦的思想者形象,而且在主人公的艺术感觉上也给予了真实而又形象的描述,这些描述使主人公的内在情感显得细腻而丰富。小说中有两段描述揭示了章永璘的内心世界:

    那昏黄的落日,那飘零的晚霞,那在暮色中被晚风吹拂着卷毛的瘦零零的乏羊,那大路上久久不落的尘土,那被车辙和缰绳磨破皮的疲惫的牲口,谱成的仍然是一曲悠长缓慢的《如歌的行板》。
    一只甲虫不知在什么地方嗡嗡地叫。树上又有几片黄叶飘落下来。马儿在轻轻地刨着蹄子,扑扑地喷着鼻息。所有喊喊喳喳的细微的声音都如遥远的波涛,一阵一阵地汹涌澎湃,好似拉威尔的《波莱罗舞曲》,在一个固定节奏的背景上,两支旋律交替出现,不断反复……

  拥有如此深刻思想和丰富情感的人,基本需求满足后,他对人生的高层次追求则是必然的了。所以在小说的第二阶段,章永璘由于多种原因作出了人生的两个重要抉择,一是与妻子黄香久离婚,一是准备离开劳改农场,走向不可知的远方,尽管他清醒地认识到,"前方的道路,是更加险恶了"。这两个重要抉择都是人物性格发展的必然逻辑。

从人物的思想、性格来分析,章永璘与黄香久不在同一精神层面上。作为一个农妇,黄香久生活的最高目标是看得见摸得着的,那就是安宁的家庭、正常的夫妻生活;而章永璘的生活目标看不见摸不着,却整天折磨着他吃不好睡不安。大青马、庄子、马克思这些幻像其实就是他深层意识的活动,"我"和他们的对话,就是他永不停息思考的问题,是其复杂精神世界的写照。在他的精神世界中,既有宗教的、政治的、哲学的、人类命运的种种思考和观念碰撞,又有来自意识深处,走向不可知远方的内在冲动。他的肉体跋涉在最痛苦、最艰难的岁月,精神却游走在人类思想的云端。他不可能满足于作为一个劳改释放后的农场工人,与一个知识水准不高的农妇平庸地过一辈子;而黄香久这样的女性也根本不可能理解章永璘,无法接受他的离婚诉求。即使章永璘坦诚地展示了自己的精神世界,她也无法理解,他们之间缺少思想交流、情感共鸣的精神通道。作为一个自然人,章永璘也有求温饱的诉求,也有爱抚女性的强烈愿望。但人的这些基本需要一旦被满足,他作为精神跋涉者的潜意识就会迅速复活,并向更高的层面升华。人格、自尊、灵魂的自赎,思想的探索,时政的关切,等等,马上就支配了他的思想,他的个人精神就不可遏制地向浩瀚广阔的思想空间遨游,他的自我意识远远超越了严酷的政治与特定年代形成的既定观念。他感叹道:"啊!世界上最可爱的是女人!但是还有比女人更重要的!"这个比女人更重要的,就是人生价值的自我实现。主人公的自白,阐明了他的行为动机:

"是的。"我说,"所以我想走了,我要走了!我渴望行动,我渴望摆脱强加在我身上的羁绊!费尔巴哈长期蛰居在乡间限制了他哲学思想的发展;我要到广阔的天地中去看看!"

简单地运用道德标准去评价这样的人生抉择是没有意义的。在人的需求上,一旦超越了某一层次,更高的层次就是他的下一个目标。人类就是在这不断追求和超越中完善自我,向永恒的彼岸行进,向更高层次发展,从而构成了人类的精神发展史。张贤亮的长篇小说《男人的

《一半是女人》的主题,就是要表述人类精神生活这一重要现象,这也是小说所蕴含的深刻哲理。

在艺术表现手法上,作者为了展示章永璘作为一个精神跋涉者的思考历程,细致地刻画和揭示他的精神活动,除了精心构思生动的生活场景外,还采用了西方文学艺术中的意识流手法和拉美文学艺术中的魔幻现实主义手法。作者运用这两种艺术表现手法,充分地揭示了主人公复杂的精神世界。

意识流是西方文学常用的艺术手法。美国心理学家威廉·詹姆斯这样概括人的意识活动持续流动的特征,他在其著作《心理学原理》(1890)中指出:"意识并不是片断的连接,而是不断流动着的。用一条'河'或者一股'流水'的比喻来表达它是最自然的了。"意识流手法就是根据这一特征,运用直接描写人物内心世界、内心独白等写作技巧,将人物心理、意识活动直接展现给读者。譬如当章永璘决定离婚并出走,一个人走在旷野上的时候,面对即将离开的劳改农场,他心潮澎湃:

啊!我的旷野,我的硝碱地,我的沙化了的田园,我的广阔的黄土高原,我即将和你告别了!你也和她一样,曾经被人摧残,被人踩躏,但又曾经脱得精光,心甘情愿地躺在别人下面;你曾经对我不贞,曾经把我欺骗过,把我折磨过;你是一片干竭的沼泽,我把多少汗水洒在你上面都留不下痕迹。你是这样的丑陋,恶劣,但又美丽得近乎神奇;我诅咒你,但我又爱你;你这魔鬼般的土地和魔鬼般的女人,你吸干了我的汗水,我的泪水,也吸干了我的爱情,从而,你也就化作了我的精灵。自此以后,我将没有一点爱情能够给予别的土地和别的女人。

这段诗一般的内心独白细致地揭示了章永璘此时此刻异常复杂矛盾的心情,展示了主人公精神跋涉的艰难和情感折磨的痛苦。

小说中的魔幻现实主义手法,是作家把现实生活的场景投放到虚幻的环境和气氛中,给以客观详尽的描绘,使现实披上一层光怪陆离的魔幻的外衣。这种方法既在作品中反映现实生活,又插入许多神奇怪诞的幻景,具有虚实不分、真假难辨的风格。譬如在章永璘复杂的意识活动中,就出现了大青马、宋江、奥赛罗、庄子、马克思等诸多幻像,他们与现实中的人一样能与主人公展开人生哲学的探讨和论辩。尤其是大青马,还熟谙人情世故与人世间的险恶,不仅是主人公情感的慰藉者,也是他人生道路的指引者。这些幻像的言行,较之于中国传统小说的表现手法,更能剖析人物的思想,展示人物的意识乃至潜意识活动,从而在精神上充分地塑造了一个永不懈怠的跋涉者的形象。

复习思考题

1. 为了突出章永璘作为思想者的形象,作者主要运用了怎样的塑造方法?
2. 为什么说作品中的章永璘与黄香久的婚姻破裂是必然的?

女性视域中的城市与人生

——析长篇小说《长恨歌》

胡飞雪

女作家王安忆创作于20世纪90年代的长篇小说《长恨歌》,面世以来广受欢迎与关注,并于2000年获得第五届茅盾文学奖。不管是将其作为王安忆的创作高峰或代表作,还是视为尚有可商榷之处的一次探索与实验,这部小说都是王安忆作品中不可忽视的、极具代表性的一方风景。

小说以一名生于斯长于斯的上海女性王琦瑶为主人公,从年方十六的少女写到年近迟暮生命戛然而止的四十年后。在这四十年的时间里,王琦瑶的人生经历了境遇的更迭起伏、感情的得失聚散。她所在的这座城市——上海,也经历了20世纪40年代到八九十年代的历史变迁:从抗日战争、国共内战、"反右"运动,到"文化大革命",再到改革开放,社会的风潮云谲波诡、波澜壮阔。然而在这部小说中,历史的浪潮已然化入了王琦瑶在柔弱细致而又坚韧从容中展开的日常生活。

从主人公抑或作者的女性视域中,我们看到了不一样的城市与人生。正如有的评论家所说:"不难看出,《长恨歌》的城市,是一个女性视域之中的城市。"[①]同样的,小说所展开的生活与生命历程,不论是上海这座城市的,还是王琦瑶这个人的,处处都充满了女性视角的体验与感悟,而这正是这部小说感人的一个独特之处。

小说分为三部,每部又分章节展开,一共44个小节,以人物或以意

---

① 南帆:《城市的肖像——读王安忆的〈长恨歌〉》,《小说评论》1998年第1期。

象为标题,情节和缓,并无过于强烈的冲突,叙事的节奏也从容不迫,内容虽然涵盖四十年历史的大风大浪,却没有以宏大的历史叙事来表现情节,而是小处着手,充满了日常生活的气息与细腻的洞察体验。

  第一部开篇的几个小节就鲜明地展现了这样的特殊写法。"弄堂"、"流言"、"闺阁"、"鸽子"、"王琦瑶",这几个代表性意象构成了小说中上海这个城市的独特面貌,可以说这是作者结合自己的生活体验并加以想象和虚构而建立的城市图景,这个图景是人物命运展开的背景,也是人物情感所系、始终不离不弃的一个家园,这个贯串始终的城市图景甚至会让人觉得:"上海成为叙事的主角,而王琦瑶只是老上海的影子。"①对上海这样的热爱,是与王琦瑶紧密联系、互相成就的,这样的上海,是这样的女性视域中的城市。

  弄堂、流言、闺阁、鸽子、王琦瑶,都已成为内心建构起来的这座城市的符号与标志。试看作者的叙述:

> 上海的弄堂是性感的,有一股肌肤之亲似的。它有着触手的凉和暖,是可感可知的,有一些私心的。……
>
> 上海弄堂的感动来自于最为日常的情景,这感动不是云水激荡的,而是一点点累积起来。这是有烟火人气的感动。那一条条一排排的里巷,流动着一些意料之外又情理之中的东西,东西不是什么大东西,但琐琐细细,聚沙也能成塔的。那是和历史这类概念无关,连野史都难称上,只能叫做流言的那种。
>
> 上海的弄堂如果能够说话,说出来的就一定是流言。它们是上海弄堂的思想,昼里夜里都在传播。上海的弄堂如果有梦的话,那梦,也就是流言。

  这样的叙述比比皆是,绵密细致、繁复杂沓,恰似王安忆自己的比喻:"绣花绷上的针脚,书页上的字,都是细细密密,一行复一行,写的

---

① 张公善:《呼唤体悟性的智慧批评——对国内研究王安忆〈长恨歌〉的反思》,《重庆文理学院学报(社会科学版)》,2009 年第 4 期。

都是心事。"不难发现,这长长的描绘中,不断反复、嵌于字里行间的,都是那几个关键词:日常、琐细、贴心、认真……真可说是"世俗中的优雅,日常中的精致"。这般经营,这般品味,该是有多少女儿心思,多长的女子一梦?

此后情节的展开,无一不伴随着由此延续的场景铺陈。爱丽丝公寓、邬桥、平安里、八十年代的上海街景……随着王琦瑶人生的变迁,一一被加以纷繁的想象和描绘,丝丝缕缕、点点滴滴,像王琦瑶的故事一样,钻到人心里,虽然柔弱轻微,却有着一股绵长的坚持,而最后的那个戛然而止,不过是引你回到了怀旧的起点。

故事的起点在哪里呢?是这一番舞台搭建之后,"四十年的故事都是从去片厂这一天开始的。"

出身旧上海弄堂的平民家庭的众多闺阁女子之一——王琦瑶,从"去片厂"这一章走出了自己曲折人生的第一步。

此时陪伴她的是少女时代的玩伴儿吴佩珍,两个人的关系是典型的一个聪慧秀丽一个朴实平淡,而相处中的平衡也使两个人的关系更加密切。相处之中的细节描写,更呈现出了女性细微的心理状态,作者从中庸的角度写来,使围绕主人公王琦瑶的人际关系虽不完全纯粹,却是日常的、真心实意的,就是存在的矛盾也有些女孩子之间游戏一般的性质,并不激烈。对主人公人际关系的这种描写,与作者的女性观念是一致的,就如同作者在后文所分析的:"女人是一点政治都没有,即便是勾心斗角,也是游戏式的,带着孩童气,是人生的娱乐。女人的诡计全是从爱出发,越是挚爱,越是诡计多端。"

对女性与女性之间的关系的细致分析,在后来王琦瑶与另一个同学蒋丽莉、家中有些权势的严家师母、女儿薇薇、女儿的同学张永红之间的关系中也可以见到,都是细致入微,写出了心理微妙之处而又波澜不惊,即便掺杂了私心,却也有些相互体贴和关照。

去片厂的见闻感受,拍照而意外被杂志登出照片成为"沪上淑媛",参加"上海小姐"的选美大赛成为"三小姐",继而成为入住爱丽丝公寓的情人,这一系列情节在第一部纡徐展开,也在这个过程中引出了程先生对于王琦瑶的爱恋与无力争取,以及国民党某高官李主任与王琦瑶的一段短暂的乱世情缘。

看似传奇的情节,并未改变小说描写的日常性,这精致华丽的日常在服装的精选细选、生活细节的描绘中依旧层层铺开,外界的抗战结束、内战进行,都被闺阁与公寓隔绝在意识之外,只是一个模糊的背景和外音。而乱世依旧改变着王琦瑶的生活,她与李主任的爱情反因乱世而更有了一些凄凉与真实的感受,等待与错过中,苍茫人生的感觉扑面而来。如"1948年的深秋",两人在街上相遇错过的场景:

> 这真是乱世中的一景,也是苍茫人生的一景。他想,他们两个其实是天涯同命人,虽是一个明白,一个不明白,可明白与不明白都是无可奈何,都是随风而去。他们两人都是无依无托,自己靠自己的,两个孤魂。这时刻,他们就像深秋天气里的两片落叶,被风卷着,偶尔碰着一下,又各分东西。

李主任的空难,给这段故事和四十年代的繁华上海以及王琦瑶的第一段人生,画上了第一个伤感的句号。

小说的第二部开始于邬桥,这是一个避乱与疗伤的地方,也是一个隐喻的过渡。一方明丽的江南水乡,一个单纯美好的阿二,与上海不同却又有着奇妙的联系,属于上海,热爱上海的王琦瑶终究还是要走过这座桥回到上海的,在她看来:

> 栀子花传播的是上海的夹竹桃的气味,水鸟飞舞也是上海楼顶鸽群的身姿,邬桥的星是上海的灯,邬桥的水波是上海夜市的流光溢彩。她听着周璇的《四季歌》,一季一季地吟叹,分明是要她回家的意思。

王琦瑶对于这座城市,离开了便是怀念,过去了便是怀旧,无论何时何处,写来都是抽象的一种日常,带着女性柔情的一种诗意。

出自弄堂,经过公寓、邬桥的王琦瑶,又回到了弄堂——平安里。在新中国成立之初的又一段历史里,王琦瑶学做护士,给人打针,而日子又在里弄从从容容地过了起来。

是的,依旧是女性过日子的心理与视角,从细小处来,饮食、服饰,铺张奢华不了,也要细致地讲究,与严家师母的过从就是女性的这些家长里短和细密心思。

王琦瑶、严家师母、毛毛娘舅(康明逊)和中俄混血的萨沙,这四个人构成了第二部的主要角色。在五六十年代的有些平淡和沉闷的上海,王琦瑶也是沉静而从容,又能默默将生活过得细致精巧,打牌、下午茶、围炉的夜话,这一切都是细心经营的生活,与外界的反右斗争、物资的贫乏、"文化大革命"的酝酿,又是相隔甚远。

这些小人物的生活细节,也是作者展示的另一种真实:

> 可别小看这些细碎的小东西,它们哪怕是这世界上的灰尘,太阳一出来,也是有歌有舞的。
> 这也是大有大的好处,小有小的好处。大固然周转得开,但却难免掺进旁骛和杂念,会产生假象,不如小来得纯和真。

这些夹杂于情节当中的议论,未尝不可看作是作者的创作取舍,而这对细小、日常的反复强调,与女性视域中的王琦瑶的人生、小说中的上海这座城市,构成了相互的映照和呼应。

王琦瑶与康明逊的感情纠葛,也是细细道来,个中滋味,又是一个心内乾坤。随着王琦瑶的怀孕,萨沙被王琦瑶的小小心计利用和卷入,而最终抽身去了苏联,康明逊也由于自己的软弱与无力承担而渐渐淡出。这时,程先生又在王琦瑶最需要时出现并承担了照顾她和孩子的任务。即使这样,一直爱恋王琦瑶的程先生最终也未能迈出与她走到一起的那一步,俩人之间的蒋丽莉走上了政治的路途,却仿佛失去了女性特征,最后因病逝去。

第二部是以程先生的自杀结束。一九六六年,又是政治风波的波及,又一个小人物命运的结束。他从顶楼跳下,时间延长,这是一段慢镜头的感伤,"故人已乘黄鹤去,此地空余黄鹤楼"的标题,以及旧意象——弄堂里的夹竹桃、栀子花、玉兰花、晚饭花、凤仙花、月季花、鸽群，更加衬托出了物是人非的伤感。程先生就像一片树叶飘落。这是五六十年代的上海和王琦瑶第二段人生的句号。

第三部第一节，一九六一年到一九七六年，时间跳跃，王琦瑶的女儿薇薇迅速长大，上海也已是另一个上海了，八十年代再度繁华，然而不再是旧上海的繁华。薇薇的时代张扬热闹，而追逐时尚也是热情高涨而细致不足。王琦瑶懂得时尚的轮回，能在热闹的派对里从容镇静、优雅得体。

> 她就像一个摆设，一幅壁上的画，装点了客厅。这摆设和画，是沉稳的色调，酱黄底的，是真正的华丽，褪色不褪本。其余一切，均是浮光掠影。

晒霉的日子，旧日衣物抖开的是怀旧和感叹；服饰时尚、吃穿用度的讲究，也是细致精心过日子的延续；与年轻一代如女儿薇薇、女儿的同学张永红、女儿的男友小林以及老克腊、长脚的关系，也是王琦瑶看不出年龄的生活的继续。

女儿出嫁出国之后，一九八五年，一个人生活的王琦瑶依旧从容优雅，然而一切的追忆挽留敌不过时间的流逝，已经成为怀旧的摆设的王琦瑶实际上弱小无力、孤独无依，当她试图抓住与追逐旧日幻影的年轻人"老克腊"的畸恋时，生命显出可笑的弱小和悲凉。

已经在时间中渐渐消逝的王琦瑶，最终因一盒金条而猝然死于一场突然的凶杀案，这也算是气若游丝的一个戛然而止，而见证者还是那城市的鸽群。

王琦瑶的最后所见，恰是故事开头她在片厂偶遇的景象：

> 在那最后的一秒钟里，思绪迅速穿越时间隧道，眼前出现了四十年前的片厂。对了，就是片厂，一间三面墙的房间里，有一张大床，一个女人横陈床上，头顶上也是一盏电灯，摇曳不停，在三面墙壁上投下水波般的光影。她这才明白，这床上的女人就是她自己，死于他杀。

故事在这里首尾相接,构成了一个结构上的圆形,循环,宿命,回忆,梦幻感,这一切令人又回到了故事的起点,在起点处恍然无言,想起的不是白居易的《长恨歌》而是《琵琶行》中的句子:"曲终收拨当心画,四弦一声如裂帛。东船西舫悄无言,唯见江心秋月白。"

综观整篇《长恨歌》,其中精心建构的场景,纷繁复现的意象,绵密细致的语言(如常常将人物对话转换成叙述性语言、大量地运用比喻语句、频繁地穿插主观议论、诗化与散文化的笔触等),一个圆形三个部分的结构,和缓展开的情节,以女性为中心塑造的人物形象(男性角色多为"不太清晰的背影"或被视为"阴性角色"①),以及行文中处处流露出的女性对于城市生活和人生的独特感受,都为读者呈现出了色彩缤纷、华丽动人而又如梦如幻、细腻日常的女性视域中的城市与人生。

复习思考题

1. 在《长恨歌》中,王琦瑶的人生和上海的历史是怎样互为映照的?
2. 《长恨歌》的结构具有怎样的特点?

---

① 南帆:《城市的肖像——读王安忆的〈长恨歌〉》,《小说评论》1998年第1期。

下层市民生活的真实写照

——《风景》解读

张卫中

  诞生于20世纪80年代中期的新写实小说,代表作家方方的一个重要特点,即不是站在与市民同等的立场上,用"平视"的态度写市民,而是站在知识分子的立场上,用"俯视"的态度展示市民生活。在这一点上,方方更多地继承了"五四"作家的传统,即在"批判"的立场上看待底层民众生活,既看到他们的不幸,给予充分的同情;同时也看到他们的病弱,剖析他们的不足。《风景》就是一部以强烈的求真意识,真实揭示下层市民生活的一部作品。当然,与"五四"作家有所不同的是,方方较多地受到法国自然主义文学的影响,更多地从遗传的、病理的角度看待笔下人物的不幸,并且不避脓血和脏污,用大量细节揭示了1949年至"文化大革命"这一时期中国下层市民令人震惊的生活状况。

  方方在《风景》中一方面客观地展示了一个码头工人一家悲惨、困窘的生活图景,另一方面也在暗示,这个家庭的血统、遗传是造成他们生活困境的一个重要原因。

  小说中的工人夫妇生了10个孩子,除去小八子病死,还有7男2女9个孩子,一家11口人就住在京广铁路旁边13平米的一个板棚里,京广线上的火车平均7分钟一趟,擦着屋檐边呼啸而过。屋子里只有一张大床,父亲给两个女儿搭了一个极小的阁楼作为住处,而7个男孩就一律睡在晚上临时搭起的地铺上。孩子稍大,再也挤不下,父亲就一脚把七哥踢到床下,七哥后来就一直栖身在又潮又湿的床下。这个家庭生存的恶劣,除了贫困之外,还在于家庭成员之间的暴虐、弱肉强食的关系。

  小说比较集中地塑造了父亲和七哥两个形象。作者写到父亲这个形象时，就更多地把命运归因于遗传，用遗传解释人物及其家庭的不幸。父亲一家是从河南逃荒来汉口的难民，祖父膀大腰圆，老早就参加了洪帮，曾是一个"打码头"的好手，"祖父认朋友不认是非，每有所唤都狂热地冲在最前面"，最后死在一次打码头的冲突中。父亲则遗传了祖父的生理特点。他二十岁时，"除了身子比祖父稍稍单薄一点以外差不多同祖父一模一样"。祖父死后第三天，父亲被叫去打码头，因为长得与祖父相像，对方竟怀疑祖父的鬼魂还阳了，"竟有人颤声问他是人还是鬼"。

在父亲这个形象的背后，作者的意思显然是，除了社会原因外，这个家庭的龌龊、贫困和暴虐成性都与家族的遗传有着很大关系。父亲则是这个家庭悲剧的主要原因。父亲一生的兴趣就是打码头与喝酒，对家庭没有亲情也没有责任感，他们一口气生了10个孩子，最后是因为13平米的板棚实在住不下，才勉强停止生育。在这个家庭中，父亲建立了弱肉强食的原则，拳头硬和能够谋生的才有地位，否则就会成为家人欺凌的对象。这个家庭中的大哥和三哥后来就是因为拳头硬而赢得父亲的尊重。

小说中，大哥曾经为了与邻居枝姐通奸而与她丈夫白礼泉争吵，大哥开始很容易就占了上风，但是白礼泉提到他们家的贫困，提到他们猪窝一样的家时，大哥羞愧得无地自容，后来当父亲也参加到羞辱大哥的行列时，他们终于大打了一架。作家这样写大哥如何咒骂父亲："说世界上像父亲这样愚蠢低贱的人数不出几个。混了一辈子，却让儿女吃没吃穿没穿的像猪狗一样挤在这个十三平米的小破屋里。这样的父亲居然还有脸面在儿女面前有滋有味地活着。"

小说着墨最多也是塑造最成功的形象是七哥。通过七哥这个形象，《风景》成功地描述了一个贫困和人性扭曲的家庭如何创造了一个扭曲的人物，以及这个人物成长的经历。七哥是这个家庭中最小的孩子，也是最弱的成员。他长期受到父亲殴打，甚至伤口长了蛆也得不到怜悯。除了父亲之外，他还成为两个姐姐大香和小香欺凌的对象。大香经常用指甲死命掐他的屁股，为了掐得更有力，她专门留了很长的指甲。而小香依仗父亲的宠爱，专以欺负七哥为乐。只要她在家里，就不允许七哥站起来走路,必须像狗一样爬行,否则,小香向父亲告状,七哥就要受到毒打。

　　七哥从5岁开始就出去捡破烂,每天要把小篮子捡满了才能回家,后来又捡拾菜叶,家里吃菜全靠七哥一人捡。其后,七哥在挖藕时几乎淹死,被独眼老人发现了才捡回一条命。还有一起捡菜叶的女孩够够的惨死,也给七哥的心灵造成了巨大创伤。这种扭曲的家庭和环境造成了七哥心灵的扭曲。

　　后来,七哥下乡劳动,"走狗屎运"侥幸上了大学,在大学临近毕业时,那个用卑劣手段捞取政治资本的"苏北佬"给七哥上了最重要的一课,他告诉七哥:要"干那些能够改变你的命运的事情,不要选择手段和方式"。在七哥犹豫不决时,苏北佬要求他:"每天晚上去想你曾有过的一切痛苦,去想人们对你低微的地位而投出的蔑视的目光,去想你的子孙后代还将沿着你走过的路在社会的低层艰难跋涉。"在"苏北佬"的影响下,七哥最终选择了不择手段往上爬的道路。在恋爱的事情上,七哥毅然放弃了那个比他小两岁、眉清目秀的教授的女儿,而选择了大他八岁、眼角已经叠起鱼尾纹的女士,而这位女士因为生了一场大病丧失了生育能力。七哥之所以选择她,就是这位女士是领导的女儿,结交了这门亲事,七哥就有了向上爬的门路。其后,在那个女人追问七哥的动机时,他坦率地承认他们的结合都是为了利益。后来,七哥带那位女士来到那个13平米的板棚,然后说:"你如果在这样的地方生活过一年,你就明白我所做的一切是多么重要。我选择你的确有百分之八十是因为你父亲的权力。而那百分之二十是为了你的诚实和善良。我需要通过你父亲这座桥梁来达到我的目的地。"

　　小说对家庭的其他成员也是按照遗传与环境的原则写他们的性格与命运。在这个家庭中,大哥、三哥最像他们的父亲。大哥像父亲一样膀大腰圆,虎背熊腰,但智力愚钝,小学上到四年级还留过两次级,因此得了一个"刘大爷"的绰号。大哥打架出手又快又狠,打到兴头上敢抡刀杀人。但大哥与父亲也有一点不同,就是他不打比自己弱小的人,而他父亲打起自己的妻子儿女"像喝酒一样频繁且兴奋"。大哥小学四年级时因为殴打体育老师被学校开除,因此,他刚满15岁就进铁厂当学徒,成了一名锻工。三哥也和父亲一样是个粗人,三天不打人就心里难受。他手下有一帮小喽啰,他们在别人面前耀武扬威,但在三哥面前却低声下气。三哥曾跟一个江湖师傅学过几年武艺,他赤手空拳能把十个像他一样的小伙子打倒在地。但是因为二哥的约束,三哥并没有像父亲一样经常撒野,还是比较理智。

小说中的二哥也是一个比较奇特的人物。他高而瘦,文质彬彬,父亲一直说二哥不是自己的种。二哥虽然在遗传上不像父亲,但他的命运与早年的生活环境仍有非常密切的关系。二哥在学习上智力过人,杨朦在帮他补习了几天功课以后就认定,凭二哥的智力以后考清华应当没有问题。但是,二哥早年恶劣的生活环境使他错过了最好的学习机会。二哥死于与杨朗单相思的爱情,而他对杨朗的爱情,与其说爱杨朗这个人,不如说他爱的是杨朗家中那种高雅的生活品味和环境。杨朗更多的是那种生活品位与环境的代表。小说特别突出了杨朗家庭给他的印象,杨朗的母亲,那位语文老师在他们做完功课,轻言慢语地朗读一本书给他们听时,二哥觉得那个声音与神仙的声音完全一样。然后他想到自己的母亲,他的母亲说话仿佛有只手在她喉管里拼命地撑大她的声音;唾沫横飞常使她旁边的人不得不时时用衣袖搽抹自己的脸。后来他与杨朗的爱情失败,悲愤之下割腕自杀。

《风景》不全是一篇现实主义小说,它也有限地使用了现代派的手法。小说在艺术上的一个重要特点,是它选用已经过世的小八子作为叙事人。使用这种方法的好处在于,它可以超越一般人称视角的限制,以第一人称的口吻讲故事,但视角又不受这个人称的限制,因为他是幽灵,可以随意进入各种场景,甚至深入人物心中。使用小八子的视角,其修辞效果有两个,首先,小八子曾经是这个家庭的成员之一,用小八子的口吻叙事,会给读者一种亲切感、真实感,增加叙事的亲和力。其次,从这个特殊的角度叙事,叙事人可以随便出入各种场景,了解各种情况,就像使用第三人称全知叙事一样方便自如。

方方的《风景》与池莉的《烦恼人生》、刘震云的《单位》等新写实小说代表了一种新的认识与反映生活的方式,他们的出现在新时期文学史上具有重要的意义。仅就《风景》来说,其创新意义至少有两个方面。

一是视角向下,反映小人物或普通人的生活状况。

"五四"以来,在新文学作家笔下,小人物、普通人一直是文学作品的重要角色;新中国成立以后,虽然塑造英雄人物成了作家的主要任务,但是中间人物、小人物也一直活跃在作品中。《创业史》中的高增福、任老四都是这样的普通小人物。然而"五四"时期很多作家更多地是从启蒙主义出发,关注小人物更多地是把他们当作某种个案,或者作为解剖国民性的标本(如阿 Q、祥林嫂),或者通过这些形象鼓吹和传播启蒙思想(冰心、庐隐小说中的很多人物都具有这个特点)。新中国成立以后,红色经典中的人物则成了某种政治符号,像高增福、任老四,他们受到注重更多的是因为他们贫农或雇农的身份,其真实人生反而受到某种遮蔽。而新写实小说在淡化了某些意识形态色彩以后,真正在"人"的意义上关注小人物或普通人的生活。在《风景》中,父亲不再是按照阶级论的观点需要仰视的、天生具有革命精神的码头工人,而是一个普通人,作者感兴趣的是他的性格、爱好,甚至血统、遗传对其生活和命运的影响。

二是超越传统的现实主义典型论,尽量真实、客观地表现生活,写出原汁原味的生活。

新中国成立以后的一段时间里,典型论一直被奉为现实主义文学的金科玉律。按照传统的典型论的说法,生活的本质就是人类社会形态不断地发展,就是所谓从社会低级形态向高级形态的演进,因而只有那种所谓乐观向上的作品才被认为反映了生活的规律,体现了典型化的方法,而反映社会中的问题或者阴暗面,就被认为违反了或扭曲了生活的真实,不符合典型化的规律。十七年流行的典型论从某种意义上说,实际上是政治强加给文学的一种要求。

一直到八十年代初,很多作家仍然遵循典型化创作原则,不敢越雷池一步。而以方方、池莉、刘震云为代表的新写实作家的一个重要变革,就是超越了隐含政治要求的典型论,不再从某种政治意识出发观照生活,而是更多地从生活出发,在生活中发现问题。于是新写实作家在表现市民生活时,就能多注意他们的生存困境、小人物生活中遇到的各种烦恼。因为不是从某种既成的观念出发,而是从生活出发,这样,他们在写作中也能尽量保持一种客观的态度,用现象还原的方式表现生活,力求保持生活的原汁原色。拿方方的《风景》、池莉的《烦恼人生》与传统现实主义小说相比,新写实主义的特点就能更清楚地显现出来。

复习思考题

1. 在新时期小说中,《风景》中的人物"七哥"的主要特点是什么,这个人物的创新性体现在什么地方?
2. 同样是反映现代都市市民的生活,方方和池莉的小说显示了明显的不同;请思考这样两个问题:第一,其作品的主要差异是什么?第二,如何评价这种差异?
3. 《风景》在哪些方面体现了西方现代派小说的影响?

凡俗生活的乐趣

——《冷也好热也好活着就好》解读

张卫中

　　自1987年开始,池莉结束了早期多写生活中闪光人物、美好人性的主题,开始转向新写实小说创作,这个时期的代表作就是被称为"人生三部曲"的《烦恼人生》、《不谈爱情》、《太阳出世》以及写于90年代初的《冷也好热也好活着就好》。这几部被认为是池莉新写实小说代表作的作品,主题还是有细微差别的。"人生三部曲"虽是三个独立中篇,但它们的主题更加靠近,比较多地是写小人物、普通人的生活困境或烦恼。《烦恼人生》的主题是一个男人到中年的各种烦恼:工作问题(印家厚在工厂里的评奖、接待日本青年访华团、人际关系等问题)、家庭问题(同老婆的关系、房子问题)、异性间婚外感情问题(与女徒弟雅丽),另外还有孩子问题、给老岳父祝寿问题等。后两部作品相对比较单纯:《不谈爱情》的主题就是结婚以后的男女如何对待婚姻的问题,《太阳出世》则围绕孩子诞生展开。

　　《冷也好热也好活着就好》虽然只是一个短篇,但它常与"人生三部曲"并列,被视作同等重要的作品。这部小说的主题虽然写的也是生活中的烦恼,但更着重于写生活的"滋味";如果说"人生三部曲"是一声感叹,感叹生活的艰辛,那么这部小说在一声感叹之中,读者也能听出某种快乐与满足,毕竟人生就是乐中有苦,苦中有乐,世上没有单纯的苦,也没有单纯的乐。

　　《冷也好热也好活着就好》就像池莉的其他作品一样,也是"生活流",没有曲折的故事、离奇的情节,小说就像生活本身一样头绪繁多。如果稍加提炼,还是能看出它的主要线索:在人物关系上是猫子和燕华的恋爱,在故事背景上就是武汉夏天超过40度的酷热。正是这两条线索的交叉生发出一系列的波澜,而小说就是在这样的波澜中展开的平凡人的平凡故事。

关于猫子与燕华的恋爱,正如池莉这个时期的其他小说一样,颠覆了传统小说对恋爱的浪漫想象,凸显了其功利性、世俗性的一面,在作者看来,在真实生活中,特别是在生活压力巨大的小人物身上,恋爱其实就是一个充满功利性的交易,强调门当户对、经济上的保障,以及结婚后能安安稳稳地过日子,而那种一见钟情、刻骨铭心的思念,以及为了爱情寻死觅活,在池莉小说中是少见的。结婚就是门当户对的男女青年合起来过日子,他们考虑更多的是房子、工作、工资待遇,当然还有人品,这些都是小说人物考虑最多的问题。

小说中,显然是猫子在追燕华,而追求的原因是耐人寻味的。小说在交代猫子的恋爱动机时,一开始就提到她的房子和工作,而最为强调的就是燕华家的房子。燕华的家在汉口最繁华的江汉路上,这是一个寸土寸金之处,她家就住在一幢旧式木质建筑的二楼上。"燕华一间,她父亲一间,都有十五个平方米,这种住房条件在武汉市的江汉路一带那是好得没说的了。"在一个一家数口挤十几个平方的时代,燕华家的住房条件的确是非常好了。当然,燕华还有其他优越的条件,她有稳定的工作,是公交车司机,在那个时代这也是一个令人羡慕的职业。因此猫子认为:燕华最有俏皮的资本!"要长相有长相,要房子有房子,要技术有技术,要钱是个独生女。燕华不俏皮谁俏皮?"

小说没有介绍在燕华眼里猫子的形象,即猫子吸引燕华的条件,但小说中的叙事实际上已经提供了答案:猫子是一家商店的营业员,这并不是一个非常好的职业;而猫子之所以能够吸引燕华,主要是靠殷勤赢得燕华的芳心。

猫子小心翼翼地照顾、讨好燕华,在酷热中去燕华家,包揽了几乎所有家务,同时用尽心思笼络所有邻居,甚至想到给邻居王老太买仁丹解暑。于是,猫子得到了"忠厚"、"可靠"的评价。王老太曾给燕华的父亲许师傅说:"您家做得对,燕华脾气娇躁了一些。猫子是个几好的伢,换个人燕华要吃亏的。"许师傅的回答是:"是的啵,像猫子这忠厚的男伢现在哪里去找?现在的女伢们时兴找洋毛子,洋毛子会给他丈

小说

人炒苦瓜吃么？燕华要是不跟猫子,我捶断她的腿。"燕华的父亲提到猫子,首先想到的是他能给自己炒苦瓜。

猫子对婚姻的考虑也完全是现实的逻辑,因为自身条件略差,他已经做好了婚后屈从燕华的准备。在一群女人说他是"一个怕老婆的毛坯子"时,他爽快地应承了。猫子说:"怕就怕。怕老婆有么事丑的。"还说怕老婆是"当代大趋势。"

小说暗示,猫子和燕华没有那种浪漫的爱,剩下的互相吸引对方就只有性了。小说写他们之间唯一亲昵的举动就是晚饭过后一个被提到的性活动的暗示:猫子要求"谈朋友"就要有所表示,说着"一把拉过燕华拥进怀里",燕华嘴上说"太热了",实际上半推半就,"胳膊却不由自主揽住了猫子的腰。两人扭扭拌拌进了房间"。

在小说中,作者曾用调侃的手法戳穿了人们对恋爱粉红色的想象。早晨4点,燕华和售票员小乜开车上路,经过家门口,发现猫子摊开四肢,呈大字形睡在当街的竹床上。小乜首先发现:"猫子搭帐篷了。"燕华的回答是:"呸,流氓。"小乜说:"结婚吧。莫丢人了。"小乜一语道出了她心目中结婚的真谛:性是结婚的主要内容。

小说的另一个线索就是武汉天气的酷热。天气的酷热在小说中甚至是一个比猫子、燕华恋爱更重要的话题。在那个时代,多数家庭没有空调,38、39度到40度的高温给市民带来的痛苦是可以想象的。小说开篇就是以天气酷热领起:猫子卖一支体温表给顾客,刚刚拿到太阳下面,砰的一声——体温表爆了,水银"标"出去了。体温表设置的最高温度是42度,体温表爆了说明当时室外的温度肯定超过了42度。作者写天气的酷热,在于说明人与环境的关系,说明人在酷热环境下的心境。

天气的酷热给人们带来了很大痛苦,小说中有几处细节表现了人们在高温下受到的折磨。猫子那天到燕华家,燕华正在几家共用的厨房洗菜。这个时候,她虽然已经穿得尽可能少——穿了男式女背心,下面是花布裤头——但仍然汗流浃背,"整个背部包括裤头的腰全汗湿得贴在身上"。另外几个女人出得汗也不比燕华少,看见这些女人,猫子的印象是这个厨房比得上游泳池了。吃过晚饭,猫子拉燕华在屋里亲热一番,但是他们感觉"房间完全是个蒸笼,墙壁、地板、家具,摸哪儿都是烫的。等他们出房间时都有点儿中暑了。"

当然,这部小说并不是一篇渲染武汉市民水深火热的小说,池莉的新写实小说虽然一直着眼于小人物的生存烦恼,但是她从未把生活写得一片黑暗;她强调的是:平凡的生活中有苦也有乐,普通人的快乐正是在平凡的生活中获得的。而这部小说的特点正在于它写出了普通人经受酷暑折磨时的苦中作乐。

小说生动地描写了武汉市民的"酷暑文化",即只有在酷暑中才能出现的带有狂欢特点的场景。

首先是"睡"。因为天气酷热,普通市民没有空调的享受,就只能睡到街上。于是傍晚时分,洒水车一过,沿街的居民就赶紧放竹床、铺席子占位置。"日暮黄昏了,竹床全出来了,车马就被挤到马路中间去了。""本地人不觉得有什么异常,与公共汽车、自行车等等一块儿走在大街中间。外地人就惊讶得不得了。他们侧身慢慢地走,长长一条街,一条街的胳膊大腿,男女区别不大,明晃晃全是肉。"作家感叹:"武汉市这风景呵!"猫子睡在"四"的竹床上,"毫不客气摊成个大字",看上去睡得很舒服。

其次是"吃"。天气炎热并不能阻止市民享受吃的乐趣,反而使他们吃得更有特点。猫子到燕华家就忙着做晚饭,等许师傅回到家,一桌晚饭已经摆好。叙事人动情地说:"别以为家常小菜上不了谱,这可是最当令的武汉市人最爱的菜了:一是鲜红的辣椒凉拌雪白的藕片,二是细细的瘦肉丝炒翠绿的苦瓜,三是筷子长的鲨鲦鱼煎得两面金黄又烹了葱姜酱醋,四是卤出了花骨朵朵的猪耳朵薄薄切一小碟子。汤呢,清淡,丝瓜蛋花汤。汤上漂了一层小磨麻香油。"这顿晚餐以清淡为主,藕片、苦瓜都是消暑纳凉的好菜。然后,燕华给许师傅倒了一杯酒,给猫子也倒了一杯酒。"'黄鹤楼'的酒香和着菜香就笼罩了一大片马路。"当然,这样吃饭的也不止许师傅一家。小说写道:"燕华开了电视,正好雄壮的国歌升起。大街两旁的竹床上都开饭了。举目四顾,全是吃东西的嘴脸。"而许师傅一家吃饭的场景是这样的:"许师傅吃喝得很香。猫子也香。一条湿毛巾搭在肩上,吃得勇猛,一会儿就得擦去滚滚的汗。"

小说的这一段也许是作者最动情的地方,也是小说的高潮所在,许师傅一家吃的快乐被渲染到极致。作品背后的意思是:小人物、普通人或许做不出惊天动地的事业来,也享受不了烈火烹油、车马轻裘的荣华富贵,但是俗人有俗人的乐趣,"吃"其实也是人生很大的快乐。

另外还有"聊"。天气酷热创造了一种特殊的广场文化。酷热一方面提供了特殊的场合——一种类似广场的场合,另一方面,也提供了共同的话题——大家共同受到酷暑的折磨,于是也有了共同的话题。晚饭后,猫子当众讲述了体温表爆裂的事情,引起一片惊叹。"人们听了十分激动。"酷热也立即成了大家的话题。"有人建议给武汉晚报写篇通讯。有人建议给市长专线打电话:多热的天,你还让我们全天上班吗?由此受到启发,有人提出是否气象台在搞鬼,没有给广播电台真实的天气预报,以免人心浮动。"但立即有人反驳,"说测气象不是测的大马路,科学有科学的讲究,搞科学的人不会撒谎"。猫子也参加了争论,争论的问题是,有个小伙子说体温表爆裂不是气温的问题,而是体温表的质量问题,这就涉及猫子职业道德的问题了,于是"猫子十分气愤",气愤的理由是"体温表是他进的货",他知道这些货"全是一等品"。

在池莉的新写实作品中,《冷也好热也好活着就好》不仅写出了普通人、小人物的生存困境,同时也强调了他们在困境中的乐趣。生活中不仅仅只有烦恼,同时也有乐趣,生活不好也不坏,人就是这样:痛并快乐着,这就是池莉眼中生活的全部意义。

复习思考题

1. 为什么说《冷也好热也好活着就好》是池莉的代表作之一?它在哪些方面体现了新写实小说的特点?

2. 有人认为池莉的小说未能超越小市民趣味,过于低俗,你认为应当如何评价池莉在《冷也好热也好活着就好》中表现出来的价值立场?

女性史的建构

——析《回廊之椅》

邓如冰

林白(1958—),20世纪90年代的女性文学史上无法回避的人物,当代中国大陆激进的女性主义文学文本的创造者之一,她与陈染、海男、徐坤等女作家们一起,站在女性的立场上,书写女性个体的生命体验和生存状态,在20世纪末的文坛上刮起了一股备受瞩目的"女性主义文学"旋风,并激励着其他女性作家与她们一道,试图以自己的写作,改变长久以来女性"被书写"的命运。

当然,林白是独一无二的,她的明显的与众不同之处在于,她的小说有一种难以言说的美感,或明丽、或冶艳、或凄绝。如果说陈染表现的是城市知识女性的优雅和睿智,徐坤展现的是王朔式的尖刻和反叛,林白所要表现的则是边陲女子的美丽和神秘,以及她们欲说还休、秘不可宣的内心世界。林白生于广西北流县,曾在电影制片厂工作,喜欢看电影,这一爱好以及边陲女子的身份都在她的写作中留下了深刻的烙印。她曾出版《玫瑰过道》、《同心爱者不能分手》、《子弹穿过苹果》、《回廊之椅》、《致命的飞翔》等中短篇小说集,发表的长篇小说有《一个人的战争》、《青苔》、《守望空心岁月》、《玻璃虫》、《万物花开》等。其中,最能代表她的写作风格和水准的是发表于1993年的《回廊之椅》。

《回廊之椅》延续了林白一贯擅长的故事模式:在一个边远而神秘的小镇,发生了一些关于女性的奇特的故事。这样的小镇出现在林白的多部小说中,具有浓郁的南方边陲地区的特有风情,构成元素也充满特殊的情调:深邃的丛林(远古的、神秘的)、常年的雨季(潮湿的、闷热的)、长长的天井(封闭的、幽暗的)、厚厚的青苔(古旧的、落寞的)、暗红的指甲花(美艳的、凄绝的),这一切使小镇散发出久远而神秘的气息。《回廊之椅》中的小镇水磨就是这样的一个地方,女主人公居住的庭院周围植物繁茂,弥漫着原始的、野性的生命之气,而庭院本身典雅深阔、年代久远,朱红色的楼廊三重四叠,"有一种幽深、干净、拒人千里的感觉",空旷的回廊有着"无边的寂静",一只似乎有人用过的杯盖斜盖着的茶杯静静地放在廊椅上,穿过幽暗的时间隧道向"我"虎视眈眈。

"我"是一个年轻的现代的来访者。"我"来到小镇水磨,偶然走进了一个古老的庭院章宅,遇见了一个年事已高的女人七叶,听她讲述章宅曾经的女主人三太太朱凉的故事,"我"被朱凉深深吸引,不由自主地一再进入庭院,无法拒绝,仿佛梦魇。很明显,小说有一个"探险故事"的框架,"我"是一个叙述者,通过"我"的视角,读者也可以充分感受到一种"探险"的快乐、神奇甚至是惊悚。然而,"我"的作用绝不仅仅是叙事学意义的"叙述者",从女性主义角度来看,"我"的意义,更在于形成了一个"女性谱系":"我"的一次偶然探访,造成了"我"对朱凉的魂牵梦萦般的探索,这探索并不是对往事的猎奇,而是"我"与朱凉之间冥冥之中的牵挂、理解和慰藉,"我们"之间是精神相通的。"我"——七叶——朱凉,三个女性构成了一个"女性谱系",围绕"我"的探寻所建构的,正是一段神秘的"女性史"。

在林白的大多数小说中,女性是绝对的主角,男性形象常常支离破碎、面目模糊。然而,在《回廊之椅》中,男性角色也是颇具分量的,男性也自有他们的历史逻辑。事实上,小说正是在一个男性史的对照之下来建构女性史的,通过与男性史的对比来凸显女性史的特色。在林白的笔下,男性史是怎样的呢?革命、暴动、冲突、审讯、屠杀……一切正史中的元素都包含其中——毕竟,通常来说,正史几乎约等于男性史。

颇有意味的是,林白做的工作,正是解构这约等于正史的男性史。男性史是一场又一场的宏大叙事,然而却充斥着令人不齿的嫉妒、告密、手足相残、公报私仇等无数龌龊不堪的东西。里面的男性没有一位是让人钦佩的,朱凉的丈夫章孟达追求革命,不过是为了赶上"世界的潮流",领略"冒险的乐趣",同时杀二弟章希达的威风;希达是个白面书生,满嘴的"主义",然而他在被审讯时却相当"缺乏英雄气概",为了活命告发哥哥章孟达密谋暴动,枪决前"一泡热尿从腿根一直流到鞋底";审讯科长陈农内心龌龊,长期吃开水泡饭的他憎恨地主章孟达,"恨他有三房太太","恨他被关起来还有人给他送米饭煎鱼","恨他连使女都这样不卑不亢"。他利用手中的职权以肃清暴动的名义枪决了章家兄弟,渴望趁机得到觊觎已久的美丽的三姨太朱凉。当然,在使女七叶的保护下,陈农并未得手,然而,朱凉也在乱局中消失,她是失踪了?还是自杀了?这一点直到小说的结尾仍是个没有答案的秘密。

在充满宏大叙事的男性史中,最触目惊心的组成元素是暴力。暴力既包括审讯、刑罚、枪决等血淋淋的场面,也体现在对人性的玩弄和践踏之中。小说中的一段很长的关于杀猪的描绘是极具隐喻性的,是暴力的残酷和暴力的恐怖的具体写照:陈农等"革命群众"闯入章孟达的庭院,在他家的天井之中,在四楼的朱凉和七叶的眼皮底下肆意杀猪,以一种"兴奋、富有弹性、喜气洋洋、幸灾乐祸"的声音和心态进行着暴力的宣泄:

> 他将这桶滚烫的水举起来,哗的一下倒在猪身上,浓白的水汽腾地一下铺天盖地升起来,这些水汽在锅里被一再加热,它们憋足了劲,鼓足了热情,它们是水中的热情分子,现在它们被释放了出来,它们迫不及待地奔涌而出,它们舞蹈、歌唱、扭动、喊叫、蔚为壮观,在铅灰色的雨意中,这一大片白色的水汽既辉煌又恐怖。

而在楼上的女性看来,这杀猪的场面如此惊心:

> 她看到这猪已被刮净了毛,四肢也松了绑,正四仰八叉地躺在暗绿色的天井中,极像一个被剥光了衣服的人,令人毛骨悚然。

这场杀猪的闹剧之所以如此喧闹和低俗,原因之一是男人们对楼上的女性的性幻想,这一原本隐秘的淫念在革命的外衣之下变得公开起来,并借助男人们颇具含义的大笑声得到不断放大,公然地冒犯着、侮辱着两个美丽的弱女子,"杀猪的声音……从七叶体内曲折而快速地奔走,然后从她狭窄的喉咙再度冲出,夸张而变形,它们声势浩大,一次比一次强大而真实,一次比一次恐怖"。

与男性世界充斥的暴力、肮脏、低俗相比,女性的世界则是一个温暖的乐园。林白要建构的,正是一个与充满宏大叙事的男性史完全不一样的历史,一种边缘性的历史,这历史由女性创造,具有女性特质,它并不宏大,细腻而琐碎,不一定被正史接纳,却真实地显示着女性的温暖、哀乐与爱。

"女性史"最明显的特征是随处而见的美丽的女性。林白很善于发现女性的美,她在多部小说中发表过对女性美的由衷的赞美之词:"女人的美丽就像天上的气流,高高飘扬,又像机警的雪野上开放的玫瑰,洁净、高级、无可挽回。"美丽的女性"就像月亮浮在冰山之上,清凉、空彻,一切无关的东西都远离"。(《一个人的战争》)在她笔下的广西边陲小镇里,那些生长在亚热带丛林中的女人具有极其旺盛的生命力,"任何时候都沉甸甸的像一扎垂到地上的芭蕉","乳房涨得让人估计能挤出一桶奶汁"(《子弹穿过苹果》)。她们美丽聪慧、才智过人,在小镇的大大小小的生活竞争中,她们的表现都远远好于男性。她们就像上天恩赐的礼物,小镇因为她们而放出奇光异彩。她否定男性的美:"男性的美是什么?我至今还没发现,在我看来,男性浑身上下没有一个地方是美的。"另外,她几乎不写男性和女性之间温暖,相反,她常常将男女两性的品格作悬殊的对照,如《同心爱者不能分手》中,"女人""像花开似的出现",美丽浪漫,男教师却胆小懦弱,不解风情;《子弹穿过苹果》中,蓼神秘聪慧,仿佛漫游在丛林中的精灵,父亲却是一个卑琐渺小的凡夫俗子,"一辈子也没搞出什么名堂"。

朱凉是《回廊之椅》中美丽而神秘的女性。事实上,小说自始至终朱凉本人都没有出现过,关于她的一切都是由使女七叶转述的。七叶的转述加上"我"的想象,构成了一个"虚拟"的朱凉的形象,"我"从未见过她,却时时感到她的无处不在。这种写法,颇似英国著名小说《蝴蝶梦》,带来的效果也是与《蝴蝶梦》类似的:浪漫、神秘,兼有一种莫名的恐惧。"我"只见过朱凉的一张照片:

女性史的建构

照片中的女人穿着四十年代流行于上海的开叉至大腿的旗袍,腰身婀娜,面容明艳。这明艳像一束永恒的光,自顶至踵笼罩着朱凉的青春岁月,使她光彩照人地坐在她的照片中,穿越半个世纪的时光向我凝视。

小说中,"我"毫无保留地赞美着朱凉的无与伦比的美,她用过的茶杯、她留下的被面、一切与她有关的事物都激发起"我"的强烈的兴趣,"我"不由自主地一次又一次地被吸引进她曾经居住的古老庭院,在回旋而上的楼廊上一遍又一遍追随她的足迹,怀想她的眼神、她的姿态、她的身体的香气。"我"为什么会与朱凉产生如此神秘的关联,作者并没有解释,或许这种神秘正是小说需要的。

从某种程度上说,林白在这篇小说里建筑了一个无懈可击的女性的"私人领地",美丽的女主人公朱凉就住在这样一块领地里:庭院深深,屏风挡住了前庭到后院的通道(亦挡住了男性世界通往女性世界的通道);后院寂静的四层小楼是她的居室,"有一种幽深、安静、拒人千里的感觉"(一种自我保护、独善其身的感觉);室内帘幕低垂,挡住了肮脏龌龊的"革命干部"陈农(一个有权力的男性)从窗口窥视朱凉的视线(窗口正是最好的窥视和入侵的入口),陈农"终于未能看清窗内"。一些女性的事物——窗帘、屏风和阁楼将朱凉完美地保存了下来,使她在风雨飘摇的世界中免受侵犯,保全了女性的尊严,并可以完全地袒露自己:自由地换衣,半裸地午睡,在夕阳光辉的照耀下惬意地洗澡。这个时候,她是自在的、放松的、欢愉的、真实的,她因为身和心都达到了完全的自由而与自然合一,她的美也因自然的光辉而具有了某种神性:

> 落日的暗红颜色停留在她湿淋淋而闪亮的裸体上,像上了一层绝妙的油彩。……这暗红色的落日余晖经过漫长的夏日就是为了等待这一刻,它顺应了某种魔力,将它全部的光辉照亮了这个人,它用尽了沉落之前的最后力量,将它最最丰富最最微妙的光统统洒落在她的身上。

"私人领地"是属于女性的,它是置于男性的控制之外的另一个世界,它幽暗不明,深不可测,男性在这个世界里是缺席者。在女性领地里发生的一切都是美好的,也是只属于女性们的。

"我"与朱凉之间的神秘联系,已经凸显出了林白要表达的一个重要主题,即女性主义意义上的"姐妹情谊"——女性之间的精神相通、相互牵挂和庇护。当然,《回廊之椅》对"姐妹情谊"的表现重点放在七叶和朱凉这两个女子身上。朱凉的美丽给她招致了极大的风险,身边的男性无一例外都是她的身体的窥视者,唯一可以保护她且全心保护她的人就是贴身使女七叶。在陈农审讯朱凉并要对其伸出魔爪时,七叶机智地救出了她。朱凉最后的结局没有人知道,唯一的知情人只有七叶,或许她在七叶的帮助下逃到了外乡,或许她为了保全自己以一种"玉石俱焚"的姿态自杀……这也是小说自始至终的一个"幽深的迷"。

七叶与朱凉相濡以沫,相依为命,她们组成一个情感自足的世界,抵抗着外界的一切危险,不管世界怎样变化,她们的"姐妹情谊"延续至死。七叶对朱凉的忠诚和欣赏已经超出了普通人想象的"主仆情谊",其中婉转的情感、暧昧的情调让小说变得质地丰富起来。七叶在谈及朱凉时,"她的声音充满了无限的怀旧和眷恋之意,就像一个垂暮之年的老人怀念他年轻时代铭心刻骨的爱情。"因为"我"的眼睛与朱凉长得相似,七叶对"我"也产生极大的兴趣,对我说话的时候,"脸上流露出一种动人的神情,使我感觉到了某种遥远的东西"。而"我"—七叶—朱凉之间也建立了某种神秘的联系,我们相互理解、相互欣赏,这种奇妙的情感胜过友谊,接近爱情,又婉转妙曼,时隐时现,"姐妹情谊"得到了诗意的表达。这正是林白小说中最具魅惑性的一笔。

复习思考题

1. 《回廊之椅》中杀猪的情节有何寓意?
2. 小说中的女性世界和男性世界各自呈现出怎样的特征?

女性文学的典型文本

——试析《私人生活》

单丹丹

20世纪90年代中国当代文坛不容忽视的现象之一,就是女性文学蓬勃发展,无论是创作还是文学批评,都逐渐兴盛不容小觑。五四时期是中国女作家第一次集中喷涌的时期,在启蒙思潮中,这些女作家勇敢地拿起手中的笔,以文学的方式表达有关个性解放、婚姻自主的诉求和个体的情感经验。可以说她们的写作与社会问题紧紧联系在一起。而80年代后期,特别是八九十年代之交出现的女作家则更多地将视角和关注点转向"自身",可以说是对"五四"女作家未完成的主题的继续深化。

随着时代的推进,在80年代进入文坛的女作家的文学创作又呈现出不同的风貌,与五六十年代出生、八十年代前期成名的女作家如张洁、王安忆、铁凝等描写时代共鸣主题不同,90年代的女作家更多地将视角转向隐秘的个人生活和成长经历,更多地强调个人经验,而且是女性经验。描写时采用的视角也多为第一人称,叙述者为女性,并常常与作者相混淆,所以,诸多女性文学作品都带有浓厚的自传体色彩,如陈染(1962—)的《私人生活》。所谓女性文学,"即在肯定女作家写作女性文学题材的前提下,对女性的历史状况、现实处境和生活经验的探索,以及语言和风格上,表现了某种独立的女性'主体意识'"①。在这个意义上,陈染的《私人生活》可看作是典型的女性文学文本,对于《私人生活》的解读,不可避免地要与"身体写作"、"边缘写作"、"个人写

---

① 洪子诚:《中国当代文学史》,第229页,北京大学出版社2007年版。

作"、"女性主义"、"孤独意识"这样的字眼相遇。

　　首先，单从书名上就可以感受到这部小说浓重的个人色彩和隐秘气息，全书主要以第一人称自述主人公倪拗拗的成长历程，从进入青春期直至失去童贞然后经历丧母之痛直至得了精神病，作者细致地描写在这孤独的成长过程中身体感官的细微变化，大胆直白却又文采斐然，为读者展示了男性作家笔下从未展露的女性的隐秘世界。当然，比身体描写更具个人特色的是书中大量出现的心理描写，或独白或隐喻的方式，感性与哲理结合，具有个人色彩和阅读张力。

　　主人公倪拗拗的童年充满了孤单和寂寞，作为独生女在一个封闭的四合院长大。她的玩耍伙伴是自己的胳膊和腿，她给它们分别起了名字，叫"不小姐"和"是小姐"，每一天她率领着"不小姐"和"是小姐"走来走去，对它们在身体内部不出声地说着安慰话。倪拗拗的成长环境如此寂寞无趣，小说中间或点出这一切发生在动乱年代，但这政治背景只是若隐若现地潜伏在幕后，小说中代替政治背景浓墨重彩出场的是倪拗拗的父亲，一位在政治风暴中抑郁的官员，可以说他是倪拗拗寂寞童年以及以后孤傲离群的直接制造者，他作为专制和黑暗的化身，破坏了倪拗拗周围温暖美好的一切，比如赶走了保姆奶奶和一只名叫索菲亚·罗兰的小狗。父亲和母亲关系的敌对和恶化，以及他赶走了不知厌倦地劳作让这个家庭正常运转的保姆奶奶的举动，使家庭环境变得越来越糟糕，倪拗拗对父亲的怨恨也越来越深，甚至在和保姆奶奶告别的时候使用了"报仇"这样的字眼。

　　与没有温暖的家庭环境相比，倪拗拗的学校环境似乎更为糟糕，她是班里年龄最小的孩子，体质瘦弱，天性不合群。最为糟糕的是，倪拗拗生活中第二个重要的男性——班主任T老师正在全班发起一场孤立她的运动，让她成为"带菌者"。T老师总是在全班同学面前证明她是最笨的学生，甚至让母亲带她去看医生，刻毒地使用了"脑子"残缺"这样的字眼。从小学到高中，倪拗拗一直生活在T老师给她带来的屈辱中，然而，正是T老师使倪拗拗渐渐萌发了原始的女性意识，发现了自身的秘密。T老师在全班盘问有谁在私底下传阅人体图片，莫名其妙脸红的倪拗拗被他怀疑进而被单独带到办公室盘问，当他发现单纯的拗拗不知道何谓"私部"的时候,竟然焦躁不安地伸出手在她的胸口和私处"指点"。看到拗拗产生了混杂着愤怒和反抗的复杂情绪,T老师竟然第一次低吟着"拗拗",流露出和解的乞求。倪拗拗拔腿就跑,在空无一人的甬道里奔跑的她不但没有了愤怒,反而升起一股神秘的快意,她第一次模模糊糊感觉到莫名的胜利感,感觉到自身拥有了强大的武器。T老师对拗拗的敌视在高考后终于解开了谜底:原来他一直爱着自己的女学生,无法自拔。T老师的自白和忘情的举动让倪拗拗难堪不已,然而,倪拗拗最后还是同意了他的请求,在阴阳洞中与其完成了两性结合,失去童贞,成为一个真正的女人,同时也彻底结束了自己和T老师的关系。

倪拗拗生命中的第三个男人是她的初恋,后因政治原因不得不离她远去,痛苦的拗拗在分别之际把自己献给恋人,圣母般指引着对方成为一个真正的男人。

纵观女性文学作品,在陈染或者林白或者海男笔下,男性角色总是被无情地丑化,或是强权的化身,或是软弱的代表,并且通通臣服于女性的肉体。女性个人的叙述声音完全凌驾于全书之上,具有一种本色的、充满女性独立意识的坚定立场,在女性主义者看来,这显示了女性对男权社会压抑女性行为的有力抗争。因为在以往的男性创作的文本中,女性备受歧视和贬义,男性作家对于他笔下美好的女性形象的塑造,实际上就是他自己对于女性的幻想和要求,而对于有血有肉的富于抗争精神的女性形象则充满贬义,认为她不是荡妇就是妖女。通过这种对比,男性实际上是在对女性读者进行塑造和改变,让她们渐渐朝着自己的审美理想转变。这一思想在法国著名女性主义代表西蒙娜·波伏娃的《第二性》中得到了阐释。在这本书中,她提出了一个广为流传的观点:"一个人之为女人,与其说是'天生'的,不如说是'形成'的。"①在她看来,女人并不是天生就具有女性特质,而是在后天的生活中受到男权世界那里发来的暗示和感召,逐渐培养起自己温柔软弱的

---

① [法]西蒙娜·波伏娃:《第二性》,第23页,湖南文艺出版社1986年版。

女性特点,而这渐渐变成了社会习俗,一代一代传下去,甚至最后由家庭中的母亲对女儿进行教化和感召。总之,男权社会对女性的压抑使女性放弃了自己的独立自主,成了第二性。鉴于此,女性主义批评家认为女性应该拥有自己的文学,应该在自己的文本中发出自己的声音,而不是被男性埋没,所以,在一些女性文学中,读者总会感受到强有力的、离经叛道的女性独立意识,这种声音不但让作品中的男性臣服,也会让读者"臣服"。在《私人生活》中,一向高高在上的父亲在最后离场时可怜而孤独。而倪拗拗在与T老师的交往中,虽然献出了自己的童贞,但完全不是出于爱,而是自己的欲望被唤起,她需要眼前的男人带她认识她自己,以此来满足自己被魔鬼的快乐所支配的肉体。对于初恋情人尹楠的描写,虽然温柔而充满爱意,但字里行间却充满了母爱,尹楠如同一个圣洁的婴孩,柔软而美好,宛如一名女性,不再具有男性的特质。女性文学提倡用独特的女性视角来重新审视父权社会的一切价值判断,不愿再服从男权社会强加给女性的任何既定价值,这种反抗是尖锐而决绝的,但随之而来的问题是:女性文学对于男性世界的无情描写和鞭笞是否又陷入了新的文本霸权主义呢?这是一个有趣的吊诡,女性文学尖锐反对的强权立场恰恰又使自己不自觉地陷入怪圈。

与对男性的敌对不同,小说中浓墨重彩近乎诗意地描述了"姐妹情谊"。倪拗拗剪了父亲的毛呢裤子,恐惧的她闯入了邻居禾寡妇的卧室,在男性的世界里受到伤害,转而在姐妹情谊那里得到安慰和喘息。皇族后裔禾寡妇的卧室彰显着高雅和舒适,翡翠绿玉石枕清凉如水,让头脑混乱的拗拗得到清醒和休憩。拗拗在成年以后与禾寡妇更加形影不离,直到对方在意外中死亡。也许作者自己的叙述能够更细腻准确地陈述这样的"姐妹情谊":

> 这个女人是一座迷宫,一个岩洞的形状,我掉进了这个轮廓里。我们的身形狭窄的空间布满了黑暗,像被蒙在被单里面,我们互相看不见,脸孔模糊,四周的洞壁发出嘘嘘的回音,以至于我们不敢大声交谈。我们的脚尖下面就是望不到底的深渊,我们寸步难行,无法前进又无法退缩,虚无在我们的身边蔓延。前方的危

险,使得我们不得不停下来,脱下衣服,丢掉身上的重负,同黑暗挤在一起,我们为彼此碰触到的感觉所压倒,我们被推到了存在的边缘。她的年龄站立在我的前面,但是,在时间的地平线上,她是我身后的影子。她说,我是她的出路和前方。

除了禾寡妇,拗拗的世界里还多了一个学习伙伴,比她年长两岁的伊秋。与禾寡妇的美丽优雅健康不同,伊秋得过小儿麻痹症,一条腿颀长饱满,一条腿细如扫帚把,走起路来一瘸一拐,肥硕的臀部扭来扭去,并且手舞足蹈,如同"笼子"里发达的动物。倪拗拗在伊秋那里没有体会到暧昧温暖的"姐妹情谊",却最初亲眼目睹男女间的隐秘情事。

女性文学与男性作家创作的文学相比,还有一个截然不同的特质,那就是细腻的身体描写和与之相匹配的独特的女性语言,创造了女性独特的话语体系和表达方式。女性文学的话语体系与女性的生理体验紧密相关,清晰地表达着女性自己的经验和潜意识,如西苏所言:"写你自己。必须让人们听到你的身体。只有到那时,潜意识的巨大泉源才会喷涌。我们的气息(naphtha)将布满全世界……无法估量的价值将改变老一套的规矩。"①女性文学通过身体描写将自己的思想物质化,文本和生理体验之间建立了紧密的联系,充盈着愉悦的生命歌唱和隐秘气息。陈染的《私人生活》就将这种隐秘的女性生理体验描写发挥得淋漓尽致,在进入禾寡妇的更衣室时对禾寡妇的容貌和女性之间的亲密爱抚的描写,使得绵密的女性气息迎面扑来。陈染的语言极富想象力,充满着隐喻和象征以及孤独意识,比如在对肉身充满生命力和欲望的伊秋的房间进行的一段精彩的引语:

  里屋,对于一个女人有着另外一个称呼,另外一个名字。它似乎是一道与生俱来的伤口,不允许别人触碰,它埋伏在浓郁的阴影里,光线昏暗如同子宫里面的颜色,让男人怦然心动。我们长大的

---

① [法]西苏:《杜美莎的笑声》,《当代女性主义文学批评》,第194页,北京大学出版社1992年版。

过程,就是使它逐渐接受"进入"的过程,直到寻求"进入"。在这种寻求中,一个女孩儿变成妇人。

陈染小说的语言具有营造一种独特氛围的功能,对日常语言进行扭曲变形,产生了具有个人特色的格调和魅力。比如对于颜色的描写,陈染多用黑色来凸显一种独孤意识,冷静而理性。对于疼痛、死亡、温热的肉体、鲜血、雨入木三分地刻画,但并不滥情,与别的女性作家不同,在她的小说中,充满理趣的语言随处可见,诗性与哲理并存是陈染语言的独特标签。

复习思考题

1. 以《私人生活》为例,你如何理解女性文学中的"身体写作"?
2. 比较《私人生活》和林白的《一个人的战争》两部小说在语言方面的不同特色。

一曲民族主义的正气歌

——《夜行货车》赏析

江 帆

　　台湾著名作家陈映真的《夜行货车》为《华盛顿大楼》系列小说中的一篇，华盛顿大楼是西方跨国公司设立在台湾的办公大楼。小说呈现出台湾社会转型期的浮世图，展现了复杂的社会关系，给人以强烈的震撼。《夜行货车》以美国开在台湾的马拉穆电子公司的三位职员之间的感情纠葛为线索，揭示出跨国公司对台湾的经济渗透所产生的种种恶果，以及在工商社会竞争中所形成的对人的异化，表现出台湾知识分子民族意识的觉醒及强烈的爱国主义精神。

　　陈映真（1937—），台湾省台北县人，本名陈永善。曾任《文学季刊》编辑。1985年创办文学杂志《人间》，后又成立人间出版社。陈映真既是作家又是评论家，他以陈映真之笔名发表小说，又以许南邨的笔名发表评论。从1959年发表处女作《面摊》以来，已出版中短篇小说集《将军族》、《夜行货车》、《华盛顿大楼》、《山路》、《铃铛花》、《归乡》，评论集《知识人的偏执》、《孤儿的历史，历史的孤儿》等。1988年，台北人间出版社出版了15卷本《陈映真作品集》。

　　综观陈映真几十年的创作，大致可分为三个阶段：早期创作受到西方现代主义文学的影响，是他创作的探索阶段，小说充满忧郁、感伤的情调，表现出浓郁的人道主义情怀。代表作有《将军族》、《我的弟弟康雄》。中期创作由受现代主义的影响转向现实主义，由信奉现代派到离弃现代派。从超越现实到真实地反映社会现实，是这一时期创作的显著标志，代表作有《唐倩的喜剧》。后期创作广阔而深刻地反映了台湾社会现实，揭露西方发达国家与第三世界及工商社会的各种矛盾，进入创作的黄金时期，《华盛顿大楼》系列小说是这个时期的代表作品。

《夜行货车》为其中的优秀之作,曾获第十届吴浊流中篇小说奖。

《夜行货车》是陈映真在监狱受难8年后创作的首篇作品。小说以外资入侵下的台湾工商社会为背景,通过对跨国公司中几个中国职员不同生活态度的描写,深刻揭示了台湾社会商业化、经济国际化酿成的病态。物质利益的腐蚀,是怎样使林荣平丧失了民族气节和为人的尊严,同时歌颂了台湾本土年轻知识分子的爱国主义精神。

小说按四个小标题分为四个部分:

第一部分"长尾雉的标本":台湾马拉穆电子公司财务经理林荣平善于逢迎、巴结公司洋老板摩根索,深得老板的欣赏与青睐。林荣平与其秘书刘小玲有秘密的情人关系,刘小玲得知林荣平不愿离婚,只是把她当做情妇,决定与其分手,不再来往。

第二部分"温柔的乳房":刘小玲与公司青年职工詹奕宏相爱,她备好酒菜为詹奕宏过生日,詹奕宏酒醉之后提到刘小玲和林荣平的关系,出于妒恨,与刘小玲发生争吵。

第三部分"沙漠博物馆":刘小玲决定离职并移民到美国投亲。在公司为刘小玲举行的饯别酒会上,洋老板摩根索出言不逊,侮辱中国人,詹奕宏当场表示抗议提出离职,愤然离席而去,刘小玲也跟着离开。

第四部分"景泰蓝戒指":刘小玲与詹奕宏重新和好,两人连夜乘上夜行货车驶往台湾南部的乡下——詹奕宏的故乡。

《夜行货车》的成功,首先在于精心塑造了几个知识分子形象。

林荣平来自台湾南部农村,经过自己的勤学与努力,成为跨国公司的财务经理。任职后,他千方百计巴结洋老板讨老板的欢心,目的是为了得到升迁。马拉穆国际公司太平洋区的财务总监要来公司查账,他尽心配合洋老板摩根索,得到老板赞赏,称他有一个电脑般的脑袋。摩根索回美国休假,公司有五位经理,老板只给林荣平寄明信片,并亲口许诺提拔他。林荣平是台湾知识分子中典型的奴才形象,他在出卖知识的同时,也出卖了自己的尊严与民族气节。对待刘小玲的态度,更暴露出他的品格低下。他是有妇之夫,有家有口,与刘小玲好上后,看到刘小玲想嫁给他,赶紧将其推开。为了维护自己的名誉地位,他只把刘小玲当做情妇,从未想到离婚后去娶她。尤其无耻的是,为了讨好老板摩根索,他竟把刘小玲在房中说的私房话传给洋老板,惹来摩根索后来调戏刘小玲。在对待情爱的问题上,林荣平的灵魂也是卑微的。

詹奕宏是作家精心塑造的一位光彩夺目的年轻人形象。他出生在一个败落的家庭中,在穷困中度过了童年与少年时代,在父亲"读书上进"的教诲下,他刻苦攻读,获得硕士学位。他进入这家跨国公司不到一年,便得到人们的好评。他是一位正直、刚毅、有责任感的青年,有时甚至桀骜不驯,带有一些野性。他为跨国公司做事,但不出卖良心,不崇洋、不巴结老板。在摩根索辱骂中国人的大是大非面前,他大义凛然,绝不退缩,以辞职的方式表示强烈抗议,伸张了民族之正气。同是台湾本土白领,詹奕宏与林荣平形成了鲜明对比。詹奕宏与刘小玲真心相爱。在"生日宴会"一场中,两人互诉心声。他与刘小玲发生争吵,是因为得知她与林荣平的关系后产生的妒恨,是因为他爱得真切。他与刘小玲的爱情是精神的相通、心灵的吸引。

刘小玲是小说中的一个中心角色。她的父亲是从大陆去台的政客,她有过一段失败的短暂婚姻。刘小玲是一位重感情、善良、温柔的女子,曾经与林荣平有一段情爱关系,得知林荣平只想与她维持情人关系后,决定与林分手,她虽有轻信、软弱的一面,但在是非面前爱憎分明。洋老板侮辱中国同胞,她不附和,态度明朗,对待林荣平,她决定分手也是果断的。最后,她更是毅然放弃去美国投亲的机会,跟随詹奕宏去了台湾南部。

除了上述人物,作者还成功塑造了台湾马拉穆电子公司老板摩根索这个人物。他依仗跨国公司的实力及其影响,在公司骄横跋扈,为所欲为。表现最为突出的莫过于歧视中国员工,肆意侮辱中国雇员,如开除公司老实的中国门卫,调戏年轻美貌的刘小玲及其他女员工等。尤其是在欢送刘小玲的宴会上,他竟当面用粗鲁的语言谩骂、侮辱中国人。小说塑造的这样一个洋老板形象具有强烈的现实意义和警醒作用。

陈映真早期的小说创作站在小镇知识分子的立场,在《将军族》、《我的弟弟康雄》等小说中表现的是小知识分子的孤寂、彷徨与忧郁的人道主义的倾向,而《夜行货车》作为后期创作的优秀之作,较之以往的作品有了重大突破,作家站在爱国主义立场,歌颂了知识分子的爱国情操,这部作品的题材与反映的思想深度,在台湾当代小说中有其独特的贡献。

陈映真把现实批判精神和象征、暗示、时空交错等艺术手法相融合,使《夜行货车》具有鲜明特色。

一是写实与象征相融合。《夜行货车》以深刻的洞察力反映了台湾工商社会复杂的矛盾冲突及知识分子的不同命运,反映了西方资本主义经济对第三世界地区的渗透与控制。在写实的同时,又出色地运用了象征的手法。

《夜行货车》的标题与小标题都蕴含着丰富的象征意义。小说第一部分小标题"长尾雉的标本",象征林荣平一类崇洋媚外的知识分子如同奴才胚子,像长尾雉的标本一样,尾巴特别长,对洋人巴结逢迎,摇尾乞怜。第二部分"温柔的乳房",既是小说中刘小玲美丽青春的象征,其深层内涵也是象征中华民族的蓬勃向上,未来是光明灿烂的。而第三部分"沙漠博物馆",寓意深远。西方世界在物质文明高度发展的同时,不能忽视精神文明的构建,更不能以霸权自居,歧视发展中国家。第四部分"景泰蓝戒指",一方面象征一对青年人的爱情,另一方面也象征着中华文化悠久的历史与传统。小说的题目更象征着爱国的民族主义的心声,象征对未来的希望与呼唤。

二是小说采用拼贴式的块状结构。小说由四个部分构成,第一部分写林、刘到小热海度假。第二部分写刘小玲为詹奕宏过生日。第三部分写公司设酒宴为刘小玲饯行。第四部分是尾声。四个部分时间空间相对独立,呈现出纷繁生活的横截面。其中第一部分插入了洋老板摩根索调戏刘小玲的一段情节,通过对话交代出是林荣平告密所致。第二部分的生日宴会将过去发生的事置于刘小玲与詹奕宏的对话与心理活动之中,这段情节插入了詹奕宏的身世与刘小玲的家庭背景。

三是在对比中刻画不同的人物形象。小说中只有四个人物,但通过对比的手法写出了人物的不同性格。如同是受过高等教育的知识分子,林荣平与詹奕宏却是截然不同的,在对待洋老板的态度上,一个巴结逢迎,一个正气凛然;在对待爱情上,一个是玩世不恭,追求肉欲,一个是灵的吸引,追求真爱。而在第三节的宴会上,面对摩根索对中国人的态度这样的是非问题,詹奕宏更是立场鲜明,勇敢抗争,而林荣平却畏缩胆怯,明哲保身。

复习思考题

1. 分析《夜行货车》中台湾本土知识分子形象的塑造。
2. 简述《夜行货车》的艺术特色。

游 园 惊 梦

白先勇

　　钱夫人到达台北近郊天母窦公馆的时候,窦公馆门前两旁的汽车已经排满了,大多是官家的黑色小轿车。钱夫人坐的计程车开到门口她便命令司机停了下来。窦公馆的两扇铁门大敞,门灯高烧,大门两侧一边站了一个卫士,门口有个随从打扮的人正在那儿忙着招呼宾客的司机。钱夫人一下车,那个随从便赶紧迎了上来,他穿了一身藏青哗叽的中山装,两鬓花白。钱夫人从皮包里掏出一张名片递给他,那个随从接过名片,即忙向钱夫人深深的行了一个礼,操了苏北口音,满面堆着笑容说道:

　　"钱夫人,我是刘副官,夫人大概不记得了?"

　　"是刘副官吗?"钱夫人打量了他一下,微带惊愕地说道,"对了,那时在南京到你们公馆见过你的。你好,刘副官。"

　　"托夫人的福。"刘副官又深深地行了一礼,赶忙把钱夫人让了进去,然后抢在前面用手电筒照路,引着钱夫人走上一条水泥砌的汽车过道,绕着花园直往正屋里行去。

　　"夫人这向好?"刘副官一边引着路,回头笑着向钱夫人问道。

　　"还好,谢谢你,"钱夫人答道,"你们长官夫人都好呀?我有好些年没见着他们了。"

　　"我们夫人好,长官最近为了公事忙一些。"刘副官应道。

　　窦公馆的花园十分深阔,钱夫人打量了一下,满园子里影影绰绰,都是些树木花草,围墙周遭,却密密的栽了一圈椰子树,一片秋后的清月,已经升过高大的椰树干子来了。钱夫人跟着刘副官绕过了几丛棕榈树,窦公馆那座两层楼的房子便赫然出现在眼前,整座大楼,上上下下灯火通明,亮得好象烧着了一般。一条宽敞的石级引上了楼前一个弧形的大露台,露台的石栏边沿上却整整齐齐的置了十来盆一排齐胸的桂花,钱夫人一踏上露台,一阵桂花的浓香便侵袭过来了。楼前正门大开,里面有几个仆人穿梭一般来往着。刘副官停在门口,哈着身子,做了个手势,毕恭毕敬地说了声:

"夫人请。"

钱夫人一走入门内前厅,刘副官便对一个女仆说道:

"快去报告夫人,钱将军夫人到了。"

前厅只摆了一堂精巧的红木几椅,几案上搁着一套景泰蓝的瓶樽,一只鱼篓瓶里斜插了几枝万年青;右侧壁上,嵌了一面鹅卵形的大穿衣镜。钱夫人走到镜前,把身上那件玄色秋大衣卸下,一个女仆赶忙上前把大衣接了过去。钱夫人往镜里瞟了一眼,很快的用手把右鬓一绺松弛的头发抿了一下,下午六点钟才去西门町红玫瑰做的头发,刚才穿过花园,经风一撩,就乱了。钱夫人往镜子又凑近了一步,身上那件墨绿杭绸的旗袍,她也觉得颜色有点不对劲儿。她记得这种丝绸,在灯光底下照起来,绿汪汪翡翠似的,大概这间前厅不够亮,镜子里看起来,竟有点发乌。难道真的是料子旧了?这份杭绸还是从南京带出来的呢。这些年都没舍得穿,为了赴这场宴才从箱子底拿出来裁了。早知如此,还不如到鸿翔绸缎庄买份新的。可是她总觉得台湾的衣料粗糙,光泽扎眼,尤其是丝绸,哪里及得上大陆货那么细致、那么柔熟?

"五妹妹到底来了。"一阵脚步声,窦夫人走了出来,一把便握住了钱夫人的双手笑道。

"三阿姐,"钱夫人也笑着叫道,"来晚了,累你们好等。"

"哪里的话,恰是时候,我们正要入席呢。"

窦夫人说着便挽了钱夫人往正厅走去。在走廊上,钱夫人用眼角扫了窦夫人两下,她心中不禁觇敲起来:桂枝香果然还没有老。临离开南京那年,自己明明还在梅园新村的公馆替桂枝香请过三十岁的生日酒,得月台的几个姐妹淘都差不多到齐了,桂枝香的妹子后来嫁给任主席任子久做小的十三天辣椒,还有她自己的亲妹妹十七月月红,几个人学洋派凑份子替桂枝香定制了一个三十寸两层楼的大寿糕,上面足足插了三十根红蜡烛。现在她总该有四十几岁了吧?钱夫人又朝窦夫人瞄了一下。窦夫人穿了一身银灰洒朱砂的薄纱旗袍,足上也配了一双银灰闪光的高跟鞋,右手的无名指上戴了一只莲子大的钻戒,左腕也笼了一付白金镶碎钻的手串,发上却插了一把珊瑚缺月钗,一对寸把长的紫瑛坠子直吊下发脚外来,衬得她丰白的面庞愈加雍容矜贵起来。在南京那时,桂枝香可没有这般风光,她记得她那时还做小,窦瑞生也不过是个次长,现在窦瑞生的官大了,桂枝香也扶了正,难为她熬了这些年,到底给她熬出了头了。

"瑞生到南部开会去了,他听说五妹妹今晚要来,还特地着我向你问好呢。"窦夫人笑着侧过头来向钱夫人说道。

"哦,难为窦大哥还那么有心。"钱夫人答道。一走近正厅,里面一阵人语喧笑便传了出来。窦夫人在正厅门口停了下来,又握住钱夫人的双手笑道:

"五妹妹,你早就该搬来台北了,我一直都挂着,现在你一个人住在南部那种地方有多冷清呢?今夜你是无论如何缺不得席的。十三也来了。"

"她也在这儿吗?"钱夫人问道。

"你知道呀,任子久一死,她便搬出了任家,"窦夫人说着又凑到钱夫人耳边笑道,"任子久是有几份家当的,十三一个人也算过得舒服了。今晚就是她起的哄,来到台湾还是头一遭呢。她把天香票房里的几位朋友搬了来,锣鼓笙箫都是全的,他们还巴望着你上去显两手呢。"

"罢了,罢了,哪里还能来这个玩意儿!"钱夫人急忙挣脱了窦夫人,摆着手笑道。

"客气话不必说了,五妹妹,连你蓝田玉都说不能,别人还敢开腔吗?"窦夫人笑道,也不等钱夫人分辩便挽了她往正厅里走去。

正厅里东一堆西一堆,锦簇绣丛一般,早坐满了衣裙明艳的客人。厅堂异常宽大,呈凸字形,是个中西合璧的款式。左半边置着一堂软垫沙发,右半边置着一堂紫檀硬木桌椅,中间地板上却隔着一张两寸厚刷着二龙抢珠的大地毯。沙发两长四短,对开围着,黑绒底子洒满了醉红的海棠叶儿,中间一张长方矮几上摆了一只两尺高天青细瓷胆瓶,瓶里冒着一大蓬金骨红肉的龙须菊。右半边八张紫檀椅子团团围着一张嵌纹石桌面的八仙桌,桌上早布满了各式的糖盒茶具。厅堂凸字尖端,也摆着六张一式的红木靠椅,椅子三三分开,圈了个半圆,中间缺口处却高高竖了一档乌木架流云蝙蝠镶云母片的屏风。钱夫人看见那些椅子上搁满了铙钹琴弦,椅子前端有两个木架,一个架着一只小鼓,另一只却齐齐地插了一排笙箫管笛。厅堂里灯光辉煌,两旁的座灯从地面斜射上来,照得一面大铜锣金光闪烁。

窦夫人把钱夫人先引到厅堂左半边,然后走到一张沙发跟前对一位五十多岁穿了珠灰旗袍,带了一身玉器的女客说道:

"赖夫人,这是钱夫人,你们大概见过面吧?"

钱夫人认得那位女客是赖祥云的太太,以前在南京时,社交场合里见过几面。那时赖祥云大概是个司令官,来到台湾,报纸上倒常见到他的名字。

"这位大概就是钱鹏公的夫人了?"赖夫人本来正和身旁一位男客在说话,这下才转过身来,打量了钱夫人半响,款款地立了起来笑着说道。一面和钱夫人握手,一面又扶了头,说道:

"我是觉得面熟得很!"

然后转向身边一位黑红脸身材硕肥头顶光秃穿了宝蓝丝葛长袍的男客说:

"刚才我还和余参军长聊天,梅兰芳第三次南下到上海在丹桂第一台唱的是什么戏,再也想不起来了。你们瞧,我的记性!"

余参军长老早立了起来,朝着钱夫人笑嘻嘻的行了一个礼说道:

"夫人久违了。那年在南京励志社大会串瞻仰过夫人的风采。我还记得夫人票的是《游园惊梦》呢!"

"是呀,"赖夫人接嘴道,"我一直听说钱夫人的盛名,今天晚上总算有耳福要领教了。"

钱夫人赶忙向余参军长谦谢了一番,她记得余参军长在南京时来过她公馆一次,可是她又仿佛记得他后来好象犯了什么大案子被革了职退休了。接着窦夫人又引着她过去把在座的几位客人都一一介绍一轮。几位夫人太太她一个也不认识,她们都相当年轻,大概来到台湾才兴起来的。

"我们到那边去吧,十三和几位票友都在那儿。"

窦夫人说着又把钱夫人领到厅堂的右手边去。她们两人一过去,一位穿红旗袍的女客便踏着碎步迎了上来,一把便将钱夫人的手臂勾了过去,笑得全身乱颤说道:

"五阿姐,刚才三阿姐告诉我你也要来,我就喜得叫道:'好哇,今晚可真把名角儿给抬出来了!'"

钱夫人方才听窦夫人说天辣椒蒋碧月也在这里,她心中就踌躇了一番,不知天辣椒嫁了人这些年,可收敛了一些没有。那时大伙儿在南京夫子庙得月台清唱的时候,有风头总是她占先,扭着她们师傅专拣讨好的戏唱。一出台,也不管清唱的规矩,就脸朝了那些捧角的,一双眼睛钩子一般,直伸到台下去。同是一个娘生的,性格儿却差得那么远。论到懂世故,有担待,除了她姐姐桂枝香再也找不出第二个人来。桂枝香那儿的便宜,天辣椒也算捡尽了。任子久连她姐姐的聘礼都下定了,天辣椒却有本事拦腰一把给夺了过去。也亏桂枝香有涵养,等了多少年才委委屈屈做了窦瑞生的三房。难怪桂枝香老叹息说:是亲妹子才专拣自己的姐姐往脚下踹呢!钱夫人又打量了一下天辣椒蒋碧月。蒋碧月穿了一身火红的缎子旗袍,两只手腕上,铮铮锵锵,直戴了八只扭花金丝镯,脸上勾得十分入时,眼皮上抹了眼圈膏,眼角儿也着了墨,一头蓬得象鸟窝似的头发,两鬓上却刷出几只俏皮的月牙钩来。任子久一死,这个天辣椒比从前反而愈更标劲,愈更佻佻了,这些年的动乱,在这个女人身上,竟找不出半丝痕迹来。

"喂,你们见识见识吧,这位钱夫人才是真正的女梅兰芳呢!"

蒋碧月挽了钱夫人向座上几位男女票友客人介绍道。几位男客都慌忙不迭站了起来朝了钱夫人含笑施礼。

"碧月,不要胡说,给这几位内行听了笑话。"

钱夫人一行还礼,一行轻轻责怪蒋碧月道。

"碧月的话倒没有说差,"窦夫人也插嘴笑道,"你的昆曲也算是得了梅派的真传了。"

"三阿姐……"

钱夫人含糊的叫了一声,想分辩几句。可是若论到昆曲,连钱鹏志也对她说过:

"老五,南北名角我都听过,你的'昆腔'也算是个好的了。"

钱鹏志说,就是因为在南京得月台听了她的《游园惊梦》,回到上海去后,日思夜想,心里怎么也丢不下,才又转了回来娶她的。钱鹏志一径对她讲,能得她在身边,唱几句"昆腔"作娱,他的下半辈子也就无所求了。那时她刚在得月台冒红,一句"昆腔",台下一声满堂采,得月台的师傅说:一个夫子庙算起来,就数蓝田玉唱得最正派。

"就是说呀,五阿姐。你来见见,这位徐太太也是个昆曲大王呢,"蒋碧月把钱夫人引到一位着黑旗袍,十分净扮的年轻女客跟前说道,然后又笑着向窦夫人说,"三阿姐,回头我们让徐太太唱'游园',五阿姐唱'惊梦',把这出昆腔的戏祖宗搬出来,让两位名角上去较量较量,也好给我们饱饱耳福。"

那位徐太太连忙立了起来,道了不敢。钱夫人也赶忙谦让了几句,心中却着实嗔怪天辣椒太过冒失,今天晚上这些人,大概没有一个不懂戏的,恐怕这位徐太太就现放着是个好角色,回头要真给抬了上去,倒不可以大意呢。运腔转调,这些人都不足畏,倒是在南部这么久,嗓子一直没有认真吊过,却不知如何了。而且裁缝师傅的话果然说中:台北不兴长旗袍喽。在座的太太们,连那个老得脸上起了鸡皮皱的赖夫人在内,个个的旗袍下摆都缩得差不多到膝盖上去了,露出大半截腿来。在南京那时,哪个夫人的旗袍不是长得快拖到脚面上来的?后悔没有听从裁缝师傅,回头穿了这身长旗袍站出去,不晓得还登不登样。一上台,一亮相,最要紧了。那时在南京梅园新村请客唱戏,每次一站上去,还没开腔就先把那台下压住了。

"程参谋,我把钱夫人交给你了。你不替我好好伺候着,明天罚你作东。"

窦夫人把钱夫人引到一位三十多岁的军官面前笑着说道,然后转身悄声对钱夫人说:"五妹妹,你在这里聊聊,程参谋最懂戏的,我得进去招呼着上席了。"

"钱夫人久仰了。"

程参谋朝着钱夫人,立了正,俐落地一鞠躬,行了一个军礼。他穿了一身浅泥色凡立丁的军礼服,外套的翻领上别了一副金亮的两朵梅花中校领章,一双短统皮鞋靠在一起,乌光水滑的。钱夫人看见他笑起来时,咧着一口齐垛垛净白的牙齿,容长的面孔,下巴剃得青亮,眼睛细长上挑,随一双飞扬的眉毛,往两鬓插去,一杆葱的鼻梁,鼻尖却微微下佝,一头墨浓的头发,处处都抿得妥妥贴贴的。他的身段颀长,着了军服分外英发,可是钱夫人觉得他这一声招呼里却又透着几分温柔,半点也没带武人的粗糙。

"夫人请坐。"

程参谋把自己的椅子让了出来,将椅子上那张海绵椅垫挪挪正,请钱夫人就坐,然后立即走到那张八仙桌端了一盅茉莉香片及一个四色糖盒来,钱夫人正要伸出手去接过那盅石榴红的瓷杯,程参谋却低声笑道:

"小心烫了手,夫人。"

然后打开了那个描金乌漆糖盒,佝下身去,双手捧到钱夫人面前,笑吟吟地望着钱夫人,等她挑选。钱夫人随手抓了一把松瓢,程参谋忙劝止道:

"夫人,这个东西顶伤嗓子。我看夫人还是尝颗蜜枣,润润喉吧。"

随着便拈起一根牙签挑了一枚蜜枣,递给钱夫人。钱夫人道了谢,将那枚蜜枣接了过来,塞到嘴里,一阵沁甜的蜜味,果然十分甘芳。程参谋另外搬了一张椅子,在钱夫人右侧坐了下来。

"夫人最近看戏没有?"程参谋坐定后笑着问道。他说话时,身子总是微微倾斜过来,十分专注似的,钱夫人看见他又露出了一口白净的牙齿来,灯光下,照得莹亮。

"好久没看了,"钱夫人答道,她低下头去,细细的啜了一口手里那盅香片,"住在南部,难得有好戏。"

"张爱云这几天正在国光戏院演《洛神》呢,夫人。"

"是吗?"钱夫人应道,一直俯着首在饮茶,沉吟了半晌才说道,"我还是在上海天蟾舞台看她演过这出戏,那是好久以前了。"

"她的做工还是在的,到底不愧是'青衣祭酒',把个宓妃和曹子建两个人那段情意,演得细腻到了十分。"

钱夫人抬起头来,触到了程参谋的目光,她即刻侧过了头去。程参谋那双细长的眼睛,好象把人都罩住了似的。

"谁演得这般细腻呀?"天辣椒蒋碧月插了进来笑道,程参谋赶忙立起来,让了坐。蒋碧月抓了一把朝阳瓜子,跷起腿嗑着瓜子笑道:"程参谋,人人说你懂戏,钱夫人可是戏里的通天教主,我看你趁早别在这儿班门弄斧了。"

"我正在和钱夫人讲究张爱云的《洛神》,向钱夫人讨教呢。"程参谋对蒋碧月说着,眼睛却瞟向了钱夫人。

"哦,原来是说张爱云吗?"蒋碧月噗哧笑了一下,"她在台湾教教戏也就罢了,偏偏又要去唱《洛神》,扮起宓妃来也不象呀!上礼拜六我才去国光看来,买到了后排,只见她嘴巴动,声音也听不到,半出戏还没唱全,她嗓子先就哑掉了……暧唷,三阿姐来请上席了。"

一个仆人拉开了客厅通到饭厅的一扇镂空卐字的桃花心木推门,窦夫人已经从饭厅里走了出来。整座饭厅银素装饰,明亮得象雪洞一般,两桌席上,却是猩红的细布桌面,盆碗羹箸一律都是银的。客人们进去后都你推我让,不肯上坐。

"还是我占先吧,这般让法,这餐饭也吃不成了,倒是辜负了主人这番心意!"

赖夫人走到第一桌的主位坐了下来,然后又招呼着余参军长说道:

"参军长,你也来我旁边坐下吧。刚才梅兰芳的戏,我们还没有论出头绪来呢。"

余参军长把手一拱,笑嘻嘻的道了一声:"遵命。"客人们哄然一笑便都相随入了席。到了第二桌,大家又推让起来了,赖夫人隔着桌子向钱夫人笑着叫道:

"钱夫人,我看你也学学我吧。"

窦夫人便过来拥着钱夫人走到第二桌主位上,低声在她耳边说道:

"五妹妹,你就坐下吧。你不占先,别人不好入座的。"

钱夫人环视了一下,第二桌的客人都站在那儿带笑瞅着她。钱夫人赶忙含糊地推辞了两句,坐了下去,一阵心跳,连她的脸都有点发热了。倒不是她没经过这种场面,好久没有应酬,竟有点不惯了。从前钱鹏志在的时候,筵席之间,十有八、九的主位,倒是她占先的。钱鹏志的夫人当然上座,她从来也不必推让。南京那些夫人太太们,能僭过她辈份的,还数不出几个来。她可不能跟那些官儿的姨太太们去比,她可是钱鹏志明公正道迎回去做填房夫人的。可怜桂枝香那时出面请客都没份儿,连生日酒还是她替桂枝香做的呢。到了台湾,桂枝香才敢这么出头摆场面,而她那时才冒二十岁,一个清唱的姑娘,一夜间便成了将军夫人了。卖唱的嫁给小户人家还遭多少议论,又何况是入了侯门?连她亲妹子十七月月红还刻薄过她两句:姐姐,你的辫子也该铰了,明日你和钱将军走在一起,人家还以为你是他的孙女儿呢!钱鹏志娶她那年已经六十靠边了,然而怎么说她也是他正正经经的填房夫人啊。她明白她的身份,她也珍惜她的身份。跟了钱鹏志那十几年,筵前酒后,那次她不是捏着一把冷汗,任是多大的场面,总是应付得妥妥帖帖的?走在人前,一样风华蹁跹,谁又敢议论她是秦淮河得月台的蓝田玉了?

"难为你了,老五。"

钱鹏志常常抚着她的腮对她这样说道。她听了总是心里一酸,许多的委屈却是没法诉的。难道她还能怨钱鹏志吗?是她自己心甘情愿的。钱鹏志娶她的时候就分明和她说清楚了,他是为着听了她的《游园惊梦》才想把她接回去伴他的晚年的。可是她妹子月月红说的呢,钱鹏志好当她的爷爷了,她还要希冀什么?到底应了得月台瞎子师娘那把铁嘴:五姑娘,你们这种人只有嫁给年纪大的,当女儿一般疼惜算了。年轻的,哪里靠得住?可是瞎子师娘偏偏又捏着她的手,眨巴着一双青光眼叹息道:荣华富贵你是享定了,蓝田玉,只可惜你长错了一根骨头,也是你前世的冤孽!不是冤孽还是什么?除却天上的月亮摘不到,世上的金银财宝,钱鹏志怕不都设法捧了来讨她的欢心。她体验得出钱鹏志那番苦心。钱鹏志怕她念着出身低微,在达官贵人面前气馁胆怯,总是百般怂恿着她,讲排场,耍派头。梅园新村钱夫人宴客的款式怕不噪反了整个南京城。单就替桂枝香请生日酒那天吧,梅园新村的公馆里一摆就是十台,挟笛的是仙霓社里的第一把笛子吴声豪,大厨师却是花了十块大洋特别从桃叶渡的绿柳居接来的。

"窦夫人,你们大师傅是哪儿请来的呀?来到台湾我还是头一次吃到这么讲究的鱼翅呢。"赖夫人说道。

"他原是黄钦之黄部长家在上海时候的厨子,来台湾才到我们这儿的。"窦夫人答道。

"那就难怪了,"余参军长接口道,"黄钦公是有名的吃家呢。"

"哪天要能借到府上的大师傅去烧个翅,请起客来就风光了。"赖夫人说道。

"那还不容易?我也乐得去白吃一餐呢!"窦夫人说,客人们都笑了起来。

"钱夫人,请用碗翅吧,"程参谋盛了一碗红烧鱼翅,加了一匙羹镇江醋,搁在钱夫人面前,然后又低声笑道:

"这道菜,是我们公馆里出了名的。"

钱夫人还没来得及尝鱼翅,窦夫人却从隔壁桌子走了过来,敬了一轮酒,特别又叫程参谋替她斟满了,走到钱夫人身边,按着她的肩膀笑道:

"五妹妹,我们俩儿好久没对过杯了。"

说完便和钱夫人碰了一下杯,一口喝尽,钱夫人也细细的干掉了。窦夫人离开时又对程参谋说道:

"程参谋,好好替我劝酒啊。你长官不在,你就在那一桌替他做主人吧。"

程参谋立起来,执了一把银酒壶,弯了身,笑吟吟便往钱夫人杯里筛酒,钱夫人忙阻止道:

"程参谋,你替别人斟吧,我的酒量有限得很。"

程参谋却站着不动,望着钱夫人笑道:

"夫人,花雕不比别的酒,最易发散。我知道夫人回头还要用嗓子,这个酒暖过了,少喝点儿,不会伤喉咙的。"

"钱夫人是海量,不要饶过她!"

坐在钱夫人对面的蒋碧月却走了过来,也不用人让,自己先斟满了一杯,举到钱夫人面前笑道:

"五阿姐,我也好久没有和你喝过双盅儿了。"

钱夫人推开了蒋碧月的手,轻轻咳了一下说道:

"碧月,这样喝法要醉了。"

"到底是不赏妹子的脸,我喝双份儿好了,回头醉了,最多让他们抬回去就是啦。"

蒋碧月一仰头便干了一杯,程参谋连忙捧上另一杯,她也接过去一气干了,然后把个银酒杯倒过来,在钱夫人脸上一晃。客人们都鼓起掌来喝道:

"到底是蒋小姐豪兴!"

钱夫人只得举起了杯子,缓缓的将一杯花雕饮尽。酒倒是烫得暖暖的,一下喉,就象一股热流般,周身游荡起来了。可是台湾的花雕到底不及大陆的那么醇厚,饮下去终究有点割喉。虽说花雕容易发散,饮急了,后劲才凶呢。没想到真正从绍兴办来的那些陈年花雕也那么伤人。那晚到底中了她们的道儿!她们大伙儿都说,几杯花雕哪里就能把嗓子喝哑了?难得是桂枝香的好日子,姐妹们不知何日才能聚得齐,主人尚且不开怀,客人哪能恣意呢?连月月红十七也夹在里面起哄:姐姐,我们姐妹俩儿也来干一杯,亲热亲热一下。月月红穿了一身大金大红的缎子旗袍,艳得象只鹦哥儿,一双眼睛,鹘伶伶地尽是水光。姐姐不赏脸,她说,姐姐到底不赏妹子的脸,她说道。逞够了强,捡够了便宜,还要赶着说风凉话。难怪桂枝香叹息:是亲妹子才专拣自己的姐姐往脚下踹呢。月月红,就算她年轻不懂事,可是他郑彦青就不该也跟了来胡闹了。他也捧了满满的一杯酒,咧着一口雪白的牙齿说道:夫人,我也来敬夫人一杯。他喝得两颧鲜红,眼睛烧得象两团黑火,一双带刺的马靴拍哒一声并在一起,弯着身腰柔柔地叫道:夫人。

"这下该轮到我了,夫人。"程参谋立起身,双手举起了酒杯,笑吟吟地说道。

"真的不行了,程参谋。"钱夫人微俯着首,喃喃说道。

"我先干三杯,表示敬意,夫人请随意好了。"

程参谋一连便喝了三杯,一片酒晕把他整张脸都盖了过去了。他的额头发出了亮光,鼻尖上也冒出几颗汗珠子来。钱夫人端起了酒杯,在唇边略略沾了一下。程参谋替钱夫人拈了一只贵妃鸡的肉翅,自己也挟了一个鸡头来过酒。

"嗳唷,你敬的是什么酒呀?"

对面蒋碧月站起来,伸头前去嗅了一下余参军长手里那杯酒,尖着嗓门叫了起来,余参军长正捧着一只与众不同的金色鸡缸杯在敬蒋碧月的酒。

"小姐,这杯是'通宵酒'哪。"余参军长笑嘻嘻地说道,他那张黑红脸早已喝得象猪肝似的了。

"'呀呀唯,何人与你们通宵哪!'"蒋碧月把手一挥,打起京白说道。

"蒋小姐,百花亭里还没摆起来,你先就'醉酒'了。"赖夫人隔着桌子笑着叫道,客人们又一声哄笑起来。窦夫人也站了起来对客人们说道:

"我们也该上场了,请各位到客厅那边去吧。"

客人们都立了起来,赖夫人带头,鱼贯而入进到客厅里,分别坐下。几位男票友却走到那挡屏风面前几张红木椅子就了座,一边调弄起管弦来。六个人,除了胡琴外,一个拉二胡,一个弹月琴,一个管小鼓拍板,另外两个人立着,一个擎了一对铙钹,一个手里却吊了一面大铜锣。

"夫人,那位杨先生真是把好胡琴,他的笛子,台湾还找不出第二个人呢,回头你听他一吹,就知道了。"

程参谋指着那位操胡琴姓杨的票友,在钱夫人耳根下说道。钱夫人微微斜靠在一张单人沙发上,程参谋在她身旁一张皮垫矮圆凳上坐了下来。他又替钱夫人沏了一盅茉莉香片,钱夫人一面品着茶,一面顺着程参谋的手,朝那位姓杨的票友望去。那位姓杨的票友约莫五十上下,穿了一件古铜色起暗团花的熟罗长衫,面貌十分清癯,一双手指修长,洁白得象十管白玉一般,他将一柄胡琴从布袋子里抽了出来,腿上垫上一块青搭布,将胡琴搁在上面,架上了弦弓,随便咿呀的调了一下,微微将头一垂,一扬手,猛地一声胡琴,便象抛线一般窜了起来,一段《夜深沉》奏得十分清脆嘹亮,一奏毕,余参军长头一个便跳了起来叫了声:"好胡琴!"客人们便也都鼓起掌来。接着锣鼓齐鸣,奏出了一只《将军令》的上场牌子来。窦夫人也跟着满客厅一一去延请客人们上

场演唱,正当客人们互相推让间,余参军长已经拥着蒋碧月走到胡琴那边,然后打起丑腔叫道:

"启娘娘,这便是百花亭了。"

蒋碧月双手捂着嘴,笑得前俯后仰,两只腕上几个扭花金镯子,铮铮锵锵的抖响着。客人们都跟着喝彩,胡琴便奏出了《贵妃醉酒》里的四平调。蒋碧月身也不转,面朝了客人便唱了起来。唱到过门的时候,余参军长跑出去托了一个朱红茶盘进来,上面搁了那只金色的鸡缸杯,一手撩了袍子,在蒋碧月跟前做了个半跪的姿势,效那高力士叫道:

"启娘娘,奴婢敬酒。"

蒋碧月果然装了醉态,东歪西倒的做出了种种身段,一个卧鱼弯下身去,用嘴将那只酒杯衔了起来,然后又把杯子当啷一声掷到地上,唱出了两句:

　　人生在世如春梦
　　且自开怀饮几盅

客人们早笑得滚做了一团,窦夫人笑得岔了气,沙着喉咙对赖夫人喊道:

"我看我们碧月今晚真的醉了!"

赖夫人笑得直用绢子揩眼泪,一面大声叫道:

"蒋小姐醉了倒不要紧,只是莫学那杨玉环又去喝一缸醋就行了。"

客人们正在闹着要蒋碧月唱下去,蒋碧月却摇摇摆摆地走了下来,把那位徐太太给抬了上去,然后对客人们宣布道:

"昆曲大王来给我们唱'游园'了,回头再请另一位昆曲泰斗钱夫人来接唱'惊梦'。"

钱夫人赶忙抬起了头来,将手里的茶杯搁到左边的矮几上,她看见徐太太已经站到了那档屏风前面,半背着身子,一只手却扶在插笙箫的那只乌木架上。她穿了一身净黑的丝绒旗袍,脑后松松的挽了一个贵妃髻,半面脸微微向外,莹白的耳垂露在发外,上面吊着一丸翠绿的坠子。客厅里几只喇叭形的座灯象数道注光,把徐太太那细挑的身影,袅袅娜娜地推送到那档云母屏风上去。

"五阿姐,你仔细听听,看看徐太太的'游园'跟你唱的可有个高下"。

蒋碧月走了过来,一下子便坐到了程参谋的身边,伸过头来,一只手拍着钱夫人的肩,悄声笑着说道。

"夫人,今晚总算我有缘,能领教夫人的'昆腔'了。"

程参谋也转过头来,望着钱夫人笑道。钱夫人睇着蒋碧月手腕上那几只金光乱窜的扭花镯子,她忽然感到一阵微微的晕眩,一股酒意涌上了她的脑门似的,刚才灌下去的那几杯花雕好象渐渐着力了,她觉得两眼发热,视线都有点朦胧起来。蒋碧月身上那袭红旗袍如同一团火焰,一下子明晃晃的烧到了程参谋的身上,程参谋衣领上那几枚金梅花,便象火星子般,跳跃了起来。蒋碧月的一对眼睛象两丸黑水银在她醉红的脸上溜转着,程参谋那双细长的眼睛却眯成了一条缝,射出了逼人的锐光,两张脸都向着她,一齐咧着整齐的白牙,朝她微笑着,两张红得发油光的面靥渐渐的靠拢起来,凑在一块儿,咧着白牙,朝她笑着。笛子和洞箫都鸣了起来,笛音如同流水,把靡靡下沉的箫声又托了起来,送进"游园"的《皂罗袍》中去:

原来姹紫嫣红开遍
似这般都付与断井颓垣
良辰美景奈何天
便赏心乐事谁家院……

杜丽娘唱的这段"昆腔"便算是昆曲里的警句了。连吴声豪也说:钱夫人,您这段《皂罗袍》便是梅兰芳也不能过的。可是吴声豪的笛子却偏偏吹得那么高(吴师傅,今晚让她们灌多了,嗓子靠不住,吹低些吧),吴声豪说,练嗓子的人,第一要忌酒;然而月月红十七却端着那杯花雕过来说道:姐姐,我们姐妹俩儿也来干一杯。她穿得大金大红的,还要说:姐姐,你不赏脸。不是这样说,妹子,不是姐姐不赏脸,实在为着他是姐姐命中的冤孽。瞎子师娘不是说过：荣华富贵，蓝田玉，可惜你长错了一根骨头。冤孽呵。他可不就是姐姐命中招的冤孽了？懂吗？妹子，冤孽。然而他也捧着酒杯过来叫道：夫人。他笼着斜皮带，戴着金亮的领章，腰杆子扎得挺细，一双带白铜刺的长统马靴乌光水滑的啪哒一声靠在一起，眼皮都喝得泛了桃花，却叫道：夫人。谁不知道南京梅园新村的钱夫人呢？钱鹏公，钱将军的夫人啊。钱鹏志的夫人。钱鹏志的随从参谋。钱将军的夫人。钱将军的参谋，钱将军。难为你了，老五，钱鹏志说道，可怜你还那么年轻。然而年轻人哪里会有良心呢？瞎子师娘说，你们这种人，只有年纪大的才懂得疼惜啊。荣华富贵，只可惜长错了一根骨头。懂吗？妹子，他就是姐姐命中招的冤孽了。钱将军的夫人。钱将军的随从参谋。将军夫人。随从参谋。冤孽，我说。冤孽，我说。（吴师傅，吹得低一些，我的嗓子有点不行了。哎，这段《山坡羊》。）

> 没乱里春情难遣
> 蓦地里怀人幽怨
> 则为俺生小婵娟
> 拣名门一例一例里神仙眷
> 甚良缘把青春抛的远
> 俺的睡情谁见……

那团红火焰又熊熊的冒了起来了，烧得那两道飞扬的眉毛，发出了青湿的汗光。两张醉红的脸又渐渐的靠拢在一处，一齐咧着白牙，笑了起来。笛子上那几根玉管子似的手指，上下飞跃着。那袭袅袅的身影儿，在那档雪青的云母屏风上，随着灯光，仿佛摇曳起来。笛声愈来愈低沉，愈来愈凄咽，好象把杜丽娘满腔的怨情都吹了出来似的。杜丽娘快要入梦了，柳梦梅也该上场了。可是吴声豪却说，"惊梦"里幽会那一段，最是露骨不过的。（吴师傅吹低一点，今晚我喝多了酒。）然而他却偏捧着酒杯过来叫道：夫人。他那双乌光水滑的马靴啪哒一声靠在一处，一双白铜马刺扎得人的眼睛都发疼了。他喝得眼皮泛了桃花，还要那么叫道:夫人。我来扶你上马,夫人,他说道,他的马裤把两条修长的腿子绷得滚圆,夹在马肚子上,象一双钳子。他的马是白的,路也是白的,树干子也是白的,他那匹白马在猛烈的太阳底下照得发了亮。他们说:到中山陵的那条路上两旁种满了白桦树。他那匹白马在桦树林子里奔跑起来,活象一头麦秆丛中乱窜的兔儿。太阳照在马背上,蒸出了一缕缕的白烟来。一匹白的,一匹黑的,两匹马都在流汗了。而他身上却沾满了触鼻的马汗。他的眉毛变得碧青,眼睛象两团烧着了的黑火,汗珠子一行行从他额上流到他鲜红的颧上来。太阳,我叫道。太阳照得人的眼睛都睁不开了。那些树干子,又白净,又细滑,一层层的树皮都卸掉了,露出里面赤裸裸的嫩肉来。他们说:那条路上种满了白桦树。太阳,我叫道,太阳直射到人的眼睛上来了。于是他便放柔了声音唤道:夫人。钱将军的夫人。钱将军的随从参谋。钱将军的老五,钱鹏志叫道,他的喉咙已经咽住了。老五,他喑哑的喊道,你要珍重呀。他的头发乱得象一丛枯白的茅草,他的眼睛坑出了两只黑窟窿,他从白床单下伸出他那只瘦黑的手来,说道,珍重呀,老五。他抖索索的打开了那只描金的百宝匣儿,这是祖母绿,他取出了第一层抽屉。这是猫儿眼。这是翡翠叶子。珍重呀,老五,他那乌青的嘴皮颤抖着,可怜你还这么年轻。荣华富贵,只可惜你长错了一根骨头,冤孽,妹子,他就是姐姐命中招的冤孽了。你听我说,妹子,冤孽呵。荣华富贵,可是我只活过那么一次。懂吗? 妹子,他就是我的冤孽了。荣华富贵,只有那一次。荣华富贵,我只活过一次。懂吗? 妹子,你听我说,妹子。姐姐不赏脸,月月红却端着酒过来说道,她的眼睛亮得剩了两泡水。姐姐到底不赏妹子的脸,她穿得一身大金大红的,象一团火一般,坐到了他的身边去。(吴师傅,我喝多了花雕。)

  迁延,这衷怀那处言
  淹煎,泼残生除问天……

  就在那一刻,泼残生,就在那一刻,她坐到他身边,一身大金大红的,就是那一刻,那两张醉红的面孔渐渐的凑拢在一起,就在那一刻,我看到了他们的眼睛:她的眼睛,他的眼睛。完了,我知道,就在那一刻,除问天,(吴师傅,我的嗓子。)完了,我的喉咙,摸摸我的喉咙,在发抖吗?完了,在发抖吗?天!(吴师傅,我唱不出来了。)天!完了,荣华富贵,可是我只活过一次,冤孽、冤孽、冤孽……天!(吴师傅,我的嗓子。)就在那一刻,就在那一刻,哑掉了……天!天!天……

"五阿姐,该是你'惊梦'的时候了。"蒋碧月站了起来,走到钱夫人面前,伸出了她那一双戴满了扭花金丝镯的手臂,笑吟吟地说道。

"夫人!"程参谋也立了起来,站在钱夫人跟前,微微倾着身子,轻轻地叫道。

"五妹妹,请你上场吧。"窦夫人走了过来,一面向钱夫人伸出手说道。

锣鼓笙箫一齐鸣了起来,奏出了一只《万年欢》的牌子。客人们都倏地离了座,钱夫人看见满客厅里都是些手臂交挥拍击,把徐太太团团围在客厅中央。笙箫管笛愈吹愈急切,那面铜锣高高的举了起来,敲得金光乱闪。

"我不能唱了。"钱夫人望着蒋碧月,微微摇了摇两下头,喃喃说道。

"那可不行,"蒋碧月一把捉住了钱夫人的双手,"五阿姐,你这位名角儿今晚无论如何逃不掉的"。

"我的嗓子哑了。"钱夫人突然用力甩开了蒋碧月的双手,嘎声说道,她觉得全身的血液一下子都涌到头上来了似的,两腮滚热,喉头好象让刀片猛割了一下,一阵阵的刺痛起来,她听见窦夫人插进来说:

"五妹妹不唱算了,余参军长,我看今晚还是你这位名黑头来压轴吧。"

"好呀,好呀,"那边赖夫人马上响应道,"我有好久没有领教余参军长的《八大锤》了。"

说着赖夫人便把余参军长推到了锣鼓那边。余参军长一站上去,便拱了手朝下面道了一声"献丑",客人们一阵哄笑,他便开始唱了一段金兀术上场时的《点绛唇》;一面唱着,一面又撩起了袍子,做了个上马的姿势,踏着马步便在客厅中央环走起来,他那张宽肥的醉脸涨得紫红,双眼圆睁,两道粗眉一齐竖起,几声呐喊,把胡琴都压了下去。赖夫人笑得弯了腰,跑上去,跟在余参军长后头直拍着手,蒋碧月即刻上去加入了他们的行列,不停的尖起嗓子叫着"好黑头!好黑头!"另外几位女客也上去跟了她们喝彩,团团围走,于是客厅里的笑声便一阵比一阵暴涨了起来。余参军长一唱毕,几个着白衣黑裤的女佣已经端了一碗碗的红枣桂圆汤进来让客人们润喉了。

窦夫人引了客人们走出到屋外露台上的时候,外面的空气里早充满了风露,客人们都穿上了大衣,窦夫人却围了一张白丝大披肩,走到了台阶的下端去。钱夫人立在露台的石栏旁边,往天上望去,她看见那片秋月恰恰的升到中天,把窦公馆花园里的树木路阶都照得镀了一层白霜,露台上那十几盆桂花,香气却比先前浓了许多,象一阵湿雾似的,一下子罩到了她的面上来。

"赖将军夫人的车子来了。"刘副官站在台阶下面,往上大声通报各家的汽车。头一辆开进来的,便是赖夫人那架黑色崭新的林肯,一个穿着制服的司机赶忙跳了下来,打开车门,弯了腰毕恭毕敬的候着。赖夫人走下台阶,和窦夫人道了别,把余参军长也带上了车,坐进去后,却伸出头来向窦夫人笑道:

"窦夫人,府上这一夜戏,就是当年梅兰芳和金少山也不能过的"。

"可是呢,"窦夫人笑着答道,"余参军长的黑头真是赛过金霸王了"。

立在台阶上的客人都笑了起来,一齐向赖夫人挥手作别。第二辆开进来的,却是窦夫人自己的小轿车,把几位票友客人都送走了。接着程参谋自己开了一辆军用吉普进来,蒋碧月马上走了下去,捞起旗袍,跨上车子去,程参谋赶着过来,把她扶上了司机旁边的座位上,蒋碧月却歪出半个身子来笑道:

"这辆吉普车连门都没有,回头怕不把我摔出马路上去呢。"

"小心点开啊,程参谋。"窦夫人说道,又把程参谋叫了过去,附耳嘱咐了几句,程参谋直点着头笑应道:

"夫人请放心"。

然后他朝了钱夫人,立正,并深深地行了一个礼,抬起头来笑道:

"钱夫人,我先告辞了。"

说完便利落的跳上了车子,发了火,开动起来。

"三阿姐再见!五阿姐再见!"

蒋碧月从车门伸出手来,不停地招挥着,钱夫人看见她臂上那一串扭花镯子,在空中划了几个金圈圈。

"钱夫人的车子呢?"客人快走尽的时候,窦夫人站在台阶下问刘副官道:

"报告夫人,钱将军夫人是坐计程车来的。"刘副官立了正答道。

"三阿姐!"钱夫人站在露台上叫了一声,她老早就想跟窦夫人说替她叫一辆计程车来了,可是刚才客人多,她总觉得有点堵口。

"那么我的汽车回来,立刻传进来送钱夫人吧。"窦夫人马上接口道。

"是,夫人。"刘副官接了命令便退走了。

窦夫人回转身,便向着露台走了上来,钱夫人看见她身上那块白披肩,在月光下,象朵云似的簇拥着她。一阵风掠过去,周遭的椰树都沙沙地鸣了起来,把窦夫人身上那块大披肩吹得姗姗扬起,钱夫人赶忙用手把大衣领子锁了起来,连连打了两个寒噤,刚才滚热的面腮,吃这阵凉风一逼,汗毛都张开了。

"我们进去吧,五妹妹,"窦夫人伸出手来,搂着钱夫人的肩膀往屋内走去,"我去叫人沏壶茶来,我们俩儿正好谈谈心。你这么久没来,可发觉台北变了些没有?"

钱夫人沉吟了半晌,侧过头来答道:

"变多喽。"

走到房子门口的时候,她又轻轻的加了一句:

"变得我都快不认识了,起了好多新的高楼大厦。"

(选自《台北人》,中国友谊出版公司 1985 年版)

飘零者的哀歌

——《游园惊梦》浅析

李逸涛

  《游园惊梦》的作者白先勇是台湾现代派小说的代表作家之一,其作品主要有《谪仙记》、《游园惊梦》、《台北人》、《纽约客》、《寂寞的十七岁》等12个短篇小说集和一部长篇小说《孽子》,其中《台北人》共收入14篇短篇小说,主要反映从大陆逃亡到台湾而又生活在台北的达官贵人不可逆转的悲剧命运。作为国民党高级将领白崇禧的后代,白先勇的记忆中留下了先辈在大陆时的"显赫"和上流社会的"气派"的深刻印象。到台湾后,他目睹国民党的衰败,对国民党旧官僚的没落和生活的潦倒,有意无意地表示出深切的同情和惋惜,于是,为他们叙写了一曲哀痛的挽歌。

  《游园惊梦》是最能体现《台北人》思想的篇章之一。作品写的是国民党高级将领的家眷、名伶、侍从等在台北的一次聚会。聚会使每个人都无法抑制地回忆起昔日在南京时歌舞升平的非凡时光。岁月流逝,星移斗转,而今将军白头而威仪损减,美人迟暮而艳丽褪色。眼前虽然衣香钗影、歌舞翩跹,然而羁旅无根,只能用强颜欢笑来支撑自己,其中尤以主人公钱夫人的黯然心境为代表。他们的面前没有丝毫的亮光和转机,也丧失了任何追求未来的欲望和能力。剩下的只有对过去无限惋惜的怀念。作者笔下的这些没落的豪门权贵们,代表了那个被逐出历史舞台的上流社会,他们的聚会只不过是一次醉生梦死的亮相。

  作品刻画了一群上流社会的贵族妇女的形象。她们身份有异,性格各不雷同。其中有"高傲"的赖夫人,"矜贵"的窦夫人,"放荡"的蒋碧月,"伤感"的钱夫人,都写得栩栩如生。主人公钱夫人,本是个出身低微的"优伶",20刚出头便做了行将就木的将军夫人。而今将军早逝,她已守寡多年,独自落魄在冷清的台南。此次来台北参加窦夫人的宴会,她一开始就感到自己陷于窘境:衣料颜色不对劲,旗袍长得不合时宜;没有专车,只能乘计程车赴宴。而眼前的窦夫人,昔日在南京不过是次长窦瑞生的"小",没有请客的名份,生日酒还是钱夫人替她办的呢。如今窦夫人扶正为太太,丈夫又官运亨通,自然华贵无比。相比之下,自己却处于窘迫寒伧之中,钱夫人不免对应酬交际也有些怯生起来。作品从今昔强烈的对比中,深刻地挖掘出钱夫人复杂的内心感受和精神世界。她无比留恋钱公馆昔日的"繁华"与"气派",同时对自己的落魄不胜感慨。她一方面对钱将军的怜惜钟爱十分感激,心甘情愿嫁给他;一方面又对这种没有爱情的婚姻感到极端痛苦,有许多无法说出的委屈。她爱上年轻英俊的参谋郑彦青,但又感到对不起钱将军,内心无限内疚……当宴会上唱起《游园惊梦》时,她在醉意朦胧中仿佛又经历了一次与郑参谋的缱绻交欢;然而眼前的事实又使她感到青春与爱情已经逝去,慨叹自己命中"只可惜长错了一根骨头","只活过那么一次"。尤其是在与窦夫人地位升沉的对比中,她感到自己实际上已被排除在贵夫人之列;但她那根深蒂固的门阀观念却又丝毫没有改变,这怎能使她不黯然伤怀呢。这种细致的复杂感情的描写,使人物性格鲜明而丰富,真实而可信,具有强烈的艺术感染力。

　　白先勇深受中国古典文学的熏陶,颇得传统小说技法的精髓,同时又广泛涉猎外国文学,从西方现代派小说中汲取营养,形成了自己的独特风格。《游园惊梦》可以说是中西合璧的结晶。

　　小说的题目出自根据中国传统剧目《牡丹亭》改编的昆曲《游园惊梦》,本身就带有传统文化色彩。作者善于运用传统的工笔手法,通过对人物所处的环境、外貌衣饰和言谈举止的精雕细刻,使人物形神毕肖,跃然纸上;加之文白交杂、北京话与方言相糅的语言格调,使作品颇具《红楼梦》等古典小说的神韵。

　　首先是环境描写。作品开头细腻地描绘了窦公馆花园的深阔,客厅的豪华。钱夫人在随从的导引下进入窦公馆,但见花园里"满园子里影影绰绰,都是些树木花草,围墙周遭,却密密地栽了一圈椰子树,一片秋后的清月,已经升过高大的椰树干子来了"。在椰树的掩映下,窦公馆那座两层楼赫然而立,灯火通明,好不气派。入得前厅,这里"摆了一堂精巧的红木几椅,几案上搁着一套景泰蓝的瓶樽,一只鱼篓瓶里斜插了几枝万年青;右侧壁上,嵌了一面鹅卵形的大穿衣镜"。正厅则更为豪华,"厅堂异常宽大,呈凸字形,是中西合璧的款式。左半边置着一堂软垫沙发,右半边置着一堂紫檀硬木桌椅,中间地板上却隔着一张两寸厚刷着二龙抢珠的大地毯";沙发中间的长方矮几上"摆了一只两尺高天青细瓷胆瓶,瓶里冒着一大蓬金骨红肉的龙须菊";"厅堂凸字尖端,也摆着六张一式的红木靠椅,椅子三三分开,圈了个半圆,中间缺口处却高高竖了一档乌木架流云蝙蝠镶云母片的屏风"。这一切,不仅表现出主人的身份、地位、爱好,而且一一进入钱夫人的眼帘,自然会勾起她的一番回忆与慨叹。将描写融于叙述之中,正是对传统小说的借鉴。

其次是衣饰描写。作者对窦夫人、赖夫人、蒋碧月、钱夫人穿戴的描写,颇见功力,从中不仅可以显示她们各自不同的年龄、身世、性格,还可窥见她们此时此刻的心态。窦夫人雍容矜贵,春风得意,她"穿了一身银灰洒朱砂的薄纱旗袍,足上配了一双银灰闪光的高跟鞋,右手的无名指上戴了一只莲子大的钻戒,左腕也笼了一副白金镶碎钻的手串,发上却插了一把珊瑚缺月钗,一对寸把长的紫瑛坠子直吊下发脚外来";蒋碧月天性轻佻,"穿了一身大红的缎子旗袍,两只手腕上,铮铮铿铿,直戴了八只扭花金丝镯,脸上勾得十分入时,眼皮上抹了眼圈膏,眼角儿也着了墨,一头蓬得象鸟窝似的头发,两鬓上却刷出几只俏皮的月牙钩来。"这些描写笔力匀细,气韵生动,可谓写真、传神的现代仕女图。相比之下,钱夫人则自惭形秽。她身上那件墨绿杭绸的旗袍,是为了赴这场宴会而特意用从箱底找出的从南京带出来的衣料制做的,本已"觉得颜色有点不对劲儿";后来见"个个的旗袍下摆都缩得差不多到膝盖上去了,露出大半截腿子来",自己的旗袍仍长得"拖到脚面上",于是怀疑这样站出去"不晓得还登不登样"。这些描写不仅反映出台湾上流社会的奢侈和钱夫人潦倒、落魄的景况,而且突出了世事沧桑、人生无常的主题,具有画龙点睛的效果。

第三是人物举止描写。传统小说主要借助人物的语言和行动在人物的自我表演中展现性格,一般不由作家出面介绍和评价。白先勇得其真髓,运用自如。在几个妇女形象中,蒋碧月与赖夫人形成鲜明对照。蒋碧月外号"天辣椒",泼辣佻侻。她一见钱夫人,"便踏着碎步迎了上来,一把便将钱夫人的手臂勾了过去,笑得全身乱颤"。接着说道:"五阿姐,刚才三阿姐告诉我你也要来,我就喜得叫道:'好哇,今晚可真把名角儿给抬出来了!'"这一迎、一勾、一叫,性格全出。赖夫人仰仗其夫是个"司令官",目空一切,自然对出身低贱、破败潦倒的钱夫人冷眼相看。窦夫人向她介绍钱夫人时,她"打量了钱夫人半晌",才款款地起身同钱夫人握手,接着便转身同男客聊天去了。作者还多次写到几位妇女的笑,也各显其性格,如蒋碧月是"双手捂着嘴,笑得前俯后仰",窦夫人是"笑得岔了气",赖夫人是"笑得直用绢子揩眼泪"。如此等等,于举止的细微差别之处把鲜活的人物推给读者,颇见此时无声胜有声的功力和作者的传统文化修养。

　　与此同时,作品明显地借鉴了西方现代派小说中意识流的写法技巧,通篇贯穿了女主角钱夫人的意识流动。作品明写钱夫人由台南赴台北参加窦夫人家宴的过程,暗写她在赴宴过程中的心态。一进窦公馆,见到窦夫人,她的意识流就开始了:眼前的窦夫人华贵无比,春风得意,而昔日的桂枝香不过给人"做小",连请客的名份也没有,钱夫人却是没几人能僭过她辈份的将军太太。如今,自己成了遗孀,昔日的风光不会再来。接着见到窦的妹妹蒋碧月,想到了这位拣了便宜、出尽风头的"天辣椒"的种种旧事。由蒋碧月引荐,钱夫人又结识了几位票友,在"得了梅派真传"的赞誉中,提起当年在南京夫子庙得月台清唱《游园惊梦》、在南京梅园新村宴客唱戏的种种情景,其中,想得最多的是她个人婚姻的不幸和爱情的毁灭。在徐太太的《游园》声中,她想起了从前的心上人郑参谋,记起了那回她正在唱《游园惊梦》,却看到台下亲妹妹月月红和郑参谋的两张醉脸贴在一起,命中的冤孽出现了,于是她的嗓子"哑掉了",她的艺术生命随着爱情的毁灭而结束了。蒋碧月的一声"五阿姐,该是你'惊梦'的时候了",方使钱夫人停止了意识流动,回到了现实。这样,整个宴会进行的过程,就是钱夫人意识流动的过程,戏内戏外演着的同样内容勾动钱夫人的意识不断流泻,将钱夫人复杂的内心世界和没落感展露无遗。作品因此跌宕起伏,引人入胜。意识流是西方现代派作家倡导的一种无意识、非理性的写作技巧,白先勇将它作了有意识、有目的的安排和选择,并且与传统的刻画人物性格的手段结合起来运用,从而突出了钱夫人今非昔比、飘泊零落的命运变迁。

复习思考题

1. 简析钱夫人的形象。
2. 《游园惊梦》运用了哪些文学技巧?

现代意识流长篇的开山作

——《酒徒》赏析

江少川

著名学者杨义曾撰文对香港著名作家刘以鬯作了这样的评价:"在南天一隅出奇制胜,率先使华文小说与世界新锐的现代主义文学接轨。那么他在香港,甚至在中国现代文学史上的地位就凸现出来了。"[①]刘以鬯的长篇小说《酒徒》最可宝贵的,就是它是华文文学第一部意识流长篇,是借鉴、吸收西方现代小说技巧写中国题材的成功试验。作为意识流长篇的开山之作,它在文学史上具有不可替代的地位。

刘以鬯(1918—),生于上海,祖籍浙江镇海。曾主编《国民公报》和《扫荡报》副刊。1945年回上海任《和平日报》总编辑,后创办怀正文化社,出版中国新文学作品。1948年到香港,先后任《香港时报》、《星岛周报》、《西点》等报刊编辑、主编。1952年到新加坡,任《益世报》主笔兼副刊编辑,后到吉隆坡任《联邦日报》总编辑。1957年回港后,继续从事报纸副刊的编辑工作,曾主编《香港时报·浅水湾》、《星岛日报·大会堂》等。1986年,创办并主编《香港文学》月刊,任总编辑至2000年。2001年,获香港特别行政区政府颁授的荣誉勋章。

刘以鬯于1962年10月开始在香港《星岛晚报》连载《酒徒》,1963年由香港海滨图书公司出版。《酒徒》的背景是五六十年代的香港,主人公是一位穷愁潦倒的职业作家,小说主要"写一个困处于这个时代而心智不十分平衡的知识分子怎样用自我虐待的方式去求取继续生存"[②]。通过对人物精神活动、意识流的揭示,折射出香港转型期的工

---

① 《刘以鬯小说艺术综论》,《杨义文存》第4卷,第567页,人民出版社1998年版。
② 《〈酒徒〉初版序》,香港海滨图书公司1963年版。

商社会的五光十色。"我"即小说中的"老刘",具有深厚的中西文化修养,多年从事文艺工作,办过报纸文艺副刊,编过文艺丛书,知识广博,然而,移居香港以后为生活所迫,不得不靠卖文为生。在商品主宰一切的现代都市社会,严肃的文学艺术失去市场,"我"这个有良知的作家内心痛苦,不得不违心地给报纸写武侠小说、黄色小说。

《酒徒》全书43节,节与节之间在时空方面并无连贯,故事组接也不很明显。作品通过"我"的意识流、思想流揭示了人物心灵的痛苦、灵魂的异化和人格的分裂。并通过他表现出现代工商社会的种种病态:"文章变成商品。爱情变成商品。女孩子的贞操也变成商品。""这是一个人吃人的世界!这是一个丑恶的世界!这是一个只有野兽才可以居住的世界!这是一个可怕的世界!这是一个失去理性的世界!"①

作为一部意识流长篇,《酒徒》具有以下鲜明特色:

一是探索"内心真实"的东方意识流。

刘以鬯认为:"传统的现实主义不能做到真正的'写实'。既然做不到像J·乔伊斯这样的小说家开始在小说中探索内在世界,像W·福克纳这样的小说家就倾力刻画'人'的灵魂与人类的内心冲突。"②"小说家不能平铺直叙地讲一个故事就算,他需要组织一个新的体制。……内在真实的探求成为小说家的重要目的已属必须。"③

《酒徒》中人物的思想流、意识流大体表现为三种形式。其一,人物的内心独白。如小说中大段大段括号中的文字都是人物的内心独白。这些文字相当真实地袒露出内心世界的真实轨迹。其二,人物的自由联想。这种联想打破时空顺序、逻辑联系,如天马行空般来去自由。如小说的第6节,以"潮湿的记忆"开头,在"现实像胶水般粘在记忆中。母亲手里的芭蕉扇,扇亮了银河两旁的牛郎织女星。落雪日,人手竹刀尺围在炉边舞蹈"一段文字之后,用了多个以"轮子不停地转"作开头句的自然段,从童年到北伐到抗战到"二战"结束到香港到新加

---

① 《酒徒》,香港海滨图书公司1963年版。
② 《刘以鬯卷》,香港书店有限公司1991年版。
③ 《〈酒徒〉初版序》,香港海滨图书公司1963年版。

坡。一系列横断面组接起来,浓缩了丰富的社会内容。其三,人物的醉境与梦幻。小说中几乎每一节都会出现"酒徒"由于饮酒出现的醉态,加上梦幻的描写,逼真地再现出人物的潜意识,蒙上迷茫朦胧的色彩。

然而,刘以鬯并非盲目照搬西方作家的小说技巧,他认为:"一个民族的作家、艺术家吸收另一个民族文艺作品的技巧时,总不是全面的、无条件的,总是带着本民族的文化特点。"①他在吸收、借鉴的基础上加以改造、创造,将人物的意识流与外部世界加以融合,明显地带有东方色彩。它表现在作者善于用理性控制对"内在真实"的探求。今天读《酒徒》,虽然有些部分颇为难懂,要反复阅读,反复领悟,但并没有出现像西方意识流小说那样晦涩,留下的谜团至今不解的情况。尽管小说的故事性不强、不连贯,但小说中酒徒的活动线索、人物关系是清晰的。人物有其活动的具体环境,人物的意识流与外部环境相关联,而不是与情节割裂、完全不相干。小说中最突出的是写"我"饮酒,一杯、两杯……总是在一定环境中,由清醒而逐渐进入醉态,到意识朦胧的幻境中。

二是"心理时间"与象征符号相交叠的结构。

意识流小说的结构与传统小说不同,没有完整、连贯的故事情节作线索,不注重塑造人物性格。"心理时间"一词由柏格森最早提出,英国小说家伊丽莎白·鲍温形象地将其归纳为"戏剧性的现在"。刘以鬯深深认识到,构建一部长篇,结构是非常重要的,"好的小说必定是经过悉心安排的。不经过刻意的经营,不可能写出好的小说"②。而运用意识流来创作长篇,就要打破传统的结构方法。他受到西方作家的启发,提出"横断面的方法",认为"现代社会是一个错综复杂的社会,只有运用横断面的方式去探求个人心灵的飘忽、心理的变幻并捕捉思想的意象,才能真切地、完全地、确实地表现这个社会环境以及时代精

---

① 《八方》编辑部记者:《知不可为而为——刘以鬯先生谈严肃文学》,《八方》文艺丛刊第6期,1987年8月版。

② 刘以鬯:《短绠集》,第99页,中国友谊出版公司1985年版。

神。"①这段话清楚地道出:表现这个错综复杂的社会,要用横断面的方式,即"心灵的飘忽"、"心理的变幻"。这既是内容的需要,也是形式的需要。《酒徒》共43节,主要依赖人物的"心理时间"连结起来。每一节都是一个横断面、戏剧性的现在,它忽而过去、忽而现在,忽而现实、忽而梦幻,用"心理时间"一环套一环,将各节巧妙地串联、组合、拼接起来。即使在每一节,也都淡化情节,打乱时空次序,把各种现实碎片拼接、组合在一起。如小说的第四节:

  潮湿的记忆
   现实像胶水般粘在记忆中。母亲手里的芭蕉扇,扇亮了银河两旁的牛郎织女星。落雪日,人手竹刀尺在炉边舞蹈。
   轮子在不停地转。母亲的"不"字阻止不了好奇的成长,……
   轮子在不停地转。打倒列强,……

  一连用了26个"轮子不停地转",把互不相关的生活断片,或曰"心理时间"联结成一个相对独立的"整体"。
  如果说用"心理时间"结构小说始于西方,那么,苦心寻找一个贯穿整部作品的象征意象作为小说的深层线索,便是刘以鬯的精心创造了。"酒"就是这样一个蕴含丰富的象征符号,小说中的每一节都是一个环,联结或曰套环成串的就是具有象征意义的"酒"符号。它一方面象征人物的欲望、痛苦与矛盾,同时,人物的酒醉与酒醒的相互交叠,陆续递嬗,又构成了小说的深层线索。同时,"酒"也是具有中国色彩、与文人关系密切的象征意象。小说名曰《酒徒》,可见主人公是以酒为命,离不开酒。整篇小说以酒徒的酒醉与酒醒为主线,展开了一个个"戏剧性的现在"。应当说,"酒"意象的苦心经营,是刘以鬯的独特创造。
  三是现代诗与小说相嫁接的诗情话语。
  刘以鬯说:"小说和诗结合可以产生一些优秀的作品。诗和小说

---

① 《〈酒徒〉初版序》,香港海滨图书公司1963年版。

结合起来,可以使小说获得新的力量。小说家走这条路子,说不定会达到新的境界。"①首先,《酒徒》采用了第一人称的自叙视角。西方的意识流经典之作如《追忆似水年华》、《尤利西斯》都是采用第一人称叙事。用"我"的眼睛去观察世界,用"我"的心灵去感受世界,而非纯客观地叙述,便于抒发人物的心理变幻,倾吐人物的隐曲心声。

其次,小说一反传统小说的写法,大量采用现代诗的语言,如运用意象的密集、反复、重叠,象征、隐喻、暗示等建构朦胧的意境,造成诗意的美感。这样的例子在《酒徒》中俯拾即是,如开篇的一段:

生锈的感情又逢雨天,思想在烟圈里捉迷藏。推开窗,雨滴在窗外的树上眨眼。雨,似舞蹈者的脚步,从叶瓣上滑落。打开收音机,忽然传来上帝的声音,我知道应该出去走走了。

这里为了表现心绪的烦闷、飘忽、失意,选择了雨、烟圈、舞蹈等意象。"在烟圈里捉迷藏"也是隐喻,喻情感的失落、思想的迷茫,找不到精神寄托,寻不到出路。

再次,小说用灵视烛照客观外物世界。台湾著名诗人罗门说:"任何具有创造性的诗人与艺术家,都必须不断扩展一己特殊性的灵视,去向时空与生命做深入性探索,以便把个人具有卓越性与特异性的'看见'提示出来。"②刘以鬯在小说中借酒徒之话说:"诗人受到外在压力时,用内在感应去答复,诗就产生了。诗是一面镜子,一面藏在内心的镜子。"这段话是灵视的最好注脚。也就是说,小说家尽量减少或不用客观的叙述与描绘,而是通过人物的心灵去感知外在世界。外在世界是人物心灵烛照的印象。

最后,小说在形式上分行排列,采用比较整齐而又有变化的长串排比句。在许多节中,作者都采用分行排列的长串排比段落,如第六节用了14个"我欲乘坐太空船……"长串排比句,体现了意识的流转。

---

① 转引自香港《文艺杂志》季刊第四期,1982年版。
② 引自萧萧:《现代诗入门》,第200页,台湾故乡出版社1982年版。

现代意识流长篇的开山作

《酒徒》是中国长篇意识流小说的第一篇,对这部作品的意义及在文学史上的地位应予充分重视。

创新求变是文学发展的生命之泉。刘以鬯的创新首先表现在小说观念之新。他常说:"作为一个现代小说家,必须有勇气创造并试验新的技巧和表现方法,以期追上新的时代,甚至超越时代。"①这种见解是难能可贵的。在创作中,刘以鬯以自己的实践体现了自己的主张,他生活的香港在商品浪潮的冲击下,严肃文学举步维艰,充斥文坛的是武打小说、黄色小说、四毫小说。写实作品尚且难有阵地,更不用说用现代技巧写的文学作品了。而刘以鬯却一反传统的写法,引进西方意识流手法创作长篇。这种探索勇气与精神令人叹服。刘以鬯的《酒徒》无疑是一部反传统之作。他的短篇小说集《天堂与地狱》、《寺内》、《一九九七》、《春雨》、《黑色里的白色　白色里的黑色》都是他苦心探索的结晶。

"五四"以来,勇于创新的小说家在文学史上都留下了闪光的足迹。早在1918年,鲁迅的《狂人日记》就作了运用意识流手法的成功尝试,1922年郭沫若的《残春》也运用了意识流手法。30年代的上海,施蛰存的《将军的头》、《梅雨之夕》,穆时英的《夜总会里的五个人》、《上海的狐步舞》,都曾引进意识流手法。但这些作品都限于中短篇。而将意识流这种艺术表现形式引入长篇创作的,刘以鬯当推华文文学第一人。《酒徒》开拓了长篇创作的新境界,填补了中国现当代文学史上意识流长篇的空白,堪称现代长篇经典之作。

《酒徒》所反映的社会现实,距今已近半个世纪,但它有一种超时空的价值。《酒徒》所表现的香港社会转型期的种种社会问题如物欲横行、精神道德的沦丧等,在当今大陆也普遍存在。

复习思考题

1. 为什么说《酒徒》的意识流手法运用具有明显的东方色彩?
2. 试述《酒徒》在中国现当代文学史上的意义。

---

① 《〈酒徒〉初版序》,香港海滨图书公司1963年版。

香港底层书写的典范

——重读长篇小说《穷巷》

古远清

香港新文学是中国新文学的有机组成部分。香港的著名作家黄谷柳、侣伦等人继承了五四新文学同情弱者、关心下层民众生活与命运的优良传统。尤其是作为香港文坛拓荒者的侣伦,是香港作家书写底层经验、为弱势群体发言的代表。

侣伦(1911—1988),原名李霖,笔名林下风。原籍广东惠阳,生于香港。上小学时因家贫而辍学。1928年开始发表小说,以李霖的谐音"侣伦"为笔名,从此笔耕不辍。侣伦的长篇小说《穷巷》,通过描写第二次世界大战结束后香港,职业不同、身份有异的小人物生活在一起的悲苦生活,体现了作者的人文关怀和道德理想。

作为言说对象的底层由谁来表述最为恰当?这里有来自底层民众的自我表述,也有他者的底层言说。其实,只要能真实地反映出底层人物在金钱世界中的贫困,在权力世界中的渺小,在知识世界中的匮乏状态,并表现出他们对美好生活的向往和向往落空后的幻灭,就可算作"底层文学"的佳构。而侣伦不仅是底层生活的亲历者,也是底层生活的创造者。在写《穷巷》时,正值他生活上最困难的时期。他和书中的主人公一样:生活艰辛,居住环境恶劣,一天到晚为柴米油盐发愁。在《穷巷》第47章中,高怀捏紧拳头连续地打着桌面,激烈地大叫:"钱!钱!钱!钱!钱!"这既是底层的呼声,也是苦难之源的注脚,它来自作者的真实体验。侣伦蛰伏在下层,一直在饥饿的边缘上痛苦呻吟。正因如此,他才能将香港狭小的都市空间写得栩栩如生,才能将住房、失业作为迫切的社会问题加以表现。正因为作者不是出身于富豪人家,对都市租屋区小人物的跌宕人生、历史变迁和梦想破碎有深刻的体验,所以才能将作家高怀、小学教师罗建、拾荒者莫轮、失业军人杜全、险被逼良为娼的白玫在底层挣扎中所显现的人性光辉,表现出撼动人心的力量。

据有的学者考证,"底层"的概念来自意大利文学理论家葛兰西的《狱中札记》。斯皮瓦克在《从属阶级能发言吗》中,强调底层的一个重要特征是本身不能发声。① 原因是底层的整体文化水平不高,分散和组织化程度也很不理想。作为底层的失业者和都市贫民,他们的自我表述难以进入社会公共话语空间。可侣伦不是一般的城市贫民,而是做过教师和报刊编辑的知识分子,所以他的底层生活不需借助"他者"表述,而是将"底层民众的自我表现"与"他者的底层言说"合二为一,这样便解决了对底层生活隔膜的"他者"不熟悉生活"代言"的问题。

也许有人认为,侣伦的"底层写作"不过是借表述底层之酒浇胸中块垒,发泄自身处境的不平而已。这种看法有片面性。众所周知,任何作家的创作都包括自己的生活经验在内。侣伦的《穷巷》并没有止于发牢骚,而是借此描绘华洋杂处、到处恢复了元气又带着混乱的殖民地生活图景。作品中出现的廉价租屋,浓缩着社会、时代、历史、政治、经济、法律和文化的整体经验,其中丑恶与崇高并存,黑暗与光明同在。

侣伦书写底层的香港故事,是他的文学视点不断下移的创作理念的延伸,是他以往创作的《飘忽的云》、《大地儿女》的进一步发展。《穷巷》的出版,标志着他由个人写作向"底层创作"的转换。同是写抗战背景下大屋中各种人物的矛盾冲突,《穷巷》不似《大地儿女》那样不协调,给人生硬的印象,而是将不同遭遇的人物的生存挣扎和谐地统一在租屋内,并将挣扎与抗战的"惨胜"有机联系起来。他的笔端,触摸到了南下难民的灵魂深处,淋漓尽致地道出了底层所包含的苦痛、不幸、磨难、沉沦、欺诈、不公等各种人生经验和社会伦理,同时也包含着质朴、勤劳、伸张正义、不怕艰难困苦的美好一面。所不同的是,他不是从接收大员大发国难财这一宏大视窗去揭示杜全们的生活困境和"雌老

---

① 参见廖炳惠:《关键词汇200——文学通用词汇篇》,江苏教育出版社2006年版。

虎"的精神状态,而是通过衣食住行中的"住",即欠租与催租的矛盾中去展现战后香港的广阔生活画面。具体说来,《穷巷》所写的底层生活,具有如下特点:

一是与香港现实密切联系的当下性。《穷巷》与那些远离现实、叙写帝王将相的腐化生活或"死人复活"的小说不同。所谓"死人复活"的小说,是指香港的某些章回小说家,为生活计,每天在各种报纸上写连载小说:甲报写几百字,又同时在乙报写几百字,天天如此,作家疲于奔命,写了上则忘了下则,以至把上则写过的已去世的人物在下则中莫明奇妙地出现。这种小说由于迎合了市场需要,即使粗制滥造,也名利双收。而《穷巷》不同,作品中出现的无论是凶神恶煞的包租婆、市侩的小摊主"旺记婆",还是无家可归的飘零女、一贫如洗的莫轮、穷愁潦倒的文人高怀,都可在现实中找到原型。《序曲》中所写的1946年香港的春天,有兴奋的情绪与光明的幻象、繁荣的恢复与丑恶的出现,难民的生活焦虑和复员的抗日战士身份的重新确认,以及如何挖出及处置曾经出卖民族利益的汉奸,这些问题涉及千百万香港人民的切身利益,也是战后香港社会重建需要解决的迫切问题。

二是民间叙事立场。这里讲的民间立场,是指作家自觉地站在社会底层及广大平民的立场上,对"城市异乡者"、出卖体力或脑力者、失业者的生活做出自己的审视与判断。由于民间文化带有在野色彩,这就使作家贴近下层人民生活,以写实的方式表现出"一张床板加一张被单"的生活状况。当然,这不是简单的认同民间生活,而是包含着从"木杉街的残旧楼房"的民间生活中发掘出生命的意义与时代价值。"底层写作"的作家不仅要关注小人物的外在遭遇,更应关注他们的精神世界。侣伦正是这样做的,即他不满足于揭开城市底层的帐幔,让人们看到四男一女共居一室的生活真相,而且还表现了这些无权无钱的小人物虽面临困境却不低下高昂的头的人性光辉,虽遭遇苦难却相互扶助的团结精神。正如作品中的莫轮所言:"就因为大家都一样困难,我们才住在一起……我觉得友谊比金钱更好。"高怀也这样劝慰受冤屈的杜全:"这世界只有有钱人奚落穷人,穷人决不会奚落穷朋友。"

侣伦笔下的民间,在法律一类的强制力量难以企及时,人与人之间的友爱便主宰一切。民间虽然也有争吵,有时甚至相互拉扯、出拳,但更多的是彼此关爱。这就是说,"穷"在《穷巷》中并不是底层生活标签式的存在,以至作家把笔墨全都花在苦难事件、贫困生活的描写上,而是写出底层生活的野趣和情趣,写出人与人之间的温情、友爱、合作、互助的美好情感。如一文不名的杜全投奔莫轮时,莫轮不仅没有拒之于门外,而且将他照顾得无微不至。可杜全误解了对方,莫轮却不记恨他,认为杜全因生活无着落心情不好可以原谅。工薪甚微的罗建,连改作业的空间都难找到,可他仍毫无怨言地接纳了杜全、高怀和白玫。这种处处为他人着想的忍让精神,令人感动。先后搭救轻生的白玫,并把自己的版税全部用来交租,还帮助调解杜全与莫轮之间误会的高怀,更体现出知识分子的人道关怀。这种尽可能减少对立和冲突,即"我爱人人,人人爱我"的品格虽然过于理想化,但民间的力量就是靠这一点凝聚,并且义无返顾,毫不反悔。

侣伦憧憬的民间境界,不是一般意义上的返璞归真,也不只局限于有血有泪的人生体验。侣伦的理想是有憎恨也有宽容,有阴霾也有光明的现实,其最大愿望是重塑民众的美好情操。他缔造的艺术世界不是海市蜃楼,而是扎根在民间的土壤中。他以平民的眼光观察生活,眼睛始终注视着收废品者、失业军人、市井小贩这些被侮辱者和地位不高、文化水准甚差的下层群体。他不去写光芒四射的英雄人物,而是从一贫如洗的小人物身上着墨,从而体现出强烈批判社会的大主题。侣伦这种以平民心态关照失恋失业者的命运而不游离于弱势群体的写作态度,完全可以和内地的"底层创作"相媲美。

三是乡土性。作为一位土生土长的香港人,《穷巷》所表现的是地道的香港风味。作品中反复写到的"穷巷"便与北平、上海不完全相同。如为了和阿贞结秦晋之好的杜全,在伪装到船厂上班时所上演的"失业汉的活剧",其利用的便是港式建筑:从出租屋走出来到街尾游荡片刻,再从另一头的楼梯上转回来——在另一头,杜全已经走到街尾。照例他是转个角落,便由那开在第一间楼房侧面的门口闪进去,一直由楼梯跑上四楼的天台。这一排楼房的天台木门,在沦陷时期给歹徒们撬去作燃料卖钱,所以每一层楼梯都可以由街上直通天台。杜全为着避开"旺记婆"和阿贞的视线,便选择了有转角掩护的第一间楼房的侧门,作为演他"上班"把戏的孔道。跑上天台便可以跨过一列楼房的天台,回到自己的住处。第9章《香烟皇后》所做的"各种香烟发售,名贵雀牌出租"的广告,以及招牌下的香烟档——"一只阶梯形的木架搁在一张小书桌上,架子的阶梯上面排列着五光十色的香烟和火柴",也是南方独有的,或者说具有第二次世界大战后初期的香港特色。在语言运用上,《穷巷》极少用粤语,但像阿贞在向杜全宣布实施充满幻想的计划时说:"你听我说吧,有了孩子的时候,我们可以从各方面节省一点钱出来,供一份'会',需要钱用时把它'标'了来,不需要钱用时留到'尾会'才拿。这么一来,我们不是无形中有了储蓄,金钱上不也是有保障了吗?"这里的"会"、"标"、"尾会"之类,亦极富香港地方色彩。

鲁迅在《致陈烟桥》中说:"愈是有地方色彩的,愈容易成为世界的。"①不妨照抄一句:愈是有香港地方色彩的,愈容易成为世界的。香港早期的新文学拓荒者及后来涌现的本土作家,为香港文学的乡土色彩和本土化作过不同程度的探索。然而,由于南来作家"包办"了香港文坛,再加上战乱带来的生活不安定,香港文学的乡土色彩在1949年前并不突出。黄谷柳的《虾球传》在这方面作过努力,但由于作品大部分写的是广东,其成就受到局限。而《穷巷》与《虾球传》不同,专写光怪陆离、贫富不均的香港,这是一个突破。

四是悲剧性。作为"底层写作"中美学范畴之一的悲剧性,在《穷巷》中也有所体现。无论是作品中被迫返乡的莫轮,还是被赶出租屋的另外三个人,等待他们的都是受压迫、失业、无家可归的悲剧命运。至于心地善良但毛病不少的杜全,为了将汉奸、恶霸王大牛绳之于法,在关键时刻牺牲自己,背着"窃贼"的恶名锒铛入狱。恋人阿贞不理解他,要与他分手,再加上"雌老虎"、"旺记婆"等世俗之人歧视他、辱骂他,在失业兼失恋的双重打击下,杜全只好走上绝路。这位抗日战士在

---

① 鲁迅:《致陈烟桥》,《鲁迅全集》第12卷,第391页,人民文学出版社1981版。

生活面前打了败仗,说明悲剧人物的毁灭总是与某种人生价值的毁灭相联系的。侣伦借高怀之口说出:"生活是战斗,人生也是一种战斗,一个人首先不能够战胜自己,便说不上战胜生活!"杜全无法解除生活给他带来的痛苦,并被这种痛苦压垮;他可以在前线英勇杀敌,却不能战胜自己身上的弱点。他走上一条不归路,是对生活失去自信心的表现。

作为香港本土的第一代作家,侣伦一直坚持"纯文学"创作,让我们在主人公的艰难困苦中看到生命的尊严和相濡以沫的美好品德。《穷巷》没有玩味和展览苦难,不加判断地记录底层生活,没有采取所谓的"零叙事态度",而是注重文学的教化作用,给读者"不要回头看,要看的是路"、"我们是有前途"的希望,给贫困的小人物一个注重人性价值和生命尊严的生活理由。这种写法和左翼文学传统有关。侣伦的《穷巷》在半个世纪以后读来仍撼动人心。这是有倾向的"底层文学",而不是被初版本抽去《序曲》的只呈现、不判断的"底层文学"。

复习思考题

1. 《穷巷》所写的底层生活有何特点?
2. 《穷巷》是如何继承左翼文学传统的?

一部蕴含丰富的文学文本

——《安卓珍尼》赏析

江少川

中篇小说《安卓珍尼》是香港作家董启章的成名作。董启章(1967—),生于香港,1989年毕业于香港大学,曾任中学教师、大学助教,现从事写作及兼职教师。著有中短篇小说集《纪念册》、《小冬校园》、《安卓珍尼》、《名字的玫瑰》和长篇小说《双身》,杂著《地图集》等。《安卓珍尼》获台湾联合文学第8届小说新人奖中篇小说首奖。长篇小说《双身》获台湾第17届联合报文学奖长篇小说特别奖。2005年开始发表长篇小说《自然史三部曲》,六年以来先后推出第一部《天工开物·栩栩如真》,第二部《时间繁史·哑瓷之光》、《物种源始·贝贝重生》;最近完成的第三部上编,副题为《学习年代》。《天工开物·栩栩如真》获亚洲周刊中文十大好书奖、联合报读书人最佳书奖、中国时报十大好书奖、华文长篇小说大奖红楼梦奖之决审团奖。

董启章属于创作起点高又勇于探索的文学新人。他的小说给读者打开了一扇新鲜的窗口,令人惊奇,同时又往往蕴含哲理的思考。《安卓珍尼》中的主人公"我",是一位年轻的研究生物学的女学者。她与丈夫的感情产生危机,独自来到荒野的山中寻找一种雌性的单性繁殖的动物斑尾毛蜥。她的丈夫是一个温文尔雅的商人,很有修养,却把她当学生管教,她无法忍受。来到荒山后,她却被另一个沉默寡言、举止粗野的男人强暴了,并怀上了孩子。在文明社会,丈夫用知识统治她,在荒山,男人用暴力强占了她。她欲摆脱男性,甚至想使女性自身生产出另一个单倍体以和卵子结合,自行创造生命。小说给人的思考是多方面的。"当我在一个世界感到窒息,我可以逃到另一个世界去吗?

而在另一个世界里,我肯定我便能够得到解放吗?还是,那里,有另一种暴力,另一种压抑?"①作品启示读者,逃避是不能获得解放的。小说也可以当作女性主义小说来解读,是对男权社会中的女性地位、人格与命运的反思。这位女生物学家,显然也是个女权主义者,她的这段"奋斗史"有其豪壮的一面,然而,她真的能找到一个摆脱或者没有男性的"女儿国"吗?离开男性,她可以创造新的生命吗?《安卓珍尼》的副题是"一个不存在的物种的进化史",斑尾毛蜥实际上是不存在的。小说中的"我""在安卓珍尼的身上看到了自己的命运"。就人类的生存与发展而言,小说提出的问题发人深思。台湾作家杨照高度评价这部中篇小说,"这是我看过非常非常少数的女性书写,其中穿插的生物学知识是非常成功的穿插,因为每一个穿插到最后都让读者知道作者的用意在哪里。中间的故事乍看之下很像通俗的罗曼小说,但是最后却让我们知道作者传达的完完全全不同于罗曼史的信息"。②

对这部内涵丰富的文本也有其他解读,董启章说,女性主义不是这部小说唯一的解读。有学者认为:这部写于香港回归之前的小说,表现了香港人回归祖国之前的焦虑心态。《安卓珍尼》中的女科学家兼具生物学家和女性的身份,离开大都市到深山寻找雌雄同体的单性繁殖的过程,究其实是一种对身份的寻找。她虽然摆脱了文明丈夫的控制,却又陷入山野中另一个男人的控制,这种寻找中的焦虑与失落心态,正是香港人在回归前夕复杂心理的折射与反映。

董启章非常讲究小说的结构艺术。《安卓珍尼》采用了故事文本与生物学文本相穿插的复调叙述。小说设计了两条线索:一条是生物学的线索,探究斑尾毛蜥的生物进化过程,这种生物究竟能不能雌雄同体,进行单性自体繁殖,这个物种是否绝种?另一条线为故事线,即女主角离开了她的丈夫,跑到深山寻找斑尾毛蜥。她的丈夫是文明社会中具有一定身份、知识的男性,处处以保护者的身份守卫在妻子的身旁,她不能忍受这种无形的压抑,于是从家里逃离到山林。这两条线索

---

① 董启章:《安卓珍尼》,第 67 页,台北联合文学出版社有限公司 2000 年版。
② 杨照:《关于〈安卓珍尼〉》,台湾《联合文学》1994 年 11 期。

相互交缠，最终汇合，分别书写了女性在社会层面与生物层面中的角色与位置。在文明社会中，女性处于被动的弱势地位，在蛮荒处境中，野人（雄性）把她视作雌性动物。这种复调叙述结构，使小说的意蕴更加丰富复杂。他的另一个短篇《少年神农》则由神话故事与现代生活两个板块组成，前半部分是虚幻的神话，后半部分是今日之现实，把古今勾连为一体，古代的神农与当代的医药学大学生相呼应，在结构上呈现出对称的美。

董启章是一位勇于探索、实验的小说家，从开始创作就在探索小说新的写法。他不想走老路，他在实验超越、尝试挑战。"我唯一的选择，就是模拟小说这种东西，掌握它既有的规条和反规条，把自己的小说写得像一个小说，或者把自己不像小说的东西写得像一个不像小说的小说。"①作者的探索体现在三个方面：

其一，探索文学与自然科学的联姻。

如《安卓珍尼》与生物学、《永盛街的兴衰史》与地图学、《聪明世界》与心理学、《少年神农》与医药卫生学，等等，小说中的故事框架与某一学科知识相穿插、交错。小说中的故事线索清晰可寻，人物形象的身份、经历也并非模糊不明，主旨又与某一学科知识密切相连。但这种结合并不牵强，《安卓珍尼》中的生物学文本乍读之下，似乎觉得枯燥，但仔细品味才察觉，它与女主人公的感悟是一致的，是互为结合而非累赘。因而它给人留下的不仅仅是社会、伦理或情感层面的，而涉及人与自然、人类的生存与发展等值得探索的问题，更启发人们进行深层次的理性思考。

董启章常从自然科学的书本知识中获得启示与想象。《永盛街兴衰史》中的"我"跟父母移居加拿大四年后返回香港，开始收集爷爷旧居的老屋所在地永盛街的资料，依据《香港地图绘制史》所绘的不同时期的地图，"我"在推测、想象这条街的兴衰历史，并由此构想从曾祖父起，直到现在的几代人的家史。作者曾经出了一本关于地图的杂著

---

① 董启章：《安卓珍尼·序》，第7页，台北联合文学出版社有限公司2000年版。

《地图集》,他在这本书中说:"在这本体例混杂和难以归类的地图阅读结集中,作者以一种罔顾现实的态度在纵横拼合的点线和色块间,读出各种既共同又私密的梦魇、缅怀、渴想和思辨。"①这句话正是《永盛街兴衰史》的最好注脚。小说通过一条街道的变化写城市的变迁、人世的沧桑,其中还穿插了《粤曲歌坛话沧桑》中的《客途秋恨》的曲词,以构成文、曲互涉并与地图等有关知识的叙述,形成贯穿全文的三重奏。

其二,探索超越写实主义的写法。

董启章认为:"模拟跟写实的确没有必然关系。""《安卓珍尼》这种生物,这种存在,是我/叙述者虚构出来的。我正在作一种没有原本的模拟,而这种模拟因此亦必然是虚构。""这种模拟除了是追求得写得'像'、'骗'得了读者,让读者相信真的是那个人物在说话之外,它对我应该有超越写实主义的意义。"②作者说他的小说构思不完全来自现实生活的触发,而可能来自自己的某种想象,某种意念、某种意识。比如《安卓珍尼》就是如此。这就是作者说的:这是写作的信念和虚妄之所在。

其三,丰富的象征意蕴。

台湾作家平路评论《安卓珍尼》说:"这是一个丰富的文本,在小说中女主角的丈夫,和蛮荒中的情人之间,带出了各种各样的问题典型。包括女性意识对象选择,暴力关系,知识宰割、文明、蛮荒,都有其象征的意义。"③动物斑尾毛蜥即安卓珍尼就具有丰富的象征内涵,这种雌雄同体的生物,可以不需要雄性作单性繁殖,其女性主义的象征意味非常鲜明,作者探索的正是女性可否不依附于男性而独立生存。而女主角的丈夫以知识统治女性,有力气的男人又以暴力来征服女性,它对文明社会与蛮荒时代的男权主义的象征意义意味深长。

---

① 董启章:《地图集》,台北联合文学出版社有限公司1997年版。
② 董启章:《安卓珍尼·序》,第6页,台北联合文学出版社有限公司2000年版。
③ 平路:《关于〈安卓珍尼〉》,台湾《联合文学》1994年11期。

复习思考题

1. 简述小说《安卓珍尼》丰富的文本内涵。
2. 董启章探索小说的新写法主要表现在哪些方面?

诗 歌

吐鲁番情歌(二首)

闻 捷

苹果树下

苹果树下那个小伙子,
你不要、不要再唱歌;
姑娘沿着水渠走来了;
年轻的心在胸中跳着。
她的心为什么跳啊?
为什么跳得失去节拍?……

春天,姑娘在果园劳作,
歌声轻轻从她耳边飘过,
枝头的花苞还没有开放,
小伙子就盼望它早结果。
奇怪的念头姑娘不懂得,
她说:别用歌声打扰我。

小伙子夏天在果园度过,
一边劳动一边把姑娘盯着,
果子才结得葡萄那么大,
小伙子就唱着赶快去采摘。
满腔的心思姑娘猜不着,
她说:别像影子一样缠着我。

淡红的果子压弯绿枝,
秋天是一个成熟季节,
姑娘整夜整夜地睡不着,
是不是挂念那树好苹果?
这些事小伙子应该明白,
她说:有句话你怎么不说?

……苹果树下那个小伙子,
你不要、不要再唱歌;
姑娘踏着草坪过来了,
她的笑容里藏着什么? ……
说出那句真心的话吧!
种下的爱情已该收获。

葡萄成熟了

马奶子葡萄成熟了,
坠在碧绿的枝叶间,
小伙子们从田里回来了,
姑娘们还劳作在葡萄园。

小伙子们并排站在路边,
三弦琴挑逗姑娘心弦,
嘴唇都唱得发干了,
连颗葡萄子也没尝到。

小伙子们伤心又生气,
扭转身又舍不得离去:
"悭吝的姑娘啊!

吐鲁番情歌(二首)

你们的葡萄准是酸的。"

姑娘们会心地笑了,
摘下几串没有熟的葡萄,
放在那排伸长的手掌里,
看看小伙子们怎么挑剔……

小伙子们咬着酸葡萄,
心眼里头笑眯眯:
"多情的葡萄!
她比什么糖果都甜蜜。"

一九五二年——一九五四年
乌鲁木齐——北京
(选自《中国新文学大系1949—1976·诗卷》,
上海文艺出版社1997年版)

闪烁着时代光辉的爱情诗

——《吐鲁番情歌》(二首)赏析

李逸涛

《苹果树下》、《葡萄成熟了》为著名诗人闻捷的抒情组诗《吐鲁番情歌》中的两首爱情诗,最初发表于1955年第3期《人民文学》,后收入诗集《天山牧歌》(作家出版社1956年出版)。

闻捷是唱着他的"天山牧歌"步入诗坛、为人所瞩目的。诗集《天山牧歌》共收入4组30余首抒情短诗和一首叙事诗,以清新明丽的格调、生动鲜明的形象和浓郁的生活气息,反映了新疆维吾尔、哈萨克、蒙古等兄弟民族新的生活、新的精神面貌以及理想与追求,尽情地抒发了诗人对祖国和边疆各族人民的无限深情。其中,《吐鲁番情歌》和《果子沟山谣》两组爱情诗最为人称道。这固然与诗人敢于冲破创作禁锢,率先在诗歌创作领域涉足爱情题材有关。更重要的是,这些诗透过对劳动人民健康、纯真、高尚的爱情生活描写,闪烁着时代的光辉,把爱情诗创作提高到一个新的水平和新的艺术境界。

爱情,是一个十分圣洁的字眼。爱情生活,是人类生活不可缺少的组成部分。很难想象,没有爱情生活的社会将会是什么样子。正如闻捷在《果子沟山谣·客》中所写的那样:"没有爱的心是寂寞的。"但是,不同时代、不同阶级的爱情观和选择爱人的标准是不同的。在社会主义时代,由于所受传统观念、社会习尚的影响和思想、文化、修养的不同,爱情观和选择爱人的标准也各不相同,如有人看重地位、门第,有人追求金钱、享受,有人则以貌取人,等等。那么,诗人闻捷的态度如何呢?他用诗作出了回答:在共同的理想和劳动中建立爱情,把热爱劳动、争当先进作为选择爱人的首要标准。《苹果树下》、《葡萄成熟了》所歌颂的,就是这种高尚、健康,具有时代色彩的爱情。

闪烁着时代光辉的爱情诗

在《苹果树下》和《葡萄成熟了》两首情诗中，诗人的笔触都没有停留在对男女爱情的表面抒写上，而是把爱情生活和劳动生活有机地联系起来，揭示出男女青年崭新的精神风貌和爱情观。《苹果树下》以苹果象征爱情，借助苹果的生长成熟，抒写男女青年爱情的孕育、发展和成熟。春天，他们在苹果园里劳动，播下了爱情的种子。经过夏天的精心培育，苹果在金色的秋天成熟，他们在共同劳动中建立起的爱情也该收获了。《葡萄成熟了》则以葡萄作为爱情媒介，通过对男女青年在劳动中谈情逗趣的描写，表现了他们在劳动的基础上产生的爱恋之情，把男女青年之间的爱与他们对劳动的爱、对生活的爱融为一体，既散发出浓郁的生活气息，又闪烁着时代的光芒，呈现出一种美好的情思，给人以积极向上的力量和美的陶冶。

爱情本身就是诗。获得新生活的青年男女在劳动中产生的爱情，更是甜蜜、幸福和充满情趣。对此，这两首诗都表现得很明显。诗人捕捉住富有民族色彩的生活场面，以精巧的构思和美丽的诗句渲染出一种明快、愉悦的环境气氛，通过对青年男女外部动作和内心活动的惟妙惟肖的描绘，既歌颂了纯洁的爱情和新时代青年的心灵美，又生动地表达出对新生活的由衷赞美。《苹果树下》按照男女青年爱情发展的过程，选取了三个生活画面：春天，小伙子用歌声表达对姑娘的爱慕之情，热烈而急迫："枝头的花苞还没有开放，/小伙子就盼望它早结果。"夏天，小伙子对姑娘的追求更加热烈："果子才结得葡萄那么大，/小伙子就唱着赶快去采摘。"姑娘性格羞涩腼腆，在爱情方面表现得比较矜持稳重。开始，她对小伙子的情意还"不懂得"，说"别用歌声打扰我"；继而感情有所变化，由"不懂得"发展为"猜不着"，说"别象影子一样缠着我"，已经是半嗔半喜；到了金秋季节，姑娘反过来思念小伙子，"整夜整夜地睡不着"，埋怨小伙子"有句话你怎么不说"，最后竟主动地"踏着草坪过来了"。整篇诗虽不着一个"爱"字，但在人物微妙、细腻的心理变化中，却处处流溢着爱情的涟漪，含蓄而富有诗意。《葡萄成熟了》先写小伙子们用三弦琴"挑逗"姑娘，"嘴唇都唱得发干了"；但姑娘们还是不理，使"小伙子们伤心又生气"。后写小伙子们采用激将法，说"葡萄准是酸的"，姑娘们这才故意"摘下几串没有成熟的葡萄"送给他们;他们"咬着酸葡萄",还笑眯眯地夸奖"多情的葡萄!她比什么糖果都甜蜜"。仅仅截取生活中的一个片断,便饶有风趣地把一群活泼、乐观、机智、多情的男女青年的形象勾勒出来,抒发出诗人对健康、纯洁的爱情的赞美之情。

诗人讲究构思的精巧,并追求意境美。其特点是将抒情与叙事结合起来。《苹果树下》、《葡萄成熟了》都具有很强的叙事成分,具有叙事诗情节结构的特点。诗人善于借助富有戏剧性的情节和场面描绘爱情生活图画,然而这种叙事只是作为诗情发展的引线,目的是便于抒情。如果《苹果树下》仅仅向读者展示爱情发展的三个画面,诗的抒情魅力必然受到影响。诗人的匠心在于有意安排了首尾两节,直接抒发对男女青年爱恋的关心和祝福。开头一节提醒小伙子不要光顾着唱歌,因为心跳得失去节拍的姑娘"沿着水渠走来了";结尾一节再次提醒小伙子"不要再唱歌",因为姑娘"踏着草坪过来了",赶快"说出那句真心的话吧",春天播种的爱情"已该收获"了。这样,采用倒叙笔法,首尾呼应,中间穿插姑娘和小伙子相爱的过程,使诗的感情逐渐加深加浓,别有一番神韵。《葡萄成熟了》着重从青年男女的细微动作中发现诗情。小伙子们"并排站在路边",用三弦琴"挑逗"姑娘们,因未吃到"葡萄""伤心又生气",但"又舍不得离去";姑娘们摘下葡萄却不直接送给小伙子们,而是"放在那排伸长的手掌里"。小伙子吃了酸葡萄,反而"心眼里头笑眯眯"。这一系列的动作把人物的思想感情细腻而富有诗意地表现出来了。诗中比喻爱情的苹果、葡萄与歌声、谈笑、挑逗融为一体,构成了一种有情有景、情景交融的艺术境界。当"淡红的果子压弯绿枝"之时,也就是"种下的爱情已该收获"之日;葡萄成熟了,爱情也成熟了。用苹果、葡萄作为传递爱情信息的媒介,不仅诗趣盎然,而且作为少数民族表达爱情的特有方式出现,给诗作涂上了浓郁的民族色彩。

闻捷的这两首诗明显地受到新疆民歌的影响。新疆民歌多为自由诗体,形式比较自由,常常采用比兴、重叠、反复咏唱等艺术手段表达感情。《苹果树下》、《葡萄成熟了》便有此特点。这两首诗的形式大体整齐又有变化,或四行一节,或六行一节,每节的字数、音顿基本一致,韵脚比较灵活,便于朗读和背诵。语言或坦率热情,或含蓄幽默,都与诗人学习和借鉴新疆民歌分不开。反复重叠的运用(如《苹果树下》中的首尾两节及第三、四、五节的"她说……"等),给诗作带来一种对称美和节奏美。

复习思考题

1. 分析《苹果树下》、《葡萄成熟了》的思想意义。
2. 简述这两首爱情诗的艺术特色。

回　延　安

贺敬之

一

心口呀莫要这么厉害的跳,
灰尘呀莫把我眼睛挡住了……

手抓黄土我不放,
紧紧儿贴在心窝上。

……几回回梦里回延安,
双手搂定宝塔山。

千声万声呼唤你,
——母亲延安就在这里!

杜甫川唱来柳林铺笑,
红旗飘飘把手招。

白羊肚手巾红腰带,
亲人们迎过延河来。

满心话登时说不出来,
一头扑在亲人怀……

二

……二十里铺送过柳林铺迎,
分别十年又回家中。

树梢树枝树根根,
亲山亲水有亲人。

羊羔羔吃奶眼望着妈,
小米饭养活我长大。

东山的糜子西山的谷,
肩膀上的红旗手中的书。

手把手儿教会了我,
母亲打发我们过黄河。

革命的道路千万里,
天南海北想着你……

三

米酒油馍木炭火,
团团围定炕上坐。

满窑里围得不透风,
脑畔上还响着脚步声。

老爷爷进门气喘的紧:

"我梦见羊吃青草——可真见亲人……"

亲人见了亲人面,
欢喜的眼泪眶眶里转。

保卫延安你们费了心,
白头发添了几根根。

团支书又领进社主任,
当年的放羊娃如今长成人。

白生生的窗纸红窗花,
娃娃们争抢来把手拉。

一口口的米酒千万句话,
长江大河起浪花。

十年来革命大发展,
说不尽这三千六百天……

四

千万条腿来千万只眼,
也不够我走来也不够我看!

头顶着蓝天大明镜,
延安城照在我心中:

一条条街道宽又平,
一座座楼房披彩虹;

一盏盏电灯亮又明,
一排排绿树迎春风……

对照过去我认不出了你,
母亲延安换新衣。

五

杨家岭的红旗啊高高的飘,
革命万里起高潮!

宝塔山下留脚印,
毛主席登上了天安门!

枣园的灯光照人心,
延河滚滚喊"前进"!

赤卫军……青年团……红领巾,
走着咱英雄几辈辈人……

社会主义路上大踏步走,
光荣的延河还要在前头!

身长翅膀吧脚生云,
再回延安看母亲!

一九五六年三月九日,延安
(选自《中国新文学大系 1949—1976·诗卷》,
上海文艺出版社 1997 年版)

献给母亲的赤子情

——《回延安》评析

李逸涛

  诗作《回延安》是革命战士向延安母亲献出赤子之情的抒情赞歌,最初发表在《延河》1956年第6期上,后收入《放歌集》。

  诗人贺敬之是延安培养起来的一代革命战士,对延安有着特殊的感情。他曾在《放声歌唱》一诗中写到他在青少年时代是如何抱着美好的理想,满腔热情地投奔延安、参加革命的。他在延安学习、工作,"吃了延安的小米饭","喝过了流过枣园和杨家岭的延河的奶汁",从一个红小鬼成长为一名革命战士。诗人写道:"我的/真正的生命,/就从/这里/开始——/在我亲爱的/延河边,/在这黄土高原的/窑洞里!"斗转星移,诗人由延安到华北工作,最后迎来了新中国的诞生。但延安一直在诗人的心里。1956年,诗人参加在延安举行的五省(区)青年造林大会,重返阔别10年之久的延安。这对诗人来说,犹如游子回到母亲怀抱一样,心情无比激动。于是,诗人饱含激情写下了这首抒情名篇《回延安》。

  感情真挚强烈,抒人民之情,抒时代之情,是这首诗的突出特色。全诗共分五章,以诗人回延安的经过与感情的自然发展结构全篇,尽情倾诉了诗人对延安的思念、敬慕之情。

  第一章写初回延安的激动之情:"心口呀莫要这么厉害地跳,灰尘呀莫把我眼睛挡住了……//手抓黄土我不放,/紧紧儿贴在心窝上。//……几回回梦里回延安,/双手搂定宝塔山。"诗人日思夜想着延安,如今梦想成为现实,激动的心情溢于言表。"莫要"、"莫把",是对自己感情的控制;"抓"、"贴"、"搂"等无言的动作,则胜过万语千言。紧接着,感情的闸门大开,化作对延安的"千声万声呼唤",把对延安的全部感情一泻无余地表达出来。此时,"杜甫川唱来柳林铺笑",山川为诗人的喜悦而笑逐颜开,乡亲们包着"白羊肚手巾"、围着"红腰带"迎过延河来了。"红旗飘飘把手招",好一派热闹的节日气氛。诗人与富有革命传统的延安人民久别重逢,"满心话登时说不出来",只有"一头扑在亲人怀"。一个"扑"字,形象生动,是动作,也是感情,重逢的喜悦、激动使人动容。

第二章写延安母亲对诗人的养育之情。10年前,"母亲打发我们过黄河",与亲人们依依惜别;今天,亲人们以隆重的礼仪把自己接回"家中"。"树梢树枝树根根",不可割舍。"羊羔羔吃奶眼望着妈,/小米饭养活我长大","东山的糜子西山的谷,/肩膀上的红旗手中的书",真实地记录了延安母亲对自己的养育、培养的种种情景,对延安母亲的恩泽与教诲,诗人即使走过了漫漫的革命生涯,也不会忘记。"革命的道路千万里,/天南海北想着你……",表达出诗人永远同延安心相连,继续沿着延安开辟的革命道路前行的心愿。

第三章写诗人与延安亲人的深厚友情。诗人思念亲人,亲人同样思念诗人。于是,老爷爷来了,年轻的团支书、社主任来了,娃娃们也来了,"满窑里围得不透风,/脑畔上还响着脚步声"。大家欢聚一堂,回顾过去的艰苦岁月,畅叙今日事业发展、人才辈出,不禁心潮起伏,如同"长江大河起浪花",千言万语"说不尽这三千六百天"。场面的描写,氛围的烘托,把亲人团聚渲染得异常热闹、喜庆,使人倍感革命大家庭的温馨与情谊。

第四章写诗人参观延安新貌时的喜悦之情,以一组排比句写出了延安的巨变。诗人对延安的巨大变化感到无比兴奋,恨不能用"千万条腿来千万只眼"把换新颜的延安走个遍、看个够,并且深深地印记在心中。同第三章所写的"十年来革命大发展"和第五章所写的"革命万里起高潮"相联系,这里对延安巨变的抒写具有承上启下的作用。

第五章写诗人对延安的敬慕之情。诗人站在时代的高度回溯历史,展望未来,从"杨家岭的红旗"、"枣园的灯光"到"毛主席登上了天安门",从赤卫军、青年团、红领巾几辈人的继往开来,到社会主义革命征途中"光荣的延安还要在前头",将过去、现在和未来有机地联系起来,突出并歌颂了延安及延安精神在中国革命史上的伟大作用和贡献。正是基于这样的认识,"身长翅膀吧脚生云,/再回延安看母亲"的结尾,把诗人对延安的感情推向高潮,使全诗的思想得到升华。诗人曾说:"诗的题材或者也可以这样说,就是一个字:情。写什么都好,都是为着吐出这个情来。"①综观全诗,即以"情"字贯穿始终。从梦延安到回延安,从离开延安到期望再次回延安,字字不离对延安的热爱、留恋、敬仰之情,感情层层加深加浓,收到了一唱三叹的艺术效果。

随着感情的深化,诗人突出了抒情主人公"我"的艺术形象。全诗以"我"的感情发展为轨迹,起承转合,构思成篇,一气呵成,浑然天成。这个"我"是诗人自己,具有诗人特有的生活经历、生活感受和表达方式,由于"我"的存在而显示出诗作的不可重复的抒情个性。然而"我"所表达的对革命圣地延安的赤子之情,凝聚着所有在延安成长起来或在延安精神的指引下成长起来的革命者的思想感情,包容着丰富的时代的和社会的内涵。因此,这个"我"又不仅仅是诗人自己,而是"自我"和"大我"的和谐统一,正如诗人所说:"对于一个真正属于人民和时代的诗人来说,他是通过属于人民的这个'我',去表现'我'所属于的人民和时代的。"②一方面不回避"我"的存在,通过"我"获取诗的抒情个性,同时又将"自我"与人民的"大我"结合,反映与人民息息相关的生活和时代风貌,这便是贺敬之的诗所独具的特色。

善于通过具体的客观事物或景物抒发感情,造成一种情与景、意与象交融统一的艺术境界,是《回延安》的又一显著特色。诗人笔下的"黄土"、"窗纸"、"纸花"、"糜子"、"米酒"、"油馍"、"木炭火"、"白羊肚手巾"、"红腰带"等陕北高原特有的产物以及"宝塔山"、"杨家岭"、"枣园"、"延河"等延安特有的标志和地名,不仅编织成充溢着地方色彩和乡土气息的画面,令人如临其境,倍觉亲切,而且这些客观事物与景物同诗人的主观情绪融为一体,创造出一种诗意葱茏的意境。诗人移情于景,移情于物,使景与物具有浓郁的感情色彩,而这种物我相融

---

① 转引自易征:《真情实感与典型化》,载1962年8月20日《人民日报》。
② 《李季文集·序》,上海文艺出版社1982年版。

的景与物又进而加浓加重了主观感情,从而产生了强烈的艺术效果。尤其是第三章,那窑洞里的米酒香、炭火红与亲人欢聚的场面交织在一起,渲染出一种暖洋洋、乐融融的气氛,读之如闻其声,如见其人,具有很强的艺术感染力。

《回延安》采用了陕北民歌"信天游"的形式,与所表达的内容相吻合。诗作基本保持了"信天游"的格式与特点,每章的节数大致相等,每节两行,字数一般在七到十字左右,原则上每行四顿,大体上每节同韵;但整齐中见变化,变化中求整齐,显得灵活多变,便于自由舒展地表达感情。为了既保持这种形式和每节的意思相对独立的特点,又使全诗构成有机的整体,诗人以回延安的感情起伏递进为脉络,使诗作有如一线穿珠,结构谨严,主题突出。诗中还运用了"信天游"常用的比兴手法,如"树梢树枝树根根,/亲山亲水有亲人"、"羊羔羔吃奶眼望着妈,/小米饭养活我长大",都运用得贴切自然,生动形象。诗人还善于采撷口语,炼字炼意,以最富有表现力的字、词、句传递感情的微妙变化。如"抓"、"贴"、"扑"、"搂"等动词的运用,收到了画龙点睛的传神效果;一些陕北方言的插入如"白羊肚手巾"、"糜子"、"油馍"、"满窑里"、"脑畔上"等,于地方色彩中见诗情;迭字的运用如"几回回"、"树梢梢"、"羊羔羔"、"白生生"、"几辈辈"等,更增添了诗的民歌风味和地方特色。

复习思考题

1. 《回延安》表达了诗人怎样的思想感情?为什么至今仍能引起读者的共鸣?
2. 试析《回延安》的艺术特色。

望 星 空

郭小川

一

今夜呀,
我站在北京的街头上。
向星空瞭望。
明天哟,
一个紧要任务,
又要放在我的双肩上。
我能退缩吗?
只有迈开阔步,
踏万里重洋;
我能叫嚷困难吗?
只有挺直腰身,
承担千斤重量。
心房啊,
不许你这般激荡!……
此刻啊,
最该是我沉着镇定的时光。
而星空,
却是异样地安详。
夜深了,
风息了,

雷雨逃往他乡。
云飞了,
雾散了,
月亮躲在远方。
天海平平,
不起浪,
四围静静,
无声响。

但星空是壮丽的,
雄厚而明朗。
穹窿啊,
深又广。
在那神秘的世界里,
好像竖立着层层神秘的殿堂。
大气啊,
浓又香。
在那奇妙的海洋中,
仿佛流荡着奇妙的酒浆。
星星呀,
亮又亮。
在浩大无比的太空里,
点起万古不灭的盏盏灯光。
银河呀,
长又长,
在没有涯际的宇宙中,
架起没有尽头的桥梁。

啊,星空,

只有你，
称得起万寿无疆！
你看过多少次：
冰河解冻，
火山喷浆！
你赏过多少回：
白杨吐绿，
柳絮飞霜！
在那遥远的高处，
在那不可思议的地方，
你观尽人间美景，
饱看世界沧桑。
时间对于你，
跟空间一样——
无穷无尽，
浩浩荡荡。

二

啊，
望星空，
我不免感到惆怅。
说什么：
身宽气盛，
年富力强！
怎比得：
你那根深蒂固，
源远流长！
说什么：
情豪志大，

心高胆壮！
怎比得：
你那阔大胸襟，
无限容量！

我爱人间，
我在人间生长，
但比起你来，
人间还远不辉煌。
走千山，
涉万水，
登不上你的殿堂。
过大海，
越重洋，
饮不到你的酒浆。
千堆火，
万盏灯，
不如一颗小小星光亮。
千条路，
万座桥，
不如银河一节长。

我游历过半个地球，
从东方到西方。
地球的阔大幅员，
引起我的惊奇和赞赏。
可谁能知道：
宇宙里有多少星星，
是地球的姊妹行！

谁曾晓得：
天空中有多少陆地，
能够充作人类的家乡！
远方的星星啊，
你看得见地球吗？
——一片迷茫！
远方的陆地啊，
你感觉到我们的存在吗？
——怎能想象！

生命是珍贵的，
为了赞颂战斗的人生，
我写下成册的诗章；
可是在人生的路途上，
又有多少机缘，
向星空瞭望！
在人生的行程中，
又有多少个夜晚，
见星空如此安详！
在伟大的宇宙的空间，
人生不过是流星般的闪光。
在无限的时间的河流里，
人生仅仅是微小又微小的波浪。
啊，星空，
我不免感到惆怅！
于是我带着惆怅的心情，
走向北京的心脏……

三

忽然之间,
壮丽的星空,
一下子变了模样。
天黑了,
星小了,
高空显得暗淡无光;
云没有来,
风没有刮,
却像有一股阴霾罩天上。
天窄了,
星低了,
星空不再辉煌。
夜没有尽,
月没有升,
太阳也不曾起床。

啊,这突然的变化,
使我感到迷惘,
我不能不带着格外的惊奇,
向四围寻望:
就在我的近边,
在天安门广场,
升起了一座美妙的人民会堂;
就在那会堂的里面,
在宴会厅的杯盏中,
斟满了芬芳的友谊的酒浆;
就在我的两侧,

在长安街上，
挂出了长串的星光；
就在那灯光之下，
在北京的中心，
架起了一座银河般的桥梁。

这是天上人间吗？
不，人间天上！
这是天堂中的大地吗？
不，大地上的天堂。
真实的世界啊，
一点也不虚妄；
你朴质地描述吧，
不需要作半点夸张！
是谁说的呀——
星空比人间还要辉煌？
是什么人呀——
在星空下感到忧伤？
今夜哟，
最该是我沉着镇定的时光！

是的，
我错了，
我曾是如此地神情激荡！
此刻我才明白：
刚才是我望星空，
而不是星空向我瞭望。
我们生活着，
而没有生命的宇宙，

既不生活也不死亡。
我们思索着，
而不会思索的穹窿，
总是露出呆相。
星空哟，
面对着你，
我有资格挺起胸膛。

四

当我怀着自豪的感情，
再向星空瞭望，
我的身子，
充溢着非凡的力量。
因为我知道：
在一切最好的传统之上，
我们的队伍已经组成，
犹如浩荡的万里长江。
而我自己呢，
早就全副武装，
在我们的行列里，
充当了一名小小的兵将。

可是啊，
我和我的同志一样，
决不会在红灯绿酒之前，
神魂飘荡。
我们要在地球与星空之间，
修建一条走廊，
把大地上的楼台殿阁，

移往辽阔的天堂。
我们要在无限的高空，
架起一座桥梁，
把人间的山珍海味，
送往迢遥的上苍。

真的，
我和我的同志一样，
决不只是"自扫门前雪"，
而是定管"他人瓦上霜"。
我们要把长安街上的灯火，
延伸到远方；
让万里无云的夜空，
出现千千万万个太阳。
我们要把广漠的穹窿，
变成繁华的天安门广场；
让满天星斗，
全成为人类的家乡。

而星空啊，
不要笑我荒唐！
我是诚实的，
从不痴心妄想。
人生虽是暂短的，
但只有人类的双手，
能够为宇宙穿上盛装；
世界呀，
由于人的生存，
而有了无穷的希望。

你啊,
还有什么艰难,
使你力不可当?
请再仔细抬头瞭望吧!
出发于盟邦的新的火箭,
正遨游于辽远的星空之上。

一九五九年四月初稿
一九五九年八月二次修改
一九五九年十月改成

(选自《郭小川精选集》,北京燕山出版社 2006 年版)

火红年代的哲理思考

——《望星空》评析

谢维强

被人们称为"时代的歌手和号手"的郭小川,从1956年到1965年,先后出版了《投入火热的斗争》《致青年公民》《将军三部曲》《甘蔗林——青纱帐》等九部诗集,其中既有热情洋溢的政治抒情诗,也有饱含历史和思考的叙事诗。刊载于《人民文学》1959年第11期的政治抒情诗《望星空》是其诗情与哲理相结合的优秀之作。

《望星空》共计1 700多字,239行,分为4章。这4章又可以分为两个部分。前两章写的是诗人瞭望深邃浩淼的星空,思绪展开无穷的想象,进而对宇宙、人类进行深刻的思考。诗人在思考中深感星空的伟大和永恒,认识到人在时空无限的星空下的渺小。后两章中,诗人把视线从星空转移到刚完工的北京新建筑和灯火辉煌的长安街街景,他的感情和思想产生了急剧变化,这种变化使诗人进一步从新的角度评价了宇宙,诠释了宇宙与人的关系,表达了对现实社会的认同,并阐明自己的理想和信心。

在第一、二章中,诗人浓墨重彩地描述了星空的壮丽和伟大,抒发了瞭望星空后的深远思考,蕴含着诗人对星空的赞美和敬畏之情:"星空是壮丽的/雄厚而明朗/穹窿呵/深又广","星空/只有你,称得起万寿无疆!"诗人对星空"浩大无比、万古不灭"的时空无限性,给予了由衷的赞美:"时间对于你,跟空间一样——无穷无尽,浩浩荡荡。"不仅如此,仰望辽阔无垠的星空,无穷的想象激发了诗人的哲思飞扬,他深感个人的渺小。在第二章里,他写道:"啊,望星空,我不免感到惆怅/说什么:身宽气盛,年富力强!/怎比得:你那根深蒂固,源远流长!说什么:情豪志大,心高胆壮!怎比得:你那阔大胸襟,无限容量!"他甚至还感到人类居住的地球的渺小,因此无限感慨:"远方的星星啊,你看得见地球吗?——一片迷茫!/远方的陆地啊,你感觉到我们的存在吗?——怎能想象!"由此他得出了这样的结论:

> 我爱人间,
> 我在人间生长,
> 但比起你来,
> 人间还远不辉煌。

> 在伟大的宇宙的空间,
> 人生不过是流星般的闪光。
> 在无限的时间的河流里,
> 人生仅仅是微小又微小的波浪。

诗作抒发的这些富有哲理的感受,充分反映了诗人深邃的思考,永恒无垠的星空以其博大的存在给予人类智慧的启迪,再一次体现在理性思考的人们身上。

在接下来的两章中,诗人的视角从天空转向地上,把赞美献给了当下的现实生活。为了讴歌现实生活,他采用宕开一笔、欲扬先抑的手法,在第三章开头营造了令人压抑的氛围:

> 忽然之间,
> 壮丽的星空,
> 一下子变了模样。
> 天黑了,
> 星小了,
> 高空显得暗淡无光;
> 云没有来,
> 风没有刮,
> 却像有一股阴霾罩天上。

> 天窄了,
> 星低了,
> 星空不再辉煌。

然后诗人满怀激情地吟诵:"就在我的近边,在天安门广场,升起了一座美妙的人民会堂;/就在那会堂的里面,在宴会厅的杯盏中,斟满了芬芳的友谊的酒浆;/就在我的两侧,在长安街上,挂出了长串的星光;/就在那灯光之下,在北京的中心,架起了一座银河般的桥梁。"这两段内容构成了鲜明对比,诗人对天上和人间的观察,产生了截然相反的感受。星空的暗淡无光,是因为"在天安门广场,升起了一座美妙的人民会堂",还有那"一座银河般"的长安街。两组内蕴相反的意象显示了诗人此时此刻思想感情的变化,由此也形成了不同的价值评价。一方面,诗人写到:"是谁说的呀——/星空比人间还要辉煌?"质疑了他瞭望星空时产生的崇高感;另一方面也反省和批判自己对星空的敬畏感:"是什么人呀——/在星空下感到忧伤?"诗人甚至对星空表示了藐视:"我们生活着,而没有生命的宇宙,既不生活也不死亡。我们思索着,而不会思索的穹窿,总是露出呆相。"诗人在清理和否定了稍显低沉的思想情绪后,以人民大会堂和长安街这些现实生活中的意象为抒发情感的起点,对人和星空的关系作了新的解释:

> 我的身子,
> 充溢着非凡的力量。
> 因为我知道:
> 在一切最好的传统之上,
> 我们的队伍已经组成,
> 犹如浩荡的万里长江。

而且,诗人再一次展开飞腾的想象,将现实生活中的理想赋予星空:

> 我们要把长安街上的灯火,
> 延伸到远方;
> 让万里无云的夜空,
> 出现千千万万个太阳。
> 我们要把广漠的穹窿,
> 变成繁华的天安门广场,
> 让满天星斗,
> 全成为人类的家乡。

长诗吟诵至此,主题得以完全揭示。诗人最终礼赞的是火热年代的革命人生,是新时代建设者改天换地的伟大力量。诗人不仅为祖国取得的成就感到骄傲,更抒发了一个革命战士的情怀。"我们要把长安街上的灯火,延伸到远方;/让满天星斗,全成为人类的家乡。"从这里能够感受到诗人把星空变为人间天堂的远大理想。他写道:

> 人生虽是暂短的,
> 但只有人类的双手,
> 能够为宇宙穿上盛装;
> 世界呀,
> 由于人的生存,
> 而有了无穷的希望。

在全诗主题得到揭示的同时,诗人的认识也进一步深化。

在艺术上,长诗主要采用了两种手法:一是欲扬先抑。诗人要讴歌赞美的对象是人民大会堂和灯火辉煌的长安街,但在第一、二章中,诗人却先描述星空的壮丽,讴歌星空的"浩大无比、万古不灭"的时空无限性,赋予星空伟大崇高的品质,并坦诚地诉说自己面对浩瀚无垠的星空时的渺小感,甚至还写下这样的诗句:"我爱人间,/我在人间生长,/但比起你来,/人间还远不辉煌。"但第三、四章却对现实的人间给予了热烈的礼赞。这种情绪的转变明确地说明了诗人对星空的赞美只是铺垫,是为了突出他真正想要歌颂赞美的对象——人民大会堂和长安街,这二者才是他的激情和理想的寄寓意象。宇宙伟大,但人民大会堂更加伟大,星空壮丽,但长安街更加辉煌。因为社会主义的新北京才是诗人心目中的人间天堂,才是诗人要歌颂的对象。

二是运用了汉大赋的创作手法——"主客问答"的结构方式。所谓"主客问答"的结构方式,就是假立客主、借口代言、客问主答、抑客扬主的一种创作方法。这种虚拟人物对话的行文方式,可以自由灵活地将相互矛盾的思想观念在文章中展开,透彻地辨析复杂的现象,表达自己的观点。在《前赤壁赋》中,苏轼就是借助主客问答这一表现手法,由客人说出要否定的消极思想和理念,然后通过主人条分缕析的开导启迪,将客人从压抑消极的精神重压下解脱出来,从而张扬积极的人生观。在《望星空》中,郭小川将复杂的心绪和感受集中于"我"一个人的思考博弈,通过对星空和人间复杂的感受和观念的转换,坦诚地展示"旧我"与"新我"之间的思想矛盾冲突,运用"新我"的宇宙观和革命理想,否定和批判"旧我"瞭望星空时产生的感想和情绪,从而阐述诗人对时代、对革命的观念和理想,将自己的思想意识融入时代的话语之中,完成了一个战士诗人的灵魂塑造。

尽管《望星空》是一篇体现了时代精神的政治抒情诗,但诗作发表后也受到了一些批评。有的批评者认为诗人在面对辽阔深邃的星空时惆怅的情感是颓废的,甚至是腐朽的;有的认为《望星空》是"表现极端陈腐、极端虚无主义的感情,是'令人不能容忍'的'政治性的错误'"①;还有人认为"《望星空》宣扬了'人生渺小、宇宙永恒'的意思,这完全不是马克思主义的宇宙观,而是一种资产阶级、小资产阶级的虚无主义"②。

今天看来,这类批评都是不恰当的。诗人公刘在二十年后评价《望星空》时指出:"他决心要用他的诗去批驳悲观的无所作为的观点,他用诗争辩着:我们的世界应该是美好的,比星空更美好,如果眼前还

---

① 华夫:《评郭小川的〈望星空〉》,《文艺报》1959 年第 23 期。
② 萧三:《谈〈望星空〉》,《人民文学》1960 年第 1 期。

不够美好,将来也一定会变得更美好。我以为,这才是被某些批评家撕成了碎片的《望星空》的主题。"①学者黄子平也说:"《望星空》的批判者无法理解,对生死存亡的重视,对人生短促的感慨,未必就是颓废、悲观、虚无。恰恰相反,有时深藏的正是对人生的执著和强烈求索,以及百折不挠的进取精神"②。

郭小川的诗歌在同时代的众多政治抒情诗中,呈现出既富有革命思想与激情,又饱含深刻哲理的独特风格,《望星空》就是这一诗学主张的佳作。

应当肯定,《望星空》的前两章中诗人对星空的认知和称颂是真诚的,这种真诚来自内心深处的震撼。作为一个优秀诗人,他"站在北京的街头上/向星空瞭望",不可能感受不到星空的浩瀚、宇宙的永恒,不可能认识不到这一博大的存在所蕴含的伟大崇高的品质;面对时空无限的星空,他油然而生的感受是真实的,个人的渺小感和惆怅情绪的产生,也是很自然的,符合这位略具忧郁气质又习惯于探索思考的诗人。

但是,这位来自延安的诗人又是"一位时代的歌手和号手"。毕竟,他身处的时代不会允许他对时代的思想主潮提出质疑。作为一个战士诗人的敏感和革命修养也使他对不符合时代主流的思想情感保持着高度警惕。所以当对星空的敬畏之情油然而生,个人相对于浩瀚星空是如此渺小的惆怅之情产生时,被时代造就的观念和思维方式又自觉地否定了自己,这也是符合诗人实际情况的。

总体而言,《望星空》在政治价值取向与诗歌语言方式上,与"十七年"诗歌创作的主流是一致的,不管是主观努力还是客观创作都是如此。但是,人的思想一旦产生就不可能雁过无痕,何况思辨性如此之强的郭小川。敏锐地观察和活跃的思考已经在他仰望星空的时候催生了极为个人化的思绪和联想,他深感星空的伟大和永恒,认识到人在时空无限的星空下的渺小。这种不可遏止的思绪和联想,甚至在诗人还没

---

① 公刘:《理当为〈望星空〉恢复名誉——纪念〈望星空〉发表二十周年》,《安徽文学》1979 年第 9 期。

② 《文学评论丛刊》第 25 辑,中国社会科学出版社 1985 年版。

意识到它与时代的差异性与相悖性时,就已经悄悄潜入了他的心扉,并发酵为一种支配自己感情和思想的力量。诗学品格与政治观念的冲突就此在诗人内心展开,知识分子独立思考的品质与战士的身份严重的冲突,使《望星空》前后两个部分展现了不同的价值判断:知识分子的思考本能促使他对周边的世界观察深刻,进而产生出卓尔不群的感受和理念,因而他深切地感受到浩瀚星空的伟大和永恒;但战士诗人的身份使他的诗歌充满了政治热情,因此他讴歌时代、赞美革命,对星空的伟大产生质疑。不过,火热的现实生活、战士的责任感,最终使他将时代激发的革命激情与个人深邃的哲理思考融合在一起。尤其是当他把视线从星空转向灯火辉煌的北京城,现实生活中已取得的成就强烈地感染了他,这时诗人惆怅迷茫的心境发生了强烈转变,战士的豪情充满诗人的胸膛:"星空哟,/面对着你,/我有资格挺起胸膛","我们要把广漠的穹窿,/变成繁华的天安门广场;/让满天星斗,/全成为人类的家乡"。作品既展现了个体生命与历史潮流之间复杂的关系,也形成了与时代主潮相一致的价值取向。在全诗的最后部分,他还将这一新的认知,提高到对新时代人的本质力量深刻的哲理认知:"人生虽是暂短的,但只有人类的双手,能够为宇宙穿上盛装;世界呀,由于人的生存,而有了无穷的希望。"

《望星空》一诗与郭小川其他诗作相比较,其意境之阔大,联想之邈远,意象之丰富,内蕴之复杂,更具个性鲜明的诗学品格,这也是这首诗值得一读再读的原因所在。

复习思考题

1. 郭小川如何描述、赞美星空,表达了怎样的宇宙观?
2. 如何理解《望星空》前两章与后两章之间对星空、宇宙不同的价值判断?

草　木　篇

流沙河

寄言立身者,
勿学柔弱苗。
——唐:白居易

白　杨

她,一柄绿光闪闪的长剑,孤伶伶地立在平原,高指蓝天。也许,一场暴风会把她连根拔去。但,纵然死了吧,她的腰也不肯向谁弯一弯!

藤

他纠缠着丁香,往上爬,爬,爬……终于把花挂上树梢。丁香被缠死了,砍作柴烧了。他倒在地上,喘着气,窥视着另一株树……

仙　人　掌

它不想用鲜花向主人献媚,遍身披上刺刀。主人把她逐出花园,也不给水喝。在野地里,在沙漠中,她活着,繁殖着儿女……

梅

在姐姐妹妹里,她的爱情来得最迟。春天,百花用媚笑引诱蝴蝶的时候,她却把自己悄悄地许给了冬天的白雪。轻佻的蝴蝶是不配吻她的,正如别的花不配被白雪抚爱一样。在姐姐妹妹里,她笑得最晚,笑得最美丽。

毒　菌

　　在阳光照不到的河岸,他出现了。白天,用美丽的彩衣,黑夜,用暗绿的磷火,诱惑人类。然而,连三岁孩子也不去采他。因为,妈妈说过,那是毒蛇吐的唾液……

(选自《星星》1957年1月号)

哲理之诗　警世之作

——析组诗《草木篇》

樊　星

组诗《草木篇》是诗人流沙河的代表作之一。

组诗开篇，以白居易的诗句"寄言立身者，勿学柔弱苗"点明主旨：诗人有意借物咏志，又隐含批判的锋芒。

第一首礼赞白杨。白杨挺拔如长剑，孤傲地直刺青天。纵然会被风暴摧折，也不会弯下高傲的腰。白杨是坚贞、正直的象征，是宁折不弯的崇高人格的象征。

第二首讽刺藤。藤纠缠着丁香往上爬；缠死丁香后，他又窥视另一株树。藤是阴险、无耻的象征，是市侩卑劣行为的象征。

第三首歌颂仙人掌。仙人掌不会献媚，浑身是刺。主人将她逐出花园，她在野地和沙漠中顽强地生存。仙人掌是耿直、坚贞的象征。

第四首赞歌献给梅。百花争春，梅偏偏独钟冬雪。"她笑得最晚，笑得最美丽。"梅象征着不慕虚荣、特立独行和高洁纯真。

第五首针砭毒菌。他生长在阴暗的地方，美丽的外表掩藏着有毒的汁液。毒菌象征着阴险、恶毒。

从诗歌创作艺术来看，《草木篇》是托物咏志的佳作。中国传统诗论素重"因物喻志"[①]。因物喻志，托物寄怀，追求"言有尽而意无穷"的艺术境界，成为中国诗歌传统中一个极其重要的组成部分。《草木篇》显然继承了这一传统。诗人立意于礼赞崇高的人格，表白高洁的情怀，又将自己的爱憎与人生感悟融入对草木的描绘中，情与理相映

[①] 钟嵘：《诗品》，《中国历代文论选》上册，第271页，中华书局1962年版。

生辉。

　　值得注意的是,诗人对草木形象的选择,颇具匠心。梅,在中国文化典籍中,本具有高洁的含义;许多诗人都留下过借梅咏怀的诗篇,以梅喻高洁的情怀。还有白杨,茅盾曾写过著名的散文《白杨礼赞》,讴歌白杨的普通而平凡、力争上游、不屈不挠,意在礼赞民族的坚强精神。如果说,流沙河歌颂梅的情怀是对陆游、林逋咏梅诗词的继承和发扬的话,那么,他赞美白杨,则翻出了新意,即白杨是独立人格的象征;此外,诗人对仙人掌的欣赏,似乎也已成为当代文坛上某种具有典型意义的意象——在流沙河之后,艾青在新时期也歌颂了仙人掌的品格:"挺在风沙里/出奇的顽强/那怕再干旱/花照样开放。"(《归来的歌·仙人掌》)善于选择意象,尤其是善于从传统诗文中选取具有经典意味的意象,古为今用,推陈出新,由此也可看出流沙河的学养与匠心。

　　《草木篇》在锤炼诗句上,也颇见功力。将白杨比作"一柄绿光闪闪的长剑",形容仙人掌的刺是"遍身披上刺刀"……十分贴切生动而又富于新意。全诗字里行间,正气凛然,同时,于赞美中也藏有一份悲壮的情感。

　　《草木篇》写成于"百花齐放,百家争鸣"的 1956 年岁末,发表于"反右"即将开始的 1957 年年初,自然引发了热烈的争鸣。在 50 年代那"颂歌的年代"里,《草木篇》以其独特的光彩独树一帜。诗中对白杨、仙人掌、梅的讴歌既不同于那个时代大量流行的直露的颂歌,也全无"形势一派大好"的欣喜、明朗。白杨是孤傲的,因而可能被风暴折断;仙人掌不会献媚,所以当然难免被主人放逐;梅无意争春,因此必定爱到得最迟……这样的颂歌是深沉的,深沉中又透着苦涩;这样的颂歌是真切动人的,真切中又分明使人感到忧患与叹息。这样的颂歌就因为赞美与忧患的交织而具有了发人深思的深广意蕴,并且成为立意警辟的哲理诗。同时,诗中对藤与毒菌的鄙视和鞭挞也明显具有讽世之意。敢于在百花园中暴露藤与毒菌的危害,这既体现了诗人的胆略,体现了那个短暂的百花齐放的时光里"干预生活"的现实主义光辉,也体现了艺术上的独到创意;对藤与毒菌的暴露与对白杨、仙人掌、梅的赞美形成了鲜明的对比;对藤缠死丁香后又瞄准另一株树的描写,以及对白杨、仙人掌的不幸命运的描写,很容易使人浮想联翩,心潮难平……

《草木篇》就这样放射出了独特的光芒,就这样引起了广泛的注意并轰动了诗坛,后来,也因此而被打成"大毒草"。几十年过去了,在新的历史时期,《草木篇》仍然焕发出生命的活力,因为诗中寄寓的人生哲理至今仍具有警世的意义。

复习思考题

1. 如何理解《草木篇》既是哲理诗,又是讽喻诗?
2. 试述《草木篇》的艺术特色。

盼　　望

艾　青

一个海员说，
他最喜欢的是起锚所激起的那
一片洁白的浪花……
一个海员说，
最使他高兴的是抛锚所发出的
那一阵铁链的喧哗……

一个盼望出发
一个盼望到达

1979年3月，上海
（选自《艾青诗选》，人民文学出版社1984年版）

朴素而隽永的速写

——析《盼望》

樊 星

早在三四十年代就以《大堰河——我的保姆》和《向太阳》、《火把》等诗作而享誉诗坛的著名诗人艾青,1957年被打成"右派",此后沉默了21年。1978年重返诗坛。1978年复出后,出版了诗集《归来的歌》、《彩色的诗》、《雪莲》以及诗论集《诗论》和散文集《海花恋》等,创作上达到了又一个高峰。其中,《归来的歌》和《雪莲》分别获 1979—1982 年、1983—1984 年全国优秀新诗(诗集)奖。

《盼望》选自诗集《归来的歌》,是诗人参观远洋客轮出海归来后写下的一首抒情小诗。

这首小诗捕捉到了海员个性情感的微妙差异:一个盼望出海,体验激动;一个盼望归来,品味温馨。而不论是远航,还是返航,都充满了动人的诗意:起锚激起的雪白的浪花意味着云游四方,搏风击浪,意味着浪漫和激情;而抛锚所发出的铁链的喧哗则联系着亲人团聚和天伦之乐,联系着温馨与甜美。不同的个性有不同的向往,又共同组成了海员丰富的情感世界。不论是哪一种生活,都令人心驰神往。

这首小诗仿佛是一幅人生的速写,诗人捕捉到海员的不同心绪,于平凡中感悟隽永的诗意和哲理。不用渲染大海,大海的壮美呼之欲出;无意铺排亲情,亲人的温情溢于言表。写的是两种盼望,却使人感受到海员生活的独特风采,感受到海员情感世界的丰富多彩;同时,在"盼望"这种心绪的深处,又隐隐约约令人感悟到某种人生的哲理:盼望出发,盼望归来,不仅仅是海员的心绪。每个人的生活中都充满了盼望——诗人似乎有意到此为止,却使人联想起自己的人生体验。在每一次盼望出发与归来的情感体验中,你是否总是充满了诗意的憧憬?

艾青擅长捕捉平凡的人生画面,同时也善于将平凡画面中的不平凡意蕴点化出来,使人从中咀嚼出隽永的诗意与哲理。艾青写过一些长诗,但他的诗作中真正达到炉火纯青的艺术佳境的,最为人所称道的,却是那些清新隽永的小诗。

艾青的诗素以"文字的绘画"名世。诗人的想象力和文字表现力总是使其诗作新意迭出,明丽感人,如《太阳》、《珠贝》、《给乌兰诺娃》、《东山魁夷》等诗,均是"文字的绘画"的代表作,如水彩画一般迷人。而《盼望》的风格却别有一番情趣:它朴素,朴素中又寄寓了隽永的哲理,这哲理又如云一般空灵、如雾一般朦胧,耐人寻味,富于"禅机"。《盼望》和《鱼化石》、《礁石》、《镜子》等,大体上都属此类"朴素的哲理诗",它们犹如生动的速写,别具风采。

诗人在诗艺的求索中不断创新,善于在开拓中不断丰富诗的表现力,"文字的绘画"和"朴素的哲理诗"都是硕果。

中国古典诗词中,素有"诗中有画"、"画中有诗"的传统,而这一传统中又常常隐藏了玄妙的"禅机"。艾青早年习画时训练出来的观察力、想象力和表现力使他一旦写起诗来,便天然地倾向这一传统。

中国古典诗论讲究"形象思维",尤其讲究"不涉理路,不落言诠……羚羊挂角,无迹可求,故其妙处莹彻玲珑,不可凑泊,如空中之音,相中之色,水中之月,镜中之象,言有尽而意无穷"①。艾青也以自己的创作实践道出了他的诗歌创作观:"形象思维的活动,在于使一切难于捕捉的东西、一切飘忽的东西固定起来,鲜明地呈现在读者的面前,像印子打在纸上一样地清楚。""形象思维的活动,在于把一切抽象的东西,转化为具体的东西——可感触的东西。"②应该说,这样表达对"形象思维"的理解,是颇有创见的。

艾青又曾深受比利时诗人维尔哈仑的影响,维尔哈仑的乐观精神和善于观察、精于描绘的诗艺在艾青的诗中打下了深深的烙印。这种烙印使得艾青的诗具有真正的现代品格,从而与古典诗词有所区别。

---

① 严羽:《沧浪诗话·诗辨》,《中国历代文论选》中册,第 170 页,中华书局 1962 年版。
② 《艾青诗选·自序》,人民文学出版社 1984 年版。

以朴素表现深厚,以简约启迪深远;一切似乎是朦胧的,又尽在不言中;一切好像是平实的,又实在难以言表。这,便是《盼望》的魅力所在。

复习思考题

1. 如何理解《盼望》的主题?
2. 谈谈《盼望》的艺术特色。

有　赠

曾　卓

我是从感情的沙漠上来的旅客，
我饥渴、劳累、困顿。
我远远地就看到你窗前的光亮，
它在招引我——我的生命的灯。

我轻轻地叩门，如同心跳。
你为我开门。
你默默地凝望着我。
（那闪耀着的是泪光么？）

你为我引路，掌着灯。
我怀着不安的心情走进你洁净的小屋，
我赤着脚走得很慢，很轻，
但每一步还是留下了灰土和血印。

你让我在舒适的靠椅上坐下。
你微现慌张地为我倒茶，送水。
我眯着眼，因为不能习惯光亮，
也不能习惯你母亲般温存的眼睛。

我的行囊很小，
但我背负着的东西却很重，很重，
你看我头发斑白了，背脊伛偻了，

虽然我还年轻。

一捧水就可以解救我的口渴,
一口酒就使我醉了,
一点温暖就使我全身灼热,
那么,我能有力量承担你如此的好意和温情么?

我全身颤栗,当你的手轻轻地握着我的。
我忍不住啜泣,当你的眼泪滴在我的手背。
你愿这样握着我的手走向人生的长途么?
你敢这样握着我的手穿过蔑视的人群么?

在一瞬间闪过了我的一生,
这神圣的时刻是结束也是开始。
一切过去的已经过去,终于过去了,
你给了我力量、勇气和信心。

你的含泪微笑着的眼睛是一座炼狱。
你的晶莹的泪光焚冶着我的灵魂。
我将在彩云般的烈焰中飞腾,
口中喷出痛苦而又欢乐的歌声。

一九六一年十一月

(选自《中国新文学大系 1949—1976·诗卷》,
上海文艺出版社 1997 年版)

美，在苦难的荆棘中绽放

——《有赠》赏析

孙子威

著名诗人曾卓自1955年被列为"胡风集团骨干"，既罹缧绁之灾，复遭放逐之难，家人离散，咫尺天涯，度日如年，悠悠六载有余，斯时头悬达摩克利斯之剑，身陷"感情的沙漠"之谷，孤苦寂寞，飘泊无依，经辗转寻觅，终于一深秋之夜，夫妻得见，悲喜交集，恍若隔世，情不得已，遂作《有赠》。

曾卓的《有赠》是一支痛苦而又欢乐的歌。本诗写于1961年11月，是赠给他的夫人薛如茵的。当时并未想到发表，纯属私人写作。它是远离当时文艺潮流的，也就没有染上那个时代的通病。

《有赠》所歌咏的是一对仍处在劫难之中的夫妻在离散多年后的一次相见。这是一次刻骨铭心的会面，一次催人泪下的重逢，显然有作者身世的投影。如果说此前写的《是谁呢?》(1956)是爱的呼唤，那么，《有赠》则是一种应答，爱的应答。

曾卓很喜欢《有赠》，曾在一些场合亲自朗诵过，每次都深深地感动了听众。作者说，他"偏爱"这首诗，"是因为那是闪烁在我生命炼狱中的光点，是开在我生命炼狱边的小花。"①

从文体学上说，《有赠》是颇为特殊的。人物、情节、背景，肝胆俱全，有如一篇袖珍小小说；但它并不注重事件的始末，而只选取一个横截面，人物与人物关系的展示主要靠动作，又有如一场默剧；诗所呈现给人的是"这样"，而隐去了"为什么"，语言如秋水般明净，天光云影，

---

① 曾卓:《在学习写诗的道路上》，《曾卓文集》第1卷，长江文艺出版社1994年版。

摇映其中,可是每个词语又似乎暗藏玄机,难以窥测到底;内容单纯之至,将一切可有可无的全都剔去,却浓缩着一本读不完的人生大书,悲欢离合,俱在其中,思想感情非常丰富,且于人文历史内涵。

　　读《有赠》,可使人联想起列宾的名画《意外归来》。那幅画作在一个受迫害的革命者突然被释放回家的情景中展开。神色狐疑的女佣带进来一个陌生人,他脸色苍白,身着农民的厚呢大衣和长筒旧靴,神情疲惫不堪而又不失刚毅。他的突然来临,打破了室内的平静,使所有的人都处于惊愕之中,母亲、妻子和两个孩子的姿态与表情各不相同,但目光都聚焦在这位奇怪的"来客"身上,人物性格的对比收到了高度戏剧性效果。画家通过这一最富包蕴性的生活瞬间,从家庭关系的角度表现了当时革命者的悲壮经历,塑造了一个为时代所敬仰的俄国革命知识分子的形象。《有赠》在艺术构思上与《意外归来》有点类似,着力表现的也是一个富有包蕴性的家庭生活场面,并且注重通过写人物的精神面貌来反映一代知识分子的悲剧命运;但是,无论就思想内容还是表现手法来说,二者又有很大的不同。诗里的"我"并不是作为革命者出现的,而是一个"包袱沉重"的"天涯沦落人",一个不为世人所理解并被社会抛弃的人,他之"落入罪过之中"是因为他没有罪过,这打击还是来自自己人之手,因而更具悲剧性。他之受难是一个历史事件,有其时代必然性,因为这种苦难也隐对着每一个人。只是可能后来在其他问题上证明这一点。尽管本诗并未描写灾难的具体事实,但我们还是可以从人物身心所受的创伤深深地感受到灾难的沉重。把《有赠》同作者的苦难遭遇相比照,写进诗里的事实很少很少,可是它给读者感情上的冲击却很大很大,从中得到的思想启迪也很多很多。德国美术家李伯尔曼说,"艺术就存在于省略之中"①,此话不无道理。

　　《有赠》有9节,共36行。就文本构成来说,全诗可分为两大系统:一是所歌咏的人和事,即关于指谓对象的言说,计16行;一是抒情人的倾诉,即言说者自身的言说,计20行,前者为后者所统摄。可见,

---

① ［德］贝戈尔维策精选:《教会教义》,第25页,三联书店1998年版。

这首诗虽不乏情节,包含叙事成分,但主要还是抒情,有强烈的抒情性,属于抒情短诗。如果进一步就诗的意象而言,则可分为两个层面:一是摹写层面,这是表层;一是象喻层面,这是深层。前者叙事,是实写,这是诗的基干,旨在再现生活,贴近生活;后者抒情,是虚写,这是诗的灵光,意在同生活拉开距离,以提升生活,概括生活。夹叙夹诉,写实与写意相结合,全诗乃有"不似之似"之妙,诗中之实才得以走出寻常,焕发出新的意义。

第一节为全诗序曲,点明主旨:寻找心灵的家园。开头总是重要的。"我是从感情的沙漠上来的旅客,我饥渴、劳累、困顿。"这一句非常重要。它犹如所罗门王的魔戒,是揭开《有赠》诗意之谜的一把钥匙。"感情的沙漠",指生存环境;"旅客",乃角色定位;"饥渴、劳累、困顿",是对"我"的精神状态的形容。"我"本有一个幸福的家,现在却成了孑身一人、浪迹"感情的沙漠"的"旅客",不但在生活上流宕无寄,更难以忍受的,是精神上的孤独、飘泊无依。作者完全跳出具体事实的林林总总,只此一句便把命运的多舛、内心的苦痛道尽。这就是诗的提炼,这就是诗的概括。

作者在诗中曾多次写到精神的痛苦,如:

"我在人群的沙漠中飘泊,感到饥渴困顿,而又无告无助,四顾茫然。"(《是谁呢?》,1956)

"而我的心有时干涸得像沙漠,没有一滴雨露来灌浇。我将嘴唇咬得出血,挣扎着前进,为了不被孤独的风暴压倒。"(《我期待,我寻求……》,1957)

"我难以忍耐寂寞,孤独。"(《希望》,1960)

"它孤独地站在那里,显得寂寞而又倔强。"(《悬崖边的树》,1970)

可见孤独、寂寞是作者诗歌中反复吟咏的一个母题。"我是从感情的沙漠上来的旅客,我饥渴、劳累、困顿。"这是一声撕心裂肺的痛苦呼喊,为全诗奠定了悲剧性基调。

再看第二句:"我远远地就看到你窗前的光亮,它在招引我——我的生命的灯。""光亮",意味着家、温暖、希望。只有没见到光亮的,才迫切寻求光亮。"我远远地就看到……"就表现了这种心情。"招引",有招呼、引导、主动关爱之意,点明重要性,为后面"你"的表现埋下伏笔。"你窗前的光亮",是写实;转化为"我的生命的灯",则是比喻,是写意,从而显示了"你"对"我"的情感意义与生命价值。它给难以承受的生命之沉重增添了亮色,为全诗注入了明朗欢乐的音调,使之在沉郁中见出豪雄,具有一种悲壮美。

"我"——"从感情的沙漠上来的旅客";"你"——"我的生命的灯"。这两个核心喻象集中体现了作者对社会生活的提炼与概括,熔铸着诗人对人生的深刻体验与独特感受。它们是诗之眼,照摄着全诗,使之具有整体象征性。

这两句诗犹如乐曲的两个主题乐句,二者生发展开,谱写出一阕沉雄的命运交响曲。

从第二节到结尾,写"我"与"你"相见。有两点值得注意:

一是,特点鲜明。历来写夫妻别后重逢的作品不少,但大都是苦尽甘来,具有大团圆的喜剧色彩,而本诗描写的夫妻相见却是苦难仍在继续。作者写出了"我"与"你"会见时的一种陌生感、隔膜感与忧虑感。"我"与"你"似乎并非夫妻,这间"小屋"也似乎并非"我"的家,这就把握了特点,显示了悲剧性。这是一。其次,我们知道,给人造成苦难的事是各种各样的,苦难给人身心造成的伤害则是相同的。这首诗不写"我"因什么而获罪,着重写"我"因获罪而受了伤害的身心,这样就使人物从个人的独特遭遇中脱身而出,表现了苦难本身的普遍性,因而突破了真人真事的局限,具有更深广的美学意义。再次,不写以往离散相思之苦,只写劫中重逢、共赴苦难之情,写会见后"我"的思想感情的变化与升华,沉郁顿挫,悲而不伤,有一种崇高美。

二是,章法严谨。与前面所说"我饥渴、劳累、困顿"相应,可划分为三个段落:第一段,从第二节到第四节;第二段,从第五节到第七节头两行;以后为第三段。基本内容可简括为三问三答:

(1)叩问:"我轻轻地叩门",试探。

　　　　应答:"你母亲般温存的眼睛。"
　　——从生活照顾上写"你"对"我"的爱。
　（2）疑问:"我能有力量……么?"
　　　　应答:"你的手轻轻地握着我的"。
　　——从精神关怀上写"你"对"我"的爱。
　（3）推问:"你愿……么","你敢……么?"
　　　　应答:"你的含泪微笑着的眼睛"。
　　——从同命运、共患难上写"你"对"我"的爱。

　　这三问三答可谓一波三折,一咏三叹,由外而内,由浅而深,由小及大,由近及远,逐渐展现了"我"在"你"的呵护下,走出精神的阴霾,由"困顿"到"飞腾"的过程,让读者看到了一对患难夫妻生死厮守,相濡以沫,与命运抗争的动人情景,表现了诗人心中的大痛苦、大喜悦,唱出了一曲爱之颂歌。

　　《有赠》旨在歌颂"你"。

　　这首诗是从"你"与"我"的关系中写"你"的,是从"你"如何待"我"来写"你"的,是以"我"的眼光、感受与评价来写"你"的;而在写"你"的同时也就写了"我",写出了"我"心灵变化的历程。"你"与"我"这两个人物形象,如双峰峙列,彼此映衬;如红花绿叶,相得益彰。重视人物描写,也是《有赠》的一个明显特点。

　　先谈关于"你"的描写。

　　"你"是在"我"的神秘叩门声中登场的。这使人联想到贝多芬《第五交响曲》的"命运在敲门"。的确,这可不是一次普通的敲门,对于"你"来说,这意味着将面临一场严峻的考验。"我"是"你"的丈夫,但更是正被处理的"要犯"(或有严重"问题"的人),当时又正值"文化大革命"风暴即将骤起之时,因此,"你"如何对待"我"这已不是一般的夫妻关系问题,而是在紧要关头应当怎样对待一个落难之人的问题。人之受难必有一种意义或原因,而对受难之人抱什么态度,也必有一种意义或价值取向,其指向也必定是社会的,或政治的。由是可知,"我"的叩门声虽轻却有千钧之重,一下子把"你"推入两难之境:一边是正义、良知与爱心,一边是自己的祸福荣辱,不同的选择将会有不同的命运,也把一个人的灵魂裸露无遗。林则徐说,"观操守在利害时",苦难最能见出一个人的本真性。"我"的突然出现,为"你"创造了一个直面苦难的悲剧性情境,一个人与人、人与上帝交往的场合,使一个在通常情况下极为平常的相见具有极不平常的意义,绽放出人性的美与光辉。

诗是从三个方面写"你"的:

一是行动:

"你为我开门"。

"你为我引路,掌着灯"。

"你让我在舒适的靠椅上坐下"。

"你微现慌张地为我倒茶,送水"。

"你的手轻轻地握着我的"。

这一连串动作都是"你为我",忙碌、热忱而深情,展示了"你"当时的心情和高尚品格。

对一个有家可归、并不缺少什么的人来说,这些都算不了什么,可是对这个"饥渴、劳累、困顿"的"旅客"来说,那就非同寻常了。更何况这个"旅客""包袱沉重","你"没有做当时一般人会做的,而是做当时一般人不会做的,为此"你"将为"我"背负沉重的十字架。其卓立特行,闪耀着伟大的爱心和人性之光。意义从关系中见出。一些平凡的生活琐事,因其在特定的情境中而具有大于自身的象征意义。

二是眼睛。眼睛乃心灵之窗。这首诗很注意写"你"的眼睛。

"你默默地凝望着我"。

"那闪耀着的是泪光么?"

"不能习惯你母亲般温存的眼睛"。

"你的眼泪滴在我的手背"。

"你的含泪微笑着的眼睛"。

"你的晶莹的泪光"。

这些都是写眼睛,但神态和心情各有不同。有久别乍见,惊疑梦中,相对而视,搜寻旧日形象,千言万语不知从何说起,"默默地凝望着"的眼睛;有俯视的,流露出无限呵护,"母亲般温存的眼睛";有植根于牺牲之爱中,洋溢着幸福感的,"含泪微笑着的眼睛";还有怕亲人伤心,强忍悲痛,咽下苦水,仅在眼眶里"闪耀着""泪光";有对亲人无比痛惜、怜爱,情感激荡,不禁热泪夺眶而出,"滴在我的手背"的"眼泪";有神清气朗、无比圣洁的"晶莹的泪光":这些描写,写出了"你"在会见时的心理与情感复杂而微妙的变化,表现了"你"美的心灵和丰富的内心世界。正是这些充盈着爱的目光,给了"我""力量、勇气和信心",推动了情节的发展。

  三是象喻手法。作者在写人时还用了一些比喻和象征手法,以表达抒情人的态度与评价。其特点是善于就近取譬,以小见大,于平凡中寓深意,即使在描写具体事物时,也让你感到不止于所是,似乎还有一种弦外之音,象外之意,一种形而上的、精神性的东西。如:

  (1)"你窗前的光亮"——"我的生命的灯"

  (2)"你愿这样握着我的手走向人生的长途么?你敢这样握着我的手穿过蔑视的人群么?"

  (3)"你的含泪微笑着的眼睛是一座炼狱。你的晶莹的泪光焚冶着我的灵魂。"

  耐人寻味的是,诗中描写"你"对"我"的爱,颇有点类似《神曲》中贝雅特丽齐对诗人但丁的爱。但丁在游地狱的过程中,每逢遇到困难或身心疲惫时,只要引路的维吉尔一提到贝雅特丽齐的名字,他便振作起来。到了炼狱的地上乐园时,由贝雅特丽齐亲自引导但丁至天堂。贝雅特丽齐一般不露真容,而隐藏在面纱之中,只有当但丁表示忏悔时,她才露出她的美眼和微笑。但丁从此天到彼天,都是以贝雅特丽齐的目光做引导。随着但丁逐层升高,贝雅特丽齐的美眼和微笑也就愈加动人。《有赠》如此注重写"你"的眼睛,尤其是"你含泪微笑着的眼睛",写"你"的眼睛对"我"的灵魂的净化作用,这是否有点类似贝雅特丽齐之于但丁呢?

  以上喻象集中体现了作者对"你"的美学评价,大大地丰富、深化和提升了"你"的形象的美学内涵,使之具有形而上的意味。

  综上所述,我们看到了一个坚贞、善良、娴雅、端重、沉毅、深情的伟大女性形象,她既有母亲的温存,又有妻子的柔情,更有基督的献身精神,是一个拯救"我"、呵护"我"于苦难之中的女神。

再看关于"我的描写"。

一是"我"的外貌和内心状态。
我是从感情的沙漠上来的旅客。
我远远地就看到你窗前的光亮。
我轻轻地叩门,如同心跳。
我的行囊很小,但我背负着的东西却很重,很重,你看我头发斑白了,背脊佝偻了,虽然我还年轻。
我全身颤栗,当你的手轻轻地握着我的。我忍不住啜泣,当你的眼泪滴在我的手背。

以上描写可谓形神兼备,有声有色,很好地传达出了会见时那种凝重的氛围,是出色的肖像画,作者用浮雕般鲜明而富于暗示性的语言,从人物的体态、神情、装束、习惯、心情等各个方面,准确地把握了这个在身心上都烙着苦难伤痕的"我"的特征,以由远而近、逐步展示、愈渐清晰的手法,生动地刻画出一个"从感情的沙漠上来的旅客"的形象。"我"哪里是回家,分明是在接受命运的另一场审判!

二是"我"的心路历程

"我"由于命运的安排而成为陌生人,成为"旅客",被抛到一个敌对的世界之中。"我"之急于与"你"相见,主要并不在于要有一个生活之家,而是要寻找自己心灵的家园。写"我"与"你"的精神相遇,心灵相通,写"我"的精神危机之化解,写"我"的心路历程,是《有赠》的一大特点。

真正的古典作品,以其主旨的卓越严肃性,而能给人提供一种精神支撑。《有赠》从生活层面上看只是一首爱情诗,然而就其思想内核而言,是可以当作寓言来读的。这首诗具有高远深刻的意旨,能给人以巨大的思想启迪和精神鼓舞。因此它不同于一般的爱情诗,具有更深邃的人生意义。

爱,是人的生命的灯。爱,是人的心灵的家园。

曾卓其人,既有诗人的情怀,又有哲人的睿智,其诗文具有情思相融的特点。《有赠》就是一首思之诗。

美国诗人里查德·威尔伯说:"诗是对缪斯而作,而缪斯的存在旨在于给事实披上一块帷幕,使得诗不得为谁而作。"《有赠》诚然具有纪传性,但它远远高于一般的写实,而有着深广的艺术概括。它是一切伟大女性爱的丰碑,是所有受难者的福音书。

写一首诗并不难,而要写一首《有赠》这样值得人读一千遍的诗,就非常非常难了!这样的诗不是用墨写的,而是用血写的,用泪写的,用自己的生命来写的。用作者的话说,它"是开在我生命炼狱边的小花"。

美,在苦难的荆棘中绽放!

复习思考题

1. 为什么说《有赠》是一支痛苦而又欢乐的歌?
2. 以《有赠》为例,说明"美,在苦难的荆棘中绽放"。

祖国啊,我亲爱的祖国

舒 婷

我是你河边上破旧的老水车,
数百年来纺着疲惫的歌;
我是你额上熏黑的矿灯,
照在你历史的隧洞里蜗行摸索;
我是干瘪的稻穗;是失修的路基;
是淤滩上的驳船
把纤绳深深
　　勒进你的肩膊;
——祖国啊!

我是贫困,
我是悲哀。
我是你祖祖辈辈
　　痛苦的希望啊,
是"飞天"袖间
千百年未落在地面的花朵;
——祖国啊!

我是你簇新的理想,
刚从神话的蛛网里挣脱;
我是你雪被下,古莲的胚芽;
我是你挂着眼泪的笑涡;
我是新刷出的雪白的起跑线;

是绯红的黎明,
　　　正在喷薄;
——祖国啊!

我是你的十亿分之一,
是你九百六十万平方的总和;
你以伤痕累累的乳房,
喂养了
迷惘的我、深思的我、沸腾的我;
那就从我的血肉之躯上
去取得
你的富饶、你的荣光、你的自由;
——祖国啊,
我亲爱的祖国!

1979. 4. 20

(选自《诗刊》1979 年第 7 期)

拳拳的心　深深的情

——《祖国啊,我亲爱的祖国》简析

李逸涛

舒婷是一位有才华、有影响的女诗人。她的抒情短诗《祖国啊,我亲爱的祖国》是一首中华儿女向祖国母亲倾吐情怀的歌,最初发表于1979年第7期《诗刊》,后收入诗集《双桅船》,曾获1979—1980年全国中、青年诗人优秀诗歌奖。

歌颂祖国,这是一个永恒的主题,历代诗人写出了不少佳作。从十年浩劫中生活过来、有着太多的坎坷经历的青年诗人舒婷,面对凝聚着深重灾难和获得新生的祖国,很自然地产生出一种为个人的不幸而哀伤、为祖国的不幸而忧虑,同时又为个人与祖国的未来充满信心和希望的忧患意识与历史责任感。正如她在《生活、书籍和诗》一文中所说:"我从来认为我是普通劳动人民中间的一员,我的忧伤和欢乐都是来自这块汗水和眼泪浸透的土地……纵然我是一枝芦苇,我也是属于你,祖国啊!"[①]正是在这种不可遏止的感情催动下,舒婷利用工余时间写下了《祖国啊,我亲爱的祖国》这首诗,以一个普通女工的赤子之心,真挚、委婉地抒发了对祖国的脉脉深情,吹奏出舒婷诗歌中最动人的乐章。

诗的开首一节,诗人以一系列的物象塑造了一个贫困、落后的祖国母亲的形象,抒发出诗人为之悲哀痛苦的心情:

我是你河边上破旧的老水车,

[①] 见《福建文艺》1981年第2期。

> 数百年来纺着疲惫的歌;
> 我是你额上熏黑的矿灯,
> 照在你历史的隧洞里蜗行摸索;

诗人是祖国大家庭的一员,与祖国同生共存。显然,这里的"我"既是指诗人自己,也是指古老的中华民族。"破旧的老水车"和"熏黑的矿灯"两个意象,分别从农业和工业生产方式的原始、落后,说明了祖国长期以来处于贫穷落后的状态。"纺着疲惫的歌"、"在历史的隧洞里蜗行摸索",既指工农大众生活的艰辛,劳动条件的恶劣,又指整个国民经济的发展如同破水车的原地运转和在隧洞里蜗行那样艰难、迟缓。接下去的"我是干瘪的稻穗;是失修的路基"及"淤滩上的驳船",再次凸现了祖国经济的贫弱面貌。"淤滩上的驳船"与"在历史的隧洞里蜗行"相对,进一步象征了中华民族已远离历史前进的轨道,裹足不前。此情此境,诗人感到犹如把纤绳勒进祖国母亲肩膊那样疼痛难忍,禁不住发出"祖国啊"的深沉呼唤,表达出难以言状的悲哀之情。

承接上节之意,第二节用"我是贫困,/我是悲哀"概括"水车"、"矿灯"、"稻穗"、"路基"、"驳船"等形象的象征意义。接下来的一句,感情有所变化。祖国和人民虽然"贫困"和"悲哀",但"祖祖辈辈"始终没有丧失"痛苦的希望"。只是这希望太渺茫,如同"飞天"袖间的花朵,虽然美丽诱人,但尚未落到地面。然而,毕竟有了希望,有了追求,有了改变现状的基因。诗末的又一声对祖国的呼唤,蕴含着几多痛苦、几多希望!

"四人帮"的覆灭,古老的祖国从迷梦中苏醒,从苦难中奋起。中国共产党领导下的向四个现代化进军的伟大斗争,正在逐步实现世世代代梦寐以求的希望与理想。诗人为此欣喜不已,感情由低沉叹息转向亢奋热烈,连用一组意象描绘出处于历史转折期的祖国形象。从"神话的蛛网"中挣脱出来的祖国,犹如"雪被下古莲的胚芽",历经磨难,吐发新绿。新生的祖国已经站到"雪白的起跑线"上,就要奋力拼搏了。看,地平线上,"绯红的黎明""正在喷薄",照亮了东方的天宇。这不正是祖国母亲的写照吗?一切都刚刚开始,一切都充满希望,祖国

的明天必将更加美好。诗人的感情层层递进,加深加浓。最后,将抑制不住的强烈感情化作对祖国母亲的壮丽誓言:

> 我是你的十亿分之一,
> 是你九百六十万平方的总和;
> 你以伤痕累累的乳房
> 喂养了
> 迷惘的我、深思的我、沸腾的我;
> 那就从我的血肉之躯上
> 去取得
> 你的富饶、你的荣光、你的自由;
> ——祖国啊,
> 我亲爱的祖国!

诗人再次强调"我"与祖国唇齿相依、不可分割的关系。"我"是祖国机体的一部分,也是伟大祖国形象的代表。"小我"与"大我"有机地结合在一起。这样,"迷惘的我、深思的我、沸腾的我"就不仅指青年一代的心灵历程,而且是整个中华民族精神风貌的概括。他们都是祖国母亲以"伤痕累累的乳房"喂养大的。"谁言寸草心,报得三春晖"。报效恩重如山的祖国,人人责无旁贷。于是,诗人向祖国母亲表示:愿以自己的"血肉之躯"去取得她的"富饶"、"荣光"和"自由",去实现她的伟大理想。强烈的民族责任感、使命感和崇高的献身精神,使诗的思想为之升华。全诗在无限深情地对祖国母亲的呼唤中结束,诗的感情达到了高潮。

　　唐代大诗人白居易说:"感人心者,莫先乎情"[1]。真正的好诗,应该是心底的歌。舒婷的诗,无论是赞颂祖国、咏叹大海,还是抒写友谊与爱情,都是在向读者倾吐一腔真情。但她的抒情有其独特的表现方

---

[1]　白居易:《与元九书》,《中国历代文论选》上册,第408页,中华书局1962年版。

式。她善于将自己的主观感情巧妙地移注到客观事物上,创造出一种"有我之境"。《祖国啊,我亲爱的祖国》从生活现象中撷取了平凡而富有特征的事物,如"破旧的老水车"、"熏黑的矿灯"、"干瘪的稻穗"、"失修的路基"、"淤滩上的驳船"、"古莲的胚芽"、"新刷出的雪白的起跑线"、"绯红的黎明"等,以博喻的方法赋予它们以诗意;又通过"我是……"的句式,将这些彼此并不相关的零散形象组合在一起。这样,客观事物就远远超越了其本身的含义而成为一种象征体,蕴含着深广的社会内容;同时,诗人的主观感情也从这些客观事物中表现出来,客观事物成为诗人主观世界的写照。"物"与"我"融为一体,使诗的内容与形式和谐统一。客观事物因主观感情的移注而寓意无穷;主观感情因附丽于客观事物而得以淋漓酣畅的抒发,不仅塑造了一个饱经风霜、从贫困走向新生的伟大母亲的形象,包括诗人在内的充满忧患意识和历史使命感的中华儿女的形象也跃然纸上。

艺术情感总是沿着一条心理逻辑的轨迹发展的,否则便会失控、失真。在《祖国啊,我亲爱的祖国》中,舒婷以儿女的身份向祖国母亲倾诉情怀,感情激越澎湃;但她的感情并非一览无余的流泻,而且很注意其波动的节奏,写出波澜和跌宕。全诗感情由悲哀、低沉转向欣喜、高昂,其中纠结着悲怆、忧伤、深沉、炽热、失望与希望、叹息与追求等多种复杂而凝重的感情,真切地表现出诗人激动不已、起伏翻涌的情绪。各节最后以"祖国啊"的反复吟咏,将感情逐层推进,最后达到高潮,在节奏的跃动中抒发了诗人对祖国的拳拳深情;诗人的那种委婉幽深、柔美隽永的抒情个性,也由此得以充分展现。

复习思考题

1. 分析《祖国啊,我亲爱的祖国》的主题思想。
2. 诗人在艺术手法上是怎样表现对祖国的拳拳深情的?

布　谷

余光中

阴天的笛手,用叠句迭迭地吹奏
嘀咕嘀咕嘀咕
苦苦呼来了清明
和满山满谷的雨雾
那低回的咏叹调里
总是江南秧田的水意
当蝶伞还不见出门
蛙鼓还没有动静
你便从神农的古黄历里
一路按节气飞来
躲在野烟最低迷的一角
一声声苦催我归去
不如归去吗,你是说,不如归去?
归哪里去呢,笛手,我问你
小时候的田埂阡阡连陌陌
暮色里早已深深地陷落
不能够从远处伸来
来接我回家去了
扫墓的路上不见牧童
杏花村的小店改卖了啤酒
你是水墨画也画不出来的
细雨背后的那种乡愁
放下怀古的历书

我望着对面的荒山上
礼拜天还在犁地的两匹
悍然牛吼的挖土机

一九八四年三月十九日
（选自《余光中精选集》，北京燕山出版社 2009 年版）

现代人的"乡愁"

——简评《布谷》

樊　星

余光中的《布谷》写于1984年,后收入《紫荆赋》集。余光中1928年生于南京,祖籍福建永春。在大陆度过了少年时代。后经香港去台湾。曾留学美国,获爱荷华大学艺术硕士学位。先后在台湾东吴大学、台湾师范大学、台湾政治大学、香港中文大学、台湾中山大学任教,同时从事写作,为当代著名诗人、散文作家、评论家。自1952年以来,已出版诗集《舟子的悲歌》、《蓝色的羽毛》、《钟乳石》、《万圣节》、《五陵少年》、《天国的夜市》、《天狼星》、《在冷战的年代》、《莲的联想》、《敲打乐》、《白玉苦瓜》、《与永恒拔河》、《隔水观音》、《紫荆赋》和文集《左手的缪斯》、《焚鹤人》、《青青边愁》、《掌上雨》、《分水岭上》等多种,其作品在海内外有广泛影响。

余光中一直眷恋着大陆。"乡愁"是他诗歌创作的一个基本主题。《民歌》、《乡愁》、《乡愁四韵》、《黄河》、《长城谣》、《春天,遂想起》、《白玉苦瓜》等名篇都是他抒发"乡愁"情结的感人至深之作。

《布谷》也是一首怀乡诗。写作这首诗的时候,诗人正在香港中文大学讲学。在寂寞的山居生活中,布谷鸟的叫声再一次唤起了诗人的乡愁。诗人的神思重又飞还魂牵梦萦的江南:"那低回的咏叹调里/总是江南秧田的水意。"然而,布谷的叫声唤起的还有游子的愁思:"你便从神农的古黄历里/一路按节气飞来/躲在野烟最低迷的一角/一声声苦催我归去/不如归去吗,你是说,不如归去/归哪里去呢,笛手,我问你",路也遥遥,梦也迢迢。"无路可归"的迷惘与苦痛既是古代游子乡愁的延伸,又是当代海峡隔绝,同胞痛苦现实的真切写照,具有强烈的现实感。但诗人并未就此止步。诗人清醒地知道:"小时候的田埂阡阡连陌陌/暮色里早已深深地陷落/不能够从远处伸来/来接我回家去了/扫墓的路上不见牧童/杏花村的小店改卖了啤酒"——古典的诗意早已被现代化的进程抛在了历史的烟云中,而诗人偏偏独钟那一去不复返的古典诗意!于是,你就能更深地品味出当代乡愁哀婉无比的悲凉意味了:"你是水墨画也画不出来的/细雨背后的那种乡愁"!"无路可归"的主题至此得到了新的意味:它不仅仅意味着空间上的遥远、隔绝,更意味着时间上的不可逆转、情感上的永远缺憾!这样,淡淡的乡愁便升华为深深的叹息,游子的倾诉便结晶成现代人的焦虑。

从诗歌艺术角度看,《布谷》也是余光中诗作中颇有代表性的一首。诗人努力在古典诗和现代诗的融合与创新的基础上写出个性独具的诗作。诗人曾经说过:"现代诗发展到了今天,我们在心理的背影上,仍然不能摆脱巴黎或长安。……但是如果自己的蓝墨水中只有外国人或唐朝人的血液,那恐怕只能视为一种病态了吧?"①为此,他确定了自己的坐标:"我个人写诗的方向,于民族、社会、现实三者,比较强调民族感与现实感。""只要是来自生命来自活语言的诗,都为我们所热切需要,尤其是表现七十年代新经验的作品。"②正是对"民族感与现实感"、"活语言"、"新经验"的追求,使余光中70年代以后的诗达到了炉火纯青的境界:既不同于西方的现代诗,又不同于中国的古典诗,而是表现当代中国诗人情怀的新诗。

在《布谷》这首诗中,有现代诗的意象腾跃,却无现代诗的晦涩艰深;有古典诗的深长韵味(如"布谷"、"江南"、"牧童"、"杏花村"等古典意象),却又使其自然融入"归那里去呢"的现代哲思之中。全诗给人以古意翻新的新奇感,堪称以现代情怀重写乡愁的佳篇。

---

① 余光中:《在冷战的年代·后记》,《余光中一百首》,流沙河选释,第41页,四川文艺出版社1988年版。

② 余光中:《青青边愁·从天真到自觉》,第25、131页,台湾纯文学出版社1977年版。

复习思考题

1. 《布谷》是怎样达到诗的现代性与传统性的统一的?
2. 试析《布谷》的语言特色。

边界望乡

洛 夫

说着说着
我们就到了落马洲

雾正升起,我们在茫然中勒马四顾
手掌开始生汗
望远镜中扩大数十倍的乡愁
乱如风中的散发
当距离调整到令人心跳的程度
一座远山迎面飞来
把我撞成了
严重的内伤

病了病了
病得像山坡上那丛凋残的杜鹃
只剩下唯一的一朵
蹲在那块"禁止越界"的告示牌后面
咯血。而这时
一只白鹭从水田中惊起
飞越深圳
又猛然折了回来

而这时,鹧鸪以火发音
那冒烟的啼声

一句句
穿越异地三月的春寒
我被烧得双目尽赤,血脉贲张
你却竖起外衣的领子,回头问我
冷,还是
不冷?

惊蛰之后是春分
清明时节该不远了
我居然也听懂了广东的乡音
当雨水把莽莽大地
译成青色的语言
喏!你说,福田村再过去就是水围
故国的泥土,伸手可及
但我抓回来的仍是一掌冷雾

(选自《因为风的缘故》,台北九歌出版社 1988 年版)

远离故土的乡愁

——《边界望乡》赏析

古远清

洛夫(1928—),本名莫洛夫,湖南衡阳人。1949年7月赴台。1973年6月毕业于淡江大学英文系,曾任《创世纪》诗刊总编辑。现为《创世纪》顾问、加拿大华文作家协会顾问。先后出版了多本诗集:《石室之死亡》、《洛夫自选集》、《因为风的缘故》、《洛夫小诗选》、《洛夫诗抄》、《漂木》等。作为著名诗人的洛夫,其诗名和余光中并驾齐驱。他和余光中一样,属20世纪50年代崛起,至今仍活跃诗坛的寥寥几座活火山之一。

洛夫的创作,按龙彼德的意见,分为四个时期:抒情时期(1954—1958),探索时期(1959—1973),回归时期(1974—1990),整合时期(1991—)。第一时期较短,其代表作为《灵歌》,题材以爱情居多,所写的均是个人情感的体验,意象大胆鲜明,语法单纯明晰,诗风纯情甜美,充满了"食花与酿蜜的青春期"之美,受大陆20世纪30年代诗人影响甚为明显。在第二阶段到来之前,洛夫写的《我的兽》,已有现代主义的影子。进入这一阶段后,洛夫作品意象的营造不再生涩,语言也不再浅白直露,其诗风以阳刚取代婉约,以知性取代感性,以超现实取代反映现实,由向外到向内心世界掘进,其代表作有《石室之死亡》、《外外集》、《西贡诗抄》。① 《石室之死亡》是"创世纪"提倡独创性、纯粹性、超现实性、世界性的里程碑,洛夫本人由此成为该诗社的灵魂人物,并成为现实主义诗人反晦涩的重点对象。这首长诗的确存在独多

---

① 龙彼德:《一代诗魔洛夫》,第73、112—113页,台北小报文化公司1998年版。

混沌难解的片段,它所探讨的生与死问题,交错着知性与感性、天使与魔鬼的冲突,表现得深沉而复杂。诗人在这个世界中寻求自我生存的困境与意义,由此衍生出人物二元的本体论、自我认识、不朽的观念与道德等哲学问题。它往往让人感到死亡笼罩着自己并给人带来恐惧,让读者体会到生命的荒谬。这首诗主题严肃,结构庞大,内容繁杂,气势雄伟,词汇丰富,语言新颖,格局变化多端。

洛夫于1967年出版的《外外集》,在精神上仍然承袭了《石室之死亡》的许多余绪,在风格上不再枯涩含混,而走向开朗和洒脱。后出的《西贡诗抄》,尽可能用生活化的语言表现作品的内心感受,意象不再浓密,叙述时用的是客观调子,句子结构还有散文化的倾向,这一切都是为了题旨不致僵死在固定不变的语义之中。

洛夫回归时期的作品,不属于复古,而是一种艺术再创造。他把过于标榜实验性与前卫性的作品,转化为一种既现代又浪漫,既现实又古典的现代诗。他的回归,表现在三个层面:一是对中国文化的关怀与深度的探索,回到中国人文精神的本位上来;二是运用古典题材,融会前人的特殊技巧,表达自己的现代感受与生命体验;三是抒发乡愁,关怀大中国,落实真正的人生,其诗风从内心到外界,从动态到静态,从知性到灵性,从繁复到简洁。《魔歌》、《时间之伤》、《酿酒的石头》、《月光房子》、《天使的涅槃》是这时期的代表作。①

他写于回归时期的《边界望乡》,系一首乡愁诗。很多诗人都写过乡愁。对台湾诗人来说,乡愁来自远离故土的放逐生涯,来自对故乡的热爱和对故国的眷恋。洛夫于1949年随大批流亡学生到台湾,一走就是40年。1979年洛夫应邀到香港访问,那时余光中已从高雄到香港中文大学任教,他亲自驾车带洛夫到香港与深圳的边境地带即落马洲的一个小山头眺望大陆。经过近半世纪的隔离,洛夫首次通过望远镜看到可望不可及的故国河山,不禁感慨万千。这是几十年有家不能归的情景,一段极其痛苦的人生经验。

---

① 龙彼德:《一代诗魔洛夫》,第73、112—113页,台北小报文化公司1998年版。

洛夫过写过不少乡愁诗,其中这首最有名。乡愁有大小之分,小乡愁是指思念故乡,大乡愁是指思念故国。《边界望乡》写的是大乡愁,也就是不局限于家乡的文化乡愁。

开头一段用的是散文笔调,是对望乡的来历向读者作交代。他写得平淡无奇,节奏非常舒缓,这正好为后来的奇句和急促的节奏做了铺垫,让乡愁这种感情更好地得到集中而强烈的体现。

第二段是全诗的高潮。前面用了"勒马四顾"四字,在这里作者把小汽车当作"马",是现代意识向古典情趣的转换,从而使诗作具有民族风味。作者的高明之处,不仅在于将抽象的乡愁形象化为"乱如风中的散发",将近乡情更怯具体描述为"手掌开始生汗",而且还表现在远处飞来一座山,将自己"撞成了严重的内伤"上。这种石破天惊式的警句,使作品的诗意浓郁。正如诗评家吴思敬所说:"这是诗人凝结了30年的思乡之情的总爆发,如同足球运动员的临门一脚,如同赛跑者撞线的刹那,强大的乡愁情结在这里凝聚,在这里定格了。陆机《文赋》云:立片言而居要,乃一篇之警策。这三行正是那片言居要的警策之语。写到这里,这首诗已经态浓气足。"①

第三段用了杜鹃、白鹭这些古典诗词中常出现的意象,用这些中国式的词语表现自己的"内伤"几乎达到了无药可医的地步。"禁止越界",有家不能归,致使诗人心灵咯血。那白鹭惊起后,又猛然折回的景象,更使诗人时空两隔的乡愁无法超越。

第四段所出现的鹧鸪,同样是古典诗词中经常可见的意象,如辛弃疾的《菩萨蛮·书江西造口壁》中的名句"江晚正愁予,山深闻鹧鸪"。明人李梦阳《得向子过湖南消息》亦有诗曰:"湘江绕苦竹,几听鹧鸪啼。"清人尤侗《闻鹧鸪》诗也写到:"鹧鸪声里夕阳西,陌上征人首尽低。遍地关山行不得,为谁辛苦尽情啼。"另有清人志章的《鹧鸪塘》诗:"客情相思总凄迷,睡起篷窗日欲西。忽听一声行不得,鹧鸪塘外鹧鸪啼。",等等。这些清辞丽句正说明鹧鸪的啼声"行不得也哥哥",已

---

① 傅天虹主编:《汉语新诗名篇鉴赏辞典》,第64页,中国文史出版社2011年版。

具有一种稳定的象征意义。但洛夫有不同于古人的地方,就是通感手法的运用:鹧鸪发音本来没有光亮度,可叫声炽烈,故写它以火发音,这是以视觉写听觉;啼声不可能冒烟,可马蹄扬起的灰尘有如冒烟,这同样是以视觉写听觉。此外还通过冷("你冻得"竖起外衣的领子")热("我被烧得双目尽赤")对比,将作者对故土微妙而复杂的心境表露无遗。作者就这样以多种手法写自己到了边界后,感情无法控制,燃烧到了沸点。

最后一段写自己坚信严寒过后一定是春天,但一想到"冷雾"包围的环境,又不免悲哀起来。这种矛盾心境,正是唐朝诗人王维说的"近乡情更怯,不敢问来人"的生动写照。另一方面,用"青色"去修饰"语言",也是妙笔。语言本是无颜色的,但由于春日的大地呈绿色,故"译成青色的语言"也就符合艺术真实。如果把"译"字换作"化"字,那就不是"诗眼"了。

洛夫曾对诗评家卢斯飞说,诗中出现的告示牌、水围和广东乡音都是当时亲眼所见所听,就连杜鹃、白鹭和鹧鸪也是现实场景。可见,没有现场体验,创作便成为无根之木。总之,这首诗意象丰饶,想象超拔,语言奇特,将中国美学、本土精神及西方艺术技法融会在一起绽放出艺术光芒,是洛夫将超现实技巧东方化的一次示范。

复习思考题

1. 洛夫诗歌创作分哪几个阶段?
2. 以《边界望乡》为例,说明洛夫如何把乡愁这种抽象情感形象化?

妳 的 名 字

纪 弦

用了世界上最轻最轻的声音，
轻轻地唤妳的名字每夜每夜。

写妳的名字。
画妳的名字。
而梦见的是妳的发光的名字：

如日,如星,妳的名字。
如灯,如钻石,妳的名字。
如缤纷的火花,如闪电,妳的名字。
如原始森林的燃烧,妳的名字。

刻妳的名字！
刻妳的名字在树上。
刻妳的名字在不凋的生命树上。
当这植物长成了参天的古木时,
啊啊,多好,多好,
妳的名字也大起来。

大起来了,妳的名字。
亮起来了,妳的名字。
于是,轻轻轻轻轻轻地唤妳的名字。

（选自《纪弦自选集》,台北黎明文化公司1978年版）

一首深情曼妙的摇篮曲

——《妳的名字》赏析

古远清

纪弦(1913—),本名路逾,原籍陕西,生于河北清苑县。1929年,他写作与初恋同步。1933年用笔名路易士出版《易士诗集》。1934年在《现代》杂志发表诗作。1935年首次与从法国归来的戴望舒见面,又和杜衡合办《今代文艺》,并组建星火文艺社。1936年在东京和覃子豪相识,另和徐迟各出50元,戴望舒出100元合办《新诗》月刊。1939年出版了《爱云的奇人》等三部诗集。1945年开始使用纪弦的笔名。截至1948年11月底由上海到台湾以前,纪弦在大陆共出版过九本诗集,办过七种诗刊。纪弦到台湾后,长期任教于成功中学,其得意弟子有金耀基、罗行、杨允达、黄荷生、薛柏谷。从36岁至64岁,纪弦在台湾度过了将近28年。1976年赴美国定居。

纪弦最引人重视的是创办《现代诗》,组织"现代派"。作为"现代派"的旗手,他高呼新诗要走"横的移植"的道路①。这一主张由于矫枉过正,引起诗坛强烈不满。他常有一种孤独感。却以阿Q精神自慰:这是"光荣的独立,我自甘寂寞"②。《狼之独步》,便是他由目空一切而产生的孤独情境的最佳写照:"我乃旷野里独来独往的一匹狼。/不是先知,没有半个字的叹息。/而恒以数声凄厉已极之长嗥/摇撼彼空无一物之天地,/使天地战栗如同发了疟疾;/并刮起凉风飒飒的,飒飒飒飒的:/这就是一种过瘾。"

作为诗人,重要的是要保持一颗童心。从年轻时到晚年,纪弦都保

---

① 台北,《现代诗》第13期,1956年2月1日。
② 见李瑞腾:《释纪弦的〈狼之独步〉与〈过程〉》,台北《中华文艺》第74期。

留有自然、率真的特征。他的许多诗作,或自嘲,或嘲人,或两者兼而有之,无不充满了谐趣、童趣。纪弦身材高大,口中常含烟斗,手杖不离步,显得优雅和潇洒。他早年写的《七与六》,便是他狂傲性格最好的悲剧性解读:闻一多也口叼烟斗,所不同的是纪弦多了一副手杖。这是他作为诗人的身份证,也是他"生命中最重要的象征:烟斗代表了他的灵感,是追求理想的;手杖表现了他嫉恶如仇的作风,是面对现实的。"①

纪弦反对抒情,提倡"主知",可他本质上还是浪漫唯美的诗人,故他的创作实践无法贯彻这一点。作为诗人,纪弦爱冲动,发表演说和行文常常偏执。为了创新,他大声疾呼反叛传统,否定前人的成就。他认为:"李白死了/月亮也死了/所以我们来了。"②他坚定地认为:这是一个不同于李白的时代,20世纪不再像古代那样宁静、悠闲,抒情气味十足;作为生活于工业化社会的现代人,在讲究效率的同时,享受着威士忌外加摇滚乐。那个被工人及火车、轮船的煤烟熏黑了的月亮,不属于李白。如果李白生活在今天,他也会同意自己所主张的"让煤烟把月亮熏黑/这才是美"的美学③。

纪弦的诗之所以有生命力,在于抒情主人公形象突出。"狼一般细的腿,投瘦瘦、长长的阴影,在龟裂的大地。"吃人的狼生性凶残,可在纪弦的诗中并不显得恐怖,作者只不过是将其形容为自己的身影。这是典型的反传统写法。"古怪的家伙"、"唯一的过客"、"独步之姿"以及反复出现的槟榔树,同样是他自己的写照。纪弦诗的另一特点是意象显得繁复驳杂,语言奇巧而乖张。它强调诗人对外界现实的主观驱使力,强调艺术创造主体对客体的重新组合作用,轻视诗的情节和明朗化的理性表白,追求意象直觉感,多采用象征、暗示、隐喻、变形的手法,打破直抒胸臆的传统表现方式,读后使人似懂非懂,半懂不懂,留有咀嚼的余地。

---

① 罗青:《俳谐论纪弦》,台北《书评书目》,1975年8、9月,第28、29期。
② 纪弦:《槟榔树甲集·诗的复活》,第97页,台北现代诗社1967年版。
③ 《纪弦自选集·我来自桥那边》,第254页,台北黎明文化有限公司1978年版。

以作于 1952 年的《妳的名字》为例：开头一段写得突兀："妳的名字"是什么样的名字？从"妳"为女旁看，抒情主人公显然不是男性。"轻轻地唤妳的名字"，有可能唤的是自己的恋人，其实也可理解为友人或母亲。不把"妳"的身份亮出，给人一种联想的余地，让读者一起参与美的再创造，这正是诗人的高明之处。这段只有两行，每行 12 个字，像格律诗那样具有建筑的美。其中第二句还是倒装句，如果写作"每夜每夜轻轻地唤妳的名字"，就索然寡味了。

第二段写作者不仅在呼唤对方，还要把她的名字写下来、画下来，可见作者对"妳"的感情极其深厚，以至做梦都离不开她。作者仍未交代"妳"是谁，但从"唤"、"写"、"画"、"梦"中，亦可见这是一个令人陶醉的名字。作者藏而不露，这就是《诗品》中所说的"不着一字，尽得风流"。要注意的是，这里的"写"、"画"属视觉，前面的"呼"、"唤"属听觉。视觉与听觉的结合，使读者越来越感到"妳"是这样如真如幻。

第三段仍以喃喃自语，滔滔不绝地诉说着"妳的名字"，呼唤着"妳的名字"，可"妳"又不在场，于是作者便用如日、如星、如灯、如钻石、如火花、如闪电、如燃烧的森林比喻自己心中发亮的名字，给人留下深刻的印象。虽有理性表白，但意象繁复驳杂。文字浅显易懂，内涵丰富。

第四段连用了三个"刻"字，层层递进写出自己刻骨铭心的相思之情。其中用了小和大的对比，以赞美"妳"的名字之不朽。

第五段前两行用排比句造成一种回肠荡气、撩拨心弦的韵律。末尾用六个"轻"字结束全诗，表达的仍是不尽的绵绵之情。

作者在艺术形式上做了许多文章，如结构的紧凑、旋律的急促、造句的随意和首尾照应，都增强了这首诗的艺术魅力。

关于这首诗的旋律美，诗评家李元洛有过很好的分析[①]：一是由于"复沓"。第一节的"最轻最轻"和"轻轻地"乃至"每夜每夜"，是紧相承接的反之复之的语词复沓；第二、三两节中连用七次于每句结尾的"名字"和"妳的名字"，是同一句型的接连复沓；第四节前三行"刻妳的

---

① 公木主编：《新诗鉴赏辞典》，第 431—432 页，上海辞书出版社 1991 年版。

名字"以及二、三两行的"在树上"与"在不凋的生命树上",是句首与句尾的短语复沓;结尾一节六个"轻"字的连用,是同一词语在句中的复沓,而这一节每一行结尾的"妳的名字",则又是句尾位置上的复唱了。试想,如果取消了复沓,这首诗怎么还会有这种动人的风情? 构成旋律美的另一个重要因素就是"回环"。如开篇一节和全诗最后一句的"于是轻轻轻轻轻轻地唤妳的名字",构成了首尾的重复与呼应;诗的第三节第四行,承接第二段末句"梦见的是妳的发光的名字",构成近距离节与节的回环;第四节的六句,是对第二段前两行"写妳的名字"与"画妳的名字"的承接,这是远距离的节与节的回环。值得注意的是,最后一节首句"大起来了,妳的名字",与前一节末句"妳的名字也大起来",构成连锁式回环;第二行"亮起来了,妳的名字",则与第三节构成遥应式回环,而"亮起来"又和第二节末句"发光的名字"互相照应,像夜晚的原野上两盏互相呼唤的灯光。总之,有了多变化而求统一的复沓与回环,我们读这首诗"每夜每夜",犹如聆听一首深情曼妙的摇篮曲。

著名诗人流沙河在《隔海说诗》[①]中,曾将此诗改写为格律诗,现录下给大家参考:"轻轻唤着妳名字,/每夜轻唤每夜想。/写妳名字画你名,/梦妳名字放光芒。/妳的名字像星星,/又像天上红太阳;/妳的名字像钻石,/又像室内电灯光。/妳的名字如打雷,/一道闪电照四方;/妳的名字如火花,/点燃森林烧得旺。/刻妳名字在树上,/名字变大变辉煌,/永不凋落多么好,/古木参天真雄壮。/轻轻唤着妳名字,/一直唤到东方亮。"原作18行,改写后没增加行数,只减少了45字(原作171字),并多出了一句"一直唤到东方亮"。改写后的另一变化是由自由体改成格律体。孰优孰劣,请读者鉴别。

复习思考题

1. 谈谈纪弦的诗学主张。
2. 分析《妳的名字》的音乐美。

[①] 流沙河:《隔海说诗》,三联书店1985年版。

香港火凤凰（节选）

王一桃

序　　诗

近了
　近了
　　更近了
都说近乡情怯
　此时不仅
　　不怯
反而盼它
　更近
　　更近

世上有谁，离亲别井
　一离就是
　　过百年呢
虽说百来年
　在人类历史长河中
　　仅仅一瞬
但在人的一生中
　却是很长
　　很长

这是一个既是神话
　　又并非神话的
　　　　传奇
一个百来岁的赤子
　　终于　扑向
　　　　五千岁慈母的怀抱

这是奇迹么
　　是奇迹，五千年
　　　　凤凰再生的奇迹
这是现实么
　　是现实，百来年
　　　　凤兮归来的现实

一

掀开中国近代史
　　手　立即被灼伤
　　　　眼　也被烧得通红
那粗粗的一行行
　　不就是一门门
　　　　列强巨炮
那密密的一字字
　　不就是一颗颗
　　　　鸦片弹丸
那黄黄的一页页
　　不就是一张张
　　　　大清国耻

正是国耻

香港火凤凰（节选）

　　激怒林则徐
　　　　放了一把火
正是国耻
　　震裂黄土地
　　　　喷出千载浆
正是国耻
　　鞭笞香港人
　　　　酝酿百年焰

火
　　火
　　　火
奔突
　飞迸
　　腾跃
却不见
　火凤凰
　　　再生烈火中
末了
　化作一堆
　　历史
仍不见
　火凤凰
　　　扑腾灰烬上

火凤凰在哪呢
　火凤凰，就在
　　每个港人心里
……

就是这再生的
　精灵,驮着日月
　　吞吐着海角天涯
时而化作维多利亚
　一海蓝墨水
　　任诗人尽兴去蘸
时而化作中银大厦
　两支如椽笔
　　任画家交替去描
时而化作望夫石下
　千万个形象
　　任有情人细细去挑

被璀璨的明珠
　俘掳,诗人
　　倾吐的爱情更璀璨
被朦胧的薄雾
　迷惑,画家
　　笔底的梦幻更朦胧
被可爱的石林
　青睐,有情人
　　觅到的心上人更可爱

而后,撒下一瓣瓣
　欢笑,凤凰
　　惬意奋飞而去

二

凤凰　掠影之处

西方文明
　　注入了一派生机
德先生
　最先在此一纸空白
　　动那灵活的笔
蔡子民
　就在此圆了
　　他一生的句号
赛先生
　最先在此一方古朴
　　开一代之新风
孙逸仙
　就在此跨出
　　茫然中的豁然

……

三

凤兮归来
　归来凤兮
　　只有你才最了解
岛上黄皮肤
　都是黄帝的子孙
　　都是黄河的后代
是黄土地上
　默默耕耘的
　　黄牛
是黄花丛中
　辛勤采蜜的

　　　　黄蜂
　　是黄云故乡
　　　象征吉祥的
　　　　黄龙

利用地利
　　他们变港湾为磁石
　　　吸住四面八方的彩蝶
利用天时
　　他们将寸阴变寸金
　　　令都市幕墙闪闪发光
利用人和
　　他们将劳资拧成
　　　一股屡拔屡胜的棕绳
利用智慧
　　他们以黄土驱赶着海水
　　　还钻入海底去见海龙王
利用双手
　　他们垒起金色天堂
　　　令上帝也伸出手来握
……

风兮归来
　　归来风兮
　　　只有你最明白
岛上中国心
　　都是历史的积淀
　　　都是时代的浮沤
是李鸿章
　　一笔签进死海的

沉沦者
是鲁迅
　　揶揄奴隶时代的
　　　苟活者
是左祟
　　兴风作浪香江的
　　　受害者

逃亡潮
　　曾涌过
　　　梦的边界
噩梦
　　会不会
　　　再从门缝潜入
土炸弹
　　曾炸开
　　　记忆的新蒲岗
悲剧
　　会不会
　　　又走上街头
股市
　　曾随人心
　　　下跌至冰点
……
但在神圣国威面前
　　还有甚么念头
　　　比民族大义还重
你是一个中国人
　　受尽了百年凌辱
　　　谁还愿仰他人鼻息

君不见,世界再强的
　　　女强人,野心
　　　　在台阶上翻了筋斗
　　君不见,世界再滑的
　　　老滑头,把戏
　　　　一上台即露出马脚
　　君不见,世界再超的
　　　超级国,阳谋
　　　　光天下被空对空击中

　　还怕甚么呢
　　　一国两制,钢一样
　　　　浇铸在基本法上
　　还怕甚么呢
　　　五十年不变,雷一样
　　　　必将绽开历史回声
　　还怕甚么呢
　　　港人治港,花一样
　　　　定会吐出更美的芬芳
　　因为,在世界大银行中
　　　中国　从未开过一张
　　　　空头支票

尾　　声

　　近了
　　　近了
　　　　更近了
　　时间
　　　比心跳

香港火凤凰（节选）

　　还要快
明天，你将是
　　无比荣耀的
　　　历史见证者
且将狂飚似的
　　立在地球边上
　　　放号

我
　　是中国的
　　　香港人
你宣布
　　所有借出去的
　　　统统要收回来
你宣告
　　所有被颠倒的
　　　统统要反正过来

近了
　　近了
　　　更近了
分针
　　竟变成了
　　　秒针
香港新世纪太阳
　　从维多利亚海上
　　　一跃而出
尾随火凤凰
　　点点海鸥
　　　在大地上投影

1997. 7. 1.
　香港特别行政区
　　正式成立
顿时
　人心鼎沸
　　山歌海笑
全中国
　兴高采烈
　　簇拥这一庆典

长白与昆仑
　携手齐到祝贺
　　以不朽的雪花
黄河与长江
　联袂敬呈美意
　　以热烈的浪花
春城与花城
　结伴同来致敬
　　以奔放的鲜花

花
　花
　　花
百多年前的火
　全变成
　　今日的花
喜泪啊
　偕落英
　　俱下
心花啊

逐繁卉
　　竞飞
就在花的时代里啊
　　香港火凤凰,比花
　　更灿烂,更辉煌

1996.7.1. 香港
节选刊登《人民日报》海外版 1996.6.24;
全文刊载《香港文学》1996 年 7 月号
(选自《香港火凤凰》,香港当代文艺出版社 1997 年版)

百年香港风兮归来之歌

——《香港火凤凰》析

王庆生

香港诗人王一桃为香港九七回归创作的抒情长诗《香港火凤凰》发表于1996年出版的《香港文学》,节选刊登于同年6月24日的《人民日报》,后收入香港当代文艺出版社于1997年2月出版的同名诗集《香港火凤凰》中。这首热情澎湃的诗作发表后,受到人们的欢迎和肯定。著名诗人李瑛在《香港火凤凰·序》中说:"诗人是怀着神圣的使命感和高度的自觉意识,是带着苦涩的泪水和狂欢的激情唱出了这支高昂的歌。"[①]文学评论家啸湖说:"这是一首动人心弦的归来之歌,是对香港九七回归的热情礼赞,也是洋溢着爱国主义激情的美妙华章。"[②]

王一桃是一位有着曲折经历的诗人。他祖籍福建同安,1934年生于英属马来西亚丁加奴。其父为爱国侨领。他读小学时被选为学生会学艺股长,1948年因在当地创办进步的新南洋书店,两年后被英殖民当局援引紧急条例加以逮捕并于1952年驱逐出境。回到祖国后继续求学,后在大学中文系和广西文联、作协工作。1980年春获准赴港继承遗产,于从商之后从文,著作甚丰。其创作以诗歌为主。他的诗作热情奔放,韵味深长,具有强烈的时代精神。王一桃在香港30年的岁月里,出版了二十种诗集,其中以香港为题材的诗作占了大半。为了迎接香港回归,他写了多篇诗作,如《香港交响曲》、《香港火凤凰》、《这就是

[①] 李瑛:《欢呼火凤凰腾飞——香港火凤凰·序》,《光明日报》1996年8月28日。
[②] 啸湖:《心血凝融的回归之歌——评王一桃〈香港火凤凰〉》,《香港火凤凰》,第89页,香港当代文艺出版社1997年版。

香港》、《1997：我的回答》、《香港：在借去的时空中》、《天堂与地狱之间》、《沙漠与绿洲之间》、《过渡与回归之间》、《香港：小小世界》、《香港回归曲》等,其中《香港火凤凰》是其代表作。

《香港火凤凰》除序诗、尾声外,共分三个部分。序诗和尾声均以倒计时起兴:"近了/近了/更近了",一个"近"字充溢着强烈的感情色彩,反复渲染着香港人急切盼望香港回归的赤子之情。接着在时间的层面上叙说"一个百来岁的赤子/终于扑向/五千岁慈母的怀抱",这既非神话,也非传奇,而是"凤凰再生的奇迹",是"百年来凤兮归来的现实"。没有一句政治口号,而是用诗的语言,抒写百岁赤子扑向五千岁慈母的怀抱,以此表达盼归之情,不仅形象生动,而且寓意深邃。尾声以"时间/比心跳/还要快。""分针/竟变成了/秒针",表示香港回归即将成为现实,以"百多年前的火/全变成今日的花",表达港人对香港回归的喜悦与祝福之情。这些发自诗人内心的真情流露,既充满了鲜明的地方特色,也体现了强烈的时代精神。

第一部分从中国近代史的国耻写起,叙说香港人的奋起和反抗。立于黄帝陵的"香港回归纪念碑铭"记载:"香港自古乃中国领土,一八四零鸦片战争后被英国占领达百年之久,一九八四年十二月十九日中英两国政府签署联合声明,确认中华人民共和国政府于一九九七年七月一日恢复对香港行使主权,从而实现长期以来中国人民收回香港之夙愿。"鉴证历史,饱经沧桑,民族多难,港沦英邦。这是一部香港同胞屈辱的血泪史,也是中国人民不屈不挠的奋斗史。无怪乎诗人一掀开中国近代史,"手　立即被灼伤/眼　也被烧得通红",正是国耻,震裂黄土地,鞭笞着港人奋起,铸就这一火凤凰。作者满怀激情地自问自答:"火凤凰在哪呢/火凤凰,就在每个港人心里",说得多好啊!正是在烈火中再生的火凤凰不畏强权,忍辱负重地肩负起历史的重任,在"被别人借去的时空"耕耘,终于使香港从死寂中苏醒,火凤凰得以再生,香港由此揭开了新的一页。接着诗人在叙说香港一个个蜕变之后,都以"——这难道/不是/凤凰再生"设问,以"就是这再生的/精灵,驮着日月/吞吐着海角天涯……"作答。诗人没有具体叙说香港发生变化的具体事件,而是让人们从"这难道/不是凤凰再生"的潜台词中感受到香港被英国占领后的变化:从衰落的渔村发展到沸腾的商港,从贫瘠的山城发展成东方的明珠,特别是"二战"之后迅速成为亚洲"四小龙"之一。何以如此成功,其根本原因在于再生凤凰的奋飞,在于港人的自信、自立、自强。

第二部分抒写了香港的社会现状,为香港回归祖国作了有力铺垫。诗人对当今香港社会的描述没有面面俱到,而是从"西方文明"、"资本主义"、"生活方式"三个方面揭示了香港实行资本主义制度的两重性。这样描写,既突出了重点,又有说服力。在作者的笔下,西方文化为香港注入了一派生机,德先生和赛先生带来的科学与民主,推动了香港的开放和发展,孙中山、蔡元培在香港播下了社会进步的种子。正是这些内在的动因促进了香港社会的发展,使当今香港社会"资本主义/结出满枝繁荣""生活方式/令人如痴如醉"。香港昔日的荒芜、贫困已成为过去,自由港、金融中心、购物中心,"令天下美色慕名而至"。然而,作为资本主义社会的香港也不是十全十美的,诗人在叙说香港繁荣的同时,也辛辣地讽刺了殖民统治所带来的负面影响:"奴化教育将人/投入了模具、小孩呱呱落地/黑发顿成金发/阿宝也成约翰",甚至连寄信"也要乞灵于/女皇头上的光圈。"诗人以凝重的笔触揭示香港社会的弊病,在于提醒人们警觉和预防,告诉人们:资本主义在香港犹如一把双刃剑,既有它的生命力,也有它的腐朽性;既有辉煌的亮点,也有阴暗的角落;既有它文明的一面,也有它丑陋的一面,人们不能因为西方的"普世价值"而忽视优秀的中华文化,不能因为作为"四小龙"之一的经济起飞而忽视即将崛起的"睡狮",不能因为香港的灯红酒绿迷失了自我。诗中这些书写高屋建瓴,发人深省。

第三部分抒写了香港回归前的社会万象,对回归后的香港实行"一国两制"充满信心。香港回归是亿万中国人(包括香港同胞)朝夕期盼的大事,也是华夏泱泱大国民族团结、国家统一、人民幸福的伟大创举。面对这一重大历史事件,自然会有种种不同的反应和议论,也会产生这样或那样的担忧和疑虑,诗人长期生活在港,对香港的过去和今天,对自己在港经历的酸甜苦辣有着切身的感受。针对香港回归前的现实,诗人以"凤兮归来/归来凤兮"的呼告起句,接着从两个方面着墨:一方面叙说了"黄土地上/默默耕耘的/黄牛"在港的苦难史、奋斗史。是他们用自己的智慧和双手"将寸阴变寸金","垒起金色天堂/令上帝也伸出手来握"。然而金色天堂的建造却是不易的,它所付出的代价却是沉重的。不仅"岛上黑眼睛/都是深沉的老井/都是不尽的泪泉",而且"至今阳光下山溪/仍闪珠江女泪光/被污染的断弦"。特别是那些百多年来在英殖民者统治下遭受精神奴役创伤的受害者,更是伤痕累累。诗人既热情肯定了他们长期劳作作出的贡献,又同情其不幸和痛苦。颂赞之情、怜悯之心、关切之意洋溢纸上。另一方面针对香港回归后的种种疑虑给予了响亮回答,诗人明确指出:"还怕什么呢,/一国两制,钢一样/浇铸在基本法上/还怕什么呢,/五十年不变,雷一样/必将绽开历史回声/还怕什么呢。/港人治港,花一样/定会吐出更美好的芬芳。/因为,在世界大银行中/中国　从未开过一张/空头支票。"铿锵有力,掷地有声。以国威的神圣、国策的英明,国誉的诚信使人心悦诚服。这是这首抒情长诗的旨趣所在,也是全诗的点睛之笔。

在艺术上,《香港火凤凰》也有自己的鲜明特色。全诗以火凤凰作为中心意象,与郭沫若的《凤凰涅槃》中的凤凰出自同一典故。郭沫若在诗中将天方国的神鸟"菲尼克司"和中国的凤凰融为一体,作为诗人赞美的形象,讴歌祖国和个人在时代的烈火中的嬗变和新生,全诗浪漫主义色彩浓郁。《香港火凤凰》则以凤兮归来为主线,把火凤凰这一抒情意象贯穿全诗始终,又有自己的独特的构思和寓意。先是凤凰在悲愤烈火中再生,再是凤凰在有限天地里奋飞,后是凤凰在热烈呼唤中归来,一环扣住一环,在起承转合中跌宕起伏,摇曳多姿,从而将现实主义和浪漫主义熔为一炉,具有强烈的感染力。再如,在抒写归来前夕的香港现状时,通过抒情意象表达香港同胞的期待之情:岛上黄皮肤、黄帝的子孙,黄河的后代,都是黄土地上默默耕耘的黄牛、黄花丛中辛勤采蜜的黄蜂、黄云故乡象征吉祥的黄龙,连用了八个带有黄字的意象直抒胸臆,想象丰富,形象独特。

激情奔放、诗情浓郁,是这首长诗的又一特色。古人云:"情者文之经","诗者:根情,苗言,华声,实义"。一首好诗,情是根,言是苗,声是花,义是果实。感人心者,莫先乎情。《香港火凤凰》的感人之处,就在于诗人咏唱的是心底之歌,是赤子的深情。诗人自幼生活在英殖民地马来西亚,深受帝国主义的欺凌,后被无理监禁,驱逐出境。50年代已涉足香港,80年代又在香港长期居住,对香港的历史和现状有了深刻的认识和了解,并和几百万香港同胞血浓于水感同身受。当香港即将回到祖国怀抱,诗人欣喜若狂,按捺不住自己对祖国、对香港的爱,情不自禁地抒写了这首归来之歌。著名诗人朱子奇在读了诗人写的香港回归的诗作后,特致函王一桃表示祝贺。他在信中说:"存在侵占,就有反抗。有爱国心,就有爱国诗。百年来,出现过100多位以写盼回归为主题的香港诗人。一位晚清秀才诗家,临终前留下绝笔:《改陆游〈示儿〉示儿》'死去原知万事空,但悲不见九州同。香港回归祖国日,家祭毋忘告乃翁。'各个时期的诗家写有大量渴望早日洗辱回归的名篇。现在各位,当代香港诗人的成就,更证明香港绝非什么'诗沙漠',而是一片'诗绿洲'"①。过去是渴望回归,回归只能是难以实现的神话和梦想,如今祖国强大了,神话变成了现实。面对日月重光、还我河山的百年盛事,诗人写下了这样的诗句:"我/是中国的/香港人","所有借出去的/统统要收回来/","所有被颠倒的/统统要反正过来"。"我是中国的/香港人",说得多好啊!朱子奇说:"这就是你永恒的名字,是你心中的诗之诗。我还要说,这也是我们心中的诗之诗,因为香港是我们伟大祖国的光荣儿子。"②是的,长期遭受外国殖民统治的时代结束了,作为中国的香港人扬眉吐气了,诗人对祖国、对香港热爱的感情流溢在字里行间。罗丹说:"艺术就是感情"③,也是诗的灵魂。情到真处自有诗,情到深处诗更美。《香港火凤凰》的魅力也正在于作者抒发的是从心底迸发出来的对香港、对祖国的挚爱之情,是期盼"香港火凤凰,比花更灿烂,更辉煌"的赤子之情。正如诗人所说:"我写这些诗作时整个人都沉浸在思想的天空和感情的大海中,我爱,我恶,我歌,

---

① 朱子奇:《香港回归诗领飞》,《文艺报》1997年5月27日。
② 朱子奇:《香港回归诗领飞》,《文艺报》1997年6月19日。
③ [法]罗丹:《罗丹艺术论》,第3页,人民美术出版社1978年版。

我哭,我是把整个心掏出来交给了我的读者。"①诗人正是这样将人与诗、诗与人融合在一起,熔化成一首激越的"凤兮归来"之歌。

在诗歌形式上,诗人采用了马雅可夫斯基的"楼梯式",但又有所变化,这是具有中国风格的一种新格律诗,短小有力,节奏感强。如"火/火/火/奔突/飞进/腾跃/却不见/火凤凰/再生烈火中/末了/化作一堆/历史/仍不见/火凤凰/扑腾灰烬上",每行几个字,形象鲜明,富有音乐美,很适合朗诵。在表现手法上,诗人遵循鲁迅的"拿来主义",将古典主义、现代主义中能为我用的技巧手法拿来,从而使诗作的语言多姿多彩。诗中既采用了比喻、拟人、夸张、通感、怪诞、变形等手法,又使用了排比、拟人、设问、重叠、呼告等技巧,用以抒发自己的情感,表达人民的心声。如"古榕,自铜锣湾/飞吻/甜美的尖沙咀/期待,比长髯还长/终于,一片执著/化作永恒石林"。这里,诗人运用夸张、变形手法,用"古榕"比喻香港历史的变迁,用"长髯"比喻人的期待的长久,意味深长。再如,"你是一个中国人/受尽了百年凌辱/谁还愿仰他人鼻息/君不见/世界再强的/女强人,野心/在台阶上翻了筋斗/君不见,世界再滑的/老滑头,把戏/一上台即露出马脚/君不见/世界再超的/超级国,阳谋/光天下被空对空击中,"一连用三个"君不见"的排比句讽喻殖民者使用的种种伎俩的破产,也表达了中国人的自信。

总的来说,《香港火凤凰》是一首与时代偕行的好诗,这首诗发表后,魏巍称王一桃是"在香港高举爱国主义旗帜的诗人",贺敬之则对他"多年来在香港不断写作并出版热情洋溢的爱国主义诗篇深为赞赏和钦佩"。

复习思考题

1. 为什么说《香港火凤凰》是一首动人心弦的归来之歌?
2. 《香港火凤凰》在诗歌形式上有哪些特点?

---

① 王一桃:《火凤凰与真善美》、《香港火凤凰》,第129页,香港当代文艺出版社1997年版。

散 文

谁是最可爱的人

魏 巍

在朝鲜的每一天,我都被一些事情感动着;我的思想感情的潮水,在放纵奔流着;它使我想把一切东西,都告诉给我祖国的朋友们。但我最急于告诉你们的,是我思想感情的一段重要经历,这就是:我越来越深刻地感觉到谁是我们最可爱的人!

谁是我们最可爱的人呢?我们的部队,我们的战士,我感到他们是最可爱的人。

也许还有人心里隐隐约约地说:你说的就是那些"兵"吗?他们看来是很平凡、很简单的哩,既看不出他们有甚么高深的知识,又看不出他们有丰富细致的感情。可是,我要说,这是由于他跟我们的战士接触太少,还没有了解到我们的战士:他们的品质是那样的纯洁和高尚,他们的意志是那样的坚韧和刚强,他们的气质是那样的淳朴和谦逊,他们的胸怀是那样的美丽和宽广!

让我还是来说一段故事吧。

还是在二次战役的时候,有一支志愿军的部队向敌后猛插,去切断军隅里敌人的逃路。当他们赶到书堂站时,逃敌也恰恰赶到那里,眼看就要从汽车路上开过去。这支部队的先头连——三连就匆匆占领了汽车路边一个很低的光光的小山岗,阻住敌人。一场壮烈的搏斗就开始了。敌人为了逃命,用了三十二架飞机、十多辆坦克和集团冲锋向这个连的阵地汹涌卷来,整个山顶的土都被打翻了,汽油弹的火焰把这个阵地烧红了。但勇士们在这烟与火的山岗上,高喊着口号,一次又一次地把敌人打死在阵地前面。敌人的死尸象谷个子似地在山前堆满了,血也把这山岗流红了。可是敌人还是要拼死争夺,好使自己的主力不致覆灭。这场激战整整持续了八个小时。最后,勇士们的子弹打光了。

蜂拥上来的敌人占领了山头,把他们压到山脚。飞机掷下的汽油弹把他们的身上烧着了火。这时候,勇士们是仍然不会后退的呀,他们把枪一摔,身上、帽子上呼呼地冒着火苗,向敌人扑去,把敌人抱住,让身上的火,也把占领阵地的敌人烧死。……据这个营的营长告诉我,战后,这个连的阵地上,枪支完全摔碎了,机枪零件扔得满山都是。烈士们的遗体,保留着各种各样的姿势,有抱住敌人腰的,有抱住敌人头的,有掐住敌人脖子,把敌人摁倒在地上的,和敌人倒在一起,烧在一起。还有一个战士,他手里还紧握着一个手榴弹,弹体上沾满脑浆和他死在一起的美国鬼子,脑浆迸裂,涂了一地。另一个战士,嘴里还衔着敌人的半块耳朵。在掩埋烈士们遗体的时候,由于他们两手扣着,把敌人抱得那样紧,分都分不开,以致把有些人的手指都掰断了。……这个连虽然伤亡很大,但他们却打死了三百多敌人,更重要的,他们使得我们部队的主力赶上来,聚歼了敌人。

这就是朝鲜战场上一次最壮烈的战斗——松骨峰战斗,或者叫书堂站战斗。假若需要立纪念碑的话,让我把带火扑敌和用刺刀跟敌人拼死在一起的烈士们的名字记下吧。他们的名字是:王金传、邢玉堂、井玉琢、王文英、熊官全、王金侯、赵锡杰、隋金山、李玉安、丁振岱、张贵生、崔玉亮、李树国。还有一个战士,已经不可能知道他的名字了。让我们的烈士们千载万世永垂不朽吧!

这个营的营长向我叙说了以上的情形,他的声调是缓慢的,他的感情是沉重的。他说他在阵地上掩埋烈士的时候,他掉了眼泪。但他接着说:"你不要以为我是为他们伤心,我是为他们骄傲!我觉得我们的战士太伟大了,太可爱了,我不能不被他们感动得掉下泪来。"

朋友们,当你听到这段英雄事迹的时候,你的感想如何呢?你不觉得我们的战士是可爱的吗?你不以我们的祖国有着这样的英雄而自豪吗?

我们的战士,对敌人这样狠,而对朝鲜人民却是那样地爱,充满国际主义的深厚热情。

在汉江北岸,我遇到一个青年战士,他今年才二十一岁,名叫马玉祥,是黑龙江青冈县人。他长着一副微黑透红的脸膛,高高的个儿,站在那儿,象秋天田野里一株红高粱那样淳朴可爱。不过因为他才从阵地上下来,显得稍微疲劳些,眼里的红丝还没有退净。他原来是炮兵连的。有一天夜里,他被一阵哭声惊醒了,出去一看,是一个朝鲜老妈妈坐在山岗上哭。原来她的房子被炸毁了,她在山里搭了个窝棚,窝棚又被炸毁了。回来,他马上到连部要求调到步兵连去,正好步兵连也需要人,就批准了他。我说:"在炮兵连不是一样打敌人吗?""那,不同!"他说,"离敌人越近,越觉着打得过瘾,越觉着打得解恨!"

在汉江南岸的那些日子里,有一天他从阵地上下来做饭。刚一进村,有几架敌机袭过来,打了一阵机关炮,接着就扔下了两个大燃烧弹。有几间房子着火了,火又盛,烟又大,使人不敢到跟前去。这时候,他听见烟火里有一个小孩子哇哇哭叫的声音。他马上穿过浓烟到近处一看,一个朝鲜的中年男人在院子里倒着,小孩子的哭声还在屋里。他走到屋门口。屋门口的火苗呼呼的,已经进不去人,门窗的纸已经烧着。小孩子的哭声随着那滚滚的浓烟传出来,听得真真切切。当他叙述到这里的时候,他说:"我能够不进去吗?我不能!我想,要在祖国遇见这种情形,我能够进去,那么,在朝鲜我就可以不进去吗?朝鲜人民和我们祖国的人民不是一样的吗?我就踹开门,扑了进去。呀!满屋子灰洞洞的烟,只能听见小孩哭,看不见人。我的眼也睁不开,脸烫得象刀割一般。我也不知道自己的身上着了火没有,我也不管它了,只是在地上乱摸。先摸着一个大人,拉了拉没拉动;又向大人的身后摸,才摸着一个小孩的腿,我就一把抓着抱起来跳出门去。我一看小孩子,是挺好的一个小孩儿啊。他穿着小短裤儿,光着两条小腿儿,小腿儿乱蹬着,哇哇地哭。我心想:'不管你哭不哭,不救活你家大人,谁养活你哩!'这时候,火更大了,屋子里的家具什物也烧着了。我把他往地上一放,就又从那火门里钻进去了。一拉那个大人,她哼了一声,我就使劲往外拉,见她又不动了。凑近一看,见她脸上流下来的血已经把她胸前的白衣染红了,眼睛已经闭上。我知道她不行了,才赶忙跳出门外,扑灭身上的火苗,抱起这个无父无母的孩子。……"

朋友,当你听到这段事迹的时候,你的感觉又是如何呢?你不觉得我们的战士是最可爱的人吗?

谁都知道,朝鲜战场是艰苦些。但战士们是怎样想的呢?有一次,我见到一个战士,在防空洞里,吃一口炒面,就一口雪。我问他:"你不觉得苦吗?"他把正送往嘴里的一勺雪收回来,笑了笑,说:"怎么能不觉得!咱们革命军队又不是个怪物。不过咱们的光荣也就在这里。"他把小勺儿干脆放下,兴奋地说,"就拿吃雪来说吧。我在这里吃雪,正是为了我们祖国的人民不吃雪。他们可以坐在挺豁亮的屋子里,泡上一壶茶,守住个小火炉子,想吃点甚么就做点甚么。"他又指了指狭小潮湿的防空洞说,"再比如蹲防空洞吧,多憋闷得慌哩,眼看着外面好好的太阳不能晒,光光的马路不能走。可是我在这里蹲防空洞,祖国的人民就可以不蹲防空洞啊,他们就可以在马路上不慌不忙地走呀。他们想骑车子也行,想走路也行,边蹓跶、边说话也行。只要能使人民得到幸福,也就是我们最大的幸福。所以",他又把雪放到嘴里,象总结似地说,"我在这里流点血不算甚么,吃这点苦又算甚么哩!"我又问:"你想不想祖国呀?"他笑起来:"谁不想哩,说不想,那是假话,可是我不愿意回去。如果回去,祖国的老百姓问:'我们托付给你们的任务完成得怎么样啦?'我怎么答对呢?我说'朝鲜半边红,半边黑',这算甚么话呢?"我接着问:"你们经历了这么多危险,吃了这么多苦,你们对祖国对朝鲜有甚么要求吗?"他想了一下,才回答我:"我们甚么也不要。可是说心里话,我这话可不一定恰当呀,我们是想要这么大的一个东西……"他笑着,用手指比个铜子儿大小,怕我不明白,"一块'朝鲜解放纪念章',我们愿意戴在胸脯上,回到咱们的祖国去。"

朋友们,用不着繁琐的举例,你已经可以了解到我们的战士是怎样一种人,这种人是甚么一种品质,他们的灵魂多么的美丽和伟大。他们是历史上、世界上第一流的战士,第一流的人!他们是世界上一切善良人民的优秀之花!是我们值得骄傲的祖国之花!我们以我们的祖国有这样的英雄而骄傲,我们以生在这个英雄的国度而自豪!

亲爱的朋友们,当你坐上早晨第一列电车走向工厂的时候,当你扛上犁耙走向田野的时候,当你喝完一杯豆浆、提着书包走向学校的时候,当你安安静静坐到办公桌前计划这一天工作的时候,当你向孩子嘴里塞苹果的时候,当你和爱人悠闲散步的时候,朋友,你是否意识到你是在幸福之中呢？你也许很惊讶地说："这是很平常的呀！"可是，从朝鲜归来的人，会知道你正生活在幸福中。请你意识到这是一种幸福吧，因为只有你意识到这一点，你才能更深刻地了解我们的战士在朝鲜奋不顾身的原因。朋友！你是这么爱我们的祖国，爱我们的伟大领袖，你一定会深深地爱我们的战士，——他们确实是我们最可爱的人！

一九五一年四月一日夜草

（选自《魏巍散文集》，河北人民出版社 1982 年版）

爱国主义和国际主义精神的颂歌

——《谁是最可爱的人》赏析

林志浩

　　在抗美援朝战争中,魏巍的著名通讯《谁是最可爱的人》是传颂广泛、影响深远的一篇佳作。1950年,中国人民志愿军赴朝参战一个月,魏巍即被派往朝鲜,到俘虏营调查了解美军情况。他为前方的战斗所吸引,随之进入汉城,来到汉江南岸。在志愿军伟大革命精神的鼓舞下,他于回国后不久即挥笔写下许多优秀通讯,《谁是最可爱的人》就是其中杰出的一篇。这篇作品发表后,"最可爱的人"这个对志愿军战士的极富感情色彩的称呼立即传遍工厂农村,人们把它写在慰问信、慰问品上,铭刻在脑海里,载入了革命的史册。"最可爱的人"——英雄的志愿军战士——成了大家尊崇和学习的榜样。一篇仅有3 000多字的通讯,竟发挥了这样巨大的教育作用,这在文学创作上是不多见的。

　　那么,这篇作品成功的秘诀何在呢? 魏巍认为,"最基本的原因,是我们的战士的英雄气魄、英雄事迹,是这样的伟大,这样的感人";而这一切,又把他"完全感动了","最可爱的人"这个思想认识(即作品的主题),是在他"内心情感的长期积累"[①]中产生的。由于魏巍在部队生活和战斗的时间很长,从抗日战争、解放战争到抗美援朝战争,日积月累,他深深感受到我们的战士是"最可爱的人","感受得深了,写出来,也就必然有那么一股子劲,大家读了,也就感受得深"[②]。

　　除了生活积累、思想感情这两个基本原因外,作者选择了最有典型意义的事例来表现战士们的思想品质,这也是作品取得成功的重要

---

① 魏巍:《我怎样写〈谁是最可爱的人〉》,《人民日报》1951年8月14日。
② 魏巍:《我怎样写〈谁是最可爱的人〉》,《人民日报》1951年8月14日。

爱国主义和国际主义精神的颂歌

原因。

　　写战争时期的战士,免不了要写打仗、写战争;不写战争,很难表现战士战斗业迹的主要方面。但是,应该怎样描写战争呢?如果只是描写敌人炮火的猛烈,敌人怎样凶猛地冲锋,描写我们的战士怎样一次又一次地把敌人打下去,这虽然也能或多或少地表现我们的战士的英勇,但还是比较肤浅的,很难充分展现战士的本质。作者没有这样简单地写我们的战士,而是选取了3个典型事例来展开描写。

　　作者所选取的第一个事例是朝鲜战场上最壮烈的一次战斗——松骨峰战斗。这是一段很有特色、很能揭示战士灵魂的描写。这次战斗是一场阻击战,我们的部队只有一个连,守着一个很低的光光的小山岗。敌人为了逃命,"用了三十二架飞机,十多辆坦克和集团冲锋",向着战士们汹涌卷来,"整个山顶的土都被打翻了,汽油弹的火焰把这个阵地烧红了"。勇士们坚守着阵地,"敌人的死尸象谷个子似地在山前堆满了"。在描写这样激烈战斗的场面时,自然难于腾出笔墨来刻画战士们的思想活动,也不可能在众寡悬殊的情况下,硬是表现战士们如何取得辉煌的胜利。作者摒弃了这类不切实的写法,真实地描绘了战斗的情景。"勇士们的子弹打光了","飞机掷下的汽油弹把他们的身上烧着了火","蜂拥上来的敌人占领了山头"。此时此地,我们的战士是怎样表现的呢?"他们把枪一摔,身上帽子上呼呼地冒着火苗,向敌人扑去,把敌人抱住,让身上的火,也把占领阵地的敌人烧死。"战斗作风顽强,战斗力强,是我军的优秀品质,也是国际主义战士的可爱之处。这是一种壮烈的行动,更是一种崇高的精神,是"予及汝偕亡"的顽强的复仇精神和彻底的革命精神的表现。

　　战斗结束了,但作者揭示英雄人物灵魂的笔墨并未结束,他继续写那战后的阵地:"烈士们的遗体,保留着各种各样的姿势,有抱住敌人腰的,有抱住敌人头的,有掐住敌人脖子把敌人摁倒在地上的,和敌人倒在一起,烧在一起。"这是一个全景描写,它蕴含着震撼人心的感情力量,把战士们对敌人的仇恨和拼死战斗的精神,浮雕似地再现出来。此外,还有两个特写镜头:"还有一个战士,他手里还紧握着一个手榴弹,弹体上沾满脑浆;和他死在一起的美国鬼子,脑浆迸裂,涂了一地。

另一个战士,嘴里还衔着敌人的半块耳朵。……"这惊心动魄的场面,犹如一幅幅壮丽的油画,描绘出一个个英雄的形象,寄托着作者的深情和悼念。它深深地印入读者的脑海,激起了人们对烈士们无限崇敬的感情。

作者善于选材和描写,更善于在描写的基础上,用动情的语言去叩响读者的心弦。他以崇敬的心情写下了一位营长的一段话:"你不要以为我是为他们伤心,我是为他们骄傲!我觉得我们的战士太伟大了,太可爱了,我不能不被他们感动得掉下泪来。"营长的话说出了生活的真谛,是对战士们的最高赞誉。战士们牺牲了,阵地失守了。如果从表面上看,这似乎不值得抒写。但是,战士们牺牲的代价,是"打死了三百多敌人",是"使得我们部队的主力赶上来,聚歼了敌人"。所以,从实质上看,他们的牺牲,换来了更大的胜利,他们的精神是不死的,他们的英魂必将永垂不朽!读者不能不衷心地感到他们的确是"太伟大了,太可爱了!"热情地称呼他们是"最可爱的人"!

写战争时期的战士,不写打仗不行;但只写打仗,还远远不够。我们的战士有着丰富的精神世界,只有从多方面描写他们,才能真正表现他们的思想品质。魏巍深知我们的战士,也深知怎样用笔墨来表现他们。他不仅从战场上写出战士们对敌人的刻骨仇恨,而且从其他场合写出他们的淳朴心灵,抒写他们对朝鲜人民的深沉的爱,歌颂他们不愧是伟大的国际主义战士。

作品所选取和描写的第二个事例——马玉祥火中救小孩,这给人们留下难以忘怀的印象。

请看那紧张的刹那间的描写:"他走到屋门口,屋门口的火苗呼呼的,已经进不去人,门窗的纸已经烧着。小孩子的哭声随着那滚滚的浓烟传出来,听得真真切切。"作品的成功之处,还在于进一步从人物的感受中,来开掘战士的内心世界。就在这危急时刻,作品把第三人称的描述,转换成第一人称的自白:"我能够不进去吗?"在这严峻的考验面前,马玉祥是这样设想,这样回答的:"要在祖国遇见这种情形,我能够进去,那么,在朝鲜我就可以不进去吗?朝鲜人民和我们祖国的人民不是一样的吗?"这一段描写,把呼呼的火苗、小孩的哭声和人物的感受

爱国主义和国际主义精神的颂歌

融合在一起,格外真切动人,充分展示了我们的战士崇高的精神世界。正是爱人民的思想感情,正是爱国主义和国际主义的精神,使马玉祥毫不犹豫地"踹开门,扑了进去"。作者所揭示的,正是反映了爱国主义与国际主义的深刻联系。当他把小孩子救出来时,作品是这样写的:"我一看小孩子,是挺好的一个小孩儿啊。他穿着小短裤儿,光着两条小腿儿,小腿儿乱蹬着,哇哇地哭。"这乱蹬的小腿,这哇哇的哭声,写得那么逼真,不能不叫人动情! 马玉祥心想:"不管你哭不哭,不救活你家大人,谁养活你哩!"所以,尽管这时火势更大了,他仍不顾一切地又一次钻进火海,准备把大人也抢救出来。由于作者对战士的心灵感受极深,这一段描写极为真切感人。这些真切生动的描写,既写出了人物的英雄壮举,也揭示出这壮举后面的思想动机,这就给作品带来了火一般的激情,使人们不禁高声赞颂我们的战士是最可爱的人! 烈火炼真金,我们的战士正是在危难之际,在烈火之中,经受着严峻的考验。他们是爱国主义和国际主义精神高度结合的闪闪发光的人!

作者不仅善于在危难之际、战火之中,表现战士的英雄品质,而且也善于从平凡的日常生活和言谈中,深入开掘战士的优美心灵。作品所选取的第三个事例,就是没有硝烟烈火,同普通战士促膝谈心的场面。

在这里,作者只写了同战士的3次问答,寥寥数语,就生动地写出他们的苦乐观、荣誉感,进一步歌颂了他们壮美的爱国主义和国际主义情怀。这些描写所以动人心弦,不仅在于选材精当,表现真切,而且由于开掘深刻,三言两语就触及人物的心灵,充分地表现了我们的战士感人肺腑的人情美和人性美。当提出第二个问题:"你想不想祖国啊?"时,作品这样描写战士的回答:

> 他笑起来,"谁不想哩,说不想,那是假话,可是我不愿意回去。如果回去,祖国的老百姓问,'我们托付给你们的任务完成得怎么样啦?'我怎么答对呢? 我说:'朝鲜半边红,半边黑',这算什么话呢?

这是多么朴实无华的语言！但却充分表现了战士的一颗灼热的心,仿佛使人感觉到人物感情潮水的流动。类似这样既朴实又触动人物感情世界,揭示他们的宽广胸怀的描写,可以说比比皆是。读者从这些描写里,被深深地感动着,更加深刻地理解到,我们的战士的的确确是"最可爱的人"。

这篇通讯摆脱了一般通讯干巴巴地叙事报道的老调子,采用了抒情散文的写法。作者刚从朝鲜战场回来,急于向祖国人民讲述自己"思想感情的一段重要经历",于是,就以促膝谈心的形式尽情抒写,一如向久别重逢的老友倾诉衷情。在叙述每件感人的事例时,作者引导读者去体会战士行为的动机,去感受战士丰富的内心世界;当感情不能自已时,又由衷地发出声声呼唤和问语。这些呼唤和问语犹如潮水般冲击着读者的心田,不仅掀起人们感情的巨澜,而且启发人们去深刻地思考。作者叙述完战士们的 3 个事例之后,热情地赞扬"他们是世界上一切伟大人民的优秀之花！……"接着,是这样一段激情洋溢的呼唤和问语:

> 亲爱的朋友们,当你坐上早晨第一列电车驰向工厂的时候,当你扛上犁耙走向田野的时候,当你喝完一杯豆浆、提着书包走向学校的时候,当你坐在办公桌前开始这一天工作的时候,当你往孩子嘴里塞苹果的时候,当你和爱人一起散步的时候……朋友,你是否意识到你是在幸福之中呢?

这些排比句式的运用,看似信笔直书,实是高度概括祖国人民各方面的和平生活,其中包孕着作者丰富的感情和睿智的思考,并且把这汹涌如潮的激情一下子凝结成一个深刻的哲理。它震动着读者的灵魂,引导着读者追思:和平与战争的辩证关系,浓烟,烈火,流血,牺牲,……志愿军战士奋不顾身的战斗,正是为了保卫和平,保卫中朝两国人民的幸福生活。后方的人民意识到和平生活的幸福,"就会深刻地了解我们的战士在朝鲜奋不顾身的原因",就会更深挚地热爱幸福生活的捍卫者,热爱我们英勇不屈的战士,赞扬他们是最可爱的人,赞扬他们爱国主义和国际主义相结合的伟大精神。

魏巍在谈到这篇通讯时说:"一篇东西的目的性,要简单明确。"一篇短作品,能把一个意思说透就不错了。如果想要面面俱到,就会使"问题提得不尖锐、不明确,更别说深入地解决问题"①。这篇通讯之所以写得好,从主题思想的构思来说,就在于目的性"简单明确",把志愿军战士的思想品质——爱国主义和国际主义相结合的精神,通过3个事例,层层深入地"说透了"。这3个事例,体现了战士们对敌人、对朋友(朝鲜人民)、对自己(祖国人民)的鲜明立场和革命感情,是最具有典型意义的事例,因此给人的印象是清晰而又深刻的,所激起的感情巨浪更非一般通讯所能相比。认真学习和分析这篇通讯,不但在思想感情上能给我们以教育和鼓舞,而且在写作技巧和方法上也能给我们许多帮助和启示。

复习思考题

1. 试谈作品中所描写的3个事例的关系,它们是怎样互相配合,共同表现作品的主题思想的?
2. 这篇通讯是怎样处理叙事和抒情的关系的?试举例说明。

---

① 魏巍:《我怎样写〈谁是最可爱的人〉》,《人民日报》1951年8月14日。

长江三日

刘白羽

十一月十七日

………

雾笼罩着江面，气象森严。十二时，"江津"号启碇顺流而下了。在长江与嘉陵江汇合后，江面突然开阔，天穹顿觉低垂。浓浓的黄雾，渐渐把重庆隐去。一刻钟后，船又在两面碧森森的悬崖陡壁之间的狭窄的江面上行驶了。

你看那急速漂流的波涛一起一伏，真是"众水会万涪，瞿塘争一门"。而两三木船，却齐整的摆动着两排木桨，像鸟儿扇动着翅膀，正在逆流而上。我想到李白、杜甫在那遥远的年代，以一叶扁舟，搏浪急进，该是多少雄伟的搏斗，会激发诗人多少瑰丽的诗思啊！……不久，江面更开朗辽阔了。两条大江，骤然相见，欢腾拥抱，激起云雾迷蒙，波涛沸荡，至此似乎稍为平定，水天极目之处，灰蒙蒙的远山展开一卷清淡的水墨画。

从长江上顺流而下，这一心愿真不知从何时就在心中扎下根子，年幼时读"大江东去……"读"两岸猿声……"辄心向往之。后来，听说长江发源于一片冰川，春天的冰川上布满奇异艳丽的雪莲，而长江在那儿不过是一泓清溪；可是当你看到它那奔腾叫啸，如万瀑悬空，砰然万里，就不免在神秘气氛的"童话世界"上又涂了一层英雄光彩。后来，我两次到重庆，两次登枇杷山看江上夜景，从万家灯光、灿烂星海之中，辨认航船上缓缓浮动而去的灯光，多想随那惊涛骇浪，直赴瞿塘，直下荆门呀。但亲身领略一下长江风景，直到这次才实现。因此，这一回在"江

津"号上,正如我在第二天写的一封信中所说:

"这两天,整天我都在休息室里,透过玻璃窗,观望着三峡。昨天整日都在朦胧的雾罩之中。今天却阳光一片。这庄严秀丽气象万千的长江真是美极了。"

下午三时,天转开朗。长江两岸,层层叠叠,无穷无尽的都是雄伟的山峰,苍松翠竹绿茸茸的遮了一层绣幕。近岸陡壁上,背纤的纤夫历历可见。你向前看,前面群山在江流浩荡之中,则依然为雾笼罩,不过雾不像早晨那样浓,那样黄,而呈乳白色了。现在是"枯水季节",江中突然露出一块黑色礁石,一片黄色浅滩,船常常在很狭窄的两面航标之间迂回前进,顺流驶下。山愈聚愈多,渐渐暮霭低垂了,渐渐进入黄昏了,红绿标灯渐次闪光,而苍翠的山峦模糊为一片灰色。

当我正为夜色降临而惋惜的时候,黑夜里的长江却向我展开另外一种魅力。开始是,这里一星灯火,那儿一簇灯火,好像长江在对你眨着眼睛。而一会儿又是漆黑一片,你从船身微微的荡漾中感到波涛正在翻滚沸腾。一派特别雄伟的景象,出现在深宵。我一个人走到甲板上,这时江风猎猎,上下前后,一片黑森森的,而无数道强烈的探照灯光,从船顶上射向江面,天空江上一片云雾迷蒙,电光闪闪,风声水声,不但使人深深体会到"高江急峡雷霆斗"的赫赫声势,而且你觉得你自己和大自然是那样贴近,就像整个宇宙,都罗列在你的胸前。水天,风雾,浑然融为一体,好像不是一只船,而是你自己正在和江流搏斗而前。"曙光就在前面,我们应当努力。"这时一种庄严而又美好的情感充溢我的心灵,我觉得这是我所经历的大时代突然一下集中地体现在这奔腾的长江之上。是的,我们的全部生活不就是这样战斗、航进、穿过黑夜走向黎明的吗?现在,船上的人都已酣睡,整个世界也都在安眠,而驾驶室上露出一片宁静的灯光。想一想,掌握住舵轮,透过闪闪电炬,从惊涛骇浪之中寻到一条破浪前进的途径,这是多么豪迈的生活啊!我们的哲学是革命的哲学,我们的诗歌是战斗的诗歌,正因为这样——我们的生活是最美的生活。列宁有一句话说得好极了:"前进吧!——这是多么好啊!这才是生活啊!"……"江津"号昂奋而深沉的鸣响着汽笛向前方航进。

十一月十八日

在信中,我这样叙说:"这一天,我像在一支雄伟而瑰丽的交响乐中飞翔。我在海洋上远航过,我在天空上飞行过,但在我们的母亲河流长江上,第一次,为这样一种大自然的威力所吸慑了。"

朦胧中听见广播到奉节。停泊时天已微明。起来看了一下,峰峦刚刚从黑夜中显露出一片灰蒙蒙的轮廓。启碇续行,我到休息室里来,只见前边两面悬崖绝壁,中间一条狭狭的江面,已进入瞿塘峡了。江随壁转,前面天空上露出一片金色阳光,像横着一条金带,其余天空各处还是云海茫茫。瞿塘峡口上,为三峡最险处,杜甫《夔州歌》云:"白帝高为三峡镇,瞿塘险过百牢关。"古时歌谣说:"滟滪大如马,瞿塘不可下;滟滪大如猴,瞿塘不可游;滟滪大如龟,瞿塘不可回;滟滪大如象,瞿塘不可上。"这滟滪堆指的是一堆黑色巨礁。他对准峡口。万水奔腾一冲进峡口,便直奔巨礁而来。你可想象得到那真是雷霆万钧,船如离弦之箭,稍差分厘,便撞得个粉碎。现在,这巨礁,早已炸掉。不过,瞿塘峡中,激流澎湃,涛如雷鸣,江面形成无数漩涡,船从漩涡中冲过,只听得一片哗啦啦的水声。过了八公里的瞿塘峡,乌沉沉的云雾,突然隐去,峡顶上一道蓝天,浮着几小片金色浮云,一注阳光像闪电样落在左边峭壁上。右面峰顶上一片白云像白银片样发亮了,但阳光还没有降临。这时,远远前方,无数层峦叠嶂之上,迷蒙云雾之中,忽然出现一团红雾,你看,绛紫色的山峰,衬托着这一团雾,真美极了。就像那深谷之中向上反射出红色宝石的闪光,令人仿佛进入了神话境界。这时,你朝江流上望去,也是色彩缤纷:两面巨岩,倒影如墨;中间曲曲折折,却像有一条闪光的道路,上面荡着细碎的波光;近处山峦,则碧绿如翡翠。时间一分钟一分钟过去,前面那团红雾更红更亮了。船越驶越近,渐渐看清有一高峰亭亭笔立于红雾之中,渐渐看清那红雾原来是千万道强烈的阳光。八点二十分,我们来到这一片晴朗的金黄色朝阳之中。

抬头望处,已到巫山。上面阳光垂照下来,下面浓雾滚涌上去,云蒸霞蔚,颇为壮观。刚从远处看到那个笔直的山峰,就站在巫峡口上,山如斧削,隽秀婀娜,人们告诉我这就是巫山十二峰的第一峰,它仿佛在招呼上游来的客人说:"你看,这就是巫山巫峡了。""江津"号紧贴山脚,进入峡口。红通通的阳光恰在此时射进玻璃厅中,照在我的脸上。峡中,强烈的阳光与乳白色云雾交织一处,数步之隔,这边是阳光,那边是云雾,真是神妙莫测。几只木船从下游上来,帆篷给阳光照的像透明的白色羽翼,山峡却越来越狭,前面两山对峙,看去连一扇大门那么宽也没有,而门外,完全是白雾。

八点五十分,满船人,都在仰头观望。我也跑到甲板上来,看到万仞高峰之巅,有一细石耸立如一人对江而望,那就是充满神奇缥缈传说的美女峰了。据说一个渔人在江中打鱼,突遇狂风暴雨,船覆灭顶,他的妻子抱了小孩从峰顶眺望,盼他回来,一天一天,一月一月,他终未回来,而她却依然不顾晨昏,不顾风雨,站在那儿等候着他——至今还在那儿等着他呢!……

如果说瞿塘峡像一道闸门,那么巫峡简直像江上一条迂回曲折的画廊。船随山势左一弯,右一转,每一曲,每一折,都向你展开一幅绝好的风景画。两岸山势奇绝,连绵不断,巫山十二峰,各峰有各峰的姿态,人们给它们以很高的美的评价和命名,显然使我们的江山增加了诗意,而诗意又是变化无穷的。突然是深灰色石岩从高空直垂而下浸入江心,令人想到一个巨大的惊叹号;突然是绿茸茸草坂,像一支充满幽情的乐曲;特别好看的是悬岩上那一堆堆给秋霜染得红艳艳的野草,简直像是满山杜鹃了。峡急江陡,江面布满大大小小漩涡,船只能缓缓行进,像一个在丛山峻岭之间慢步前行的旅人。但这正好使远方来的人,有充裕时间欣赏这莽莽苍苍、浩浩荡荡长江上大自然的壮美。苍鹰在高峡上盘旋,江涛追随着山峦激荡,山影云影,日光水光,交织成一片。

十点,江面渐趋广阔,急流稳渡,穿过了巫峡。十点十五分至巴东,已入湖北境。十点半到牛口,江浪汹涌,把船推在浪头上,摇摆着前进。江流刚奔出巫峡。还没来得及喘息,却又冲入第三峡——西陵峡了。

西陵峡比较宽阔,但是江流至此变得特别凶恶,处处是急流,处处是险滩。船一下像流星随着怒涛冲去,一下又绕着险滩迂回浮进。最著名的三个险滩是:泄滩、青滩和崆岭滩。初下泄滩,你看着那万马奔腾的江水会突然感到江水简直是在旋转不前,一千个、一万个漩涡,使得"江津"号剧烈震动起来。这一节江流虽险,却流传着无数优美的传说。十一点十五分到秭归。据袁崧《宜都山川记》载:秭归是屈原故乡,是楚子熊绎建国之地。后来屈原被流放到汨罗江,死在那里。民间流传着:屈大夫死日,有人在汨罗江畔,看见他峨冠博带,美髯白皙,骑一匹白马飘然而去。又传说:屈原死后,被一大鱼驮回秭归,终于从流放之地回归楚国。这一切初听起来过于神奇怪诞,却正反映了人民对屈原的无限怀念之情。

  秭归正面有一大片铁青色礁石,森然耸立江面,经过很长一段急流绕过泄滩。在最急峻的地方,"江津"号用尽全副精力,战抖着,震颤着前进。急流刚刚滚过,看见前面有一奇峰突起,江身沿着这山峰右面驶去,山峰左面却又出现一道河流,原来这就是王昭君诞生地香溪。它一下就令人记起杜甫的诗:"群山万壑赴荆门,生长明妃尚有村。"我们遥望了一下香溪,船便沿着山峰进入一道无比险峻的长峡——兵书宝剑峡。这儿完全是一条窄巷,我到船头上,仰头上望,只见黄石碧岩,高与天齐,再驶行一段就到了青滩。江面陡然下降,波涛汹涌,浪花四溅,当你还没来得及仔细观看,船已像箭一样迅速飞下,巨浪为船头劈开,旋卷着,合在一起,一下又激荡开去。江水像滚沸了一样,到处是泡沫,到处是浪花。船上的同志指着岩上一片乡镇告诉我:"长江航船上很多领航人都出生在这儿……每只木船要想渡过青滩,都得请这儿的人引领过去。"这时我正注视着一只逆流而上的木船,看起这青滩的声势十分吓人,但人从汹涌浪涛中掌握了一条前进途径,也就战胜了大自然了。

  中午,我们来到了崆岭滩跟前,长江上的人都知道:"泄滩青滩不算滩,崆岭才是鬼门关。"可见其凶险了。眼看一片灰色石礁布满水面,"江津"号却抛锚停泊了。原来崆岭滩一条狭窄航道只能过一只船,这时有一只江轮正在上行,我们只好等下来。谁知竟等了那么久,可见那上行的船只是如何小心翼翼了。当我们驶下崆岭滩时,果然是一片乱石林立,我们简直不像在浩荡的长江上,而是在苍莽的丛林中找寻小径跋涉前进了。

十一月十九日

  早晨,一片通红的阳光,把平静的江水照得像玻璃一样发亮。长江三日,千姿万态,现在已不是前天那样大雾迷蒙,也不是昨天"巫山巫峡色萧森",而是:"楚地阔无边,苍茫万顷连"了。长江在穿过长峡之后,现在变得如此宁静,就像刚刚诞生过婴儿的年轻母亲一样安详慈爱。天光水色真是柔和极了。江水像微微拂动的丝绸,有两只雪白的鸥鸟缓缓地和"江津"号平行飞进,水天极目之处,凝成一种透明的薄雾,一簇一簇船帆,就像一束一束雪白的花朵在蓝天下闪光。

  在这样一天,江轮上非常宁静的一日,我把我全身心沉浸在"红色的罗莎"——卢森堡的《狱中书简》中。

  这个在一九一八年德国无产阶级革命中最坚定的领袖,我从她的信中,感到一个伟大革命家思想的光芒和胸怀的温暖,突破铁窗镣铐,而闪耀在人间,你看,这一页:

>   雨点轻柔而均匀地洒落在树叶上,紫红的闪电一次又一次地在铅灰色中闪耀,遥远处,隆隆的雷声像汹涌澎湃的海涛余波似地不断滚滚传来。在这一切阴霾惨淡的情景中,突然间一只夜莺在我窗前的一株枫树上叫起来了!在雨中,闪电中,隆隆的雷声中,夜莺啼叫得像是一只清脆的银铃,它歌唱得如醉如痴,它要压倒雷声,唱亮昏暗……
>
>   昨晚九点钟左右,我还看到壮丽的一幕,我从我的沙发上发现映在窗玻璃上的玫瑰色的返照,这使我非常惊异,因为天空完全是灰色的。我跑到窗前,着了迷似的站在那里。在一色灰沉沉的天空上,东方涌现出一块巨大的、美丽得人间少有的玫瑰色的云彩,它与一切分隔开,孤零零地浮在那里,看起来像是一个微笑,像是来自陌生的远方的一个问候。我如释重负地长吁了一口气,不由自主地把双手伸向这幅富有魅力的图画。有了这样的颜色,这样的形象,然后生活才美妙,才有价值,不是吗?我用目光饱餐这幅

光辉灿烂的图画,把这幅图画的每一线玫瑰色的霞光都吞咽下去,直到我突然禁不住笑起自己来。天哪,天空啊,云彩啊,以及整个生命的美并不只存在于佛龙克①,用得着我来跟它们告别?不,它们会跟着我走的,不论我到哪儿,只要我活着,天空,云彩和生命的美会跟我同在。

"江津"号在平静的浪花中缓缓驶行。我读着书,一种非常珍贵的感情渗透我的全身。我必须立刻把它写下来,我愿意把它写在这奔腾叫啸、而又安静温柔的长江一起,因为它使我联想到我前天想到的"战斗——航进——穿过黑夜走向黎明"的想象,过去,多少人,从他们艰巨战斗中想望着一个美好的明天呀!而当我承受着像今天这样灿烂的阳光和清丽的景色时,我不能不意识到,今天我们整个大地,所吐露出来的那一种芬芳、宁馨的呼吸,这社会主义生活的呼吸,正是全世界上,不管在亚洲还是在欧洲,在美洲还是在非洲,一切先驱者的血液,凝聚起来,而发射出来的最自由最强大的光辉。我读完了《狱中书简》,一轮落日——那样圆,那样大,像鲜红的珊瑚球一样,把整个江面笼罩在一脉淡淡的红光中,面前像有一种细细的丝幕柔和地、轻悄地撒落下来。

最后让我从我自己的一封信中抄下一段,来结束这一日吧:

夜间,九时余——从前面漆黑的夜幕中,看见很小很小几点亮光。人们指给我那就是长江大桥,"江津"号稳稳地向武汉驶近。从这以后,我一直站在船上眺望,渐渐的渐渐的看出那整整齐齐的一排像横串起来的珍珠,在熠熠闪亮。我看着,我觉得在这辽阔无边的大江之上,这正是我们献给我们母亲河流的一顶珍珠冠呀!……再前进,江上无数蓝的、白的、红的、绿的灯光,拖着长长倒影在浮动,那是无数船只在航行,而那由一颗颗珍珠画出的大桥的轮廓,完全像升在云端里一样,高耸空中,而桥那面,灯光稠密的简直像是灿烂的金河,那是什么?仔

---

① 佛龙克是德国一个地名,卢森堡被捕后一度关押在佛龙克狱中。

细分辨,原来是武汉两岸的亿万灯光。当我们的"江津"号,嘹亮地向武汉市发出致敬欢呼的声音时,我心中升起一种庄严的情感,看一看!我们创造的新世界有多么灿烂吧!……

一九六〇年

(选自《中国新文学大系 1949—1976·散文卷二》,
上海文艺出版社 1997 年版)

一幅色彩绚丽、独具风采的长江画卷

——《长江三日》赏析

王庆生

刘白羽是中国当代卓有成就的散文家。《长江三日》是体现刘白羽散文艺术风格的代表作,发表于《人民文学》1961 年第 3 期,后收入散文集《红玛瑙集》(作家出版社 1962 年 5 月出版)。

《长江三日》是一首激越壮丽的长江颂歌。作者所讴歌的长江,是世界第三大河,全长 6 380 公里,起源于唐古拉山脉的主峰各拉丹冬雪山的西南侧。它由西向东,其干流流经西藏、四川、云南、湖南、湖北、江西、安徽、江苏、上海等 10 个省市,最后注入东海。长江水面辽阔,沃野千里,云蒸蔚霞,气象万千。从郦道元的《水经注》开始,多少文人墨客为之吟诗作画,礼赞长江的神奇壮丽。然而,由于时代的不同,个人的生活经历不同、感受不同,作家笔下的长江也呈现出迥然有异的风貌。刘白羽在长江旅游的三天航程中,饱含激情地挥洒彩笔,为我们展示出一幅色彩绚丽、独具风采的长江画卷,热情地描绘了婀娜多姿的长江佳景,抒发了热爱生活、热爱祖国山川的深情,写出了奔流不息的长江的性格和魅力。

作为一篇日记体游记,《长江三日》以作者的游踪为引线,真实地记录了作者的见闻和感受。按照航行日程的先后顺序,文章分为三个部分,这三部分既可独立成章,合起来又是一个有机的整体。

文章第一部分,写作者 11 月 17 日从重庆乘"江津"轮顺流而下到进入三峡前的旅程。作者过去虽曾两次到重庆,但一直没有机会领略长江风光,这次如愿以偿,欢悦之情可想而知。文章在简要交代了航船的启碇地点、时间之后,有层次地写出了作者视野中的长江美景。先是以雾起笔:"雾笼罩着江面,气象森严",船在"两面碧森森的悬崖陡壁之间的狭窄江面上行驶",别有一番情趣。到了江面开阔之处,只见"两条大江,骤然相见,欢腾拥抱,激起云雾迷蒙,波涛沸荡";灰蒙蒙的远山,则"展开一卷清淡的水墨画"。寥寥几笔,就为我们勾勒出了雾中长江的朦胧之美。接着,由景及人,由雾中长江逆流而上的两三木船,联想到古代"以一叶扁舟,搏浪急进"的奇险,将景与人联系在一起,进一步加大了作品的思想容量。到了下午,天转开朗,作者变换笔法,写出阳光照射下的长江壮观景象:"层层叠叠,无穷无尽的都是雄伟的山峰,苍松翠竹绿茸茸的遮了一层绣幕。近岸陡壁上,背纤的纤夫历历可见。"面对如此佳景,作者赞叹道:"这庄严秀丽气象万千的长江真是美极了。"将长江的自然景观与作者热爱长江的炽热情感融汇为一,更显示出长江的魅力。晚上,长江则是另一番景象。作者写夜幕下的长江,诗情浓郁,缤纷多彩,入夜,"这里一星灯火,那里一簇灯火,好像长江在对你眨着眼睛。而一会儿又是漆黑一片"。特别是在深宵,迎着猎猎江风站在甲板上,更觉"云雾迷蒙,电光闪闪",波涛翻滚,心潮澎湃。此时,作者感到"水天,风雾,浑然融为一体","一种庄严而又美好的感情充溢心灵",从而发出热烈的赞叹,以"战斗,航进,穿过黑夜走向黎明"点明了文章的主题。

　　第二部分写 11 月 18 日船过三峡时作者的所见所感。三峡是长江中最壮丽、最精采的一段,它西起四川奉节白帝城,东至湖北宜昌南津关,由瞿塘峡、巫峡、西陵峡组成,全长约 200 公里。作者写三峡,没有平铺直叙地叙写自己的见闻,而是抓住三峡各自不同的特点,写出三峡的特殊魅力。写瞿塘峡,重点写礁,突出其险峻。瞿塘峡不长,只有 8 公里,但两岸悬崖绝壁,十分险峻,特别是峡口为最险处。作者先引用杜甫《夔川歌》和古代歌谣,说明瞿塘峡之险。接着,写自己的亲身感受:黑色巨礁的赫赫声势,激流澎湃的万水奔腾,真叫人惊心动魄。然而,船过峡口,却是另一番天地。远处,绛紫色的山峰,衬托着一团红雾,"就像那深谷之中向上反射出红色宝石的闪光,令人仿佛进入了神话境界",近看,"红雾原来是千万道强烈的阳光"。作者绘声绘色地把瞿塘峡的险峻壮美写得如此生动逼真,使我们和作者一样有亲历其境的强烈感受。写巫峡,重点写山,突出其隽美。作者运用多种笔法,写峡口的山如斧削,隽秀婀娜,写红通通的阳光与乳白色的雾交织在一起,奇妙莫测,都使人耳目一新。然而,作者更着力的则是对美女峰和巫山画廊的描绘,那耸立于万仞高峰的美女峰,那迂回曲折、优美如画的巫山画廊,在作者的笔下更显得生机勃勃,诗意盎然。美女峰的神奇缥缈,充满神话色彩,巫山画廊的莽莽苍苍、绚丽夺目,令人神往。写西陵峡,重点写滩,突出其险恶。西陵峡与瞿塘峡不同,"处处是急流,处处是险滩"。作者用浓墨重抹的笔法,一方面写出了泄滩、青滩和崆岭滩的险恶:江水奔腾,旋涡万千,波涛汹涌,乱石林立,兵书宝剑峡则是"黄石碧岩,高与天齐";另一方面更写出了人在急流险滩中奋力拼搏,在险恶中迎难而上的精神。尽管急流滚滚,险滩丛生,但只要敢于劈波斩浪,也就能驾驭大自然、战胜大自然。

第三部分写 11 月 19 日船过三峡后作者的心绪。三峡已过,江面平静,作者用抒情的笔调,连用三个形象的比喻描绘出浩瀚的长江:"早晨,一片通红的阳光,把平静的江水照得像玻璃一样发亮",穿过三峡以后的长江,宁静得"像刚刚诞生过的婴儿的年轻母亲一样的安详慈爱","江水像微微拂动的丝绸"一样的柔和。正是在这"江轮上非常宁静的一日",作者潜心阅读了卢森堡的《狱中书简》。本来,一切都是平静的,然而,随着书页的翻动,作者心潮起伏,"一种非常珍贵的感情渗透我的全身"。由此,作者抚今追昔,把历史与今天,现实与理想的画面连缀起来,抒发了自己对先驱者卢森堡革命精神的热烈赞颂和对美好生活及理想的执著追求。最后,以船到武汉结束全文。面对五光十色、辉煌灿烂的江城,作者发出"我们创造的世界有多么灿烂"的由衷赞美,从而把对长江的赞美升华到一个新的境界。

长江三日,千姿百态。作者通过三日航行,把奇峰美景急流险滩组合在一起,为我们绘制了一幅独具魅力的长江画卷,谱写了一曲激越壮丽的长江之歌。

在艺术上,《长江三日》的一个显著特色是诗意与哲理的结合。一篇好的散文,贵在文情并茂,诗意盎然。作者认为,"你是一个真正与社会主义时代融合的人,你会感到我们生活中的诗意"。而这种诗意并不是随手可得的,它是深深地打入作者的心灵的,"透过生活的表面把生活的深刻内容展开出来","透过波澜看到生活之海底的宝藏",从而把生活之美熔铸为艺术之美,使人们通过诗意与哲理融合的画面,热爱生活,热爱大自然,热爱新的时代。《长江三日》写的虽然是作者航行三日见到的长江的绮丽风光,但作者绝不是为写景而写景,而是以景寓情,情景交融,在充溢着激情和诗意的画面中阐发深刻的哲理。如第一日,作者面对云雾迷蒙、波涛沸荡、江风猎猎的江面,不禁心潮翻滚,诗情洋溢,从而阐发出"'曙光就在前面,我们应当努力'",我们的全部生活"就是这样战斗、航进,穿过黑夜走向黎明"的哲理。第二日,作者从领航人战险滩、过恶流的实践中,领悟到"人从汹涌波涛中掌握了一条前进途径,也就战胜了大自然了"的箴言。第三日,作者在船上攻读,凝眸沉思,更感到生活的宁馨、幸福,而这宁馨的生活是前辈艰苦奋斗得来的,因此,我们更要百倍珍惜来之不易的幸福生活,努力创造更加灿烂的新世界。作者将诗情与哲理有机地交织在一起,反映了时代的心声。

神话、传说、引文的巧妙穿插和比喻的恰切运用,给文章增添了光彩。如引用杜甫的"众水会万涪,瞿塘争一门"(《长江二首》)、"白帝高为三峡镇,夔州险过百牢关"(《夔州歌》)说明长江水势的汹涌、峡口的险峻;引用苏轼的"大江东去……"(《念奴娇·赤壁怀古》)、李白的"两岸猿声……"(《早发白帝城》)的诗句,说明作者对长江的热爱和向往;引用"楚地阔无边,苍茫万顷连"的诗句,说明长江的宁静、宽阔,都是十分贴切的。在描绘巫峡时,插入有关美女峰的神话;船到西陵峡经秭归时,又介绍屈原死后被大鱼驮回秭归的传说和王昭君的诞生地香溪,不仅拓展了空间,而且加大了力度。此外,文章还运用了一些奇特的比喻,如把瞿塘峡比喻为"像一道闸门",把巫峡比喻为"像江上一条迂回曲折的画廊",把草坂比喻为"像一支充满幽情的乐曲"。这些比喻生动准确,恰到好处。在语言上,《长江三日》保持了刘白羽的一贯风格:华美、绚丽、明亮、隽永。

复习思考题

1. 作者从哪些方面礼赞长江的神奇美景和奔流不息的性格?
2. 为什么说《长江三日》是诗意与哲理的结合?

雪 浪 花

杨 朔

凉秋八月,天气分外清爽。我有时爱坐在海边礁石上,望着潮涨潮落,云起云飞。月亮圆的时候,正涨大潮。瞧那茫茫无边的大海上,滚滚滔滔,一浪高似一浪,撞到礁石上,唰地卷起几丈高的雪浪花,猛力冲激着海边的礁石。那礁石满身都是深沟浅窝,坑坑坎坎的,倒像是块柔软的面团,不知叫谁捏弄成这种怪模怪样。

几个年轻的姑娘赤着脚,提着裙子,嘻嘻哈哈追着浪花玩。想必是初次认识海,一只海鸥,两片贝壳,她们也感到新奇有趣。奇形怪状的礁石自然逃不出她们好奇的眼睛,你听她们议论起来了:礁石硬得跟铁差不多,怎么会变成这样子?是天生的,还是錾子凿的,还是怎的?

"是叫浪花咬的,"一个欢乐的声音从背后插进来。说话的人是个上年纪的渔民,从刚拢岸的渔船跨下来,脱下黄油布衣裤,从从容容晾到礁石上。

有个姑娘听了笑起来:"浪花也没有牙,还会咬?怎么溅到我身上,痛都不痛?咬我一口多有趣。"

老渔民慢条斯理说:"咬你一口就该哭了。别看浪花小,无数浪花集到一起,心齐,又有耐性,就是这样咬啊咬的,咬上几百年,几千年,几万年,哪怕是铁打的江山,也能叫它变个样儿。姑娘们,你们信不信?"

说的妙,里面又含着多么深的人情世故。我不禁对那老渔民望了几眼。老渔民长得高大结实,留着一把花白胡子。瞧他那眉目神气,就像秋天的高空一样,又清朗,又深沉。老渔民说完话,不等姑娘们搭言,早回到船上,大声说笑着,动手收拾着满船烂银也似的新鲜鱼儿。

我向就近一个渔民打听老人是谁,那渔民笑着说:"你问他呀,那是我们的老泰山。老人家就有这个脾性,一辈子没养女儿,偏爱拿人当女婿看待。不信你叫他一声老泰山,他不但不生气,反倒摸着胡子乐呢。不过我们叫他老泰山,还有别的缘故。人家从小走南闯北,经的多,见的广,生产队里大事小事,一有难处,都得找他指点,日久天长,老人家就变成大伙依靠的泰山了。"

此后一连几日,变了天,飘飘洒洒落着凉雨,不能出门。这一天晴了,后半晌,我披着一片火红的霞光,从海边散步回来,瞥见休养所院里的苹果树前傍着辆独轮小车,小车旁边有个人俯在磨刀石上磨剪刀。那背影有点儿眼熟。走到跟前一看,可不正是老泰山。

我招呼说:"老人家,没出海打鱼么?"

老泰山望了望我笑着说:"嘻,同志,天不好,队里不让咱出海,叫咱歇着。"

我说:"像你这样年纪,多歇歇也是应该的。"

老泰山听了说:"人家都不歇,为什么我就应该多歇着?我一不瘫,二不瞎,叫我坐着吃闲饭,等于骂我。好吧,不让咱出海,咱服从;留在家里,这双手可得服从我。我就织鱼网,磨鱼钩,照顾照顾生产队里的果木树,再不就推着小车出来走走,帮人磨磨刀,钻钻磨眼儿,反正能做多少活就做多少活,总得尽我的一份力气。"

"看样子你有六十了吧?"

"哈哈!六十?这辈子别再想那个好时候了——这个年轻啦。"说着老泰山捏起右手的三根指头。

我不禁惊疑说:"你有七十了么?看不出。身板骨还是挺硬朗。"

老泰山说:"嘻,硬朗什么?头四年,秋收扬场,我一连气还能扬它一两千斤谷子。如今不行了,胳臂害过风湿痛病,抬不起来。磨刀磨剪子,胳臂往下使力气,这类活儿还能做。不是胳臂拖累我,前年咱准要求到北京去油漆人民大会堂。"

"你会的手艺可真不少呢。"

"苦人哪,自小东奔西跑的,什么不得干。干的营生多,经历的也古怪。不瞒同志说,三十年前,我还赶过脚呢。"说到这儿,老泰山把剪刀往水罐里蘸了蘸,继续磨着,一面不紧不慢地说:"那时候,北戴河跟今天可不一样。一到三伏天,来歇伏的差不多净是蓝眼珠的外国人。

有一回,一个外国人看上我的驴。提起我那驴,可是百里挑一:浑身乌黑乌黑,没一根杂毛,四只蹄子可是白的。这有个讲究,叫四蹄踏雪,跑起来,极好的马也追不上。那外国人想雇我的驴去逛东山。我要五块钱。他嫌贵。你嫌贵,我还嫌你胖呢。胖的像条大白熊,别压坏我的驴。讲来讲去,大白熊答应我的价钱,骑着驴逛了半天,欢欢喜喜照数付了脚钱。谁料想隔不几天,警察局来传我,说是有人把我告下了,告我是红胡子,硬抢人家五块钱。"

老泰山说得有点气促,喘嘘嘘的,就缓了口气,又磨着剪子说:"我一听气炸了肺。我的驴,你的屁股,爱骑不骑,怎么能诬赖人家是红胡子?赶到警察局一看,大白熊倒轻松,望着我乐得闭不拢嘴。你猜他说什么?他说:你的驴快,我要再雇一趟去秦皇岛,到处找不着你。我就告你。一告,这不是,就把红胡子抓来了。"

我忍不住说:"瞧他多聪明!"

老泰山说:"聪明的还在后头呢,你听着啊。这回倒省事,也不用争,一张口他就给我十五块钱。骑上驴,他拿着根荆条,抽着驴紧跑。我叫他慢着点,他直夸奖我的驴有几步好走,答应回头再加点脚钱。到秦皇岛一个来回,整整一天,累得我那驴浑身湿淋淋的,顺着毛往下滴汗珠——你说叫人心疼不心疼?"

我插问道:"脚钱加了没有?"

老泰山直起腰,狠狠吐了口唾沫说:"见他的鬼!他连一个铜子儿也不给,说是上回你讹诈我五块钱,都包括在内啦,再闹,送你到警察局去。红胡子!红胡子!直骂我是红胡子。"

我气的问:"这个流氓,他是哪国人?"

老泰山说:"不讲你也猜得着。前几天听广播,美国飞机又偷着闯进咱们家里。三十年前,我亲身吃过他们的亏,这笔账还没算清。要是倒退五十年,我身强力壮,今天我呀——"

休养所的窗口有个妇女探出脸问:"剪子磨好没有?"

老泰山应声说:"好了。"就用大拇指试试剪子刃,大声对我笑着说:"瞧我磨的剪子,多快。你想剪天上的云霞,做一床天大的被,也剪得动。"

西天上正铺着一片金光灿烂的晚霞,把老泰山的脸映得红彤彤的。老人收起磨刀石,放到独轮车上,跟我道了别,推起小车走了几步,又停下,弯腰从路边掐了枝野菊花,插到车上,才又推着车慢慢走了,一直走进火红的霞光里去。他走了,他在海边对几个姑娘讲的话却回到我的心上。我觉得,老泰山恰似一点浪花,跟无数浪花集到一起,形成这个时代的大浪潮,激扬飞溅,早已把旧日的江山变了个样儿,正在勤勤恳恳塑造着人民的江山。

　　老泰山姓任。问他叫什么名字,他笑笑说:"山野之人,值不得留名字。"竟不肯告诉我。

一九六一年
原载《红旗》一九六一年第二十期
(选自《中国新文学大系 1949—1976·散文卷一》
上海文艺出版社 1997 年版)

清新隽永，诗意浓郁

——《雪浪花》赏析

王庆生

《雪浪花》是著名作家杨朔创作的一篇散文名篇,原载《红旗》1961年第20期,后收入人民文学出版社1978年出版的《杨朔散文集》。

杨朔(1913—1988),原名杨毓瑨,山东蓬莱人。1938年发表以陕北人民斗争生活为题材的第一部中篇小说,1941年出版第一部散文集《潼关之夜》。其创作主要有长篇小说《三千里江山》、《洗兵马》(上),中篇小说《帕米尔高原的流脉》、《红石山》、《望南山》,短篇小说集《北黑线》、《雪花飘飘》,散文集《亚洲日出》、《海市》、《东风第一枝》、《生命泉》、《杨朔散文选》等。新中国成立后,以散文创作为主。他的散文情文并茂,具有诗人气质。周立波说他"善于在一片奇景、一幅花草的素描里再现当前的生活","展现祖国辛酸的过去和光辉的来日"。[①]冰心把他与著名散文家刘白羽比较:"假如刘白羽的散文象'采采流水,蓬蓬远春'的话,那么杨朔的散文就是'落花无言,人淡如菊'了。"[②]

《雪浪花》是一篇清新隽永、诗意浓郁的散文,篇幅不长,只有2 800字,情节也很简单。作者通过"我"的视角,叙写了"我"在北戴河两次遇见渔民老泰山的故事。

第一次是在海边,老渔民打鱼刚刚归来。文章以雪浪花开头:"瞧那茫茫无边的大海上,滚滚滔滔,一浪高似一浪,撞到礁石上,唰地卷

[①] 周立波:《战斗和建设的赞歌——1959年到1961年散文特写选集序言》,《文艺报》1962年第11期。

[②] 冰心:《〈海市〉打动了我的心》,《文艺报》1961年第6期。

起几丈高的雪浪花,猛力冲激着海边的礁石。那礁石满身都是深沟浅窝,坑坑坎坎的,倒像是块柔软的面团,不知叫谁捏弄成这种怪模怪样。"这些坑坑坎坎、怪模怪样的礁石,引起几个正在海边追逐浪花玩的年轻姑娘的疑问:礁石硬得跟铁差不多,怎么会变成这样子,是天生的,还是錾子凿的,还是怎的?正当几个姑娘疑惑不解时,一个欢乐的声音从背后插进来:"是叫浪花咬的。"这突如其来的回答,引出了刚从海上捕鱼归来的渔民老泰山的出场。这一意外的出场,如奇峰突起,格外引人注目。接着,作者笔锋一转,具体地描绘了老泰山的形象:他有高大结实的身材,留着一把花白的胡子,像秋天的高空一样,有着又晴朗又深沉的眉目神气。几笔粗线条的描写,就勾勒出老渔民精神矍铄、人老志坚的性格。他对姑娘们提出的"浪花也没有牙,还会咬?怎么溅到我身上,痛都不痛?咬我一口多有趣"时,回答得多好:"咬你一口就该哭了。别看浪花小,无数浪花集到一起,心齐,又有耐性,就是这样咬啊咬的,咬上几百年,几千年,几万年,哪怕铁打的江山,也能叫它变个样儿。"这段既幽默风趣又富于哲理的回答,引起了"我"的关注,但当"我"想与老泰山攀谈搭话时,这位老渔民早已回到船上去了。而"我"通过他人的介绍了解到:老泰山从小走南闯北,见多识广,大伙一有难事都找他指点,日久天长,老人家就成了大伙儿依靠的泰山了。这里,作者通过他者的视角,用虚实结合的手法,真实地描绘了大伙儿对老渔民的信任和尊敬,为进一步揭示老人的精神境界埋下伏笔。

  第二次遇到老泰山,是几天后在休养院里的苹果树前,老人正在独轮小车旁磨剪刀。在"我"与老泰山攀谈中,作者对老泰山的曲折人生作了进一步的正面描写,既写了他的过去,也写了他的现在,并由此引出了老泰山在旧时代受到外国人欺凌、讹诈的往事。过去生活在底层,过着辛酸的日子,承受着生活的重压。他自小东奔西跑,干的营生多,经历也古怪,艰辛的生活磨炼出了他坚毅的性格。如今年纪大了,队里照顾他,叫他歇着,但他人老心不老,留在家里就织鱼网,磨鱼钩,照顾队里的果木树,帮人磨磨刀,钻钻磨眼儿,"反正能做多少活就做多少活,总得尽我的一份力气"。"我一不瘫,二不瞎,叫我坐着吃闲饭,等于骂我。"从这些朴实的描写中,我们窥见饱经风霜的渔民心灵世界的高洁,看到一位平凡劳动者不平凡的人生。文章最后,作者以浪花比喻这位老渔民的一生:"老泰山恰似一点浪花,跟无数浪花集到一起,形成这个时代的大浪潮,激扬飞溅,早已把旧日的江山变了个样儿,正在勤勤恳恳塑造着人民的江山。"古语说:"卒章显其志。"作者这段蕴含哲理的比喻,给景融进了情,给龙点了睛,为老泰山、也为所有普通劳动者谱写了一曲颂歌。在这里,雪浪花也被赋予了新的意义。雪浪花不仅是文章开头抒写的海景,更是人的形象的比喻。作者既是写景,也是写人,首尾呼应,情景相融,更显示出作者以浪花比喻老泰山的深邃意蕴。在杨朔的散文中,往往是"从生活的激流里抓取一个人物,一种思想,一个有意义的生活断片,迅速反映出这个时代的侧影"[1]。《雪浪花》正是截取生活中的一个片断,深入开掘生发,轻轻点化,便散发出浓厚的生活气息,闪烁出时代的光彩。

在艺术上,《雪浪花》也有自己的特点。作者说:"好的散文就是一首诗"[2],"我在写每篇文章时,总是拿着当诗一样写……你在斗争中,劳动中,生活中,时常会有些东西触动你的心,使你激昂,使你欢乐,使你忧愁,使你深思,这不是诗又是什么?总是遇到这样的事情,我就要反复思索,到后来形成我文章里的思想意境"[3]。在《雪浪花》中,作者以诗人的心灵感受生活,在触动自己的心的情景中,先写大海,再写浪花,写礁石,为我们描绘了一幅云飞浪涌、月照礁喧,浪花撞击礁石的图景,接着以姑娘们议论礁石引出老泰山飘然而至,与姑娘们对话,这是一幅有情有景、富有诗意的画面,人与物、景与情融合在一起,弥漫着诗的迷离气氛。作者正是这样在平凡的日常生活中探寻诗情,把自己情感溶化到人物形象中去,让人物在情景交融的意境中焕发光彩。在作者的笔下,无论是一片云霞,几朵浪花,还是一颗宝石,一群蜜蜂,都触动着他的诗心,织成诗的意境,使自然景物获得深刻的社会意义。如在

---

[1] 杨朔:《海市·小序》,《杨朔文集》,第 642 页,山东文艺出版社 1984 年版。
[2] 杨朔:《海市·小序》,《杨朔文集》,第 642 页,山东文艺出版社 1984 年版。
[3] 杨朔:《〈东风第一枝·小跋〉》,《杨朔文集》,第 646 页,山东文艺出版社 1984 年版。

《荔枝蜜》中,作者借勤劳无私的蜜蜂之小,创造之多,赞美"不是为自己,而是在为人类酿造最甜的生活"的奉献精神;在《香山红叶》中,从散发出"一股轻微的药香"的红叶中,讴歌饱经风吹雨打、越老越红得可爱的刘四大爷;在《画山绣水》中,从清奇秀丽、千奇百怪的山水美景中,期望人们"展望他们的想象,创造出新的神话,新的故事",从而给自然景物赋予情感的色彩;在《埃及灯》中,从一支普通的"埃及灯"传达出中埃两国人民相互支持的友好情谊。这些非常普通的景物经过作者的点染,都饱含着浓郁的诗情,谱写出诗的篇章。

在散文结构上,杨朔深受中国古典文学特别是古典诗词的影响,十分注重起承转合,谋篇布局,使意境与结构相互辉映,各显神韵。在结构方式上,依据作品的内容,多元并举,不拘一格。有的起笔自然,看似漫不经心,实则寓意深长(如《荔枝蜜》、《香山红叶》),有的曲径通幽,跌宕多姿(如《樱花雨》),有的严密精巧,卒章显志(如《茶花赋》、《雪浪花》)。就拿《雪浪花》来说,文章的中心是老泰山这个人物,但作者并没有先写人,而是先写浪花,由景及人,由浪花冲打礁石引起姑娘的疑问,再引出老泰山。写老泰山,也是先闻其声,后见其人。作者写人,也没有平铺直叙讲述老泰山一生的历史,而是在信笔挥洒中概括地叙说了老人的过去,重点讲述了那个像"大白熊"的洋人在旧社会欺诈的故事,这个故事犹如奇峰突起,引人深思。文章最后,又写到浪花,并由此点明作品主题。作者写道:"西天上正铺着一片灿烂的晚霞,把老泰山的脸映得红彤彤。"老泰山"从路边掐了枝野菊花,插到车上",推着小车走了,"一直走进火红的霞光里去"。这样一幅磨刀老人推着小车的画面,融入了作者的诗情,将写景状物与揭示人物心灵较好地结合在一起,结构巧妙,寓意新奇。再如《荔枝蜜》,作者采用的结构方式也很奇特。作品开头写对蜜蜂的疑惧,再写蜜蜂的辛勤采蜜,最后写自己竟变成一只小蜜蜂。开头平淡,中间曲折,结尾点明主旨,言简意赅,韵味悠长。

杨朔散文的语言清新俊逸,绘影传神。如《雪浪花》,作者写大海"潮涨潮落,云起云飞",两种景物(潮、云),四种变化(涨、落、起、飞),勾勒出大海气象万千、风云变化的动态。写奇形怪状的礁石:"是叫浪花咬的",一个"咬"字,成了整篇文章的文眼。既写浪花,又状人物,生动传神,意蕴丰厚。写老泰山的外表,几笔素描勾勒,就写出了饱经风霜的老渔民的神态,有虚有实,虚实相间。当"我"问到老泰山叫什么名字时,他笑着说:"山野之人,值不得留名字",简明平实的回答,彰显了老渔民平凡而又高尚的品格。杨朔散文的语言正是经过反复锤炼而成的,是构成诗化散文的一个重要因素。

杨朔的散文也存在一些不足,主要是在歌颂新时代的同时对现实生活中存在的困难和问题正视不够,忧患意识、批判意识不足,有粉饰生活的倾向,在艺术构思上有些篇章有雷同,创新不够。

复习思考题

1. 在《雪浪花》中,作者是怎样刻画老泰山这个人物的?
2. 以《雪浪花》为例,说明"好的散文就是一首诗"。

记一辆纺车

吴伯箫

  我曾经使用过一辆纺车,离开延安的那年把它跟一些书籍一起留在蓝家坪了。后来常常想起它。想起它,就像想起旅途的旅伴,战场的战友,心里充满了深深的怀念。

  那是一辆普通的纺车。说它普通,一来它的车架、轮叶、锭子,跟一般农村用的手摇纺车没有什么两样;二来它是延安上千上万辆纺车中的一辆。的确,那个时候在延安的人,无论是机关的干部,学校的教员和学员,也无论是部队的指挥员和战斗员,在工作、学习或者练兵的间隙里,谁没有使用过纺车呢?纺车跟战斗用的枪,耕田用的犁,学习用的书和笔一样,成为大家亲密的伙伴。

  在延安,纺车是作为战斗的武器使用的。那是在抗日战争最艰苦的时候,国民党反动派发动反共高潮,配合日寇重重封锁陕甘宁边区,想困死抗日的领导力量。我们抗日军民热烈响应毛泽东同志的伟大号召:"自己动手,丰衣足食",结果彻底粉碎了敌人围困的阴谋。在延安的人,在所有抗日根据地的人,不但吃得饱,而且穿得暖,坚持了抗战,争取到了抗战的最后胜利。开荒,种庄稼,种蔬菜,是保证足食的战线;纺羊毛,纺棉花,是保证丰衣的战线。

  大家用纺的毛线织毛衣,织呢子;用纺的棉纱合线,织布。很多同志穿的衣服鞋袜,就是自己纺线或者跟同志换工劳动做成的。开垦南泥湾的部队甚至能够在打仗、练兵和进行政治、文化学习而外,纺毛线给指战员发军装呢。同志们亲手纺线织布做的衣服,穿着格外舒适,也格外爱惜。那个时候,人们对一身灰布制服,一件本色的粗毛线衣,或者自己打的一副手套,一双草鞋,都很有感情。衣服旧了、破了,也"敝帚自珍",不舍得丢弃。总是脏了洗洗,破了补补,穿一水又穿一水,穿一年又穿一年。衣服只要整齐干净,越朴素穿着越随心。西装革履,华丽的服饰,只有在演剧的时候作演员的服装,平时不要说穿,就是看看也觉得碍眼,隔路。美的概念里是更健康的内容,那就是整洁,朴素,自然。

纺线,劳动量并不太小,纺久了会胳膊疼腰酸;不过在刻苦学习和紧张工作的间隙里纺线,除了经济上对敌斗争的意义而外也是一种很有兴趣的生活。在纺线的时候,眼看着匀净的毛线或者棉纱从拇指和食指中间的毛卷里或者棉条里抽出来,又细又长,连绵不断,简直会有一种艺术创作的快感。摇动的车轮,旋转的锭子,争着发出嗡嗡、嘤嘤的声音,像演奏弦乐,像轻轻地唱歌。那有节奏的乐音和歌声是和谐的,优美的。

纺线也需要技术。车摇慢了,线抽快了,线会断头;车摇快了,线抽慢了,毛卷、棉条会拧成绳,线会打成结。摇车,抽线,配合恰当,成为熟练的技巧,可不简单,需要用很大的耐心和毅力下一番功夫。初学纺线,往往不知道劲往哪儿使。一会儿毛卷拧成绳了,一会儿棉纱打成结了,纺手急得满头大汗。性子躁一些的人甚至为断头接不好生纺车的气,摔摔打打,恨不得把纺车砸碎。可是那关纺车什么事呢?尽管人急得站起来,坐下去,一点也没有用,纺车总是安安稳稳地呆在那里,像露出头角的蜗牛,像着陆停驶的飞机,一声不响,仿佛只是在等待,等待。一直等到使用纺车的人心平气和了,左右手动作协调,用力适当,快慢均匀了,左手拇指和食指间的毛线或者棉纱就会像魔术家帽子里的彩绸一样无穷无尽地抽出来。那仿佛不是用羊毛、棉花纺线,而是从毛卷里或者棉条里往外抽线。线是现成的,早就藏在毛卷里或者棉条里的。熟练的纺手,趁着一豆灯光或者朦胧的月光,也能摇车,抽线,上线,一切做得优游自如。线上在锭子上,线穗子就跟着一层层加大,直到沉甸甸的,像成熟了的肥桃。从锭子上取下穗子,也像从果树上摘下果实,劳动后收获的愉快,那是任何物质享受都不能比拟的。这个时候,就连起初想砸碎纺车的人也对纺车发生了感情。那种感情,是凯旋的骑士对战马的感情,是"仰手接飞猱,俯身散马蹄"①的射手对良弓的感情。

---

① 曹植:《白马篇》,《中国古代文学作品选》第 2 册,第 38 页,人民文学出版社 2002 年版。

纺线有几种姿势：可以坐着蒲团纺，可以坐着矮凳纺，也可以把纺车垫得高高的站着纺。站着纺线，步子有进有退，手臂尽量伸直，像"白鹤晾翅"，一抽线能拉得很长很长。这样气势最开阔，肢体最舒展；兴致高的时候，很难说那是生产，是舞蹈，还是体育锻炼。

为了提高生产率，大家也进行技术改革，运用物理学上轮轴和摩擦传动的道理，在轮子和锭子中间安装加速轮，加快锭子旋转的速度，把手工生产的工具变成半机械化。大多数纺车是在纺羊毛、纺棉花的劳动实践中培养出来的木工做的；安装加速轮也是在劳动实践中大家摸索出来的创造发明。从劳动实践中还不断总结出一些新的经验。譬如，纺羊毛跟纺棉花常有不同的要求：羊毛要松一些、干一些，棉花要紧一些、潮一些。因此弹过的羊毛要卷成卷，棉花要搓成条，烘晒毛卷和阴润棉条都有一定的火候分寸。这些技术经验，不靠实践是一辈子也不知道里边的奥妙的。

为了交流经验，互相提高，纺线也开展竞赛。三五十辆或者百几十辆纺车搬在一起，在同一个时间里比纺线的数量和质量。成绩好的有奖励，譬如，奖一辆纺车，奖手巾、肥皂、笔记本之类。那是很光荣的。更光荣是被称为纺毛突击手、纺纱突击手。竞赛，有的时候在礼堂，有的时候在窑洞前边，更有的时候在山根河边的坪坝上。在坪坝上竞赛的那种场面最壮阔，"沙场秋点兵"或者能有那种气派？不，阵容相近，热闹不够。那是盛大的节日里赛会的场面。只要想想：天地是厂房，深谷是车间，幕天席地，群山环拱，怕世界上还没有哪一个地方哪种轻工业生产有那样的规模哩。你看，整齐的纺车行列，精神饱满的纺手队伍，一声号令，百车齐鸣，别的不说，只那嗡嗡的响声就有点像飞机场上机群起飞，扬子江边船只拔锚。那哪儿是竞赛，那是万马奔腾，在共同完成一项战斗任务。因此竞赛结束，无论是纺得多的还是纺得比较少的，得奖的还是没有得奖的，大家都感到胜利的快乐。

就这样，用劳动的双手，自力更生。纺线，不只在经济上保证了革命根据地的人大家有衣穿，使大家学会了一套生产劳动的本领，而且在思想上还教育了大家认识"劳动为人生第一需要"的意义；自觉地克服了那种"认为劳动只是一种差事，凡是劳动都理应按一定标准付给报酬的习惯看法"①。劳动为集体,同时也为自己。在劳动的过程里,很少人为了个人的什么去锱铢计较;倒是为集体做了些什么有意义的事情,才感到是真正的幸福。

就因为这些,我常常想起那辆纺车。想起它像想起老朋友,心里充满了深深的怀念。围绕着这种怀念,也想起延安的种种生活。在党中央和毛泽东同志的周围工作,学习,劳动,同志的友谊,革命大家庭的温暖,把大家团结得像一个人。真是既团结,紧张,又严肃,活泼。那个时候,物质生活曾经是艰苦的、困难的吧,但是,比起无限丰富的精神生活来,那算得了什么!凭着崇高的理想、豪迈的气概、乐观的志趣,克服困难不也是一种享受吗?

跟困难作斗争,其乐无穷。

——记一辆纺车。

一九六一年二月二十五日春节
(选自《中国新文学大系 1949—1976·散文卷二》,
上海文艺出版社 1997 年版)

---

① 引自列宁《从莫斯科—喀山铁路的第一次星期六义务劳动到五一节全俄星期六义务劳动》。

延安精神的写照

——析《记一辆纺车》

王庆生

《记一辆纺车》是老一辈散文家吴伯箫写于60年代的一篇脍炙人口的散文佳作,发表于1961年4月号《人民文学》。

吴伯箫是一位在散文园地辛勤耕耘且取得显著成就的作家。鲍霁说:"他的每一篇作品,都经过长期酝酿、反复揣摩才写成的,艺术上也总有创新。即使是在同一本散文集里的作品,在立意、构思等方面也很少雷同。"①他于1961年写的一组回忆延安生活的散文,如《菜园小记》、《记一辆纺车》、《延安》、《歌声》等,就是"经过长期酝酿、反复揣摩"而写成的艺术精品。这几篇文章虽然取材相同,写的都是延安生活,但在艺术表现上却各有千秋,各呈异彩。其中,《记一辆纺车》比较鲜明地体现了作者的创作风格。

《记一辆纺车》的主题十分单纯。它以一辆纺车为中心线索,通过对纺车的怀念,有声有色地描绘了战争年代延安军民的战斗生活,热情讴歌了自力更生、艰苦奋斗、自己动手、丰衣足食的延安精神,激励人们要继承和发扬革命传统,创造更加美好的生活。

《记一辆纺车》篇幅不长,全文不到3 000字。按照文章的逻辑联系,可将它划分为4个部分、12个自然段。

第一部分是文章的开头(第一自然段)。作者开门见山,引入正题,点明主旨:"我曾经使用过一辆纺车……后来常常想起它","心里充满了深深的怀念"。作品以一辆纺车为切入点,朴实无华地抒发了

---

① 《吴伯箫散文选·编后记》,第382页,人民文学出版社1983年版。

作者的怀念之情,说明了一辆纺车所蕴含的不寻常的意义。

第二部分(第二至第四自然段),主要说明纺车在战争年代的作用。先说"那是一辆普通的纺车",它的构造,它的功用,"跟一般农村用的手摇纺车没有什么两样",也是"延安上千上万辆纺车中的一辆"。既然一辆普通的纺车,为什么会引起作者"深深的怀念"呢?接着,作者通过对历史的回顾,简明地说明了怀念这辆纺车的原因。这是因为,当时正值抗日战争时期,延安处于敌人的重重封锁之中,生活十分困难。如何摆脱这一困难,在毛泽东"自己动手,丰衣足食"的号召下,延安军民一面打击敌人,一面开展大生产运动,终于克服了困难,赢得了胜利。在这样一个特殊的历史环境下使用纺车,就和平常纺线使用纺车不同了。从这一历史背景出发,作者由浅入深,由表及里,写出了普通纺车的不平凡的意义。一方面,说明这辆普通的纺车在战争年代是"作为战斗武器使用的",同"战斗用的枪,耕田用的犁,学习用的书和笔一样,成为大家亲密的伙伴";另一方面,说明通过纺线织布,不仅保证了丰衣的需要,而且培养了珍惜劳动成果的感情,转换了审美观念:人们对"自己打的一副手套,一双草鞋,都很有感情","衣服只要整齐干净,越朴素越穿着随心"。作者就是这样层层剥茧,从纺车的普通平常写到它的不平凡的意义和作用,从物质成果写到精神成果,进一步深化了文章的思想内涵,增强了文章的深度和力度。

第三部分(第五至第十自然段),主要写纺线劳动的过程和劳动带来的变化。作者具体描绘了纺线的技术和纺线的姿态,写得生动形象,神采飞扬。如写匀称的毛线、棉纱从拇指和食指中间的毛卷里或棉条里抽出时,作者写道:"简直会有一种艺术创作的快感。摇动的车轮,旋转的锭子,争着发出嗡嗡嘤嘤的声音,像演奏弦乐,像轻轻地唱歌。那有节奏的乐音和歌声是和谐的,优美的。"写纺线人对纺车的感情,"是凯旋的骑士对战马的感情,是'仰手接飞猱,俯身散马蹄'的射手对良弓的感情"。写纺线竞赛的壮阔场面是"整齐的纺车行列,精神饱满的纺手队伍,一声号令,百车争鸣。别的不说,只那嗡嗡的响声就有点像飞机场上机群起飞,扬子江边船只拔锚。那哪儿是竞赛,那是万马奔腾"。这些描写,有声有色,活灵活现。作者细致描绘纺线的具体过程,并非展示如何纺线织布,而是在于表现革命战士不畏艰难困苦的精神,说明劳动不仅创造了物质财富,更重要的是提高了人们的精神境界。

　　第四部分(第十一至第十二自然段),主要是照应开头,总结全文,进一步说明文章开头提出的由纺车引起深深怀念的原因。作者怀念的不仅仅是纺车,而是睹物生情,由纺车想起老朋友,想起延安的生活。延安的物质生活尽管是艰苦的、困难的,但比起无限丰富的精神生活来,就算不了什么了,"崇高的理想,豪迈的气概,乐观的志趣",正是延安军民克服困难的强大动力和赖以生存发展的精神支柱。最后,作者点明:"跟困难作斗争,其乐无穷。"进一步阐明了怀念纺车的内在的深刻含义,深化了主题。

　　《记一辆纺车》是一篇饱含深情、充满革命情趣的作品。作者在谈到自己的创作时曾经这样说过:"写生活,最好写作者自己最熟悉的,亲身实践过的,或者通过自己的生活实践来推演别人(包括古人)的生活实践。我写过《记一辆纺车》,因为我纺过线;我写过《菜园小记》,因为我种过菜。""我写的一组延安生活的散文,是纪实,因为我在延安生活过,学习、工作、劳动所形成的思想意识,某些作风习惯,都浸透过我的血液和机体。"①我们读《记一辆纺车》,总会为作者对纺线劳动过程的了如指掌和技术的娴熟,为作品散发出的浓郁的生活气息而受到强烈的感染。如写纺线过程:"棉纱就会像魔术家帽子里的彩绸一样无穷无尽地抽出来。""线上在锭子上,线穗子就跟着一层层加大,直到沉甸甸的,像成熟了的肥桃。从锭子上取下穗子,也像从果树上摘下果实……"用有生命的事物和动作,描绘纺织劳动的愉快,逼真而富有生活实感,优美而又饱含诗意。再如写纺线姿势:"站着纺线,步子有进有退,手臂尽量伸直,像'白鹤晾翅',一抽线能拉得很长很长。这样气势最开阔,肢体最舒展;兴致高的时候,很难说那些是生产,是舞蹈,还是体育锻炼。"把纺线姿势比做舞蹈和体育动作,更使劳动场面的描写

---

　　① 《经验?》,见《文学:回忆与思考》,第263页,人民文学出版社1980年版。

趣味横生。这些具体生动的描绘,如果不是作者"最熟悉的、亲身实践过的"生活,如果劳动所形成的思想意识、作风、习惯没有浸透过作者的"心血和肌体",他是不可能将纺线劳动写得如此鲜明生动,充满活力的。吴伯箫的创作实践说明,生活是创作取之不尽、用之不竭的源泉,只有生活之树常青,才能带来文学创作的一片葱绿。

在艺术构思上,《记一辆纺车》立意深远,构思精巧。古人云:创作之道,构思为先。文以意为主,"立意要纯,一而贯掇",立意高妙,义深意远。文章以一辆纺车为中心,通篇围绕纺车结构全文,层层深入地写出了延安纺织劳动生活的甘苦。从不会纺线到对纺车的热爱,从对纺车的热爱到对延安生活的深深怀念,从深深怀念中体现出对延安精神的执著追求,都倾注了作者眷恋延安生活的深情。文章正是在朴实无华的娓娓叙述中,表达了一个老战士继承和发扬延安精神的坚定信念。由于构思精巧,立意深远,因而使这篇散文具有强烈的艺术感染力,为人们所喜爱。这一点,在作者回忆延安生活的散文《菜园小记》、《歌声》、《延安》等篇章中也得到了鲜明的体现。

林非在评论吴伯箫新中国成立后创作的散文时说:"长期的革命生涯使作者的思想得到了升华,感情得到了锤炼。在写得相当质朴和明朗的文字中,蕴藏着一种内在的情感,振响着一种内在的韵律,显得深沉和厚实,像鼓点似的敲击出时代的节拍,像颂歌似的激荡着革命的情操,将读者引向崇高的思想境界中去。"[①]用这段话来评价《记一辆纺车》是非常恰当的。深沉厚实,感情浓郁,时代精神强烈,正是吴伯箫散文创作的显著特点。

复习思考题

1. 为什么说《记一辆纺车》是延安精神的写照?
2. 结合《记一辆纺车》的创作过程,谈谈生活与创作的关系。

---

① 林非:《现代六十家散文札记》,第150—151页,百花文艺出版社1988年版。

古战场春晓

秦 牧

在一九六一年春天降临之前,我来到广州北郊的三元里高地上盘桓。看着莽莽苍苍、一片锦绣、"河水萦带,群山纠纷"的大地,不禁激起了凭吊怀古的心情。

南国春早,真正的春天在崭新的日历刚刚掀开的时候,实际上已经来临了。这比冰天雪地的东北几乎要快上半年。这一带村落,现在都属于三元里人民公社,是出色的蔬菜产地,以水利工程和机耕驰名。在温煦的阳光之下,田野里东一片、西一片,都是菜园。芥兰开满了白花,白菜簇生着黄花,椰菜在卷心,枸杞在摇曳,鹅黄嫩绿,蝶舞蜂喧,好一派艳阳天景色!那条从三元里村旁掠过的公路,繁荣热闹极了,小叶桉树夹道笔立,婆娑摆舞,远看像煞江南暮春的杨柳。一队队汽车奔驰过去了,一辆辆兽力车呀呀地拉过去了,还有络绎不绝的肩挑手提的行人,都各各在公路上卷起了尘土。好一派和平劳动、熙熙穆穆的景象!这一带田野是开阔的,南望越秀山上,庄严雄伟,曾经常常被用来作为广州风景标志的五层楼,正和这里小土阜上的三元里抗英斗争烈士纪念碑遥遥对峙。远处群山起伏,白云山、飞鹅岭象是绿色的围屏。大地到处给人一种壮阔开朗的印象。在历史名城的郊野,这样的河山气概,我们是常常可以领略到的。

被郁郁苍苍的扁柏、蒲葵、一品红、木麻黄环绕着的三元里抗英斗争烈士纪念碑,在晴空下,金色的字迹正闪闪发光。我登临这里已经好几遭了,但今年第一次来到,望着翡翠似的原野,俯瞰着名闻世界的这个叫做"三元里"的乡村,却激荡着不平常的感情。"指点江山,激扬文字"那样的名句飞到了我的心头。今年是一九六一年,今年五月底,是三元里等一百零三乡人民,在鸦片战争时代抗击英帝国主义侵略军大获胜利一百二十周年纪念日。"六十年一个甲子"。今年刚好是三元里人民抗英斗争的辛丑年之后的第二个"辛丑"。一百二十年过去了,中国已经完全变了样。然而正像有些人站在这座巍峨的纪念碑下说过的话一样:"这就是中国近代史的开端吧!"是的,这是中国近代史上气势磅礴的第一页。以三元里人民斗争为起点,如果以一个个的"年代"来划分,那么可以这样说:其后十年有太平天国的革命,将近后六十年有义和团的斗争,后七十年有辛亥革命,后八十年有中国共产党的成立,快接近一百一十年的时候新中国终于宣告诞生。中国是经历过一百多年的艰苦斗争才从帝国主义制造的血泊中站起来的。望着这已经回春的天鹅绒似的土地,想起百多年来的往事,真按捺不住一种"折戟沉沙铁未销,自将磨洗认前朝"的心情。这条车水马龙的广州北郊大道,这个中国近代史上的反侵略圣地,这座人烟稠密的村庄,今年将有多少人要前来凭吊瞻仰!

这一片阳光灿烂、山川明丽的大地,原来是一百多年前的大战场!你在这里纵览低徊,会禁不住想起整个黑暗的十九世纪的事情。

十九世纪是资本主义的壮年期,这一个世纪里面,殖民主义者完全不披任何外衣,像野兽一样到处闯撞掠夺。正像他们用一个持刀海盗的画像作为香烟商标,用帆船作为许多商行标记一样,战船和枪炮就是他们的徽号。整个十九世纪,在亚洲、非洲、美洲、澳洲,都普遍发生帝国主义者血洗大地的惨剧。但是在另外一方面,各洲的人民,又几乎都不约而同地进行过猛烈的、可歌可泣的斗争。有些斗争,还是绵延一百几十年的。英国在几个世纪之间发展成为当年的头号侵略者。它用在国内圈地养羊的方法迫使大批农民流离失所;用"流荡罪"把破产农民投进监狱和驱进工厂;掠夺印度、非洲、澳洲等殖民地的原料来大办工业。用对"偷"一条围巾的劳动人民也处以死刑的严刑峻法来建立它的生产秩序;然后又挟着大宗鸦片和纺织品来撞毁我们这个东方古国的大门。当鸦片战争发生,林则徐被腐败的清廷革职谪戍,广州城里的总督、巡抚、将军、总兵都在侵略者面前变成了软壳蟹和叩头虫的时候,他们大举入侵了。他们勒索了"赎城费",他们到处杀人、放火、奸淫、掳掠,甚至挖坟墓,射"活靶",他们志得意满、骄横跋扈极了。然而侵略者没有想到,他们脚下竟有一座活火山。他们在三元里调戏妇女的事件终于点燃了这座火山。人民反侵略斗争的队伍,一两日间,由几千人发展到几万人。眼前这一片锦绣大地,就是当年杀声震天,使英国侵略者自承"恐怖到极点"的战场了。

凭吊着这个辽阔的古战场,使人想起了"升平社前擂大鼓,裂裳为旗竹为弩"、"三元里前声若雷,千众万众同时来"的诗句。我仿佛看到一百多年前战争的情景:那时,螺号呜呜,锣声当当,满山旗帜,遍地人潮,一支"黑底牙边白三连星"的神旗迎风飘动,指挥着战阵。在"三元古庙"点了香烛,向这面旗宣誓过"旗进人进,旗退人退,打死无怨"的三元里的忿怒群众,以及邻近一百多乡的战友,抬着各式各样的原始武器:刀、矛、藤牌、三尖枪、长棍、抬枪、挠钩追歼着敌人;队伍中甚至还有儿童和妇女。这时天仿佛也忿怒了,狂风暴雨,闪电雷霆。狼狈的敌人从会战的地点——牛栏岗败退下来,结成方阵,颤栗逃命。在白茫茫一片的豪雨景色中,漫山遍野的中国人民举着武器追歼着他们,用挠钩把他们从队伍中拖出来劈死,或者用锄头把陷在泥淖里的敌兵锄死。眼前这一片土地上曾经布满"大英帝国"士兵的尸体,他们有些再也顾不得"尊严",跪在地上,举手求饶了……

怀着抚摸一砖一石的心情,我走进了三元里,来到里北的"三元古庙",这座创建于乾隆以前的道教神庙(道教以天、地与人为"三元"),是当年斗争的总指挥部,它近年已经被修葺一新并且变成纪念馆了。环庙四株老榕,苍劲魁梧;庙前一方平塘,涟漪潋滟。在这座庙里凝视那些历史文物,端详陈列在庙中的当年的武器和那面令人振奋的"黑底牙边白三连星旗"(复制品,原件存北京),抚诵着碑廊中百多年前的修庙碑记,令人禁不住涌起一种"继往开来"的翻身民族的自豪感。

一百二十年的时间久远么?是的,相当久远了。然而现在这里还活着受过当年挺身战斗的人民豪杰亲切教诲的人物呢。三元里首先奋拳痛击英国兵士的韦绍光,他的曾经亲受祖父教导的孙子韦文祖一直活到七十一岁,去年才逝世。三元里现在还有一位李姓的老人,祖父也参加过抗英的斗争,晚年时曾把许多战斗故事亲口告诉过他。他谈到当年群众公议"十六岁以上,六十岁以下男子一律上阵杀贼"的往事,还禁不住激动得目光灼灼呢。

一百多年过去了,然而那面光辉的战旗和一些古老武器被一代代保存下来,令人荡气回肠的战斗故事被一代代亲口传授下来,英雄民族的感情真是何等深厚!

在十九世纪的中叶,当中国上空乌云密布,三元里的斗争、太平天国的革命事迹传到欧洲的时候,马克思兴奋地写过文章,预言过亚洲的革命风暴;恩格斯预言过:"过了不久以后,我们就会看到世界上最古老的帝国(指中国—引者注)作垂生的挣扎,同时我们也会看到亚洲新纪元的曙光。"现在,站在三元里的阳光之下,令人不禁回想和印证着这著名的历史科学预言。

中国人民以和十九世纪最强大的侵略者打了一场硬仗,并使他们的兵士跪地求饶揭开了自己的近代史。其后一百一十年,历经忧患屈辱,当新中国从血泊中站立起来的时候,又和朝鲜人民一道把扬言要打过鸭绿江来的当代最强大的帝国主义,击败于朝鲜战场上,重新出现了使他们的兵士跪地求饶的一幕。这里面包含了多少的历史规律和真理呵!

盘桓在这个古战场上,想着帝国主义已经日近黄昏了,眺望早降的绿野春光,随着庄稼的香气扑人而来的,是许多凝聚着古人感情的诗句:"苟能制侵凌,岂在多杀伤。""岂伊地气暖,自有岁寒心。"呵,我们美丽的土地,英雄的人民!

一九六一年

(选自《中国新文学大系 1949—1976·散文卷一》,
上海文艺出版社 1997 年版)

峥嵘岁月稠　今朝更风流

——《古战场春晓》赏析

李逸涛

　　《古战场春晓》是秦牧抒情散文中的佳品之一。最初发表于1961年2月21日《光明日报》，后收入《长河浪花集》(人民文学出版社1978年版)。

　　秦牧的散文，题材广阔，立意深远，感情真挚，语言优美；表达方式多姿多彩，没有固定格式，运笔灵活自由。熔思想性、知识性、趣味性于一炉，是其散文的重要特色。他的散文量多而质高，其中，《古战场春晓》是歌颂三元里今昔的文情并茂的名篇。

　　在中国革命史上，三元里，这个位于广州城北约5里处的一个村庄的名字，犹如一座不朽的丰碑，辉煌夺目。19世纪，正处在"壮年期"的资本主义列强，用战船和枪炮轰开了中国这个东方古国的大门。在武力的配合下，英国殖民主义者把成千上万箱鸦片倾入我国，使得烟毒泛滥，白银大量外流，国民身心深受毒害，生产更加萎缩衰败。第一次鸦片战争失败后，英国殖民主义者对我国的掠夺更加肆无忌惮，其罪恶行径激起了人民群众的反抗怒火，各地纷纷自发组织起反英武装，整个中国成了反侵略者的"活火山"。1841年5月，三元里人民云集古庙前，高举黑底牙边白三连星平英团大旗，焚香宣誓："旗进人进，旗退人退，打死无怨。"5月30日，他们联合附近103乡民众，用各种原始武器与拥有洋枪洋炮的英军进行了殊死搏斗，打得敌军丢戈弃甲，跪地求饶。这一伟大壮举大长了中国人民的志气，大灭了帝国主义的威风，写下了"中国近代史上气势磅礴的第一页"。从此，三元里闻名世界，成为中国人民反帝的象征。

　　物换星移，一个多世纪过去了。1961年，是三元里抗英斗争胜利

120周年,同时也是中国人民经过长期艰苦卓绝的奋斗,终于在中国共产党的领导下赶走帝国主义、建立起人民共和国的第十二个年头。正是在这样的时刻,作者来到三元里这个具有伟大历史意义的地方。他盘桓于古战场,抚今追昔,即景抒怀,写下了《古战场春晓》这篇脍炙人口的美文。

　　文章题目为《古战场春晓》,大有深意。提及古战场,令人很自然地想起唐朝李华的著名文章《吊古战场》。李华笔下的古战场,"平沙无垠,敻不见人","黯兮惨悴,风悲日曛。蓬断草枯,凛若霜晨",一派荒凉肃杀景象。昔日战争造成的"鸟无声兮山寂寂,夜正长兮风淅淅。魂魄结兮天沉沉,鬼神聚兮云幂幂"的悲剧,读来令人毛骨悚然,产生一种往事不堪回首之感。秦牧古文根基深厚,显然从中受到启发。但同样是在"河水萦带,群山纠纷"的祖国大地上"凭吊怀古",秦牧为文章所定的基调却截然不同。他把"古战场"和"春晓"这两个看来并不协调的词结合在一起,虽"古"而逢"春",醒目而寓意深长地告诉我们:这一片锦绣河山,过去曾是我国人民同帝国主义浴血奋斗的战场,今天已被勤劳勇敢的人民建设成春光明媚、如花似锦的乐园;没有先烈们前赴后继的战斗,也就没有今天日新月异的满园春色。峥嵘岁月稠,今朝更风流。具有光荣革命传统的中国人民,正在用双手把社会主义的祖国大地装扮得更美丽、更富强。这就是《古战场春晓》这个题目的旨意所在,也是这篇散文的思想意义所在。

　　将抒情、叙事、议论融为一体,是《古战场春晓》的显著特色。文章从"春晓"写起。"春天降临之前,我来到广州北郊的三元里高地上盘桓。"在明晰而含蓄的点题之后,作者着力描绘了三元里绚丽多彩、春意盎然的自然景色,渲染出三元里人民热气腾腾建设家园的气氛。那"鹅黄嫩绿、蝶舞蜂喧"的菜园,那车水马龙、"繁荣热闹极了"的公路,使作者一再发出"好一派艳阳天景色!""好一番和平劳动、熙熙穆穆的景象"的由衷赞叹。情景交融、动静相织的细腻描绘,既写出了自然的美,也写出了社会现实的美,从而揭示出"春晓"的含义。就是在这令人陶醉的如诗如画的背景下,作者点染出"被郁郁苍苍的扁柏、蒲葵、一品红、木麻黄环绕着的三元里抗英斗争烈士纪念碑"。犹如众星捧月,给纪念碑以突出的位置。面对"古战场"的满眼春色和高耸入云的纪念碑,作者"凭吊古战场的豪情"油然而生:"中国是经历过一百多年的艰苦斗争才从帝国主义制造的血泪中站起来的。望着这已经回春的天鹅绒似的土地,想起百多年来的往事,按捺不住一种'折戟沉沙铁未销,自将磨洗认前朝'的心情。"于是,作者抚今追昔,驰骋想象,以"凭吊"为引线,把中国人民反抗帝国主义的斗争放在十九世纪的广阔背景中,绘声绘色地再现了三元里抗英斗争的情景,描绘了一幅气吞山河、波澜壮阔的历史画卷。这里有作者对殖民主义者用枪炮血洗大地、用鸦片毒害人民的血泪控诉,有对在侵略者面前一副"软壳蟹"、"叩头虫"嘴脸的清廷官员的鄙夷和斥责,更有对三元里人民斗争业迹和精神的高度肯定与赞颂。尤其是那段展现三元里人民抗击敌人的激烈战斗场面的描写,更是豪情激越,动人心魄:

  那时,螺号呜呜,锣声当当,满山旗帜,遍地人潮,一支"黑底牙边白三连星"的神旗迎风飘动,指挥着战阵。在"三元古庙"点了香烛,向这面旗宣誓过"旗进人进,旗退人退,打死无怨"的三元里的愤怒群众,以及邻近一百多乡的战友,抬着各式各样的原始武器……追歼着敌人;……在白茫茫一片豪雨景色中,漫山遍野的中国人民举着武器追歼着他们……眼前这一片土地上曾经布满"大英帝国"士兵的尸体,他们有些再也顾不得"尊严",跪在地上,举手求饶了……

  这段文字写得畅快淋漓,气贯长虹,惊天地、泣鬼神,一下子把文章的思想感情推向高潮。作者把叙事与抒情结合起来,使百年前铁马金戈的战斗情景和中国人民的英雄气概尽显笔端,读来感人至深。
  就这样,作者把昔日硝烟弥漫的古战场与今朝春色浓艳的山河景物相对照,不仅让读者了解了近代斗争史,而且为先驱者的可歌可泣的壮举而振奋,为祖国"一片阳光灿烂、山川明丽的大地"而鼓舞。写到这里,作者意犹未尽,情犹未尽,在文章将近结束时,引用马克思、恩格斯的科学预言,把跃动的情思升华到一个蕴含着丰富哲理的更高境界。

作者在当年抗英斗争的总指挥部"三元古庙",流连忘返,抚诵着"碑记",凝视着件件文物,"一种'继往开来'的翻身民族的自豪感"涌上心头。这种自豪感使作者从三元里人民的抗英斗争一直联想到朝鲜战场美帝国主义的惨败,又从联想回到"古战场"的现实,最后归结到"历史规律和真理":帝国主义穷途末路,"日近黄昏",中国大地一派"绿野春光",生机勃勃;侵略者必败,人民必胜。在一片豪情和哲理议论的氛围中,最后以诗一般的语言"呵,我们美丽的土地,英雄的人民"结束全篇,充分抒发出对伟大祖国和人民的赞美之情。全文犹如一首激越澎湃的英雄交响曲,歌颂祖国、歌颂人民的主旋律贯穿始终,在感情发展到高亢处,主旋律再次出现,不仅把文章的主题表现得更加明朗,而且给人以曲终而余音袅袅之感,令人回味再三,激动不已。

  散文的特点就在于"散"。但形散而神不散,方为上乘。形散主要指兴之所至,涉笔成趣,行云流水,自然流畅;神不散主要指题旨深远,结构严谨,剪裁得当,气韵贯通。《古战场春晓》即是一篇形散神凝的佳作。这篇散文采用的是移景于情、感物咏志的手法。文章从作者登临三元里高地"盘桓",引发"凭吊怀古的心情"起笔,接着抓住"古战场"和"春晓"这条线,近摄眼前,重笔浓彩描绘所看到的醉人春色,"领略""一派艳阳天景色"的"河山气概";远接百年,由三元里抗英烈士纪念碑,回溯19世纪的中国那个任人宰割的黑暗年代,详细叙述了三元里抗英战斗的壮烈场面。从"怀着抚摸一砖一石的心情,我走进了三元里"视线由纪念碑转到"三元古庙"。睹物思情,用"继往开来"引出两个老人的故事、革命导师的预言和朝鲜战场的一幕。结尾一段用"盘桓在这个古战场上"与开首一段呼应,形象生动地阐明了主题。作者将目之所见、情之所涌尽收笔端,一路写来,把一些看来并不相干的片断通过"古战场"和"春晓"的对照联系起来,放得开,收得拢,既行文流畅,舒卷自如,又层次井然,浑然一体。在布局与剪裁上,作者也写得详略得当,重点突出。开头一段仅用两句点明题意。"看"与"凭吊怀古",概括了全文的思路,领起下文。"南国春早",篇幅虽不算很大,但"菜园"和"公路"的选择独具慧眼,写得精微凸现。"抗英斗争"占九个自然段,是全文的重点,由四部分内容组成:评价三元里抗英斗争在中国近代史上的地位;用"整个黑暗的19世纪的事情"为三元里抗英斗争设置历史背景；再现三元里抗英的战斗情景,总括三元里抗英斗争的深远影响和历史规律。结尾一段,言简意赅,收束急促而有余味。全文不枝不蔓,浓淡相宜；随着感情的起伏,时而一唱三叹,反复咏颂,时而惜墨如金,戛然而止,具有一种旋律美。

思想性与知识性的辩证统一,是秦牧散文的重要特色。《古战场春晓》较明显地体现了这一特色。瞻仰三元里抗英烈士纪念碑,总会引发人的感情波澜；但如果对这一历史事件的有关知识了解甚少,就很难写出有魅力的散文。《古战场春晓》的成功,则得力于作者渊博的知识,包括政治、军事、历史、诗文等知识。文中围绕三元里抗英斗争涉及"整个黑暗的19世纪的事情",即如殖民主义者"用一个持刀海盗的画像作为香烟商标",以"流荡罪"把破产农民投进监狱和驱进工厂,以"赎城罪"到处杀人放火、奸淫掳掠等侵略行径,也介绍得具体入微,从而激发起读者的愤怒之情。三元里抗英斗争的战斗场面描写,把"黑底牙边白三连星"战旗,刀、矛、藤牌等原始武器,以及誓词等,都一一写出,加强了战地的雄壮气氛。恰到好处的引诗引文,给文章增添了感染力。杜牧《赤壁》中的诗句"折戟沉沙铁未销,自将磨洗认前朝",浓缩了作者凭吊怀古、抚今追昔的心情。杜甫《前出塞》中的诗句"苟能制侵凌,岂在多杀伤"和张九龄《感遇》中的诗句"岂伊地气暖,自有岁寒心",置于全文的结束段,与"呵,我们美丽的土地,英雄的人民"相接,加重了作者的民族自豪感。中国人民酷爱和平,反对非正义战争；但决不屈服于敌人,有同敌人血战到底的决心。他们经得起急风骤雨的考验,永远矗立在中国大地上。马克思、恩格斯的科学预言,更把文章的思想性上升到哲理的高度。不难看出,秦牧将这些知识运用到散文中,在于说明事理,深化主题；就散文写作来说,不仅能使结构谋篇游刃多变,而且使抒情有所附丽,联想有物可及,收到出神入化的艺术效果。

复习思考题

1. 为什么说《古战场春晓》是一篇抚今追昔的美文？
2. 从《古战场春晓》看秦牧散文的艺术风格。

哥德巴赫猜想

徐 迟

"……为革命钻研技术,分明是又红又专,被他们攻击为白专道路。"

——一九七八年两报一刊元旦社论《光明的中国》

一

命 $P_x(1,2)$ 为适合下列条件的素数 P 的个数:
$$x-p=p_1 \text{ 或 } x-p=p_2p_3$$
其中 p_1,p_2,p_3 都是素数。[这是不好懂的;读不懂时,可以跳过这几行。]

用 x 表一充分大的偶数。

命 $$C_x = \prod_{\substack{p_1x \\ p>2}} \frac{p-1}{p-2} \prod_{p>2}\left(1 - \frac{1}{(p-1)^2}\right).$$

对于任意给定的偶数 h 及充分大的 x,用 $x_h(1,2)$ 表示满足下面条件的素数 p 的个数:
$$p \leqslant x, p+h=p_1 \text{ 或 } h+p=p_2p_3,$$
其中 p_1,p_2,p_3 都是素数。

本文的目的在于证明并改进作者在文献[10]内所提及的全部结果,现在详述如下。

二

　　以上引自一篇解析数论的论文。这一段引自它的"（一）引言"，提出了这道题。它后面是"（二）几个引理"，充满了各种公式和计算。最后是"（三）结果"，证明了一条定理。这篇论文，极不好懂。即使是著名数学家，如果不是专门研究这一个数学的分支的，也不一定能读懂。但是这篇论文已经得到了国际数学界的公认，誉满天下。它所证明的那条定理，现在世界各国一致地把它命名为"陈氏定理"，因为它的作者姓陈，名景润。他现在是中国科学院数学研究所的研究员。

　　陈景润是福建人，生于一九三三年。当他降生到这个现实人间时，他的家庭和社会生活并没有对他呈现出玫瑰花朵一般的艳丽色彩。他父亲是邮政局职员，老是跑来跑去的。当年如果参加了国民党，就可以飞黄腾达，但是他父亲不肯参加。有的同事说他真是不识时务。他母亲是一个善良的操劳过甚的妇女，一共生了十二个孩子。只活了六个，其中陈景润排行老三。上有哥哥和姐姐；下有弟弟和妹妹。孩子生得多了，就不是双亲所疼爱的儿女了。他们越来越成为父母的累赘——多余的孩子，多余的人。从生下的那一天起，他就象一个被宣布为不受欢迎的人似的，来到了这人世间。

　　他甚至没有享受过多少童年的快乐。母亲劳苦终日，顾不上爱他。当他记事的时候，酷烈的战争爆发。日本鬼子打进福建省。他还这么小，就提心吊胆过生活。父亲到三元县的三明市一个小邮政分局当局长。小小邮局，设在山区一座古寺庙里。这地方曾经是一个革命根据地。但那时候，茂郁山林已成为悲惨世界。所有男子汉都被国民党匪军疯狂屠杀，无一幸存者。连老年的男人也一个都不剩了。剩下的只有妇女。她们的生活特别凄凉。花纱布价钱又太贵了；穿不起衣服，大姑娘都还裸着上体。福州被敌人占领后，逃难进山来的人多起来。这里飞机不来轰炸，山区渐渐有点儿兴旺。却又迁来了一个集中营。深夜里，常有鞭声惨痛地回荡；不时还有杀害烈士的枪声。第二天，那些戴着镣铐出来劳动的人，神色就更阴森了。

陈景润的幼小心灵受到了极大的创伤。他时常被惊慌和迷惘所征服。在家里并没有得到乐趣,在小学里他总是受人欺侮。他觉得自己是一只丑小鸭。不,是人,他还是觉得自己也是一个人。只是他瘦削、弱小。光是这副窝囊样子就不能讨人喜欢。习惯于挨打,从来不讨饶。这更使对方狠狠揍他,而他则更坚韧而有耐力了。他过分敏感,过早地感觉到了旧社会那些人吃人的现象。他被造成了一个内向的人,内向的性格。他独独爱上了数学。不是因为被压,他只是因为爱好数学,演算数学习题占去了他大部分的时间。

当他升入初中的时候,江苏学院从远方的沦陷区搬迁到这个山区来了。那学院里的教授和讲师也到本地初中里来兼点课,多少也能给他们流亡在异地的生活改善一些。这些老师很有学问。有个语文老师水平最高。大家都崇拜他。但陈景润不喜欢语文。他喜欢两个外地的数理老师。外地老师倒也喜欢他。这些老师经常吹什么科学救国一类的话。他不相信科学能救国。但是救国却不可以没有科学,尤其不可以没有数学。而且数学是什么事儿也少不了它的。人们对他歧视,拳打脚踢,只能使他更加爱上数学。枯燥无味的代数方程式却使他充满了幸福,成为唯一的乐趣。

十三岁那年,他母亲去世了,是死于肺结核的;从此,儿想亲娘在梦中,而父亲又结了婚,后娘对他就更不如亲娘了。抗战胜利了,他们回到福州。陈景润进了三一中学。毕业后又到英华书院去念高中。那里有个数学老师,曾经是国立清华大学的航空系主任。

三

老师知识渊博,又诲人不倦。他在数学课上,给同学们讲了许多有趣的数学知识。不爱数学的同学都能被他吸引住,爱数学的同学就更不用说了。

数学分两大部分:纯数学和应用数学。纯数学处理数的关系与空间形式。在处理数的关系这部分里,讨论整数性质的一个重要分支,名叫"数论"。十七世纪法国大数学家费马是西方数论的创始人。但是中国古代老早已对数论作出了特殊贡献。《周髀》是最古老的古典数学著作。较早的还有一部《孙子算经》。其中有一条余数定理是中国首创。后来被传到了西方,名为孙子定理,是数论中的一条著名定理。直到明代以前,中国在数论方面是对人类有过较大的贡献的。五世纪的祖冲之算出来的圆周率,比德国人的奥托的,早出一千年多。约瑟夫(指斯大林)领导的科学家把月球的一个山谷命名为"祖冲之"。十三世纪下半纪更是中国古代数学的高潮了。南宋大数学家秦九韶著有《数书九章》。他的联立一次方程式的解法比瑞士的大数学家欧拉的解法早出了五百多年。元代大数学家朱世杰,著有《四元玉鉴》。他的多元高次方程的解法,比法国大数学家毕朱,也早出了四百多年。明清以后,中国落后了。然而中国人对于数学好象是特具禀赋的。中国应当出大数学家。中国是数学的好温床。

有一次,老师给这些高中生讲了数论之中一道著名的难题。他说,当初,俄罗斯的彼得大帝建设彼得堡,聘请了一大批欧洲的大科学家。其中,有瑞士大数学家欧拉(他的著作共有八百余种);还有德国的一位中学教师,名叫哥德巴赫,也是数学家。

一七四二年,哥德巴赫发现,每一个大偶数都可以写成两个素数的和。他对许多偶数进行了检验,都说明这是确实的。但是这需要给予证明。因为尚未经过证明,只能称之为猜想。他自己却不能够证明它,就写信请教那赫赫有名的大数学家欧拉,请他来帮忙作出证明。一直到死,欧拉也不能证明它。从此这成了一道难题,吸引了成千上万数学家的注意。两百多年来,多少数学家企图给这个猜想作出证明,都没有成功。

说到这里,教室里成了开了锅的水。那些象初放的花朵一样的青年学生叽叽喳喳地议论起来了。

老师又说,自然科学的皇后是数学。数学的皇冠是数论。哥德巴赫猜想,则是皇冠上的明珠。

同学们都惊讶地瞪大了眼睛。

老师说,你们都知道偶数和奇数。也都知道素数和合数。我们小学三年级就教这些了。这不是最容易的吗?不,这道难题是最难的呢。

这道题很难很难。要有谁能够做了出来,不得了,那可不得了呵!

青年人又吵起来了。这有什么不得了。我们来做。我们做得出来。他们夸下了海口。

老师也笑了。他说,"真的,昨天晚上我还作了一个梦呢。我梦见你们中间的有一位同学,他不得了,他证明了哥德巴赫猜想。"

高中生们轰的一声大笑了。

但是陈景润没有笑。他也被老师的话震动了,但是他不能笑。如果他笑了,还会有同学用白眼瞪他的。自从升入高中以后,他越发孤独了。同学们嫌他古怪,嫌他脏,嫌他多病的样子,都不理睬他。他们用蔑视的和讥讽的眼神瞅着他。他成了一个踽踽独行,形单影只,自言自语,孤苦伶仃的畸零人。长空里,一只孤雁。

第二天,又上课了。几个相当用功的学生兴冲冲地给老师送上了几个答题的卷子。他们说,他们已经做出来了,能够证明那个德国人的猜想了。可以多方面地证明它呢。没有什么了不起的。哈!哈!

"你们算了!"老师笑着说,"算了!算了!"

"我们算了,算了。我们算出来了!"

"你们算啦!好啦好啦,我是说,你们算了吧,白费这个力气做什么?你们这些卷子我是看也不会看的,用不着看的。那么容易吗?你们是想骑着自行车到月球上去。"

教室里又爆发出一阵哄堂大笑。那些没有交卷的同学都笑话那几个交了卷的。他们自己也笑了起来,都笑得跺脚,笑破肚子了。唯独陈景润没有笑。他紧结着眉头。他被排除在这一切欢乐之外。

第二年,老师又回清华去了。他现在是北京航空学院副院长,全国航空学会理事长沈元。他早该忘记这两堂数学课了。他怎能知道他被多么深刻地铭刻在学生陈景润的记忆中。老师因为同学多,容易忘记,学生却常常记着自己青年时代的老师。

四

福州解放!那年他高中三年级。因为交不起学费,一九五〇年上半年,他没有上学,在家自学了一个学期。高中没有毕业,但以同等学历报考,他考进了厦门大学。那年,大学里只有数学物理系。读大学二年级时,才有了一个数学组,但只四个学生。到三年级时,有数学系了,系里还是这四个人。因为成绩特别优异,国家又急需培养人才,四个人提前毕了业;而且,立即分配了工作,得到的优待,羡慕煞人。一九五三年秋季,陈景润被分配到了北京!在第×中学当数学老师。这该是多么的幸福了呵!

然而,不然!在厦门大学的时候,他的日子是好过的。同组同系就只四个大学生,倒有四个教授和一个助教指导学习。他是多么饥渴而且贪馋地吸饮于百花丛中,以酿制芬芳馥郁的数学蜜糖呵!学习的成效非常之高。他在抽象的领域里驰骋得多么自由自在!大家有共同的 dx 和 dy 等等之类的数学语言。心心相印,息息相通。三年中间,没有人歧视他,也不受骂挨打了。他很少和人来往,过的是黄金岁月;全身心沉浸在数学的海洋里面。真想不到,那么快,他就毕业了。一想到他将要当老师,在讲台上站立,被几十对锐利而机灵,有时难免要恶作剧的眼睛盯视,他禁不住吓得打颤!

他的猜想立刻就得到了证明。他是完全不适合于当老师的。他那么瘦小和病弱,他的学生却都是高大而且健壮的。他最不善于说话,多说几句就嗓子发痛了。他多么羡慕那些循循善诱的好老师。下了课回到房间里,他叫自己笨蛋。辱骂自己比别人的还厉害得多。他一向不会照顾自己,又不注意营养。积忧成疾,发烧到摄氏三十八度。送进医院一检查,他患有肺结核和腹膜结核症。

这一年内,他住医院六次,做了三次手术。当然他没有能够好好的教书。但他并没有放弃了他的专业。中国科学院不久前出版了华罗庚的名著《堆垒素数论》。刚摆上书店的书架,陈景润就买到了。他一头扎进去了。非常深刻的著作,非常之艰难!可是他钻研了它。住进医院,他还偷偷地避开了医生和护士的耳目,研究它。他那时也认为,这样下去,学校没有理由欢迎他。

他想他也许会失业?又有什么办法呢?好在他节衣缩食,一只牙刷也不买。他从来不随便花一分钱,他积蓄了几乎他的全部收入。他横下心来,失业就回家,还继续搞他的数学研究。积蓄这几个钱是他搞数学的保证。这保证他失了业也还能研究数学的几个钱,就是他的生命:他的生命就是数学。至于积蓄一旦用光了,以后呢?他不知道,那时又该怎么办?这也是难题;也是尚未得到解答的猜想。而这个猜想后来也证明是猜对了的。他的病好不了,中学里后来无法续聘他了。

厦门大学校长来到了北京,在教育部开会。那中学的一位领导遇见了他,谈起来,很不满意,提出了一大堆的意见:你们怎么培养了这样的高材生?

王亚南,厦门大学校长,就是马克思的《资本论》的翻译者,听到意见之后,非常吃惊。他一直认为陈景润是他们学校里最好的学生。他不同意他所听到的意见。他认为这是分配学生的工作时,分配不得当。他同意让陈景润回到厦门大学。

听说他可以回厦门大学数学系了,说也奇怪,陈景润的病也就好转了。而王亚南却安排他在厦大图书馆当管理员。又不让管理图书,只让他专心致意地研究数学。王亚南不愧为政治经济学的批判家,他懂得价值论,懂得人的价值。陈景润也没有辜负了老校长的培养。他果然精深地钻研了华罗庚的《堆垒素数论》和大厚本儿的《数论导引》。陈景润都把它们吃透了。他的这种经历却也并不是没有先例的。

当初,我国老一辈的大数学家、大教育家熊庆来,我国现代数学的引进者,在北京的清华大学执教。三十年代之初,有一个在初中毕业以后就失了学,失了学就完全自学的青年人,寄出了一篇代数方程解法的文章,给了熊庆来。熊庆来一看,就看出了这篇文章中的英姿勃发和奇光异彩。他立刻把它的作者,姓华名罗庚的,请进了清华园来。他安排华罗庚在清华数学系当文书,可以一面自学,一面大量地听课。尔后,派遣华罗庚出国,留学英国剑桥。学成回国,已担任在昆明的云南大学校长的熊庆来又介绍他当联大教授。华罗庚后来再次出国,在美国普林斯顿和依利诺的大学教书。中华人民共和国成立以后,华罗庚马上回国来了,他主持了中国科学院数学研究所的工作。

陈景润在厦门大学图书馆中也很快写出了数论方面的专题文章,文章寄给了中国科学院数学研究所。华罗庚一看文章,就看出了文章中的英姿勃发和奇光异彩,也提出了建议,把陈景润选调到数学研究所来当实习研究员。正是:熊庆来慧眼认罗庚,华罗庚睿目识景润。

一九五六年年底,陈景润再次从南方海滨来到了首都北京。

一九五七年夏天,数学大师熊庆来也从国外重返祖国首都。

这时少长咸集,群贤毕至。当时著名的数学家有熊庆来、华罗庚、张宗燧、闵嗣鹤、吴文俊等等许多明星灿灿;还有新起的一代俊彦,陆启铿、万哲生、王元、越民义、吴方等等,如朝霞烂漫;还有后起之秀,陆汝钤、杨乐、张广厚等等已入北京大学求学。在解析数论、代数数论、涵数论、泛涵分析、几何拓扑学等等的学科之中,已是人才济济,又加上了一个陈景润。人人握灵蛇之珠,家家抱荆山之玉。风靡云蒸,阵容齐整。条件具备了,华罗庚作出了部署。侧重于应用数学,但也要向那皇冠上的明珠,哥德巴赫猜想挺进!

五

要懂得哥德巴赫猜想是怎么一回事?只需把早先在小学三年级里就学到的数学再来温习一下。那些１２３４５,个十百千万的数字,叫做正整数。那些可以被２整除的数,叫做偶数。剩下的那些数,叫做奇数。还有一种数,如2,3,5,7,11,13等等,只能被1和它本数,而不能被别的整数整除的,叫做素数。除了1和它本数以外,还能被别的整数整除的,这种数如4,6,8,9,10,12等等就叫做合数。一个整数,如能被一个素数所整除,这个素数就叫做这个整数的素因子。如6,就有2和3两个素因子。如30,就有2,3和5三个素因子。好了,这暂时也就够用了。

一七四二年,哥德巴赫写信给欧拉时,提出了:每个不小于6的偶数都是二个素数之和。例如,6＝3+3。又如,24＝11+13等等。有人对一个一个的偶数都进行了这样的验算,一直验算到了三亿三千万之数,都表明这是对的。但是更大的数目,更大更大的数目呢?猜想起来也该是对的。猜想应当证明。要证明它却很难很难。

整个十八世纪没有人能证明它。

整个十九世纪也没有能证明它。

到了二十世纪的二十年代，问题才开始有了点儿进展。

很早以前，人们就想证明，每一个大偶数是二个"素因子不太多的"数之和。他们想这样子来设置包围圈，想由此来逐步、逐步证明哥德巴赫这个命题一个素数加一个素数（1+1）是正确的。

一九二〇年，挪威数学家布朗，用一种古老的筛法（这是研究数论的一种方法）证明了：每一个大偶数是二个"素因子都不超九个的"数之和。布朗证明了：九个素因子之积加九个素因子之积，（9+9），是正确的。这是用了筛法取得的成果。但这样的包围圈还很大，要逐步缩小之。果然，包围圈逐步地缩小了。

一九二四年，数学家拉德马哈尔证明了（7+7）；一九三二年，数学家爱斯斯尔曼证明了（6+6），一九三八年，数学家布赫斯塔勃证明了（5+5）；一九四〇年，他又证明了（4+4）。一九五六年，数学家维诺格拉多夫证明了（3+3）。一九五八年，我国数学家王元又证明了（2+3）。包围圈越来越小，越接近于（1+1）了。但是，以上所有证明都有一个弱点，就是其中的二个数没有一个是可以肯定为素数的。

早在一九四八年，匈牙利数学家兰恩易另外设置了一个包围圈。开辟了另一战场，想来证明：每个大偶数都是一个素数和一个"素因子都不超过六个的"数之和。他果然证明了（1+6）。

但是，以后又是十年没有进展。

一九六二年，我国数学家、山东大学讲师潘承洞证明了（1+5），前进了一步；同年，王元、潘承洞又证明了（1+4）。一九六五年，布赫斯塔勃、维诺格拉多夫和数学家庞皮艾黎都证明了（1+3）。

一九六六年五月，一颗璀璨的讯号弹升上了数学的天空，陈景润在中国科学院的刊物《科学通报》第十七期上宣布他已经证明了（1+2）。

自从陈景润被选调到数学研究所以来，他的才智的蓓蕾一朵朵地烂熳开放了。在圆内整点问题，球内整点问题，华林问题，三维除数问题等等之上，他都改进了中外数学家的结果。单是这一些成果，他那贡献就已经很大了。

但当他已具备了充分依据，他就以惊人的顽强毅力，来向哥德巴赫猜想挺进了。他废寝忘食,昼夜不舍,潜心思考,探测精蕴,进行了大量的运算。一心一意地搞数学,搞得他发呆了。有一次,自己撞在树上,还问是谁撞了他?他把全部心智和理性统通奉献给这道难题的解题上了,他为此而付出了很高的代价。他的两眼深深凹陷了。他的面颊带上了肺结核的红晕。喉头炎严重,他咳嗽不停。腹胀、腹痛,难以忍受。有时已人事不知了,却还记挂着数字和符号。他跋涉在数学的崎岖山路,吃力地迈动步伐。在抽象思维的高原,他向陡峭的巉岩升登,降下又升登!善意的误会飞入了他的眼帘。无知的嘲讽钻进了他的耳道。他不屑一顾;他未予理睬。他没有时间来分辩;他宁可含垢忍辱。餐霜饮雪,走上去一步就是一步!他气喘不已;汗如雨下。时常感到他支持不下去了。但他还是攀登。用四肢,用指爪。真是艰苦卓绝!多少次上去了摔下来。就是铁鞋,也早该踏破了。人们嘲笑他穿的鞋是破了的;硬是通风透气不会得脚气病的一双鞋子。不知多少次发生了可怕的滑坠!几乎粉身碎骨。他无法统计他失败了多少次。他毫不气馁。他总结失败的教训,把失败接起来,焊上去,作登山用的尼龙绳子和金属梯子。吃一堑,长一智。失败一次,前进一步。失败是成功之母;成功由失败堆垒而成。他越过了雪线,到达雪峰和现代冰川,更感缺氧的严重了。多少次坚冰封山,多少次雪崩掩埋!他就象那些征服珠穆朗玛峰的英雄登山运动员,爬呵,爬呵,爬呵!而恶毒的诽谤,恶意的诬蔑象变天的乌云和九级狂风。然而热情的支持为他拨开云雾;爱护的阳光又温暖了他。他向着目标,不屈不挠;继续前进,继续攀登。战胜了第一台阶的难以登上的峻峭;出现在难上加难的第二台阶绝壁之前。他只知攀登,在千仞深渊之上;他只管攀登,在无限风光之间。一张又一张的运算稿纸,象漫天大雪似的飞舞,铺满了大地。数字、符号、引理、公式、逻辑、推理,积在楼板上,有三尺深。忽然化为膝下群山,雪莲万千。他终于登上了攀登顶峰的必由之路,登上了(1+2)的台阶。

　　他证明了这个命题,写出了厚达二百多页的长篇论文。

　　闵嗣鹤老师给他细心地阅读了论文原稿。检查了又检查,核对了又核对。肯定了,他的证明是正确的,靠得住的。他给陈景润说,去年人家证明(1+3)是用了大型的,高速的电子计算机。而你证明(1+2)

却完全靠你自己运算。难怪论文写得长了。太长了,建议他加以简化。

本文第一段最后一句说到的"文献[10]"就是这时他以简报形式,在《科学通报》上宣布的,但只提到了结果,尚未公布他的证明。他当时正修改他的长篇论文。就是在这个当口,突然陈景润被卷入了政治革命的万丈波澜。滚滚而来的巨浪冲击了一切剥削阶级的思想意识。史无前例的无产阶级"文化大革命",象一颗颗的精神原子弹氢弹的成功试验一样,在神州大地上连续爆炸了。

六

无产阶级"文化大革命"也是政治大革命。狡诈多变的资产阶级不得不负隅顽抗,作垂死的挣扎。人类历史上从来没有过这样伟大的群众运动。整个人类的四分之一,不分男女老少,一齐动员起来。壮丽的大革命,把工、农、兵、劳动群众和知识分子,还有圣徒和魔鬼,一古脑儿卷了进去。检举和被检举,揭发和被揭发,批评和反批评,批判和自我批判。人人触及了灵魂;三千年积污要涤荡。我们的生活朝气蓬勃了;生活中大量的阴暗东西就自行暴露了。渣滓浮上表面了;驱除它们就容易了。我们社会主义社会的主要方面,光明面,毫光四射了;阴暗东西的危害之大,也就越加明显了。

这是进步与倒退,真理与谬论,光明和黑暗的搏斗,无产阶级巨人与资产阶级怪兽的搏斗!中国发生了内战。到处是有组织的激动,有领导的对战,有秩序的混乱。无产阶级的革命就是经常自己批判自己。一次一次的胜利;一次一次的反复。把仿佛已经完成的事情,一次一次的重新来过,把这些事情再做一遍,每一次都有了新的提高。它搜索自己的弱点、缺点和错误,毫不留情。象马克思说过的要让敌人更加强壮起来,自己则再三往后退却,直到无路可退了,才作罗陀斯岛上的跳跃;粉碎了敌人,再在玫瑰园里庆功。只见一个一个的场景,闪来闪去,风驰电掣,惊天动地。一台一台的戏剧,排演出来,喜怒哀乐,淋漓尽致;悲欢离合,动人心肺。一个一个的人物,登上场了。有的折戟沉沙,死有余辜;四大家族,红楼一梦;有的昙花一现,萎谢得好快呵。乃有青松翠柏,虽死犹生,重于泰山,浩气长存!有的是国杰豪英,人杰地灵;干将莫邪,千锤百炼;拂钟无声,削铁如泥。一页一页的历史写出来了,大是大非,终于有了无私的公论。肯定—否定—否定之否定。化妆不经久要剥落;被诬的终究要昭雪。种籽播下去,就有收获的一天。播什么,收什么。

天文地理要审查;物理化学要审查。生物要审查;数学也要审查。陈景润在"文化大革命"中受到了最严峻的考验。老一辈的数学家受到了冲击,连中年和年轻的也跑不了。庄严的科学院被骚扰了;热腾腾的实验室冷清清了。日夜的辩论;剧烈的争吵。行动胜于语言;拳头代替舌头。"文化大革命"象一个筛子。什么都要在这筛子上过滤一下。它用的也是筛法。该筛掉的最后都要筛掉;不该筛掉的怎么也筛不掉。

曾经有人强调了科学工作者要安心工作,钻研学问,迷于专业。陈景润又被认为是这种所谓资产阶级科研路线的"安钻迷"典型。确实他成天钻研学问。不关心政治,是的,但也参加了历次的政治运动。共产党好,国民党坏,这个朴素的道理他非常之分明。数学家的逻辑象钢铁一样坚硬;他的立场站得稳。他没有犯过什么错误。在政治历史上,陈景润一身清白。他白得象一只仙鹤。鹤羽上,污点沾不上去。而鹤顶鲜红;两眼也是鲜红的,这大约是他熬夜熬出来的。他曾下厂劳动,也曾用数学来为生产服务,尽管他是从事于数论这一基础理论科学的。但不关心政治,最后政治要来关心他。并且,要狠狠的批评了。批评得轻了,不足以触动他。只有触动了他,才能使他今后注意路线关心政治。批评不怕过分,矫枉必须过正。但是,能不能一推就把他推过敌我界线?能不能将他推进"专政队"里去?尽量摆脱外界的干扰,以专心搞科研又有何罪?

善意的误会,是容易纠正的。无知的嘲讽,也可以谅解的。批判一个数学家,多少总应该知道一些数学的特点。否则,说出了糊涂话来自己还不知道。陈景润被批判了。他被帽子工厂看中了:修正主义苗子,安钻迷,白专道路典型,白痴,寄生虫,剥削者。就有这样的糊涂话:这个人,研究(1+2)的问题。他搞的是一套人们莫名其妙的数学。让哥德巴赫猜想见鬼去吧!(1+2)有什么了不起!1+2不等于3吗?此人混进数学研究所,领了国家的工资,吃了人民的小米,研究什么 1+2＝3,什么玩艺儿?! 伪科学!

说这话的人才象白痴呢。

并不懂得数学的人说出这样的话,那是可以理解的,可是说这些话的人中间,有的明明是懂得数学,而且是知道哥德巴赫猜想这道世界名题的。那么,这就是恶意的诽谤了。权力使人昏迷了;派性叫人发狂了。

理解一个人是很难的。理解一个数学家也不容易。至于理解一个恶意的诽谤者却很容易,并不困难。只是陈景润发病了,他病重了。钢铁工厂也来光顾了。陈景润听着那些厌恶与侮辱他的,唾沫横飞的,听不清楚的言语。他茫然直视。他两眼发黑,看不到什么了。他象发寒热一样颤抖。一阵阵刺痛的怀疑在他脑中旋转。血痕印上他惨白的面颊。一块青一块黑,一种猝发的疾病临到他的身上。他眩晕,他休克,一个倒栽葱,从上空摔到地上。"资产阶级认为最革命的事件,实际上却是最反革命的事件。果实落到了资产阶级脚下,但它不是从生命树上落下来,而是从知善恶树上落下来的。"(马克思:《雾月十八日》——二)

七

台风的中心是安静的。

过了一段时间,不知是多少天多少月?"专政队"的生活反倒平静无事了。而旋卷在台风里面的人却焦灼着、奔忙着、谋划着、叫嚷着、战斗着,不吃不睡,狂热地保护自己的派性,疯狂地攻击对方的派性。他们忙着打派仗,竟没有时间来顾及他们的那些"专政"对象。这时有一个老红军,主动出来担当了看守他们的任务。实际是一个热情的支持者,他保护了科学家们,还允许他偷偷地看书。

待到工人宣传队进驻科学院各所以后,陈景润被释放了,可以回到他自己的小房间里去住了。不但可以读书,也可以运算了。但是总有一些人不肯放过了他。每天,他们来敲敲门,来查查户口,弄得他心惊肉跳,不得安身。有一次,带来了克丝钳子;存心不让他看书,把他房间里的电灯铰了下来,拿走了。还不够,把开关拉线也剪断了。

于是黑暗降临他的心房。

但是他还得在黑暗中活下去呵,他买了一只煤油灯。又深怕煤油灯光外露,就在窗子上糊了报纸。他挣扎着生活,简直不成样子。对搞工作的,扣他们工资;搞打砸抢的,反而有补贴。过了这样久心惊肉跳的生活,动辄得咎,他的神经极度衰弱了。工作不能做,书又不敢读。工宣队来问:为什么要搞 1+1=2 以及 1+2=3 呢?他哭笑不得,张皇失措了。他语无伦次,不知道怎样对师傅们解说才能解释清楚。工人同志觉得这个人奇怪。但是他还是给他们解释清楚了。这(1+1)(1+2)只是一个通俗化的说法,并不是日常所说的 1+1 和 1+2。好象我们说一个人是纸老虎,并不就是老虎了。弄清楚了之后,工人师傅也生气地说:那些人为什么要胡说?他们也热情支持他,并保护他了。

"九一三"事件之后,大野心家已经演完了他的角色,下场遗臭万年去了。陈景润听到这个传达之后,吃惊得说不出话来。这时,情况渐渐地好转。可是他却越加成了惊弓之鸟。激烈的阶级斗争使他无所适从。唯一的心灵安慰从来就是数学。他只好到数论的大高原上去隐居起来。现在也允许他这样做,继续向数学求爱了。图书馆的研究员出身的管理员也是他的热情支持者。事实证明,热情的支持者,人数众多。他们对他好,保护他。他被藏在一个小书库的深深的角落里看书。由于这些研究员的坚持,数学研究所继续订购世界各国的文献资料。这样几年,也没有中断过;这是有功劳的。他阅读,他演算,他思考。情绪逐步地振作起来。但是健康状况却越加严重了。他从不说;他也不顾。他又投身于工作。白天在图书馆的小书库一角,夜晚在煤油灯底下,他又在攀登,攀登,攀登了,他要找寻一条一步也不错的最近的登山之途,又是最好走的路程。

敬爱的周总理,一直关心着科学院的工作,腾出手来排除帮派的干扰。半个月之前,有一位周大姐被任命为数学研究所的政治部主任。由解析数论,代数数论等学科组成的五学科室恢复了上下班的制度。还任命了支部书记,是个工农出身的基层老干部,当过第二野战军政治部的政治干事。

到职以后,书记就到处找陈景润。周大姐已经把她所了解的情况告诉了他。但他找不到陈景润。他不在办公室里,办公室里还没有他的办公桌。他已经被人忘记掉了。可是他们会了面,会面在图书馆小书库的一个安静的角上。

刚过国庆,十月的阳光普照。书记还只穿一件衬衣,衰弱的陈景润已经穿上棉袄。

"李书记,谢谢你,"陈景润说,他见人就谢。"很高兴,"他说了一连串的很高兴。他一见面就感到李书记可亲。"很高兴,李书记,我很高兴,李书记,很高兴。"

李书记问他,"下班以后,下午五点半好不好?我到你屋去看看你。"

陈景润想了一想就答应了,"好,那好,那我下午就在楼门口等你,要不你会找不到的。"

"不,你不要等我,"李书记说。"怎么会找不到呢?找得到的。完全用不到等的。"

但是陈景润固执地说,"我要等你,我在宿舍大楼门口等你。不然你找不到。你找不到我就不好了。"

果然下午他是在宿舍大楼门口等着的。他把李书记等到了,带着他上了三楼,请进了一个小房间。小小房间,只有六平方米大小。这房间还缺了一只角。原来下面二楼是个锅炉房。长方形的大烟囱从他的三楼房间中通过,切去了房间的六分之一。房间是刀把形的。显然它的主人刚刚打扫过清理过这间房了。但还是不太整洁。窗子三槅,糊了报纸,糊得很严实。尽管秋天的阳光非常明丽,屋内光线暗淡得很。纱窗之上,是羊尾巴似的卷起来的窗纱。窗上缠着绳子,关不严。虫子可以飞出飞进。李书记没有想到他住处这样不好。他坐到床上,说:"你床上还挺干净!"

"新买了床单。刚买来的床单",陈景润说。"你要来看看我。我特地去买了床单,"指着光亮雪白的蓝格子花纹的床单。"谢谢你,李书记,我很高兴,很久很久了,没有人来看望……看望过我了。"他说,声音颤抖起来。这里面带着泪音。霎时间李书记感到他被这声音震撼起来。满腔怒火燃烧。这个党的工作者从来没有这样激动过。不象话；太不象话了！这房间里还没有桌子。六平方米的小屋，竟然空如旷野。一捆捆的稿纸从屋角两只麻袋中探头探脑地露出脸来。只有四叶暖气片的暖气上放着一只饭盒。一堆药瓶，两只暖瓶。连一只矮凳子也没有。怎么还有一只煤油灯？他发现了，原来房间里没有电灯。"怎么？"他问，"没有电灯？"

"不要灯，"他回答，"要灯不好。要灯麻烦。这栋大楼里，用电炉的人家很多，电线负荷太重，常常要检查线路，一家家的都要查到。但是他们从来不查我。我没有灯，也没有电线。要灯不好，要灯添麻烦了，"说着他凄然一笑。

"可是你要做工作。没有灯，你怎么做工作？说是你工作得很好。"

"哪里哪里。我就在煤油灯下工作；那，一样工作。"

"桌子呢？你怎么没有桌子？"

陈景润随手把新床单连同褥子一起翻了起来，露出了床板，指着说，"这不是？这样也就可以工作了。"

李书记皱起了眉头，咬牙切齿了。他心中想着："唔，竟有这样的事！在中关村，在科学院呢。糟蹋人呵，糟蹋科学！被糟蹋成了这个状态。"一边这样想，一边又指着羊尾巴似的窗纱问道，"你不用蚊帐？不怕蚊虫咬？"

"晚上不开灯，蚊子不会进来。夏天我尽量不在房间里耽着。现在蚊子少了。"

"给你灯。"李书记加重了语气说，"接上线，再给你桌子，书架，好不好？"

"不好不好，不要不要，那不好，我不要，不……不……"

李书记回到机关。他找到了比他自己早到了才一个星期的办公室老张主任。主任听他说话后，认为这一切不可能，"瞎说！怎么会没有灯呢？"李书记给他描绘了小房间的寂寞风光。那些身上长刺头上长角的人把科学院搅得这样！立刻找来了电工。电工马上去装灯。灯装上了,开关线也接上了。一拉,灯亮了。陈景润已经俯伏在一张桌子之上,写起来了。

光明回到陈景润的心房。

八

〔他写着,写着〕 ....
由(22)式及上式,当 X 很大时,有
$$M_1 \leq (8+24_\varepsilon)C_x(\log x)^{-1}\sum\left(\frac{\Lambda(n)}{\log\frac{x}{p_1p_2}}\right)\Phi\left(\frac{x}{p_1p_2n}\right)。$$

$$x^{\frac{1}{10}}<p_1\leq x^{\frac{1}{3}}<p_2\leq\left(\frac{x}{p_1}\right)^{\frac{1}{2}} n\leq\frac{x}{p_1p_2}$$

由引理 1,本引理得证。

引理 8. 设 X 是大偶数,则有
$$\Omega\leq\frac{3.9404x\ C_x}{(\log x)^2}。$$

〔引理 8 的一句话,读作"设 X 是一个大偶数,则有奥米茄小于或等于 3 点 9404xC_x,除以括弧中的罗格 X 的平方!"请注意,这一公式是解决哥德巴赫猜想的(1+2)证明的主要关键。〕

证。当 X 很大时,由引理 5 到引理 7,我们有
$$\Omega\leq\left\{\frac{8(1+5_\varepsilon)x\ C_x}{\log x}\right\}$$

$$\left\{\sum_{x^{\frac{1}{10}}<p_1\leq x^{\frac{1}{3}}<p_2\leq\left(\frac{x}{p_1}\right)^{\frac{1}{2}}}\frac{1}{p_1p_2\log\frac{x}{p_1p_2}}\right\}, \quad (23)$$

又有:
$$\sum_{x^{\frac{1}{10}}<p_1\leq x^{\frac{1}{3}}<p_2\leq\left(\frac{x}{p_1}\right)^{\frac{1}{2}}}\frac{1}{p_1p_2\log\frac{x}{p_1p_2}}$$

$$\leq (1+\varepsilon) \sum_{\frac{1}{x^{10}} < p_1 \leq x^{\frac{1}{3}}} \int_{x^{\frac{1}{3}}}^{\left(\frac{x}{p_1}\right)^{\frac{1}{2}}} \frac{dt}{p_1 t (\log t) \log \frac{x}{p_1 t}}$$

……

何等动人的一页又一页篇页！这些是人类思维的花朵。这些是空谷幽兰、高寒杜鹃、老林中的人参、冰山上的雪莲、绝顶上的灵芝、抽象思维的牡丹。这些数学的公式也是一种世界语言。学会这种语言就懂得它了。这里面贯穿着最严密的逻辑和自然辩证法。它是在探索太阳系、银河系、河外系和宇宙的秘密，原子、电子、粒子、层子的奥妙中产生的。但是能升登到这样高深的数学领域去的人，一般地说，并不很多。

且让我们这样稍稍窥视一下彼岸彼土。那里似有美丽多姿的白鹤在飞翔舞蹈。你看那玉羽雪白，雪白得不沾一点尘土；而鹤顶鲜红，而且鹤眼也是鲜红的。它踯躅徘徊，一飞千里。还有乐园鸟飞翔，有鸾凤和鸣，姣妙、娟丽，变态无穷。在深邃的数学领域里，既散魂而荡目，迷不知其所之。

闵嗣鹤老师却能够品味它，欣赏它，观察它的崇高瑰丽。他当时说过，"陈景润的工作，最近好极了。他已经把哥德巴赫猜想的那篇论文写出来了。我已经看到了，写得极好。"

"你的论文写出了，"一位军代表问陈景润，"为什么不拿出来？"陈景润回答他："正做正做，没有做完。"军代表说，"希望你早日完成。"

室里的领导老田对李书记说，"可以动员动员他，让他拿出来。但也不急。他不拿出来，自然有他的道理的。"

李书记问了问他，陈景润说，"有人还在骂我，说我不交论文是因为现在没有稿费了。说是恢复了稿费我就会交了。"李书记追了他一句，"谁这样说你？"他回答，"你不要问了。谢谢你，你可别去问呵！问了我更麻烦了。没有稿费，谢天谢地。我不要稿费。我压根儿也没有想到它。那个稿子我还在做。我确实没有做完。"

九

"我确实还没有做完。我的论文是做完了,又是没有做完的。自从我到数学研究所以来,在严师、名家和组织的培养、教育、熏陶下,我是一个劲儿钻研。怎么还能干别的事?不这样怎么对得起党?在世界数学的数论方面三十多道难题中,我攻下了六七道难题,推进了它们的解决。这是我的必不可少的锻炼和必不可少的准备。然后我才能向哥德巴赫猜想挺进。为此,我已经耗尽了我的心血。

"一九六五年,我初步达到了(1+2)。但是我的解答太复杂了,写了两百多页的稿子。数学论文的要求是(一)正确性,(二)简洁性。譬如从北京城里走到颐和园那样,可有许多条路,要选择一条最准确无错误,又最短最好的道路。我那个长篇论文是没有错误,但走了远路,绕了点儿道,长达两百多页,也还没有发表。国外没有承认它,也没有否认它,因为它没有发表。从那年到今天已经过去了七年。

"这个事是比较困难的,也是难于被人理解的。从学习外语来说,我是在中学里就学了英语,在大学里学的俄语;在所里又自学了德语和法语。我勉强可以阅读而且写写了。又自学了日语,意大利语和西班牙语,到了勉强可以阅读外国资料和文献的程度。因而在借鉴国外的经验和成就时,可以从原文阅读,用不到等人翻译出来了再读。这是必不可少的一个条件。我必须检阅外国资料的尽可能的全部总和,消化前人智慧的尽可能不缺的全部的果实。而后我才能在这样的基础上解答(1+2)这样的命题。

"我的成果又必须表现在这样的一篇论文中,虽然是专业性质的论文,文字是比较简单的;尽管是相对地严密的,又必须是绝对地精确的。若干地方就是属于哲学领域的了。所以我考虑了又考虑,计算了又计算,核对了又核对,改了又改,改个没完。我不记得我究竟改了多少遍?科学的态度应当是最严格的,必须是最严格的。

"我知道我的病早已严重起来。我是病入膏肓了。细菌在吞噬我的肺腑内脏。我的心力已到了衰竭的地步。我的身体确实是支持不了啦!唯独我的脑细胞是异常的活跃,所以我的工作停不下来。我不能停止。……"

十

一九七三年二月,春节来临。

早一天,数学研究所的周大姐说,佳节前后,要特别关心一下病号。她说:"那些老八路的作风,那些过去部队里形成的作风,我们千万不能丢掉了。尤其象陈景润那样的同志,要关心他,他很顽强。他病得起不来了,但又没有起不来的时候。在任何情况下挣扎起来,他坚持工作。他为什么?他为谁?为他自己吗?为他自己,早就不干了。不是,他是为人民,为党工作。我们要去慰问他。也要慰问单位里所有的病人。"

其实,外表看来魁梧,说话声音洪亮的周大姐自己也是一个力疾从公,患有心脏病,应当受到慰问的人。

大年初一早晨,周大姐和几个书记,包括李书记,一行数人,把头天买好了的苹果、梨子装进一些塑料网线袋子。若干袋子大家分头提了,然后举步出发,慰问病人。他们先到陈景润那里。他住得最近。

陈景润正从楼梯上走下来。大家招呼他。他很惊讶,来了这许多的领导同志。周大姐说,"过春节,我们看你来了,你的病好点了吧。"李书记也说,"新年好,给你贺新年。"陈景润说,"噢,今天是新年了呵?我很高兴,谢谢你们,谢谢你们。新年好,你们好。"李书记说,"到你屋里去坐坐吧。""不,不行,"陈景润说,"你没有先给我打招呼,不能进去。"周大姐沉吟了一下,说"好吧,我们就不去了。李书记,你给他送水果上楼吧。我们还上别家去,你回头再赶上我们好了。"李书记说,"好。"周大姐和陈景润握手,并祝他早日恢复健康,然后转过身走了。李书记把水果袋递给陈景润说:"春节了。这是组织上送给你的。希望你在新的一年里,多给党做点工作。""不要水果,不要水果。"陈景润推却了,"我很好,我没有病,没有什么……这点点病,呃……呃,谢谢你,我很高兴。"说着说着他收下了水果。李书记说,"上你屋聊聊?"他又张手拦住,"不,不要进屋了,你没有给我打招呼。"

李书记说,"那好,我不上去了。你有什么事,随时告诉我。我也得去追上他们,到别家去看望看望。"于是握手作别,他返身走。刚走两步,后面又叫,"李书记,李书记!"陈景润又追过来,把水果袋子给了李书记,并说,"给你家的小孩吃吧。我吃不了这多。我是不吃水果的。"李书记说,"这是组织上给你的,不过表示表示,一点点的心意罢了。要你好好保养身体,可以更好地工作。你收下吧,吃不下,你慢慢的吃吧。"

他默然收下了。他噙着泪送李书记到大楼门口。李书记扬手走了,赶上了周大姐他们的行列。陈景润望着李书记的背影,凝望着周大姐一行人的背影模糊地消失在中关村路林荫道旁的切面铺子后面了。突然间,他激动万分。他回上楼,见人就讲,并且没有人他也讲。"从来所领导没有把我当作病号对待,这是头一次;从来没有人带了东西来看望我的病,这是头一次。"他举起了塑料袋,端详它,说,"这是水果,我吃到了水果,这是头一次。"

他飞快地进了小屋。一下子把自己反锁在里面了。

他没有再出来。直到春节过去了。有一天上班,陈景润把一迭手稿交给了李书记,说:

"这是我的论文。我把它交给党。"

李书记看看他,又轻声问他:"是那个(1+2)?"

"是的,闵老师已看过,不会有错误的,"陈景润说。

数学研究所立即组织了一次小型的学术报告会。十几位专家,听了陈景润的报告,一致给以高度评价。然后,数学研究所业务处将他的论文上报院部。

十一

显见,我们有

$$P_x(1,2) \geq P_x(x, x^{\frac{1}{10}})$$

$$-\left(\frac{1}{2}\right) \sum_{x^{\frac{1}{10}} < p_1 \leq x^{\frac{1}{3}}} P_x(x, p, x^{\frac{1}{10}}) - \frac{\Omega}{2} - x^{0.91}. \tag{28}$$

由(28)式、引理8和引理9,即得到定理1

$$P_x(1,2) \geq \frac{0.67x\, C_x}{(\log x)^2}$$

的证明。

完全类似的方法可得到定理2的证明。

以上就是陈景润的著名论文:《大偶数表为一个素数及一个不超过二个素数的乘积之和》的"(三)结果"。作为结果的定理就是那个"陈氏定理"。

四月中的一天,中国科学院在三里河工人俱乐部召开全院党员干部大会。武衡同志在会上作报告。他说到数学研究所一位中级的研究员作出了世界水平的重大成果。当时没说人名,听到了,还不知说谁?李书记在座中,捅了一下旁边的人。"干什么?"那说。他问,"你听到没有?""怎么啦?"那人又说。"这活儿是陈景润做出来的呵!""噢?还这么重要?"那人说。"这是世界名题。真不简单!"

第二天,新华社记者来访。他见到了陈景润,谈了话,进他房间看了看。回去就写出一篇报道,立即在内部刊物上发表。其中,说到了陈景润的经历;他刻苦钻研的精神;重大的科研成果以及他现在还住在一间烟熏火烤的小房间里。生活条件很差!疾病严重!!生命垂危!!!

伟大领袖和导师毛主席看到了这篇报道,立即作出了指示。

当天深夜,武衡同志走进了陈景润的小房间。

他立即被送进医院,由首都医院内科主任和卫生部一位副部长给他作了全面的身体检查。他患有多种疾病。他们要他立即住院疗养,他不肯。于是,向他传达了毛主席的指示。

他一共住院一年半。

在住院期间,敬爱的周总理曾亲自安排了陈景润的全国人民代表席位。在第四届全国人民代表大会上,陈景润见到了周总理,并和总理在一个小组里开会。人代会期间,当他得知总理的病时,当场哭了起来,几夜睡不着觉。大会后,他仍回医院治疗。

当他出院的时候，医院的诊断书上写着：

"经住院治疗后，一般情况较好。精神改善；体温正常。体重增加十斤；饮食睡眠好转。腹痛腹胀消失；两肺未见活动性病灶。心电图正常；脑电图正常。肝肾功能正常；血沉及血象正常。"

关于他的工作和健康，中央领导同志也非常关怀，并亲自作过几次批示。

早在他的论文发表时，西方记者迅即获悉，电讯传遍全球。国际上的反响非常强烈。英国数学家哈勃斯丹和西德数学家李希特的著作《筛法》正在印刷所校印。他们见到了陈景润的论文立即要求暂不付印，并在这部书里加添了一章，第十一章："陈氏定理"。他们誉之为筛法的"光辉的顶点"，在国外的数学出版物上，诸如"杰出的成就"、"辉煌的定理"，等等，不胜枚举。一个英国数学家给他的信里还说，"你移动了群山！"

真是愚公一般的精神呵！

或问：这个陈氏定理有什么用处呢？它在哪些范围内有用呢？

大凡科学成就有这样两种：一种是经济价值明显，可以用多少万，多少亿人民币来精确地计算出价值来的，叫做"有价之宝"；另一种成就是在宏观世界、微观世界、宇宙天体、基本粒子、经济建设、国防科研、自然科学、辩证唯物主义哲学等等等等之中有这种那种作用，其经济价值无从估计，无法估计，没有数字可能计算的，叫做"无价之宝"，例如，这个陈氏定理就是。

现在，离开皇冠上的明珠，只有一步之遥了。

但这是最难的一步。且看明珠归于谁之手吧！

十二

陈景润曾经是一个传奇式的人物。关于他，传说纷纭，莫衷一是。有善意的误解、无知的嘲讽、恶意的诽谤、热情的支持，都可以使得这个人扭曲、变形、砸烂或扩张放大。理解人不容易；理解这个数学家更难。他特殊敏感、过于早熟、极为神经质、思想高度集中。外来和自我的肉体与精神的折磨和迫害使得他试图逃出于世界之外。他相当成功地逃避在纯数学之中,但还是藏匿不了。纯数学毕竟是非常现实的材料的反映。"这些材料以极度抽象的形式出现,这只能在表面上掩盖它起源于外部世界的事实。"(恩格斯)陈景润通过数学的道路,认识了客观世界的必然规律。他在诚实的数学探索中,逐步地接受了辩证唯物论的世界观。没有一定的世界观转变,没有科学院这样的集体和党的关怀,他不可能对哥德巴赫猜想作出这辉煌贡献。正是无产阶级文化大革命不可抗拒地促使他突变。被冷酷地逐出世界的人,被热烈的生命召唤了回来。帮派体系打击迫害,更显出党的恩惠温暖。冲击对于他好象是坏事;也是好事,他得到了锻炼而成长了。没有无产阶级文化大革命,他不可能写得如此成熟而简洁。病人恢复了健康。畸零人成了正常人。正直的人已成为政治的人。多余的人,为国增了光。他进步显著,他坚定抗击了"四人帮"对他的威胁与利诱。无所不用其极地威胁他诬陷邓副主席,他不屈!许以高官厚禄,利诱他向人妖效忠,他不动!真正不简单!数学家的逻辑象钢铁一样坚硬!今后,可以信得过,他不会放松了自己世界观的继续改造。他生下来的时候,并没有玫瑰花,他反而取得成绩。而现在呢?应有所警惕了呢,当美丽的玫瑰花朵微笑时。

1977年9月于中关村

(选自《哥德巴赫猜想》,人民文学出版社1978年版)

一曲献给科学家的赞歌

——《哥德巴赫猜想》评析

李逸涛

报告文学《哥德巴赫猜想》是一曲献给一代科学家的赞歌,最初发表于1978年第1期《人民文学》,后收入报告文学集《哥德巴赫猜想》。当时,"文化大革命"刚刚结束,文学领域中的种种禁锢尚未解除,文学创作正处在艰难的徘徊时期。但徐迟却敢于将笔触伸向不曾为人涉足并一度被歧视的科学界,以饱满的热情和娴熟的艺术功力,在《哥德巴赫猜想》中叙写了青年数学家陈景润为摘取数学"皇冠上的明珠"而献身的动人事迹,较早注意到知识分子在四化建设中的重要作用,不仅充分表现了作家的社会责任感和卓绝胆识,而且给新时期文学创作带来开拓性的突破。作品发表后,《人民日报》等报刊纷纷转载,引起强烈的社会反响;它像一株报春花,在乍暖还寒的季节里,迎风开放,带来了春天的信息,激起人们向四个现代化进军的信心和勇气。

《哥德巴赫猜想》属于人物报告文学时,其主要成就在于真实生动地塑造了一代数学家陈景润的形象。写作这篇报告文学时,社会上流传着对陈景润的种种误解甚至是诽谤的传闻,什么"怪人","白专道路"的典型等等,陈景润究竟是怎样的人?怎样写陈景润这个人?作者说:"经过构思,我想集中写他攀登。因为他的过程,就是一个攀登的过程,所以来龙去脉,集中点还是在攀登上。"[1]按照这一构思,作品把陈景润的过去和现在聚结起来,以线性发展结构全篇,逐步揭示出他的思想性格、精神风貌和攻克"猜想"这一世界性难题的曲折历程。

---

[1] 徐迟:《关于报告文学问题》,《文艺和现代化》,第68页,四川人民出版社1981年版。

写陈景润自然要介绍他的科学成就。作品第一节别开生面地引用了陈景润的科学论文的片断,目的是以此为背景,引起读者对科学的神往和对陈景润的注意。接下去三节写陈景润的身世、家庭环境和自身际遇中所形成的孤僻、自卑、克己的内向性格,写他所受的教育、社会的影响以及因此而产生的对数学的浓厚兴趣与萌发攻克"猜想"的决心。作者把人物置于变化发展的时代背景和典型环境中,精心选取最能表现陈景润性格的事件并进行了概括的描绘。在家庭中,陈景润生下来就是"多余的人",上中学时受歧视,是"畸零人",大学毕业后教中学,是个不受欢迎的人。然而,就是在这样的人生旅途中,他爱上了数学,并把数学当成"唯一的乐趣"。知识渊博的沈元老师为他打开了通往"猜想"的路;数学大师熊庆来、华罗庚和教育家王亚南以伯乐的眼力发现了他,为他摘取那颗"皇冠上的明珠"创造了必要的环境和条件。从第五节至第十一节,作者集中笔力,详尽地描写了陈景润在数学王国里艰苦探索、踽踽而行的奋斗历程,淋漓尽致地表现出他为祖国的科学发展坚韧顽强、殚精竭虑的献身精神与美好品格。在不足6平方米的斗室里,他"废寝忘食,昼夜不舍,潜心思考,探测精蕴,进行了大量的运算"。为此,他两眼深陷,喉头发炎,腹部胀痛,有时人事不知了,却还记挂着数字和符号。他就像那征服珠穆朗玛峰的英雄登山运动员,"只知攀登","只管攀登","一张又一张的运算稿纸,像漫天大雪似的飞舞,铺满了大地。数字、符号、引理、公式、逻辑、推理,积在楼板上,有三尺深。"在"文化大革命"中,他被扣上"修正主义苗子"、"安钻迷"、"白专道路典型"、"寄生虫"、"剥削者"等一系列帽子,受到批判,但他挣扎着前行,拖着病体,在煤油灯下继续向数学的高峰攀登。他深知科学的态度是最严格的,当他在艰苦的条件下做完论文,"考虑了又考虑,计算了又计算,核对了又核对,改了又改,改个没完",终于向党和人民交出了一份合格的、无法估量其价值的答卷。雄辩而逻辑严密的事实叙述和富有艺术感染力的描绘,层层揭开了陈景润这个"怪人"的奥秘。在作品的最后一节,作者对他进行了精采而概括的评价。陈景润不是追逐名利的"白专道路典型",而是一个只知付出、不讲索取的"完全忘记了他自己的人",一个"露出一种晨光熹微的理性的美,智慧的美,闪耀着他那为我国科学技术现代化的理想而献身的、内在的美"①的人。

徐迟塑造陈景润形象,主要是遵循报告文学的真实性原则,紧紧围绕陈景润攻克"猜想"的过程,选取最为典型的事件、场景,写出人物的独特道路、独特性格和可贵精神。与此同时,他还十分重视细节对描写人物的作用,注意捕捉生动、典型的细节,加以细腻、充分的描绘。作品中陈景润专心思索,自己撞到树上还问是谁撞了他的细节,别人穿衬衣他却穿棉袄的细节,以及电灯的细节等,虽都寥寥几笔,但对刻画人物性格、揭示人物心理有着重要作用。作者用大段笔墨描写的李书记给陈景润送水果的细节尤为动人。陈景润开始是"推却",说:"不要水果,不要水果,""我很好,我没有病,没有什么……这点点病,呃……呃,谢谢你,我很高兴。"说着说着收下了水果。李书记同他握手告别,刚走两步,他又叫住李书记,说:"给你家孩子吃吧。我吃不了这多。我是不吃水果的。"待到李书记再次解释说"这是组织上给你的"时,他才收下:

> 他默然收下了。他噙着泪送李书记到大楼门口。李书记扬手走了,赶上了周大姐他们的行列。陈景润望着李书记的背影,凝望着周大姐一行人的背影模糊地消失在中关村路林荫道旁的切面铺子后面了。突然间,他激动万分。他回上楼,见人就讲,并且没有人他也讲。"从来所领导没有把我当作病号对待,这是头一次;从来没有人带了东西来看望我的病,这是头一次。"他举起了塑料袋,端详它,说,"这是水果,我吃了水果,这是头一次。"
>
> 他飞快地进了小屋。一下子把自己反锁在里面了。
>
> 他没有再出来。直到春节过去了。头一天上班,陈景润把一叠手稿交给了李书记,说:
>
> "这是我的论文。我把它交给党。"

---

① 徐迟:《写了〈猜想〉之后》,《文艺和现代化》,第81页,四川人民出版社1981年版。

这一细节描写采用了小说技法,重在人物行动与语言的描写。陈景润收、退、再收水果,"见人就讲"和举起塑料袋"端详","望着"李书记的背景及"飞快地"进了小屋等动作,把他对党的感激之情,把他的质朴、纯真的性格,表现得淋漓尽致;他的语言简短、重复,也反映出他难以抑制的激动与不善言辞的性格。

　　作者是诗人,他以诗人的气质、诗人的激情写作《哥德巴赫猜想》。他充分发挥诗的联想和想象力,将科学与艺术相统一,诗情与哲理相结合,叙事、状物、抒情、议论无不饱含诗情画意,整篇作品就是一部绝妙的诗章。作者把向科学进军的陈景润比作登山运动员。"他跋涉在数学的崎岖山路,吃力地迈动步伐。在抽象思维的高原,他向陡峭的巉岩升登,降下又升登。""餐霜饮雪,走上去一步就是一步!他气喘不已;汗如雨下。时常感到他支持不下去了。但他还是攀登。用四肢,用指爪。""他无法统计他失败了多少次。他毫不气馁。他总结失败的教训,把失败接起来,焊上去,作登山用的尼龙绳子和金属梯子。""他越过了雪线,到达雪峰和现代冰川……多少次坚冰封山,多少次雪崩掩埋……终于登上了攀登顶峰的必由之路,登上了(1+2)的台阶。"形象的比喻,丰富的联想,巧妙而自然地化抽象为艺术图画,具体而生动地写出了陈景润向"猜想"挺进的艰苦历程和战斗风貌。将枯燥难懂的数学定理、公式与演算引入文学作品,是作者的一大创造,再配以形象的描绘,更令人神往。作者用"空谷幽兰"、"高寒杜鹃"、"老林中的人参"、"冰山上的雪莲"、"绝顶上的灵芝"、"抽象思维的牡丹"等一系列色香兼有,可闻可感的东西来比喻"陈氏定理",把人们带进了一个神秘有趣的数学王国。如此巧譬妙喻,使作品大为增色,具有诱人的艺术魅力。

　　作者还常常运用形象化的议论表达自己的看法和见解,给作品融入哲理与政论色彩。其中最为人称道的是对"文化大革命"的评述:

　　　　只见一个一个的场景,闪来闪去,风驰电掣,惊天动地。一台一台的戏剧,排演出来,喜怒哀乐,淋漓尽致;悲欢离合,动人心肺。一个一个的人物,登上场了。有的折戟沉沙,死有余辜;四大家族,红楼一梦;有的昙花一现,萎谢得好快呵。乃有青松翠柏,虽死犹生,重于泰山,浩气长存!有的是国杰豪英,人杰地灵;干将莫邪,千锤百炼,拂钟无声,削铁如泥,一页一页的历史写出来了,大是大非,终于有了无私的公论。肯定—否定—否定之否定。化妆不经久要剥落;被诬的终究要昭雪。种籽播下去,就有收获的一天。播什么,收什么。

作者对"文化大革命"的概括,对真理必将战胜谬误的历史规律的总结,摒弃了枯燥叙述和抽象议论,而代之以形象的比喻,诗化的语言,字里行间闪烁着诗情与哲理的光彩,读之既受启迪,又获艺术享受。

再如结尾处的议论:"他生下来的时候,并没有玫瑰花,他反而取得成绩。而现在呢?应有所警惕了呢,当美丽的玫瑰花朵微笑时。"借助"美丽的玫瑰花"这一形象表达作者希望成名后的陈景润要正确对待荣誉、地位,生动、亲切,发人深思。

《哥德巴赫猜想》体现出作者一贯的语言风格:质朴而又华美、富丽、典雅。他博采古代、外国的文学语言和群众语言之精华,而更多地是吸收了中国古代散文、骈文、辞赋的营养,注意遣词造句,锤炼推敲,整部作品佳句联翩,文采飞扬。如"人人握灵蛇之珠,家家抱荆山之玉。风靡云蒸,阵容整齐","既散魂而荡目,迷不知其所之","他只知攀登,在千仞深渊之上;他只管攀登,在无限风光之间",等等,对偶排比,美妙多姿,铿锵合鸣,琅琅上口,具有对称、音乐之美。《哥德巴赫猜想》是诗化的报告文学,是当代不可多得的美文。

复习思考题

1. 为什么说《哥德巴赫猜想》是诗化的报告文学?
2. 从《哥德巴赫猜想》看徐迟在人物报告文学创作方面提供的经验。

怀念萧珊

巴 金

一

今天是萧珊逝世的六周年纪念日。六年前的光景还非常鲜明地出现在我的眼前。那一天我从火葬场回到家中,一切都是乱糟糟的,过了两三天我渐渐地安静下来了,一个人坐在书桌前,想写一篇纪念她的文章。在五十年前我就有了这样一种习惯:有感情无处倾吐时,我经常求助于纸笔。可是一九七二年八月里那几天,我每天坐三四个小时望着面前摊开的稿纸,却写不出一句话。我痛苦地想,难道给关了几年的"牛棚",真的就变成"牛"了?头上仿佛压了一块大石头,思想好象冻结了一样。我索性放下笔,什么也不写了。

六年过去了。林彪、"四人帮"及其爪牙们的确把我搞得很"狼狈",但我还是活下来了,而且偏偏活得比较健康,脑子也并不糊涂,有时还可以写一两篇文章。最近我经常去火葬场,参加老朋友们的骨灰安放仪式。在大厅里,我想起许多事情。同样地奏着哀乐,我的思想却从挤满了人的大厅转到只有二、三十个人的中厅里去了,我们正在用哭声向萧珊的遗体告别。我记起了《家》里面觉新说过的一句话:"好象珏死了,也是一个不祥的鬼。"四十七年前我写这句话的时候,怎么想得到我是在写自己!我没有流眼泪,可是我觉得有无数锋利的指甲在搔我的心。我站在死者遗体旁边,望着那张惨白色的脸、那两片咽下了千言万语的嘴唇,我咬紧牙齿,在心里唤着死者的名字。我想,我比她大十三岁,为什么不让我先死?我想,这是多么不公平!她究竟犯了什么罪?她也给关进"牛棚",挂上"牛鬼蛇神"的小纸牌,还扫过马路。

究竟为什么？理由很简单，她是我的妻子。她患了病，得不到治疗，也因为她是我的妻子。想尽办法一直到逝世前三个星期，靠开后门她才住进了医院。但是癌细胞已经扩散，肠癌变成了肝癌。

她不想死，她要活，她愿意改造思想，她愿意看到社会主义建成。这个愿望总不能说是痴心妄想吧。她本来可以活下去，倘使她不是"黑老K"的"臭婆娘"。一句话，是我连累了她，是我害了她。

在我靠边的几年中间，我所受到的精神折磨她也同样受到。但是我并未挨过打，她却挨了"北京来的红卫兵"的铜头皮带，留在她左眼上的黑圈好几天以后才褪尽。她挨打只是为了保护我，她看见那些年轻人深夜闯了进来，害怕他们把我揪走，便溜出大门，到对面派出所去，请民警同志出来干预。那里只有一个人值班，不敢管。当着民警的面，她被他们用铜头皮带狠狠地抽了一下，给押了回来，同我一起关在马桶间里。

她不仅分担了我的痛苦，还给了我不少的安慰和鼓励。在"四害"横行的时候，我在原单位（中国作家协会上海分会）给人当作"罪人"和"贱民"看待，日子十分难过，有时到晚上九、十点钟才能回家。我进了门看到她的面容，满脑子的乌云都消散了。我有什么委屈、牢骚，都可以向她尽情倾吐。有一个时期我和她每晚临睡前要服两粒眠尔通才能够闭眼，可是天刚刚发白就都醒了。我唤她，她也唤我。我诉苦般地说："日子难过啊！"她也用同样声音回答："日子难过啊！"但是她马上加上一句："要坚持下去。"或者再加一句："坚持就是胜利。"我说"日子难过"，因为在那一段时间里，我每天在"牛棚"里面劳动、学习、写交代、写检查、写思想汇报。任何人都可以责骂我、教训我、指挥我。从外地到"作协分会"来串连的人可以随意点名叫我出去"示众"，还要自报罪行。上下班不限时间，由管"牛棚"的"监督组"随意决定。任何人都可以闯进我家里来，高兴拿什么就拿走什么。这个时候大规模的群众性批斗和电视批斗会还没有开始，但已经越来越逼近了。

她说"日子难过"，因为她给两次揪到机关，靠边劳动，后来也常常参加陪斗。在淮海中路"大批判专栏"上张贴着批判我的罪行的大字报，我一家人的名字都给写出来"示众"，不用说"臭婆娘"的大名占着显著的地位。这些文字象虫子一样咬痛她的心。她让上海戏剧学院"狂妄派"学生突然袭击、揪到"作协分会"去的时候,在我家大门上还贴了一张揭露她的所谓罪行的大字报。幸好当天夜里我儿子把它撕毁,否则这一张大字报就会要了她的命!

人们的白眼,人们的冷嘲热骂蚕蚀着她的身心,我看出来她的健康逐渐遭到损害。表面上的平静是虚假的。内心的痛苦象一锅煮沸的水,她怎么能遮盖住!怎么能使她平静!她不断地给我安慰,对我表示信任,替我感到不平。然而她看到我的问题一天天地变得严重,上面对我的压力一天天地增加,她又非常担心。有时同我一起上班或者下班,走近巨鹿路口、快到"作协分会",或者走近湖南路口,快到我们家,她总是抬不起头。我理解她,同情她,也非常担心她经受不起沉重的打击。我还记得有一天到了平常下班的时间,我们没有受到留难,回到家里她比较高兴,到厨房去烧菜。我翻看当天的报纸,在第三版上看到当时做了"作协分会"的"头头"的两个工人作家写的文章《彻底揭露巴金的反革命真面目》。真是当头一棒!我看了两三行,连忙把报纸藏起来,我害怕让她看见。她端着烧好的菜出来,脸上还带笑容,吃饭时她有说有笑。饭后她要看报,我企图把她的注意力引到别处。但是没有用,她找到了报纸。她的笑容一下子完全消失。这一夜她再没有讲话,早早地进了房间。我后来发现她躺在床上小声哭着。一个安静的夜晚给破坏了。今天回想当时的情景,她那张满是泪痕的脸还在我的眼前。我多么愿意让她的泪痕消失,笑容在她那憔悴的脸上重现,即使减少我几年的生命来换取我们家庭生活中一个宁静的夜晚,我也心甘情愿!

二

我听周信芳同志的媳妇说,周的夫人在逝世前经常被打手们拉出去当作皮球推来推去,打得遍体鳞伤。有人劝她躲开,她说:"我躲开,他们就要这样对付周先生了。"萧珊并未受到这种新式体罚。可是她在精神上给别人当皮球打来打去。她也有这样的想法:她多受一点精神折磨,可以减轻对我的压力。其实这是她的一片痴心,结果只苦了她自己。我看见她一天天地憔悴下去,我看见她的生命之火逐渐熄灭,我多么痛心。我劝她,安慰她,我想拉住她,一点也没有用。

她常常问我:"你的问题什么时候才解决呢?"我苦笑地说:"总有一天会解决的。"她叹口气说:"我恐怕等不到那个时候了。"后来她病倒了,有人劝她打电话找我回家,她不知从哪里得来的消息,她说:"他在写检查,不要打岔他。他的问题大概可以解决了。"等到我从五·七干校回家休假,她已经不能起床。她还问我检查写得怎样,问题是否可以解决。我当时的确在写检查,而且已经写了好几次了。他们要我写,只是为了消耗我的生命。但她怎么能理解呢?

这时离她逝世不过两个多月,癌细胞已经扩散,可是我们不知道,想找医生给她认真检查一次,也毫无办法。平日去医院挂号看门诊,等了许久才见到医生或者实习医生,随便给开个药方就算解决问题。只有在发烧到摄氏三十九度才有资格挂急诊号,或者还可以在病人拥挤的观察室里待上一天半天。当时去医院看病找交通工具也很困难,常常是我女婿借了自行车来,让她坐在车上,他慢慢地推着走。有一次她雇到小三轮车去看病,看好门诊回家雇不到车了,只好同陪她看病的朋友一起慢慢地走回来,走走停停,走到街口,她快要倒下了,只得请求行人到我们家通知。她一个表侄正好来探病,就由他去把她背了回家。她希望拍一张X光片子查一查肠子有什么病,但是办不到。后来靠了她一位亲戚帮忙开后门两次拍片,才查出她患肠癌。以后又靠朋友设法开后门住进了医院,她自己还高兴,以为得救了。只有她一个人不知真实的病情。她在医院里只活了三个星期。

我休假回家假期满了,我又请过两次假,留在家里照料病人。最多也不到一个月。我看见她病情日趋严重,实在不愿意把她丢开不管,我要求延长假期的时候,我们那个单位的一个"工宣队"头头逼着我第二天就回干校去。我回到家里,她问起来,我无法隐瞒她叹了一口气,说:"你放心去吧。"她把脸掉过去,不让我看她。我女儿、女婿看到这种情景,自告奋勇跑到巨鹿路去向那位"工宣队"头头解释,希望同意我在市区多留些日子照料病人。可是那个头头"执法如山",还说:他不是医生,留在家里,有什么用!留在家里对他改造不利!"他们气愤地回到家中,只说机关不同意,后来才对我传达了这句"名言"。我还能讲什么呢？明天回干校去！

　　整个晚上她睡不好,我更睡不好。出乎意外,第二天一早我那个插队落户的儿子在我们房间里出现了,他是昨天半夜里到的。他得到了家信,请假回家看母亲,却没有想到母亲病成这样。我见了他一面,把他母亲交给他,就回干校去了。

　　在车上我的情绪很不好。我实在想不通为什么会有这样的事情。我在干校待了五天,无法同家里通消息。我已经猜到她的病不轻了。可是人们不让我过问她的事情。这五天是多么难熬的日子！到第五天晚上在干校的造反派头头通知我们全体第二天一早回市区开会。这样我才又回到了家,见到了我的爱人。靠朋友帮忙,她可以住进中山医院肝癌病房,一切都准备好,她第二天就要住院了。她多么希望住院前见我一面,我终于回来了。连我也没有想到她的病情发展得这么快。我们见了面,我一句话也讲不出来。她说了一句:"我到底住院了。"我答说:"你安心治疗吧。"她父亲也来看她,老人家双目失明,去医院探病有困难,可能是来同他的女儿告别了。

　　我吃过中饭,就去参加给别人戴上反革命帽子的大会,受批判、戴帽子的人不止一个,其中有一个我的熟人王若望同志,他过去也是作家,不过比我年轻。我们一起在"牛棚"里关过一个时期,他的罪名是"摘帽右派"。他不服,不肯听话,他贴出大字报,声明"自己解放自己",因此罪名越搞越大,给捉去关了一个时期不算,还戴上了反革命的帽子监督劳动。在会场里我一直在做怪梦。开完会回家,见到萧珊我感到格外亲切,仿佛重回人间。可是她不舒服,不想讲话,偶尔讲一句半句。我还记得她讲了两次:"我看不到了。"我连声问她看不到什么？她后来才说:"看不到你解放了。"我还能再讲什么呢？

　　我儿子在旁边,垂头丧气,精神不好,晚饭只吃了半碗,象是患感冒。她忽然指着他小声说:"他怎么办呢？"他当时在安徽山区农村已经待了三年半,政治上没有人管,生活上不能养活自己,而且因为是我的儿子,给剥夺了好些公民权利。他先学会沉默,后来又学会抽烟。我怀着内疚的心情看看他。我后悔当初不该写小说,更不该生儿育女。

我还记得前两年在痛苦难熬的时候她对我说:"孩子们说爸爸做了坏事,害了我们大家。"这好象用刀子在割我身上的肉。我没有出声,我把泪水全吞在肚里。她睡了一觉醒过来忽然问我:"你明天不去了?"我说:"不去了。"就是那个"工宣队"头头在今天通知我不用再去干校就留在市区。他还问我:"你知道萧珊是什么病?"我答说:"知道。"其实家里瞒住我,不给我知道真相,我还是从他这句问话里猜到的。

三

第二天早晨她动身去医院,一个朋友和我女儿、女婿陪她去。她穿好衣服等候车来。她显得急躁,又有些留恋,东张张西望望,她也许在想是不是能再看到这里的一切。我送走她,心上反而加了一块大石头。

将近二十天里,我每天去医院陪她大半天。我照料她,我坐在病床前守着她,同她短短地谈几句话。她的病情恶化,一天天衰弱下去,肚子却一天天大起来,行动越来越不方便。当时病房里没有人照料,生活方面除饮食外一切都必须自理。后来听同病房的人称赞她"坚强",说她每天早晚都默默地挣扎着下了床,走到厕所。医生对我们谈起,病人的身体经不住手术,最怕的是她的肠子堵塞,要是不堵塞,还可以拖延一个时期。她住院后的半个月,是一九六六年八月以来我既感痛苦又感到幸福的一段时间是我和她在一起度过的最后的平静的时刻,我今天还不能将它忘记。但是半个月以后,她的病情又有了发展,一天吃中饭的时候,医生通知我儿子找我去谈话。他告诉我:病人的肠子给堵住了,必须开刀。开刀不一定有把握,也许中途出毛病。但是不开刀,后果更不堪设想,他要我决定,并且要我劝她同意。我做了决定,就去病房对她解释,我讲完话,她只说了一句:"看来,我们要分别了。"她望着我,眼睛里全是泪水。我说:"不会的……"我的声音哑了。接着护士长来安慰她,对她说:"我陪你,不要紧的。"她回答:"你陪我就好。"时间很紧迫,医生、护士们很快作好了准备,她给送进手术室去了,是她的表侄把她推到手术室门口的。我们就在外面廊上等候了好几个小时,等到她平安地给送出来,由儿子把她推回到病房去。儿子还在她的身边守过一个夜晚。过两天他也病倒了,查出来他患肝炎,是从安徽农村带回来的。本来我们想瞒住他的母亲,可是无意间让他母亲知道了。她不断地问:"儿子怎么样?"我自己也不知道儿子怎么样,我怎么能使她放心呢?晚上回到家,走进空空的、静静的房间,我几乎要叫出声来:"一切都朝我的头打下来吧,让所有的灾祸都来吧。我受得住!"

我应当感谢那位热心而又善良的护士长,她同情我的处境,要我把儿子的事情完全交给她办。她作好安排,陪他看病、检查,让他很快住进别处的隔离病房,得到及时的治疗和护理。他在隔离病房里苦苦地等候母亲病情的好转。母亲躺在病床上,只能有气无力地说几句短短的话,她经常问:"棠棠怎么样?"从她那双含泪的眼睛里我明白她多么想看见她最爱的儿子。但是她已经没有精力多想了。

她每天给输血、打盐水针。她看见我去就断断续续地问我:"输多少西西的血?该怎么办?"我安慰她:"你只管放心。没有问题,治病要紧。"她不止一次地说:"你辛苦了。"我有什么苦呢?我能够为我最亲爱的人做事情,哪怕做一件小事,我也高兴!后来她的身体更不行了。医生给她输氧气,鼻子里整天插着管子。她几次要求拿开,这说明她感到难受,但是听了我们的劝告,她终于忍受下去了。开刀以后她只活了五天。谁也想不到她会去得这么快!五天中间我整天守在病床前,默默地望着她在受苦(我是设身处地感觉到这样的),可是她除了两、三次要求搬开床前巨大的氧气筒,三、四次表示担心输血较多、付不出医药费之外,并没有抱怨过什么。见到熟人她常有这样一种表情:请原谅我麻烦了你们。她非常安静,但并未昏睡,始终睁大两只眼睛。眼睛很大、很美、很亮。我望着,望着,好象在望快要燃尽的烛火。我多么想让这对眼睛永远亮下去!我多么害怕她离开我!我甚至愿意为我那十四卷"邪书"受到千刀万剐,只求她能安静地活下去。

不久前我重读梅林写的《马克思传》,书中引用了马克思给女儿的信里的一段话,讲到马克思夫人的死。信上说:"她很快就咽了气。……这个病具有一种逐渐虚脱的性质,就像由于衰老所致一样。甚至在最后几小时也没有临终的挣扎,而是慢慢地沉入睡乡。她的眼睛比任何时候都更大、更美、更亮!"这段话我记得很清楚。马克思夫人也死于癌症。我默默地望着萧珊那对很大、很美、很亮的眼睛,我想起这段话,稍微得到一点安慰。听说她的确也"没有临终的挣扎,"也是"慢慢地沉入睡乡。"我这样说,因为她离开这个世界的时候,我不在她的身边。那天是星期天,卫生防疫站因为我们家发现了肝炎病人,派人上午来做消毒工作。她的表妹有空愿意到医院去照料她,讲好我们吃过中饭就去接替。没有想到我们刚刚端起饭碗,就得到传呼电话,通知我女儿去医院,说是她妈妈"不行"了。真是晴天霹雳!我和我女儿、女婿赶到医院。她那张病床上连床垫也给拿走了。别人告诉我她在太平间。我们又下了楼赶到那里,在门口遇见表妹。还是她找人帮忙把"咽了气"的病人抬进来的。死者还不曾给放进铁匣子里送进冷库,她躺在担架上,但已经给白布床单包得紧紧的,看不到面容了。我只看到她的名字。我弯下身子,把地上那个还有点人形的白布包拍了好几下,一面哭着唤她的名字。不过几分钟的时间。这算是什么告别呢?

据表妹说,她逝世的时刻,表妹也不知道。她曾经对表妹说:"找医生来。"医生来过,并没有什么。后来她就渐渐"沉入睡乡"。表妹还以为她在睡眠。一个护士来打针,才发觉她的心脏已经停止跳动了。我没有能同她诀别,我有许多话没有能向她倾吐,她不能没有留下一句遗言就离开我!我后来常常想,她对表妹说:"找医生来,"很可能不是"找医生",是"找李先生"(她平日这样称呼我)。为什么那天上午偏偏我不在病房呢?家里人都不在她身边,她死得这样凄凉!

我女婿马上打电话给我们仅有的几个亲戚。她的弟媳赶到医院,马上晕了过去。三天以后在龙华火葬场举行告别仪式。她的朋友一个也没有来,因为一则我们没有通知,二则我是一个审查了将近七年的对象。没有悼词,没有吊客,只有一片伤心的哭声。我衷心感谢前来参加仪式的少数亲友和特地来帮忙的我女儿的两三个同学,最后,我跟她的遗体告别,女儿望着遗容哀哭,儿子在隔离病房还不知道把他当作命根子的妈妈已经死亡。值得提说的是她当作自己儿子照顾了好些年的一位亡友的男孩从北京赶来,只为了看见她的最后一面。这个整天同钢铁打交道的技术员,他的心倒不象钢铁那样。他得到电报以后,他爱人对他说:"你去吧,你不去一趟,你的心永远安定不了。"我在变了形的她的遗体旁边站了一会儿。别人给我和她照了相。我痛苦地想:这是最后一次了,即使给我们留下来很难看的形象,我也要珍视这个镜头。

一切都结束了。过了几天我和女儿、女婿再去火葬场,领到了她的骨灰盒。在存放室里寄存了三年之后,我按期把骨灰盒接回家里,有人劝我把她的骨灰安葬,我宁愿让骨灰盒放在我的寝室里,我感到她仍然和我在一起。

四

梦魇一般的日子终于过去了。六年仿佛一瞬间似的远远地落在后面了。其实哪里是一瞬间!这段时间里有多少流着血和泪的日子啊。不仅是六年,从我开始写这篇短文到现在又过去了半年,半年中我经常在火葬场的大厅里默哀,行礼,为了纪念给"四人帮"迫害致死的朋友。想到他们不能把个人的智慧和才华献给社会主义祖国,我万分惋惜。每次戴上黑纱、插上纸花的同时,我也想起我自己最亲爱的朋友,一个普通的文艺爱好者,一个成绩不大的翻译工作者,一个心地善良的人。她是我的生命的一部分,她的骨灰里有我的泪和血。

她是我的一个读者。一九三六年我在上海第一次同她见面。一九三八年和一九四一年我们两次在桂林象朋友似地住在一起。一九四四年我们在贵阳结婚。我认识她的时候,她还不到二十,对她的成长我应当负很大的责任。她读了我的小说,给我写信,后来见到了我,对我发生了感情。她在中学念书。看见我之前,因为参加学生运动被学校开除,回到家乡住了一个短时期,又出来进另一所学校。倘使不是为了我,她三七、三八年一定去了延安。她同我谈了八年的恋爱,后来到贵阳旅行结婚,只印发了一个通知,没有摆过一桌酒席。从贵阳我和她先后到了重庆,住在民国路文化生活出版社门市部楼梯下七、八个平方米的小屋里。她托人买了四只玻璃杯开始组织我们的小家庭。她陪着我经历了各种艰苦生活。在抗日战争紧张的时期,我们一起在日军进城以前十多个小时逃离广州,我们从广东到广西,从昆明到桂林,从金华到温州,我们分散了,又重见,相见后又别离。在我那两册《旅途通讯》中就有一部分这种生活的记录。四十年前有一位朋友批评我:"这算什么文章!"我的《文集》出版后,另一位朋友认为我不应当把它们也收进去。他们都有道理。两年来我对朋友、对读者讲过不止一次,我决定不让《文集》重版。但是为我自己,我要经常翻看那两小册《通讯》。在那些年代,每当我落在困苦的境地里、朋友们各奔前程的时候,她总是亲切地在我的耳边说:"不要难过,我不会离开你,我在你的身边。"的确,只有在她最后一次进手术室之前她才说过这样一句:"我们要分别了。"

　　我同她一起生活了三十多年。但是我并没有好好地帮助过她。她比我有才华,却缺乏刻苦钻研的精神。我很喜欢她翻译的普希金和屠格涅夫的小说。虽然译文并不恰当,也不是普希金和屠格涅夫的风格,它们却是有创造性的文学作品,阅读它们对我是一种享受。她想改变自己的生活,不愿作家庭妇女,却又缺少吃苦耐劳的勇气。她听一个朋友的劝告,得到后来也是给"四人帮"迫害致死的叶以群同志的同意,到《上海文学》"义务劳动",也做了一点点工作,然而在运动中却受到批判,说她专门向老作家组稿,又说她是我派去的"坐探"。她为了改造思想,想走捷径,要求参加"四清"运动,找人推荐到某铜厂的工作组工作,工作相当繁重、紧张,她却精神愉快。但是我快要靠边的时候,她也被叫回"作协分会"参加运动。她第一次参加这种急风暴雨般的斗争,而且是以反动权威家属的身份参加,她不知道该怎么办才好。她张惶失措、坐立不安,替我担心,又为儿女的前途忧虑。她盼望什么人向她伸出援助的手,可是朋友们离开了她,"同事们"拿她当作箭靶,还有人想通过整她来整我。她不是"作协分会"或者刊物的正式工作人员,可是仍然被"勒令"靠边劳动、站队挂牌,放回家以后,又给揪到机关。过一个时期,她写了认罪的检查,第二次给放回家的时候,我们机关的造反派头头却通知里弄委员会罚她扫街。她怕人看见,每天大清早起来,拿着扫帚出门,扫得精疲力尽,才回到家里,关上大门,吐了一口气。但有时她还碰到上学去的小孩,对她叫骂"巴金的臭婆娘。"我偶尔看见她拿着扫帚回来,不敢正眼看她,我感到负罪的心情,这是对她的一个致命的打击，不到两个月。她病倒了，以后就没有再出去扫街（我妹妹继续扫了一个时期），但是也没有完全恢复健康。尽管她还继续拖了四年，但一直到死她并不曾看到我恢复自由。这就是她的最后，然而绝不是她的结局。她的结局将和我的结局连在一起。

我绝不悲观。我要争取多活。我要为我们社会主义祖国工作到生命的最后一息。在我丧失工作能力的时候，我希望病榻上有萧珊翻译的那几本小说。等到我永远闭上眼睛，就让我的骨灰同她的搀和在一起。

一月十六日写完

（选自《随想录·第一集》，人民文学出版社 1986 年版）

永远的怀念

——《怀念萧珊》评析

李逸涛

著名老作家巴金,新中国成立后主要致力于散文创作。至"文化大革命"前,出版了《华沙的节日》、《生活在英雄们中间》、《保卫和平的人们》、《巴金散文选》、《新声集》、《友谊集》、《赞歌集》等12部散文集。如果说,巴金解放前的创作基调是痛苦与抗争的话,那么,解放后17年的创作基调则是欢乐与歌颂。这种歌颂是真挚的、热烈的、发自肺腑的。粉碎"四人帮"后,年逾古稀的巴金又以高度的社会责任感和惊人的毅力,写出了150篇42万字的五集《随想录》,即《随想录》第一集、《探索集》、《真话集》、《病中集》、《无题集》。巴金说:"我把这五本《随想录》当作我这一生的收支总账。"①文艺界人士对《随想录》给予了高度评价,认为这是一部"力透纸背、情透纸背、热透纸背"的"讲真话的大书",是一部代表当代文学最高成就的散文作品,它的价值和影响,远远超出了作品本身和文学范畴。②《怀念萧珊》是其中具有代表性的作品之一,最初发表于1979年2月2日至5日香港《大公报》副刊《大公园》,题为《随想录》(五),后收入《随想录》第一集。

感情真挚、热烈、深沉,把一颗燃烧的心掏给读者,是《随想录》的总体特色。《怀念萧珊》作为一篇悼念亡妻之作,这一特色表现得尤为突出。巴金曾说:"我觉得心翻腾得厉害,有许多感情在那里翻腾,我必须把它们全部倾吐出来,才能够得到心境的和平。在这种时候,我就

---

① 《无题集·后记》,人民文学出版社1986年版。

② 参见1986年9月15日《人民日报》为推荐《随想录·总序》、《无题集·后记》所发表的编者引言。

拿起笔来写作。"①《怀念萧珊》正是在这种心境中写成的。萧珊因受"四人帮"迫害致病而离开人世,作者在文章开头说他早在萧珊去世的1972年8月,就"想写一篇纪念她的文章",然而"我每天坐三四个小时望着面前摊开的稿纸,却写不出一句话",后来"索性放下笔,什么也不写了"。但翻腾起伏的感情一直在心中萦绕,使他难以平静,于是在萧珊逝世6周年之际,又动笔写这篇文章。或许正是因为这种心绪,他写得很慢,持续半年之久,才于1979年1月写成。这段文字决非可有可无,作者就是由此入手,回忆了萧珊在"文化大革命"中的悲惨遭遇,倾吐出郁积在心底多年的对妻子的怀念和对"四人帮"的愤恨。

清人王国维在《人间词话》中说:"境非独景物也。喜怒哀乐,亦人心中之一境界。故独写真景物,真感情者,谓之有境界。"《怀念萧珊》不写"景"境,而专造"情"境,作者把"真感情"凝注笔端,集中抒写了他与萧珊在"文化大革命"中患难与共,相濡以沫的无限深情。

作者首先以十分爱恋的心情塑造并赞颂了一位忍辱负重、忘我献身的妻子的形象。在"四害"横行的日子里,"我"身陷囹圄,"她"处境艰险,又身患绝症,但是,"她不仅分担了我痛苦,还给了我不少的安慰和鼓励"。当她看到批判"我"的大字报时,就像"虫子一样咬痛她的心",然而她却"不断给我安慰,对我表示信任,替我感到不平"。她的精神受到从未有过的折磨,但她宁愿"多受一点精神折磨,可以减轻对我的压力"。她的病情日趋严重,为不影响"我"去干校,她一再说:"你放心去吧。"在生命垂危之际,她惟一的希望是"你陪我就好";看到"我"整天守在病床前,又深感不安,不止一次地说:"你辛苦了。"一个妻子对丈夫的爱,仅仅通过简短的叙述和人物不多而质朴无华的日常语言,便跃然纸上,动人心肺。而作为丈夫,"我"则深深地为自己不能保护妻子、分担妻子的痛苦,为"连累了她"、"害了她"而感到内疚。望着妻子憔悴而流泪的脸,"我多么愿望让她的泪痕消失,笑容在她那憔悴的脸上重现,即使减少我几年的生命来换取我的家庭生活中一个宁

---

① 巴金:《衷心的祝贺》,《巴金论创作》,上海文艺出版社1983年版。

静的夜晚,我也心甘情愿!"妻子病重住院,"我"心如刀绞,几乎要叫出声来:"一切都朝我的头打下来吧,让所有的灾祸都来吧。我受得住。"将爱与恨化为呼天抢地的呐喊,如潮水决堤,不可遏止。这种感情在妻子弥留之际达到了高峰:"她非常安静,但并未昏睡,始终睁着两只眼睛。眼睛很大、很美、很亮,我望着、望着,好象在望快要燃尽的烛火。我多么想让这对眼睛永远亮下去!我多么害怕她离开我!我甚至愿意为我那十四卷'邪书'受到千刀万剐,只求她能安静地活下去。"妻子最终饮恨黄泉,望着遗体,"我"的心态、情绪似乎变得平静起来,"我没有流眼泪,可是我觉得有无数锋利的指甲在搔我的心。"为了永久的怀念,"我"把妻子的骨灰安放在寝室里,"感到她仍然和我在一起"。在本文结尾表示:"等到我永远闭上眼睛,就让我的骨灰和她的骨灰搀和在一起。"如椽巨笔把难以用语言表达的爱之深、思之切、情之笃的复杂感情,如泣如诉地传达给读者,感染着读者,也折服了读者。

《怀念萧珊》以情见长,以情取胜。但巴金的"情"决非仅仅是夫妻之情、个人之情。其一,作者怀念萧珊,固然因为她是自己的妻子,但更重要的,她是"我自己最亲爱的朋友,一个普通的文艺爱好者,一个成绩不大的翻译工作者,一个心地善良的人"。她像所有爱国、正直的文学家、艺术家一样,早年便向往革命,曾"因为参加学生运动被学校开除","倘使不是为了我,她三七、三八年一定去了延安"。她是个有才华的翻译工作者,她翻译的小说"虽然译文并不恰当","却是有创造性的文学作品"。新中国成立后,她"不愿作家庭妇女",到《上海文学》"义务劳动";为了"改造思想",她自愿要求参加"四清"运动,"工作相当忙碌、紧张,她却精神愉快"。她本来可以活得更长久些,为人民作出更多的贡献,但她像巴金所有被迫害致死的朋友一样,过早地离开了人世。"想到他们不能把个人的智慧和才华献给社会主义祖国,我万分惋惜"。这样,萧珊的死就不只是个人、家庭的悲剧,而是一代知识分子的悲剧;作者对萧珊的怀念,也是对所有含冤死去的知识分子的怀念。正因为如此,作者在文章结尾处表示:"我绝不悲观。我要争取多活。我要为我们社会主义祖国工作到生命的最后一息。"感情的热力和理性的思考、表情与达意熔铸在一起,使文章的思想与现实意义得到了升华,给人以鼓舞与启迪。其二,由此立意,《怀念萧珊》自始至终贯穿着对"四人帮"罪行的揭露、控诉和对正义必将战胜邪恶的坚定信念。文章开头写"我"向萧珊遗体告别时的心境:"我记起了《家》里面觉新说过的一句话:'好象珏死了,也是一个不祥的鬼。'四十七年前我写这句话的时候,怎么想得到我是在写自己!"我站在死者遗体旁边,望着那张惨白的脸、那两片咽下千言万语的嘴唇,我咬紧牙齿,在心里唤着死者的名字。我想,我比她大十三岁,为什么不让我先死?我想,这是多么不公平!她究竟犯了什么罪?她也给关进'牛棚',挂上'牛鬼蛇神'的小纸牌,还扫过马路。究竟为什么?理由很简单,她是我的妻子。她患了病,得不到治疗,也因为她是我的妻子。"《家》里的瑞珏死于封建专制,在"四人帮"横行的年代,历史来了个大倒退,巴金一人遭殃,株连萧珊,"我一家人的名字都给写出来'示众'",连下乡的儿子也受到种种不公平的待遇。而巴金被批斗,就因为他是为人民勤奋笔耕的作家。为此,他"怀着内疚的心情"说:"我后悔当初不该写小说,更不该养儿育女。"写小说、结婚、养儿育女何罪之有?这完全是"四人帮"的倒行逆施、法西斯封建文化专制造成的。巴金一家的蒙难史就是中国文化的蒙难史,所谓"文化大革命"实质上就是中国文化的一场大浩劫、大灾难。

《怀念萧珊》以情感人,以情造境,并不着意于华章丽句,伟辞奇语,而是撷取日常用语使感情自然流露,体现出巴金散文自然朴素、亲切流畅的一贯风格。巴金在《探索集·探索之三》中说:"我所追求的也就是:更明白地、更朴素地表达自己的思想。""我甚至说艺术的最高境界,是真实,是自然,是无技巧。"《怀念萧珊》具体实践了巴金的这一艺术追求。其实,"无技巧"才是最高技巧。文学大师从不刻意追求技巧,而是将技巧深藏于笔底,平中见奇,自然天成。此即古人所谓"无法而法,乃为至法"。就《怀念萧珊》的抒情艺术而言,可概括出以下几方面:

一是借助生活场景抒情。如写夫妇二人在劫难中的生活:"有一个时期我和她每晚临睡前服两粒眠尔通才能够闭眼,可是天刚刚发白就都醒了。我唤她,她也唤我。我诉苦般地说:'日子难过啊!'她也用同样的声音回答:'日子难过啊!'但是她马上加一句:'要坚持下去。'或者再加一句:'坚持就是胜利。'"这纯系生活的纪实和再现,使一对患难夫妻心心相印、息息相通的深厚情谊,他们的愁苦哀怨以及在无可奈何中的互相鼓励表现得真切动人。

二是借助生动的比喻和形象的抒情。如"人们的白眼,人们的冷嘲热骂蚕食着她的身心。我看出来她的健康逐渐遭到损害。表面上的平静是虚假的。内心的痛苦象一锅煮沸的水,她怎么能遮盖住!怎么能使她平静!"又如"我一家人的名字都给写出来'示众',不用说'臭婆娘'的大名占着显著的地位,这些文字象虫子一样咬痛她的心",以及"我觉得有无数锋利的指甲在搔我的心"等,都以巧妙的比喻化抽象为形象,生动地表现出萧珊和"我"精神上受到的折磨,表现了作者对妻子深深的了解、担忧和怜爱。

三是于平淡的叙述中抒情。如写萧珊逝世后"我"的心情:"不久前我重读梅林写的《马克思传》,书中引用了马克思给女儿的信里的一段话,讲到马克思夫人的死。信上说:'她很快就咽了气。……这个病具有一种逐渐虚脱的性质,就像由于衰老所致一样。甚至在最后几小时也没有临终的挣扎,而是慢慢地沉入睡乡。她的眼睛比任何时候都更大、更美、更亮!'这段话我记得很清楚。马克思夫人也死于癌症。我默默望着萧珊那对很大、很美、很亮的眼睛,我想起这段话,稍微得到一点安慰。听说她的确也'没有临终的挣扎',她也是'慢慢地沉入睡乡。'"白描般的文字,引文信手拈来,看似不动声色,内心的痛苦却跃然纸上。

四是于对话中吐露真情。文中多用叙述,对话极为简短,但起有点睛之效。如"她常常问我:'你的问题什么时候才解决呢?'我苦笑地说:'总有一天会解决的。'她叹口气说:'我恐怕等不到那个时候了。'"妻子的关心,丈夫的安慰,尽从这段对话中流露出来,与那段描叙夫妻生活场景的对话有异曲同工之妙。

《怀念萧珊》的结构艺术严谨自然,浑然一体。全文分为四部分,第一部分交代写作缘由,由参加老朋友的追悼会联想到萧珊的死及在"文化大革命"中所遭受的摧残;第二部分写萧珊病情不断恶化直至离开人间的过程及作者的悲痛心情;第四部分再以参加老朋友的追悼会而回顾萧珊的一生,呼应开篇。全文以"情"贯通,开阖自如,一气呵成,具有强烈的艺术感染力。

复习思考题

1. 《怀念萧珊》的思想意义何在?
2. 作者是如何抒发他对萧珊的怀念之情的?

我与地坛

史铁生

一

我在好几篇小说中都提到过一座废弃的古园,实际就是地坛。许多年前旅游业还没有开展,园子荒芜冷落得如同一片野地,很少被人记起。

地坛离我家很近。或者说我家离地坛很近。总之,只好认为这是缘分。地坛在我出生前四百多年就坐落在那儿了;而自从我的祖母年轻时带着我父亲来到北京,就一直住在离它不远的地方——五十多年间搬过几次家,可搬来搬去总是在它周围,而且是越搬离它越近了。我常觉得这中间有着宿命的味道:仿佛这古园就是为了等我,而历尽沧桑在那儿等待了四百多年。

它等待我出生,然后又等待我活到最狂妄的年龄上忽地残废了双腿。四百多年里,它一面剥蚀了古殿檐头浮夸的琉璃,淡褪了门壁上炫耀的朱红,坍圮了一段段高墙又散落了玉砌雕栏,祭坛四周的老柏树愈见苍幽,到处的野草荒藤也都茂盛得自在坦荡。这时候想必我是该来了。十五年前的一个下午,我摇着轮椅进入园中,它为一个失魂落魄的人把一切都准备好了。那时,太阳循着亘古不变的路途正越来越大,也越红。在满园弥漫的沉静光芒中,一个人更容易看到时间,并看见自己的身影。

自从那个下午我无意中进了这园子,就再没长久地离开过它。我一下子就理解了它的意图,正如我在一篇小说中所说的:"在人口密聚的城市里,有这样一个宁静的去处,像是上帝的苦心安排。"

我与地坛

　　两条腿残废后的最初几年,我找不到工作,找不到去路,忽然间几乎什么都找不到了,我就摇了轮椅总是到它那儿去,仅为着那儿是可以逃避一个世界的另一个世界。我在那篇小说中写道:"没处可去我便一天到晚耗在这园子里。跟上班下班一样,别人去上班我就摇了轮椅到这儿来","园子无人看管,上下班时间有些抄近路的人们从园中穿过,园子里活跃一阵,过后便沉寂下来。""园墙在金晃晃的空气中斜切下一溜荫凉,我把轮椅开进去,把椅背放倒,坐着或是躺着,看书或者想事,撅一杈树枝左右拍打,驱赶那些和我一样不明白为什么要来这世上的小昆虫。""蜂儿如一朵小雾稳稳地停在半空;蚂蚁摇头晃脑捋着触须,猛然间想透了什么,转身疾行而去;瓢虫爬得不耐烦了,累了,祈祷一回便支开翅膀,忽悠一下升空了;树干上留着一只蝉蜕,寂寞如一间空屋;露水在草叶上滚动,聚集,压弯了草叶轰然坠地摔开万道金光。""满园子都是草木竞相生长弄出的响动,片刻不息。"这都是真实的记录,园子荒芜但并不衰败。

　　除去几座殿堂我无法进去,除去那座祭坛我不能上去而只能从各个角度张望它,地坛的每一棵树下我都去过,差不多它的每一米草地上都有过我的车轮印。无论是什么季节,什么天气,什么时间,我都在这园子里待过。有时候待一会儿就回家,有时候就待到满地上都亮起月光。记不清都是在它的哪些角落里了,我一连几小时专心致志地想关于死的事,也以同样的耐心和方式想过我为什么要出生。这样想了好几年,最后事情终于弄明白了:一个人,出生了,这就不再是一个可以辩论的问题,而只是上帝交给他的一个事实;上帝在交给我们这件事实的时候,已经顺便保证了它的结果,所以死是一件不必急于求成的事,死是一个必然会降临的节日。这样想过之后我安心多了,眼前的一切不再那么可怕。比如你起早熬夜准备考试的时候,忽然想起有一个长长的假期在前面等待你,你会不会觉得轻松一点?并且庆幸并且感激这样的安排?

　　剩下的就是怎样活的问题了。这却不是在某一个瞬间就能完全想透的,不是能够一次性解决的事,怕是活多久就要想它多久了,就像是伴你终生的魔鬼或恋人。所以,十五年了,我还是总得到那古园里去、去它的老树下或荒草边或颓墙旁,去默坐,去呆想、去推开耳边的嘈杂理一理纷乱的思绪,去窥看自己的心魂。十五年中,这古园的形体被不能理解它的人肆意雕琢,幸好有些东西是任谁也不能改变它的。譬如祭坛石门中的落日,寂静的光辉平铺的一刻,地上的每一个坎坷都被映照得灿烂;譬如在园中最为落寞的时间,一群雨燕便出来高歌,把天地都叫喊得苍凉;譬如冬天雪地上孩子的脚印,总让人猜想他们是谁,曾在哪儿做过些什么,然后又都到哪儿去了;譬如那些苍黑的古柏,你忧郁的时候它们镇静地站在那儿,你欣喜的时候它们依然镇静地站在那儿,它们没日没夜地站在那儿从你没有出生一直站到这个世界上又没了你的时候;譬如暴雨骤临园中,激起一阵阵炽烈而清纯的草木和泥土的气味,让人想起无数个夏天的事件;譬如秋风忽至,再有一场早霜,落叶或飘摇歌舞或坦然安卧,满园中播散着熨帖而微苦的味道。味道是最说不清楚的,味道不能写只能闻,要你身临其境去闻才能明了。味道甚至是难于记忆的,只有你又闻到它你才能记起它的全部情感和意蕴。所以我常常要到那园子里去。

二

现在我才想到,当年我总是独自跑到地坛去,曾经给母亲出了一个怎样的难题。

她不是那种光会疼爱儿子而不懂得理解儿子的母亲。她知道我心里的苦闷,知道不该阻止我出去走走,知道我要是老待在家里结果会更糟,但她又担心我一个人在那荒僻的园子里整天都想些什么。我那时脾气坏到极点,经常是发了疯一样地离开家,从那园子里回来又中了魔似的什么话都不说。母亲知道有些事不宜问,便犹犹豫豫地想问而终于不敢问,因为她自己心里也没有答案。她料想我不会愿意她跟我一同去,所以她从未这样要求过,她知道得给我一点独处的时间,得有这样一段过程。她只是不知道这过程得要多久,和这过程的尽头究竟是什么。每次我要动身时,她便无言地帮我准备,帮助我上了轮椅车,看着我摇车拐出小院,这以后她会怎样,当年我不曾想过。

有一回我摇车出了小院,想起一件什么事又返身回来,看见母亲仍站在原地,还是送我走时的姿势,望着我拐出小院去的那处墙角,对我的回来竟一时没有反应。待她再次送我出门的时候,她说:"出去活动活动,去地坛看看书,我说这挺好。"许多年以后我才渐渐听出,母亲这话实际上是自我安慰,是暗自的祷告,是给我的提示,是恳求与嘱咐。只是在她猝然去世之后,我才有余暇设想。当我不在家里的那些漫长的时间,她是怎样心神不定坐卧难宁,兼着痛苦与惊恐与一个母亲最低限度的祈求。现在我可以断定,以她的聪慧和坚忍,在那些空落的白天后的黑夜,在那不眠的黑夜后的白天,她思来想去最后准是对自己说:"反正我不能不让他出去,未来的日子是他自己的,如果他真的要在那园子里出了什么事,这苦难也只好我来承担。"在那段日子里——那是好几年长的一段日子呵,我想我一定使母亲作过了最坏的准备了,但她从来没有对我说过:"你为我想想"。事实上我也真的没为她想过。那时她的儿子还太年轻,还来不及为母亲想,他被命运击昏了头,一心以为自己是世上最不幸的一个,不知道儿子的不幸在母亲那儿总是要加倍的。她有一个长到二十岁上忽然截瘫了的儿子,这是她唯一的儿子;她情愿截瘫的是自己而不是儿子,可这事无法代替。她想,只要儿子能活下去哪怕自己去死呢也行,可她又确信一个人不能仅仅是活着,儿子得有一条路走向自己的幸福,而这条路呢,没有谁能保证她的儿子终于能找到。——这样一个母亲,注定是活得最苦的母亲。

有一次与一个作家朋友聊天,我问他学写作的最初动机是什么?他想了一会说:"为我母亲。为了让她骄傲。"我心里一惊,良久无言。回想自己最初写小说的动机,虽不似这位朋友的那般单纯,但如他一样的愿望我也有,且一经细想,发现这愿望也在全部动机中占了很大比重。这位朋友说:"我的动机太低俗了吧?"我光是摇头,心想低俗并不见得低俗,只怕是这愿望过于天真了。他又说:"我那时真就是想出名,出了名让别人羡慕我母亲。"我想,他比我坦率。我想,他又比我幸福,因为他的母亲还活着。而且我想,他的母亲也比我的母亲运气好,他的母亲没有一个双腿残废的儿子,否则事情就不这么简单。

在我的头一篇小说发表的时候,在我的小说第一次获奖的那些日子里,我真是多么希望我的母亲还活着。我便又不能在家里待了,又整天整天独自跑到地坛去,心里是没头没尾的沉郁和哀怨,走遍整个园子却怎么也想不通:母亲为什么就不能再多活两年?为什么在她的儿子就快要碰撞开一条路的时候,她却忽然熬不住了?莫非她来此世上只是为了替儿子担忧,却不该分享我的一点点快乐?她匆匆离我去时才只有四十九呀!有那么一会,我甚至对世界对上帝充满了仇恨和厌恶。后来我在一篇题为"合欢树"的文章中写道:"我坐在小公园安静的树林里,闭上眼睛,想,上帝为什么早早地召母亲回去呢?很久很久,迷迷糊糊的我听见了回答:'她心里太苦了,上帝看她受不住了,就召她回去。'我似乎得了一点安慰,睁开眼睛,看见风正从树林里穿过。"小公园,指的也是地坛。

只是到了这时候,纷纭的往事才在我眼前幻现得清晰,母亲的苦难与伟大才在我心中渗透得深彻。上帝的考虑,也许是对的。

摇着轮椅在园中慢慢走,又是雾罩的清晨,又是骄阳高悬的白昼,我只想着一件事:母亲已经不在了。在老柏树旁停下,在草地上在颓墙边停下,又是处处虫鸣的午后,又是鸟儿归巢的傍晚,我心里只默念着一句话:可是母亲已经不在了。把椅背放倒,躺下,似睡非睡挨到日没,坐起来,心神恍惚,呆呆地直坐到古祭坛上落满黑暗然后再渐渐浮起月光,心里才有点明白:母亲不能再来这园中找我了。

曾有过好多回,我在这园子里待得太久了,母亲就来找我。她来找我又不想让我发觉,只要见我还好好地在这园子里,她就悄悄转身回去;我看见过几次她的背影。我也看见过几回她四处张望的情景,她视力不好,端着眼镜像在寻找海上的一条船;她没看见我时我已经看见她了,待我看见她也看见我了我就不去看她,过一会我再抬头看她就又见她缓缓离去的背影。我单是无法知道有多少回她没有找到我。有一回我坐在矮树丛中,树丛很密,我看见她没有找到我,她一个人在园子里走,走过我的身旁,走过我经常待的一些地方,步履茫然又急迫。我不知道她已经找了多久还要找多久,我不知道为什么我决意不喊她——但这绝不是小时候的捉迷藏,这也许是出于长大了的男孩子的倔强或羞涩?但这倔只留给我痛悔,丝毫也没有骄傲。我真想告诫所有长大了的男孩子，千万不要跟母亲来这套倔强，羞涩就更不必，我已经懂了可我已经来不及了。

儿子想使母亲骄傲，这心情毕竟是太真实了，以致使"想出名"这一声名狼藉的念头也多少改变了一点形象。这是个复杂的问题，且不去管它了罢。随着小说获奖的激动逐日暗淡，我开始相信，至少有一点我是想错了：我用纸笔在报刊上碰撞开的一条路，并不就是母亲盼望我找到的那条路。年年月月我都到这园子里来，年年月月我都要想，母亲盼望我找到的那条路到底是什么。母亲生前没给我留下过什么隽永的哲言，或要我恪守的教诲，只是在她去世之后，她艰难的命运，坚忍的意志和毫不张扬的爱，随光阴流转，在我的印象中愈加鲜明深刻。

有一年，十月的风又翻动起安详的落叶，我在园中读书，听见两个散步的老人说："没想到这园子有这么大。"我放下书，想，这么大一座园子，要在其中找到她的儿子，母亲走过了多少焦灼的路。多年来我头一次意识到，这园中不单是处处都有过我的车辙，有过我的车辙的地方也都有过母亲的脚印。

三

如果以一天中的时间来对应四季，当然春天是早晨，夏天是中午，秋天是黄昏，冬天是夜晚。如果以乐器来对应四季，我想春天应该是小号，夏天是定音鼓，秋天是大提琴，冬天是圆号和长笛。要是以这园子里的声响来对应四季呢？那么，春天是祭坛上空漂浮着的鸽子的哨音，夏天是冗长的蝉歌和杨树叶子哗啦啦地对蝉歌的取笑，秋天是古殿檐头的风铃响，冬天是啄木鸟随意而空旷的啄木声。以园中的景物对应四季，春天是一径时而苍白时而黑润的小路，时而明朗时而阴晦的天上摇荡着串串杨花；夏天是一条条耀眼而灼人的石凳，或阴凉而爬满了青苔的石阶，阶下有果皮，阶上有半张被坐皱的报纸；秋天是一座青铜的大钟，在园子的西北角上曾丢弃着一座很大的铜钟，铜钟与这园子一般年纪，浑身挂满绿锈，文字已不清晰；冬天，是林中空地上几只羽毛蓬松的老麻雀。以心绪对应四季呢？春天是卧病的季节，否则人们不易发觉春天的残忍与渴望；夏天，情人们应该在这个季节里失恋，不然就似乎对不起爱情；秋天是从外面买一棵盆花回家的时候，把花搁在阔别了的家中，并且打开窗户把阳光也放进屋里，慢慢回忆慢慢整理一些发过霉的东西；冬天伴着火炉和书，一遍遍坚定不死的决心，写一些并不发出的信。还可以用艺术形式对应四季，这样春天就是一幅画，夏天是一部长篇小说，秋天是一首短歌或诗，冬天是一群雕塑。以梦呢？以梦对应四季呢？春天是树尖上的呼喊，夏天是呼喊中的细雨，秋天是细雨中的土地，冬天是干净的土地上一只孤零的烟斗。

因为这园子，我常感恩于自己的命运。

我甚至现在就能清楚地看见，一旦有一天我不得不长久地离开它，我会怎样想念它，我会怎样想念它并且梦见它，我会怎样因为不敢想念它而梦也梦不到它。

四

现在让我想想，十五年中坚持到这园子来的人都有谁呢？好像只剩了我和一对老人。

十五年前，这对老人还只能算是中年夫妇，我则货真价实还是个青年。他们总在薄暮时分来园中散步，我不大弄得清他们是从哪边的园门进来，一般来说他们是逆时针绕这园子走。男人个子很高，肩宽腿长，走起路来目不斜视，胯以上直至脖颈挺直不动；他的妻子攀了他一条胳膊走，也不能使他的上身稍有松懈。女人个子却矮，也不算漂亮，我无端地相信她必出生于家道中衰的名门富族；她攀在丈夫胳膊上像个娇弱的孩子，她向四周观望似总含着恐惧，她轻声与丈夫谈话，见有人走近就立刻怯怯地收住话头。我有时因为他们而想起冉阿让与柯赛特，但这想法并不巩固，他们一望即知是老夫老妻。两个人的穿着都算得上考究，但由于时代的演进，他们的服饰又可以称为古朴了。他们和我一样，到这园子里来几乎是风雨无阻，不过他们比我守时。我什么时间都可能来，他们则一定是在暮色初临的时候。刮风时他们穿了米色风衣，下雨时他们打了黑色的雨伞，夏天他们的衬衫是白色的裤子是黑色的或米色的，冬天他们的呢子大衣又都是黑色的，想必他们只喜欢这三种颜色。他们逆时针绕这园子一周，然后离去。他们走过我身旁时只有男人的脚步响，女人像是贴在高大的丈夫身上跟着漂移。我相信他们一定对我有印象，但是我们没有说过话，我们互相都没有想要接近的表示。十五年中，他们或许注意到一个小伙子进入了中年，我则看着一对令人羡慕的中年情侣不觉中成了两个老人。

　　曾有过一个热爱唱歌的小伙子，他也是每天都到这园中来，来唱歌，唱了好多年，后来不见了。他的年纪与我相仿，他多半是早晨来，唱半小时或整整唱一个上午，估计在另外的时间里他还得上班。我们经常在祭坛东侧的小路上相遇，我知道他是到东南角的高墙下去唱歌，他一定猜想我去东北角的树林里做什么。我找到我的地方，抽几口烟，便听见他谨慎地整理歌喉了。他反反复复唱那么几首歌。文化革命没过去的时候，他唱"蓝蓝的天上白云飘，白云下面马儿跑……"我老也记不住这歌的名字。"文革"后，他唱《货郎与小姐》中那首最为流传的咏叹调。"卖布——卖布嘞，卖布——卖布嘞！"我记得这开头的一句他唱得很有声势，在早晨清澈的空气中，货郎跑遍园中的每一个角落去恭维小姐。"我交了好运气，我交了好运气，我为幸福唱歌曲……"然后他就一遍一遍地唱，不让货郎的激情稍减。依我听来，他的技术不算精到，在关键的地方常出差错，但他的嗓子是相当不坏的，而且唱一个上午也听不出一点疲惫。太阳也不疲惫，把大树的影子缩小成一团，把疏忽大意的蚯蚓晒干在小路上。将近中午，我们又在祭坛东侧相遇，他看一看我，我看一看他，他往北去，我往南去。日子久了，我感到我们都有结识的愿望，但似乎都不知如何开口，于是互相注视一下终又都移开目光擦身而过，这样的次数一多，便更不知如何开口了。终于有一天——一个丝毫没有特点的日子，我们互相点了一下头。他说："你好"。我说："你好"。他说："回去啦？"我说："是，你呢？"他说："我也该回去了。"我们都放慢脚步（其实我是放慢车速），想再多说几句，但仍然是不知从何说起，这样我们就都走过了对方，又都扭转身子面向对方。他说："那就再见吧。"我说："好，再见。"便互相笑笑各走各的路了。但是我们没有再见，那以后，园中再没了他的歌声，我才想到，那天他或许是有意与我道别的，也许他考上哪家专业的文工团或歌舞团了吧？真希望他如他歌里所唱的那样,交了好运气。

　　还有一些人,我还能想起一些常到这园子里来的人。有一个老头,算得一个真正的饮者;他在腰间挂一个扁瓷瓶,瓶里当然装满了酒,常来这园中消磨午后的时光。他在园中四处游逛,如果你不注意你会以为园中有好几个这样的老头,等你看过了他卓尔不群的饮酒情状,你就会相信这是个独一无二的老头。他的衣着过分随便,走路的姿态也不慎重,走上五六十米路便选定一处地方,一只脚踏在石凳上或土埂上或树墩上,解下腰间的酒瓶,解酒瓶的当儿眯起眼睛把一百八十度视角内的景物细细看一遭,然后以迅雷不及掩耳之势倒一大口酒入肚,把酒瓶摇一摇再挂向腰间,平心静气地想一会什么,便走下一个五六十米去。还有一个捕鸟的汉子,那岁月园中人少,鸟却多,他在西北角的树丛中拉一张网,鸟撞在上面,羽毛戗在网眼里便不能自拔。他单等一种过去很多而现在非常罕见的鸟,其他的鸟撞在网上他就把它们摘下来放掉,他说已经有好多年没等到那种罕见的鸟了,他说他再等一年看看到底还有没有那种鸟,结果他又等了好多年。早晨和傍晚,在这园子里可以看见一个中年女工程师,早晨她从北向南穿过这园子去上班,傍晚她从南向北穿过这园子回家。事实上我并不了解她的职业或者学历,但我以为她必是个学理工的知识分子,别样的人很难有她那般的素朴并优雅。当她在园中穿行的时刻,四周的树林也仿佛更加幽静,清淡的日光中竟似有悠远的琴声,比如说是那曲《献给艾丽丝》才好。我没有见过她的丈夫,没有见过那个幸运的男人是什么样子,我想象过却想象不出,后来忽然懂了想象不出才好,那个男人最好不要出现。她走出北门回家去,我竟有点担心,担心她会落入厨房,不过,也许她在厨房里劳作的情景更有另外的美吧,当然不能再是《献给艾丽丝》,是个什么曲子呢?还有一个人,是我的朋友,他是个最有天赋的长跑家,但他被埋没了。他因为在"文革"中出言不慎而坐了几年牢,出来后好不容易找了个拉板车的工作,样样待遇都不能与别人平等,苦闷极了便练习长跑。那时他总来这园子里跑,我用手表为他计时,他每跑一圈向我招一下手,我就记下一个时间。每次他要环绕这园子跑二十圈,大约两万米。他盼望以他的长跑成绩来获得政治上真正的解放,他以为记者的镜头和文字可以帮他做到这一点。第一年他在春节环城赛上跑了第十五名,他看见前十名的照片都挂在了长安街的新闻橱窗里,于是有了信心。第二年他跑了第四名,可是新闻橱窗里只挂了前三名的照片,他没灰心。第三年他跑了第七名,橱窗里挂前六名的照片,他有点怨自己。第四年他跑了第三名,橱窗里却只挂了第一名的照片。第五年他跑了第一名——他几乎绝望了,橱窗里只有一幅环城赛群众场面的照片。那些年我们俩常一起在这园子里待到天黑,开怀痛骂,骂完沉默着回家,分手时再互相叮嘱:先别去死,再试着活一活看。现在他已经不跑了,年岁太大了,跑不了那么快了。最后一次参加环城赛,他以三十八岁之龄又得了第一名并且破了纪录,有一位专业队的教练对他说:"我要是十年前发现你就好了。"他苦笑一下什么也没说,只在傍晚又来这园中找到我,把这事平静地向我叙说一遍。不见他已有好几年了,现在他和妻子和儿子住在很远的地方。

这些人现在都不到园子里来了,园子里差不多完全换了一批新人。十五年前的旧人,现在就剩我和那对老夫老妻了。有那么一段时间,这老夫老妻中的一个也忽然不来,薄暮时分唯男人独自来散步,步态也明显迟缓了许多,我悬心了很久,怕是那女人出了什么事。幸好过了一个冬天那女人又来了,两个人仍是逆时针绕着园子走,一长一短两个身影恰似钟表的两支指针;女人的头发白了很多,但依旧攀着丈夫的胳膊走得像个孩子。"攀"这个字用得不恰当了,或许可以用"搀"吧,不知有没有兼具这两个意思的字。

五

我也没有忘记一个孩子——一个漂亮而不幸的小姑娘。十五年前的那个下午,我第一次到这园子里来就看见了她,那时她大约三岁,蹲在斋宫西边的小路上捡树上掉落的"小灯笼"。那儿有几棵大栾树,春天开一簇簇细小而稠密的黄花,花落了便结出无数如同三片叶子合抱的小灯笼,小灯笼先是绿色,继而转白,再变黄,成熟了掉落得满地都是。小灯笼精巧得令人爱惜,成年人也不免捡了一个还要捡一个。小姑娘咿咿呀呀地跟自己说着话,一边捡小灯笼。她的嗓音很好,不是她那个年龄所常有的那般尖细,而是很圆润甚或是厚重,也许是因为那个下午园子里太安静了。我奇怪这么小的孩子怎么一个人跑来这园子里?我问她住在哪儿?她随手指一下,就喊她的哥哥,沿墙根一带的茂草之中便站起一个七八岁的男孩,朝我望望,看我不像坏人便对他的妹妹说:"我在这儿呢",又伏下身去;他在捉什么虫子。他捉到螳螂,蚂蚱,知了和蜻蜓,来取悦他的妹妹。有那么两三年,我经常在那几棵大栾树下见到他们,兄妹俩总是在一起玩,玩得和睦融洽,都渐渐长大了些。之后有很多年没见到他们。我想他们都在学校里吧,小姑娘也到了上学的年龄,必是告别了孩提时光,没有很多机会来这儿玩了。这事很正常,没理由太搁在心上,若不是有一年我又在园中见到他们,肯定就会慢慢把他们忘记。

那是个礼拜日的上午。那是个晴朗而令人心碎的上午,时隔多年,我竟发现那个漂亮的小姑娘原来是个弱智的孩子。我摇着车到那几棵大栾树下去,恰又是遍地落满了小灯笼的季节。当时我正为一篇小说的结尾所苦,既不知为什么要给它那样一个结尾,又不知何以忽然不想让它有那样一个结尾,于是从家里跑出来,想依靠着园中的镇静,看看是否应该把那篇小说放弃。我刚刚把车停下,就见前面不远处有几个人在戏耍一个少女,作出怪样子来吓她,又喊又笑地追逐她拦截她,少女在几棵大树间惊惶地东跑西躲,却不松手揪卷在怀里的裙裾,两条腿袒露着也似毫无察觉。我看出少女的智力是有些缺陷,却还没看出她是谁。我正要驱车上前为少女解围,就见远处飞快地骑车来了个小伙子,于是那几个戏耍少女的家伙望风而逃。小伙子把自行车支在少女近旁,怒目望着那几个四散逃窜的家伙,一声不吭喘着粗气,脸色如暴雨前的天空一样一会比一会苍白。这时我认出了他们,小伙子和少女就是当年那对小兄妹。我几乎是在心里惊叫了一声,或者是哀号。世上的事常常使上帝的居心变得可疑。小伙子向他的妹妹走去。少女松开了手,裙裾随之垂落下来,很多很多她捡的小灯笼便洒落一地,铺散在她脚下。她仍然算得漂亮,但双眸迟滞没有光彩。她呆呆地望着那群跑散的家伙,望着极目之处的空寂,凭她的智力绝不可能把这个世界想明白吧?大树下,破碎的阳光星星点点,风把遍地的小灯笼吹得滚动,仿佛喑哑地响着的无数小铃铛。哥哥把妹妹扶上自行车后座,带着她无言地回家去了。

无言是对的。要是上帝把漂亮和弱智这两样东西都给了这个小姑娘,就只有无言和回家去是对的。

谁又能把这世界想个明白呢?世上的很多事是不堪说的。你可以抱怨上帝何以要降诸多苦难给这人间,你也可以为消灭种种苦难而奋斗,并为此享有崇高与骄傲,但只要你再多想一步你就会坠入深深的迷茫了:假如世界上没有了苦难,世界还能够存在吗?要是没有愚钝,机智还有什么光荣呢?要是没了丑陋,漂亮又怎么维系自己的幸运?要是没有了恶劣和卑下,善良与高尚又将如何界定自己如何成为美德呢?要是没有了残疾,健全会否因其司空见惯而变得腻烦和乏味呢?我常梦想着在人间彻底消灭残疾,但可以相信,那时将由患病者代替残疾人去承担同样的苦难。如果能够把疾病也全数消灭,那么这份苦难又将由(比如说)相貌丑陋的人去承担了。就算我们连丑陋,连愚昧和卑鄙和一切我们所不喜欢的事物和行为,也都可以统统消灭掉,所有的人都一样健康、漂亮、聪慧、高尚,结果会怎样呢?怕是人间的剧目就全要收场了,一个失去差别的世界将是一条死水,是一块没有感觉也没有肥力的沙漠。

看来差别永远是要有的。看来就只好接受苦难——人类的全部剧目需要它,存在的本身需要它。看来上帝又一次对了。

于是就有一个最令人绝望的结论等在这里:由谁去充任那些苦难的角色?又由谁去体现这世间的幸福,骄傲和欢乐?只好听凭偶然,是没有道理好讲的。

就命运而言,休论公道。

那么,一切不幸命运的救赎之路在哪里呢?

设若智慧或悟性可以引领我们去找到救赎之路,难道所有的人都能够获得这样的智慧和悟性吗?

我常以为是丑女造就了美人。我常以为是愚氓举出了智者。我常以为是懦夫衬照了英雄。我常以为是众生度化了佛祖。

六

设若有一位园神,他一定早已注意到了,这么多年我在这园里坐着,有时候是轻松快乐的,有时候是沉郁苦闷的,有时候优哉游哉,有时候悽惶落寞,有时候平静而且自信,有时候又软弱,又迷茫。其实总共只有三个问题交替着来骚扰我,来陪伴我。第一个是要不要去死?第二个是为什么活?第三个,我干吗要写作?

现在让我看看,它们迄今都是怎样编织在一起的吧。

你说,你看穿了死是一件无需乎着急去做的事,是一件无论怎样耽搁也不会错过的事,便决定活下去试试?是的,至少这是很关键的因素。为什么要活下去试试呢?好像仅仅是因为不甘心,机会难得,不试白不试,腿反正是完了,一切仿佛都要完了,但死神很守信用,试一试不会额外再有什么损失。说不定倒有额外的好处呢是不是?我说过,这一来我轻松多了,自由多了。为什么要写作呢?"作家"是两个被人看重的字,这谁都知道。为了让那个躲在园子深处坐轮椅的人,有朝一日在别人眼里也稍微有点光彩,在众人眼里也能有个位置,哪怕那时再去死呢也就多少说得过去了。开始的时候就是这样想,这不用保密。这些现在不用保密了。

我带着本子和笔,到园中找一个最不为人打扰的角落,偷偷地写。那个爱唱歌的小伙子在不远的地方一直唱。要是有人走过来,我就把本子合上把笔叼在嘴里。我怕写不成反落得尴尬。我很要面子。可是你写成了,而且发表了。人家说我写的还不坏,他们甚至说:真没想到你写得这么好。我心说你们没想到的事还多着呢。我确实有整整一宿高兴得没合眼。我很想让那个唱歌的小伙子知道,因为他的歌也毕竟是唱得不错。我告诉我的长跑家朋友的时候,那个中年女工程师正优雅地在园中穿行。长跑家很激动,他说好吧,我玩命跑,你玩命写。这一来你中了魔了,整天都在想哪一件事可以写,哪一个人可以让你写成小说。是中了魔了,我走到哪儿想到哪儿,在人山人海里只寻找小说,要是有一种小说试剂就好了,见人就滴两滴看他是不是一篇小说,要是有一种小说显影液就好了,把它泼满全世界看看都是哪儿有小说,中了魔了,那时我完全是为了写作活着。结果你又发表了几篇,并且出了一点小名,可这时你越来越感到恐慌。我忽然觉得自己活得像个人质,刚刚有点像个人了却又过了头,像个人质,被一个什么阴谋抓了来当人质,不定哪天就被处决,不定哪天就完蛋。你担心要不了多久你就会文思枯竭,那样你就又完了。凭什么我总能写出小说来呢?凭什么那些适合作小说的生活素材就总能送到一个截瘫者跟前来呢?人家满世界跑都有枯竭的危险,而我坐在这园子里凭什么可以一篇接一篇地写呢?你又想到死了。我想见好就收吧。当一名人质实在是太累了太紧张了,太朝不保夕了。我为写作而活下来,要是写作到底不是我应该干的事,我想我再活下去是不是太冒傻气了?你这么想着你却还在绞尽脑汁地想写。我好歹又拧出点水来,从一条快要晒干的毛巾上。恐慌日甚一日,随时可能完蛋的感觉比完蛋本身可怕多了,所谓不怕贼偷就怕贼惦记,我想人不如死了好,不如不出生的好,不如压根儿没有这个世界的好。可你并没有去死。我又想到那是一件不必着急的事。可是不必着急的事并不证明是一件必要拖延的事呀?你总是决定活下来,这说明什么?是的,我还是想活。人为什么活着?因为人想活着,说到底是这么回事,人真正的名字叫做:欲望。可我不怕死,有时候我真的不怕死。有时候,——说对了。不怕死和想去死是两回事,有时候不怕死的人是有的,一生下来就不怕死的人是没有的。我有时候倒是怕活。可是怕活不等于不想活呀?可我为什么还想活呢?因为你还想得到点什么,你觉得你还是可以得到点什么的,比如说爱情,比如说价值感之类,人真正的名字叫欲望。这不对吗?我不该得到点什么吗?没说不该。可我为什么活得恐慌,就像个人质?后来你明白了,你明白你错了,活着不是为了写作,而写作是为了活着。你明白了这一点是在一个挺滑稽的时刻。那天你又说你不如死了好,你的一个朋友劝你:你不能死,你还得写呢,还有好多好作品等着你去写呢。这时候你忽然明白了,你说:只是因为我活着,我才不得不写作。或者说只是因为你还想活下去,你才不得不写作。是的,这样说过之后我竟然不那么恐慌了。就像你看穿了死之后所得的那份轻松?一个人质报复一场阴谋的最有效的办法是把自己杀死。我看出我得先把我杀死在市场上,那样我就不用参加抢够题材的风潮了。你还写吗?还写。你真的不得不写吗?人都忍不住要为生存找一些牢靠的理由。你不担心你会枯竭了?我不知道,不过我想,活着的问题在死之前是完不了的。

这下好了,您不再恐慌了不再是个人质了,您自由了。算了吧你,我怎么可能自由呢?别忘了人真正的名字是:欲望。所以您得知道,消灭恐慌的最有效的办法就是消灭欲望。可是我还知道,消灭人性的最有效的办法也是消灭欲望。那么,是消灭欲望同时也消灭恐慌呢?还是保留欲望同时也保留人性?

我在这园子里坐着,我听见园神告诉我:每一个有激情的演员都难免是一个人质。每一个懂得欣赏的观众都巧妙地粉碎了一场阴谋。每一个乏味的演员都是因为他老以为这戏剧与自己无关。每一个倒霉的观众都是因为他总是坐得离舞台太近了。

我在这园子里坐着,园神成年累月地对我说:孩子,这不是别的,这是你的罪孽和福祉。

七

要是有些事我没说,地坛,你别以为是我忘了,我什么也没忘,但是有些事只适合收藏。不能说,也不能想,却又不能忘。它们不能变成语言,它们无法变成语言,一旦变成语言就不再是它们了。它们是一片朦胧的温馨与寂寥,是一片成熟的希望与绝望,它们的领地只有两处:心与坟墓。比如说邮票,有些是用于寄信的,有些仅仅是为了收藏。

如今我摇着车在这园子里慢慢走,常常有一种感觉,觉得我一个人跑出来已经玩得太久了。有一天我整理我的旧相册,看见一张十几年前我在这园子里照的照片——那个年青人坐在轮椅上,背后是一棵老柏树,再远处就是那座古祭坛。我便到园子里去找那棵树。我按着照片上的背景找很快就找到了它,按着照片上它枝干的形状找,肯定那就是它。但是它已经死了,而且在它身上缠绕着一条碗口粗的藤萝。我当然记得园工们种那棵藤萝时的情景,我却不记得是在什么时候它已经长到了碗口粗。有一天我在这园子里碰见一个老太太,她说:"哟,你还在这儿哪?"她问我:"你母亲还好吗?""您是谁?""你不记得我,我可记得你。有一回你母亲来这儿找你,她问我您看没看见一个摇轮椅的孩子?……"我忽然觉得,我一个人跑到这世界上来玩真是玩得太久了。有一天夜晚,我独自坐在祭坛边的路灯下看书,忽然从那漆黑的祭坛里传出一阵阵唢呐声。四周都是参天古树,方形的祭坛占地几百平方米空旷坦荡独对苍天,我看不见那个吹唢呐的人,唯唢呐声在星光寥寥的夜空里低吟高唱,时而悲怆时而欢快,时而缠绵时而苍凉,或许这几个词都不足以形容它,我清清醒醒地听出它响在过去,响在现在,响在未来,回旋飘转亘古不散。

必有一天,我会听见喊我回去。

那时您可以想象一个孩子,他玩累了可他还没玩够呢,心里好些新奇的念头甚至等不及到明天。也可以想象是一个老人,无可置疑地走向他的安息地,走得任劳任怨。还可以想象一对热恋中的情人,互相一次次说"我一刻也不想离开你",又互相一次次说"时间已经不早了",时间不早了我一刻也不想离开你,一刻也不想离开你可时间毕竟是不早了。

我说不好我想不想回去。我说不好是想还是不想,还是无所谓。我说不好我是像那个孩子,还是像那个老人,还是像一个热恋中的情人。很可能是这样:我同时是他们三个。我来的时候是个孩子,他有那么多孩子气的念头所以才哭着喊着闹着要来,他一来一见到这个世界便立刻成了不要命的情人,而对一个情人来说,不管多么漫长的时光也是稍纵即逝,那时他便明白,每一步每一步,其实一步步都是走在回去的路上。当牵牛花初开的时节,葬礼的号角就已吹响。

但是太阳,他每时每刻都是夕阳也都是旭日。当他熄灭着走下山去收尽苍凉残照之际,正是他在另一面燃烧着爬上山巅布散烈烈朝晖之时。有一天,我也将沉静着走下山去,扶着我的拐杖。那一天,在某一处山洼里,势必会跑上来一个欢蹦的孩子,抱着他的玩具。

当然,那不是我。

但是,那不是我吗?

宇宙以其不息的欲望将一个歌舞炼为永恒。这欲望有怎样一个人间的姓名,大可忽略不计。

写于 1989 年 5 月 5 日
修改于 1990 年 1 月 7 日

(选自《秋天的怀念》,北方妇女儿童出版社 2012 年出版)

对生存意义的拷问

——《我与地坛》主题内涵释读

张卫中

史铁生(1951—2010),北京人,1967年中学毕业,1969年赴延安农村插队务农,1972年因双腿瘫痪回到北京。1979年开始发表作品,著有长篇小说《务虚笔记》,短篇小说《命若琴弦》《我的遥远的清平湾》《奶奶的星星》,散文《我与地坛》等。多篇作品获鲁迅文学奖等奖项。作为一位坐在轮椅上用生命写作的作家,他写的《我与地坛》是一篇谈论生命和生存价值的散文,有三个主题词:死亡、苦难与命运。其中对人生存意义的思考是这篇作品最重要的主题。

《我与地坛》可以分成两大部分,第一节是第一部分,思考"死"的问题,选择活下去还是放弃生命?二至七节则是关于"生"的思考;即在选择活下去以后,他是怎么活的,以及应当怎么活。关于文章的这个思路,作者在第六节已经讲得很清楚:"设若有一位园神,他一定早已注意到了,这么多年我在这园里坐着,有时候是轻松快乐的,有时候是沉郁苦闷的,有时候优哉游哉,有时候恓惶落寞,有时候平静而且自信,有时候又软弱,又迷茫。其实总共只有三个问题交替着来骚扰我,来陪伴我。第一个是要不要去死?第二个是为什么活?第三个,我干吗要写作?"其中的"写作"也是"活"的一部分。

文章第一节有很多篇幅的描写是关于地坛的,有人把这个描写看作文章思想内容的一部分。其实这个描写是附属性的,只是一个铺垫,旨在创造一种历史感和沧桑感,文章的主题是谈论生命,而从地坛的历史入手,有助于创造一个肃穆、庄严的氛围。

这一节其实主要是谈自己关于生与死的选择。文章说得很清楚:"两条腿残废后的最初几年,我找不到工作,找不到去路,忽然间几乎什么都找不到了,我就摇了轮椅总是到它那儿去,仅为着那儿是可以逃避一个世界的另一个世界。""我一连几小时专心致志地想关于死的事,也以同样的耐心和方式想过我为什么要出生。这样想了好几年,最后事情终于弄明白了:一个人,出生了,这就不再是一个可以辩论的问题,而只是上帝交给他的一个事实;上帝在交给我们这件事实的时候,已经顺便保证了它的结果,所以死是一件不必急于求成的事,死是一个必然会降临的节日。这样想过之后我安心多了,眼前的一切不再那么可怕。"

然后,文章说:"剩下的就是怎样活的问题了,这却不是在某一个瞬间就能完全想透的,不是能够一次性解决的事,怕是活多久就要想它多久了,就像是伴你终生的魔鬼或恋人。所以,十五年了,我还是总得到那古园里去,去它的老树下或荒草边或颓墙旁,去默坐,去呆想,去推开耳边的嘈杂理一理纷乱的思绪,去窥看自己的心魂。"

《我与地坛》实际上是看透了生与死以后来谈论人生的意义。就是说,死并不可怕,生也并非就是幸福。他在1999年2月25日写给李健鸣的信中有这样一段话:"我越来越相信,人生是苦海,是惩罚,是原罪。对惩罚之地最恰当的态度,是把它看成锻炼之地,便有了一种猜想——灵魂曾经不在这里,灵魂也不止于这里,我们是途经这里——我们途经这里,那就是说我们可以期待一个更美好的世界,比如说极乐世界。"①

但是,淡漠"死"并不等于淡漠"生"。在这篇文章中,史铁生要告诉读者的是,一旦死是一个不可选择的东西,你不必期待它,也不必怕它,这样你就可以安心对待"生"的问题。

文章的二至七都是关于"生"的思考。第二节是说"生"的艰难。这一节主要是写母亲对儿子的牵挂、担忧,一种忧心如焚的感情。有人曾把这段概括为母爱;如果离开整篇文章可以这样理解,但放在这篇文章中,就不能这样理解。因为文章的主题是生命,是关于生命的价值。因此,联系这篇文章来说,这一段的意思应当是通过写母亲的牵挂、忧

---

① 余一鸣:《〈我与地坛〉走近史铁生的心灵》,《语文教学通讯》2002年第6期。

心,写人生存的艰难。自己的残疾不仅给自己带来了巨大痛苦,而且给母亲带来了巨大痛苦,这个痛苦是翻倍的。

以后几节写了几组人物:十五年来每天早晨在园子里散步的一对老人,爱唱歌的小伙子,被称为"真正的饮者"的老头,捕鸟的汉子,姿态优雅的女工程师,受到命运捉弄的长跑者,一个漂亮而不幸的小姑娘。在这几组人物中,文章着墨比较多的是两个不幸的人物,在他们身上,作者突出的是人生的荒诞、不可理喻,命运的不公平。

首先是那个长跑家,"文化大革命"中因为出言不慎坐了几年牢,出来后好不容易找了一个工作是拉板车,样样待遇都不能与别人平等,苦闷极了便开始练长跑。每天跑两万米。他的理想是以长跑成绩带来政治上的解放,例如上了报纸就可以改变他的地位。然而,后来荒唐的事情出现了。第一年他在春节环城赛上跑了第十五名,但是长安街新闻橱窗里挂了前十名的照片;第二年他跑了第四名,可是新闻橱窗里只挂了前三名的照片;第三年他跑了第七名、橱窗里挂前六名的照片;第四年他跑了第三名,橱窗里却只挂了第一名的照片;第五年他跑了第一名,橱窗里只有一幅环城赛群众场面的照片。最后一次参加环城赛,他以三十八岁之龄又得了第一名并破了纪录,有一位专业队的教练对他说:"我要是十年前发现你就好了。"另外还有那个不幸的小姑娘,她长得漂亮,但却是一个弱智的女孩。这两个人的故事,似乎是要告诉人们,人生当中遭遇不幸的并非仅有作者自己。不幸的程度各有不同,但是不幸却是很多人都经历过的。

随后,作者思考了两个问题,第一,关于人和人之间的差异。人类社会的丰富性正是由这种差异构成的。"假如世界上没有了苦难,世界还能够存在么?要是没有愚钝,机智还有什么光荣呢?要是没了丑陋,漂亮又怎么维系自己的幸运?要是没有了恶劣和卑下,善良与高尚又将如何界定自己又如何成为美德呢?要是没有了残疾,健全会否因其司空见惯而变得腻烦和乏味呢?我常梦想着在人间彻底消灭残疾,但可以相信,那时将由患病者代替残疾人去承担同样的苦难。如果能够把疾病也全数消灭,那么这份苦难又将由(比如说)相貌丑陋的人去承担了。就算我们连丑陋,连愚昧和卑鄙和一切我们所不喜欢的事物和行为,也都可以统统消灭掉,所有的人都一样健康、漂亮、聪慧、高尚,结果会怎样呢？怕是人间的剧目就全要收场了，一个失去差别的世界将是一条死水，是一块没有感觉没有肥力的沙漠。""看来差别永远是要有的。看来就只好接受苦难——人类的全部剧目需要它，存在的本身需要它。看来上帝又一次对了。"

随后就是第二个问题，如果差异是人类社会本身的需要，那么应当由谁承担痛苦呢？谁都愿意健康、漂亮、聪明、富裕，所谓心想事成、万事如意。有谁愿意去做残疾人、病人、相貌丑陋，或是事事不如意的人呢。史铁生得出的结论是："就命运而言，休论公道。"文章在这儿似乎流露了某种宿命的观点，即人的命运是由上苍决定的，人生在这个世界上，只能面对现实。

从这些来自文本的材料来看，《我与地坛》的意义似乎是消极的：强调宿命，认为人的命运是不可抗拒的。但是如果深入阅读就会发现，作者对人生的思考并未停留在宿命问题上，而是超越宿命论，在承认命运不公的基础上，进一步思考人生问题，探讨作为个体的人对生活应当采取的态度。

在第六节有一大段关于自己写作的议论，这段议论是理解文章的一个关键所在。这一段讲自己的写作获得成功，但是他感觉自己受到绑架，被写作绑架了。好像活着就是为了写作。后来他想通了，人的名字就是欲望，人活着的动力就是欲望。当人不在乎死亡的时候，就应该全力投入生的斗争。因此，他悟出："活着不是为了写作，而写作是为了活着。"

文章主题最清楚的表达是这一段："我在这园子里坐着，我听见园神告诉我，每一个有激情的演员都难免是一个人质。每一个懂得欣赏的观众都巧妙地粉碎了一场阴谋。每一个乏味的演员都是因为他老以为这戏剧与自己无关。每一个倒霉的观众都是因为他总是坐得离舞台太近了。"

这段话所讲的是：人就像舞台上的演员，不应当因为看破红尘就消极无为，即便生活是无意义的，人生充满了宿命，但人还是应当积极投入生活中，这也是人生的荒诞所在。你明知人生是一出荒唐之戏，但是仍然要全力投入其中。

《我与地坛》的主题应是：即便每个人从上苍那儿得到的东西有很

大差异,命运是不公平的,但是仍然应该积极投身于生活中去,投身于生活才能获得生活的乐趣。

史铁生对生存意义的思考与存在主义者有一些相似之处,例如,他们都承认命运的偶然性,人在命运面前的无助与渺小,存在主义也认为,世界的诞生是偶然的,人的诞生也是偶然的,并无规律可言。当然,二者的相似也仅仅到此为止,再进一步说,史铁生与存在主义者对待人生的看法就有很大的不同。其差异在于:存在主义者是真正的悲观主义者,他们认为:人生活在一个与自己对立的世界之中,人不仅与世界对立,人与人也是对立的。存在主义者认为人在世界上感受的只有烦恼和孤独,人虽然有选择的权利,但是人生并无目标可言,因此也没有真正的价值,作为个体人的最后归宿就是死亡。而史铁生在承认命运的偶然与不公正之后,强调的是人必须正确地面对偶然与不公正;史铁生的价值观中不能说没有虚无的东西,但是他在看到了虚无以后,不是像存在主义者那样得出一个悲观的结论,而是强调人应当积极投入到生活中去,他认为人生的价值和意义就在于积极的投入与介入。

《我与地坛》是一篇艺术散文,而非讨论哲学问题的议论文,因此文章的思想并非都是作者直截了当地指出的,它主要是通过艺术形象的描写象征与暗示出来的。《我与地坛》中积极的入世态度是在强烈的历史感与厚重感的背景上表现出来的,而这种历史感与厚重感都与地坛紧密相关。地坛在文章中不仅是一个空间性的场地和背景,同时也是一个意象,一个与渺小的人类个体构成对比关系的绵延时间与悠久历史的象征。

事实上,作者在开篇就强调了地坛悠久的历史,其目的则在于通过与地坛的对比强调历史的伟大,人类个体的渺小;这个对比为文章最后将讨论问题的角度从个体的人提升到作为类属的人,即在整个人类层面讨论人生的价值与态度做了必要的铺垫。

文章开篇就提到地坛四百多年的历史,以及自己与地坛之间神秘的关系:从祖母带着父亲来到北京,住处就一直离它不远,而且搬了几次家还越搬越近。"我常常觉得这中间有着宿命的味道:仿佛这古园就是为了等我,而历尽沧桑在那儿等待了四百多年。""它等待我出生,然后又等待我活到最狂妄的年龄上忽地残废了双腿。四百多年里,它一面剥蚀了古殿檐头浮夸的琉璃,淡褪了门壁上炫耀的朱红,坍圮了一段段高墙又散落了玉砌雕栏,祭坛四周的老柏树愈见苍幽,到处的野草荒藤也都茂盛得自在坦荡。这时候想必我是该来了。十五年前的一个下午,我摇着轮椅进入园中,它为一个失魂落魄的人把一切都准备好了。那时,太阳循着亘古不变的路途正越来越大,也越红。在满园弥漫的沉静光芒中,一个人更容易看到时间,并看见自己的身影。"

《我与地坛》是一篇讨论生存意义的散文,作者的经历只是一个个案,文章最终还是超越个人的恩怨得失,在一个更开阔的视野中探讨这个问题,而作者的提升很大程度上要借助于地坛提供的历史感与沧桑感。

在文章中,地坛还不仅仅是一个整体的象征,园中的一花一木都被赋予了生命,它们与作者一起共同讲述了一个生命的故事。作者强调的是,这个世界并不是为哪一个人设计的,作为个体的人在这个世界中是渺小的;不意识到这一点,就不可能真正看清楚人生的意义。文章写道:"十五年中,这古园的形体被不能理解它的人肆意雕琢","但是"有些东西是任谁也不能改变它的。""譬如祭坛石门中的落日,寂静的光辉平铺的一刻,地上的每一个坎坷都被映照得灿烂;譬如在园中最为落寞的时间,一群雨燕便出来高歌,把天地都叫喊得苍凉;譬如冬天雪地上孩子的脚印,总让人猜想他们是谁,曾在那儿做过些什么,然后又都到哪儿去了;譬如那些苍黑的古柏,你忧郁的时候它们镇静地站在那儿,你欣喜的时候它们依然镇静地站在那儿,它们没日没夜地站在那儿从你没有出生一直站到这个世界上又没了你的时候。"

正是在这种超越的视野中,史铁生能够超越个人的不幸,体验生活的伟大,体现了一种乐观的、积极的人生态度。

复习思考题

1.《我与地坛》中多处流露了"就命运而言,休论公道"这种带有宿命色彩的思想,那么文章最后如何超越了由"宿命"带来的消极意义?它的积极意义主要表现在什么地方?

2. 就人生荒诞这一点,《我与地坛》与存在主义有一些相似的认识,但二者又有明显的不同,它们的差异主要在哪里?

老　王

杨　绛

　　我常坐老王的三轮。他登，我坐，一路上我们说着闲话。

　　据老王自己讲：北京解放后，登三轮的都组织起来；那时候他"脑袋慢"，"没绕过来"，"晚了一步"，就"进不去了"。他感叹自己"人老了，没用了"。老王常有失群落伍的惶恐，因为他是单干户。他靠着活命的只是一辆破旧的三轮车。他有个哥哥死了，有两个侄儿"没出息"，此外就没什么亲人。

　　老王不仅老，他只有一只眼，另一只是"田螺眼"，瞎的。乘客不愿坐他的车，怕他看不清，撞了什么。有人说，这老光棍大约年轻时候不老实，害了什么恶病，瞎掉一只眼。他那只好眼也有病，天黑了就看不见。有一次，他撞在电杆上，撞得半面肿胀，又青又紫。那时候我们在干校，我女儿说他是夜盲症，给他吃了大瓶的鱼肝油，晚上就看得见了。他也许是从小营养不良而瞎了一眼，也许是得了恶病，反正同是不幸，而后者该是更深的不幸。

　　有一天傍晚，我们夫妇散步，经过一个荒僻的小胡同，看见一个破破落落的大院，里面有几间塌败的小屋；老王正登着他那辆三轮进大院去。后来我坐着老王的车和他闲聊的时候，问起那里是不是他的家。他说，住那儿多年了。

　　有一年夏天，老王给我们楼下人家送冰，愿意给我们家带送，车费减半。我们当然不要他减半收费。每天清晨，老王抱着冰上三楼，代我们放入冰箱。他送的冰比他前任送的大一倍，冰价相等。胡同口登三轮的我们大多熟识，老王是其中最老实的。他从没看透我们是好欺负的主顾，他大概压根儿没想到这点。

　　"文化大革命"开始，默存不知怎么的一条腿走不得路了。我代他请了假,烦老王送他上医院。我自己不敢乘三轮,挤公共汽车到医院门口等待。老王帮我把默存扶下车,却坚决不肯拿钱。他说:"我送钱先生看病,不要钱。"我一定要给钱,他哑着嗓子悄悄问我:"你还有钱吗?"我笑说有钱,他拿了钱却还不大放心。

我们从干校回来,载客三轮都取缔了。老王只好把他那辆三轮改成运货的平板三轮。他并没有力气运送什么货物。幸亏有一位老先生愿把自己降格为"货",让老王运送。老王欣然在三轮平板的周围装上半寸高的边缘,好像有了这半寸边缘,乘客就围住了不会掉落。我问老王凭这位主顾,是否能维持生活。他说可以凑合。可是过些时老王病了,不知什么病,花钱吃了不知什么药,总不见好。开始几个月他还能扶病到我家来,以后只好托他同院的老李来代他传话了。

有一天,我在家听到打门,开门看见老王直僵僵地镶嵌在门框里。往常他坐在登三轮的座上,或抱着冰伛着身子进我家来,不显得那么高。也许他平时不那么瘦,也不那么直僵僵的。他面色死灰,两只眼上都结着一层翳,分不清哪一只瞎、哪一只不瞎。说得可笑些,他简直像棺材里倒出来的,就像我想象里的僵尸,骷髅上绷着一层枯黄的干皮,打上一棍就会散成一堆白骨。我吃惊说:"啊呀,老王,你好些了吗?"

他"嗯"了一声,直着脚往里走,对我伸出两手。他一手提着个瓶子,一手提着一包东西。

我忙去接。瓶子里是香油,包裹里是鸡蛋。我记不清是十个还是二十个,因为在我记忆里多得数不完。我也记不起他是怎么说的,反正意思很明白,那是他送我们的。

我强笑说:"老王,这么新鲜的大鸡蛋,都给我们吃?"

他只说:"我不吃。"

我谢了他的好香油,谢了他的大鸡蛋,然后转身进屋去。他赶忙止住我说:"我不是要钱。"

我也赶忙解释:"我知道,我知道——不过你既然来了,就免得托人捎了。"

他也许觉得我这话有理,站着等我。

我把他包鸡蛋的一方灰不灰、蓝不蓝的方格子破布叠好还他。他一手拿着布,一手攥着钱,滞笨地转过身子。我忙去给他开了门,站在楼梯口,看他直着脚一级一级下楼去,直担心他半楼梯摔倒。等到听不见脚步声,我回屋才感到抱歉,没请他坐坐喝口茶水。可是我害怕得糊涂了。那直僵僵的身体好像不能坐,稍一弯曲就会散成一堆骨头。我不能想象他是怎么回家的。

过了十多天,我碰见老王同院的老李。我问"老王怎么了?好些没有?"

"早埋了。"

"呀,他什么时候……"

"什么时候死的?就是到您那儿的第二天。"

他还讲老王身上缠了多少尺全新的白布——因为老王是回民,埋在什么沟里。我也不懂,没多问。

我回家看着还没动用的那瓶香油和没吃完的鸡蛋,一再追忆老王和我对答的话,捉摸他是否知道我领受他的谢意。我想他是知道的。但不知为什么,每想起老王,总觉得心上不安。因为吃了他的香油和鸡蛋?因为他来表示感谢,我却拿钱去侮辱他?都不是。几年过去了,我渐渐明白:那是一个幸运的人对一个不幸者的愧怍。

一九八四年三月

(选自《杨绛文集·散文卷》,人民文学出版社 2004 年版)

一个知识者对劳动者的"愧怍"

——《老王》释读

张卫中

《老王》是著名作家杨绛"文革"题材散文中比较特殊的一篇,如果说《干校六记》写的是知识者在非常时代的困境,《老王》写的则是知识者与劳动者之间的关系,而且延续了"五四"以来知识者面对劳动者常见的"愧怍"之情。当然,时代不同、具体的情境不同,《老王》中"愧怍"的内容也有很特殊的地方。但是总体来说,抓住"愧怍"这个关键词是理解《老王》最重要的一个角度。在这个作品中,老王生了重病、临终之前到杨绛家送香油、鸡蛋,目的是什么?杨绛在老王说明"我不是要钱"的情况下仍然付钱给他,意义是什么?后来杨绛知道老王的死讯以后说到自己心中的愧疚,原因是什么?理解了这些问题,才能真正理解《老王》的意义所在。

理解《老王》中作者所说的"愧怍",有两个问题非常关键,首先是20世纪的大背景下知识分子与劳动者的关系。实际上,自"五四"以来知识分子在劳动者面前的"原罪"意识,应当是《老王》中"愧怍"的一个重要内容。其次,作者用付钱的方式拒绝了老王本来想象的"朋友"关系,一定程度上构成了对老王的"伤害",而这种"伤害"则构成了作者"愧怍"的特殊内容。下面分做阐释。

1. 20世纪中国知识分子的"原罪"意识与《老王》中的"愧怍"

"原罪"本来是一个基督教用语,所指的内容是:人类始祖亚当、夏娃因受蛇的引诱偷吃禁果,违背了上帝禁令,被上帝逐出伊甸园,亚当、夏娃是人类的始祖,他们的罪过就成了人类的原罪。20世纪中国知识分子的"原罪",最根本的是一种"阶级出身的原罪"。即按照马克思主义的阶级论,在有阶级社会,有条件接受教育的往往是来自剥削阶级家庭的子弟。"即使自己不曾剥削过他们,那能供自己读书的家庭也可能参与剥削农民的行列中。"在拥有知识以后,"相对于普通大众,知识分子们在当时所享受的特权又多出许多,比如,优先享受了教育,有较丰裕的物质供应等等,这一切使得他们在被自己视为'衣食父母'的劳动者面前感到愧疚和惶恐,总认为自己的一切是建立在人民的血汗之上"。① 总之,那种认为在不平等的法权面前,自己"多吃多占",直接、间接地参与了对普通劳动者的剥削是20世纪中国知识分子"原罪"意识中最基本的内容。

知识分子接受教育就需要较高成本,同时中国又一直有着尊重知识、尊重教育的传统,因此新中国成立前,知识分子特别是高级知识分子确实在享受比较高的物质待遇。20年代北京大学的一级教授胡适、辜鸿铭、马叙伦、蒋梦麟、沈尹默、马寅初等人的月薪都是280银圆。而在当时,几个银圆就够一个普通农民家庭一年的开销。就是在新中国成立后,像杨绛、钱锺书这样的高级知识分子与工农相比,也一直享受着比较高的工资待遇。

因此,"五四"以后,知识分子在身份认同上一直有一种矛盾的心态。他们一方面认为自己是先进知识的拥有者,同时又拥有较丰富的物质财富,因此相对工农,有一种高高在上的优越感。但另一方面,在马克思主义和西方的民粹主义传入中国以后,他们又会为自己的文化和经济地位感到不安,下意识地把自己列入多吃多占的剥削者的行列。

受到当时知识分子普遍存在的这种"原罪"意识的影响,"五四"以后的中国文学史上出现了一系列以"劳工伟大"为主题的作品。诗歌有胡适的《人力车夫》,小说有鲁迅的《一件小事》和郁达夫的《薄奠》、《春风沉醉的晚上》。而这个主题一直延续到"文化大革命"结束后的80年代。张贤亮的《绿化树》、《男人的一半是女人》中的主人公在劳动者面前都表现了一种较明显的"原罪"意识。在《绿化树》中,作者明

---

① 朱湘渝:《中国现代知识分子与"原罪"意识——从不同历史阶段进行梳理》,《重庆职业技术学院学报》2005年第3期。

确表示自己要写的是一个出身资产阶级家庭的青年经过苦难的磨炼最终成为马克思主义者的过程。小说中的章永麟在马缨花、海喜喜面前既有一种文化上的优越感,但同时又因耍小聪明而不断地谴责自己。杨绛的《老王》则明显是这个系列中的一篇作品;思考与反省知识者与劳动者之间的关系,为自己享受了过多的文化和物质财富而感到歉疚,同时赞美劳动者的善良与淳朴,则是这类作品的一个共同主题。

　　理解《老王》中作者对待劳动者的那种既有距离感、又歉疚不安的矛盾心态本来是一件很简单的事情,但在今天,这件简单的事情反而变得复杂了,其中的原因主要是时代的变迁。主要有两个方面:首先,新中国成立以后,特别是十年"文化大革命"以后,中国知识分子包括高级知识分子已经彻底平民化,无论是工资待遇,还是社会地位,与工农大众已经没有太大差别。如果说,新中国成立前的知识分子有很强的贵族意识,现在的知识分子就相当平民化了。其次,"文化大革命"以后,社会意识形态因素大大淡化,知识分子与大众已没有过去的距离感,因此,所谓"原罪"意识也就无从谈起了。就是说,知识分子对待工农大众的优越感和负罪感很大程度上都同时消失了。

　　但是,杨绛显然是老一代知识分子,她和钱锺书都出身于无锡的名门望族,这种特殊的出身与经历使他们或多或少地保留了新中国成立前知识分子的那种贵族意识。因此,杨绛的文章还是不自觉地流露出与劳动者的距离感。当然,杨绛是那种具有深厚人道主义情怀的知识分子,对待劳动者,一方面她总是尽量地放低姿态,拉近与劳动者的关系,另一方面则是尽量多地施与劳动者,以弥补"多吃多占"的不平等。

　　事实上,就是在《老王》的文本中,读者也能看出杨绛和老王之间的距离。杨绛和老王有一个共同特点,就是他们都是老派人物,都保留了老派的习惯。因此,虽然是在"文化大革命"中,老王对钱锺书总是毕恭毕敬地称为"先生",这种态度与口气都让人很容易地想起旧社会下人对主人的恭敬。而杨绛虽然也想尽量尊重老王,但是言谈之中还是流露了某种距离。例如老王登门造访时对他的描绘,"他简直像棺材里倒出来的,就像我想象里的僵尸,骷髅上绷着一层枯黄的干皮,打上一棍就会散成一堆白骨。"很早就有人认为这种描写中包含着不尊敬。

杨绛写知识分子与劳动者的关系并非《老王》一篇,其实《杂忆与杂写》中的《林奶奶》、《顺姐的"自由恋爱"》、《阿福和阿灵》等几篇都是关于这方面的内容,而杨绛的态度是一致的,就是对劳动者有着一种深切的怜悯与同情,但这种同情与怜悯又是居高临下的。

当下,人们对《老王》中"愧怍"理解的困难在于,文章中的"愧怍"是体现在一个高级知识分子与劳动者的关系上,但是当年二者之间的那种关系,即一种不平等的关系,今天在很大程度上已经消失了。于是,当下人们就按照"当下"的规则去猜测这种关系,于是就有了各种不同的理解。而在这个问题上,读者如果能够先期了解20世纪中国知识分子与工农大众的关系,或者了解了20世纪中国社会各阶层关系的变动情况,《老王》中的"愧怍"也许就是一个非常简单的问题。

2.《老王》中"愧怍"的特殊内容

《老王》中有一个中心事件,即老王临死之前送鸡蛋、香油到杨绛家,后来作者一再追忆她与老王谈话的内容,说明这个事情对她的触动很大,因此,这个事情与杨绛的"愧怍"一定有非常密切的联系。

关于老王上门有一个关键问题,即老王此行的目的究竟是一次例行的"买卖",还是临终之前对"朋友"表达最后的谢意。事实上,作者在文中说得很清楚:"我也记不起他是怎么说的,反正意思很明白,那是他送我们的。"作者回忆,当时自己转身进屋拿钱时,老王"赶忙止住我说:'我不是要钱'"。

当然,在这里有读者或许会提这样的问题,即如果老王就是临终前过来表示最后的谢意,他为什么不进一步坚持,例如,坚持不要杨绛给他的钱。然而,问题就在这里。因为事实上,这本来就是一个微妙的、一个有待认定的问题。

老王与杨绛一家的关系应是雇工与雇主之间的关系,然而在那个特殊年代,因为杨绛一家与老王同样落魄,曾给了老王很多照顾,他们之间又有了一种类似朋友之间的关系。但是,究竟是哪一种,认定权显然不在老王一边。因为老王是一个无依无靠的雇工,杨绛、钱锺书虽然落魄,但他们仍是高级知识分子,老王要与杨绛、钱锺书成为朋友,应当

一个知识者对劳动者的"愧怍"

是一种"高攀"。因此这是一种非常微妙的关系。

老王无疑是一个忠厚、淳朴的人,虽然落魄至极,但仍然保持着做人的原则和尊严。久病之后,自觉时日不多,他仍拿些礼物最后看望一下曾经照顾他的人。这个时候,杨绛可以有两种反应:收下礼物,问候老王的病情,用其他方式给老王相应的回报;这应当是一种朋友式的反应。从情理上推断,老王在如此艰难的情况下到作者家来,或许还有临终托付之类的事情。另外一种情况就是文中发生的,因为老王当时的样子,作者被吓坏了,或者下意识中,作者认为自己与老王就是一种买者与卖者的关系;于是她佯装不知,就当作了平常的一宗买卖,付了钱给他。在主人的这两种反应中,第一种显然是老王所期望的;考虑到老王一直孤身一人,心灵的安慰应当是他最大的需要;但这又不是他敢奢望的。钱氏夫妇毕竟是高级知识分子,是应该被称为"先生"的那个群体,当杨绛付钱给他的时候,他也只能默默地接受了。在《老王》中,杨绛的付钱当然不是做了一笔买卖那么简单,它实际上是杨绛在老王提出来的一个二元选择中做了一个清楚的选择,即在买卖关系与朋友关系之间,杨绛清楚地选择了前者。而这正是最让老王最"受伤"的地方。

如果说这是一次平常的访问,老王以平等的身份送礼被拒绝,那还可以有下一次的补救,但问题是,这是老王临死之前最后一次访问,作者对他的拒绝就意味着永远的拒绝,永远也没有补救的可能。对老王这样一个在贫穷中依然保持尊严的人来说,这个伤害是巨大的、无法弥补的。因此,其后,作者"每想起老王,总觉得心上不安"。从杨绛这边说,由对老王的拒绝而导致的伤害应当是她"愧怍"的主要内容。

当然,后来作者在反思自己的"愧怍"时,曾明确否定了这种可能,她在文中做出假设,是不是"因为吃了他的香油和鸡蛋?因为他来表示感谢,我却拿钱去侮辱他?"然后,作者有一个明确的回答:"都不是。"

但是作者的这个回答也并不是问题最终的答案,原因有二,首先,杨绛所面对的是一个心理上的问题,她在几种可能引起"愧怍"的原因中,对"用钱侮辱说"做了否定,但是人的心理上的事情有时候是说不清楚的,实际上,"用钱侮辱"肯定是引起作者的"愧疚"的原因之一,其中只有这个成分占多占少的问题,而绝不是一个简单的有和没有的问题。老王临死前在非常困难的情况下造访钱家,但作者却回绝了他作为朋友的示好,这么大的一件事,对作者的心理没有影响是不可能的。

其次,从接受美学的角度说,文学作品的意义并非由作者赋予的,它也没有一个绝对的、最终的意义,其结构是开放的,读者有权按照自己的"期待视野"对作品做出自己的理解。就作品本身来说,"老王的造访"占了全文一半以上的篇幅,是作品中的一个中心事件,而这个事件不可能与作品的关键词"愧疚"没有联系。

整体上说,在作者的"愧怍"中,那种知识分子的"原罪"意识构成了一种总体上的、普泛的内容,而作者自己对老王的伤害则构成了"愧怍"的具体内容。这两个内容其实也是一个内容,即作者由自己对老王的伤害意识到知识者与下层劳动者在经济上的不平等,而这种不平等让作者产生了深深的内疚与愧怍。

总之,《老王》最大的特点是通过巧妙的剪裁,成功地讲述了一个"伤害"的故事,即一个知识者对一个孤苦老人情感上的伤害。因为这个"伤害",作者陷入沉重的愧疚和自责中,同时,她也把这种感情传染给了读者。掩卷之后,每个读者的心都应当是沉甸甸的。在作品中,那种伤害了一个老人的记忆不仅刺激作者,也在很大程度上刺激读者,这个刺激就像一束光,一下子就照亮了老王的一生,让人在同情与怜悯中,对这个孤独、贫穷,然而又善良、自尊的老人留下极为深刻的印象。

复习思考题

1. 为什么说老王给杨绛送鸡蛋、香油最大的可能是他临终之前表示对钱锺书、杨绛夫妇的感激之情,文中哪些细节支持这个假设?

2. 为什么说《老王》体现了 20 世纪中国知识分子的"原罪"意识?如何从"原罪"意识理解作品中作者的"愧怍"?

哑 奴

三 毛

我第一次被请到镇上一个极有钱的撒哈拉威财主家去吃饭时,并不认识那家的主人。

据这个财主堂兄太太的弟弟阿里告诉我们,这个富翁是不轻易请人去他家里的。我们以及另外三对西籍夫妇,因为是阿里的朋友,所以才能吃到驼峰和驼肝做的烤肉串。

进了财主像迷宫也似宽大的白房子之后,我并没有像其他客人一样,静坐在美丽的阿拉伯地毯上,等着吃也许会令人呕吐的好东西。

财主只出来应酬了一会儿,就回到他自己的房间去。

他是一个年老而看上去十分精明的撒哈拉威人,吸着水烟,说着优雅流畅的法语和西班牙话,态度自在而又带着几分说不出的骄傲。

应酬我们这批食客的事情,他留下来给阿里来做。

等我看完了这家人美丽的书籍封面之后,我很有礼地问阿里,我可不可以去内房看看财主美丽的太太们。

"可以,请你进去,她们也想看你,就是不好意思出来。"

我一个人在后房里转来转去,看见了一间间华丽的卧室,落地的大镜子,美丽的女人,席梦思大床,还看见了无数平日在沙漠里少见的夹着金丝银线的包身布。

我很希望荷西能见见这财主四个艳丽而年轻的太太,可惜她们太害羞了,不肯出来会客。

等我穿好一个女子水红色的衣服,将脸蒙起来,慢慢走回客厅去时,里面坐着的男人都跳了起来,以为我变成了第五个太太。

我觉得我的打扮十分合适这房间的情调,所以决定不脱掉衣服,只将蒙脸的布拉下来,就这么等着吃沙漠的大菜。

过了不一会,烧红的炭炉子被一个还不到板凳高的小孩子拎进来,这孩子面上带着十分谦卑的笑容,看上去不会超过八九岁。

　　他小心地将炉子放在墙角,又出去了,再一会儿,他又捧着一个极大的银托盘摇摇摆摆地走到我们面前,放在大红色编织着五彩图案的地毯上。盘里有银的茶壶,银的糖盒子,碧绿的新鲜薄荷叶,香水,还有一个极小巧的炭炉,上面热着茶。

　　我赞叹着,被那清洁华丽的茶具,着迷得神魂颠倒。

　　这个孩子,对我们先轻轻地跪了一下,才站起来,拿着银白色的香水瓶,替每一个人的头发上轻轻地洒香水,这是沙漠里很隆重的礼节。

　　我低着头让这孩子洒着香水,直到我的头发透湿了,他才罢手。一时里,香气充满了这个阿拉伯似的宫殿,气氛真是感人而庄重。

　　这一来,撒哈拉威人强烈的体臭味,完全没有了。

　　再过了一会儿,放着生骆驼肉的大碗,也被这孩子静静地捧了进来,炭炉子上架上铁丝网。我们这一群人都在高声地说着话,另外两个西班牙太太正在谈她们生孩子时的情形,只有我,默默地观察着这个孩子的一举一动。

　　他很有次序地在做事。先串肉,再放在火上烤,同时还照管着另一个炭炉上的茶水。茶滚了,他放进薄荷叶,加进硬块的糖,倒茶时,他将茶壶举得比自己的头还高,茶水斜斜准准地落在小杯子里,姿势美妙极了。

　　茶倒好了,他再跪在我们面前,将茶杯双手举起来给我们,那真是美味香浓的好茶。

　　肉串烤熟了,第一批,这孩子托在一个大盘子里送过来。

　　驼峰原来全是脂肪,驼肝和驼肉倒也勉强可以入口。男客们和我一人拿了一串吃将起来。那个小孩子注视着我,我对他笑笑,眨眨眼睛,表示好吃。

　　我吃第二串时,那两个土里土气的西班牙太太开始没有分寸地乱叫起来。

　　"天啊!不能吃啊!我要吐了呀!快拿汽水来啊!"

　　我看见她们那样没有教养的样子,真替她们害羞。

预备了一大批材料,女的只有我一个人在吃,我想,叫一个小孩子来侍候我们,而我们像废物一样地坐食,实在没有意思,所以我干脆移到这孩子旁边去,跟他坐在一起,帮他串肉,自烤自吃。骆驼的味道,多洒一点盐也就不大觉得了。

这个孩子,一直低着头默默地做事,嘴角总是浮着一丝微笑,样子伶俐极了。

我问他:"这样一块肉,一块驼峰,再一块肝,串在一起,再放盐,对不对?"他低声说:"哈克!"(对的、是的等意思。)

我很尊重他,扇火、翻肉,都先问他,因为他的确是一个能干的孩子。我看他高兴得脸都红起来了,想来很少有人使他觉得自己那么重要过。

火那边坐着的一群人,却很不起劲。阿里请我们吃道地的沙漠菜,这两个讨厌的女客还不断地轻视地在怪叫。茶不要喝,要汽水;地下不会坐,要讨椅子。

这些事情,阿里都大声叱喝着这个小孩子去做。

他又得管火,又不得不飞奔出去买汽水,买了汽水,又去扛椅子,放下椅子,又赶快再来烤肉,忙得满脸惶惑的样子。

"阿里,你自己不做事,那些女人不做事,叫这个最小的忙成这副样子,不太公平吧!"我对阿里大叫过去。

阿里吃下一块肉,用烤肉叉指指那个孩子,说:"他要做的还不止这些呢,今天算他运气。"

"他是谁?他为什么要做那么多事?"

荷西马上将话题扯开去。

等荷西他们说完了,我又隔着火坚持我的问话。

"他是谁?阿里,说嘛!"

"他不是这家里的人。"阿里有点窘。

"他不是家里的人,为什么在这里?他是邻居的小孩?"

"不是。"

室内静了下来,大家都不响,我因为那时方去沙漠不久,自然不明白他们为什么都好似很窘,连荷西都不响。

"到底是谁嘛?"我也不耐烦了,怎么那么拖泥带水的呢。

"三毛,你过来。"荷西招招手叫我,我放下肉串走过去。

"他,是奴隶。"荷西轻轻地说,生怕那个孩子听见。

我捂住嘴,盯着阿里看,再静静地看看那低着头的孩子,就不再说话了。"奴隶怎么来的?"我冷着脸问阿里。

"他们世世代代传下来的,生来就是奴隶。"

"难道第一个生下来的黑人脸上写着——我是奴隶?"

我望着阿里淡棕色的脸不放过对他的追问。

"当然不是,是捉来的。沙漠里看见有黑人住着,就去捉。打昏了,用绳子绑一个月,就不逃了。全家捉来,更不会逃,这样一代一代传下来就成了财产,现在也可以买卖。"

见我面有不平不忍的表情,阿里马上说:"我们对待奴隶也没有不好,像他,这小孩子,晚上就回去跟父母住帐篷,他住在镇外,很幸福的,每天回家。"

"这家主人有几个奴隶?"

"有两百多个,都放出去替西班牙政府筑路。到月初,主人去收工钱,就这么暴富了。"

"奴隶吃什么?"

"西班牙承包工程的机关会给饭吃。"

"所以,你们用奴隶替你们赚钱,而不养他们。"我斜着眼睨着阿里。

"喂!我们也弄几个来养。"一个女客对她先生轻轻地说。

"你他妈的闭嘴!"我听见她被先生臭骂了一句。

告别这家财主时,我脱下了本地衣服还给他美丽的妻子。大财主送出门来,我谢谢了他,但不要再跟他握手,这种人我不要跟他再见面。

我们这一群人走了一条街,我才看见,小黑奴追出来,躲在墙角看我。伶俐的大眼睛,像小鹿一样温柔。

我丢下了众人,轻轻地向他跑去,皮包里找出两百块钱,将他的手拉过来,塞在他掌心里,对他说:"谢谢你!"才又转身走开了。

我很为自己羞耻。金钱能代表什么,我向这孩子表达的,就是用钱这一种方式吗?我想不出其他的方法,但这实在是很低级的亲善形式。

第二天我去邮局取信,想到奴隶的事,顺便就上楼去法院看看秘书老先生。

"哈,三毛,久不来了,总算还记得我。"

"秘书先生,在西班牙的殖民地上,你们公然允许蓄奴,真是令人感佩。"

秘书听了,唉地叹了一口长气,他说:"别谈了,每次撒哈拉威人跟西班牙人打架,我们都把西班牙人关起来。对付这批暴民,我们安抚还来不及,哪里敢去过问他们自己的事,怕都怕死了。"

"你们是帮凶,何止是不管,用奴隶筑路,发主人工钱,这是笑话!"

"唉,干你什么事?那些主人都是部落里的首长,马德里国会,都是那些有势力的撒哈拉威人去代表,我们能说什么。"

"堂堂天主教大国,不许离婚,偏偏可以养奴隶,天下奇闻,真是可喜可贺。嗯!我的第二祖国,天哦……"

"三毛,不要烦啦!天那么热……"

"好啦!我走啦!再见!"我大步走出法院的楼。

那天的傍晚,有人敲我的门,很有礼貌,轻轻地叩了三下就不再敲了。我很纳闷,哪有这么文明的人来看我呢!

开门一看,一个不认识的中年黑人站在我门口。

他穿得很破很烂,几乎是破布片挂在身上,裹头巾也没有,满头花白了的头发在风里飘拂着。

他看见我,马上很谦卑地弯下了腰,双手交握在胸前,好似在拜我似的。他的举止,跟撒哈拉威人的无礼,成了很大的对比。

"您是?"我等着他说话。

他不会说话,口内发出沙哑的声音,比着一个小孩身形的手势,又指指他自己。

我不能领悟他的意思,只有很和气的对他问:"什么?我不懂,什么?"

他看我不懂,马上掏出了两百块钱来,又指指财主住的房子的方向,又比小孩的样子。啊!我懂了,原来是那小孩子的爸爸来了。

他硬要把钱塞还给我,我一定不肯,我也打手势,说是我送给小孩子的,因为他烤肉给我吃。

他很聪明,马上懂了。这个奴隶显然不是先天性的哑巴,因为他口里会发声,只是聋了,所以不会说话。

他看看钱,好似那是天大的数目,他想了一会儿,又要交还我,我们推了好久,他才又好似拜了我一下地弯下了身,合上手,才对我笑了起来,又谢又谢,才离开了。

那是我第一次碰见哑奴的情景。

过了不到一星期,我照例清早起来,开门目送荷西在满天的星空下去上早班,总是五点一刻左右。

那天开门,我们发现门外居然放了一棵青翠碧绿的生菜,上面还洒了水。我将这生菜小心地捡起来,等荷西走远了,才关上门,找出一个大口水瓶来,将这棵菜像花一样竖起来插着,放在客厅里,舍不得吃它。

我知道这是谁给的礼物。

我们在这一带每天借送无数东西给撒哈拉威邻居,但是来回报我的,却是一个穷得连身体都不属于自己的奴隶。

这比《圣经》故事上那个奉献两个小钱的寡妇还要感动着我的心。

我很想再有哑奴的消息,但是他没有再出现过。

过了两个月左右,我的后邻要在天台上加盖一间房子,他们的空心砖都运来堆在我的门口,再吊到天台上去。

我的家门口被弄得一塌糊涂,我们粉白的墙也被砖块擦得不成样子。荷西回家来了,我都不敢提,免得他大发脾气,伤了邻居的感情。我只等着他们快快动工,好让我们再有安宁的日子过。

等了好一阵,没有动工的迹象,我去晒衣服时,也会到邻居四方的洞口往下望,问他们怎么还不动工。

"快了,我们在租一个奴隶,过几天价钱讲好了,就会来。他主人对这个奴隶,要价好贵,他是全沙漠最好的泥水匠。"

过了几天,一流的泥水匠来了。我上天台去看,居然是那个哑奴正蹲着调水泥。

我惊喜地向他走去。他看见我的影子,抬起头来,看见是我,真诚的笑容,像一朵绽开的花一样在脸上露出来。

这一次,他才弯下腰来,我马上伸手过去,跟他握了一握,又打手势,谢谢他送的生菜。他知道我猜出是他送的,脸都涨红了,又打手势问我:"好吃吗?"

我用力点点头,说荷西与我吃掉了。他再度欢喜地笑了,又说:"你们这种人,不吃生菜,牙龈会流血。"

我呆了一下,这种常识,一个沙漠的奴隶怎么可能知道。

哑奴说的是简单明了的手势,这种万国语,实在是方便。他又会表达,一看就知道他的意思。

哑奴工作了几天之后,半人高的墙已经砌起来了。

那一阵是火热的八月,到了正午,毒热的太阳像火山的岩浆一样地流泻下来。我在房子里,将门窗紧闭,再将窗缝用纸条糊起来,不让热浪冲进房间里,再在室内用水擦席子,再将冰块用毛巾包着放在头上,但是那近五十五度的气温,还是令人发狂。

每到这么疯狂的酷热在煎熬我时,我总是躺在草席上,一分一秒的等候着黄昏的来临。那时候,只有黄昏凉爽的风来了,使我能在门外坐一会儿,就是我所盼望着的最大的幸福了。

那好几日过去了,我才想到在天台上工作的哑奴,我居然忘记了他,在这样酷热的正午,哑奴在做什么?

我马上顶着热跑上了天台,打开天台的门,一阵热浪冲过来,我的头马上剧烈地痛起来。我快步冲出去找哑奴,空旷的天台上没有一片可以藏身的阴影。

哑奴,半靠在墙边,身上盖了一块羊栏上捡来的破草席,像一个不会挣扎了的老狗一样,趴在自己的膝盖上。

我快步过去叫他,推他,阳光像熔化了的铁一样烫着我的皮肤,才几秒钟,我就旋转着支持不住了。

我拉掉哑奴的草席,用手推他,他可怜的脸,好似哭泣似的慢慢地抬起来,望着我。

我指指我的家,对他说:"下去,快点,我们下去。"

他软弱地站了起来,苍白的脸犹豫着,不知如何是好。

我受不了那个热,又用力推他,他才很不好意思的弯下腰,穿过荷西盖上的天棚,慢慢走下石阶来。我关上了天台的门,也快步下来了。

哑奴,站在我厨房外面的天棚下,手里拿着一个硬得好似石头似的干面包。我认出来,那是撒哈拉威人,去军营里要来的旧面包,平日磨碎了给山羊吃的。现在这个租哑奴来做工的邻居,就给他吃这个东西维持生命。

哑奴很紧张,站在那儿动也不敢动。天棚下仍是很热,我叫他进客厅去,他死也不肯,指指自己,又指指自己的肤色,一定不肯跨进去。

我再打手势:"你,我,都是一样的,请进去。"

从来没有人当他是人看待,他怎么不吓坏了。

最后,我看他拘谨成那个可怜的样子,就不再勉强他了,将他安排在走廊上的阴凉处,替他铺了一块草席。

冰箱里我拿出一瓶冰冻的橘子水,一个新鲜的软面包,一块干乳酪,还有早晨荷西来不及吃的白水煮蛋,放在他身旁,请他吃。然后我就走掉了,去客厅关上门,免得哑奴不能坦然地吃饭。

到了下午三点半,岩浆仍是从天上倒下来,室内都是滚烫的,室外更不知如何热了。

我,担心哑奴的主人会骂他,才又出来叫他上去工作。

他,在走廊上坐得好似一尊石像,橘子水喝了一点点,自己的干面包吃下了,其他的东西动都不动。我看他不吃,又着手静静地望着他。

哑奴真懂,他马上站起来,对我打手势:"不要生气,我不吃,我想带回去给我的女人和孩子吃。"他比了三个小孩子,两男一女。

我这才明白了,马上找了一个口袋,把东西都替他装进去,又切了一大块乳酪和半只西瓜,还再放了两瓶可乐,我自己存的也不多了,不然可以多给他一点。

他看见我在袋子里放东西,垂着头,脸上又羞愧又高兴的复杂表情,使我看了真是不忍。

我将袋子再全塞在半空的冰箱里,对他指指太阳,说:"太阳下山了,你再来拿,现在先存在我这里。"

他拼命点头,又向我弯下了腰,脸上喜得都快哭了似的,就快步上去工作了。

我想,哑奴一定很爱他的孩子,他一定有一个快乐的家,不然他不会为了这一点点食物高兴。我犹豫了一下,把荷西最爱吃的太妃糖盒子打开,抓了一大把放在给哑奴的食物口袋里。

其实,我们也没有什么食物,我能给他的实在太贫乏了。

星期天,哑奴也在工作,荷西上天台去看他。哑奴第一次看见我的丈夫,他丢下了工作,快步跨过砖块,口里呀呀地叫着,还差几步,他就伸长了手,要跟荷西握手,我看他先伸出手来给荷西,而没有弯下腰去,真是替他高兴。在我们面前,他的自卑感一点一点自然地在减少,相对的人与人的情感在他心里一点一点地建立起来。我笑着下天台去,荷西跟他打手语的影子,斜斜的映在天棚上。

到了中午,荷西下来了,哑奴高高兴兴的跟在后面。荷西一头的粉,想来他一定在跟哑奴一起做起泥工来了。

"三毛,我请哑巴吃饭。"

"荷西,不要叫他哑巴!"

"他听不见。"

"他眼睛听得见。"

我拿着锅铲,对哑奴用阿拉伯哈萨尼亚语,慢慢地夸大着口形说:"沙——黑——毕。"(朋友)

又指指荷西,再说:"沙——黑——毕。"

又指我自己:"沙——黑——布——蒂。"(女朋友)

再将三个人做一个圈圈,他完全懂了。他不设防的笑容,又一度感动了我。他很兴奋,又有点紧张,荷西推推他,他一步跨进了客厅,又对我指指他很脏的光脚,我对他摇摇手,说不要紧的,就不去睬他了,让两个男人去说话。

过了一会儿,荷西来厨房告诉我:"哑奴懂星象。"

"你怎么知道?"

"他画的,他看见我们那本画上的星,他一画就画出了差不多的位置。"

过一会,我进客厅去放刀叉,看见荷西跟哑奴趴在世界地图上。

哑奴找也不找,一手就指在撒哈拉上,我呆了一下,他又一指指在西班牙,又指指荷西,我问他:"我呢?"

他看看我,我恶作剧地也指指西班牙,他做出大笑的样子,摇手,开始在亚洲地图那一带找,这一下找不到了,交了白卷。

我指指他的太阳穴。做出一个表情——笨!

他笑得要翻倒了似的开心。

哑奴实在是一个聪明的人。

青椒炒牛肉拌饭,哑奴实在吃不下去。我想,他这一生,也许连骆驼、山羊肉都吃不到几次,牛肉的味道一定受不了。

我叫他吃白饭撒盐,他又不肯动手,拘谨的样子又回来了。

我叫他用手吃,他低着头将饭吃掉了。我决定下次不再叫他一同吃饭,免得他受罪。

消息传得很快,邻居小孩看见哑奴在我们家吃饭,马上去告诉大人,大人再告诉大人,一下四周都知道了。

这些人对哑奴及我们产生的敌意,我们很快地觉察到了。

"三毛,你不要理他,他是'哈鲁佛'!脏人!"(哈鲁佛是猪的意思)

邻居中我最讨厌的一个小女孩第一个又妒又恨地来对我警告。

"你少管闲事,你再叫他'哈鲁佛',荷西把你捉来倒吊在天台上。"

"他就是猪,他太太是疯子,他是替我们做工的猪!"

说完她故意过去吐口水在哑奴身上,然后挑战地望着我。

荷西冲过去捉这个小女鬼,她尖叫着逃下天台,躲进自己的家里去。

我很难过,哑奴一声也不响地拾起工具,抬起头来,我发觉我的邻居正阴沉地盯着荷西和我,我们什么都不说,就下了天台去。

有一个黄昏,我上去收晾着的衣服,又跟哑奴挥挥手,他已在砌屋顶了,他也对我挥挥手。恰巧荷西也下班了,他进了门也上天台来。

哑奴放下了工具,走过来。

那天没有风沙,我们的电线上停了一串小鸟。我指着鸟叫哑奴看,又做出飞翔的样子,再指指他,做了一个手势:"你——不自由,做工做得半死,一毛钱也没有。"

"三毛,你好啦!何苦去激他。"荷西在骂我。

"我就是要激他,他有本事在身,如果自由了,可以养活一家人不成问题。"哑奴呆呆地望了一会儿天空,比比自己肤色,叹了口气。过一会儿,他又笑了,他对我们指指他的心,再指指小鸟,又做了飞翔的动作。

我知道,他要说的是:"我的身体虽是不自由的,但是我的心是自由的。"

他说出如此有智慧的话来,令我们大吃一惊。

那天黄昏,他坚持要请我们去他家。我赶快下去找了些吃的东西,又装了一瓶奶粉和白糖跟着他一同回去。

他的家,在镇外沙谷的边缘,孤零零的一个很破的帐篷在夕阳下显得如此的寂寞而悲凉。

我们方才走近,帐篷里扑出来两个光身子的小孩,大叫欢笑着冲到哑奴身边,哑奴马上笑呵呵地把他们抱起来。帐篷里又出来了一个女人,她可怜得缠身的包布都没有,只穿了一条两只脚都露在外面的破裙子。

哑奴一再地请我们进去坐,我们弯下了身子进去,才发觉,这个帐篷里只有几个麻布口袋铺在地上,铺不满,有一半都是沙地。帐篷外,有一个汽油桶,里面有半桶水。

哑奴的太太羞得背对着帐篷布,不敢看我们。哑奴马上去打水、生火,用一个很旧的茶壶煮了水。又没有杯子给我们喝,他窘得不得了,急得满头大汗。荷西笑笑,叫他不要急,我们等水凉一点,就从茶壶里传着喝,他才放心了似的笑了,这已是他最好的招待,我们十分感动。

大孩子显然还在财主家做工,没有回来,小的两个,依在父亲的怀里,吃着手指看我们。我赶快把东西拿出来分给他们,哑奴也马上把面包递给背坐着的太太。

坐了一会儿,我们要走了,哑奴抱着孩子站在帐篷外向我们挥手。荷西紧紧地握住我的手,再回头去看那个苦得没有立锥之地的一家人,我们不知怎的觉得更亲密起来。

"起码,哑奴有一个幸福的家,他不是太贫穷的人啊!"我对荷西说。

家,对每一个人,都是欢乐的泉源啊!再苦也是温暖的,连奴隶有了家,都不觉得他过分可怜了。

以后,我们替他的孩子和太太买了一些廉价的布,等哑奴下工了,悄悄地塞给他,叫他快走,免得又要给主人骂。

回教人过节时,我们送给他一麻袋的炭,又买了几斤肉给他。我总很羞愧这样施舍他,总是白天去,他不在家,我放在他帐篷外,就跑掉。哑奴的太太,是个和气的白痴,她总是对我笑,身上包着我替她买的蓝布。

哑奴不是没有教养的撒哈拉威人,他没有东西回报我们,可是,他会悄悄地替我们补山羊踩坏了的天棚;夜间偷了水,来替我们洗车;刮大风了,他马上替我收衣服,再放在一个洗干净的袋子里,才拉起天棚的板,替我丢下来。

荷西跟我一直想替哑奴找获得自由的方法,可是完全不得要领,都说是不可能的事情。

我们不知道,如果替他争取到自由,又要怎么负担他,万一我们走了,他又怎么办。

其实,我们并没有认真地想到,哑奴的命运会比现况更悲惨,所以也没有积极地设法使他自由了。

有一天,沙漠里开始下起大雨来,雨滴重重地敲打在天棚上,我醒了,推着荷西,他也起来了。

"听!在下雨,在下大雨。"我怕得要命。

荷西跳起来,打开门冲到雨里去,邻居都醒了,大家都跑出来看雨,口里叫着:"神水!神水!"

我因为这种沙漠里的异象,吓得心里冰冷,那么久没有看见雨,我怕得缩在门内,不敢出去。

大家都拿了水桶来接雨,他们说这是神赐的水,喝了可以治病。

豪雨不停地下着,沙漠成了一片泥泞。我们的家漏得不成样子。沙漠的雨,是那么的恐怖。

雨下了一天一夜,西班牙的报纸,都刊登了沙漠大雨的消息。

哑奴的工程,在雨后的第二星期,也落成了。

那一天,我在看书,黄昏又来了,而荷西当天加班,要到第二日清晨才能回来。

突然,我听见门外有小孩子异常吵闹的声音,又有大人在说话的声音。

邻居姑卡用力敲我的门,我一开门,他就很激动地告诉我:"快来看,哑巴被卖掉了,正要走了。"

我耳朵里轰的一响,捉住姑卡问:"为什么卖了?怎么突然卖了?是去哪里?"姑卡说:"下过雨后,'毛里塔尼亚'长出了很多草,哑巴会管羊,会管接生小骆驼,人家来买他,叫他去。"

"他现在在哪里?"

"在建房子的人家门口,他主人也来了,在里面算钱。"

我匆匆忙忙地跑去,急得气得脸都变了。我拼命地跑到邻居的门外,看见一辆吉普车,驾驶座旁坐了哑奴。

我冲到车子旁去,看见他呆望着前方,好似一尊泥塑的人一样,面上没有表情。我再看他的手,被绳子绑了起来,脚踝上也绑了松松的一段麻绳。

我捂住嘴,望着他,他不看我。我四顾一看,都是小孩子围着。我冲进邻居的家,看见有地位的财主悠然地在跟一群穿着很好的人在喝茶,我知道这生意是成交了,没有希望救他了。

我再冲出去,看着哑奴,他的嘴唇在发抖,眼眶干干的。我冲回家去,拿了仅有的现钱,又四周看了一看,我看见自己那块铺在床上的大沙漠彩色毯子,我没有考虑地把它拉下来,抱着这床毯子再往哑奴的吉普车跑去。

"沙黑毕,给你钱,给你毯子。"我把这些东西堆在他怀里,大声叫着。

哑奴,这才看见了我,也看见了毯子。他突然抱住了毯子,口里哭也似的叫起来,跳下车子,抱着这床美丽的毯子,没命地往他家的方向奔去。因为他脚上的绳子是松松地挂着,他可以小步地跑,我看着他以不可能的速度往家奔去。

小孩们看见他跑了,马上叫起来:"逃啦!逃啦!"
里面的大人追出来,年轻的顺手抓了一条大木板,也开始追去。
"不要打!不要打!"
我紧张得要昏了过去,一面叫着一面也跑起来,大家都去追哑奴。我舍命地跑着,忘了自己有车停在门口。

跑到了快到哑奴的帐篷,我们大家都看见,哑奴远远地就迎风打开了那条彩色缤纷的毯子,跌跌撞撞地扑向他的太太和孩子,手上绑的绳子被他扭断了。他一面呵呵不成声地叫着,一面把毛毯用力围在他太太孩子们的身上,又拼命拉着他白痴太太的手,叫她摸摸毯子有多软多好,又把我塞给他的钱给太太。风里面,只有哑巴的声音和那条红色的毛毯在拍打着我的心。

几个年轻人上去捉住哑奴,远远吉普车也开来了,他茫茫然地上了车,手紧紧地握在车窗上,脸上的表情似悲似喜,白发在风里翻飞着。他看得老远的,眼眶里干干的没有半滴泪水,只有嘴唇,仍然不能控制地抖着。

车开了,人群让开来。哑奴的身影渐渐地消失在夕阳里,他的家人,没有哭叫,拥抱成一团,缩在大红的毯子下像三个风沙凝成的石块。

我的泪,像小河一样地流满了面颊。我慢慢地走回去,关上门,躺在床上,不知何时鸡已叫了。

(选自《三毛全集》第 4 卷,"哭泣的骆驼"第 195—217 页,哈尔滨出版社 2003 年版)

一篇朴实无华的佳作

——《哑奴》评析

樊 星

《哑奴》是台湾女作家三毛的一篇朴实无华的散文佳作,收入散文集《哭泣的骆驼》。文章以真挚的情感记录了作者在撒哈拉沙漠中与一位哑奴的一段交往,通过对哑奴的纯朴情感的生动描绘,既展示了作者的人道主义胸怀,同时也揭露了现代蓄奴制的黑暗与残暴和奴隶主的伪善。

文章开始,写"我"到一位财主家作客,寥寥几笔记述了财主家的奢华与压抑感后,便以细腻的笔触将读者的注意力引到了一个孩子的身上——他看上去不过八九岁,"面上带着十分谦卑的笑容",小心翼翼地侍候着客人们。不论那些做客的贵妇人怎么挑剔,也不论主人对他怎么喝叱,他的嘴角上总是浮着一丝微笑。只有"我"为他所受到的粗暴喝叱不平。而主人对此的解释却是:"他们世世代代传下来的,生来就是奴隶。"他甚至以淡漠的口吻讲述着残忍的掠夺奴隶的历史和靠出卖奴隶牟取暴利的可耻行径,甚至说奴隶们的生活是幸福的。第二天,"我"去法院,激烈抨击蓄奴的罪恶;但法院的答复却是无能为力。至此,小奴隶的可爱与可怜、奴隶主的冷酷与无耻、作者的正义和激情、法律纵容姑息跃然纸上。

往下,文章写到本文的主人公哑奴——一个中年黑人。他衣衫褴褛,极其诚实谦卑地登门还钱。原来,他是小奴隶的爸爸。在作者眼中:"他的举止,跟沙哈拉威人的无礼,成了很大的对比。"这个穷得一文不名的奴隶,怕孩子的钱来路不正登门来归还;在证实了"我"的诚意之后,才有礼貌地收下。由此,哑奴的正直质朴与奴隶主超人性的贪婪又形成了强烈的对比!

"我"的真情,得到了哑奴的回报——一棵碧绿的青菜。哑奴留菜虽不留名,但"我"却心有灵犀一点通地感慨不已:"我们在这一带每天借送无数东西给沙哈拉威邻居,但是来回报我的,却是一个穷得连身体都不属于自己的奴隶。""这比圣经故事上那个奉献两个小钱的寡妇还要感动着我的心。"在作者心中,这个哑奴充满人情味,他完全是一个正常的人,使他麻木的,是罪恶的奴隶制度。

再次见到哑奴,是在两个月以后。在火热的8月,酷暑令人发狂。"我"系念着正在为邻居干活的哑奴。他在烈日下仅靠一块破席抵挡酷热。"我"拉他进屋避暑,他惶惶不安不知所措。"从来没有人当他是人看待,他怎么不吓坏了。""我"给他一些食品和饮料,哑奴却舍不得自己享用——他想着他的女人和孩子!

至此,哑奴的内心情感世界得到了进一步的展示——在非人的待遇下,在惶恐木讷的外表下,除了知恩必报的情感,他还怀着一腔对家庭的无限热爱。他是一个奴隶,又是一个好丈夫、好父亲!而他看着"我"为他装食品和饮料时那又羞愧又高兴的复杂表情,既使"我"看了不忍,又何尝不打动读者的心呢?

"我"给哑奴以同情和爱,而哑奴内心深处的正常情感也因此而滋长:"在我们面前,他的自卑感一点一点自然的在减少,相对的人与人的情感在他心里一点一点地建立起来。"这便是爱的奇迹,人道主义精神的奇迹。

他不仅复苏了人的平等情感,能与"我"友好相处了,而且还显示出聪明的一面。当荷西告诉"我":哑奴还懂星象时,"我"高兴地发现了哑奴的聪明。至此,一个奴隶的人情苏醒历程似乎已曙光在望了;但作者笔锋一转,又把读者带入了悲哀的境地:当"我"请他吃饭时,他却吃不下没吃过的好饭。"他这一生,也许连骆驼山羊肉都吃不到几次,牛肉的味道一定受不了。"吃饭,对于他竟成为一件难事,这一现象的背后,又蕴含着多少辛酸!

而更令人感到辛酸的是邻居们竟会因"我"把哑奴当人看待而对他产生敌意。一个小女孩甚至当着"我"的面将口水吐在哑奴身上!这时,作者的心情归结为四个字:"我很难过。"愤怒无济于事,只剩下无边的悲凉。奴隶制压抑了奴隶的才智,也造成了奴隶主阶层的冷酷和缺乏人性。

在平等待他的朋友面前,哑奴恢复了人的情感,后来,哑奴坚持请"我"和荷西一起去他家。他的"家"不过是一顶破帐篷,两个光着身子的孩子,还有一个和气的太太,尽管她是白痴。这是一个什么样的家!至此,本文开头奴隶主宣扬称奴隶的生活是幸福的、他们有家的谎言便彻底揭穿了,哑奴家的赤贫和奴隶主家的豪华形成强烈的反差,奴隶主吃人的本性再次被揭露出来。

最后的结局是悲惨的:哑奴的主人把他卖了!作者记下了那悲惨的一幕:他面无表情,被人绑着,任人宰割。"我"的心碎了,所能做的,只是给他一些钱和一床毯子。这时,哑奴抱紧了毯子,哭也似地叫起来,跳下车,不顾绳子的束缚,"没命地往他家的方向奔去!"他远远地就把毯子打开,扑向他的女人和孩子,用毯子围抱住她们,不成声地叫着……文章至此达到高潮;哑奴内心汹涌的爱的潮汐至此喷泻而出,感天动地!

他终于还是被抓走了。他的家人"没有哭叫,拥抱成一团,缩在大红的毯子下像三个风沙凝成的石块"。"我"终于止不住泪流满面……

就这样,作者向人们讲述了关于现代奴隶的动人故事。作品的结局表明,奴隶制的存在是人类的耻辱,要彻底解救这些难以求生的奴隶,仅靠个别人的同情是无济于事的,重要的是彻底铲除这种可耻的制度。三毛的作品素以自然天成的风格著称,不论是状物,还是写人,也不管是抒情,还是议论,给人的印象总是如行云流水般纯朴、洒脱。然而,也正是在自然天成的风格中,潜藏着艺术与哲学的玄机,仿佛这自然天成的风格是精心结撰的产物。

在正常的社交活动中,竟能倾注偌大的关注给卑微的奴隶,三毛的眼光、三毛的情怀,由此见出不凡。通过一系列看似琐碎,其实富于典型意味的细节描写,三毛很有层次地写出了哑奴丰富的内心世界——正直、质朴、热爱家庭、聪明能干、渴望自由……不着一词,而哑奴作为一个人所具有的可贵品质却呼之欲出。一面在叙事中倾入真挚的情感,处处以"我"的感受、"我"的行动催动哑奴的心扉,同时也催动读者的真情;一面不时夹入几句深刻的议论,以哑奴的丰富情感映照出那些"上等人"的无耻与渺小,同时鞭挞了蓄奴制的罪恶。作者还善于在自然的叙述中把握住张弛有度的分寸,将怜悯与欣悦、愤怒与悲哀的情感波澜写得有起有伏,将哑奴的谦卑与兴奋、惶惑与聪明、麻木与冲动的情绪变化也写得跌宕多姿。这一切,都于自然中写出了不同一般的力度,使这篇朴实无华的散文成为艺术佳作。

复习思考题

1. 作者是如何塑造哑奴这一形象的?
2. 《哑奴》体现了哪些写作特点?

中年是下午茶

董 桥

一

　　中年最是尴尬。天没亮就睡不着的年龄。只会感慨不会感动的年龄;只有哀愁没有愤怒的年龄。中年是吻女人额头不是吻女人嘴唇的年龄;是用浓咖啡服食胃药的年龄。中年是下午茶:忘了童年的早餐吃的是稀饭还是馒头;青年的午餐那些冰糖元蹄葱爆羊肉都还没有消化掉;老年的晚餐会是清蒸石斑还是红烧豆腐也没主意。至于80岁以后的宵夜就更渺茫了:一方饼干?一杯牛奶?总之这顿下午茶是搅一杯往事、切一块乡愁、榨几滴希望的下午。不是在伦敦夏蕙那么维多利亚的地方,更不是在成功大学对面冰室那么苏雪林的地方,更不是在北平琉璃厂那么闻一多的地方;是在没有艾略特、没有胡适之、没有周作人的香港。诗人庞德太天真了,竟说中年乐趣无穷,其中一乐是发现自己当年做得对,也发现自己比17岁或者23岁那年的所思所为还要对。人已彻骨,天尚含糊;岂料诗人比天还含糊!中年是看不厌台静农的字看不上毕加索的画的年龄:"山郭春声听夜潮,片帆天际白云遥;东风未绿秦淮柳,残雪江山是六朝!"

二

　　中年是杂念越想越长、文章越写越短的年龄。可是纳坡可夫在巴黎等着去美国的期间,每天彻夜躲在冲凉房里写书,不敢吵醒妻子和婴儿。陀斯妥也夫斯基怀念圣彼得堡半夜里还冒出白光的蓝天,说是这种天色教人不容易也不需要上床,可以不断写稿。梭罗一生独居,写到笔下约翰·布朗快上吊的时候,竟夜夜失眠,枕头下压着纸笔,辗转反侧之余随时在黑暗中写稿。托玛斯·曼临终前在威尼斯天破晓起床,冲冷水浴,在原稿前点上几支蜡烛,埋头写作二三小时。亨利·詹姆斯日夜写稿,出名多产,跟名流墨客夜夜酬酢,半夜里回到家里还可以坐下来给朋友写16页长的信。他们都是超人:杂念既多,文章也多。

中年是危险的年龄:不是脑子太忙、精子太闲;就是精子太忙、脑子太闲。中年是一次毫无期待心情的约会:你来了也好,最好你不来!中年的故事是那只扑空的精子的故事;那只精子日夜在精囊里跳跳蹦蹦锻炼身体,说是将来好抢先结成健康的胖娃娃;有一天,精囊里一阵滚热,千万只精子争先恐后往闸口奔过去,突然间,抢在前头的那只壮精子转身往回跑,大家莫名其妙问他干嘛不抢着去投胎?那只壮精子喘着气说:"抢个屁!他在自渎!"

三

"数卷残书,半窗寒烛,冷落荒斋里"。这是中年。《晋书》本传里记阮咸,说"七月七日,北阮盛晒衣服,皆锦绮灿目。咸以竿挂大布犊鼻于庭。人或怪之。答曰:'未能免俗,聊复尔耳!'"大家晒出来的衣服都那么漂亮,家贫没有多少衣服好晒的人,只好挂出了粗布短裤,算是不能免俗,姑且如此而已。

中年是"未能免俗,聊复尔耳"的年龄。

(选自《董桥文录》,四川文艺出版社1996年版)

才情相融　雅俗共赏

——《中年是下午茶》赏析

江少川

20世纪80年代末香港知名报人罗孚(笔名柳苏)给《读书》杂志写了篇流传甚广的评论《你一定要读董桥》,后来上海文汇出版社出版陈子善编的评论集,就用"你一定要读董桥!"作为书名,由此可见董桥散文的影响。

董桥原籍福建晋江,1942年出生,原名董存爵,幼年随父定居印度尼西亚。1964年毕业于台湾成功大学外文系。不久赴英国伦敦大学亚非学院从事研究。1979年返港,任职于美国国际交流总署,1980年从伦敦回香港,受金庸之邀任《明报月刊》总编辑。1988年起任《明报》总编。1997年出任香港《苹果日报》社长。多年来在《明报》写专栏《英华沉浮录》,已出版单行本三卷。还结集出版了《乡愁的理念》、《董桥散文》、《双城杂笔》、《藏书家的心事》、《另外一种心情》、《跟中国的梦赛跑》等散文集,新近出版有《橄榄香》,被评论为"回叩过去、承担现在的一炉香火"。

《中年是下午茶》选自散文集《跟中国的梦赛跑》,1987年由台北圆神出版社出版。这是一篇千字散文,也是为人称道的董桥的名作。全文分为三部分:

第一部分回答中年是个什么样的年龄?一开篇,作者就从生理、情绪、爱情、饮食等方面作了生动的回答。作出的答案是:中年是下午茶。

第二部分说中年是"杂念越想越长、文章越写越短"的年龄。列举了外国著名作家中年勤奋写作的感人事迹,同时指出中年是危险的年龄,既是勤奋用脑的年龄,也是失去追寻、茫然而及时行乐的年龄。

第三部分引《晋书》阮咸晒衣之事,说中年是未能免俗的年龄。

《中年是下午茶》体现出董桥散文的鲜明特色:

首先,熔学、识、情于一炉是董桥散文的突出特色。作者曾这样谈到自己的追求:"散文须学、须识、须情,合之乃得,所谓深远如哲学之天地,高华如艺术之境界。年来追求此等造化,明知困难,竟不罢休。"董桥反对单纯追求华丽的散文,主张散文首先要有内容,是感性与知性的融合。散文"单单美丽是没有用的,最重要的还是内容"。散文离不开情,情真意切、袒露自我,毫无掩饰,是董桥散文打开你的心扉的动人之处。对中年,作者真乃情有独钟,感受深切:

> 中年最是尴尬,天没亮就睡不着的年龄,只会感慨不会感动的年龄;只有哀愁没有愤怒的年龄。中年是吻女人额头不是吻女人嘴唇的年龄;是用浓咖啡服食胃药的年龄。中年是下午茶……总之这顿下午茶是搅一杯往事、切一块乡愁、榨几滴希望的下午。……"山郭春声听夜潮,片帆天际白云遥;东风未绿秦淮柳,残雪江山是六朝!"

这里,把一个中年男子对中年的人生体验与复杂情感表达得那样真率、成熟、忧心、矛盾。此为情也。写《中年是下午茶》时,董桥四十来岁,正值中年,他以自己的人生阅历与感受,书写了对人生中年阶段的独特感悟。作者用"中年最是尴尬"作为开头第一句话,内涵丰富。尴尬者,处境困难、进退两难也,是人生中的彻悟阶段。董桥把人生中段这个年龄的处境做了多方面的解读,概括为三层含义:一是心事重重、感慨良多、忧心忡忡;二是杂念越想越长、文章越写越短;三是不能免俗。此为识也。而对中年的这种感悟,文中又精心挑选、列举了纳博科夫在巴黎、陀斯妥耶夫斯基怀念圣彼得堡以及梭罗、托玛斯·曼、亨利·詹姆斯等西方著名作家的事例加以印证,足见作者阅读面之广、学识之渊博。此为学也。而这三者在文中又水乳交融为一体。

第二,布局精致,篇幅短小,短中见巧。董桥对散文的谋篇布局有自己的见解:"天下好文章都要有布局……说文章写得真,写得情见乎词,其意思是说文章布局好、假得好,弄假成真。"董桥的散文,行文与布局最是考究。他思路开阔而又严密,文中征引相当广阔,轶闻、隽语与时事,看似东拉西扯,其实左顾右盼,未尝稍离主旨半步,收放之际,深具匠心。《中年是下午茶》的三个部分,每个部分看来都放得很开,古今中外都点到了,涉及的名人很多,其实都紧扣中年这个题旨行文。第一部分为一个自然段,第一句就点明段意。第二部分两个自然段,两段开头第一句话同样用的是中年是……的句式。第三部分两个自然段,第一自然段稍有变化,但引用《晋书》文后,即点明"这是中年",结尾更是紧扣中年,用"中年是'未能免俗,聊复尔耳'的年龄"作结语。点明主旨。

董桥的散文篇幅短小,但讲究结构布局。讲究文中照应、首尾呼应。他很欣赏海明威说的那句话:小说开头墙上挂枝枪,小说中迟早有人要用它开枪。此文开头第一句是"中年最是尴尬。天没亮就睡不着的年龄。"结局是"中年是'未能免俗,聊复尔耳'的年龄"。首尾呼应,天衣无缝,恰到好处。而文中的三个部分,乃至每个自然段,时时都紧扣"中年"二字,紧扣题旨。

第三,广征博引,融贯中西,中外典故轶事信手拈来。董桥说"我要求自己的散文可以进入西方,走出来,再进入中国,再走出来;再入……总之我要叫自己掌握得到才停止,这样我才有自己的风格。"《中年是下午茶》也体现出这一特色,文中指点中西文学自如,中外掌故的运用得心应手,如:

> 总之这顿下午茶是搅一杯往事、切一块乡愁、榨几滴希望的下午。不是在伦敦夏蕙那么维多利亚的地方,更不是在成功大学对面冰室那么苏雪林的地方,更不是在北平琉璃厂那么闻一多的地方;是在没有艾略特、没有胡适之、没有周作人的香港。诗人庞德太天真了,竟说中年乐趣无穷,其中一乐是发现自己当年做得对,也发现自己比17岁或者23岁那年的所思所为还要对。人已彻骨,天尚含糊;岂料诗人比天还含糊!中年是看不厌台静农的字看不上毕加索的画的年龄。

这段文字列举了中外一串名人的名字：夏惠、苏雪林、闻一多、艾略特、胡适之、周作人、庞德、台静农、毕加索，借用他们中年的经历及其对中年的感受抒发自己对中年的彻悟，显示出作者丰厚的中西学养。

第四，语言机智、新鲜，雅俗共赏。其一、雅俗共赏，大雅大俗。在其文中，中外名言佳句旁征博引，俯拾即是。如本文第三部分中的两个自然段的语言，都是比较书面化的雅的语言。结尾引用《晋书》阮咸的典故，末句以"中年是'未能免俗，聊复尔耳'的年龄"作结，更是用古汉语句式的很文雅的语言。俗的语言指俚语、俗语、白话、民间用语等。如"太阳叫人打喷嚏"，"人家要你吃牛肉，然后吐出草"等语句。而第二部分的第二自然段的语言却是"大俗"的白话语。不论语言的雅还是俗，他的语言运用都给人机智、新鲜而有灵气之感。其二、比喻、博喻的运用自如。他的散文比喻常常形成套装，形成系列，如《藏书家的心事》一文中有这样的排比句：

> 人对书真的有感情，跟男人和女人的关系有点像。字典之类的参考书是妻子，常在身边为宜，但是翻了一辈子未必可以烂熟。诗词小说只当是可以迷死人的艳遇，事后追忆起来总是甜的。又长又深的学术著作是半老的女人，非打点十二分的精神不足以深解，有的当然还有点风韵，最要命的死后头还有一大串注文，不肯罢休！至于政治评论，时事杂文等集子，都是现实现卖……。

这里的比喻是成套的，不仅比喻形象、生动，把它连在一起，会产生一种整体效应，给人强烈的印象。《中年是下午茶》也运用了这样的套装比喻。

复习思考题

1. 阅读这篇散文，结合我们的年龄特点，谈谈"青年是……"，写一篇散文。
2. 读董桥的散文，在写作上给你最大的启示是什么？

戏 剧

茶馆（节选）

（三幕剧）

老 舍

人物表

王利发　男。最初与我们见面，他才二十多岁。因父亲早死，他很年轻就作了裕泰茶馆的掌柜。精明、有些自私，而心眼不坏。简称王。

唐铁嘴　男。三十来岁。相面为生，吸鸦片。简称唐。

松二爷　男。三十来岁。胆小而爱说话。简称松。

常四爷　男。三十来岁。松二爷的好友，都是裕泰的主顾。正直，体格好。简称常。

李　三　男。三十多岁。裕泰的跑堂的。勤恳，心眼好。简称李。

二德子　男。二十多岁。善扑营当差。简称德。

马五爷　男。三十多岁。吃洋教的小恶霸。简称马。

刘麻子　男。三十来岁。说媒拉纤，心狠意毒。简称刘。

康　六　男。四十岁。京郊贫农。简称康。

黄胖子　男。四十多岁。流氓头子。简称黄。

秦仲义　男。王掌柜的房东。在第一幕里二十多岁。阔少，后来成了资本家。简称秦。

老　人　男。八十二岁。无倚无靠。简称老。

乡　妇　女。三十多岁。穷得出卖小女儿。简称妇。

小　妞　女。十岁。乡妇的女儿。简称妞。

庞太监　男。四十岁。发财之后，想娶老婆。简称庞。

小牛儿　男。十多岁。庞太监的书童。

宋恩子　男。二十多岁。老式特务。简称宋。
吴祥子　男。二十多岁。宋恩子的同事。简称吴。
康顺子　女。在第一幕中十五岁。康六的女儿。被卖给庞太监为妻。简称顺。
王淑芬　女。四十来岁。王利发掌柜的妻。比丈夫更公平正直些。简称淑。
巡　警　男。二十多岁。简称警。
报　童　男。十六岁。简称童。
康大力　男。十二岁。庞太监买来的义子,后与康顺子相依为命。简称大。
老　林　男。三十多岁。逃兵。简称林。
老　陈　男。三十岁。逃兵。林的把弟。简称陈。
崔久峰　男。四十多岁。作过国会议员,后来修仙,住在裕泰附设的公寓里。简称崔。
军　官　男。三十岁。简称官。
王大栓　男。四十岁左右,王掌柜的长子。为人正直。简称栓。
周秀花　女。四十岁。大栓的妻。简称周。
王小花　女。十三岁。大栓的女儿。简称花。
丁　宝　女。十七岁。女招待。有胆有识。简称丁。
小刘麻子　男。三十多岁。刘麻子之子,继承父业而发展之。仍简称刘。
取电灯费的　男。四十多岁。简称电。
小唐铁嘴　男。三十多岁。唐铁嘴之子,继承父业,有作天师的希望。仍简称唐。
明师傅　男。五十多岁。包办酒席的厨师傅。简称明。
邹福远　男。四十多岁。说评书的名手。简称邹。
卫福喜　男。三十多岁。邹的师弟,先说评书,后改唱京戏。简称卫。
方　六　男。四十多岁。打小鼓的,奸诈。简称方。
车当当　男。三十岁左右,买卖现洋为生。简称车。

庞四奶奶　女。四十岁。丑恶,要作皇后。庞太监的四侄媳妇。
　　　　　简称四。
春　梅　女。十九岁。庞四奶奶的女道童。
老　杨　男。三十多岁。卖杂货的。简称杨。
小二德子　男。三十岁。二德子之子,打手。仍简称德。
于厚齐　男。四十多岁。小学教员,王小花的老师。简称于。
谢勇仁　男。三十多岁。与于厚齐同事。简称谢。
小宋恩子　男。三十来岁。宋恩子之子,承袭父业,作特务。仍简
　　　　称宋。
小吴祥子　男。三十来岁。吴祥子之子,世袭特务。仍简称吴。
小心眼　女。十九岁。女招待。简称心。
沈处长　男。四十岁。宪兵司令部某处处长。简称沈。
茶　客　若干人,都是男的。
茶　房　一两个,都是男的。
难　民　数人,有男有女,有老有少。
老　总　数人,都是男的。
公寓住客　数人,都是男的。
押大令的兵　七人,都是男的。
宪　兵　男。四人。

第　一　幕

时　一八九八年(戊戌)初秋,康梁等的维新运动失败了。早半天。
地　北京,裕泰大茶馆。
人　王利发　刘麻子　庞太监
　　唐铁嘴　康　六　小牛儿
　　松二爷　黄胖子　宋恩子
　　常四爷　秦仲义　吴祥子
　　李　三　老　人　康顺子
　　二德子　乡　妇　茶　客(甲、乙、丙……)
　　马五爷　小　妞　茶　房(一、二人)

幕启 这种大茶馆现在已经不见了。在几十年前,每城都起码有一处。这里卖茶,也卖简单的点心与菜饭。玩鸟的人们,每天在遛够了画眉、黄鸟等之后,要到这里歇歇腿,喝喝茶,并使鸟儿表现歌唱。商议事情的,说媒拉纤的,也到这里来。那年月,时常有打群架的。但是总会有朋友出头给双方调解;三五十口子打手,经调人东说西说,便都喝碗茶,吃碗烂肉面(大茶馆特殊的食品,价钱便宜,作起来快当),就可以化干戈为玉帛了。总之,这是当时非常重要的地方,有事无事都可以来坐半天。

在这里,可以听到最荒唐的新闻,如某处的大蜘蛛怎么成了精,受到雷击。奇怪的意见也在这里可以听到,像把海边上都修上大墙,就足以挡住洋兵上岸。这里还可以听到某京戏演员新近创造了什么腔儿,和煎熬鸦片烟的最好的方法。这里也可以看到某人新得到的奇珍——一个出土的玉扇坠儿,或三彩的鼻烟壶。这真是个重要的地方,简直可以算作文化交流的所在。

我们现在就要看见这样的一座茶馆。

一进门是柜台与炉灶——为省点事,我们的舞台上可以不要炉灶;有些锅勺的响声也就够了。屋子非常高大,摆着长桌与方桌,长凳与小凳,都是茶座儿。隔窗可见后院,高搭着凉棚,棚下也有茶座儿。屋里和凉棚下都有挂鸟笼的地方。各处都贴着"莫谈国事"的纸条。

有两位茶客,不知姓名,正眯着眼,摇着头,拍板低唱。有两三位茶客,也不知姓名,正入神地欣赏瓦罐里的蟋蟀。两位穿灰色大衫的,宋恩子与吴祥子,正低声地谈话,看样子他们是北衙门的办案的(侦探)。

今天又有一起打群架的,据说是为了争一只家鸽,惹起非用武力解决不可的纠纷。假若真打起来,非出人命不可,因为被约的打手中包括着善扑营的哥儿们和库兵,身手都十分厉害。好在,不能真打起来,因为在双方还没把打手约齐,已有人出面调停了——现在双方在这里会面。三三两两的打手,都横眉立目,短打扮,随时地进来,往后院去。

马五爷在不惹人注意的角落,独自坐着喝茶。

王掌柜高高地坐在柜台里。

茶馆（节选）

　　唐铁嘴踏拉着鞋,身穿一件极长极脏的大布衫,耳上夹着几张小纸片,进来。

王　唐先生,你外边遛遛吧!
唐　(惨笑)王掌柜,捧捧唐铁嘴吧! 送给我碗茶喝,我就先给您相相面吧! 手相奉送,不取分文! (不容分说,拉过王的手来)今年是光绪二十四年,戊戌。您贵庚是……
王　(夺回手去)算了吧,我送给你一碗茶喝,你就甭卖那套生意口啦! 用不着相面,咱们既在江湖内,都是苦命人! (由柜台内走出,让唐坐下)坐下! 我告诉你,你要是不戒了大烟,就永远交不了好运! 这是我的相法,比你的更灵验!

　　〔松二爷和常四爷都提着鸟笼进来,王掌柜向他们打招呼。他们先把鸟笼子挂好,找地方坐下。松文绉绉的,提着小黄鸟笼;常雄赳赳的,提着大而高的画眉笼。茶房李三赶紧过来,沏上盖碗茶。他们自带茶叶。茶沏好,二位爷向邻近的茶座让了让:"您喝这个!"然后,往后院看了看。

松　好像又有事儿?
常　反正打不起来! 要真打的话,早到城外头去啦,到茶馆来干吗?

　　〔二德子,一个打手,恰好进来,听见了四爷的话。

德　(凑过去)你这是对谁甩闲话呢?
常　(不肯示弱)你问我哪? 花钱喝茶,难道还教谁管着吗?
松　(打量了二德子一番)我说这位爷,您是营里当差的吧? 来,坐下喝一碗,我们也都是外场人。
德　你管我当差不当差呢!
常　要抖威风,跟洋人干去,洋人厉害! 英法联军烧了圆明园,尊家吃着官饷,可没见您去冲锋打仗!
德　甭说打洋人不打,我先管教管教你! (要动手)

　　〔别的茶客依旧进行他们自己的事。王掌柜急忙跑过来。

王　哥儿们,都是街面上的朋友,有话好说。德爷,您后边坐!
德　(不听王的话,一下子把一个盖碗搂下桌去,摔碎。翻手要抓常四

的脖领)

常　(闪过)你要怎么着?

德　怎么着? 我碰不了洋人,还碰不了你吗?

马　(并未立起)二德子,你威风啊!

德　(四下扫视,看到马)喝,马五爷,您在这儿哪? 我可眼拙,没看见您! (过去请安)

马　有什么事好好地说,干吗动不动地就讲打?

德　嗻! 您说得对! 我到后头坐坐去。李三,这儿的茶钱我候啦! (往后面走去)

常　(凑过来,要对马发牢骚)这位爷,您圣明,您给评评理!

马　(立起来)我还有事,再见! (走出去)

常　(对王)邪! 这倒是个怪人!

王　您不知道这是马五爷呀? 怪不得您也得罪了他!

常　我也得罪了他? 我今天出门没挑好日子!

王　(低声地)刚才您说洋人怎样,他就是吃洋饭的。信洋教,说洋话,有事情可以一直地找宛平县的县太爷去,要不怎么连官面上都不惹他呢!

常　(往原处走)哼,我就不佩服吃洋饭的!

王　(向二灰衣人那边稍一歪头,低声地)说话请留点神! (大声地)李三,再给这儿沏一碗来! (拾起地上的碎磁片)

松　盖碗多少钱? 我赔! 外场人不作老娘们事!

王　不忙,待会儿再算吧! (走开)

〔纤手刘麻子领着康六进来。刘先向松常二位打招呼。

刘　您二位真早班儿! (掏出鼻烟壶,倒烟)您试试这个! 刚装来的,地道英国造,又细又纯!

常　唉! 连鼻烟也得从外洋来! 这得往外流多少银子啊!

刘　咱们大清国有的是金山银山,永远花不完! 您坐着,我办点小事!

〔领康六找了个座儿。李三拿过茶来,他也给常拿来一碗。

刘　说说吧,十两银子行不行? 你说干脆的! 我忙,没工夫专伺候你!

康　刘爷! 十五岁的大姑娘,就值十两银子吗?

茶馆（节选）

刘　卖到窑子去，也许多拿两儿八钱的，可是你又不肯！
康　那是我的亲女儿！我能够……
刘　有女儿，你可养活不起，这怪谁呢？
康　那不是因为乡下种地的都没法子混了吗？一家大小要是一天能吃上一顿粥，我要还想卖女儿，我就不是人！
刘　那是你们乡下的事，我管不着。我受你之托，教你不吃亏，又教你女儿有个吃饱饭的地方，这还不好吗？
康　到底给谁呢？
刘　我一说，你必定从心眼里乐意！一位在宫里当差的！
康　宫里当差的谁要个乡下丫头呢？
刘　那不是你女儿的命好吗？
康　谁呢？
刘　庞总管！你也听说过庞总管吧？伺候着太后，红得不得了，连家里打醋的瓶子都是玛瑙作的！
康　刘大爷，把女儿给太监作老婆，我怎么对得起人呢？
刘　卖女儿，无论怎么卖，也对不起女儿！你糊涂！你看，姑娘一过门，吃的是珍馐美味，穿的是绫罗绸缎，这不是造化吗？怎样，摇头不算点头算，来个干脆的！
康　自古以来，哪有……他就给十两银子？
刘　找遍了你们全村儿，找得出十两银子找不出？在乡下，五斤白面就换个孩子，你不是不知道！
康　我，唉！我得跟姑娘商量一下！
刘　告诉你，过了这个村可没有这个店，耽误了事别怨我！快去快来！
康　唉！我一会儿就回来！
刘　我在这儿等着你！
康　唉！（慢慢地走出去）
刘　（凑到松与常来）乡下人真难办事，永远没个痛痛快快！
松　这号生意又不小吧？
刘　也甜不到哪儿去，弄好了，赚个元宝！
常　乡下是怎么了？会弄得这么卖儿卖女的！

刘　谁知道!要不怎么说,就是一条狗也得托生在北京城里嘛!

常　刘爷,您可真有个狠劲儿,给拉拢这路事!

刘　我要不分心,他们还许找不到买主呢!(忙岔话)松二爷,(掏出个小时表来)您看这个!

松　(接表)好体面的小表!

刘　您听听,嘎登嘎登地响!

松　(听)这得多少钱?

刘　您爱吗?就让给您!一句话,五两银子!您玩够了,不爱再耍了,我还照数退钱!东西真地道,传家的玩艺!

常　我这儿正咂摸这个味儿:咱们一个人身上有多少洋玩艺儿啊!老刘,就着你身上吧:洋鼻烟,洋表,洋缎大衫,洋布裤褂……

刘　洋东西可是真漂亮呢!我要是穿一身土布,像个乡下脑颏,谁还理我呀!

常　我老觉乎着咱们的大缎子,川绸,更体面!

刘　松二爷,留下这个表吧,这年月,戴着这么好的洋表,会教人另眼看待!是不是这么说,您哪?

松　(真爱表,但又嫌贵)我……

刘　您先戴两天,改日再给钱!

〔黄胖子进来。

黄　(严重的沙眼,看不清楚,进门就请安)哥儿们,都瞧我啦!我请安了!都是自己弟兄,别伤了和气呀!

王　这不是他们,他们在后院哪!

黄　我看不大清楚啊!掌柜的,预备烂肉面,有我黄胖子,谁也打不起来!(往里走)

德　(出来迎接)两边已经见了面,您快来吧!(同黄入内)

〔茶房们一趟又一趟地往后面送茶水。进来一个很老的老者,拿着些牙签、胡梳、耳挖勺之类的小东西,低着头慢慢地挨着茶座儿走;没人买他的东西。他要往后院去,被李三截住。

李　老大爷,您外边遛遛吧!后院里,人家正说和事呢,没人买您的东西!(顺手儿把剩茶递给老人一碗)

茶馆（节选）

松　（低声地）李三！（指后院）他们到底为了什么事,要这么拿刀动杖的?

李　（低声地）听说是为一只鸽子。张宅的鸽子飞到了李宅去,李宅不肯交还……唉,咱们还是少说话好,（问老人）老大爷您高寿啦?

老　（喝了茶）多谢！八十二了,没人管！这年月呀,人还不如一只鸽子呢！唉！（慢慢走出去）

〔秦仲义,穿得很讲究,满面春风,走进来。

王　哎哟！秦二爷,您怎么这样闲在,会想起坐茶馆来了？也没带个底下人?

秦　来看看,看看你这年轻小伙子会作生意不会！

王　唉,一边作一边学吧,指着这个吃饭嘛。谁叫我爸爸死的早,我不干不行啊！好在照顾主儿都是我父亲的老朋友,我有不周到的地方,都肯包涵,闭闭眼就过去了。在街面上混饭吃,人缘儿顶要紧。我按着我父亲遗留下的老办法,多说好话,多请安,讨人人的喜欢,就不会出大岔子！您坐下,我给您沏碗小叶茶去！

秦　我不喝！也不坐着！

王　坐一坐！有您在我这儿坐坐,我脸上有光！

秦　也好吧！（坐）可是,用不着奉承我！

王　李三,沏一碗高的来！二爷,府上都好？您的事情都顺心吧?

秦　不怎么太好！

王　您怕什么呢？那么多的买卖,您的小手指头都比我的腰还粗！

唐　（凑过来）这位爷好相貌,真是天庭饱满,地阁方圆,虽无宰相之权,而有陶朱之富！

秦　躲开我！去！

王　先生,你喝够了茶,该外边活动活动去！（把唐轻轻推开）

唐　唉！（垂头走出去）

秦　小王,这儿的房租是不是得往上提那么一提呢？当年你爸爸给我的那点租钱,还不够我喝茶用的呢！

王　二爷,您说的对,太对了！可是,这点小事用不着您分心,您派管事的来一趟,我跟他商量,该长多少租钱,我一定照办！是！嘛！

秦　你这小子,比你爸爸还滑!哼,等着吧,早晚我把房子收回去!
王　您甭吓唬着我玩,我知道您多么照应我,心疼我,决不会叫我挑着大茶壶,到街上卖热茶去!
秦　你等着瞧吧!
〔一个乡下妇人拉着个十来岁的小姑娘进来。小姑娘的头上插着一根草标。李三本想不许她们往前走,可是心中一难过,没管。她们俩慢慢地往里走。茶客们忽然都停止说笑,看着她们。
妞　(走到屋子中间,立住)妈,我饿!我饿!
妇　(呆视着小妞,忽然腿一软,坐在地上,掩面低泣)
秦　(对王)轰出去!
王　是!出去吧,这里坐不住!
常　李三,要两个烂肉面,带她们到门外吃去!
李　是啦!(过去对妇人)起来,门口等着去,我给你们端面来!
妇　(立起,抹泪往外走,好像忘了孩子;走了两步,又转回身来,搂住小妞,吻她)宝贝!宝贝!
王　快着点吧!
〔母女走出去。李三随后端出两碗面去。
王　(过来)常四爷,您是积德行好,赏给她们面吃!可是,我告诉您:这路事儿太多了,太多了!谁也管不了!(对秦)二爷,您看我说的对不对?
常　(对松)二爷,我看哪,大清国要完!
秦　(老气横秋地)完不完,并不在乎有人给穷人们一碗面吃没有。小王,说真的,我真想收回这里的房子!
王　您别那么办哪,二爷!
秦　我不但收回房子,而且把乡下的地,城里的买卖也都卖了!
王　那为什么呢?
秦　把本钱拢在一块儿,开工厂!
王　开工厂?
秦　嗯,顶大顶大的工厂!那才救得了穷人,那才能抵制外货,那才能

茶馆（节选）

救国！（对王说而眼看着常）唉，我跟你说这些干什么，你不懂！
王　您就专为别人，把财产都出手，不顾自己了吗？
秦　你不懂！只有那么办，国家才能富强！好啦，我该走啦。我亲眼看见了，你的生意不错，你甭再耍无赖，不长房钱！
王　您等等，我给您叫车去！
秦　用不着，我愿意遛达遛达！（往外走，王送）
〔小牛儿挽着庞太监走进来。小牛儿提着水烟袋。
庞　哟！秦二爷！
秦　庞老爷！这两天您心里安顿了吧？
庞　那还用说吗？天下太平了：圣旨下来，谭嗣同问斩！告诉您，谁敢改祖宗的章程，谁就掉脑袋！
秦　我早就知道！
〔茶客们忽然全静寂起来，几乎是闭住呼吸地听着。
庞　您聪明，二爷，要不然您怎么发财呢！
秦　我那点财产，不值一提！
庞　太客气了吧？您看，全北京城谁不知道秦二爷！您比作官的还厉害呢！听说呀，好些财主都讲维新！
秦　不能这么说，我那点威风在您的面前可就施展不出来了！哈哈哈！
庞　说得好，咱们就八仙过海，各显其能吧！哈哈哈！
秦　改天过去给您请安，再见！（下）
庞　（自言自语）哼，凭这么个小财主也敢跟我逗嘴皮子，年头真是改了！（问王）刘麻子在这儿哪？
王　总管，您里边歇着吧！
〔刘麻子早已看见庞，但不敢靠近，怕打搅了庞、秦谈话。
刘　喝，我的老爷子！我等了您好大半天了！（挽庞往里面走）
〔二灰衣人过来请安，庞对他们耳语。
〔茶客静默了一阵之后，开始议论纷纷。
甲　谭嗣同是谁？
乙　好像听说过！反正犯了大罪，要不，怎么会问斩呀！
丙　这两三个月了，有些作官的，念书的，乱折腾乱闹，咱们怎能知道他们搞的什么鬼呀!
丁　得! 不管怎么说,我的铁杆庄稼又保住了! 姓谭的,还有那个康有为,不是说叫旗兵不关钱粮,去自谋生计吗? 心眼多毒!
丙　一分钱粮倒叫上头克扣去一大半,咱们也不好过!
丁　那总比没有强啊! 好死不如赖活着,叫我去自己谋生,非死不可!
王　诸位主顾,咱们还是莫谈国事吧!
　　〔大家安静下来,都又各谈各的事。
庞　(已坐下)怎么说? 一个乡下丫头,要二百银子?
刘　(侍立)乡下人,可长得俊呀! 带进城来,好好地一打扮、调教,准保是又好看,又有规矩! 我给您办事,比给我亲爸爸作事都更尽心,一丝一毫不能马糊!
　　〔唐铁嘴又回来了。
王　铁嘴,你怎么又回来了?
唐　街上兵荒马乱的,不知道是怎么回事!
庞　还能不搜查搜查谭嗣同的余党吗? 唐铁嘴,你放心,没人抓你!
唐　嘘! 总管,您要能赏给我几个烟泡儿,我可就更有出息了! (坐下)
　　〔有几个茶客好像预感到什么灾祸,一个个往外遛。
松　咱们也该走啦吧! 天不早啦!
常　嘘! 走吧!
　　〔二灰衣人——宋恩子和吴祥子走过来。
宋　等等!
常　怎么啦?
宋　刚才你说大清国要完?
常　我,我爱大清国,怕它完了!
吴　(对松)你听见了? 他是这么说的吗?
松　哥儿们,我们天天在这儿喝茶。王掌柜知道:我们都是地道老好人!
吴　问你听见了没有?
松　那,有话好说,二位请坐!

宋　你不说,连你也锁了走!他说大清国要完,就是跟谭嗣同一党!
松　我,我听见了,他是说……
宋　(对常)走!
常　上哪儿?事情要交代明白了啊!
宋　你还想拒捕吗?我这儿可带着"王法"呢!(掏出腰中带着的铁链子)
常　告诉你们,我可是旗人!
吴　旗人当汉奸,罪加一等!锁上他!
常　甭锁,我跑不了!
宋　量你也跑不了!(对松)你也走一趟,到堂上实话实说,没你的事!
　　　〔黄胖子同三五个人由后院过来。
黄　得啦,一天云雾散,算我没白跑腿!
松　黄爷!黄爷!
黄　(揉揉眼)谁呀?
松　我!松二!您过来,给说句好话!
黄　(看清)哟,宋爷,吴爷,二位爷办案哪?请吧!
松　黄爷,帮帮忙,给美言两句!
黄　官厅儿管不了的事,我管!官厅儿能管的事呀,我不便多嘴!(问大家)是不是?
众　嗻!对!
　　　〔宋、吴带着常、松往外走。
松　(对王)看着点我们的鸟笼子!
王　您放心,我给送到家里去!(宋等四人同下)
黄　(看见了庞太监)哟,您老人家在这儿哪?听说要安份儿家,我先给您道喜!
庞　等吃喜酒吧!
黄　您赏脸!您赏脸!(下)
　　　〔乡妇端着空碗进来,往柜上放。小妞跟进来。
妞　妈!我还饿!
王　唉!出去吧!

妇　走吧，乖！

妞　你不卖妞妞啦？妈！不卖啦？妈！

妇　乖！（哭着，携妞下）

〔康六带着康顺子进来，立在柜台前。

康　姑娘！顺子！爸爸不是人，是畜生！可你叫我怎么办呢？你不找个吃饭的地方，你饿死！我不弄到手几两银子，就得叫东家活活地打死！你呀，顺子，认命吧，积德吧！

顺　我，我……（说不出话来）

刘　（跑过来）你们回来啦？点头啦？好！来见见总管！

顺　我不，不！我不！（要晕倒）

康　（扶住女儿）顺子！顺子！

刘　怎么啦？

康　又饿又气，昏过去了！顺子！顺子！

庞　我要活的，可不要死的！（怪笑）哈哈哈……

——幕

（选自《茶馆》，人民文学出版社 1994 年版）

东方艺术的奇葩

——《茶馆》赏析

李逸涛

著名作家老舍早在抗日战争时期就开始了话剧创作,先后创作了《残雾》、《张自忠》、《面子问题》等剧本。新中国成立以后,在为人民而写作的思想指导下,老舍更把主要精力放在戏剧创作上。他认为:"以一部分劳动人民现有的文化水平来讲,阅读小说也许还有困难。可是,看戏就不那么麻烦。"[①]"剧本排演出来,就连不识字的人也能看明白;所以我要写剧本。"[②]到1965年止,他陆续创作了话剧剧本《方珍珠》、《龙须沟》、《一家代表》、《春华秋实》、《生日》、《青年突击队》、《西望长安》、《茶馆》、《红大院》、《女店员》、《全家福》、《宝船》、《荷配珠》、《神拳》、《火车上的威风》等。

三幕话剧《茶馆》是老舍剧作的高峰,也是当代中国话剧史上一部杰出的现实主义艺术珍品。作者为剧本确立了一个相当重大而严肃的主题:"葬送三个时代。"[③]其中包括两个方面的内容:一是揭示从戊戌变法、军阀混战到抗日战争胜利三个时代、将近半个世纪的社会生活;二是鲜明地表现出作者的社会理想和倾向,使人们由认识旧社会的黑暗腐朽,进而去追求新的生活,热爱新的社会主义制度。对于如此丰富的社会内容,作者以独具匠心的艺术构思,仅仅通过一个茶馆的兴衰表现出来。如果不是出自老舍这样的大手笔和高度的艺术概括,实在是难以想象。老舍说:"茶馆是三教九流全面之处,可以容纳各色人物。

---

① 《老舍剧作选·序》,人民文学出版社1978年版。
② 老舍:《我当选为全国人民代表大会代表的感想》,《戏剧报》1954年9月号。
③ 老舍:《答复有关〈茶馆〉的几个问题》,《剧本》1958年5月号。

一个大茶馆就是一个小社会。"①茶馆虽小,却是各种人物聚散的地方,联系着四面八方。《茶馆》中的"老裕泰"茶馆,只是旧北京的一个普通茶馆。茶客们到这里来品茶、下棋、会友,初看似乎意义不大,彼此缺乏联系;但随着剧情的进展,观众会很快从人物之间、事件之间的逻辑联系中,听到时代的声音,触摸到时代的脉搏。从一个角落窥见大千世界,将50年的风云变幻尽收在一个普通的茶馆里,赋予茶馆以丰富的思想内涵,这正是老舍剧作特色的具体体现。

剧本所选取的三个时代,是我国从旧民主主义革命到新民主主义革命的三个具有转折意义的时期,也是灾难深重的中国人民逐渐走向觉醒,民族民主斗争日益高涨的三个时期。历史证明,这三个时期的统治者虽然不断变换,由封建帝制改为民国再由国民党当权,而人民所得到的却只是日益深重的灾难和痛苦。在《茶馆》中,作者的笔锋始终对着光怪陆离的旧社会,广泛地展现了50多年的社会风貌。第一幕写的是戊戌政变失败后的一段时期。行尸走肉的庞太监,居然在将死之年买了一个大姑娘做老婆,他搜刮民脂民膏,"连家里打醋的瓶子都是玛瑙作的",而穷苦农民则卖儿卖女,"在乡下,五斤白面就换个孩子","十五岁的大姑娘,就值十两银子"。有钱人家为了一只鸽子可以不吝铺张、聚众动武,穷人"一家大小要是一天能吃上一顿粥"就很不容易了。一个卖挖耳勺的孤苦老人叹息道:"这年月呀,人还不如一只鸽子呢!"第二幕写的是民国初年军阀混战时期。这一时期的社会现状可以用松二爷的一句话来概括:"大清国不一定好啊,可是到了民国,我挨了饿!"由洋人撑腰的无休止的军阀混战,使人民陷入更加痛苦的深渊。战乱使人们流离失所,难民沿街乞讨,无辜的学生随便被抓,"改良"后的"裕泰茶馆"还没开张,特务、巡警、兵痞就接二连三地敲诈勒索。两个人合要一个老婆,更是荒唐社会中的荒唐事。以说媒拉纤为业、干尽缺德事的刘麻子被胡里胡涂地拉出去砍了头,固然不值得同情,但统治者杀人如儿戏,却不能不令人触目惊心。第三幕写的是抗战胜利后蒋介石统治时期。这一时期的社会,是一个群魔乱舞、沉渣泛起

---

① 老舍:《答复有关〈茶馆〉的几个问题》,《剧本》1958年5月号。

的社会。"比外国人还更像外国人"的小刘麻子,一跃而成为统管妓女、舞女、女招待的"花花公司"的总经理;以相面为生的小唐铁嘴,竟钻进反动会道门,成了什么"唐天师";把"一"字念成"扁担"的流氓、地痞小二德子,以国民党特务的身份混进大学为非作歹,镇压爱国学生;国民党党棍、宪兵司令部的沈处长则以接受"逆产"为名,霸占了王掌柜苦心经营的茶馆。如此等等,形象地反映出半封建半殖民地的旧中国已经腐败、黑暗到了极点,无法不灭亡了。

恩格斯指出:"倾向应当从场面和情节中自然而然地流露出来,而无需特别把它指点出来。"①透过茶馆的兴衰史与发生在茶馆里的一系列事件,人们可以分辨出美与丑、善与恶,领悟出作者反对什么,主张什么,暴露什么,歌颂什么。随着时代的变迁,茶馆里"莫谈国事"的标语时时更换,但它封不住人们的嘴。人们关心国家的前途和命运,寻求着救国救民的道路。谭嗣同变法维新,秦仲义实业救国,常四爷参加义和团,一直到学生运动崛起,康大力投奔革命,王大栓去西山,这些从侧面透露出的政治消息,反映出人心的向背,揭示出历史发展的趋向。当舞台上出现王利发、常四爷、秦仲义三个同命相怜的老人按照当年出殡的老规矩撒纸钱的时候,观众会意识到:他们不只是在祭奠自己,更是在为旧社会送葬。作者通过艺术形象告诉人们:要埋葬旧时代,拯救中国于水深火热之中,走改良主义的道路,走实业救国、个人奋斗的道路都是行不通的。

《茶馆》的成就还表现在人物形象的塑造上。作者不止一次地强调:"创作主要的是创造人"②,"只有写出人,戏才能长久站住脚"③。《茶馆》中有名有姓的人物将近50人,加上无名无姓或有姓无名、有名无姓的多达70余人。其中,除世袭的茶馆老板外,有吃皇粮的旗人、办实业的资本家、清宫的太监、信洋教的教士,以及职业特务、打手、警察、

---

① 恩格斯:《恩格斯致敏·考茨基》,《马克思恩格斯选集》第4卷,第673页,人民出版社1995年版。
② 老舍:《本固枝荣》,《新港》1960年8月号。
③ 老舍:《人物、生活和语言》,《河北文学》(戏剧增刊)1963年第1期。

流氓和相面的、拉纤的、说书的、女招待,等等。作者仅寥寥几笔便勾勒出他们的性格特征,而且从人物的身世、遭遇和继承关系,揭示出那个时代的面貌。

茶馆老板王利发是作者精心塑造的一个成功的艺术典型。他精明、干练,想发财。为了保住门面,他遵照父辈的老办法,"多说好话,多请安,讨人人的喜欢";又因为比较接近底层,所以有一定的同情心和正义感。他的性格在第一幕中已经表现出来。秦仲义一上场,王利发便迎上去应酬:"哎哟!秦二爷,您怎么这样闲在,会想起下茶馆来了?也没带个底下人?"既热情体贴,又讨好对方。当秦仲义提出提高房租时,王利发既不敢得罪房主又不愿真加租,故意满口答应,轻飘飘说成是"小事",提出跟管事的去商量。这样,一来不失秦仲义的身份,二来留有缓冲的余地,显出了他的精明和圆滑。再如,对待小妞母女,秦仲义说一句:"轰出去!"常四爷则说:"要两个烂肉面,带她们到门外吃。"王利发一面称赞常四爷"积德行好",一面又不触犯秦二爷:"这路事儿太多了,太多了!谁也管不了!"短短几句话,左右逢源、八面讨好的性格便活灵活现地表现出来了。

为了有助于揭示剧本的主题,作者还写了王利发性格的变化。他恪守祖传的处世哲学,支撑着"老裕泰",费尽心机进行"改良",处处赔小心,说好话,堆笑脸;但买卖每况愈下,残酷的现实使他产生了不满情绪,或跺着脚骂"打仗",或饱含血泪地控诉"那些狗男女都活得有滋有味,单不许我吃窝窝头,谁出的主意!"并且最后把儿媳、孙女也送往西山。王利发的性格变化说明:"改良维新"是行不通的,不合理的社会制度正在促使人们的觉醒,埋葬旧社会的时代就要到来了。

常四爷和秦仲义则是不同类型的两个典型。常四爷为人刚强、耿直,"一辈子不服软,敢作敢为,专打抱不平"。他有民族自豪感和正义感,恨洋人,恨坏人,同情劳苦大众。就因为不无惋惜地说了句"大清国要完"而被逮捕入狱,日子越过越穷。他感慨万分:"我爱咱们的国呀,可是谁爱我呢?"这凝结着作者生活经验的话语,发人深思。秦仲义年轻时雄心勃勃,对"实业救国"充满信心,结果也无法逃脱厄运,只剩下倾吐不尽的愤懑和不平。阶级和时代的局限使常四爷、秦仲义不可能真正认识到旧制度的实质,但他们都是正直的爱国者,都是旧社会的见证人,在他们身上反映出旧中国逐渐演变为半封建半殖民地社会的过程。

要写出人物性格,必须在语言上下工夫。老舍是语言艺术大师,他善于运用经过提炼的北京话,使人物形象异常鲜活。《茶馆》的语言特色,首先是人物语言的性格化、个性化。正如作者所说:"我总期望能够实现'话到人到'。这就是说,我要求自己始终把眼睛盯在人物的性格与生活上,以期开口就响,闻其声知其人,三言两语就勾出一个人物形象的轮廓来。"①《茶馆》中的几十个人物,个个说着自己性格规定的话,句句符合人物的身份,即使同一人物,因为时代不同,谈话对象不同,说话的方式、语气也不同。诸如唐铁嘴与小唐铁嘴、刘麻子与小刘麻子等一些子承父业式的人物,也都有性格上的差异。其次是幽默诙谐。出于"葬送三个时代"的需要,作者以幽默的语言尖锐地讽刺与嘲笑了那些光怪陆离的丑类。如第二幕唐铁嘴夸耀说:"我已经不吃大烟了!""我改抽'白面'啦……大英帝国的烟,日本的'白面儿',两大强国侍候我一个人,这点福气还小吗?"只有无耻的人才能说出这样无耻的话,这里作者尖锐地嘲讽了流氓的下流。便衣特务吴祥子、宋恩子敲诈王利发时的一段对话,更是精采。他们要钱却不提钱,只说"那点意思",如果不给"那点意思",休怪"把那点意思闹成不好意思",在幽默的语言中,讽刺了宋恩子等的阴损狡诈。用老舍的话说,实在是"用幽默的话,写出了令人辛酸的事儿"②。

《茶馆》的结构别具一格。剧本突破了"一人一事,一线到底"的传统结构形式,不追求完整的故事情节,没有贯穿始终的事件,而是用富有典型意义的戏剧片段组成一系列社会生活画面,并且巧妙地用主题将它们编织起来,汇成了一个总的故事,"每个角色都说他们自己的事,可是又与时代发生关系"③,从而广泛地反映出社会面貌。剧中的

---

① 老舍:《对话浅论》,《电影艺术》1961 年第 1 期。
② 老舍:《人物、生活和语言》,《河北文学》(戏剧增刊)1963 年第 1 期。
③ 老舍:《答复有关〈茶馆〉的几个问题》,《剧本》1958 年 5 月号。

人物很难说谁是主角,有戏上场表演一番,无戏退居幕后,一般不再交代下落。在三幕戏中都出场的王利发,由于不是矛盾的一方,对其他矛盾的发生、发展和解决不产生影响,因此也算不上是主角。作者还采取了主要人物从青壮年到老年贯穿全剧,次要人物父子相承的办法,便于从纵向上揭示时代的变迁。这种以人物带故事的"人像展览式"的结构形式虽然不乏其例,但在规模、气势、时间跨度等方面,却是其他剧作所不能比的。

戏剧冲突与戏剧结构有着密不可分的关系,戏剧家们常常以"没有冲突就没有戏"来强调它的重要性。老舍对戏剧冲突的理解更为深刻,处理也更为灵活。《茶馆》写了三个历史时期的各种社会矛盾,其中有不少精彩的戏剧冲突的场面,如第一幕庞太监与秦仲义的舌战,第二幕巡警、兵痞、特务对王利发的敲诈,第三幕沈处长霸占茶馆等;但没有哪一组矛盾冲突贯穿全剧,更多的是没有具体对立面的"冲突",各种人物都以自己的身份、特点和角度从不同侧面去反映出旧中国的阶级对立与腐朽、黑暗,从而通过茶馆特有的复杂情况反映了整个社会的面貌。

《茶馆》于1957年7月在《收获》创刊号上发表,次年3月,由焦菊隐、夏淳导演的同名话剧首演。此后的半个多世纪,知名导演除了重新排演话剧《雷雨》,还先后将其改编为电影、曲剧、电视剧等。除了专业团体对《茶馆》的改编、演出,民间业余戏剧爱好者也纷纷将其作为演出的选择。在中国和外国的多场成功演出,使《茶馆》连同老舍的名字一起永载世界文化史册。

复习思考题

1.《茶馆》有何现实意义?作者怎样通过一个茶馆的兴衰表现三个时代的衰败?

2.《茶馆》的主要艺术特色是什么?

剧作家之歌

——《关汉卿》赏析

李逸涛

田汉(1898—1968)是我国著名的剧作家、戏剧活动家和诗人,也是我国话剧运动的奠基人。新中国成立后,田汉在历任文化部戏曲改进局局长、中国戏剧家协会主席等职之余,仍写作不辍。他为人耿直坦荡,光明磊落,敢于在错误思潮面前坚持真理,仗义执言,他写的《必须切实关心并改善艺人的生活》、《为演员的青春请命》等文章,为广大戏剧演员的疾苦鼓与呼,在戏剧界产生了强烈而深远的影响。这一思想性格,也明显地体现在他的剧作里。正因如此,他为极"左"思潮所不容,在"文化大革命"中深受"四人帮"迫害,最终含冤辞世。

田汉在新中国成立后的创作,主要成就是历史剧,《关汉卿》是其代表作,也是他一生戏剧创作的巅峰之作。这是他在1958年为纪念世界文化名人、我国十三世纪伟大戏剧家关汉卿戏剧活动700周年创作的十二场话剧。剧本的发表与演出,受到国内外的好评。郭沫若写信祝贺说:"我一口气把您的《关汉卿》读了,写得很成功。关汉卿有知,他一定感激您,特别是朱帘秀,她如生在今天,她一定会自告奋勇,来自演自的。"①著名戏剧家欧阳予倩说,这是"一个成功的好戏",是"田汉同志最好的一个"。②

关汉卿是我国文学史、戏剧史上很有影响的元代戏剧家,一生写过600多种杂剧,至今存留下来的虽不到20种,但都堪称精品,其中《感天动地窦娥冤》是我国十大悲剧、元代四大戏剧之一。由于封建文化

---

① 郭沫若:《关于〈关汉卿〉的通信》,《剧本》1958年第6期。
② 欧阳予倩:《一个成功的好戏〈关汉卿〉》,《戏剧报》1958年第13期。

专制对戏剧、戏剧家的歧视与偏见,有关关汉卿的生平事迹见于史料记载的很少,至今连他的生卒年月都难以确定,对他的评价更是众说纷纭。但这并没有影响到田汉的《关汉卿》创作。他以历史唯物主义的观点分析元代政治、经济、文化状况和社会矛盾,研究了关汉卿的全部著作,以艺术家的慧眼与澎湃的激情,围绕关汉卿创作与演出《窦娥冤》这一中心事件展开戏剧冲突,成功塑造了一个"蒙古奴隶主贵族统治辛辣的批评者、揭发者、反抗者……一个沉毅不屈的人道战士"①关汉卿的典型形象,谱写了一曲为人民而战斗的剧作家之歌。

剧本"把情节集中在关汉卿以怎样的动机和从哪里得到力量来创作《感天动地窦娥冤》一点"②,以此组织、展开矛盾冲突,塑造人物形象。全剧一开始就将关汉卿置于元代民族矛盾和阶级矛盾的激烈冲突之中,为人物提供了典型环境:无辜柔弱的民女朱小兰被贪赃枉法的官吏屈打成招,绑赴刑场,活活处死。目睹惨状,关汉卿义愤填膺,毅然决然创作《窦娥冤》,"把这些滥官污吏的嘴脸摆在光天化日之下示众","替那些负屈衔冤的好心女子鸣鸣冤、吐吐气,让大家知道在百姓们心里还是有公道,还是看得清是非的"。他明知这是一个"如箭穿着雁口,没个敢咳嗽",凡"妄撰词曲,犯上恶言"者就要被流放或杀头的时代,环境相当险恶,但在朱帘秀等友人的鼓励下,在文天祥《正气歌》的精神感染下,"拼着性命"夜以继日地奋笔疾书,充分展现出他那置生死不顾,与人民同呼吸、共命运的刚毅性格与反抗精神。

如果说关汉卿在写作《窦娥冤》的过程中只是预感到一场风暴的到来,那么,《窦娥冤》的演出则把双方冲突提高到白热化程度。《窦娥冤》首演成功,反响强烈,义士王著当场高呼"与万民除害!"这可吓坏了权贵们,反动权臣阿合马之流,施展淫威,强令关汉卿删改剧本:"戏是既得改,又得演。不改不演,要你们脑袋。"关汉卿针锋相对,为捍卫正义与艺术,"宁可不演,断然不改",第二天按原词演出。在狱中,他抱定"玉可碎而不可改其白,竹可焚而不可毁其节"的决心,凛然自若,

---

① 田汉:《伟大的元代戏剧战士关汉卿》,《戏剧论丛》1958 年第 2 辑。
② 田汉:《关汉卿·自序》,人民文学出版社 1961 年版。

宁死不屈,以光明坦荡的胸怀与朱帘秀共同品评吟唱他的新曲《双飞蝶》:"将碧血,写忠烈,作厉鬼,除逆贼……。"他深知,"文章比性命要紧",只要一息尚存,他还要写出像《窦娥冤》这样的作品来。关汉卿曾在题为《不服老》的散曲里把自己比作"蒸不烂、煮不熟、捶不扁、炒不爆、响当当一粒铜豌豆"。剧本就是这样在写与不写、改与不改、演与不演的跌宕起伏的矛盾冲突中,在蒸、煮、捶、炒的过程中,逐步把全剧推向高潮,完成了对关汉卿的"铜豌豆"性格的刻画,使之具有一种悲壮激越、扣人心扉的艺术力量。

对于"双飞蝶"之一的著名歌妓朱帘秀形象的塑造,是作者的得意之笔。作者对其性格的刻画,不仅紧紧围绕《窦娥冤》的写作与演出来进行,而且把窦娥的性格自然贴切地糅进朱帘秀的性格之中,赋予她有胆有识的反抗性格。面对朱小兰的冤情,她同关汉卿一样愤愤不平,怒火中烧,在关汉卿决计创作剧本又感到"只有一枝破笔",无刀可拔、无力相助时,朱帘秀及时鼓励他:"笔不就是你的刀吗?杂剧不就是你的刀吗?你在剧本里骂过杨衙内,骂过葛彪,骂过鲁斋郎……干嘛不把李驴儿、忽辛这些人的鬼脸给勾出来,替屈死的女子们伸冤呢?"关汉卿又怕"戏写出来没人敢演",朱帘秀果敢地发出"你敢写我就敢演"的金石之声。她预感到"这出戏演出去,台底下准不会太太平平的",但她毫不畏惧,毅然登上舞台,并在《窦娥冤》第一次演出遭到扼杀时,以"我宁可不要这颗脑袋,也不让你戏受一点损失"的决心,断然按原本演出,用生命捍卫了艺术和良知。狱中一场,尤为感人。她身陷囹圄,不仅无怨无悔,而且为演这样的戏而自豪。她对关汉卿说:"窦娥不正是这样的女人吗?她至死也不向坏人低头……我也愿意像她一样地死去。"而她与关汉卿一起吟诵的那支名曲《双飞蝶》,更使她的性格放射出亮丽的光彩,使其与关汉卿的形象交映成辉,相得益彰,剧本的思想与艺术魅力为之升华。

作者对赛帘秀形象的塑造,虽着墨不多而栩栩如生,生动感人。她那遭受残害而不屈的壮举,特别是与阿合马的对峙,慷慨悲壮,把一个处于社会底层的倔强女子的风貌神态,表现得淋漓尽致。她与朱帘秀如红花绿叶,互相映衬,反映了关汉卿的斗争不是孤立的,受到了群众的支持和拥戴。

田汉是一位浪漫主义诗人,诗人的气质很自然地反映到剧本中。他巧妙地将人物编织在曲折复杂而富有传奇性的戏剧冲突之中,去表现他们的命运、心理和性格,并以诗的抒情与意境抒发人物对生活的感受,倾吐他们的衷情与理想,使全剧激情奔放,荡人心扉。尤其是第八场,关汉卿与朱帘秀狱中相会,在死神步步逼近时结为"生死鸳鸯",将共同的奋斗目标与忠贞的爱情结合在一起,具有浓郁的诗情和浪漫主义色彩。

田汉擅长写话剧,又是戏曲创作、改编的能手。在《关汉卿》中,他有意识地融进了戏曲因素,采用了"戏中戏"的结构方式,将《窦娥冤》的演出与剧情融为一体,人物既在戏中,又在现实生活中,别具一格;人物对白既有京白的抑扬节奏,又不失口语化、生活化……田汉对话剧民族化的有益尝试,受到了戏剧界的赞许与肯定。

复习思考题

1. 分析关汉卿的艺术形象。
2. 朱帘秀对刻画关汉卿的形象有何作用?

走下神坛的元帅

——《陈毅市长》评析

李逸涛

十幕话剧《陈毅市长》是沙叶新的代表剧作之一。该剧最初发表于《剧本》1979年第3期,1980年中国戏剧出版社出版单行本,并且获得1979—1980年全国优秀剧本奖和1980年全国少数民族文学创作奖。

新时期话剧创作空前活跃,题材和主题、思想与艺术都有重大突破。其中,一个显著的特点是推出了一批为老一辈无产阶级革命家塑像的剧作。就写陈毅的戏而言,在沙叶新创作《陈毅市长》之前,已经出现了《东进!东进》(所云平、史超编剧)、《陈毅出山》(丁一三编剧)等剧作。它们从不同侧面表现了陈毅在战火纷飞的年代披荆斩棘、开创革命新局面的戎马生涯,生动地刻画出陈毅特有的性格与作为政治家、军事家的雄才大略、气魄和风采,博得了观众的普遍好评。面对佳作,沙叶新不履旧辙,独辟蹊径,选取了陈毅在和平时期下马治国的生活,从一个崭新的视角,出色地刻画了具有公仆精神的陈毅的性格;剧作无论是题材主题还是艺术形式,都有新的开拓。

作者在谈到《陈毅市长》创作意图时说:"尽管我写的是上海初期的一段历史,但我尽量要将这段历史写成鉴诫今天生活的镜子;尽管我写的是二三十年以前的往事,但我非常希望今天的观众能从中得到现实的启示。不论在什么情况下,我都不能为写历史而写历史。总之,不是为了发思古之幽情,而是为了寄深意于现实;不是单纯地为了缅怀陈毅同志过去的丰功伟绩,更为了使陈毅同志的伟大精神化为今天的物质力量。"①从这一指导思想出发,剧本选取的是新中国成立初期陈毅担任上海市长时的一段生活。当时的上海满目疮痍,百废待兴,与粉碎"四人帮"的最初几年的情况颇有相似之处。这就为剧本设置了一个典型的历史背景,可以在充分再现那段历史的特点和复杂面貌的同时,倾注全力表现陈毅对经济建设的极大热情,对群众疾苦的深切关怀,对干部的严格要求,对党外各阶层人士的真诚团结,对科学文化的高度重视,以及他廉洁奉公、身体力行的可贵品格。而这些乃是"在今天生活中正在大力倡导或业已有所失去的思想品质"②。黑格尔说:"历史的东西……必须和我们现代的情况、生活和存在密切相关,它们才算是属于我们的。"③沙叶新正是从现实生活的密切关系中找到了处理"历史的东西"的契合点,使剧本跳动着时代的脉搏,闪烁着时代的精神,从而引发观众的深思与共鸣。

全力塑造陈毅市长的艺术形象,是剧本的突出成就和特色。作者将陈毅置于特定的历史转折期的背景上,紧扣其市长身份,撷取他在上海解放初期的几件富有典型性和戏剧情趣的业绩,多侧面地表现出一位无产阶级革命家的胆略、气质和社会公仆的献身精神。

具有序幕性质的第一场,起有提挈全剧的作用。陈毅高瞻远瞩,豪情满怀地分析了上海解放前夕的形势和任务,严厉地批评了部队进城后暴露出来的问题,显示出一个革命家、政治家对旧世界的蔑视和立志创建新世界的强烈责任感。剧本在描写陈毅解决一个个具体问题的过程中,逐渐展示和丰富了人物的性格。为了尽快恢复经济,发展生产,陈毅主动参加资本家傅一乐的家庭宴会,对他动之以情,晓之以理,用党的政策打消他的顾虑;为了解决市场上药品短缺的问题,陈毅礼贤下士,深夜造访化学家齐仰之,以直率坦诚的交心谈心重新点燃起齐仰之的爱国热情;为了让发电厂早日恢复正常运转,陈毅亲临现场指挥并睡在办公室彻夜督战……这一系列行动,集中到一点,就是陈毅所强调

---

① 沙叶新:《〈陈毅市长〉创作随想》,《文汇报》1980年8月1日。
② 沙叶新:《写在〈陈毅市长〉发表的时候》,《剧本》1980年第5期。
③ [德]黑格尔:《美学》第1卷,第346页,商务印书馆1979年版。

的:"把上海改造好,建设好",造福于人民。为此,他以革命家、政治家的宏大气魄,以军事家的运筹帷幄,以实干家的精明干练,一方面事必躬亲,多方奔走,团结一切可以团结的力量,调动一切可以调动的因素,组成浩浩荡荡的建设大军。"不团结广大的各阶层的非党群众和干部,就能把上海改造好,建设好?这是发昏!"道出了一个无产阶级革命家的胆识和胸襟。另一方面,他急人民之所急,想人民之所想,把党的关怀和温暖及时送到群众中间。仅仅是无意间从一个母亲的口中听到病儿缺药的事,便引发出陈毅夜访齐仰之的行动。"人民非常需要,否则我何必深夜来访?"充分体现出他为人民解除疾苦的急迫心情。而春节慰问工人一场,则把陈毅的以人民之忧为忧,以人民之乐为乐的社会公仆精神,推向一个新的高度。全剧结束时,陈毅有一段意味深长的话:"一人太渺小,党群才万能,切记啊切记!不过有人在背后喊喊喳喳,说我在上海的工作是右倾,违背了无产阶级的根本利益。究竟如何,千秋功罪,自有人民评说!"陈毅的功过,剧本已经通过人物的行动做出了回答;结尾时的一曲《英雄交响曲》,则为陈毅市长的业绩画了圆满的句号。

剧本对陈毅市长形象的成功塑造,很大程度上得力于作者摒弃了对革命领袖人物顶礼膜拜,随意拔高,甚至神化的模式,力求把陈毅塑造成一个有着喜怒哀乐,人情味十足的普通人。剧本中的陈毅性格开朗、乐观、豪爽、豁达,谈吐诙谐风趣,妙语如珠,他在哪里出现,哪里便笑声不绝,气氛轻松活跃。例如,他在资本家傅一乐的夫人面前自称是"上海市的大老板",并与之大谈生意经和贝多芬的交响乐;对化学家齐仰之说:"敝人是上海市的父母官,本市的市长",并与之大讲"共产党人的化学"等,不仅使陈毅的性格、情态俱现,而且赋予剧本以喜剧色彩。剧作家的高明之处,是在揭示陈毅的人性、人情味的同时,表现出他的高度的党性与原则性。陈毅对党外人士宽厚相待,对人民群众关怀备至,对党的干部的要求则非常严格、严厉。军长童大威麻痹失职,陈毅火冒三丈,大发雷霆,提出"一定要公事公办,要依法论处";师长彭一虎居功自傲,陈毅不讲情面,痛加斥责,要以撤职论处。同时,在严格要求中寄寓着深情与爱护。当军委打来电话问及童大威的情况时，他一方面如实汇报："这件事造成很大损失，后果严重，他是要负责任。"一方面又提出童大威是员"虎将"，眼下又是用人的时候，"不宜处分过严"，并把责任揽在自己身上。惜才之情，跃然纸上。同样，他一方面严厉训斥彭一虎，同时又以自己犯错误的教训谆谆诱导，交心共勉，体现出对部下的理解和关怀之情。陈毅严以待人，更严于律己。他的岳父来上海探望，提出要陈毅在上海给他找个普通工作，他的妹妹想考卫生学校，又怕考不取，希望哥哥"给学校打个招呼"，予以照顾，都被陈毅婉言拒绝。这并不意味着陈毅无情无义，当岳父回乡时，他主动提出要和张茜到车站送行。岳父执意推辞，他却像孩子一般地说："不！否则老人家又要骂我无情无义了！"他解劝妹妹，温和而真诚："不是当哥哥的不爱妹妹，可是我还要爱护党的纪律，爱护革命的原则性嘛！"这些场面描写，使一个率领千军万马的元帅走下神坛，进入人民群众的行列。他是中国第一大都会的市长，又是市民群众的一员，是一个具有血肉之躯、感情丰富的公仆。陈毅市长这一艺术形象的成功塑造，无疑为新时期的文学创作提供了宝贵经验。

充分表现陈毅的诗人气质，也是陈毅形象塑造成功的必要因素。陈毅是元帅，又是诗人。"持枪跃马经殊死，秉笔勤书记战程。"①他的诗如其人，大气磅礴，豪情溢纸，形式上不拘一格，挥洒自如，读之令人回肠荡气，流连忘返。剧作者抓住陈毅"依马走笔，兴会淋漓"的诗人气质和他具有渊博的文学、艺术知识的特点，不时运用陈毅脱口而出的诗句点染人物性格，收到了很好的效果。如第一场陈毅长篇讲演的结尾，套用骆宾王的文章，用"试看明日之上海，竟是谁的天下！"气势非凡地表达了陈毅立志改造好、建设好上海的壮志豪情。再如写陈毅夜访齐仰之，借用刘禹锡《陋室铭》的诗句并加以改造说："不过刘禹锡的陋室是苔痕上阶绿，草色入帘青。齐先生的这间陋室嘛，则是苔痕上墙绿，草色室中青。"一语既出，顿时蓬荜增辉，为交谈营造了轻松和谐的气氛。此外，陈毅批评师长彭一虎"居功自傲，向党伸手"时，运用了他

---

① 张茜：《陈毅同志诗词选集编成题后二首》，《陈毅诗词选集》，第366页，人民文学出版社1977年版。

自己的诗句"手莫伸,伸手必被捉!"语言警辟,一针见血,引人深思。

剧本的结构独具匠心,采用了"冰糖葫芦"式的形式。这种形式具有线性结构和板块结构相结合的特点,把戏集中在陈毅身上,没有贯穿始终的事件和矛盾,每场戏相对独立,各有中心事件和冲突,各场戏之间又相互关联,有直接或间接的埋伏、照应,从而多侧面地凸现出陈毅市长的风采和性格。此外,作者还注意把观众组织到剧中去,缩短演员同观众的距离,使观众从单纯欣赏转向参与创作。剧本借鉴了美国影片《巴顿将军》的开场,由陈毅司令员面对观众作了长达8分钟的演说,观众成了他麾下的将士。结尾时,陈毅市长站在剧场的出口处,请观众尊重艺术家的劳动,不要提前退场,又一次让观众充当剧中人物,静静地听完《英雄交响曲》。这种从接受美学的角度,融观众与演员、生活与艺术为一体的表现手法,为剧本带来了特殊的艺术魅力。对于剧本这一结构上的创造,丁玲曾给予了高度评价,说它"勇敢地打破了旧框框,根本没有故事,也不谈情说爱,更不制造虚伪的矛盾。它只写一个人,陈毅市长。它用十六个片段,十件事,把他写得活灵活现。全剧气势宏伟,开场开得好,收尾也收得好,真是耳目一新。你会觉得这决不是元曲的改造,莎士比亚的模仿,这是粉碎'四人帮'以后20世纪社会主义新中国戏剧的独创"[①]。当然,任何一种艺术形式都可能带有局限性。《陈毅市长》的结构,好处是集中笔墨写陈毅一个人物;但缺陷也由此而生,一人"独占鳌头",其他人物均处于陪衬地位,生活矛盾、性格矛盾不能在人物关系中得到更充分的展开,陈毅的形象自然也就难以达到更典型化的程度。

复习思考题

1. 分析《陈毅市长》的形象与现实意义。
2. 谈谈《陈毅市长》结构艺术的得与失。

[①] 转引自戈悟觉:《乐莫乐兮新相知——访回族作家沙叶新》,《宁夏日报》1982年5月21日。

"年轻一代的爱情圣经"

——评《恋爱的犀牛》

樊 星

廖一梅,1993年毕业于中央戏剧学院戏剧文学系。主要作品有电影剧本《像鸡毛一样飞》、儿童剧《魔山》、长篇小说《悲观主义的花朵》。其代表作《恋爱的犀牛》1999年上演以后迅速在当代话剧界广为传播,尤其是在大学生中深受欢迎,被称为"年轻一代的爱情圣经"。该剧已经成为许多"小剧场"常演不衰的保留剧目。

廖一梅说:"《恋爱的犀牛》是一个关于爱情的故事。……剧中的主角马路是别人眼中的偏执狂……在人人都懂得明智选择的今天,算是人群中的犀牛——实属异类。"然而,"没有偏执就没有新的创举,就没有新的境界,就没有你想也想不到的新的开始。"①这样,她就将一部爱情剧写出了隽永的哲理主题。

"爱情是多么美好,但是不堪一击。爱情是多么美好,但是不堪一击。"这是剧中反复出现的一句咏叹。这样的咏叹准确地表达了当今许多青年的爱情体验。在思想解放、当代人的人生观与价值观已经多元化的今天,在现代化浪潮已经迅速改变传统婚恋观的当今社会,在人们的生活方式和社会交往已经变得越来越追新逐异、越来越变动不居的时代,何谓爱情也成了许多青年的困惑。"不求天长地久,只求一朝拥有","因为误会而相爱,因为理解而分手","相爱注定要分手"……这些曾经在相当一部分青年中流行的俏皮话就表达了不少人对于爱情的不确定性的体悟。许多爱情悲喜剧也由此产生,绵绵不绝。对于那

---

① 廖一梅:《关于〈恋爱的犀牛〉的几点想法》,《琥珀+恋爱的犀牛》,第199—200页,新星出版社2008年版。

些固守着传统爱情观、渴望天长地久,因而非常不适应情感变化的人们,在与追新逐异的价值观猝然遭遇时,难免痛苦不堪。《恋爱的犀牛》就深刻展示了这样一幕具有典型意味的爱情悲剧:动物饲养员马路痴情地爱着女青年明明,可明明却另有所爱,甚至嘲弄马路的单相思。遇到这样的心灵不对应,马路应该调整好自己的心态,另外选择追求的目标。可悲剧恰恰在于,马路的偏执个性使他不可能去追求其他女孩。马路为了那份可怜的爱,甚至屈辱地去请求情敌陈飞善待明明。这一笔将偏执的难以理喻、有悖人之常情写到了令人叹息的程度。而明明在绝望中将马路幻想成陈飞,与之做爱,激情过后仍然拒绝了马路的情节,也入木三分地刻画出了当代青年在爱情与性体验上的瞬息万变、难以理喻。值得注意的是,明明的性格中也有难以理喻的偏执。她对艺术家陈飞的爱也是充满了绝望与自卑感的,就像她自道的那样:"他爱怎么折磨我就怎么折磨我,他可以欺骗我,可以贬低我,可以侮辱我,可以把我吊在空中,可以让我俯首帖耳,可以让我四肢着地,只要他有本事让我爱他。"可这样偏执、卑微的爱也终于落空了。只是,她的偏执不同于马路的单纯,因为在她看来,马路的可怜在于他只是一个动物饲养员,而陈飞则是艺术家。这样以身份而不是感情作为爱情基础的价值观显然与纯洁的爱情相去甚远。还有就是,她自己也感到困惑:"我开始不是因感情去渴望男人,而是因为欲望,让人坐立不安、无法安眠的情欲,这真是可怕"!由此,作家就写出了偏执与偏执的迥然不同(一边是偏执的纯情,一边则是偏执的欲望),写出了耐人寻味的哲理意味。结果,绝望的马路最终疯狂地绑架了绝望的明明,甚至刺杀了他饲养的珍稀动物犀牛(犀牛不仅以脾气暴躁而闻名,也显然象征着"珍稀"),沦为罪犯……这样的悲剧,是社会上许多"因爱生恨"、"因为得不到就毁灭"的爱情悲剧的缩影。当社会的"道德法庭"严厉谴责这样悲剧的制造者褊狭的心胸、残忍的暴行时,作家却别具匠心地揭示了悲剧的另一面:通过马路的追求与幻灭道出传统价值观与当代新价值观在猛烈冲撞中的难以调和、不堪一击又不甘忍耐。马路是一个有"做人原则"的人。可他的"做人原则"却在现实的痛击下破碎了。与此形成鲜明对照的,是"人人都只想取乐不想奉献"的无情现实,还有人们已经习惯了按照俗不可耐的电视剧塑造自己生活(包括婚恋)的可怕。作家因此写出了当代青年的痴情与偏执、疯狂与无奈、心与心的隔膜、价值观的猛烈碰撞。

围绕着这一悲剧,剧中还通过几个同龄人以及恋爱课教授的穿插议论,写出了当代青年的爱情时尚——

> 这是一个物质过剩的时代,
> 这是一个情感过剩的时代,
> 这是一个知识过剩的时代,
> 这是一个信息过剩的时代,
> 这是一个聪明理智的时代,
> 这是一个脚踏实地的时代。

于是,在一个"情感过剩的时代",见多了"相爱注定要分手",爱情已成为笑谈,痴情似乎不合时宜。马路的悲剧正在于此。换个角度看,马路最后的疯狂与铤而走险,其实何尝不具有某种警示意义:偏执的痴情,既可贵也危险,既珍稀也可怕。这出剧的主题因此而具有现实性和开放性,耐人深长回味。

《恋爱的犀牛》深受青年喜爱,与那些妙语连珠的台词散发出的清新气息、唯美诗意、调侃口吻也密不可分。例如开场马路对明明的绝望也是妙语连珠的表白:"你是我温暖的手套,冰冷的啤酒,带着阳光味道的衬衫,日复一日的梦想。你是甜蜜的,忧伤的,嘴唇上涂抹着新鲜的欲望,你的新鲜和你的欲望把你变得像动物一样的不可捉摸,像阳光一样无法逃避,像戏子一般毫无廉耻,像饥饿一样冷酷无情。"诸如此类的台词,节奏明快,比喻新奇,散发出有别于"口语化"的"小资"气息,生动而俏皮。而同学 D 关于"从我们有意识以来,我们就知道,在这一生当中,随时都有可能面临失去心爱的人的痛苦,无论是死亡或者是一段恋情的结束。而我所感兴趣的部分,正是人们用什么方式来抗拒这种失落……是什么值得我们活在世界上? 什么答案可以让我们暂时忘记这个世界只不过是一团屎?"的发问,在催人深思之余,也相当具有"愤青"色彩,恰到好处地表现出当今许多青年的迷惘与愤世嫉俗。"恋爱训练课"上教授那番议论则在散发出迂腐气息的同时令人忍俊不禁:"在新世纪到来之际,为了最大可能地使人类获得快乐和舒适,安逸和幸福,避免过度折磨自己,不恰当地衡量自己,我们应该大力提倡爱情的标准化、专业化和规范化,杜绝情感的滥用带来的种种弊端和无用的浪费。下面我们就学习本训练课的升级内容——抛弃一个爱人的方法……"由此可见,时而闪烁出唯美的异彩,时而迸射出愤怒的力量,时而又散发出调侃的气息,《恋爱的犀牛》因而精彩纷呈。

导演调动了许多新奇的手段去烘托氛围、强化戏剧效果:例如"恋爱训练课"上众人手舞足蹈唱起流行歌曲《我是女生》、《Loving You》,摆出"千手观音"的夸张造型,就很有时尚元素、喜剧效果;马路在暴雨之夜绑架明明,倾泻而下的水使他全身湿透的场面也很有冲击力。剧中那座人们为了迎接新世纪建造的大钟而热烈议论("在新世纪来临前,我们要整理人类的财富,/在新世纪来临前,我们要清扫没用的垃圾,/在新世纪来临前,我们要推翻不切实际的思想,/在新世纪来临前,我们要摒弃一切软弱的东西。")以及大家填写二十世纪百大新闻选票时对于百年大事的快速回顾,也都具有强烈时代感,同时也为一个爱情悲剧提供了别致的思考角度。另一方面,这些七嘴八舌的议论与推销牙刷者的花言巧语、"恋爱训练课"上教授的奇谈怪论、演艺圈中以"一骚,二媚,三纯洁"的手段逢场作戏、屡试不爽的红红的油嘴滑舌一起,好像远离了爱情悲剧的主题,为全剧平添了不少喜剧色彩,也使这出戏呈现出悲喜剧的奇妙效果,从而多角度地起到布莱希特式的"间离效果":在一个杂语喧哗的年代里,在许多言过其实、大而无当的花言巧语、奇谈怪论已经充斥了大家生活的环境中,马路的爱情悲剧具有怎样的启迪意味?是不识时务的可笑?还是令人感慨的可悲?……上述手段,连同令人炫目的声光效果,都使剧作富有强烈的感染力,并因此而深受青年观众的喜爱。

复习思考题

1. 比起 20 世纪 80 年代的"先锋戏剧",《恋爱的犀牛》有了哪些新气象?
2. 你如何看待恋爱的偏执?

后 记

《中国现当代文学作品选读》（上下册）1994年出版以来，受到高校文科师生和广大读者的欢迎，已印刷30多次。这次根据时代的发展和教学的需要又作了修订。

这次修订，对原有选目作了增删调整，除删去个别篇目外，主要是增加了不同时期、不同文学体裁的代表作品。特别是下册，所选当代文学作品增加较多，由原来的25篇增至61篇，这有利于扩大学生的阅读视野，提高分析、鉴赏文学作品的能力。

中国当代文学是一个开放的整体，是包含内地、台湾、香港、澳门地区文学的多元组合。这次修订增加了一些台湾、香港地区的作家作品，这对全面了解"五四"以来的新文学发展，了解同祖、同宗、同一文学血脉的文学是必要的，有益的。

本书1994年由林志浩教授、王庆生教授主编，因林志浩教授逝世多年，这次修订由王庆生教授负责。修订过程中，得到高等教育出版社的鼎力支持，特别是于晓宁、李喆编辑的大力帮助，研究生周聪也为查找核对资料付出了辛勤劳动，在此谨表深切谢意。

编者

2012年6月30日

郑重声明

高等教育出版社依法对本书享有专有出版权。任何未经许可的复制、销售行为均违反《中华人民共和国著作权法》，其行为人将承担相应的民事责任和行政责任；构成犯罪的，将被依法追究刑事责任。为了维护市场秩序，保护读者的合法权益，避免读者误用盗版书造成不良后果，我社将配合行政执法部门和司法机关对违法犯罪的单位和个人进行严厉打击。社会各界人士如发现上述侵权行为，希望及时举报，我社将奖励举报有功人员。

反盗版举报电话　　（010）58581999　58582371
反盗版举报邮箱　　dd@hep.com.cn
通信地址　　北京市西城区德外大街4号
　　　　　　高等教育出版社法律事务部
邮政编码　　100120